BEITRÄGE ZUM AUSLÄNDISCHEN
UND INTERNATIONALEN PRIVATRECHT

HERAUSGEGEBEN VOM
MAX-PLANCK-INSTITUT FÜR AUSLÄNDISCHES
UND INTERNATIONALES PRIVATRECHT

Direktoren:
Professor Dr. Ulrich Drobnig, Professor Dr. Hein Kötz
und Professor Dr. Ernst-Joachim Mestmäcker

44

Eigentumsordnung und Technologiepolitik

Eine systemvergleichende Studie
zum sowjetischen Patent- und Technologierecht

von

Manfred Balz

1980

J.C.B. Mohr (Paul Siebeck) Tübingen

Gedruckt mit Unterstützung der Deutschen Forschungsgemeinschaft
D 21

CIP-Kurztitelaufnahme der Deutschen Bibliothek

Balz, Manfred:

Eigentumsordnung und Technologiepolitik : e. systemvergleichende Studie zum sowjetischen Patent- und Technologierecht / von Manfred Balz. – Tübingen : Mohr, 1980.

(Beiträge zum ausländischen und internationalen Privatrecht ; 44)

ISBN 3-16-641402-9
ISSN 0340-6709

 Printed in Germany. Satz und Druck: Buchdruckerei Laupp & Göbel, Tübingen. Einband: Großbuchbinderei Heinr. Koch, Tübingen

VORWORT

Die Arbeit hat 1977 dem Fachbereich Rechtswissenschaft der Universität Tübingen als Dissertation vorgelegen; Berichterstatter waren Professor Dr. LUDWIG RAISER, Tübingen, und Professor Dr. DIETRICH A. LOEBER, Hamburg/Kiel.

Seit dem Jahre 1971, als der Plan der Arbeit entworfen wurde, hat die rechtliche Steuerung des technischen Fortschritts im allgemeinen Bewußtsein besondere Aktualität gewonnen. Es sei nur an die Diskussion um die Kernenergie, um genetische Technologien oder um neue Kommunikationsmedien erinnert. Eine ins Gewicht fallende Zahl von Menschen sucht Konsequenzen daraus zu ziehen, daß es Alternativen zu dem stattfindenden technischen Fortschritt gibt. Es wird zunehmend anerkannt, daß Technologie ein Gegenstand von Politik sein kann und sein sollte. Das unvermindert fortbestehende Wohlstandsgefälle zwischen Nord und Süd hat das Interesse vor allem der Entwicklungsländer auf technologiepolitische Fragen gelenkt. Der im Rahmen der Welthandelskonferenz (UNCTAD) erarbeitete Verhaltenskodex für den Technologietransfer und die Bemühungen um eine Revision der Pariser Verbandsübereinkunft im Rahmen der Weltorganisation für gewerbliches Eigentum (WIPO) zeigen, welche Bedeutung dem Technologierecht für eine neue, gerechtere Weltwirtschaftsordnung beigemessen wird.

Ich habe es als besonderes Glück empfunden, von Oktober 1971 bis Juni 1972 in Leningrad und Moskau die sowjetische Organisation des technischen Fortschritts vor Ort studieren zu können. Die tiefgehende rechtspolitische Erörterung, die dem neuen Erfinderrechtsgesetz aus dem Jahre 1973 voranging, hätte ich im Westen nicht in ihrer Vielfalt kennenlernen können. Ein Graduiertenstudium an der Harvard Law School im Jahre 1972/73 machte mich mit neueren Entwicklungen des amerikanischen Technologierechts und dessen sozialwissenschaftlichem Bezugsrahmen vertraut. Zugleich standen mir die unvergleichlichen Arbeitsmöglichkeiten des Harvard Russian Research Center offen.

Das Sowjetrecht stellt oft schier unüberwindliche Quellenprobleme. Dennoch wurde im Kernstück der Arbeit, bei der Darstellung des sowjetischen Erfinderrechts in Geschichte und Gegenwart, versucht, Rechtsquellen und Literatur möglichst vollständig auszuwerten. Dabei kam es mir zugute, daß in der sowjetischen Wissenschaft seit dem Inkrafttreten des neuen Gesetzes über Entdeckungen, Erfindungen und Rationalisierungsvorschläge am 1. Januar 1974 eine starke Beruhigung eingetreten ist. Es wird abzuwarten sein, ob von der neuen

Sowjetverfassung vom 7. Oktober 1977, die im Text nicht berücksichtigt worden ist, wesentliche neue Impulse für die künftige Gestaltung des Erfinderrechts ausgehen. Bei der Darstellung des westlichen Patentsystems und in der Grundlegung der Arbeit wurde dagegen die Lückenlosigkeit der Dokumentation im allgemeinen nicht angestrebt; sie erschien für den Beweisgang der Arbeit entbehrlich und wäre bei der Fülle des Materials auch von vornherein unerreichbar gewesen. Das Manuskript wurde zum 1. Januar 1977 abgeschlossen. Das verzögerte Erscheinen der Arbeit beruht auf Umständen, die nicht in meiner Verantwortung liegen. Sie hängen vor allem mit der Schwierigkeit zusammen, die Drucklegung einer so umfangreichen Dissertation zu finanzieren.

Den ersten Dank schulde ich meinem verehrten Lehrer LUDWIG RAISER, der mich durch sein wissenschaftliches und menschliches Vorbild ermutigt hat, ein so grundsätzliches Thema anzupacken. Von ihm habe ich gelernt, daß Wissenschaft nicht nur für ihre Wissenschaftlichkeit, sondern auch für die Wahl ihres Gegenstands geradezustehen hat. Er hat die Arbeit durch vielerlei Förderung ermöglicht und ihr Entstehen mit nie nachlassender Fürsorge, Geduld und Liberalität begleitet. HAROLD BERMAN, der an der Harvard Law School meine dem Sowjetrecht gewidmete Magisterdissertation betreute, habe ich für die anregende Diskussion vieler Fragen zu danken, die auch hier aufgegriffen werden. JOSEPH BERLINER und ELIZABETH CLAYTON halfen mir im persönlichen Gespräch, Einzelaspekte der Sowjetwirtschaft besser zu verstehen. Unter den sowjetischen Wissenschaftlern, die mir bei der Materialbeschaffung und mit Rat und Auskunft behilflich waren, muß ich A. K. JURČENKO, O. S. IOFFE, M. M. BOGUSLAVSKIJ und V. P. RASSOCHIN besonders hervorheben. Anläßlich einer erneuten Reise in die Sowjetunion im Jahre 1976 hat mir V. A. DOZORCEV wichtige Hinweise auf neuere Entwicklungen gegeben. Selbstverständlich gehen alle Fehler und Mißdeutungen allein zu meinen Lasten.

Der Deutschen Forschungsgemeinschaft habe ich dafür zu danken, daß sie meinen Forschungsaufenthalt in der Sowjetunion durch ein Stipendium gefördert und den Druck der Arbeit durch einen Zuschuß ermöglicht hat. Der Harvard University danke ich für das mir gewährte Holtzer Fellowship, die generöse Betreuung und das anregendste Arbeitsklima, das ich kennengelernt habe.

Schließlich bin ich dem Herausgeber für die Aufnahme der Arbeit in seine Schriftenreihe zu Dank verbunden.

Bonn, im Dezember 1979

M. B.

INHALTSÜBERSICHT

Abkürzungen XIII

EINLEITUNG

GEGENSTAND UND METHODE DER ARBEIT

I. Fragestellung 1

II. Methodische Vorbemerkungen zur Rechtsvergleichung 4

ERSTER TEIL

GRUNDLEGUNG

I. Der Begriff des technischen Fortschritts 20

1. Formen des technischen Fortschritts 20
2. Phasen des technischen Fortschritts 26
3. Technischer Fortschritt als endogene Variable des Wirtschaftsprozesses . . 28

II. Die ökonomische Natur wissenschaftlich-technischen Wissens 32

1. Wissen als öffentliches Gut 32
2. Der „Wert“ des Wissens 35

III. Wirtschaftliche Dezentralisierung und technischer Fortschritt 39

1. Zwei Ursachen des Marktversagens: Externalität und Risiko 39
2. Die Problematik des Internalisierungsgedankens 42

IV. Marktlogik und technischer Fortschritt 45

V. Eigentumslogik und geistiges Eigentum 52

1. Dynamische Wettbewerbstheorien und das Patentsystem 53
2. Demsetz' allgemeine Theorie der Vermögensrechte 62

VI. Eigentumsformen 67

1. Der juristische Eigentumsbegriff 67
2. Funktionen des Eigentums 71

VII. Typologie der technologiepolitischen Anreizsysteme 75
1. Auswirkungen der speziellen Anreizsysteme 76
2. Auswirkungen der Eigentumsformen 85

ZWEITER TEIL

DIE RECHTLICHE STEUERUNG DES TECHNISCHEN FORTSCHRITTS IN DER SOWJETUNION

ERSTER ABSCHNITT

Überblick über die Geschichte des sowjetischen Erfinderrechts 92

I. Revolution, Kriegskommunismus und die erste Sozialisierung des Erfinderrechts (1917–1921) 92

II. Wiederaufbau und Neue Ökonomische Politik (1921–1925): Das Patentrecht einer Mischwirtschaft 100

III. Das Ende der N.Ö.P. und die zweite Sozialisierung des Erfinderrechts (1925–1931) 110

IV. Das Erfinderrecht als sozialistische Errungenschaft (1931–1959) 131

ZWEITER ABSCHNITT

Erfinderrecht und Innovationsplanung unter den Bedingungen der Wirtschaftsreform

A. Allgemeine Kennzeichnung der Reformwirtschaft seit 1965 134

I. Zur Vorgeschichte der Wirtschaftsreform 134

II. Die Wirtschaftsreform des Jahres 1965 136
1. Allgemeine Kennzeichnung 136
2. Das neue System der Wirtschaftsplanung 140
3. Die Rechtsstellung der Unternehmen, das neue System der materiellen Stimulierung und das Vertragssystem 141
4. Die Verzinsung der Produktionsfonds 143
5. Der Arbeitsmarkt 144
6. Das Preissystem 144

B. Das Recht der Erfindungen, wissenschaftlichen Entdeckungen und Rationalisierungsvorschläge 145

I. Das Recht der Erfindungen 145
1. Der Begriff der schutzfähigen Erfindung nach Sowjetrecht 145
2. Die Verwertungsrechte an geschützten Erfindungen 158
a) Patente 158
b) Urheberscheine 171
3. Die persönliche Rechtsstellung des Erfinders 181
a) Die Rechtsstellung des Erfinders vor der Anmeldung 182
b) Das Recht zur Anmeldung der Erfindung 184
c) Das angebliche Wahlrecht der Erfinder 187
d) Die Rechtsstellung des Erfinders nach Erteilung eines Urheberscheins . 190
e) Rechte und Pflichten des Erfinders bei der Verwertung der Erfindung . 207
4. Das Erfinderrecht im Spannungsfeld zwischen dem „Sozialismus in einem Land" und der internationalen Zusammenarbeit 208

II. Das Recht der wissenschaftlichen Entdeckungen 216

III. Das Recht der Rationalisierungsvorschläge 222
1. Gegenstand und Kriterien des Schutzes 222
2. Rechtsstellung der Urheber von Rationalisierungsvorschlägen 230

C. Die Erzeugung, Verbreitung und Verwertung neuen technischen und wissenschaftlichen Wissens 236

I. Allgemeine Kennzeichnung der sowjetischen Institutionen 237

II. Die Erzeugung und Verbreitung neuen Wissens 238
1. Träger und Rechtsformen der F & E 238
2. Die Planung von F & E 246
3. Die Sonderverwaltung des Entdecker- und Erfinderwesens 248
4. Die Verbreitung neuen Wissens 250
a) Das allgemeine technische Informationswesen 251
b) Das System der Patentinformation 252
c) Know-how-Verträge 254

III. Innovation 259
1. Standards und technische Normen 260
2. Innovationsplanung 261
a) Die Einführung der „neuen Technik" 263
b) Die Einführung der Erfindungen und Rationalisierungsvorschläge . . 264

IV. Die Finanzierung des technischen Fortschritts 265
1. Die Finanzierung der Einführung der „neuen Technik" 265
2. Die Finanzierung des Erfindungs- und Vorschlagswesens 267

V. Anreize zur Invention und Innovation 269
1. An Unternehmen und Organisationen gerichtete Anreize 270
a) Innovationsanreize 270
b) Anreize zur Erzeugung und Verbreitung neuer Technologien 274

2. Anreize für den Einzelnen . . . 275
a) Anreizsysteme, die an die allgemeinen Erfolgsindikatoren der Unternehmenstätigkeit anknüpfen . . . 275
b) Individualanreize für die Erzeugung, Verbreitung und Verwertung neuer Technologie . . . 277
c) Individualanreize für die Erzeugung, Verwertung und Verbreitung erfinderrechtlich geschützten Wissens . . . 280

D. Entwicklungsperspektiven des sowjetischen Rechts zur Steuerung des technischen Fortschritts, insbesondere des Erfinderrechts . . . 283

I. Die Diskussion um die Einführung „sozialistischer" Patente und Lizenzbeziehungen . . . 284

II. Ausblick auf die Zukunft des Erfinderrechts . . . 292

DRITTER TEIL

DAS PATENTRECHT IM ENTWICKELTEN INDUSTRIEKAPITALISMUS

I. Der Archetyp des Patents und der Funktionswandel des Patentrechts 296

II. Patenttheorien . . . 305

III. Patentrecht und Wettbewerbspolitik . . . 317
1. Die dem Patent innewohnenden Beschränkungen . . . 317
2. Die Einheitstheorie des Patentwettbewerbsrechts . . . 322

IV. Patentrecht und Geheimnisschutz . . . 330
1. Öffentliche und private Patente . . . 330
2. Geheimnisschutz in der Wettbewerbswirtschaft . . . 339
3. Geheimnislizenzen im Wettbewerbsrecht . . . 347

VIERTER TEIL

RECHTSVERGLEICHENDE BILANZ

I. Problemadäquate Komplexität der Rechtsinstitute als Maßstab der Rationalität und Gerechtigkeit . . . 350

II. Sozialstaatliche Gesichtspunkte . . . 360
1. Entlohnung für Sonderleistungen . . . 360
2. Persönliche Rechte der Erfinder . . . 362
3. Freizügigkeit der Arbeitskräfte . . . 362
4. Reale Verteilung der technischen Fortschritte und Steuerbarkeit des technischen Wandels . . . 363

III. Konvergenz der Systeme? . . . 363

FÜNFTER TEIL

RECHTSTHEORETISCHE, RECHTSDOGMATISCHE UND RECHTSPOLITISCHE FOLGERUNGEN

ERSTER ABSCHNITT

Rechtstheoretische und rechtsdogmatische Ergebnisse 366

I. Patentsystem und Eigentum 366

II. Patentsystem und Schutz subjektiver Rechte 374

III. Die Angemessenheit sachenrechtlicher Analogien im Patentrecht . . . 378

1. Der numerus clausus der dinglichen Rechte 379
2. Die „Dinglichkeit" lizenzrechtlicher Positionen 381
3. Der Abstraktionsgrundsatz im Patentrecht 384
4. Internationales Privatrecht 388

IV. Das Patentsystem als Teil des Wettbewerbsrechts im weiteren Sinne . 399

V. Folgerungen für das Geheimnisrecht 401

ZWEITER ABSCHNITT

Umrisse eines rechtspolitischen Langzeitprogramms 405

I. Kurzfristig mögliche Reformen 405

1. Registerzwang für Lizenzverträge 405
2. Einschränkung des Geheimnisschutzes für schutzrechtsfähige Erfindungen 406
3. Mitwirkung des Patentamts bei der Verbreitung neuer Technologien . . 407
4. Eine staatliche Technologiebank als Instrument der Wirtschaftspolitik . . 408
5. Technologiebewertung als Verwaltungsaufgabe 412

II. Perspektiven einer mittelfristigen Reformpolitik 412

1. Bereichsausnahmen aus dem Patentschutz 412
2. Stärkere Differenzierung des verbleibenden Patentschutzes 416

III. Eine nur langfristig realisierbare Alternative zum Patentsystem . . . 418

IV. Schlußbemerkung 419

Literaturverzeichnis 423

Sachregister 458

ABKÜRZUNGEN

a.a.O.	am angeführten Ort
Abs.	Absatz
AcP	Archiv für die civilistische Praxis
a.E.	am Ende
AER	American Economic Review
AER (Proc.)	American Economic Review, Papers and Proceedings
ArchBürgR	Archiv für Bürgerliches Recht
ANErfG	Gesetz über Arbeitnehmererfindungen
AöR	Archiv des öffentlichen Rechts
Am.BarAss.J.	American Bar Association Journal
Art.	Artikel
AWD	Außenwirtschaftsdienst des Betriebsberaters
BB	Betriebsberater
BGH	Bundesgerichtshof
BGHZ	Entscheidungen des Bundesgerichtshofs in Zivilsachen
BKA	Bundeskartellamt
BMJ	Bundesminister (Bundesministerium) der Justiz
BT-Drucks.	Bundestagsdrucksache
Col.L.Rev.	Columbia Law Review
DB	Der Betrieb
ders.	derselbe
Diss.	Dissertation
DJT	Deutscher Juristentag
DRWiss.	Deutsche Rechtswissenschaft
dtsch.	deutsch
Econ.	Economica
Ec.Rec.	Economic Record
ed.,eds.	Herausgeber
EuGH	Europäischer Gerichtshof
FAZ	Frankfurter Allgemeine Zeitung
Geo.Washington L.Rev.	George Washington Law Review
GRUR	Gewerblicher Rechtsschutz und Urheberrecht
GRUR/Int.	Gewerblicher Rechtsschutz und Urheberrecht, ausländischer und internationaler Teil
GWB	Gesetz gegen Wettbewerbsbeschränkungen
Harv.L.Rev.	Harvard Law Review
h.L.	herrschende Lehre
h.M.	herrschende Meinung
HWdSW	Handwörterbuch der Sozialwissenschaften
HWdStW	Handwörterbuch der Staatswissenschaften
Ind.L.J.	Indiana Law Journal
IPR	internationales Privatrecht

in Verb. mit	in Verbindung mit
Jb.f.OstR	Jahrbuch für Ostrecht
J.Ec.Hist.	Journal of Economic History
J.E.Th.	Journal of Economic Theory
JherJb.	Jherings Jahrbücher der Dogmatik des bürgerlichen Rechts
JLE	Journal of Law and Economics
JPE	Journal of Political Economy
J.P.O.S.	Journal of the Patent Office Society
JZ	Juristenzeitung
Kand.Diss.	Kandidatendissertation (sowj.)
KJ	Kritische Justiz
Komm.	Kommentar
LB	Lehrbuch
LGU	Leningradskij Gosudarstvennyj Universität (Leningrader Staatsuniversität)
L.J.	Law Journal
L.Rev.	Law Review
MEW	Marx/Engels, Werke
MEMO	Mirovaja Ėkonomika i Meždunarodnye Otnošenija (Weltwirtschaft und internationale Beziehungen)
Minn.L.Rev.	Minnesota Law Review
MGU	Moskovskij Gosudarstvennyj Universitet (Moskauer Staatsuniversität)
N.F.	neue Folge
NJW	Neue Juristische Wochenschrift
N.Y.U.L.Rev.	New York University Law Review
NW.U.L.Rev.	Northwestern University Law Review
OER	Osteuroparecht
o.J.	ohne Jahresangabe
Oxf.Ec.Pap.	Oxford Economic Papers
PatG	Patentgesetz
Pat.L.Rev.	Patent Law Review
PVÜ	Pariser Verbandsübereinkunft zum Schutze des gewerblichen Eigentums
QJE	Quarterly Journal of Economics
RabelsZ	Rabels Zeitschrift für ausländisches und internationales Privatrecht
RdA	Recht der Arbeit
RES	Review of Economic Studies
RESt.	Review of Economics and Statistics
Rev.int.dr.comp.	Revue internationale de droit comparé
Rev.crit. dr.int.privé	Revue critique de droit international privé
RG	Reichsgericht
RGW	Rat für Gegenseitige Wirtschaftshilfe (Comecon)
RGZ	Entscheidungen des Reichsgerichts in Zivilsachen
RL	Richtlinie(n)
Rn.	Randnummer
SGiP	Sovetskoe Gosudarstvo i Pravo (Sowjetstaat und Recht)
So.Cal.L.Rev.	Southern California Law Review
S.P.	Sobranie Postanovlenij Pravitel'stva SSSR (Sammlung der Verordnungen der Regierung der UdSSR)

StGB	Strafgesetzbuch
S.U.	Sobranie Uzakonenij i Rasporjaženij Rabočego i Krest'janskogo Pravitel'stva (Sammlung der Verordnungen und Verfügungen der Arbeiter- und Bauernregierung)
S.Z.	Sobranie Zakonov i Rasporjaženij Raboče-krest'janskogo Pravitel'stva (Sammlung der Gesetze und Verfügungen der Arbeiter- und Bauernregierung)
U.Pa.L.Rev.	University of Pennsylvania Law Review
U.Va.L.Rev.	University of Virginia Law Review
VDI	Verein Deutscher Ingenieure
VerlG	Verlagsgesetz
VerwArchiv	Verwaltungsarchiv
V.I.	Voprosy Izobretatel'stva (Fragen des Erfinderwesens)
V.K.	Vestnik Komiteta po Delam Izobretenij (Bote des Komitees für Erfindungswesen)
VN	Vereinte Nationen
West.Ec.J.	Western Economic Journal
WuW	Wirtschaft und Wettbewerb
ZfN	Zeitschrift für Nationalökonomie
ZfSt.	Zeitschrift für die gesamte Staatswissenschaft
ZRP	Zeitschrift für Rechtspolitik

EINLEITUNG

GEGENSTAND UND METHODE DER ARBEIT

I. Fragestellung

Der Markt soll zwei wichtige Leistungen erbringen. Er soll einmal für die optimale Allokation der vorhandenen knappen Ressourcen im Sinne des PARETO-Optimums sorgen, zugleich aber auch den technischen Fortschritt vorantreiben und ein optimales Wachstum ermöglichen. Beide Ziele können einander widersprechen. Der technische Fortschritt verlangt z. B. häufig große Zusammenballungen von Kapital und Marktmacht oder wird jedenfalls zur Rechtfertigung solcher Machtballungen herangezogen, welche die Leistungsfähigkeit der Marktwirtschaft im Hinblick auf das statische Optimum der Faktorallokation in Frage stellen. Seit JOSEPH SCHUMPETERS Lobpreisung des Monopols[1] erklären Vertreter „realistischer" dynamischer Wettbewerbskonzeptionen deshalb die Bedingungen der optimalen statischen Allokation für weitgehend irrelevant und die Bemühungen der Gleichgewichtstheorie letztlich für eine wissenschaftsgeschichtliche Verirrung.

Im Bereich der technischen Schutzrechte kommt der Konflikt zwischen dem von der klassischen Theorie definierten statischen und einem, allerdings weit schwerer faßbaren, dynamischen Optimum der Allokation offen zum Vorschein. Technische und wissenschaftliche Information ist im Sinne der Wohlfahrtsökonomik ein öffentliches Gut[2]. Einmal in der Welt, könnte sie zu Grenzkosten von Null oder nahezu Null wieder und wieder verwendet werden, ohne sich abzunutzen. Von Natur ist Wissen nicht knapp; Gedanken sind frei. Beließe das Recht sie in diesem Zustand, würde der technische Fortschritt aber vielleicht erlahmen. Vielleicht würde kein neues Wissen erzeugt, wenn vorhandenes Wissen unbeschränkt genutzt werden könnte. Das Arsenal technischer Schutzrechte, ein großzügiger Geheimnisschutz und vielgestaltige arbeitsrecht-

[1] SCHUMPETER, Capitalism, Socialism, and Democracy (2. Aufl. 1949); DERS., Theorie der wirtschaftlichen Entwicklung (5. Aufl. 1952) 213; DERS., Unternehmer, in: HWdStW VIII (4. Aufl. 1928) 483.

[2] ARROW, Economic Welfare and the Allocation of Resources for Invention, in: The Rate and Direction of Inventive Activity: Economic and Social Factors (NBER) (1962) 609–626.

liche Behelfe – Wettbewerbsverbote, Verschwiegenheitsklauseln, kurzum Verträge, welche Arbeitnehmer an der gewerblichen Verwertung und Weitergabe technischer Erfahrungen hindern – ermöglichen es den Unternehmern, sich Wissen anzueignen. Eben dadurch gibt das Recht den Unternehmern einen Ansporn zur Durchführung des technischen Fortschritts, genauer: derjenigen Formen des technischen Fortschritts, die durch solche Anreize induziert werden. Die rechtlich gestattete Aneignung des Wissens soll ein dynamisches Optimum herbeiführen, indem sie die Bedingungen des statischen Optimums suspendiert. Die Maschinerie, die Rechtsordnungen kapitalistischer Wirtschaften in Gang setzen, um Wissen künstlich zu verknappen, ist ungemein kompliziert und aufwendig. Aber sie ist – wie sich zeigen wird – noch lang nicht kompliziert genug. Der jeweils für einzelne technologische Projekte günstigste Ausgleich zwischen den beiden gegenläufigen Zielfunktionen der Marktwirtschaft könnte nur in einem Entscheidungsverfahren gewonnen werden, das noch weit komplexer, unsicherer und offener wäre als das geltende Patentrecht oder gar das Recht der Betriebsgeheimnisse. Damit würden aber offensichtlich die Grenzen dessen überschritten, was das Recht und die Verfahren juristischer Problemlösung legitimerweise leisten können.

Der Widerspruch zwischen der optimalen statischen Allokation (der statischen Effizienz) und den Entstehungsbedingungen des technischen Fortschritts ist nicht, wie die Vertreter dynamischer Wettbewerbstheorien glauben machen wollen, bloß ein Thema der ökonomischen Dogmengeschichte. Er liegt in der Sache selber. Hier stoßen gegensätzliche Versuche, die Marktwirtschaft zu legitimieren, aufeinander. Die technologiepolitischen Interessen der Unternehmer, Verbraucher, Arbeiter stimmen keinesfalls von vorneherein und für alle Technologien gleichermaßen überein. Das macht den Ausweg aus dem Dilemma des Marktes zu einem Politikum. Hätten nicht die Zwänge der Kapitalverwertung und die Systemkonkurrenz zwischen Ost und West die Frage nach dem Wozu und Wohin der Technik tabuiert und Fortschritt und Wachstum zum Fetisch gemacht, so müßten alle Gesichtspunkte einer politischen Ökonomie der Technik in die Entscheidung darüber eingehen, ob Wissen angeeignet werden oder frei sein soll.

Wo Juristen mit den Begriffen des gewerblichen Eigentums oder des Immaterialgüterrechts operieren, ist dieser Entscheidungsprozeß kurzgeschlossen. Der Konflikt wird damit in das Privatrecht abgeschoben, wo nur noch eine begrenzte Problematisierung erlaubt ist. Die deutsche Patentrechtslehre seit Josef Kohler hat die Kategorien des Eigentumrechts unbesehen aus dem Kontext einer Kompetenzordnung für die Nutzung knapper Güter übertragen in den ganz anderen Zusammenhang der Verwertung des nicht knappen, sondern freien Wissens. Damit wurde dem gewerblichen Rechtsschutz Startplausibilität verschafft, zugleich aber wurde für lange Zeit auf einem für die Wirtschaftsordnung zentralen Gebiet der Dialog zwischen Nationalökonomen und Juristen blockiert. Daß von Anfang an versäumt wurde, den Zusammenhang von Eigentum und gewerblichen Schutzrechten zu klären, ist eine der Ursachen für die beklagenswerte wissenschaftliche Isolierung des Patentrechts, für – wie ein Patentpraktiker schreiben konnte – seinen schier undurchdringlichen „Begriffspanzer" und seine „monadenhafte Beziehungslosigkeit"[3].

Die Sowjetwirtschaft beruht auf der Verstaatlichung der Produktionsmittel. Das schließt nicht aus, daß der Marktmechanismus, ein funktional beschränkter freilich, in erheblichem Umfang zur Regelung des wirtschaftlichen Geschehens eingesetzt wird. Sowjetische Unternehmen sind weitgehend verselbständigte Wirtschaftseinheiten, und hinsichtlich einer ganzen Anzahl von Aktionsparametern stehen sie zueinander in einer Art von Wettbewerb. Gleichwohl tritt technisches Wissen bis heute in der Sowjetunion nicht als Ware auf. Das gewerbliche „Eigentum" ist immer noch im Vollsinne sozialisiert. Alle Wirtschaftseinheiten können vorhandenes Wissen in Anspruch nehmen, ohne dem Staat oder einer anderen Wirtschaftseinheit Lizenzgebühren zu bezahlen. Lediglich die Urheber geschützter Erfindungen und Rationalisierungsvorschläge, die als natürliche Personen aber nicht gewerblich tätig werden können, erhalten eine geringe normierte Nutzungsvergütung. Die statische Effizienz der Allokation des vorhandenen Wissens ist sonach in viel höherem Maße gewährleistet als in kapitalistischen Wirtschaftsordnungen. Damit jedoch entfällt die Regulierungsfunktion des Marktes bei der Produktion und industriellen Verwertung neuen Wissens. An die Stelle des Marktes tritt eine umfassende, nicht nur reaktive, bloß interventionistische Technologiepolitik. Forschung und Entwicklung wie auch die grundlegenden Innovationen unterliegen der imperativen staatlichen Planung.

Mit diesen einleitenden Bemerkungen ist der Gegenstand der Arbeit im wesentlichen umrissen. In einem Eingangsteil werden die Grundlagen für eine funktionale Analyse des sowjetischen Erfinderrechts und der sowjetischen Organisation des technischen Fortschritts erarbeitet, die sich später auch in der Rechtsvergleichung bewähren sollen. Im zweiten Teil werden das sowjetische Erfinderrecht und das sowjetische Wirtschaftsrecht des technischen Fortschritts dargestellt. Der dritte Teil bringt eine kritische Untersuchung der Grundlagen des Patentsystems im gegenwärtigen Kapitalismus, die im vierten Teil dieser Arbeit einige rechtsvergleichende Schlußfolgerungen ermöglichen wird. Der Schlußteil enthält den Versuch, in großen Zügen ein rechtstheoretisches und rechtspolitisches Programm für die Reform des Patentrechtes zu entwerfen.

Bei diesem Vorgehen wird sich, so ist zu hoffen, einiges Licht in das noch immer ungeklärte Problem bringen lassen, wie die Eigentumsformen mit dem Patentsystem und mit alternativen Anreizsystemen für den technischen Fortschritt funktional zusammenhängen. Damit wäre zugleich ein Neuansatz für

---

[3] WALLESER, Die Patentfähigkeit als rechtsteleologisches Problem (1963) 1–7.

die Bestimmung des Verhältnisses zwischen dem gewerblichen Rechtsschutz und dem Wirtschaftsrecht und der Wirtschaftspolitik gewonnen. Ferner soll versucht werden, die technologiepolitischen Implikationen des Patentsystems und der alternativen Anreizsysteme herauszuarbeiten, freilich nur in analytischer, nicht auch in empirischer Absicht. Wie wirken die verschiedenen Anreizsysteme auf die Struktur des technischen Fortschritts ein, welche Verteilungs- und Einkommenseffekte gehen von ihnen aus? Dabei wird offenbar werden, worum es bei der gegenwärtig in der Sowjetunion diskutierten Einführung „sozialistischer" Patente und Lizenzbeziehungen in der Sache geht. Es wird sich außerdem zeigen, daß in die Debatte über den Wert der westlichen Patentsysteme außer der wettbewerbsrechtlichen eine weitere, letztlich viel wichtigere, Dimension eingeführt werden muß: die technologiepolitische. Wie verträgt sich der Automatismus des Patentsystems mit dem Bemühen um die Humanisierung und gesellschaftliche Beherrschung der Technik? Schließlich packen wir die Frage an, in welcher Rechtsordnung die Probleme des technischen Fortschritts unter heutigen Bedingungen sich angemessener thematisieren lassen. Mit der Frage nach der Wirklichkeitsadäquität der juristischen Konstruktionen und Begriffe ist zugleich die Konsensfähigkeit der Resultate des juristischen Entscheidungsverfahrens angesprochen, letztlich die politische Legitimität der juristischen Entscheidungen.

II. Methodische Vorbemerkungen zur Rechtsvergleichung

An Praktikerbüchern über das sowjetische Erfinderrecht herrscht kein Mangel[4]. Bekanntlich spielen Technologietransfers im Ost-West-Handel eine besondere Rolle. Was der westliche Außenhandelspartner der Sowjetunion wissen muß, ist im wesentlichen bekannt. Eine gründlichere rechtsvergleichende Untersuchung fehlt dagegen bisher. Es gibt freilich eine Vielzahl von Werken, die auf das sowjetische Recht kursorisch Bezug nehmen und die Richtigkeit des Patentrechts mit dem Hinweis zu bekräftigen versuchen, daß sogar Kom-

---

[4] Hervorzuheben sind Hiance/Plasseraud, La protection des inventions en Union Soviétique et dans les républiques populaires de l'Europe (1969); Katzarow, Gewerblicher Rechtsschutz und Urheberrecht der UdSSR (1960); Grave, Sowjetisches Patentrecht (1966); Haertel u. a., Gewerblicher Rechtsschutz in Ost und West (1966); ders., Rechtsfragen der Kooperation zwischen Unternehmen in Ost und West (Studien des Instituts für Ostrecht München, 1966); Pisar, Coexistence and Commerce (1970) 336 ff. Zum sowjetischen Patentrecht des Jahres 1931 vgl. Serafinowicz, Verwertung und Schutz der Erfindungen in der UdSSR (1935), und zum Patentgesetz des Jahres 1924 ders., Das Patentrecht der UdSSR nach dem geltenden Patentgesetz und unter Berücksichtigung des neuen Entwurfs (1930). Zum neuen Patentgesetz des Jahres 1973 vgl. die Materialien über das Internationale Symposium über sowjetisches Patent- und Lizenzwesen des VDI im März 1974 in Düsseldorf, VDI-Bericht Nr. 227 (1975).

munisten eines gewissen Patentschutzes nicht entraten können[5]. Man glaubt, sich juristischer Sachgerechtigkeit da gewiß zu werden, wo der „Nachweis der Verbreitung und Bewährung gleicher Lösungen für bestimmte Probleme in Ländern mit verschiedener Ideologie“[6] gelingt: Es gibt „kein besseres Mittel, emotionelle Elemente aus der juristischen und rechtspolitischen Diskussion auszuschalten“[7]. Im Subtraktionsverfahren – durch Ausscheidung des „Politischen“ – sucht die Jurisprudenz ihre Eigenständigkeit als Wissenschaft. Wenn die Suche nach juristischen Universalien[8], nach Weltrecht[9], die Rechtsvergleichung als Erkenntnisinteresse anleitet, so ist es beinahe verständlich, daß nur zu oft die Identität der Lösungen konstatiert wird, bevor die Identifizierung des „Problems“ gelungen ist.

Dieser Gefahr ist dann kaum zu entgehen, wenn das Problem in juristisch strukturierter Sprache begriffen wird. Die sozialistischen Rechtsordnungen sind aus bürgerlichen Rechtsordnungen hervorgegangen, und man hat sich in der Erwartung des Absterbens der Rechtsform überhaupt oft wenig um die Anpassung ihrer begrifflichen und strukturellen Gestalt bemüht. So ist es nicht verwunderlich, daß sie noch die Geburtsmale ihrer Herkunft tragen. Am Rechtsproblem orientierte Ostrechtsvergleichung gerät deshalb leicht eher zur vergleichenden Dogmengeschichte oder zur Rezeptionsforschung als zu einem funktionalen Vergleich. BEIER etwa kommt in seinem Vergleich der herkömmlichen Patentrechtstheorien und der sozialistischen Konzeption des Erfinderrechts zu der beruhigenden Feststellung, daß die sogenannten Patentrechtstheorien auch im Sozialismus durchaus noch ihre Bedeutung hätten[10]. Und in

---

[5] Typisch etwa BERNHARDT, Lehrbuch des deutschen Patentrechts (3. Aufl. 1973) 5: „Endlich gibt es politische Gruppen, die das Patentsystem für eine Ausgeburt des kapitalistischen Wirtschafts- und Gesellschaftssystems halten. Daß die UdSSR ... auch das klassische Patent kennt, kümmert diese Kreise nicht.“

[6] NEUHAUS, Besprechung von MÜLLER-FREIENFELS, Ehe und Recht: RabelsZ 28 (1964) 563.

[7] NEUHAUS aaO.

[8] So am nachdrücklichsten, von der neukantianischen Erkenntnistheorie ausgehend, wohl BLOMEYER, Zur Frage der Abgrenzung von vergleichender Rechtswissenschaft und Rechtsphilosophie: RabelsZ 8 (1934) 1 ff.

[9] Während BLOMEYER nach den von aller Historizität und Empirie gereinigten apriorischen Begriffen des Rechts forscht, suchen andere überzeitliche oder transnationale (universelle) Problemlagen, etwa schon SALOMON, Grundlegung der Rechtsphilosophie (2. Aufl. 1925) 30, 59, die anhand eines systemübergreifenden, neutralen Kategoriengerüsts analysiert werden sollen (beispielhaft: ROTHOEFT, System der Irrtumslehre als Methodenfrage der Rechtsvergleichung [1968]).

Wieder andere betonen die Universalität einer jenseits der positiven, vom Staat gesetzten Rechtsinstitute liegenden Welt rechtsethischer Prinzipien und argumentatorischer Topoi (grundlegend ESSER, Grundsatz und Norm in der richterlichen Fortbildung des Privatrechts [2. Aufl. 1964]; vgl. auch DEL VECCHIO, Les bases du droit comparé et les principes du droit: Rev. int. dr. comp. 1960, 499 f.).

[10] BEIER, Die herkömmlichen Patentrechtstheorien und die sozialistische Konzeption des Erfinderrechts: GRUR/Int. 1970, 1 ff.

der Tat, in Ost und West wird mit einem ähnlichen Erfindungsbegriff gearbeitet, und in allen Systemen ist man sich darüber einig, daß die Erfinder tüchtig angespornt und im Erfolgsfalle auch belohnt werden sollen. Dabei wird aber übersehen, daß die sogenannten Patentrechtstheorien über die wirkliche Funktion jedenfalls des westlichen Patentsystems heutzutage kaum etwas Triftiges aussagen. Statt einer funktionalen Rechtsvergleichung haben wir den Nachweis vor uns, daß bestimmte patentrechtliche Interpretationshilfen oder Hintergrundideologien auch eine Oktoberrevolution überlebt haben. Die deutsche Ostrechtsforschung leidet unter der großen formalen Nähe des Sowjetrechts zur heimatlichen Rechtsordnung besonders.

Das Hauptproblem einer funktionalen Rechtsvergleichung ist es also, das vom Recht geregelte Sachproblem als tertium comparationis mit aller Schärfe herauszuarbeiten. Es erwächst aus der gesellschaftlichen Wirklichkeit, nicht aus der Rechtswissenschaft. Werden Rechte sozio-ökonomisch verwandter Gesellschaftsformationen verglichen, so ist das Sachproblem meist schon in der alltäglichen juristischen Problemerfahrung gegeben. Wird bei der Rechtsvergleichung, wie in der klassischen Schule RABELS und seiner Schüler, die Kontinuität abendländischer Zivilisation im hermeneutischen Vorgriff vorausgesetzt, so ergibt sich die Sachproblematik meist mit aller erforderlichen Evidenz. Die Rechtsvergleichung enthüllt dann jenseits des vielfältigen Spiels der Rechtsformen die Einheit der Kultur. Die supranationalen Grundsätze (ESSER) erscheinen als Recht höherer Ordnung, ja sie werden häufig als Rechtsquelle des Typus „historisches (relatives) Naturrecht" bemüht[11]. Solche Rechtsvergleichung gilt als Weg zu höherer juristischer Bildung; sie führt über die Plattheit des bloß Handwerklichen hinaus[12]. Ganz ebenso wie sich im bürgerlichen Bildungsideal der Humanität und Weltläufigkeit Allgemeines und Besonderes verbinden, vereinen sich vor dem souveränen Überblick des Rechtsvergleichers die zu Rechtskreisen zusammengefaßten nationalgeschichtlichen Eigentümlichkeiten und Kuriosa mit der universalen Rechtsidee. Versöhnt bietet sich die Kulturenvielfalt dem Betrachter zum ästhetischen, meist reichlich platonischen, Genuß.

---

[11] Vom materialistischen Standpunkt aus schreibt ENGELS: „Die Juristen ... vergleichen in ihrer weitern Entwicklung die Rechtssysteme verschiedener Völker und verschiedener Zeiten miteinander, nicht als Abdrücke der jedesmaligen ökonomischen Verhältnisse, sondern als Systeme, die ihre Begründung in sich selbst finden. Die Vergleichung setzt Gemeinsames voraus: dieses findet sich, indem die Juristen das mehr oder weniger Gemeinschaftliche aller dieser Rechtssysteme als *Naturrecht* zusammenstellen. Der Maßstab aber, an dem gemessen wird, was Naturrecht ist und was nicht, ist eben der *abstrakteste Ausdruck* des Rechts selbst: die *Gerechtigkeit*. Von jetzt an ist also die Entwicklung des Rechts für die Juristen ... nur noch das Bestreben, die menschlichen Zustände, soweit sie juristisch ausgedrückt werden, dem Ideal der ... ewigen Gerechtigkeit immer wieder näherzubringen" (Zur Wohnungsfrage: MEW XVIII 276 f.).

[12] Vgl. ZWEIGERT/AUBIN, Rechtsvergleichung im deutschen Hochschulunterricht (1952).

Der bevorzugte Gegenstand der klassischen Rechtsvergleichung ist das Common Law Englands und der Vereinigten Staaten, das den kodifizierten Rechtsordnungen des Kontinents gegenübergestellt wird. Starke Divergenz der verschiedenen Rechtsordnungen im Historischen und Formalen, im Stil, ist hier gepaart mit naher Verwandtschaft der Inhalte[13]. Die Einheit der Grundsätze jenseits der Vielheit der Normen ermöglicht Rechtsvergleichung als autonomen Bereich juristischer (dogmatischer) Wissenschaft. Dagegen muß die Ostrechtsvergleichung, vor allem, wenn sie vom deutschen Recht ausgeht, dessen Sprache und System den sowjetischen Rechtsbereich noch immer stark durchformen, mit großer, oft verblüffender Ähnlichkeit des Formalen, der Stile, bei äußerster sozioökonomisch bedingter Verschiedenheit der Inhalte fertig werden. Beim Studium sozialistischer Rechtsordnungen kann man sich schwerlich darauf verlassen, daß das in der Lebenspraxis vorgefundene, von der juristischen Ausbildung zu Hause aktualisierte Problembewußtsein wie im eigenen so auch im fremden Recht sinnvolle Ausschnitte der sozialen Welt bezeichnet. Juristische Begriffe und Systemkategorien, auch solche der grundsätzlichen Infrastruktur der heimatlichen Rechtsordnung, taugen nicht zur Identifizierung von Sachproblemen einer Sozialordnung, deren behauptete radikale Verschiedenheit von der unseren wissenschaftlich als Möglichkeit immerhin ernstgenommen werden muß und nicht schon bei der Methodenwahl a limine ausgeschlossen werden darf[14].

Etwa den Begriff des gewerblichen Rechtsschutzes, schon im deutschen Recht eine wenig sachhaltige Kategorie, zum Anknüpfungspunkt zu machen, würde den Erkenntniswert der Untersuchung von vorneherein beschränken. Während nämlich im Westen mit einer Darstellung des gewerblichen Rechtsschutzes Wesentliches über die rechtliche Organisation der Konkurrenz und des technischen Fortschritts gesagt wäre, würde die Beschreibung des sowjetischen gewerblichen Rechtsschutzes (den Begriff gibt es dort schon lange nur noch im internationalen Recht) einen ganz anderen, nur minimalen Ausschnitt der rechtlich regulierten Wirtschaftswirklichkeit beleuchten. Ebenso würde man theoretisch recht belanglose Aussagen zutage fördern, wenn man die „Immaterialgüterrechte“[16], das „geistige Eigentum“, das „Recht des geistigen

---

[13] Vgl. Berman, What Makes "Socialist Law" Socialist?: Problems of Communism 1971, Nr. 5, 24: „The Comparison of the ‚common law system‘ with the ‚civil law system‘, which has occupied most Western legal comparatists until recent decades, focuses on differences in legal style and technique among countries which share many important elements of both a common cultural tradition and common political, economic, and social institutions.“

[14] Ähnlich Berman aaO 24, und (für den politischen Systemvergleich) von Beyme, Ökonomie und Politik im Sozialismus (1975) 15.

[15] Er wird vor allem im Zusammenhang mit der Pariser Verbandsübereinkunft zum Schutze des gewerblichen Eigentums verwandt.

[16] Der Gegenstand des sowjetischen Erfinderrechts, Erfindungen, Entdeckungen und Rationalisierungsvorschläge, wird in der sowjetischen Literatur häufig als Immaterial-

Schaffens"[17] oder dergleichen zum Ausgangspunkt nähme. Diese Begriffe mögen im sowjetischen juristischen Vokabular noch vorkommen oder nicht: *wenn* sie noch vorkommen, woher wissen wir, daß dies nicht nur deshalb so ist, weil man noch keine Zeit hatte, sie neu zu überdenken? Wer sagt uns, daß sie noch ihre ursprüngliche Funktion haben? Man muß bereit sein, sich die Sicherheit des juristischen Problemverständnisses nehmen zu lassen, wenn man sozialistisches Recht mit kapitalistischem ernsthaft vergleichen will.

LOEBER erkannt das, wenn er schreibt: „Die vergleichende Untersuchung kann sich nicht mit der institutionellen Seite ... begnügen", die er – übrigens recht unglücklich – mit der „Rechtsfigur" gleichsetzt, und wenn er deshalb fordert, die Untersuchung sei in den „Gesamtzusammenhang der bestehenden Wirtschafts- und Gesellschaftsordnungen" zu stellen[18]. Aber geschichtliche Totalitäten lassen sich kontemplativ nicht voll begreifen, zumal dann nicht, wenn der Rechtsvergleicher selbst mit seiner Erfahrung in dem einen der zu vergleichenden „Gesamtzusammenhänge" steht. Wo auch anfangen und wo aufhören? Bereits die Wahl des „Rechts" als des Untersuchungsgegenstandes verengt die Perspektive auf den Gesamtzusammenhang in einer Weise, die auch durch eine abstrakte „rechtstheoretische und rechtssystematische Einführung"[19] ex post nicht mehr zu berichtigen ist.

Da der bloße Institutsvergleich nur Irrelevantes herausbringe, wird vielfach angeraten, die Konstituierung des Sachproblems, des tertium comparationis, den Realwissenschaften, namentlich der Rechtssoziologie, anzuvertrauen[20]. Aber was berechtigt zu der Hoffnung, *die* Soziologie vermöchte da, wo die Jurisprudenz versagt, die notwendigen „systemneutralen" Universalien bereitzustellen[21]? Flieht man als Jurist so nicht nur aus der Verantwortung für die

gut (nematerial'noe blago) bezeichnet. Vgl. etwa JURČENKO, Problemy Sovetskogo izobretatel'skogo prava (1963) 4; DERS., Ob"ekt izobretatel'skogo prava, Očerki po graždanskomu pravu (1957) 225 ff., und MAMIOFA, Izobretatel'skoe pravootnošenie: V. I. 1969, Nr. 10, 17.

[17] Unter Systemgesichtspunkten werden das Erfinder- und Urheberrecht häufig unter der Rubrik des geistigen Schaffens untersucht. Vgl. etwa IONAS, Proizvedenie tvorčestva v sisteme Sovetskogo graždanskogo prava (unveröff. jur. Doktordiss., Moskau 1966).

[18] LOEBER, Rechtsvergleichung zwischen Ländern mit verschiedener Wirtschaftsordnung: RabelsZ 25 (1961) 201, 218.

[19] Wie sie LOEBER, aaO fordert. Vgl. DERS., Der hoheitlich gestaltete Vertrag (1969) 310 ff. („Der hoheitlich gestaltete Vertrag im Spiegel der Wirtschaftsordnungen").

[20] LOEBER, Rechtsvergleichung 205, JAKOBS, Zur Methodik der Zivilrechtsvergleichung zwischen Rechten aus verschiedenen Gesellschaftsordnungen: OER 1963, 108, 112 (JAKOBS erklärt hier die von LOEBER so genannte dogmatische Rechtsvergleichung für die fruchtbarste) und vor allem DROBNIG, Rechtsvergleichung und Rechtssoziologie: RabelsZ 17 (1953) 295 ff.

[21] DROBNIG 304 fordert die Verwendung soziologischer „Kategorien als Basis rechtsvergleichender Begriffsbildung". Vgl. auch HELDRICH, Sozialwissenschaftliche Aspekte der Rechtsvergleichung: RabelsZ 34 (1970) 427 ff. Skeptisch hierzu angesichts des Entwicklungsstands der Rechtssoziologie LUHMANN, Rechtssoziologie I (1972) 23.

Methoden- und Gegenstandswahl? Sollte etwa die Soziologie nicht ebenso wie die Rechtswissenschaft einem begrenzten gesellschaftlichen Verwendungszusammenhang verfallen sein? Wird nicht so eine Beschränktheit durch die andere ersetzt?

Sehen wir, was aus dem Programm des Rückgriffs auf soziologische Kategorien in der rechtsvergleichenden Literatur geworden ist. LOEBER hatte im Anschluß an ZWEIGERT[22] gefordert, die „ihrer Funktion nach, hinsichtlich ihrer ‚soziologischen Dimension' vergleichbaren Rechtsinstitute in ihrem Wesen zu erkennen und in kritischer Vergleichung aneinander zu messen"[23]. Er schreibt:

> „Die Vergleichbarkeit vom Ergebnis her – von der Ähnichkeit oder den Unterschieden der Rechtsinstitute – abhängig zu machen, erscheint unzulässig. *Allein die Verwendung des gemeinsamen Begriffs ‚Vertrag' ist ausreichend*, uns als Grundlage und Rechtfertigung für einen Vergleich zu dienen, selbst wenn der Vergleich zum Ergebnis führen sollte, daß mit demselben Begriff inhaltlich Verschiedenes verstanden wird. Auch die Tatsache, daß der Vertrag in einem Fall in eine planwirtschaftliche, im anderen Fall in eine marktwirtschaftliche Ordnung eingebettet ist, ändert an der Möglichkeit eines Vergleichs nichts." [24]

Das Letzte ist richtig. Freilich sind die Grenzen der Vergleichbarkeit nicht nur in einem „streng logischen Sinn recht weit gespannt"[25]; es gibt sie überhaupt nicht[26]. Aber nicht alles, was vergleichbar ist, lohnt auch den Vergleich. Nicht jede Rechtsvergleichung kommt zu relevanten Ergebnissen. Die Frage ist, ob noch funktionale Rechtsvergleichung getrieben wird, wenn eine Untersuchung dadurch ausgelöst wird, daß das Reizwort „Vertrag" ertönt. Periphere Erscheinungen wie die Milchlieferungsverträge des deutschen Rechts und das zentrale Rechtsinstitut des sowjetischen Planvertrages mögen – wie LOEBER erkennt – als Rechtsfiguren allerhand gemein haben, funktional, im Gesamtzusammenhang der Wirtschaftsordnungen haben sie wenig miteinander zu tun.

Auch JAKOBS erklärt die von LOEBER so genannte dogmatische oder reine Rechtsvergleichung, den Vergleich in ihrer soziologischen Funktion vergleichbarer Rechtsinstitute, für das fruchtbarste Vorgehen[27]. In seiner Studie über den sowjetischen Eigentumsbegriff freilich vermeidet auch er die durch eine funktionale Fassung des Vergleichsgegenstandes entstehenden Schwierigkeiten. Dies durch eine zweifache Wendung. Im Rückgriff auf RENNERS Gesetzespositivismus postuliert JAKOBS zunächst die Reinheit und Autonomie des Rechts[28]. „Mit dem Moment, in dem der Staat die sozialen und ökonomischen Lebens-

---

22 ZWEIGERT, Méthodologie du droit comparé, in: Mélanges Maury I (1960) 590.

23 LOEBER, Rechtsvergleichung 205.

24 LOEBER, Der hoheitlich gestaltete Vertrag 13.

25 LOEBER aaO 62.

26 ROTTER, Dogmatische und soziologische Rechtsvergleichung: OER 1970, 81.

27 JAKOBS, Zur Methodik 112.

28 JAKOBS, Eigentumsbegriff und Eigentumssystem des sowjetischen Rechts (1965) 189; DERS., Zur Methodik 111.

verhältnisse normativ regelt, betreten wir die Normenwelt des gesetzten Rechts. Ob sich das Recht selbst darin erschöpft oder nicht, mag dahingestellt bleiben. Auf jeden Fall hat diese Welt ihre eigenen Gesetze ..."[29]. Indem JAKOBS sich diesen – deutscher Tradition entstammenden – Rechtsbegriff zu eigen macht, verbaut er sich die Möglichkeit, der in der eigentümlichen Ambivalenz des marxistischen und sowjetischen Rechtsbegriffs zum Ausdruck kommenden Sachproblematik nachzuspüren. Der in der sowjetischen marxistischen Theorie zwischen Überbau und Unterbau hin und her vagierende Eigentumsbegriff wird heimgeholt in die geordneten Verhältnisse deutscher Pandektistik. Die Rechtsbegriffe erscheinen schließlich als dauerhafte Monaden, denen auch ein halbes Jahrhundert Bolschewismus nichts anhaben konnte. Die weitere theoretisch bedenkliche Wendung liegt in der – ebenfalls schon bei RENNER angelegten – Erstreckung des gesetzespositivistischen Etatismus auf die topische und argumentatorische Infrastruktur des juristischen Denkens, auf Dogmatik und Systembildung. Dabei geht es JAKOBS aber, wie er selber schreibt, nicht um den Vergleich der positivrechtlichen Lösungen[30], sondern um den juristischen Gehalt des sowjetischen Rechts. ESSER hat die Unzulänglichkeit dieser Etatisierung des Rechtsdenkens dargetan[31], und JAKOBS' Ergebnisse erbringen selbst den Beweis, daß zwar das Gesetz, nicht aber das juristische Denken sich der staatlichen Verfügung beugt. Ohne seinen etatistischen Rechtsbegriff kann JAKOBS nicht in die Vergleichung hinein, mit ihm kann er nicht mehr aus ihr heraus. Als Resultat erbringt die Arbeit den Nachweis, daß die sowjetische *Rechtswissenschaft* in erstaunlichem Maße noch von der deutschen rechtswissenschaftlichen Tradition des 19. Jahrhunderts zehrt: Die Funktion dieser Verhaftung mit der Vergangenheit wird ebensowenig erhellt wie die Funktion des sowjetischen Eigentums als Rechtsinstitut.

Wird der Gegenstand so zurechtgeschnitten, so muß das Ergebnis der Rechtsvergleichung im wesentlichen darin bestehen, die sowjetische Doktrin rechtstheoretisch Gleichgesinnten in der fachsprachlichen Übersetzung zu präsentieren. Am Ende beschränkt sich JAKOBS darauf, diejenigen Rechtsbegriffe zu finden, „in denen der Gehalt des fremden Rechts erhellt werden kann, ohne daß wir uns in eine rechtsfremde Begriffswelt begeben müssen ..."[32]. Der Wert solcher Arbeit soll hier nicht in Frage gestellt werden. Aber es handelt sich doch eher um vergleichende Dogmengeschichte oder Rezeptionsforschung als um funktionale Rechtsvergleichung. Das Versprechen einer auf die soziale Funktion von Rechtsinstituten bezogenen Vergleichung kapitalistischer und sozialistischer Rechtsordnungen löst auch JAKOBS nicht ein.

---

[29] RENNER, Die Rechtsinstitute des Privatrechts und ihre soziale Funktion (1929) 5.

[30] JAKOBS, Eigentumsbegriff 98.

[31] ESSER, Grundsatz und Norm, vor allem 10 ff., 148 ff., 293 ff.

[32] JAKOBS, Eigentumsbegriff 98.

In neuester Zeit haben THOMAS RAISER[33] und ROTTER[34] versucht, Ansätze der Organisationssoziologie und der Systemtheorie für die Ost-West-Rechtsvergleichung fruchtbar zu machen. RAISER glaubt, in einem organisationssoziologisch präzisierten – und entleerten – Unternehmensbegriff den erforderlichen „neutralen Begriff“ gefunden zu haben, den EUCKEN[35] für seine idealtypisch konstruierte Wirtschaftsmorphologie im „Betrieb“ zu besitzen meinte. Bei RAISER heißt es:

„Als Glied des nationalökonomischen Gesamtgeschehens stehen Privatunternehmen westlicher Prägung und volkseigene Betriebe funktional auf derselben Ebene und lassen sich insofern vergleichen. Sie stimmen auch in ihrem Charakter als rational strukturierte Organisationen überein, die gegenüber Wirtschaft, Staat und Gesellschaft die Bestandsprobleme des sozialen Systems lösen müssen. Zentral gesteuerte ‚Betriebe‘ müssen nicht weniger als selbst disponierende Unternehmen in der Marktwirtschaft Strukturen entwickeln, die es gestatten, sich zu integrieren, gegenüber der Umwelt zu behaupten oder anzupassen und ihre Zwecke zu erfüllen. Da sich die Differenzierung nach den vorgegebenen Voraussetzungen ökonomischen Produzierens richten muß, die überall gelten, liegt es auch nahe, daß sie sich in analogen Bahnen vollzieht.“ [36]

Hätte RAISER recht, so wäre die relative Belanglosigkeit der Eigentumsfrage erwiesen. An die zentrale Stelle, die im liberalen und marxistischen Denken die Eigentumsordnung einnimmt, wäre getreu dem Modell der modernen Industriegesellschaft[37] der Begriff der eigengesetzlichen Organisation zu rücken. Wenn nicht die konvergenztheoretischen Ergebnisse bereits auf der analytischen Ebene vorausentschieden sein sollen, läßt sich der organisationstheoretische Ansatz jedoch nur einem sehr begrenzten Erkenntnisinteresse dienstbar machen. Es ist zuzugeben, daß die Organisationstheorie überzeugende Momentaufnahmen sozialistischer und kapitalistischer Unternehmen zu liefern vermag[38]. Sie versagt aber vor der Dynamik der Wirtschaftsorganisation. Die bei PARSONS und seinen Nachfolgern von biologischen Organismen abgezogene und auf soziale Systeme übertragene Vital-Logik ist am Überlebensproblem ausgerichtet, das identitätswahrende, integrative und adaptive Systemleistungen erforderlich macht[39]. Sie gilt für ein sozialistisches Staatsunternehmen

---

[33] TH. RAISER, Das Unternehmen als Organisation (1969) 130–132.

[34] ROTTER, Zur Funktion der juristischen Person in der BRD und in der DDR (1968); DERS., Dogmatische und soziologische Rechtsvergleichung – eine methodologische Analyse für die Ostrechtsforschung: OER 1970, 81–97.

[35] EUCKEN, Die Grundlagen der Nationalökonomie (1959) 87.

[36] TH. RAISER, Das Unternehmen 131.

[37] GALBRAITH, Die moderne Industriegesellschaft (1968).

[38] Vgl. etwa ROTTER, Zur Funktion 34.

[39] Die Systemtheoretiker und die von der Systemtheorie beeinflußten Organisationssoziologen pflegen dabei die in der biologischen Evolution nachweisbare Systemdifferenzierung, den Strukturgewinn von Selektionsmechanismen, die zunehmende Fähigkeit zur Verarbeitung von Umweltkomplexität auch für die sozialen Systeme als einen Gewinn oder Fortschritt darzustellen.

nicht in demselben Sinne wie für ein Privatunternehmen. Das Staatseigentum ermöglicht die bewußte Manipulation des Differenzierungsprozesses; im Kapitalismus dagegen entwickeln sich die Untersysteme der Wirtschaft auf der Grundlage des Privateigentums gleichsam naturwüchsig. Durchstößt man den Schleier des privaten Eigentums, so wird die Zuordnung der Innovationsfunktion an die Privatunternehmen zum offenbaren Problem. Die Frage, *weshalb* Untersysteme bestimmte Funktionen in dem einen Wirtschaftssystem übernehmen, in anderen aber nicht, kann von einem organisationstheoretischen *Unternehmens*begriff aus jedenfalls nicht aufgerollt werden. Sie zielt auf die der Systemdifferenzierung zugrundeliegenden Organisationsprinzipien, die wesentlich mit der Eigentumsform vorgegeben sind[40].

Für die Methode dieser Arbeit bieten alle drei hier erwähnten, für die Wege der Ostrechtsvergleichung einigermaßen repräsentativen Autoren kein Leitbild. Bei jedem der Autoren ist die Perspektive auf das sozialistische Recht eigentümlich verkürzt. JAKOBS macht trotz seiner Vorliebe für eine soziologisch orientierte Rechtsvergleichung gar nicht erst den Versuch, seinen Gegenstand auf eine soziale Funktion zu beziehen; dem „Methodensynkretismus" wird streng aus dem Wege gegangen. LOEBERS anspruchsvolles Programm einer funktionalen Rechtsvergleichung schlägt fehl; wie wir sahen, endet er gegen seinen Willen bei den bloßen Rechtsfiguren. THOMAS RAISERS ansatzweise entwickelte Methodik der Rechtsvergleichung eliminiert die zentrale Problematik des Eigentums, das für die Dynamik des Differenzierungsprozesses innerhalb der Wirtschaftssysteme den Ausschlag gibt. Dem methodischen Ansatzpunkt aller drei Autoren entspricht es, daß die Rechtsvergleichung an den untersuchten Rechten Gemeinsamkeiten aufweist. Bei allen drei Autoren ist die Hypothese einer letzten Ähnlichkeit und Konvergenz aller Industriegesellschaften außerdem in die Methode gleichsam eingebaut[41]. Mit den system-

---

[40] Dagegen lassen sich diese Prinzipien selber sehr wohl systemtheoretisch analysieren und etwa am Maßstab der Systemrationalität messen. Vgl. ROTTER, Dogmatische und soziologische Rechtsvergleichung, und auch OFFE, Strukturprobleme des kapitalistischen Staates (1972) passim.

[41] LOEBER, Rechtsvergleichung 221, erklärt ausdrücklich, daß es in Ost und West eine Reihe allen Industriestaaten gemeinsamer Probleme gebe. Er will folglich systemneutrale und systembezogene Rechtsinstitute trennen und bei der Rechtsvergleichung in methodischer Hinsicht verschieden behandeln; aaO, 226. Systemneutral sollen etwa das Arbeitsschutzrecht, das Ehe- und das Erbrecht sein. Vergegenwärtigt man sich jedoch etwa, daß in der Sowjetunion keine „Unternehmertestamente" vorkommen oder daß die Rolle der Frau im Arbeitsleben eine weit größere ist als in den meisten westlichen Industriestaaten, daß für Säuglinge staatliche Kinderkrippen in großer Zahl zur Verfügung stehen und daß es keine „Mitarbeit der Ehefrau im Gewerbebetrieb des Mannes" gibt, so wird offenbar, daß es sich bei der Systemneutralität dieser Rechtsinstitute bloß um eine methodische Konvention handelt. – Die Unterschiede LOEBERS anerkennt auch BRUNNER, Die Methode des Ostrechts im Widerstreit von Recht und Politik: OER 1975, 89–103. Auch JAKOBS, Zur Methodik 114, billigt diese Unterscheidung von der Annahme einer Einheit der technischen Zivilisation aus.

theoretischen und organisationssoziologischen Forschungsstrategien, die sich Raiser zu eigen macht, scheint die Annahme unlösbar verbunden zu sein, daß die durch eine autonom, infolge des technischen Fortschritts, zunehmende Komplexität verursachten sozialen Anpassungs- und Steuerungsprobleme im wesentlichen analoge gesellschaftliche Organisationsformen hervortreiben werden. Parsons entfaltet diese Implikation der Systemtheorie in seinem Aufsatz über „Evolutionary Universals" ausdrücklich, worin er beispielsweise den Marktmechanismus, und damit die Warenform der Produkte, zu einer Universalkategorie der gesellschaftlichen Evolution erklärt[42]. Bereits die Theoretiker der Managerökonomie[43] und der Modernen Industriegesellschaft[44], wissenschaftsgeschichtlich Vorläufer der Anwendung von Organisationssoziologie auf die Wirtschaft, haben einmütig die These von der Systemkonvergenz aufgestellt. Ihnen folgen Jakobs und Loeber, die ausdrücklich die Sachzwänge der industrialisierten Gesellschaften heranziehen, um die Vergleichbarkeit kapitalistischer und sozialistischer Rechtsinstitute plausibel zu machen[45].

Wenn wir die durchdachtesten Ansätze der deutschen Ostrechtsvergleichung deshalb uns nicht zum Modell dienen lassen können, weil in ihnen die Feststellung einer „Ähnlichkeit" der verglichenen Erscheinungen in der Methode vorweggenommen ist, bleibt uns dann bloß noch der Rückgriff auf die sowjetische Doktrin? Die sowjetischen Rechtswissenschaftler sind bekanntlich der Auffassung, eine im bürgerlichen Sinne objektive, unparteiische Vergleichung sozialistischen und kapitalistischen *Rechts* sei nicht möglich[46]. Dahinter steht die marxistische Basis-Überbau-Lehre, wonach der Inhalt der Rechtsverhältnisse, die nach Marx Willensverhältnisse sind, durch die ökonomischen Verhältnisse selbst gegeben ist[47]. Die sowjetische Auffassung hat zumindest ihr relatives Recht: Man kann jedenfalls die ökonomischen Verhältnisse nicht ganz von der Untersuchung aussperren, wenn man nicht Rechtsbegriffe oder Rechtssprache, sondern Rechtsinstitute vergleichen will. Zum anderen steht hinter dieser Position Lenins auf historische Praxis reflektierter Begriff der Objektivität: Parteilichkeit ist Voraussetzung wissenschaftlicher Objektivität, nicht deren Gegensatz[48]. Auch hierin liegt ein Richtiges. Der hermeneutische Zugriff

---

[42] Parsons, Evolutionary Universals, in: Sociological Theory and Modern Society (1967) 491–520.

[43] Burnham, The Managerial Revolution (1941).

[44] Galbraith, Die moderne Industriegesellschaft.

[45] Beide oben N. 41.

[46] Zivs, O metode sravnitel'nogo issledovanija v nauke o gosudarstve i prave: SGiP 1964, Nr. 3, 23. Vgl. auch Loeber, Rechtsvergleichung 201–204, und ders., Der hoheitlich gestaltete Vertrag 4–9 (jeweils mit weiteren Nachweisen).

[47] Jakobs, Zur Methodik 110.

[48] Vgl. etwa Lenin, Drei Quellen und drei Bestandteile des Marxismus, in: Werke XIX (1955) 3: „... eine ‚unparteiische' Sozialwissenschaft kann es in einer auf Klassenkampf aufgebauten Gesellschaft nicht geben." Vgl. dazu Konstantinov u. a., Grund-

auf den Gesamtzusammenhang einer Wirtschafts- und Sozialordnung, auf eine historische Totalität, ist vermittelt durch erfahrene Lebenspraxis und wird darin selbst wieder unmittelbar praktisch[49]. Ebenso ist an dem Parteilichkeitsdogma tendenziell richtig, daß der Gegenstand und die Problematisierungsstrategie einer Untersuchung durch ein Erkenntnisinteresse vorausbestimmt sind, das nicht vom Gegenstand abgezogen, sondern vom Subjekt an ihn herangetragen wird, ihn letzten Endes als Erkenntnisobjekt erst konstituiert[50]. Wenn das Erkenntnisinteresse expliziert und damit zugleich die transzendental bedingte Präformiertheit der Aussagen festgestellt würden, brauchte der Einwand der sowjetischen Kritiker die westliche Rechtsvergleichung nicht zu treffen. Jede wissenschaftliche Arbeit stellt freilich die Behauptung ihrer eigenen Relevanz auf[51]. Darin liegt die Gefahr, daß analytische Vorabentscheidungen den Schein realer Aussagen annehmen. Die postulierte Konvergenz der Industriegesellschaften, an sich vielleicht ein fruchtbarer analytischer Behelf, dürfte besonders leicht der Mißdeutung zum Opfer fallen.

Wenn das Erkenntnisinteresse für Methode und Gegenstand konstitutiv ist, so muß auch hier klargemacht werden, welches Interesse diese Arbeit angeleitet hat. Anstoß unserer Überlegungen war die Überzeugung, daß eine expansive, weitgehend steuerlose, nur mehr schicksalhaft erfahrbare Technik die ernsteste Zivilisationskrise der Neuzeit heraufgeführt hat und daß deshalb die Humanisierung und Beherrschung der Technik das vordringlichste politische und moralische Problem der Gegenwart ist[52]. Mit dieser Einsicht kontrastiert eigentümlich die Selbstgenügsamkeit und wissenschaftliche Isoliertheit des Patentrechts, die Brüchigkeit der Prämissen eines Rechtsgebietes, das theoretisch Anschluß bisher weder ans Zivilrecht noch ans Wirtschaftsrecht gefunden hat und in dessen Literatur kurzatmige Interessentenäußerungen seit jeher einen besonders großen Raum einnehmen. Das Erkenntnisinteresse dieser Arbeit geht deshalb nicht darauf, reine Kategorien einer Weltrechtskultur zu enthüllen,

---

lagen der marxistisch-leninistischen Philosophie (1971) 35–39; LOEBER, Der hoheitlich gestaltete Vertrag 4–7.

[49] Interpretation ist immer auch zugleich Applikation. Vgl. GADAMER, Wahrheit und Methode – Grundzüge einer philosophischen Hermeneutik (2. Aufl. 1965).

[50] HABERMAS, Erkenntnis und Interesse (1968) passim. Vgl. auch MYRDAL, Objektivität in der Sozialforschung (1971) 59 ff.

[51] MYRDAL aaO 13.

[52] Für das vorwissenschaftliche Bewußtsein dürfte es sich insoweit um einen Gemeinplatz handeln. Bewußtseinsbildend haben vor allem gewirkt ELLUL, La technique ou l'enjeu du siècle (1954), und ILLICH, Selbstbegrenzung – Eine politische Kritik der Technik (1975); DERS., Die sogenannte Energiekrise oder die Lähmung der Gesellschaft (1974). Inzwischen gibt es vor allem in den USA eine fast unübersehbare Literatur zum Problem des „technology assessment", d. h. der politischen Bewertung und Steuerung des technischen Fortschritts, vgl. etwa TRIBE, Channeling Technology Through Law (1973), und das seit 1975 von FREIMUT DUVE herausgegebene Magazin „Technologie und Politik".

die systemübergreifende Kontinuität abendländischer Rechtswissenschaft festzustellen oder die Konvergenz kapitalistischer oder sozialistischer Wirtschaftssysteme vorherzusagen. Es ist uns vielmehr darum zu tun, Alternativen zu dem kapitalistischen, aus oligopolistischer Konkurrenz, Wissensmonopolen, einer die Rahmenbedingungen der Kapitalverwertung langfristig sichernden Forschungspolitik und peripheren Staatsinterventionen im wesentlichen zusammengesetzten Steuerungsapparat für den technischen Fortschritt zu finden und einigen ihrer Folgewirkungen nachzugehen. Das Erkenntnisinteresse ist von vorneherein zugleich ein kritisches und praktisches: Ein durch die funktionale Rechtsvergleichung vertieftes Problemverständnis soll dazu führen, daß dogmatische Verkrustungen des Patentrechts aufgebrochen und rechtspolitische und rechtsdogmatische Folgerungen formuliert werden können. Auf dem Wege dahin fällt eine funktionale Analyse des sowjetischen Rechts ab, die nicht bei der Rechtssprache oder den Rechtsfiguren steckenbleibt, sondern es ermöglicht, auch die Fragen zu beantworten, weshalb bestimmte *Rechts*probleme *nicht* auftreten, und welche Funktion rechtswissenschaftlichen Doktrinbildungen zukommt. Es muß dem Gang der Untersuchung überlassen bleiben zu zeigen, daß intersystemare Rechtsvergleichung nicht nur fraglos möglich[53] ist, sondern entgegen den Zweifeln vieler[54] auch fruchtbar sein kann.

Einzelheiten unseres Vorgehens bedürfen vielleicht der weiteren Rechtfertigung. Die Arbeit berücksichtigt amerikanisches, deutsches und sowjetisches Recht. Wir verzichten aber darauf, neben dem sowjetischen Recht auch jeweils das deutsche und amerikanische Recht geschlossen in allen für eine bestimmte Sachfrage wesentlichen Einzelheiten darzustellen. Die Probleme des bürgerlichen Patentsystems werden häufig abwechselnd anhand des amerikanischen oder des deutschen Rechts dargestellt, wobei allein die Prägnanz und Überzeugungskraft der Darstellung für die Wahl der Beweismittel entscheidend ist. Da hier nicht nach den nationalen, historisch bedingten Eigentümlichkeiten der Rechtsordnungen, sondern nach alternativen Lösungen eines umfassenden Regelungskomplexes in verschiedenen, durch eine unterschiedliche Eigentumsverfassung charakterisierten Gesellschaften gefragt wird, leuchtet ein, daß das sowjetische Recht und die bürgerlichen Rechtsordnungen beim Vergleich im Verhältnis zueinander regelmäßig einen anderen Status haben als im Verhältnis zu anderen beigezogenen Rechtsordnungen des jeweils eigenen „Lagers“[55].

---

[53] Auch darüber wird freilich noch immer gestritten. Vgl. den Bericht über die Ostrechtstagung in Bad Schwalbach: OER 1963, 166.

[54] Westen, Die rechtstheoretischen und rechtspolitischen Ansichten Josef Stalins (1959) 45; Sandrock, Über Sinn und Methode zivilistischer Rechtsvergleichung (1966) 59.

[55] Ein solches Vorgehen rechtfertigt auch Berman „Socialist Law“ 25. Vorausgesetzt ist dabei, daß es in den beigezogenen westlichen Rechtsordnungen ein im wesentlichen gleichartiges, nämlich auf dem Privateigentum an den Produktionsmitteln, der Wettbewerbsordnung, der Aneignungsfähigkeit bestimmter Formen des Wissens und

Das Erkenntnisziel der Arbeit ist, so wurde gesagt, ein rechtskritisches und rechtspolitisches. Es geht uns um die Möglichkeiten und die durch die Zwänge der Eigentumsformen – die jeweiligen „Systemgrenzen" – bedingten Schranken einer Änderung des *positiven* Rechts. In diesem Zusammenhang ist es statthaft, einen formalen, etatistischen Rechtsquellenbegriff für eine erste Herausfilterung der vergleichserheblichen Materialien zu verwenden. Es trifft sich dabei, daß die sowjetische Rechtstheorie den Begriff der Rechtsquelle im juristischen Sinne stark gesetzespositivistisch definiert[56]. Wir können daher weitgehend unbesehen die Normensysteme dem Rechtsvergleich zugrundelegen, die von der sowjetischen Doktrin als „Recht" bezeichnet werden. Die zwischen sowjetischen und westlichen Juristen kontroversen rechtsontologischen Fragen nach dem Geltungsgrund, dem Eigenwert oder dem instrumentalen Charakter des Rechts, wie auch nach seinem Verhältnis zur ökonomischen Basis spielen für diese Untersuchung keine Rolle.

Die rechtspolitische und pragmatisch-kritische Fragestellung erübrigt es ferner, die Untersuchung auf nichtrechtliche Normensysteme, etwa die bürgerliche Geschäftsethik oder die sozialistische Moral und die Regeln des sozialistischen Zusammenlebens zu erstrecken. Diese unterliegen nur begrenzt der Verfügung des politischen Systems und brauchen nur insoweit berücksichtigt zu werden, als sie für die Effektivität staatlicher Rechtssetzung von Bedeutung sind. Freilich muß man, vor allem bei der Darstellung des sowjetischen Rechts, gelegentlich bereits zur Feststellung des Rechtsinhalts und der Schranken möglicher Rechtsausübung auf den sozialethischen ordre public des jeweiligen Gemeinwesens zurückgreifen.

Die Unterschiedlichkeit der Eigentumsformen bringt es mit sich, daß die Felder *rechtlicher* Regelungsbedürftigkeit (Regelungsmaterien) sich häufig nicht decken. Privateigentum ist funktional eine delegierte Regelungsbefugnis. Betriebliche Übungen, Verfahrensordnungen des innerbetrieblichen Patentwesens, Prämiensysteme für technische Verbesserungsvorschläge, Preise für wissenschaftliche Leistungen und so fort haben im Privatkapitalismus daher alle unmittelbar keine Rechtsqualität. Indem sich diese Untersuchung auf (staatliches) Recht beschränkt, verschließt sie sich die Möglichkeit eines Leistungsvergleichs der verglichenen Sozialsysteme im Sinne einer allgemeinen Wohlfahrtsfunktion. Ein solcher Leistungsvergleich ist vom Boden der Rechtsvergleichung aus auch schon deshalb unmöglich, weil die Effektivität (tatsächliche Durchsetzung) der verglichenen Rechte nicht ohne weiteres als gleich angesetzt werden darf.

---

einer peripheren staatlichen Planung und Kontrolle beruhendes Wirtschaftsrecht des technisches Fortschritts gibt. Für die von ihm sog. dogmatische Rechtsvergleichung empfiehlt LOEBER dagegen „multilaterale" Untersuchungen, die offenbar allen nationalen Rechtsordnungen gleichen Status einräumen soll; Rechtsvergleichung 220.

[56] ALEKSEEV u. a., Osnovy teorii gosudarstva i prava (1971) 236, etwa definieren Rechtsnormen als „Normen, die vom Staat gesetzt und geschützt werden".

Mit einer Vergleichung der staatlichen Gesetzgebungsakte ist es aber auch hier nicht getan. Der zur Auswahl des Materials verwendete etatistische Rechtsquellenbegriff soll nicht mehr als eine heuristische Aufgabe erfüllen; nämlich die für die Organisation des technischen Fortschritts erheblichen Normen auslesen, deren Geltung unmittelbar zur Verfügung der Rechtspolitik steht. Losgelöst von Lehre und Praxis ließen sich die Rechtsquellen indessen nicht einmal oberflächlich verstehen. Insbesondere jedoch die rechtspolitische und kritische Perspektive, die hier gewählt wurde, macht die Einbeziehung der dogmatischen und argumentatorischen Infrastruktur der Rechtsordnungen erforderlich. Sie enthält wichtige Keime der künftigen Rechtsentwicklung, sie kanalisiert die Rechtspolitik, und an ihr lassen sich die Rationalisierungsleistungen der Rechtswissenschaft ablesen.

Die in Ost und West verschiedene Funktion und gesellschaftliche Stellung der Rechtswissenschaftler und Rechtsanwender stellt der Ermittlung dieser Infrastruktur eine Reihe nicht einfacher Methodenprobleme. Die praktische Exegese staatlicher Rechtsquellen spielt in den beiden Gesellschaftssystemen nicht die gleiche Rolle. Das erst in jüngster Zeit in den Gesichtskreis der sowjetischen Rechtstheorie getretene Lückenproblem[57] stellt sich mit weitaus größerer Schärfe in den Gesellschaften, die sich selbst als pluralistische verstehen und von marxistischen Kritikern als antagonistische bezeichnet werden, als in einem Gemeinwesen, in dem angeblich der Sozialismus völlig und endgültig gesiegt hat, und in dem es bis zur Errichtung der klassenlosen Gesellschaft jedenfalls antagonistische Klassen nicht mehr gibt. Ob die Sowjetunion wirklich sozialistisch ist, tut hier nichts zur Sache; das hängt von der politischen Tönung des verwendeten Sozialismusbegriffs ab. Jedenfalls aber entlastet ein Staat, der sozialistisch ist oder sich so nennt, seine Gerichte, ja den gesamten Prozeß der Rechtsanwendung, weitgehend von der Legitimationsarbeit, die ihnen in bürgerlichen Gesellschaften zufällt. Sowjetische Gerichte dürfen sich deshalb unangefochten eines, wie LOEBER schreibt, „mechanischen Rechtspositivismus“ befleißigen[58].

Die staatlichen Gesetzgebungsorgane bringen ständig eine Flut neuer Normen hervor. Da eigentumsrechtlich gesicherte Bestandsgarantien im wirtschaftlichen Bereich fehlen, sind der Instrumentalisierung des Wirtschaftsrechts praktisch keine Grenzen gesetzt. Unter solchen Bedingungen kommt der richter-

[57] Vgl. ZABIGAILO, Problema „probelov v prave“ – Kritika buržuaznoj teorii (Jur. Kandidatendiss., Kiew 1972); PIGOLKIN, Obnaruženie i preodolenie probelov prava: SGiP 1970, Nr. 3, 49; LAZAREV, Ustanovlenie probelov v prave v processe ego primenenija: SGiP 1973, Nr. 2, 20.

[58] LOEBER, Rechtsvergleichung 217. Vgl. auch BERMAN, The Comparison of Soviet and American Law: Ind. L. J. 1959, 563, 565. Erst vor recht kurzer Zeit ist das Problem des Richterrechts in das Bewußtsein der sowjetischen Juristen gedrungen. Vgl. TISKEVIČ, Javljajutsja li rukovodjaščie ukazanija plenuma Verchovnogo Suda SSSR istočnikom prava?: SGiP 1956, Nr. 6, 31 und aus jüngster Zeit BRATUS', Juridičeskaja priroda sudebnoj praktiki v SSSR: SGiP 1975, Nr. 6, 13.

lichen Rechtsfortbildung eine vergleichsweise bescheidene Rolle zu. In den von dieser Arbeit berührten Gebieten des sowjetischen Rechts ergehen gerichtliche oder schiedsgerichtliche Entscheidungen nur verhältnismäßig selten. Lediglich für diese Arbeit einigermaßen nebensächliche Fragen wie etwa die Höhe und Fälligkeit der an die Erfinder zu zahlenden Vergütung oder Fragen der Urheberschaft an Erfindungen geben in größerem Umfang Anlaß zu gerichtlichen Auseinandersetzungen. Im Verhältnis der Wirtschaftsunternehmen untereinander hat, wie sich zeigen wird, das sowjetische Recht den Konfliktstoff weitgehend ausgeräumt. Die heute auftretenden Streitigkeiten zwischen Unternehmen oder anderen Staatsorganen werden vor der staatlichen Arbitrage ausgetragen, deren Entscheidungen nur zu einem geringen Teil veröffentlicht werden. Aus allen diesen Gründen kann auf die Wiedergabe der sowjetischen Spruchpraxis verzichtet werden.

Auch die Rechtswissenschaft setzt die Akzente im sowjetischen Rechtsbereich anders als in der Bundesrepublik oder in den USA. Fallanalyse, Rechtsprechungskritik und dogmatische Synthese des Fallrechts, die besonders in der amerikanischen, aber auch in der westdeutschen Rechtswissenschaft breiten Raum einnehmen, treten in der Sowjetjurisprudenz einigermaßen in den Hintergrund. Dafür wird die rechtstheoretische Aufgabe einer ständigen Neuvermittlung des Rechtsstoffs mit der Politik der Kommunistischen Partei, der Philosophie des Marxismus-Leninismus und den sich im Aufbau des Kommunismus wandelnden Gesetzen der politischen Ökonomie des Sozialismus stark betont. Die Rechtswissenschaftler haben in einem politischen System, das den Rechtsstoff ständiger Umwälzung solange für bedürftig hält, bis die sozialen und wirtschaftlichen Bedingungen für das Absterben des Rechts geschaffen sind, einen sehr gewichtigen Anteil an der Formulierung der Rechtspolitik und der Vorbereitung der Gesetzgebung. Besonders groß ist dabei der Einfluß der Rechtslehrer an den führenden Juristenfakultäten von Moskau und Leningrad und der am Institut für Staat und Recht der Akademie der Wissenschaften der UdSSR und am Allunions-Institut für sowjetische Gesetzgebung tätigen Wissenschaftler.

Diese Sachverhalte müssen sich auch auf die Darstellung des sowjetischen Rechts auswirken. Es kann sich nicht darum handeln, die Gegenstände eines Konsenses „bewährter Lehre und Rechtsprechung" aufzusuchen und als geltendes Recht im Spiegel der „herrschenden Meinung" vor dem Leser auszubreiten. Ein Auszählen der Stimmen, die Anhäufung der Literaturzitate für und wider eine bestimmte „Meinung" gäben mit Sicherheit ein schiefes Bild. Wenn Rechtswissenschaft in der Sowjetunion einer anders strukturierten „Nachfrage" zu genügen hat als im Westen, so verliert auch die Kategorie der herrschenden Meinung den Schein von Systemneutralität. Es bleibt deshalb auch entschlossen der spezifischen Fragestellung dieser Untersuchung unterzuordnen. hier nichts anderes übrig, als die Auswahl der Quellen und Lehräußerungen

Es sollen daher vor allem diejenigen Autoren zu Wort kommen, die das Reformpotential des Sowjetrechts und die Rationalisierungsleistung der sowjetischen Rechtswissenschaft am deutlichsten beleuchten. Wir werden es also weithin vermeiden, die – ohnehin schwer feststellbare – Frontlinie zwischen der herrschenden und der Minderheitsmeinung nachzuziehen. Eine zutreffende Bestandsaufnahme des sowjetischen Rechts und einigermaßen triftige Entwicklungsprognosen, beides Ziele, die auch in dieser Arbeit nicht vernachlässigt werden sollen, sind freilich nur dort möglich, wo es gelingt, das Gewicht der einzelnen Lehrströmungen auszumachen und zu bewerten.

ERSTER TEIL

GRUNDLEGUNG

I. Der Begriff des technischen Fortschritts

1. Formen des technischen Fortschritts

Jedermann heute macht unmittelbar die Erfahrung des technischen Wandels. Der Common Sense sagt auch dem in wirtschaftliche Dinge Uneingeweihten, daß der technische Fortschritt eine der entscheidenden Prägekräfte des Wirtschaftsgeschehens darstellt. Die ökonomische Wissenschaft allerdings hat lange Zeit gebraucht, um das Problembewußtsein des gesunden Menschenverstandes in der Theorie einzuholen[1]. In einer immer weiter verfeinerten Gleichgewichtstheorie fand der technische Fortschritt keinen rechten Platz[2]. Solange sich die wirtschaftswissenschaftliche Theorie auf die Untersuchung beschränkte, wie wirtschaftliches Gleichgewicht sich durch Anpassung an Störungen erhalten kann, mußten die Störungen selbst, allen voran der technische Fortschritt, unerklärt bleiben[3]. Jahrzehntelang ging so die Höherentwicklung des analytischen Apparats der Wirtschaftswissenschaft mit einem eigentümlichen Realitätsverlust einher. „Earlier Economists studied the world and knew it was round. Only their maps were flat. Too many later economists studied the maps and took them for the world.“[4] Sieht man vom Werk heterodoxer Einzelgänger wie THORSTEN VEBLEN oder JOSEPH SCHUMPETER[5] ab, so ist das Be-

---

[1] SCHMOOKLER, Technological Change and Economic Theory: AER (Proc.) 1965, 333: „... an instructive example of how damaging to the understanding professional knowledge can somethimes be ... most educated men knew a vital truth about economics that many economists did not ...“.

[2] SCHMOOKLER, Invention and Economic Growth (1966) 3; SALTER, Productivity and Technological Change (1960); SCHMID, Der technische Fortschritt – Begriff und Grundprobleme seiner Messung in der Nationalökonomie heute (1967) 1.

[3] SCHMOOKLER, Technological Change 334.

[4] SCHMOOKLER, Technological Change 335.

[5] VEBLEN, The Place of Science in Modern Civilization, and Other Essays (1919); DERS., The Engineers and the Price System (1921); SCHUMPETER, Theorie der wirtschaftlichen Entwicklung (5. Aufl. 1952). Vgl. auch SCHMOOKLER, Technological Change 333 N. 1.

mühen um eine angemessene Analyse der zentralen Rolle des technischen Fortschritts und der Bedingungen seines Zustandekommens ein Kind der jüngsten Zeit. Trotz einer – vor allem in den Vereinigten Staaten – rasch aufgeblühten reichen Literatur ist der technische Fortschritt noch immer die terra incognita (SCHMOOKLER)[6] der modernen Wirtschaftswissenschaft.

Dies muß uns gegenwärtig bleiben, wenn im folgenden versucht wird, aus der Vielzahl der Formulierungen einiges auszuwählen, was die herrschende Auffassung der Ökonomen vom technischen Fortschritt wiedergibt[7].

Eine Hauptform des technischen Fortschritts ist der „Übergang zu neuen Produktionsverfahren, die es gestatten, eine gegebene Menge von Produkten mit geringeren Kosten bzw. mit den gleichen Kosten eine größere Produktmenge herzustellen“[8]. Ähnlich definiert BOMBACH den technischen Fortschritt schlechthin[9].

Neue Verfahren werden gewöhnlich in neutrale, arbeitssparende und kapitalsparende eingeteilt[10]. Die Neutralitätsbedingungen werden von den einen darin gesehen, daß die Grenzproduktivitäten der Faktoren Kapital und Arbeit im selben Verhältnis steigen[11], von anderen darin, daß bei konstantem Zinssatz die relativen Anteile der Faktoren am Sozialprodukt gleich bleiben[12], von wieder anderen darin, daß bei gleichen Preisen die Kapitalintensität gleich bleibt[13]. Die arbeitssparenden Fortschritte bei erhöhtem Kapitaleinsatz haben bei weitem die größte empirische Bedeutung[14]. Im Hinblick auf die Produktion kann die Wirkung eines neuen Verfahrens darin bestehen, daß die Ausbringung erhöht wird oder darin, daß bei gleichbleibender Produktion Faktoreinsätze gespart werden (output increasing/factor saving innovations)[15]. Diese Klassifizierung hat neben der auf die Interfaktorsubstitution bezogenen Unterscheidung von neutralen, arbeitssparenden und kapitalsparenden Fortschritten ein eigenes Gewicht, da die Realisierung mancher Neuerungen von einer bestimmten minimalen Betriebsgröße abhängt (etwa Fließbandfertigung,

---

[6] SCHMOOKLER, Invention 3.

[7] Einen guten Überblick gibt SCHMID, Der technische Fortschritt. Ausführlich zu den Klassifikationen des technischen Fortschritts PROSI, Technischer Fortschritt als mikroökonomisches Problem (1966) 15–117. Zur Dogmengeschichte vgl. FLECK, Untersuchungen zur ökonomischen Theorie vom technischen Fortschritt (1957).

[8] OTT, Technischer Fortschritt, in: Handwörterbuch der Sozialwissenschaften X (1959) 302.

[9] BOMBACH, in: Quantitative und monetäre Aspekte des Wirtschaftswachstums, Sonderdruck aus: Schriften des Vereins für Sozialpolitik, N. F. 15 (1959) 181.

[10] OTT 304 f. mit weiteren Nachweisen; PROSI 60 ff.; SCHMID 44 ff.

[11] So HICKS, The Theorie of Wages (1932) (vgl. OTT 334; SCHMID 45).

[12] So HARROD, Towards a Dynamic Economics (1943) (vgl. OTT 334; SCHMID 45).

[13] OTT 309 f.; vgl. dazu SCHMID 45.

[14] OTT 310.

[15] WALTER, Automation und technischer Fortschritt (1962) 127. Dazu SCHMID 51.

Automation)[16]. Eine weitere Unterscheidung stammt von SOLOW. Er schreibt: „Shifts in technology can be divided into two kinds which may be described as disembodied and embodied. Disembodied improvements in technique are purely organizational; they permit more output to be produced from unchanged inputs with no investment required. Embodied improvements ... require the construction of new capital goods."[17] Freilich setzen auch organisatorische Verbesserungen häufig eine Investition voraus: Ausbildung. Wie besonders die Bildungsökonomik deutlich gemacht hat, kann man nicht nur von realem, sondern sehr wohl auch von menschlichem Kapital sprechen[18]. BOULDING definiert Kapitalbildung nachgerade als zunehmende Strukturierung der materiellen Welt[19]. Es wird daher teilweise vorgeschlagen, SOLOWS Unterscheidung durch das Begriffspaar „capital-embodied and labour-embodied" zu ersetzen, um die Qualitätsänderung (den Strukturgewinn) der Produktionsfaktoren, die jeder Fortschritt mit sich bringt, zum Ausdruck zu bringen[20].

Neben die Verfahrensinnovation tritt die zweite Hauptform des technischen Fortschritts, die „Schaffung neuer, d. h. bis zu der betreffenden Zeit unbekannter Produkte"[21], in der wirtschaftswissenschaftlichen Diskussion noch immer auffällig in den Hintergrund. OTT[22] nennt die Produktinnovation nur zu Beginn seines Artikels, beschränkt sich aber darauf, die Prozeßinnovationen zu analysieren. PROSI[23] scheidet die Produktinnovation ausdrücklich aus seiner Arbeit aus. FLECK[24] behandelt ebenfalls nur die Problemgeschichte der Verfahrensinnovation. Dieses Ausweichen vor der Produktinnovation ist um so erstaunlicher, als neue Produkte vielleicht die folgenreichsten Früchte des technischen Fortschritts darstellen. Sie spielen in der Gegenwart eine ständig wachsende Rolle. Eine Studie des Ifo-Instituts berichtete seinerzeit, daß nach Schätzungen amerikanischer Fachleute im Jahre 1975 der Umsatz der amerikanischen Industrieunternehmen zu 40 Prozent aus Gütern bestehen werde, die es 1967 noch gar nicht gab[25]. Im Geschäftsbericht der Bayer AG

---

[16] SCHMID 51; vgl. auch OTT 311.

[17] SOLOW, Substitution and Fixed Proportions in the Theory of Capital: RES 1962, 216. Vgl. dazu SCHMID 56 ff.

[18] WALSH, Capital Concept Applied to Man: QJE 1935, 255 f., SCHULTZ, Rise in the Capital Stock Represented by Education in the United States 1900–75, in: Economics of Higher Education (1962) 93 ff.

[19] BOULDING, The Economics of Knowledge and the Knowledge of Economics: AER 1966, 1–13 (zit. nach LAMBERTON (ed.), Economics of Information and Knowledge [1971] 27).

[20] SCHMID 57.

[21] OTT 302.

[22] OTT 302–310.

[23] Oben N. 7.

[24] Oben N. 7.

[25] Ifo-Institut, Forschung und Wirtschaftswachstum, Verbreitung der numerischen Maschinensteuerung und Auswirkungen der Verwendung von Kunststoffen in der Bundesrepublik Deutschland (1967) 12.

für 1965 ist zu lesen, der Umsatzanteil der erstmalig nach 1948 hergestellten Produkte habe sich auf 59,7 Prozent erhöht, wobei die im Laufe der letzten zehn Jahre hinzugekommenen Produkte allein 33 Prozent des Umsatzes erbracht hätten[26]. Weshalb schweigt die Wissenschaft vor der alles überschwemmenden Flut neuer Erzeugnisse[27]?

Die Spezialisierung und Professionalisierung der Wissenschaften bringt es mit sich, daß eher die Fragen gelöst werden, deren Behandlung mit dem vorhandenen analytischen Besteck möglich ist, als diejenigen, deren Lösung am vordringlichsten ist[28]. Mit dem vorhandenen theoretischen Rüstzeug lassen sich aber allenfalls wie in der Konjunkturtheorie, der Wettbewerbstheorie oder der Theorie des Firmenwachstums die Wirkungen und gewisse Entstehungsbedingungen neuer Produkte in bestimmten Bezügen analysieren; ein Begriff des technischen Fortschritts ist so aber nicht zu gewinnen[29].

Gewiß stellen auch neue Produkte eine Verschiebung der sogenannten Produktionsfunktion dar, die alle zu einer bestimmten Zeit möglichen Faktorkombinationen beschreibt[30]. Solow erblickt in „any shift in the production function" das Gemeinsame aller technischen Fortschritte[31]. Freilich fügen auch neue Produkte neue Seiten zu dem das ganze technische Wissen enthaltenden „ungeheuren Kochbuch"[32]. Für die entscheidende Frage, wann ein Wissenszuwachs, der nicht die Produktivität der Faktoren erhöht, sondern Neues ermöglicht, zugleich einen Fortschritt darstellt, ist damit jedoch noch nichts gewonnen. Wann soll man annehmen, daß ein Produkt ein „völlig neues Bedürfnis" (Ott)[33] befriedigt? Treibt den Menschen, der ein Auto mit Wankelmotor kauft, das uralte Bedürfnis nach einem Fahrzeug oder aber das ganz

---

[26] Geschäftsbericht der Bayer AG S. 27. Ähnlich eindrucksvolle Zahlen nennt die Siemens AG für ihr Unternehmen (Anzeige in der FAZ vom 21. 5. 1976, S. 8): Vom Umsatz 1969/70 entfielen 38 Prozent auf Produkte, die weniger als 5 Jahre alt waren, 30 Prozent auf Produkte, die weniger als 10 und mehr als 5 Jahre alt waren, und 32 Prozent auf über 10 Jahre alte Produkte. Für den Jahresumsatz 1974/75 betragen die entsprechenden Zahlen 40, 35 und 25 Prozent.

[27] Freilich gibt es heute ein fast unüberschaubares Schrifttum über die Bedeutung neuer Produkte im kapitalistischen Wachstumsprozeß, im monopolistisch verzerrten Wettbewerb, für das Unternehmenswachstum, für das Marketing usw. Was fehlt, ist ein Begriff der Produktinnovation, der die Abgrenzung technischer Fortschritte von der bloßen Differenzierung der Produktpalette (Diversifikation) erlaubte.

[28] Koopmans, Three Essays on the State of Economic Science (1957) 182, zit. nach Schmookler, Technological Change 337: „The difficulty ... has been that the tools have suggested the assumptions rather than the other way round."

[29] So auch Schmid 3.

[30] Stigler, The Theory of Price (2. Aufl. 1963) 106, nennt die Produktionsfunktion „the economist's summary of technical knowledge".

[31] Solow, Technical Change and the Aggregate Production Function: RES 1957, 312.

[32] Niehans, Das ökonomische Problem des technischen Fortschritts: Schweiz. Zeitschrift für Volkswirtschaft und Statistik 1954, 148.

[33] Ott 303.

neue Bedürfnis, sich von einem Drehkolben fortbewegen zu lassen? Soll man nur ein „echtes“ Bedürfnis gelten lassen oder auch eines, das von Neid, Mißgunst oder geschickten Werbungsfachleuten „künstlich“ hervorgerufen worden ist?

Will man es nicht der Willkür des Analytikers überlassen, zu bestimmen, hier liege ein Fortschritt vor, dort aber keiner, so muß man sich entweder über die Relevanz, d. h.: die Vernünftigkeit, der zu befriedigenden Bedürfnisse verständigen und neue Produkte auf ihren Gebrauchswert befragen, oder aber man muß den Begriff des fortschrittlichen neuen Produkts eindeutig operationalisieren. SCHMIDT hat das Dilemma erkannt, wenn er schreibt: „Neue Produkte fallen in den Bereich der *Erweiterung des technischen Horizonts.* Sie gelten nur dann als technischer Fortschritt, wenn sie eine *ökonomisch bessere Produktion* erlauben.“[34] Er entscheidet sich für die Operationalisierung des Begriffs des technischen Fortschritts, indem er definiert: „Eine Produktion ist ökonomisch besser, wenn mit demselben Einsatz an Realkapital das neue Produkt einen höheren Ertrag, gemessen bei herrschenden Preisen, abwirft.“[35] Dies ist ein Fortschrittsbegriff, der vielleicht für die Erklärung des kapitalistischen Wirtschaftswachstums Brauchbares leisten mag. Wenn Bedürfnisse nach neuen Produkten nicht schon immer vorhanden sind, sondern geweckt werden können, wenn Nachfrage von privater und öffentlicher Hand geplant wird[36], dann bedeutet ein so definierter technischer Fortschritt aber nicht notwendig einen Fortschritt der Bedürfnisbefriedigung, sondern nur einen Fortschritt der Kapitalverwertung.

Für die Fragestellung dieser Arbeit hat die von den Ökonomen lange vernachlässigte Produktinnovation besonderes Gewicht. Neue Produkte (das können natürlich auch Dienstleistungen sein), welche völlig neue Bedürfnisse nicht nur befriedigen, sondern auch hervorrufen, stellen den gesellschaftlich kritischsten Fall technischen Fortschritts dar. Ein ernsthafter Versuch, die Fortschrittlichkeit neuer Produkte zu begreifen, würde an die Grundlagen der herrschenden Wirtschaftswissenschaft rühren. Die Wirtschaft könnte dann nicht länger als ein System instrumentalen Handelns zur Befriedigung gegebener Bedürfnisse betrachtet werden[37]. Wenn sie die Dialektik von Bedürfnis und

---

[34] SCHMID 39.

[35] SCHMID 40.

[36] Dazu ausführlich GALBRAITH, Die moderne Industriegesellschaft (1968) 27 ff.

[37] Auch LUHMANN, Grundrechte als Institution (1965) 108 ff., setzt in seiner Funktionsanalyse der Grundrechte des Eigentums und der Berufsfreiheit diesen Begriff des Wirtschaftens voraus („Jeder Mensch ist ständig darauf angewiesen, zur Befriedigung von Bedürfnissen über Sachen (oder über Menschen wie über Sachen) verfügen zu können. Das gilt von Bedürfnissen jeder Art, mögen sie lebenswichtig sein oder nur in Form von mehr oder weniger leicht verzichtbaren Wünschen auftreten. Die gesellschaftliche Ordnung der Kommunikationen, welche diese Verfügungen regulieren, wollen wir ‚Wirtschaft‘ nennen ...“; aaO 109), obwohl seine Kritik an den Entscheidungsmustern der Zweckrationalität bzw. des Optimierungsprinzips, Zweckbegriff und System-

Knappheit[38] begreifen wollte, müßte die Wirtschaftstheorie den Anspruch aufgeben, wertfrei zu sein. Im Dogma von der Wirtschaft als dem System der Bedürfnisbefriedigung liegt der Grund für das Versagen der Nationalökonomie vor dem Phänomen der Produktinnovation.

Merkwürdigerweise legt auch die sowjetische Wirtschaftswissenschaft auf Prozeßinnovationen, vor allem auf Mechanisierung und Automatisierung, weitaus größeres Gewicht als auf die Einführung neuer Produkte[39]. Das liegt vor allem daran, daß der Steigerung der Produktivität, namentlich der Arbeitsproduktivität, für den Aufbau des Kommunismus vorrangige Bedeutung beigemessen wird[40]. Der daneben häufig zu findende Hinweis auf die „ständige Hebung des materiellen und kulturellen Lebensstandards des Volkes"[41] ist gewiß eher eine nichtssagende Leerformel als eine brauchbare Bestimmung des technischen Fortschritts. Immerhin bringt diese Wendung zum Ausdruck, daß Fortschritt vom Gebrauchswert und nicht vom Tauschwert her verstanden wird[42]. Das Fehlen eines ausgearbeiteten allgemeinen *ökonomischen* Begriffs

---

rationalität (1973), ihn eigentlich dazu führen müßte, dem von ihm als primum verum vorausgesetzten naturalistischen Bedürfnisbegriff zu mißtrauen. Es wäre ihm dann unmöglich, das Privateigentum als Institution zu bezeichnen, das sich besonders dazu eigne, „soziale Kommunikationen in Richtung auf ein Höchstmaß an Bedarfsbefriedigung zu steuern" (aaO 110).

[38] Die Knappheit der Güter wird gemeinhin ebenso naturalistisch als unwandelbares, der Diskussion über die Wirtschaftsordnung vorgegebenes Faktum verstanden wie das Bedürfnis. Vgl. etwa SAMUELSON, Volkswirtschaftslehre I (1964) 33, oder LUHMANN, Grundrechte 109.

Die Dialektik von Bedürfnis und Knappheit liegt darin, daß beide sich nicht nur evolutionär verändern, sondern auch unmittelbar mit der Ordnung der die Bedürfnisbefriedigung regelnden Kommunikationen zusammenhängen. Wirtschaftsordnungen und vor allem die für diese konstitutiven Eigentumssysteme erzeugen auch jeweils spezifische Bedürfnis- und Knappheitsstrukturen (dazu ausführlich unten S. 367 ff.). Die marxistische Theorie erkennt das grundsätzlich. Vgl. OL'ŠEVIC, Kritika buržuaznych koncepcij ėkonomiki socializma (1971) 244 ff.

[39] Vgl. etwa PROSTJAKOV, Uskorenie techničeskogo progressa v uslovijach chozjajstvennoj reformy (1973) 1–25; GATOVSKIJ, Ėkonomičeskie problemy naučno-techničeskogo progressa (1971) 117 ff., KLIMENKO u. a., Ėkonomičeskie problemy naučno-techničeskogo progressa (1970) 84 ff.

[40] Programm der KPdSU (russ.) (1971) 66 f.: „Die wichtigste wirtschaftliche Aufgabe der Partei und des Sowjetvolks besteht darin, in zwei Jahrzehnten die materiell-technische Basis des Kommunismus zu entwickeln. Das bedeutet: vollständige Elektrifizierung des Landes und die darauf beruhende Vervollkommnung der Technik, Technologie und Produktionsorganisation in allen Bereichen der Volkswirtschaft; komplexe Mechanisierung der Produktionsprozesse und immer weitergehende Automatisierung ..."

[41] Vgl. etwa PROSTJAKOV, Uskorenie 3.

[42] Von dem naiven Fortschrittsglauben, der Annahme, daß jeder technische Fortschritt wertvoll sei, hat man sich in der Sowjetunion freilich noch weniger frei gemacht als im Westen. Vgl. KNIRSCH, Die Planung des technischen Fortschritts, in: BOETTCHER/THALHEIM (ed.), Planungsprobleme im sowjetischen Wirtschaftssystem (1964) 63.

der fortschrittlichen neuen Produkte entspricht dabei in der Sowjetunion recht weitgehend der wirtschaftlichen Wirklichkeit. Wie wir sehen werden, wird über die Einführung neuer Produkte nämlich nicht von den verselbständigten Wirtschaftssubjekten (Unternehmen) nach ökonomischen Kriterien unter dem Gesichtspunkt der Maximierung eines nicht generalisierbaren einzelwirtschaftlichen Erfolgsindikators wie beispielsweise des Gewinns, sondern vom politischen System nach politischen (d. h. der Legitimation bedürftigen, ihrem Anspruch nach grundsätzlich generalisierbaren) Kriterien entschieden.

Wegen dieses Sachverhalts lassen sich zwar die von den bürgerlichen Wirtschaftswissenschaften entwickelten Kategorien der Verfahrensneuerung für die Rechtsvergleichung sämtlich verwenden, nicht aber der am Tauschwert (Ertrag) orientierte Begriff fortschrittlicher neuer Produkte, der eine unverkennbar kapitalistische Tönung hat. Für die vergleichende Untersuchung der rechtlichen Organisation des technischen Fortschritts müssen wir deshalb als neues Produkt jede ökonomisch irgendwie relevante Erweiterung des „technischen Horizonts", die nicht nur die Herstellung bereits vorhandener Produkte verbilligt, gelten lassen und uns versagen, ein Kriterium der Fortschrittlichkeit aufzustellen. Dabei muß in Kauf genommen werden, daß die Unterscheidung von Substitution und Fortschritt nicht möglich ist.

2. *Phasen des technischen Fortschritts*

Wir stellten bisher verschiedene Definitionen des technischen Fortschritts nebeneinander, ohne zwischen der Erweiterung der technischen Produktionsmöglichkeiten (dem potentiellen technischen Fortschritt)[43] und ihrer wirtschaftlichen Verwirklichung (dem realisierten technischen Fortschritt) zu unterscheiden. Die Formulierungen der Wirtschaftswissenschaftler selbst lassen oft eine solche Zweideutigkeit bestehen. Die „Verschiebung der gesamtwirtschaftlichen Produktionsfunktion" bedeutet nicht nur die Erweiterung des technischen Wissens in der Volkswirtschaft, sondern die Gesamtheit aller in der Wirtschaftsperiode durchgeführten Einzelfortschritte[44].

Für eine Untersuchung der wirtschaftlichen und rechtlichen Organisation des technischen Fortschritts ist es indessen erforderlich, die verschiedenen Phasen des Fortschrittsprozesses zu trennen. Eine erste Einteilung ist mit der Scheidung der Bereitstellung neuen technischen Wissens von der tatsächlichen Umstellung der Produktion gegeben.

Es kann nicht unsere Aufgabe sein, in der Frage, wie der Vorgang der Herausbildung neuen Wissens zu gliedern sei, durch den terminologischen Dschungel eine Schneise zu hauen. Von den Ergebnissen der angeblich „reinen" naturwissenschaftlichen Grundlagenforschung bis zum letzten Entwicklungsschritt,

---

[43] Schmid 23.

[44] Walter, Automation und technischer Fortschritt (1962) 70 f.; Krieghoff, Technischer Fortschritt und Produktivitätssteigerung (1958) 46.

der ein neues Verfahren oder Erzeugnis zur Serienreife führt, liegt ein fugenloses Kontinuum. Die Abstraktheit der Aussagen nimmt ab, während sich der Produktionsbezug intensiviert. Alles im modernen Sinne naturwissenschaftliche Wissen ist zugleich auch technisch darin, daß die instrumentale Verfügung des Menschen über die Natur transzendental intendiert ist[45]. Welche Bereiche aus diesem Kontinuum des Wissens begrifflich zusammengefaßt werden sollen, müßte an sich pragmatisch für den jeweiligen analytischen Zweck unterschieden werden. Die überkommene Unterscheidung von angewandter und reiner Forschung, Wissenschaft und Technik spiegelt jedenfalls eher die institutionelle Rollenverteilung in der gesellschaftlichen Forschungsorganisation wider als das „Wesen" bestimmter Kategorien von Wissen. Dem braucht hier aber nicht weiter nachgegangen zu werden, da in der Sowjetunion weitgehend mit demselben Begriffsapparat gearbeitet wird wie im Westen. Wir können hier also im landläufigen Sinne angewandte und Grundlagenforschung unterscheiden. Die Begriffe von Wissenschaft und Technik dürfen in ihrem gemeinen Verstand genommen werden. Die letzten Stufen der Konkretisierung des Grundlagenwissens nennen wir in Übereinstimmung mit der herrschenden Übung „Invention". Damit ist nicht der juristische Begriff der patentrechtlich schutzfähigen Erfindung gemeint, sondern jedes erstmalige Auftauchen eines neuen technischen Gedankens, der von allem Beigeschmack des Heroischen oder Genialen gereinigte Schöpfungsakt.

Der potentielle technische Fortschritt vermehrt sich auch dadurch, daß neues Wissen weiter verbreitet wird (durch Diffusion oder bewußte Verteilung). Wenn eine zur Produktionsreife entwickelte Invention erstmals in die Produktion eingeführt wird, so spricht man von Innovation[46]. Übernehmen andere Wirtschaftssubjekte die von dem Pionierunternehmen erstmalig eingeführte Neuerung, so ist häufig von Imitation die Rede, einem Begriff, den auch wir verwenden können, wenn wir uns klar machen, daß er nur in einer Konkurrenzwirtschaft die Vorstellung des Anrüchigen und Unlauteren hervorruft, im Sozialismus möglicherweise jedoch etwas höchst Wünschenswertes bezeichnet.

Die Erzeugung neuen Wissens, einschließlich der Invention, und seine Umwandlung in Innovationen faßt man im Begriff der „Forschung und Entwicklung" (F & E) zusammen[47].

---

[45] Habermas, Erkenntnis und Interesse (1968), passim, besonders 241; ders., Technik und Wissenschaft als „Ideologie" (1964) 146 ff. Entsprechend versteht Ellul, La technique ou l'enjeu du siècle (1954) 1 ff., unter Technik den Bereich instrumentaler Verfügung des Menschen über seine (natürliche und mitmenschliche) Umwelt schlechthin.

[46] Vgl. zu den einzenen Phasen des wissenschaftlich-technischen Fortschritts Mansfield, The Economics of Technological Change (1968) 10 ff.; das Buch ist in russ. Übersetzung (Ėkonomika naučno-techničeskogo progressa; 1970) auch in der Sowjetunion zu einem Standardwerk geworden. Vgl. ferner Machlup, The Production and Distribution of Knowledge in the U. S. (1962) 179.

[47] Vgl. etwa Kaufer, Patente, Wettbewerb und technischer Fortschritt (1970) 33.

3. *Technischer Fortschritt als endogene Variable des Wirtschaftsprozesses*

Wir sagten, daß die herkömmliche Gleichgewichtstheorie den technischen Fortschritt als letztlich unerklärte Störung des wirtschaftlichen Gleichgewichts betrachtete: Er wurde als *exogene* Variable behandelt. Zunächst war das nicht mehr als eine grundsätzlich legitime Abstraktion, wie sie mit jeder sozialwissenschaftlichen Theoriebildung verbunden ist. Die Wirtschaftstheorie erhebt aber den Anspruch, triftige Aussagen über die ökonomische Wirklichkeit zu ermöglichen. Auf die Dauer hatte sich die Wirklichkeit zu fügen, als die Theorie nicht revidiert wurde. Daß der technische Fortschritt von außen her die Wirtschaft überfalle oder gleichsam als willkommenes Manna[48] vom Himmel regne, konnte so als eine Aussage über die Wirklichkeit aufgefaßt werden. Das populäre Pendant dieser Auffassung, der Glaube, neue Erfindungen seien Geistesblitze genialischer Einzelgänger, die allenfalls den unerklärlichen Wirkkräften geistigen Schöpfertums, nicht aber dem ökonomischen Gesetz von Angebot und Nachfrage unterlägen, hat auch im Patentrecht manche Spur hinterlassen. Daß man zu gleicher Zeit glauben konnte, das Patentrecht sporne die Erfinder durch das Versprechen materieller Vorteile an, bezeugt indessen, daß man von Anfang an nicht nur den spintisierenden „Keller- und Dachstubenerfinder" (MACHLUP), sondern auch den kühl rechnenden homo oeconomicus als Erfinder im Auge hatte. Trotz dieser Unentschiedenheit des vorwissenschaftlichen Bewußtseins mußte die Annahme, grundlegende Neuerungen kämen in erratischen Sprüngen zur Welt[49], durch eine beträchtliche Reihe soziologischer, psychologischer und historischer Arbeiten erschüttert werden[50], bevor es auch die Wirtschaftswissenschaft mit der Hypothese, der Inventionsprozeß sei endogen determiniert, versuchte. Damit wurde zugleich der Blick frei für die große Bedeutung der kleinen, im Produktionsprozeß als Lernergebnisse ständig anfallenden Inventionen, die man zugunsten der spektakulären großen Erfindungen bislang unterschätzt hatte[51].

KUZNETS[52] und MERTON[53] gelang es, einen Zusammenhang zwischen der Inventionsrate und der Reifung der Industrien festzustellen. SCHMOOKLER[54] wies in einer grundlegenden Arbeit die Abhängigkeit der Inventionstätigkeit vom Wachstum der Technologie nachfragenden Industrien nach, wobei der Wachstumsprozeß überwiegend nicht vom technischen Fortschritt, sondern von der langfristigen Entwicklung der Nachfrage determiniert ist. Heute sind sich die

---

48 KAUFER 11.

49 SCHMOOKLER, Technological Change 335, kritisiert die Auffassung, technische Fortschritte glichen einem Erdbeben.

50 Nachweise bei KAUFER 33 ff.

51 ARROW, The Economic Implications of Learning by Doing: RES 1962, 155–173.

52 KUZNETS, Secular Movements in Production and Prices (1930).

53 MERTON, Fluctuations in the Rate of Industrial Invention: QJE 1935, 454–474.

54 SCHMOOKLER, Invention; DERS., Economic Sources of Inventive Activity: J. Ec. Hist. 1962, 1 ff. Vgl. dazu KAUFER 40 ff. und MANSFIELD, The Economics 34.

Wirtschaftswissenschaftler darüber einig, daß die Inventionsrate von ökonomischen Variablen jedenfalls sehr weitgehend abhängig ist und Invention eine Folge bestimmter Investitionsentscheidungen ist[55].

Daß auch die späteren Phasen des Neuerungsprozesses, Innovation und Imitation, von wirtschaftlichen Gegebenheiten abhängen, war im Grundsätzlichen schon lange eine Selbstverständlichkeit[56]. Schließlich sind auch die vor der Invention liegenden Phasen der Beschaffung neuen technischen Wissens (angewandte und Grundlagenforschung) selbst dann, wenn sie weitgehend aus dem ökonomischen System ausgeklammert sind, auf die vielfältigste Weise an dieses rückgekoppelt[57]: durch Auftragsforschung, Personalunion zwischen Stellen der Wirtschaft und der Forschungsverwaltung, Wirtschaftslobbies, letztlich und vor allem dadurch, daß Wissenschaft und Technik mit dem ihnen innewohnenden Potential zur Vermeidung wirtschaftlicher Krisen auch zur Legitimationsgrundlage der politischen Ordnung geworden sind[58].

Fassen wir zusammen: Der gesamte Prozeß des technischen Fortschritts ist weitgehend eine Funktion der (tatsächlichen) Wirtschaftsordnung. Neuerung ist das Ergebnis von (öffentlichen und privaten) Investitionen, also Gegenstand von Entscheidungen über die Verwendung knapper Ressourcen. Wenn dem so ist, so taugt für den Vergleich der rechtlichen Kanalisierung des technischen Fortschritts in verschiedenen Gesellschafts- und Wirtschaftssystemen kein nur quantitativer Begriff des technischen Fortschritts, der allenfalls die vergleichende Messung der „Neuerungsgeschwindigkeit" erlauben würde[59]. Wo in der bürgerlichen Wirtschaftswissenschaft von technischem Fortschritt die Rede ist, wie in der Diskussion um die optimale Wettbewerbsintensität, in der Konjunkturtheorie oder in der Patentdebatte, verschwindet die qualitative Seite des

---

[55] MACHLUP, The Production 5 ff.; MANSFIELD, The Economics 34 ff.; KAUFER 33 ff.; UNTERBURG, Die Bedeutung der Patente in der industriellen Entwicklung (1970) 52 ff.; sowie die bereits genannten Werke von SCHMOOKLER.

[56] Vgl. dazu die Erörterung der von RICARDO und MARX diskutierten Determinanten des Maschineneinsatzes bei SYLOS-LABINI, Oligopoly and Technical Progress (1962). Umstritten sind bis heute lediglich die Kausalzusammenhänge zwischen der Realisierung des technischen Fortschritts und dem Wettbewerb bzw. dem Monopolisierungsgrad in den einzelnen Industrien. Dazu SYLOS-LABINI aaO; LENEL, Ursachen der Konzentration unter besonderer Berücksichtigung der deutschen Verhältnisse (2. Aufl. 1968); UNTERBURG, aaO.

[57] HIRSCH, Wissenschaftlich-technischer Fortschritt und politisches System – Organisation und Grundlagen administrativer Wissenschaftsförderung in der BRD (1971).

[58] HABERMAS, Technik und Wissenschaft 50 f.; DERS., Legitimationsprobleme im Spätkapitalismus (1973) 56.

[59] SCHMOOKLER, Invention 2–7, verwendet zur Untersuchung der Erfindungstätigkeit einen Erfindungsbegriff, der praktisch mit dem Begriff der patentfähigen Erfindung zusammenfällt. KUZNETS, Inventive Activity – Problems of Definition and Measurement, in: R. R. NELSON (ed.), The Rate and Direction of Inventive Activity: NBER (1962) 19–43, möchte ebenfalls die Erfindertätigkeit anhand der Patentstatistik messen. Die in dieser Operationalisierung liegende Blickverengung ist offenkundig.

technischen Fortschritts allerdings regelmäßig aus dem Blickfeld. Dem technischen Fortschritt geht es damit nicht anders als dem Wirtschaftswachstum. Technischer Fortschritt ist in der Tat in den entwickelten Industriestaaten vielleicht der wichtigste Motor des Wachstums, und so wie dieses in Geldgrößen (Tauschwerten) rein quantitativ gemessen wird, wird auch ein der störungsfreien Kapitalverwertung untergeordneter technischer Fortschritt auf eine quantitative Dimension reduziert. Wissenschaft und Technik können die politische Ordnung als sachgerecht nur legitimieren, wenn sie selbst entpolitisiert werden[60]. Der Anerkennung des technischen Fortschritts als endogener Variabler des Wirtschaftssystems haftet deshalb etwas eigentümlich Halbherziges an.

Für die Arbeit ist es aber wichtig zu betonen, daß technischer Fortschritt nicht nur Quantität, sondern auch *Qualität* haben kann. Er hat nicht nur eine „rate", sondern auch eine „direction", und so kann man etwa an die von einem bestimmten Wirtschaftssystem hervorgebrachte Struktur des technischen Fortschritts die Frage stellen, ob sie unseren Vorstellungen von einer vernünftigen oder „gerechten" Verteilung entspricht, oder ob etwa die Produktion von „Luxusinnovationen" die für vorrangige „Sozialinnovationen" verfügbaren Forschungsmittel zu stark in Anspruch nimmt[61].

Im Verstand des marxistischen historischen Materialismus werden Erfindungen und neue Technologien endogen im Strome des gesellschaftlichen Lebensprozesses erzeugt[62]. Von den objektiven Bedürfnissen der Gesellschaft hervor-

---

[60] HABERMAS, Technik und Wissenschaft 80 f.: „Zwar bestimmen nach wie vor gesellschaftliche Interessen die Richtung, die Funktionen und die Geschwindigkeit des technischen Fortschritts. Aber diese Interessen definieren das gesellschaftliche System so sehr als ganzes, daß sie mit dem Interesse an der Erhaltung des Systems sich decken. Die private Form der Kapitalverwertung und ein loyalitätssichernder Verteilerschlüssel für soziale Entschädigungen bleiben als solche der Diskussion entzogen. Als unabhängige Variable erscheint dann ein quasiautonomer Fortschritt von Wissenschaft und Technik, von dem die wichtigste einzelne Systemvariable, nämlich das wirtschaftliche Wachstum, in der Tat abhängt. So ergibt sich eine Perspektive, in der die Entwicklung des gesellschaftlichen Systems durch die Logik des wissenschaftlich-technischen Fortschritts bestimmt zu sein *scheint*. Die immanente Gesetzlichkeit dieses Fortschritts scheint die Sachzwänge zu produzieren, denen eine funktionalen Bedürfnissen gehorchende Politik folgen muß."

[61] Die nicht-marxistische Wirtschaftswissenschaft sieht das Verteilungsproblem ihrem Ausgangspunkt, dem Warentausch, entsprechend herkömmlicherweise verkürzt als Problem der Verteilung der *Geldeinkommen*. Vgl. hierzu etwa SCHNEIDER, Einkommensverteilung und technischer Fortschritt: Schriften des Vereins für Socialpolitik, N. F. 17 (1959). Erst im Zusammenhang mit der Umwelt- und Technologiedebatte erhält das Problem der *realen* Verteilung größere Aufmerksamkeit. Vgl. HENKE, Die Verteilung von Gütern und Dienstleistungen auf die verschiedenen Bevölkerungsschichten (1975), und STÖBER/SCHUMACHER (eds.), Technology Assessment and Quality of Life (1973).

[62] ENGELS, Dialektik der Natur: MEW XX 498; im Lehrbuch Grundlagen der marxistisch-leninistischen Philosophie (1971) 472 heißt es dazu: „Die Entwicklung der Wissenschaft und die zunehmende Beherrschung der spontanen Kräfte in Natur und Gesellschaft durch den Menschen bedingen einander". Eine umfassende Geschichte der

gerufen, beruhen sie auf der kollektiven Leistung der menschlichen Gattung. „Allgemeine Arbeit", so schreibt MARX im Kapital, „ist alle wissenschaftliche Arbeit, alle Entdeckung, alle Erfindung. Sie ist bedingt teils durch die Kooperation mit Lebenden, teils durch Benutzung der Arbeiten Früherer."[63] Die Lehre vom Geistesblitz, die „heroische Theorie" des Erfindungsprozesses wird von sowjetischen Autoren als unwissenschaftlich und arbeiterfeindlich kritisiert[64]. Der Sozialismus soll den technischen Fortschritt von den hemmenden Fesseln der kapitalistischen Produktionsverhältnisse entbinden. Der Einfluß der gesellschaftlichen und wirtschaftlichen Organisationsformen auf die Technologie wird indessen in einer charakteristischen sowjetischen Wendung auf die Formen der Produktion und Verwendung neuen technischen Wissens beschränkt. Die zweite wissenschaftlich-technische Revolution[65], über die es ein unübersehbares philosophisches, historisches und wissenschaftstheoretisches (naukovedenie) Schrifttum gibt, wird als ein weltweites, grundsätzlich einheitliches und von der wirtschaftlichen und politischen Verfassung der Gesellschaften unabhängiges Phänomen dargestellt. Die Äußerung BREŽNEVS auf dem 24. Parteikongreß der KPdSU ist typisch: „Vor uns, Genossen, steht eine Aufgabe von historischer Bedeutung: die Errungenschaften der wissenschaftlich-technischen Revolution organisch mit den Vorteilen des sozialistischen Wirtschaftssystems zu verbinden ..."[66] Mit anderen Worten: Naturwissenschaften und Technik selber sind „systemneutral". Der Kampf um den Aufbau des Kommunismus wird so zum Kampf um die Erhöhung der Arbeitsproduktivität. Nach der Verstaatlichung der Produktionsmittel und der historischen Machtübernahme durch das Proletariat geht es nur noch darum, die „materiell-technische Basis des Kommunismus" zu schaffen[67]. In einem neuen ökonomischen Werk heißt es beispielsweise, der wissenschaftlich-technische Fortschritt sei zur Hauptvoraussetzung für eine Lösung der zentralen wirtschaftlichen und *sozialen* Probleme der Sowjetunion geworden[68]. Hier kann dahingestellt sein, ob die Kritiker der Sowjetunion darin recht haben, daß die Lehre von

---

Wissenschaft und Technik auf materialistischer Grundlage findet sich bei BERNAL, Die Wissenschaft in der Geschichte (1967).

[63] MEW XXV, 114.

[64] RAJGORODSKIJ, Izobretatel'skoe pravo SSSR (1949) 50; JURČENKO, Problemy Sovetskogo izobretatel'skogo prava (Unveröff. jur. Doktordiss. Leningrad, 1966) 4. Dieser Haltung entspricht der Nachdruck, der in der Sowjetunion seit jeher auf das Massen- und Arbeitererfindungswesen (massovoe bzw. rabočee izobretatel'stvo) gelegt wird (vgl. dazu unten S. 111) und die Ablehnung des Kriteriums der Erfindungshöhe bzw. der non-obviousness als Schutzvoraussetzung (dazu unten S. 149).

[65] Dazu allgemein Lehrbuch Grundlagen der marxistisch-leninistischen Philosophie (1971) 486 ff.

[66] Pravda vom 31. 3. 1971.

[67] Programm der KPdSU (russ.) 66 f.

[68] KLIMENKO u. a., Ėkonomičeskie problemy 158; ähnlich ANISIMOV u. a., Naučno-techničeskij progress i chozjajstvennaja reforma (1969) 5.

der materiell-technischen Basis die Herrschaftsideologie einer neuen Klasse staatsbürgerlicher Technokraten darstellt[69], oder ob in ihr für die Sowjetunion unter den Bedingungen der wirtschaftlichen und militärischen Systemkonkurrenz ein angemessenes Gegenwartsprogramm ausgedrückt ist; vergessen wir nicht, daß die Sowjetunion trotz größter Leistungen auf manchen Gebieten noch hinter den am höchsten entwickelten kapitalistischen Ländern technisch zurücksteht und daß während der Zeiten innerer und äußerer Bedrohung der Imperativ „nachholender Industrialisierung" (RAUPACH) zwingende Geltung und die Elektrifizierung nach dem Wort LENINS gleichen Rang mit der Sowjetmacht haben mußten.

Uns ist wichtig festzuhalten, daß die relative Gleichförmigkeit der wirklichen technischen Entwicklung im Westen und in der Sowjetunion nach unseren Überlegungen über die endogene Determiniertheit des technischen Fortschritts – die bis in die Zellen des Inventionsprozesses reichen kann – nicht von vorneherein die technologiepolitische Irrelevanz (oder jedenfalls die zunehmende Konvergenz) der Wirtschaftssysteme beweist, sondern auf dem Willen der sowjetischen politischen Führung beruht, die westlichen Länder wirtschaftlich und technologisch „einzuholen und zu überholen"[70]. Es wird dann zum Problem, wie weit der Wille, es den kapitalistischen Staaten technologisch gleichzutun, die Sowjetunion zu Konzessionen in der Ausgestaltung ihrer Rechtsordnung und Wirtschaftsverfassung zwingt.

II. Die ökonomische Natur wissenschaftlich-technischen Wissens

1. *Wissen als öffentliches Gut*

Der potentielle technische Fortschritt hängt ab von dem einer Volkswirtschaft in einem bestimmten Zeitabschnitt verfügbaren technischen Wissen. Wir ziehen es vor, von Wissen zu sprechen und nicht von Information. Denn Kybernetik und Informatik haben den Begriff der Information, insbesondere für die Bedürfnisse der elektronischen Datentechnik, operationalisiert und quantifiziert. Information in diesem Sinne bezeichnet den Grad der Reduktion von Unsicherheit, den eine bestimmte Wahl in einer Entscheidungssituation bestimmter Struktur bewirkt; vom konkreten Inhalt der einzelnen „Botschaft" wird abstrahiert[71]. Der umgangssprachliche Begriff des Wissens dagegen erlaubt die komplexe Gewichtung der Aussagen nach ihrer konkreten Bedeu-

---

[69] STROTMANN, in: BETTELHEIM/HUBERMANN/MANDEL u. a., Zur Kritik der Sowjetökonomie (1971) 15.

[70] Programm der KPdSU 66.

[71] Vgl. z. B. JENNER, An Information Version of Pure Competition, in: LAMBERTON (ed.), Economics of Information 84–86.

tung[72]. Und insbesondere das Recht ist auf solche Bewertungen angewiesen, wenn es z. B. versucht, besonders hochwertiges neues Wissen als patentfähige Erfindungen auszusondern.

Wissen ist von anderen Gütern durch eine Reihe von Eigenarten unterschieden, die vor allem ARROW[73] in einem Aufsatz herausgearbeitet hat[74], der inzwischen weithin zum Ausgangspunkt der ökonomischen Patentrechtsliteratur geworden ist[75], in der deutschen Patentrechtsdogmatik jedoch noch kaum Spuren hinterlassen hat[76]. Wissen ist von „Natur" aus ein unteilbares und, wie heute meist gesagt wird, ein öffentliches Gut[77], und es ist nicht oder nur sehr eingeschränkt individueller Aneignung fähig.

Ein Grundstück oder ein Kuchen kann auch in kleinste Stücke aufgeteilt einzelnen Interessenten immer noch Nutzen bringen. Ein Bruchteil einer Straßenbrücke[78], einer ausgestrahlten Fernsehsendung[79] oder eben einer Erfindung ist niemand nütze; nur das Ganze erfüllt seinen Zweck. Die Herstellungskosten dieser öffentlichen Güter sind davon unabhängig, wieviele Personen das fertige Gut in Anspruch nehmen, eine Brücke befahren, ein Fernsehprogramm einschalten oder eine Erfindung nachbauen: Die Grenzkosten der Nutzung sind Null. Was der eine hat, braucht der andere nicht zu entbehren. Sind sie einmal in der Welt, so sind öffentliche Güter nicht knapp, sondern frei. Wissen ist zudem flüchtig, es kann überall gleichzeitig sein, man kann es nicht einzäunen; wenn das Recht nicht zu Hilfe kommt, kann ein Erfinder

---

[72] BOULDING, The Economics of Knowledge and the Knowledge of Economics, in: LAMBERTON (ed.), Economics of Information 23.

[73] ARROW, Economic Welfare and the Allocation of Resources for Invention, in: LAMBERTON (ed.), Economics of Information 141–159.

[74] Zum Begriff des „Gutes" vgl. WEBER, Stichwort „Gut", in: HWdSW IV (1965) 735.

[75] KAUFER 11; SILBERSTON, The Patent System, in: LAMBERTON (ed.), Economics of Information 224, 225; AREEDA, Antitrust Analysis (1967) 319 N. 3; vgl. aber auch schon MACHLUP, Die wirtschaftlichen Grundlagen des Patentrechts: GRUR/Int. 1961, 524.

[76] Eine Ausnahme macht WALZ, Der Schutzinhalt des Patentrechts im Recht der Wettbewerbsbeschränkungen (1973) 20 und passim.

[77] SAMUELSON definiert öffentliche (public, collective) Güter durch die Eigenschaft, daß „... each individual's consumption of such a good leads to no subtraction from any other individual's consumption of that good ..." (The Pure Theory of Public Expenditure: RES 1954, 387).

[78] HOTELLING, The General Welfare in Relation to Problems of Taxation and of Railway and Utility Rates: Econometrica, Juli 1938.

[79] MINASIAN, Television Pricing and the Theory of Public Goods: JLE 1964, 71. Dieser Artikel löste eine langwierige Kontroverse um die Berechnungsgrundlage der Fernsehgebühren aus, da die Grenzkosten (marginal cost), die bei staatlichen und staatlich überwachten Versorgungsunternehmen mit Monopolstellung (utilities) herangezogen werden, offensichtlich bei öffentlichen Gütern den Nulltarif rechtfertigen würden. Vgl. gegen MINASIAN SAMUELSON, Public Goods and Subscription TV: Correction of the Record: JLE 1964, 101 und hiergegen wiederum MINASIAN, Public Goods in Theory and Practice Revisited: JLE 1967, 205. Zum Ganzen vgl. BUCHANAN, Public Goods in Theory and Practice: A Note on the Minasian-Samuelson Discussion: JLE 1967, 193.

sein Wissen nur in der eigenen Brust begraben oder er muß es mit allen teilen. In der Wirklichkeit sind die Grenzkosten der Nutzung öffentlicher Güter freilich oftmals nicht immer gleich Null; der Brückenbelag nützt sich ab, Wissen muß in Archiven und Bibliotheken für weitere Benutzer verfügbar gehalten werden, und die Übertragung fertigen Wissens erfordert oft aufwendige und kostspielige Verfahren. Es ist für uns aber wichtig, den Unterschied zwischen diesen Erhaltungs- und Übertragungskosten von den Kosten der erstmaligen Herstellung festzuhalten.

Mit der Charakterisierung vorhandenen Wissens als unteilbares, aneignungsunfähiges und nicht knappes öffentliches Gut scheint bloß die Natur der Sache zur Sprache gebracht zu sein. Und doch glaubte man lange, wie die Geschichte des geistigen Eigentums, des Urheber- und Patentrechts, lehrt[80], das genaue Gegenteil: Es sei natürlich, Wissen und geistige Schöpfungen den zuordnungsbedürftigen Sachen gleichzustellen und einer statischen Güterordnung in Analogie des Sachenrechts zu unterwerfen.

Den Wandel konnte nur eine entscheidende Änderung der Blickrichtung hervorrufen. Sie liegt in der Umkehrung des herkömmlichen Begründungs- und Legitimationszusammenhanges zwischen der privaten Eigentumsordnung und der Marktwirtschaft. War der Schein des naturhaft Vollkommenen von der Wirtschaft der privaten Eigentümer einmal abgestreift, so konnte der Marktwettbewerb nicht mehr bloß als – die vielleicht wünschenswerte – Folgewirkung des Privateigentums betrachtet werden; dieses mußte vielmehr nur als notwendige Bedingung der Marktwirtschaft erscheinen, die sich samt der vorausgesetzten Eigentumsordnung durch die Maximierung der gesellschaftlichen Wohlfahrt zu legitimieren hatte. Auf diese Problemstellung hat sich besonders die Wohlfahrtsökonomik[81] konzentriert, der auch ARROWS Diskussionsbeitrag zugehört. In diesem theoretischen Ausgangspunkt liegt ein Anspruch auf zweckrationale Instrumentalisierung der Wirtschaftsordnung, wie er radikaler bisher nur von Marxisten geltend gemacht worden ist[82].

---

[80] Dazu SILBERSTEIN, Erfindungsschutz und merkantilistische Gewerbeprivilegien (1961).

[81] PIGOU, The Economics of Welfare (4. Aufl. 1932) 172 f. ARROW, Economic Welfare 141: „... to what extent does perfect competition lead to an optimal allocation of resources?“ Vgl. auch die Kritik dieser letztlich auf BENTHAM zurückgehenden utilitaristischen Betrachtungsweise bei LITTLE, A Critique of Welfare Economics (2. Aufl. 1960) 6 ff.

[82] In der Durchführung ihres Programms bleibt die Wohlfahrtsökonomik freilich auf halbem Wege stecken. Sie kann sich Wohlfahrt nur als die aufsummierten Befriedigungen von Besitzindividualisten denken (dazu kritisch etwa LITTLE, A Critique 7; zu BENTHAMS Gleichsetzung von „the happiness of society“ mit „the sum total of the happiness of all the individuals in society“ vgl. auch LITTLE aaO 51 ff.); mit dieser „Atomisierung der Nachfrage“ und der Befriedigung bindet sie die Bestimmung ihres Gütermaximums in einem eigentümlichen Zirkel an die zu legitimierende Vermögensverteilung und Eigentumsordnung; vgl. DOBB, Welfare Economics and the Economics

2. Der „Wert“ des Wissens

Da die Wohlfahrtsökonomik nicht vom privaten Eigentum ausgeht, sondern von dem instrumentalisierten Marktwettbewerb, bezeichnen die Begriffe der Unteilbarkeit und Aneignungsfähigkeit des Wissens Probleme, die sich auch einer sozialistischen Wirtschaft stellen, sofern sie marktwirtschaftliche Elemente enthält.

Im sowjetischen juristischen und politökonomischen Schrifttum wird die Unteilbarkeit des Gutes „technisches Wissen“ denn auch in einem ganz ähnlichen Zusammenhang erörtert wie bei Arrow: im Streit um den Nutzen oder Schaden der Eigentumsrechte an technischem Wissen, insbesondere des Patentschutzes, und beim Versuch einer sachgerechten Abgrenzung marktwirtschaftlicher und staatsdirigistischer Steuerungsmittel[83]. Allerdings erscheint die Problematik in der Sowjetunion in anderem terminologischen Gewand; sie ist eingekleidet in der Frage, ob technisches Wissen einen „Wert“ im Marxschen Sinne habe.

Marx hat bekanntlich die bei den englischen Klassikern, vor allem bei Ricardo, vorgefundene Arbeitswertlehre zum Eckstein seiner Kapitalismuskritik gemacht. Jenseits der Oberflächenphänomene der bürgerlichen Wirtschaft und ihres vordergründigen Spiels von Angebot und Nachfrage fand er im Wertgesetz das innerste „Bewegungsgesetz“ der kapitalistischen Dynamik. Die Arbeitswertlehre entlarvt den angeblichen Äquivalententausch des Lohnverhältnisses als Ausbeutung, und durch sie glaubt Marx, die Akkumulation des Kapitals mit ihren wiederkehrenden Krisen erklären zu können. Die Marxsche Ideologiekritik richtet sich gegen die Warenform, welche die Gebrauchswerte im Austausch unter den Eigentümern annehmen, als den Ursprung und das Paradigma der Verdinglichung von Herrschaftsbeziehungen. Warenform und Wert sind nur zwei Seiten desselben Sachverhalts[84]. Die Wertgröße ist „durch das Quantum gesellschaftlich notwendiger Arbeit oder die zur Herstel-

---

of Socialism (1969) 5, 11, 58 f. Diese Bindung ist in der sog. new welfare economics, die die Möglichkeit des intersubjektiven Nutzenvergleichs leugnet und das Gesetz vom abnehmenden Grenznutzen des Einkommens daher zum unwissenschaftlichen Vorurteil erklärt; vgl. Albert, Der Trugschluß der Lehre vom Gütermaximum: ZfN 1953, 90, 95; kritisch hierzu Dobb, Welfare Economics 77 ff.; ausgeprägter als in der älteren utilitaristischen Nationalökonomie, der dieses Gesetz galt und – ceteris paribus – eine egalitäre Vermögensverteilung objektiv als überlegen (im Sinne der Wohlfahrtsmaximierung) erscheinen ließ, Bentham, The Theory of Legislation (1802, Neudruck 1950) 104; Pigou 89.

[83] Arrow, Economic Welfare 149, schreibt: „... any information obtained should, from the welfare point of view, be available free of charge (apart from the cost of transmitting information).“ Dementsprechend lobt er das sowjetische System der Trennung der Erfindervergütung vom Gedanken einer Nutzungsgebühr (149, N. 6), das, wie wir sehen werden, zwar weitgehend, aber nicht vollständig durchgeführt ist.

[84] Marx, Kapital: MEW XXIII, 50, 52 f., Engels, Anti-Dühring: MEW XX, 280–291. Vgl. auch etwa Kovalevskij/Lutožina, Stoimost' v uslovijach socializma (1971) 10.

lung eines Gebrauchswertes gesellschaftlich notwendige Arbeitszeit"[85] bestimmt, und das Wertgesetz besagt, daß die Waren sich nach ihrem Arbeitswert austauschen[86]. Das Wertgesetz besagt freilich nicht, daß sich Preisrelationen und Wertrelationen stets entsprechen. Es besteht nur eine „kontinuierliche Tendenz zur Rückführung der Preisrelationen auf die Wertrelationen"[87].

In der sowjetischen Wirtschaft spielen Tauschbeziehungen, wie in allen anderen sozialistischen Wirtschaftssystemen, eine bedeutende Rolle, und zwar sowohl in der Verteilungssphäre wie auch in der Sphäre der Produktion. Tauschbeziehungen kommen nicht nur zwischen dem Bereich des genossenschaftlichen Kolchoseigentums und dem des einheitlichen Staatseigentums vor, sondern auch innerhalb des staatlichen Sektors selbst. Staatsunternehmen dürfen etwa überflüssige Betriebsmittel an andere Staatsunternehmen veräußern[88]. Die bereits von PREOBRAŽENSKIJ[89], dem führenden, von STALIN später verfemten Ökonomen der N.Ö.P.-Periode, vertretene und von STALIN[90] übernommene und kanonisierte Auffassung, das Auftreten der Warenform im Sozialismus beruhe auf dem Nebeneinander verschiedener Eigentumsarten, befriedigt deshalb heute auch die sowjetische Politökonomie nicht mehr[91]. Die Warenwirtschaft ist nicht an bestimmte juristische Eigentumsverhältnisse gebunden. Sie tritt da auf, wo die Produktion noch nicht unmittelbar gesellschaftlich ist, wo selbständige Wirtschaftseinheiten, „Unternehmen", Produktionsentscheidungen treffen[92].

---

[85] MARX, Kapital: MEW XXIII, 54.

[86] Vgl. Lehrbuch der Politischen Ökonomie (1955) 95.

[87] Vgl. BRUS, Funktionsprobleme der sozialistischen Wirtschaft (1971) 143.

[88] Vgl. unten S. 142.

[89] PREOBRAŽENSKIJ, Novaja ėkonomija (1926).

[90] STALIN, Die ökonomischen Probleme des Sozialismus in der UdSSR (1952) 17.

[91] In dem offiziellen Lehrbuch von CAGOLOV u. a., Politische Ökonomie Sozialismus (1970; dtsch. 1972), wird der Fortbestand der Warenbeziehungen im Sozialismus auf die noch vorhandene Ungleichheit der Arbeitsarten zurückgeführt (265). Überwiegend wird die Existenz der Warenbeziehungen jedoch mit dem Vorhandensein selbständiger Wirtschaftseinheiten begründet, die es in Gestalt der der einzelwirtschaftlichen Rechnungsführung (chozrasčet) unterliegenden Unternehmen bekanntlich auch innerhalb des staatlichen (und nicht nur im genossenschaftlichen) Sektor der Sowjetwirtschaft gibt. Vgl. etwa NEMČINOV, Obščestvennaja stoimost' i planovaja cena (1970) 355; RUMJANCEV u. a., Političeskaja ėkonomija socializma (1972) 159; ŽUKOVSKIJ u. a., Političeskaja ėkonomija IV (1971) 90; PAŠKOV, Ėkonomičeskie problemy socializma (1970) 212 f. Eine gute Übersicht über die heute vertretenen Theorien geben KOVALEVSKIJ/LUTOŽINA, Stoimost' 34. Für unsere Arbeit sind von besonderem Interesse diejenigen Autoren, die im Prinzip der materiellen Stimulierung den tragenden Grund der Warenbeziehungen sehen. Vgl. etwa MEDVEDEV, Zakon stoimosti i materiaľnoe stimulirovanie socialističeskogo proizvodstva (1966); weitere Nachweise bei KOVALEVSKIJ/LUTOŽINA, Stoimost' 43.

Streitig ist auch heute noch, ob auch Produktionsmittel, die seit den Reformen des Jahres 1965 Gegenstand von Tauschgeschäften unter Staatsunternehmen sein können, Objekt wirklicher Warenbeziehungen sind. Hier wirkt STALINS am Eigentumssystem orientierte Theorie nach. Vgl. hierzu PAŠKOV und ŽUKOVSKIJ u. a., aaO.

„Gebrauchsgegenstände werden überhaupt nur Waren, weil sie Produkte voneinander unabhängig betriebener Privatarbeiten sind."[93] Mag man, wie die KPdSU[94], davon sprechen, im Sozialismus würden die Ware-Geld-Beziehungen mit verändertem Inhalt bewußt veranstaltet und „ausgenutzt", oder mag man mit sozialistischen Kritikern der Sowjetunion dem Anspruch der sowjetischen Kommunisten, den Sozialismus bereits vollendet zu haben, entgegentreten, solange eine unmittelbar gesellschaftliche Produktion nicht verwirklicht ist[95] – an der Existenz einer sowjetischen Warenwirtschaft zweifelt heute[96] keiner mehr[97].

In der Diskussion darüber, ob Wissen einen Wert habe, wird nun aber der Wertbegriff in einem ganz anderen, den „Klassikern" Marx und Engels durchaus fremden Sinne benützt[98]. Aus der Behauptung, Wissen habe keinen Wert, wird gefolgert, es müsse den Produzenten kostenlos zugänglich gemacht

---

[92] Dies ist vor allem auch der Standpunkt der „antirevisionistischen" Marxisten. Vgl. Bettelheim, Ökonomischer Kalkül und Eigentumsformen (1970) passim, der in Umkehrung von Stalins Argumentation die Eigentumsformen von den Warenbeziehungen her definiert.

[93] Marx, Kapital: MEW XXIII, 87. Die „unmittelbar gesellschaftliche Produktion wie die direkte Verteilung schließen allen Warentausch aus, also auch die Verwandlung der Produkte in Waren . . .", Engels, Anti-Dühring 288.

[94] Programm der KPdSU (russ.) 89.

[95] Vgl. etwa Bettelheim, Ökonomischer Kalkül passim, und die in dem Band „Zur Kritik der Sowjetökonomie" (1971) versammelten Aufsätze.

[96] Mit der Heraufkunft des Kommunismus und des einheitlichen Volkseigentums (obščenarodnaja sobstvennost') sollen die Warenbeziehungen nach dem Programm der KPdSU (89) absterben.

[97] Ob damit zugleich das Wertgesetz in Kraft gesetzt ist und im Sozialismus dieselbe Steuerungsfunktion hat oder haben sollte wie in der kapitalistischen Wirtschaft, ist eine ganz andere, höchst umstrittene Frage, die uns hier nicht zu interessieren braucht. Einen vorzüglichen kritischen Überblick über den Stand der Diskussion bietet Brus, Funktionsprobleme 140–326; vgl. außerdem Zauberman in: Grossman (ed.), Value and Plan (1960).

[98] Die gründlichste Erörterung findet sich bei Dozorcev, Pravovoj režim avtorskogo svidetel'stva v uslovijach novoj sistemy planirovanija i ėkonomičeskogo stimulirovanija (1969), und bei Borjaev, Ėkonomičeskaja priroda izobretenij i racionalizatorskich predloženij, in Nekotorye voprosy razvitija ėkonomiki na sovremennom ėtape (1966) 341 ff.; ders., Material'naja zainteresovannost' v racionalizacii i v izobretatel'stve v promyšlennosti SSSR (Unveröff. wirtschaftswiss. Kandidatendiss. Moskau, 1966). Andere Autoren behandeln das Problem mehr oder weniger oberflächlich im Zusammenhang der Forschungsverträge oder des westlichen Patentsystems. Vgl. etwa Ring, Dogovory na naučno-issledovatel'skie i konstruktorskie raboty (1967) 149–167; Nikolaev, Social'no-ėkonomičeskaja suščnost' naučnych issledovanij: MEMO 1967, Nr. 12, 39; ders., Produkt naučnych issledovanij kak tovar: MEMO 1969, Nr. 2, 29. Auch im Zusammenhang der Erfindungsvergütung spielt das Problem eine Rolle. Vgl. dazu Tel'nichin, Ob ėkonomičeskoj prirode voznagraždenija za izobretatel'stvo: Izobretatel'stvo v SSSR 1957, Nr. 23, 23; Nechorošev, Osobennosti izobretatel'skogo truda (1966) 84–87, und unten S. 199 f.

werden[99]. Die Gegenmeinung, Wissen sei ein Wert, wird für die Forderung ins Feld geführt, es sei analog den sächlichen Produktionsmitteln – etwa durch Ausschließungsrechte – in die Verfügung der Unternehmen zu überstellen[100]. Die Zwillingsbegriffe Ware und Wert werden hier also auseinandergerissen: Ob etwas Wert *sei,* soll darüber entscheiden, ob es zur Ware *gemacht* werden soll!

Die Schwierigkeiten, fortschrittliches neues Wissen unter den Wertbegriff zu bringen, liegen auf der Hand. Einerseits sind Inventionen die Früchte menschlicher Arbeit und nicht Geschenke müheloser Inspiration, eine Feststellung, auf die sowjetische Juristen besonderen Nachdruck legen[101]. Andererseits braucht Wissen nur einmal erzeugt zu werden; danach kann es nahezu reibungslos weitergegeben und unendlich oft wiederverwendet werden. Das macht es schwierig, von einem „gesellschaftlich notwendigen" erfinderischen Arbeitsaufwand und von einer „gesellschaftlichen Durchschnittsarbeitskraft"[102] der Schöpfer neuen Wissens zu sprechen. Der Streit geht deshalb in der Sowjetunion darum, ob jedes Arbeitsprodukt Wert sei[103], oder ob die Wertkategorie nur auf solche Güter angewandt werden könne, die der gesellschaftlichen Reproduktion bedürfen[104]. Dabei kann sich keiner der Opponenten schlüssig auf MARX oder ENGELS berufen. MARX untersucht zwar die Regulativfunktion des Wertgesetzes für die Erzeugung und Verwertung des neuen Wissens und die Auswirkungen des technischen Fortschritts auf die kapitalistische Wirtschaftsentwicklung, aber er wendet den Wertbegriff im technischen Sinne niemals auf das Wissen selber an[105]. Nach MARX vermindert der technische Fortschritt den Wert der Produkte[106] und erhöht somit Mehrwertrate und Ausbeutungsrate[107]; für MARXENS Analyse ist der Arbeitswert des neuen Wissens selbst gleichgültig. Es kann MARX nicht entgangen sein, daß der Tauschpreis neuen Wissens nicht vom Arbeitsaufwand der Forscher und Erfinder bestimmt wird, sondern allein vom Grad der Monopolisierung des Wissens in der Hand der

---

[99] So vor allem DOZORCEV, Pravovoj režim.

[100] So am nachdrücklichsten BORJAEV, Ėkonomičeskaja priroda 341 ff.

[101] Vgl. etwa JURČENKO, Problemy Sovetskogo izobretatel'skogo prava 4–16.

[102] MARX, Kapital: MEW XXIII 53.

[103] So etwa BORJAEV, Ėkonomičeskaja priroda 340 f.

[104] DOZORCEV, Pravovoj režim 71.

[105] In einem Fragment über HOBBES (MEW XXVI/1, 329) schreibt MARX zwar: „Das Produkt der geistigen Arbeit – die Wissenschaft – steht immer tief unter ihrem Wert, weil die Arbeitszeit, die nötig, um sie zu reproduzieren, in gar keinem Verhältnis steht zu der Arbeitszeit, die zu ihrer Originalproduktion erforderlich ist." Der Begriff des Werts dürfte hier aber untechnisch gebraucht werden: Nicht Arbeitswert und Tauschwert, sondern Originalproduktion und Reproduktion werden hier ins Verhältnis zueinander gesetzt.

[106] MARX, MEW XXVI/1, 369.

[107] Vgl. die gute Darstellung der MARXschen Lehre bei MANDEL, Marxistische Wirtschaftstheorie (1962, dtsch. 1971) 163–167.

Privateigentümer und von seinem ökonomischen Nutzen in der Güterproduktion[108]. Wie die Grundrente stellt der Tauschpreis von Wissen eine Monopolrente dar, somit einen außerhalb des Wertgesetzes stehenden Sonderfall der kapitalistischen Preisbildung[109]. In der politischen Ökonomie des Kapitalismus, mit der sich MARX allein befaßt, hat die Streitfrage nach dem Wert des Wissens[110] keine Bedeutung; MARX konnte sie ignorieren. So wie sie in der sowjetischen Diskussion gestellt wird, ist sie ein Scheinproblem, das sich aus der dogmatischen Übertragung der Wertkategorie auf sozialistische Verhältnisse ergibt. Hinter der werttheoretischen Fassade der Auseinandersetzung steckt jedoch das wirkliche Problem: Welche Formen der Nutzung und Verwaltung des öffentlichen Gutes Wissen sind einer sich zum Kommunismus hin entwickelnden Übergangsgesellschaft gemäß?

III. Wirtschaftliche Dezentralisierung und technischer Fortschritt

1. Zwei Ursachen des Marktversagens: Externalität und Risiko

EUCKEN unterscheidet in seiner idealtypischen Wirtschaftsmorphologie Marktwirtschaften und Zentralverwaltungswirtschaften[111]. In der Wirklichkeit kommen diese reinen Typen nicht vor. Weder gibt es Marktwirtschaften, in denen keinerlei wirtschaftliche Entscheidungsgewalt auf eine politische Zentrale übertragen ist, noch existiert die reine „Kommandowirtschaft“, in der alle Entscheidungen von der Zentrale getroffen werden. Es gibt nur Mischtypen. Während in westlichen Industriestaaten die globale staatliche Wirtschaftslenkung in immer weitere Bereiche sich ausdehnt, ist in der Sowjetunion seit dem Tode STALINS eine Tendenz zur wirtschaftlichen Dezentralisierung

---

[108] Zur Preisbildung für das Gut „neues technisches Wissen“ vgl. PROSI 154 ff.

[109] Vgl. hierzu CAGOLOV, Lehrbuch Politische Ökonomie: Sozialismus 288.

[110] Außerhalb der Sowjetunion wird der Wert des Wissens auch mit der Begründung bejaht, daß seine *Übertragung* Kosten verursache. Vgl. LINDER, Die Notwendigkeit zur Ausbildung der Fabrikationslizenz als spezifische Rechtsform internationaler lizenzwirtschaftlicher Beziehungen (Jur. Diss., Halle, 1967). Vgl. auch DIETZ, Trends Toward Exclusive Patent Rights in Socialist Countries: Int. Rev. of Industrial Property and Copyright Law 1971, 155.

Ganz ebenso meint BOULDING, The Economics of Knowledge, 23, Wissen werde zur Ware (commodity), weil es übertragen werden müsse. Mit demselben Argument könnte man auch dem „jungfräulichen Boden“ (MARX, Kapital: XXIII, 55), der nach MARX zwar Gebrauchswert, aber nicht „Wert“ ist, einen „Wert“ zuschreiben, weil der Grundstückserwerb Eintragungsgebühren verursacht. In Wahrheit handelt es sich bei der Erhaltung und Übertragung von Wissen ebenso wie bei der Grundbucheintragung eines Eigentumserwerbs um selbständige Werte (Dienstleistungen).

[111] EUCKEN, Die Grundlagen der Nationalökonomie (7. Aufl. 1959), 3. Teil, Kap. 2.

festzustellen, die insbesondere in den CHRUŠČEVschen Reformen des Jahres 1965 hervorgetreten ist[112].

Wo verselbständigte Wirtschaftssubjekte Entscheidungen treffen, treten Systemprobleme auf, die in der westlichen Wirtschaftswissenschaft mit dem Begriff des Marktversagens belegt werden (market failure). BATOR definiert Marktversagen als „the failure of a system of price-market institutions to sustain ‚desirable' activities or to estop ‚undesirable' activities"[113]. Heute glaubt niemand mehr, wenn jedermann auf dem Markt, im Medium des Geldes, nur sein Partikularinteresse verfolge, so werde automatisch und notwendig wie durch eine „invisible hand" der universale Zweck der größten Wohlfahrt für die größte Zahl erreicht. Bei ihren Entscheidungen lassen die einzelwirtschaftlichen Akteure bestimmte Faktoren außer Betracht, die bei der Bestimmung der gesamtgesellschaftlichen Wohlfahrt zu Buche schlagen: die von PIGOU entdeckten Externalitäten[114]. Wer einen Bienenschwarm hält oder abschafft, denkt nach dem bekannten Beispiel zwar an den Honig, nicht aber an den erheblichen Nutzen, den die Bienen in Nachbars Garten durch die Befruchtung der Apfelbäume stiften; gesamtgesellschaftlich gesehen wird deshalb stets zu wenig für die Bienen getan.

In der Absicht, korrigierende Staatsintervention zu rechtfertigen[115], haben die Wohlfahrtsökonomen die einschränkenden Randbedingungen immer weiter präzisiert, die vorliegen müssen, wenn vollständiger Wettbewerb zum Wohlfahrtsmaximum führen soll.

Die sowjetischen Ökonomen gehen gedanklich nicht vom vollständigen Wettbewerb aus, sondern von der vollständigen Planung; sie haben nicht den

---

[112] Damit soll keiner Konvergenztheorie das Wort geredet sein. Die Entwicklung relativ ähnlicher Wirtschaftsstrukturen besagt noch nichts über die gesellschaftlichen Interessenlagen, die die Produktion beherrschen. Planung ist nicht per se sozialistisch und marktwirtschaftliche Strukturelemente brauchen nicht notwendig kapitalistische Verhältnisse zu reproduzieren, vgl. BETTELHEIM, Ökonomischer Kalkül 67 ff. und passim. Entsprechend kann man von einem Planfetischismus sprechen, der in seiner Verschleierungsfunktion dem Marktfetischismus entspricht. Bezieht man die politische Machtverteilung in einer Gesellschaft in die Betrachtung mit ein, so kann man neben der sozialistischen Planwirtschaft und einer kapitalistischen Marktwirtschaft die staatskapitalistische Planwirtschaft und den Marktsozialismus unterscheiden. Vgl. dazu BETTELHEIM aaO, und die in dem Band Zur Kritik der Sowjetökonomie versammelten Aufsätze. Zum Marktsozialismus ŠIK, Der dritte Weg (1972). Zur Kritik des Marktsozialismus vgl. CAGOLOV u. a., Lehrbuch Politische Ökonomie: Sozialismus 268 ff. und ANDREEV u. a., Političeskaja ėkonomika, Kapitalističeskij sposob proizvodstva (1972) 375.

[113] BATOR, The Anatomy of Market Failures: QJE 1958, 351–379, 351.

[114] PIGOU, The Economics of Welfare 172 ff.

[115] Zur Forschungsstrategie der Lehre von den Externalitäten vgl. BUCHANAN, Politics, Policy, and the Pigovian Margins: Econ. 1962, Nr. 29, 17–28. Expliziert wird diese Strategie im Versuch BAUMOLS, vom Begriff der Externalität aus eine apolitische, rein wirtschaftswissenschaftlich begründete Staatsfunktionenlehre zu entwickeln; Welfare Economics and the Theory of the State (1952).

Staatseingriff in die Wirtschaft, sondern die Wiedereinführung marktwirtschaftlicher Elemente zu rechtfertigen. Auf diesem Wege stoßen sie dennoch auf dasselbe Problem: In den einzelwirtschaftlichen Erfolgsindikatoren (chozrasčetnye pokazateli) der dezentralen Wirtschaftseinheiten geht der gesamtwirtschaftliche Nutzen der Wirtschaftstätigkeit nicht voll auf[116].

Wenn und soweit „Forschung und Entwicklung als unternehmerische Aufgabe"[117] institutionalisiert werden und die Entscheidungen über die auf die einzelnen Phasen des technischen Fortschritts entfallenden Investitionen den verselbständigten Wirtschaftseinheiten überlassen bleiben, gibt es zwei besonders wichtige Ursachen für das Versagen des Marktes (der wirtschaftlichen Dezentralisierung). Die eine Ursache ist die Unteilbarkeit und Aneignungsunfähigkeit des wissenschaftlich-technischen Wissens. Einzelwirtschaftlicher und gesellschaftlicher Nutzen des technischen Fortschritts decken sich nicht, wenn der Investor, der Forschung und Entwicklung bezahlt, sich deren Ergebnisse nicht aneignen kann[118]. Die andere Ursache liegt in der Abneigung der Unternehmen, Risiken einzugehen (risk aversion). F & E sind eine besonders risikoreiche, mit größter Unsicherheit behaftete Art der Investition[119]. Die Gesellschaft als ganze würde zwar auch nicht alle Risiken tragen; die Vermeidung bestimmter großer Risiken kann gesellschaftlichen Nutzen bringen[120]. Aber man darf wohl annehmen, daß in vielen Fällen eine Gesellschaft als ganze in der Lage und willens wäre, größere Risiken zu übernehmen als die einzelnen Unternehmen[121].

Dem Markt- oder allgemeiner: Dezentralisierungsversagen kann abgeholfen werden, wenn es gelingt, die Externalitäten zu „internalisieren", also dafür zu sorgen, daß sie im Entscheidungshorizont der Wirtschaftseinheiten ihrem Gewicht entsprechend repräsentiert sind. Wer sich nicht auf moralische Einwirkung beschränken will, kann dabei verschiedene wirtschaftsrechtliche Behelfe wählen[122].

---

[116] Gatovskij, Ėkonomičeskie problemy naučno-techničeskogo progressa (1971) 288 ff.

[117] Vgl. den Titel des Werks von Schätzle (1965).

[118] Arrow, Economic Welfare 141 ff.

[119] Arrow aaO; Kaufer 100 ff. Vgl. auch Anisimov u. a., Naučno-techničeskij progress 83.

[120] Dies ist einer der Haupteinwände von Demsetz gegen Arrow (Information and Efficiency – Another Viewpoint, in: Lamberton (ed.), Economics of Information 160, 166–169).

[121] Fraglich ist freilich, ob das auch für die Bürokratie gilt, die das ideelle gesamtwirtschaftliche Interesse wahrzunehmen hätte. Skeptisch Demsetz aaO. Risiko wird gemeinhin nicht als Externalität behandelt. Wenn man anerkennt, daß eine über das gesamtgesellschaftlich wünschenswerte Maß hinausgehende Risikoabneigung ein gesamtwirtschaftlicher Schaden ist, so kann man auch sie als „social cost of private enterprise" (vgl. das Buch dieses Titels von Kapp [1950]), als Externalität, ansehen: auch hier divergieren das einzelwirtschaftliche und das gesamtwirtschaftliche Entscheidungsprogramm.

[122] Vgl. dazu Arrow, Economic Welfare 144 ff.

Der externe gesellschaftliche Nutzen von F & E kann durch staatliche Transferzahlungen, die man Subventionen oder Prämien nennen mag, auf die Unternehmen übertragen werden. Die Rechtsordnung kann Ausschließungsrechte (Patente, Schutz für Know-how und Betriebsgeheimnisse, Wettbewerbsverbote für Angestellte) zur Verfügung stellen, die es den Unternehmen gestatten, fortschrittliches Wissen bestimmter Kategorien sich anzueignen. Ein weiteres, freilich sehr unvollkommenes, Hilfsmittel ist die Unternehmenskonzentration und die Diversifikation. In dem Maße, wie Unternehmen wachsen und sich in weitere Geschäftsbereiche ausdehnen, besteht immerhin die Möglichkeit, daß der einzelwirtschaftliche und der gesamtwirtschaftliche Nutzenkalkül sich annähern; im selben Maße allerdings können die Vorzüge der Dezentralisierung verloren gehen. Konzentration und Diversifikation steigern ferner die Fähigkeit und vielleicht auch die Bereitschaft der Unternehmen, Risiken einzugehen[123]. Neben dieser Selbstversicherung können Fremdversicherung und ein Kapitalmarkt mit der Möglichkeit der Haftungsbeschränkung die einzelwirtschaftliche Risikobereitschaft heben. Schließlich kann man eine Art Lotterie veranstalten, etwa in der Form von Ausschließungsrechten oder direkten Prämienzahlungen, welche große Verlustrisiken durch die Garantie entsprechend großer Erfolgschancen kompensieren.

2. *Die Problematik des Internalisierungsgedankens*

Die Wohlfahrtsökonomik in der Tradition Pigous nahm an, erstens, die Wohlfahrt verlange, daß Externalitäten internalisiert würden, und zweitens, die hierzu erforderlichen Staatseingriffe seien bloß korrigierender Art. Der Marktmechanismus sollte überhaupt erst in Gang gesetzt, nicht aber suspendiert werden. Auf diesen Prämissen haben angelsächsische Autoren eine Theorie der Staatsfunktionen, des kollektiven Handelns, aufgebaut, die eine theoretisch zwingende Abgrenzung von privater und politischer Sphäre, von Ökonomie und Politik ermöglichte[124]. Und auf die Rechtfertigung korrektiven Staatshandelns zielte in der Tat die Begriffsstrategie der Lehre von den Externalitäten und vom Marktversagen ab[125].

In der Patentdebatte kehrt der Glaube, Internalisierung von Externalitäten sei nur die Wiederherstellung der gestörten Marktfunktion, in der Lehre wieder, ein ideales Patentsystem, das wie ein Monopsonist diskriminiere und nie mehr Schutz gewähre als zur Hervorbringung einer bestimmten Innovation erforderlich sei, stehe in vollem Einklang mit der Freiheit des Wettbewerbs[126].

---

[123] Dieser Aspekt der Konzentration und Diversifikation wird auch im sowjetischen Schrifttum erörtert. Vgl. Anisimov u. a. 83 ff.

[124] Baumol, Welfare Economics N. 115; Buchanan/Tullock, The Calculus of Consent (1962).

[125] Buchanan, Politics.

[126] Kaufer 167.

Hier zeigt sich eine kennzeichnende Schwäche des Internalisierungsgedankens. Die Vorstellung eines idealen Anreizsystems ergibt nämlich nur einen Sinn, wenn feststeht, welche und wieviel Innovation induziert werden soll. Ein stärkerer Anreiz wird mehr Innovation hervorrufen, ein schwächerer Anreiz wird die Innovationstätigkeit dämpfen. Jede Konstellation von Anreizen wird ferner dem Lauf des technischen Fortschritts eine ganz bestimmte Richtung aufzwingen. Wenn man ein Anreizsystem allein für die Internalisierung der Externalitäten konzipieren wollte, müßte der Markt Informationen über die gesellschaftliche Bewertung derjenigen künftigen Innovationen liefern, die das freie Spiel der Marktkräfte gerade nicht hervorzubringen imstande ist. Das kann er nicht. Täte er es, könnte man auf die Staatsintervention womöglich ganz verzichten und es den am technischen Fortschritt Interessierten überlassen, sich zusammenzutun und die Erfinder zu „bestechen"[127]. Die Überlegenheit der staatlichen Lösung ließe sich jedenfalls nur mit einem Organisationsdefizit des Interesses am technischen Fortschritt, mit der Schwierigkeit, nichtorganisierte „Trittbrettfahrer" (free loaders) von der Nutzung des kollektiv finanzierten neuen Wissens auszuschließen, oder mit der Einsparung von Organisationskosten gegenüber den staatlichen Verwaltungskosten (transaction costs gegen administrative costs) begründen[128].

Jedes besondere Anreizsystem für die Realisierung des technischen Fortschritts setzt also eine *Technologiepolitik* voraus, und die verschiedenen Anreizsysteme haben, wie sich weiter unten zeigen wird, durchaus verschiedene technologiepolitische Implikationen.

In den letzten Jahren ist der Internalisierungsgedanke problematisch geworden. Es stellte sich heraus, daß man Externalität nicht bloß als Sonderfall gleichsam punktuell anfassen und erledigen kann. Wir leben in einer Welt voller Externalitäten[129]. Jede Internalisierungsmaßnahme bedingt neue Externalitäten, unerwünschte Nebeneffekte und Fernwirkungen. Das Patentrecht etwa läßt die externen Kosten des technischen Fortschritts wie sektorale Ungleichgewichte, sozial problematische Fälle von Arbeitsverdrängung, die Ver-

---

[127] Das ist der Kern der Argumentation von COASE, The Problem of Social Cost: JLE 1960, Nr. 3, 1–44; kritisch hierzu TRIBE, Channeling Technology Through Law (1973) 71–77; WRIGHT, The Cost-Internalization Case for Class Actions: Stanford L. Rev. 1969, 383, 385. Unter der höchst unrealistischen Annahme, daß die Organisation der an der Vermeidung externer Schäden Interessierten Null kostet (transaction bzw. bargaining costs), kommt COASE zu dem Ergebnis, daß Staatsintervention nicht angezeigt sei.

[128] DEMSETZ, Some Aspects of Property Rights: JLE 1966, Nr. 9, 61–70.

[129] Vgl. etwa DAVIS/WHINSTON, Externalities, Welfare, and the Theory of Games: JPE 1962, 241 ff., die separable externalities (deren Internalisierung möglich ist) und non-separable externalities (deren Internalisierung unmöglich ist) unterscheiden. Dazu auch WELLISZ, On External Diseconomies and the Government-Assisted Invisible Hand: RESt. 1964, 345, 347, und TURVEY, On Divergences between Social Cost and Private Cost: Econ. 1963, 312.

nichtung noch nicht amortisierter Maschinen (über deren langfristigen Wert damit nichts gesagt sein soll) außer acht[130]. COASE[131] und seine Nachfolger[132] haben zudem die Aufmerksamkeit auf die Kosten der Internalisierungsmaßnahmen selbst gelenkt, die den Nutzen der Internalisierung übersteigen können[133]. Das Optimum kann deshalb auch darin bestehen, die Externalitäten unkorrigiert zu lassen[134].

Externalität, die Externalisierung von Folgekosten, ist ein Grundproblem der dezentralen Entscheidungssysteme schlechthin[135]. Es läßt sich folgendermaßen fassen: Jede Innendifferenzierung eines Systems gefährdet die Erreichung des Systemzwecks; die durch Differenzierung erworbene Fähigkeit, größere Umweltkomplexität zu verarbeiten, wird erkauft durch eine Einbuße an Zweckrationalität. Die Systemtheorie sieht sich deshalb gezwungen, das Rationalitätsmuster der Zweckrationalität insgesamt zurückzuweisen und durch das einer Systemrationalität zu ersetzen[136]. Die Wohlfahrtsökonomik kann ihr Hauptanliegen, nämlich den Markt als zweckmäßige Institution, als Mittel zu einem Zweck, zu begreifen, nur durchhalten, weil ihr der Zirkel unterläuft, den Zweck – „Wohlfahrt" – im Rückgriff auf die Struktur der Marktwirtschaft, des Mittels, zu definieren: als Befriedigung der Bedürfnisse individueller Marktagenten. So ist die Wohlfahrtsökonomik zwar eine Art Naturrecht[137], aber eines nur für Privateigentümer. Kritische und apologetische Aspekte stehen in ihr deshalb unvermittelt nebeneinander. Wenn trotz dieser Ambivalenz hier mit Begriffen der Wohlfahrtsökonomik operiert wird, dann einmal, weil

---

[130] Vgl. KAPP, The Social Cost of Private Enterprise (1950) 146 ff.

[131] Oben N. 127.

[132] BUCHANAN/STUBBLEBINE, Externality: Econ. 1962, 371–384, BUCHANAN, Politics 25 ff.; WELLISZ, On External Diseconomies 361.

[133] Akzeptiert man die in der amerikanischen Theorie als ARROW-Theorem bezeichnete Lehre, daß sich eine gesellschaftliche Wohlfahrtsfunktion nicht als Aggregat individueller Präferenzmuster ermitteln läßt, ARROW, A Difficulty in the Concept of Social Welfare: JPE 1950, 328 ff.; DERS., Social Choice and Individual Values (1951), dann liegt eine Ursache weiterer Externalitäten darin, daß jede politische Internalisierungsmaßnahme einzelnen Personen oder Gruppen den Willen anderer aufzwingt; vgl. WELLISZ, On External Diseconomies 361. Das ARROW-Theorem gilt nicht, wenn man interpersonelle Nutzenvergleiche zuläßt; vgl. SEN, Collective Choice and Social Welfare (1970) 44–51. Der Marxist DOBB etwa (Welfare Economics 77) hält mit BENTHAM und der älteren Wohlfahrtsökonomik (PIGOU) daran fest, daß ein interpersoneller Nutzenvergleich möglich ist. Daraus ergibt sich die Überlegenheit einer egalitären Einkommens- und Produktionsstruktur.

[134] Ein Vergleich der Kosten des Patentsystems mit seinem gesellschaftlichen Nutzen ist noch nicht angestellt worden; er dürfte sich auch als unmöglich erweisen. Die Transaktions- und Verwaltungskosten alternativer Anreizsysteme müssen schon deshalb aus unseren Überlegungen ausgeschieden werden.

[135] Zum Problem der Suboptimierung infolge von Externalitäten vgl. SCHARPF, Planung als politischer Prozeß (1973) 83 ff.

[136] Vgl. LUHMANN, Zweckbegriff und Systemrationalität (1973) passim.

[137] Zum „ethischen" Charakter der Wohlfahrtsökonomik vgl. LITTLE, A Critique 9.

wie sich hoffentlich erweisen wird, die Fragestellung der Wohlfahrtsökonomen heuristisch wertvoll ist, ein andermal, weil wir an ihrer Behandlung der Wirtschaft als eines Mittels ein emanzipatorisches Moment sehen, das wert ist, festgehalten zu werden.

IV. Marktlogik und technischer Fortschritt

Alle Anreizsysteme, durch die Unternehmer zur Realisierung technischer Fortschritte veranlaßt werden sollen, lassen sich nicht bloß, so stellten wir fest, als Wiederherstellung eines partiell funktionsgestörten Marktes begreifen: Sie beruhen stets auf einer – freilich nicht notwendig expliziten – technologiepolitischen Entscheidung. Nun wollen wir einen Schritt weitergehen und fragen, wieweit es überhaupt der Logik des Marktes entspricht, daß Unternehmen über F & E entscheiden.

In der liberalen Tradition wird der Markt als ein System instrumentalen Handelns begriffen, in dem Individuen rational ihre individuellen, wahrheitsunfähigen und keiner weiteren Begründung bedürftigen Zwecke verfolgen. Paradigma der Rationalität ist das Optimierungsprinzip: die Wahl der geeignetsten Mittel zur Erreichung eines vorgegebenen Zwecks[138], und der vollständigen Marktkonkurrenz traut man zu, den optimalen Ausgleich der individuellen Strebungen hervorzubringen und damit die gesellschaftliche Wohlfahrt zu maximieren. Inzwischen zwar entontologisiert und zur bloßen Hypothese einer fachwissenschaftlichen Problemstrategie relativiert[139], zeigen sich diese Vorstellungen überaus lebensfähig und bestimmen auch heute noch einen Hauptstrom der wirtschaftswissenschaftlichen Theorie[140].

Die Bewegungskräfte des Marktes sind in dem liberalen Konzept dem Einfluß des einzelnen entzogen: Der Markt ist herrschaftsfrei, und marktwirtschaftliche Wirtschaftsergebnisse brauchen daher nicht besonders legitimiert zu werden. Das politische System dagegen ist Herrschaftsordnung und bedarf der Legitimation. Im liberal-demokratischen Rechtsstaat muß staatliches Handeln auf allgemeine Gesetze gestützt werden, in denen sich ein Minimalkonsens der Bürger über ihre gemeinsamen Interessen niedergeschlagen hat.

Die – wie wir sagen wollen – liberale Marktlogik setzt eine bestimmte

---

[138] VON MISES, Grundprobleme der Nationalökonomie (1930) 30 ff. sieht in der Nationalökonomie die mit dem Zweck-Mittel-Schema befaßte Wissenschaft schlechthin. Vgl. zum Optimierungsprinzip allgemein LUHMANN, Zweckbegriff 106 ff.

[139] Vgl. etwa ALBERT, Marktsoziologie und Entscheidungslogik – Objektbereich und Problemstellung der theoretischen Nationalökonomie: ZfSt. 1958, 169–196; DERS., Die Problematik der ökonomischen Perspektive: ZfSt. 1961, 438–467, vor allem 441 ff. Zum Ganzen vgl. LUHMANN, Zweckbegriff 107.

[140] Vor allem im englischen Sprachbereich (welfare economics, neoklassische Theorie, allgemeine Entscheidungslogik, policy sciences).

Struktur der gesellschaftlichen Güterwelt voraus. Wirtschaftliche Güter sind ihr typischerweise private Güter, also teilbar, der privaten Aneignung fähig, und dazu bestimmt, privat und individuell genossen zu werden. Ihr Gebäude bricht zusammen, sobald öffentliche, kollektive Güter sich in den Vordergrund drängen und Externalität nicht mehr nur eine Randerscheinung ist.

Der technische Fortschritt und der von ihm erzeugte Strukturgewinn der Organisation des menschlichen Zusammenlebens verstärken die gegenseitige Abhängigkeit jedes von jedem[141]. Bedingungen und Wirkungen der Reproduktion des menschlichen Lebens werden zunehmend gesellschaftlich, und neue Technologien sind stets die Vorhut und Triebkraft dieser Entwicklung gewesen. An ihnen nimmt Externalität prinzipiellen Charakter an. Sowohl die positiven als auch die negativen Wirkungen der neuen Technologien reichen immer weiter – geographisch wie gesellschaftlich[142]. Ein Wasserrad mochte durch sein bescheidenes Klappern den Schlaf der nächsten Nachbarn des Müllers stören; ein Atomkraftwerk kann im Ernstfalle ganze Landstriche verwüsten. Die beunruhigendsten Folgen des technischen Fortschritts, nukleare Zerstörungstechnologien, die Verödung der Städte und die Zerstörung der Landschaft als Folge der Automobilisierung, die Bedrohung des ökologischen Gleichgewichts, die Verschmutzung des Wassers und der Atmosphäre gehören zu den zunehmenden externen (sozialen) Kosten des technischen Fortschritts.

Selbst wenn man die höchst unrealistische Annahme machen dürfte, alle hätten ein gleich intensives Interesse an der Vermeidung dieser Sozialkosten, würde der Markt als Entscheidungsverfahren doch nicht dazu führen, daß die kollektiv als notwendig erkannten Maßnahmen durchgeführt werden. Jedermann wird versuchen, als „Trittbrettfahrer" (free-loader) seinen individuellen Beitrag in der Hoffnung zurückzuhalten, die anderen würden schon handeln[143]. Das allen gemeinsame Interesse kann nur durch kollektives Handeln verwirklicht werden.

Der Markt addiert die unendlich vielen kleinen Entscheidungen der Marktteilnehmer zu großen, für die wirtschaftliche und gesellschaftliche Entwicklung folgenreichen Allokationsentscheidungen. Aus der Atomisierung der Entscheidungsthemen ergibt sich ein besonderes Systemproblem der Marktwirtschaft, das zuerst von A. E. Kahn als „tyranny of small decisions" analysiert wurde[144]. Die individuellen Wahlakte können gemeinsam ein Ergebnis erbringen, das niemand gewollt hat. „The consumer can be victimized by the narrow-

---

[141] Mesthene, Technological Change – Its Impact on Man and Society (1970) 55, 64 f.

[142] Mesthene, Technological Change 40; Kapp, The Social Cost 146 ff.

[143] Vgl. etwa Mesthene, Technological Change 55. Allgemein zum free-loader-Problem Mancur Olson, The Logic of Collective Action (1971), der hierauf eine Theorie der Interessengruppen und der öffentlichen Güter konstruiert.

[144] Kahn, The Tyranny of Small Decisions – Market Failures, Imperfections, and the Limits of Economics: Kyklos 1966, Nr. 19, 23–45.

ness of the contexts in which he exercises his sovereignty."[145] Quantität schlägt in Qualität um, wenn das Aggregat von Einzelentscheidungen irreversible Lagen schafft, welche die Möglichkeit künftiger individueller Entscheidung einschränken. Jedermanns Interesse an der Erhaltung der Optionen fällt zwischen die Stühle, weil jeder einzelne auf dem Markt Souveränität nur in einer kurzen zeitlichen Perspektive ausübt[146]. Über die Folgen der Automobilisierung für Lebensstil und Siedlungsstruktur haben weder Käufer noch Verkäufer von Kraftfahrzeugen entschieden; sie ergaben sich von selbst, als genügend Autos im Verkehr waren, und niemand ist für sie verantwortlich zu machen. Wenn die von der Marktlogik vorausgesetzte Freiheit rationaler Wahl zwischen den ökonomisch realisierbaren Alternativen erhalten bleiben soll, ist wiederum kollektive Willensbildung und öffentliches Handeln erforderlich.

Ein weiteres Systemproblem folgt aus einer Eigenart menschlichen Wertverhaltens. Gegenüber der Veränderung entfernter Risiken zeigt das individuelle Wertverhalten sonderbare Diskontinuitäten, die nicht den „marginalistischen" Verhaltenshypothesen der Marktlogik entsprechen[147]. Zum Beispiel das wirtschaftliche Versagen einer ernsthaften Sicherheitstechnologie im Automobilbau dürfte damit zusammenhängen, daß wenige sich durch die Minderung eines nicht mehr konkret erlebbaren Risikos (von, sagen wir, 0,1 Promille auf 0,05 Promille) zu einem spürbaren gegenwärtigen Opfer bewegen lassen. Wo die Versicherungsmathematik den einzelnen nicht motiviert, gibt ein irrationaler Optimismus oder Pessimismus den Ausschlag. Eine im Sinne der Marktlogik rationale Abwägung von Nutzen und Kosten ist auch deshalb oftmals eher vom politischen System zu erwarten als vom Markt.

Alle drei hier erwähnten Systemprobleme der Marktwirtschaft gelten freilich grundsätzlich für die bloß quantitative Ausweitung der materiellen Produktion gleichermaßen wie für die Einführung technologisch neuer Produkte und Verfahren. Bei der technologischen Innovation stellen sie sich aber mit besonderer Schärfe. Neue Technologien sind mit besonders breiten und unübersehbaren Externalitäten belastet. Innovation ist unmittelbar auf die Umgestaltung des wirtschaftlich-sozialen Milieus bezogen, und das Problem der Erhaltung oder Präklusion marktwirtschaftlicher Optionen hat deshalb hier grundsätzlicheren Charakter als bei der Addierung von Einzelentscheidungen, die

---

145 Kahn 24.

146 Kahn 26–29. Vgl. auch Tribe, Channeling Technology Through Law (1973) 7. Die Tyrannei der kleinen Entscheidungen läßt sich mit Kahn als ein Sonderfall des Marktversagens (weil zu kleine Entscheidungsthemen gesamtwirtschaftliche Externalitäten produzieren) oder als Marktunvollkommenheit (market imperfection) (weil unzureichende Information über die Fernwirkung kleiner Entscheidungen vorliegt) bezeichnen. Wegen des free-loader-Problems würde freilich auch vollständige Information zu einer unteroptimalen Bereitstellung des öffentlichen Guts „Erhaltung künftiger Optionen" führen.

147 Ich verdanke diese Einsicht der Vorlesung von Tribe über „Technology and Law" (Harvard Law School, 1972/1973).

bloß die gegenwärtige Güterproduktion betreffen. Schließlich wird man auch annehmen dürfen, daß die Diskontinuitäten des Wertverhaltens dann besonders groß, die Entscheidungen mithin besonders irrational sein werden, wenn es um die Bewertung von Kosten und Risiken zukünftiger Güter geht.

Auch unter Verteilungsgesichtspunkten stellt die Innovation besondere Probleme. Der Markt führt die optimale Allokation der Güter in dem Augenblick herbei, in dem ein weiterer Austausch nicht mehr stattfindet, der beiden Parteien nützt oder der einen Partei nützt, ohne der anderen zu schaden[148]. Man erkannte bald, daß dieses sogenannte PARETO-Optimum zugleich ein gesellschaftliches Optimum nur dann ist, wenn man die allem Austausch vorausliegende Verteilung der Güter billigt. „It is almost self-evident that this so-called maximum obtains under free competition, because if, after an exchange is effected, it were possible by means of a further series of direct or indirect exchanges to produce an additional satisfaction of need for the participators, then to that extent such continued exchange would doubtless take place ... But this is not to say that the result of production and exchange under free competition will be satisfactory from a social point of view or will, even approximately, produce the greatest possible social advantage."[149] Für jede anfängliche Verteilung ergibt sich ein besonderes PARETO-Optimum[150]. Die Ökonomen haben entweder die gegebene Vermögensverteilung nicht in Frage gestellt oder aber angenommen, Unbilligkeiten der Verteilung ließen sich durch die Besteuerung der zu Reichen und durch Geldtransfers an die zu Armen (lump-sum payments) berichtigen. An die Faktorallokation wurde der Maßstab der Effizienz (efficiency) (die man im PARETO-Optimum verwirklicht sah) angelegt, während die Verteilung mit der Elle der Billigkeit (equity) gemessen wurde[151]. Es hatte nachhaltige Auswirkungen auf die Programmatik der

---

[148] So die eingängige Umschreibung des PARETO-Optimums bei WRIGHT, The Cost-Internalization Case 385 N. 11. PARETOS Formulierung findet sich in seinem Manuel d'économie politique (1909) 617 f.

[149] WICKSELL, Lectures on Political Economy I (1934) 82 f.

[150] LITTLE, A Critique 188; DOBB, Welfare Economics 11–14; MISHAN, The Costs of Economic Growth (1967) 49; ausführlich DERS., Pareto Optimality and the Law: Ox. Ec. Papers 1967, 255; WRIGHT 385 N. 10.

[151] Vgl. hierzu etwa WATSON, Price Theory and Its Uses (2. Aufl. 1968) 277: „In modern economic literature the expression 'economic welfare' usually refers to a combination of two criteria. They are efficiency and equity ... When efficiency is optimum, as in the general equilibrium of competitive prices, no resources are wasted or put to less than their best possible uses; there cannot be more production of one good without less production of another; and one household cannot consume more unless another consumes less. In this context, equity means the distribution of individual income. And what is an optimum or ideal distribution of income? Most economists take the position that the question cannot be answered with economic analysis, and that all judgements about equity are necessarily ethical or political value judgements." Ähnlich unterscheidet auch DORFMAN, The Price System (1964) 143, „distributional" und „allocational decisions".

Sozialpolitik, daß die Faktorallokation für objektiver Rationalität zugänglich galt und damit zum Hauptgegenstand der sich als wertfrei verstehenden Wirtschaftswissenschaft werden konnte, während die Frage der Verteilung dem subjektiven Meinen überlassen und in die Politik und Ethik verwiesen wurde.

Wenn es um die technologische Innovation geht, erweist sich die Philosophie, daß man die Kuh, die man melken will, erst in Ruhe satt werden lassen muß, als besonders fragwürdig. Das „laissez-innover“[152] schafft vollendete Tatsachen, die man nicht einfach ex post durch Geldzahlungen rückgängig machen kann. Haben Überschallflugzeuge erst einmal die stratosphärische Ozonhülle der Erde verdorben, so ist den Opfern des Hautkrebses der durch die vermehrte Sonneneinstrahlung verursacht werden kann, wenig gedient, wenn der Staat die Nutznießer des Überschallverkehrs besteuert und den Erben eine Rente zahlt. Mit der Zulassung des Überschallverkehrs ist die Verteilungsfrage unwiderruflich zugunsten der Eiligen und zu Lasten der Landarbeiter entschieden[153].

Zuletzt ein noch grundsätzlicherer Einwand: Der Markt konnte der liberalen Tradition als ein System instrumentalen Handelns erscheinen, weil man die subjektiven Zwecke der Individuen als gegeben, dem marktwirtschaftlichen Geschehen äußerlich ansah. Mit dem technischen Fortschritt bringt der Markt aber nicht nur Mittel hervor, sondern auch Zwecke[154]. Indem der technische Fortschritt eine Vielzahl von Optionen ständig nicht nur erschließt, sondern auch faktisch verschließt, revolutioniert er fortwährend das gesellschaftliche Wertmilieu. „By adding new options, technology can lead to changes in values in the same way that the appearance of new dishes on the heretofore standard menu of one's favorite restaurant can lead to changes in one's taste and choices

---

Kritisch zur analytischen Unterscheidung von Allokation und Verteilung: De V. Graaf, Theoretical Welfare Economics (1967) 154 f. „... lump-sum redistributions of wealth are almost certainly not feasible. By far the simplest way of securing the distribution of wealth we desire is *through the price system* ... Much of orthodox welfare theory lacks realism precisely because it assumes that the desired distribution of wealth has already been obtained (and is somehow maintained), and then proceeds to regard the price system as a highly specialised resource allocating mechanism which exercises no influence whatever on the distribution of wealth. Such a view is not easy to defend.“

Eine noch grundsätzlichere, nämlich vom marxistischen Primat der Produktion über die Verteilung ausgehende, Kritik findet sich bei Dobb, Welfare Economics 20–25. Er schreibt (253): „Decisions about output are always and necessarily decisions about distribution so long at least as human tastes are non-uniform.“ Daraus leitet Dobb die Notwendigkeit der Produktionsplanung ab (255–258).

[152] McDermott, Technology – The Opiate of the Intellectuals, in: Teich (ed.), Technology and Man's Future (1972).

[153] Der US Congress stoppte bekanntlich die Herstellung von Überschallpassagierflugzeugen aus ökologischen Erwägungen. Vgl. die Fallstudie bei Tribe, Channeling Technology 101 ff.

[154] Vgl. Tribe, Technology Assessment and the Fourth Discontinuity – The Limits of Instrumental Rationality: So. Cal. L. Rev. 1973, 617.

of food. Specifically, technology appears to lead to value change either by bringing some previously unattainable goal within the realm of choice, or by making some values easier to implement than in the past, that is, by changing the costs associated with realizing them."[155] Die so vom Markt ausgelösten endogenen Wertveränderungen lassen sich, wenn man nicht auf sinnleere Abstraktionen stoßen will, kaum auf konstante „Metapräferenzen" zurückführen[156].

Nehmen wir ein plastisches Beispiel. Genetische Technologien, wie etwa die in greifbare Nähe gerückte asexuelle Fortpflanzung (cloning), die eine Vielzahl genetisch identischer Individuen hervorbringen könnte, vermögen unseren Begriff von Identität und damit das menschliche Selbstverständnis umzustoßen[157]. So weit braucht man aber gar nicht zu greifen: Auch die hormonale Empfängnisverhütung (Anti-Baby-Pille) soll tiefgreifend das Sexualverhalten breiter Bevölkerungskreise verändert haben.

Soll über die künftige Entwicklung des gesellschaftlichen Wertmilieus durch neue Technologien rational entschieden werden, dann braucht es hierfür mehr als eine nur instrumentale Rationalität: Es ist nicht nur über Mittel, sondern auch über Zwecke zu befinden[158]. Wie sollen solche Entscheidungen getroffen werden? Politisch oder marktwirtschaftlich? Oder genauer: An welcher Stelle des Forschungs- und Innovationsprozesses soll das politische System – planend, gestaltend, verbietend – eingreifen dürfen? Daß beide Entscheidungsverfahren – Markt und Politik – stets zum selben Ergebnis führen werden, ist schwerlich anzunehmen[159]. In der „Demokratie" von Angebot und Nach-

---

[155] MESTHENE, Technological Change 50; ähnlich auch KAHN, The Tyranny of Small Decisions, passim; FOURAKER in seinem Vorwort zu EWING, Technology Change and Management (1970).

[156] Vgl. aber VON WEIZSÄCKER, Notes on Endogenous Change of Tastes: Journal of Economic Theory 1971, 345, 361, 371; ähnlich HARSANYI, Welfare Economics of Variable Tastes: RES 1953/54, 204, 207.

[157] Vgl. TRIBE, Technology Assessment 54 ff.; FLETCHER, Ethical Aspects of Genetic Controls: New England Journal of Medicine 1971, 776 ff.

[158] Diesen Einwand bringt TRIBE, Technology Assessment passim, gegen die in der amerikanischen Technologiebewertungsdebatte vorherrschende Ansicht vor, es sei mit einer durch Prognostik (Frühwarnsysteme etc.) unterstützten Erweiterung des marktwirtschaftlichen Entscheidungshorizonts in zeitlicher und sozialer Hinsicht, d. h. mit Behelfen zur Internalisierung bislang nicht internalisierter Externalitäten (an Sozialindikatoren angebundenen Anreizsystemen) getan. Zur herrschenden Auffassung vgl. den (übrigens von TRIBE verfaßten) Report „Technology: Processes of Assessment and Choice" der National Academy of Sciences, Comittee on Science and Astronautics, U. S. House of Representatives, Juli 1969; MESTHENE, Technological Change 41; DERS., The Role of Technology in Society, in: TEICH (ed.), Technology 134; DADDARIO, Technology Assessment, in: TEICH (ed.), Technology 201 ff.; BROOKS/BOWERS, Technology – Processes of Assessment and Choice, in: TEICH (ed.), Technology 219 ff. Auf dieser Theorie beruht auch die Tätigkeit des amerikanischen Technology Assessment Board; vgl. DADDARIO 202.

[159] Das wird in der Literatur aber üblicherweise angenommen, wenn das Patentsy-

frage ist das Stimmrecht ebenso ungleich verteilt wie das Geld – in der politischen Demokratie dagegen gilt das Einklassenwahlrecht.

Der Markt kann nach dem liberalen Denken stets nur ein Teilsystem der Gesellschaft sein[160]: Sonst wäre er nicht als Mittel zu einem Zweck zu begreifen. Die Marktlogik bestimmt den Markt nicht dazu, für die zukünftige Verfassung eines Gemeinwesens grundlegende technologische Entscheidungen zu legitimieren, und nichts, was die Ökonomen über die Leistungsfähigkeit des Marktes vorgebracht haben, spricht dafür, daß er es sollte. Prinzipiell spricht vielmehr manches dafür, daß technologische Entwicklungen politisch verantwortet werden müssen.

Alle hier genannten Probleme lassen sich nicht nur direkt durch öffentliches Handeln, etwa durch ein System imperativer Innovationsplanung und Innovationskontrolle angehen, sondern auch interventionistisch, durch Anpassung der straf-, polizei- und zivilrechtlichen Haftung oder schließlich auch durch ein System indikativer Planung (nach Art der französischen planification) in Verbindung mit marktwirtschaftlichen und fiskalischen Anreizen und Sanktionen. In einem Bereich, wo besonders breite und unübersehbare Externalitäten auftreten, wo die individuelle Motivation schwer rationalisierbar ist, wo zu kleine Entscheidungen qualitativ unvorhersehbare und irreversible Folgen haben können und wo langfristige gesellschaftliche Wertumschichtungen vorbereitet werden, muß man indessen immerhin fragen, ob es nützlich ist, den Konflikt privater und gesellschaftlicher Interessen überhaupt erst zu institutionalisieren. Die explosive Entwicklung von Wissenschaft und Technik machen F & E vor allen anderen wirtschaftlichen Aktivitäten zu einem sol-

---

stem mit der direkten politischen Steuerung des technischen Fortschritts (durch ein Prämiensystem) verglichen wird. Das ist eine Folge der ideologischen „Entqualifizierung" des technischen Fortschritts: Wenn es nur darum geht, ohne Rücksicht auf Qualität eine möglichst große Masse technischer Fortschritte zu produzieren, dann wird die Wahl zwischen den Verfahren des Marktes und denen der Politik selber zu einem bloß technischen Problem. Charakteristisch etwa Kaufer 23 f.; Demsetz, Information and Efficiency 172 f.

[160] Radikale Vertreter eines laissez-faire-Denkens rechtfertigen ihre Voreingenommenheit zugunsten marktwirtschaftlicher Steuerungsmittel daher auch oft nicht unmittelbar mit wirtschaftlichen Leistungen, sondern mit einem gesellschaftspolitischen Freiheitsideal. Vgl. etwa Friedman, Capitalism and Freedom (1962, Neudruck 1971) 22 ff. Der Nachdruck liegt dann nicht mehr auf dem Gedanken der Bedürfnisbefriedigung, sondern auf dem Modus, in dem die jeweiligen Interessen durchgesetzt werden. Friedman entlehnt dabei auffälligerweise den Begriff der Repräsentation aus dem Bereich der politischen Demokratie: „... the role of the market is that it permits unanimity without conformity; that it is a system of effectively proportionate representation. On the other hand, the characteristic feature of action through explicitly political channels is that it tends to require or to enforce substantial conformity" (23). Friedman verschweigt, daß auf dem Markt nicht nach Köpfen, sondern nach „Kapitalanteilen" abgestimmt wird.

chen Bereich[161]. Es sind deshalb keinesfalls nur Sozialisten, die zunehmend die Zuordnung der Innovationsfunktion an die Privatwirtschaft problematisch heißen[162].

V. Eigentumslogik und geistiges Eigentum

Die beiden vorhergehenden Kapitel zeigten, daß sich aus dem Vorstellungskomplex des liberalen Denkens, den wir die Marktlogik nannten, nicht herleiten läßt, weshalb F & E, die ohne staatliche Intervention in der einen oder anderen Form von der Wirtschaft nicht oder nicht in hinreichendem Umfang durchgeführt werden, durch staatliche Aktion an die Einzelwirtschaften delegiert werden sollen. Und wenn die Entscheidung einmal zugunsten einer solchen Delegation gefallen ist, dann gibt die Marktlogik keine Richtschnur für die Entscheidung darüber, welches der möglichen Befehle die Staatsintervention sich bedienen soll: Die Wahl und der Zuschnitt eines Anreizsystems beruhen vielmehr auf einer politischen, und zwar technologiepolitischen, Entscheidung. Die Patentdiskussion zeigt indessen, daß dieser technologiepolitische Aspekt kaum einmal expliziert worden ist. Daß sich die kapitalistischen Wirtschaftsordnungen ein Patentsystem geschaffen haben, muß deshalb eine andere Erklärung finden, als sie die Wohlfahrtsökonomik – die am weistesten getriebene Entfaltung der Marktlogik – oder auch die Annahme einer technologiepolitischen Wahlfreiheit des Staates geben können. Wir vermuten, daß die Bevorzugung des Patentsystems ihre Ursache in einem der Ideologie des Marktes vorausliegenden Prinzip hat: in der die marktwirtschaftliche Entwicklung und Differenzierung steuernden Dynamik des Privateigentums. Die stillschweigende Anerkennung des Primats des Eigentums über den Markt finden wir in den neueren dynamischen Wettbewerbstheorien, die zu einer Umbewertung des Patentsystems geführt haben, eine offene Anerkennung in der allgemeinen Theorie der Vermögensrechte von DEMSETZ.

---

[161] Auch die Expansion der bloß materiellen Produktion, etwa die Massenfertigung von Automobilen oder von Einfamilienhäusern, stellt der Marktwirtschaft die Probleme der Tyrannei der kleinen Entscheidungen, des irrationalen Wertverhaltens der einzelnen Konsumenten oder der endogenen Änderungen des gesellschaftlichen Wertmilieus. Zum letzteren vgl. etwa KAYSEN, The Business Corporation as a Creator of Values, in: HOOK (ed.), Human Values and Economic Policy (1967) 209 ff. Quantität kann in Qualität umschlagen. An der technischen Innovation nehmen diese Probleme aber einen neuen, prinzipiellen Charakter an.

[162] MESTHENE, Technological Change 63–71; HEILBRONNER, The Limits of American Capitalism (1966) 97–118; STEINDL, Capitalism, Science, and Technology, in: Socialism, Capitalism, and Economic Growth, Essays presented to M. DOBB, ed. FEINSTEIN (1967) 198–205.

1. Dynamische Wettbewerbstheorien und das Patentsystem

Mit dem Hinweis, daß das der liberalen Marktlogik zugrundeliegende Modell der vollständigen Konkurrenz zu keiner Zeit die Wirklichkeit einer Marktwirtschaft beschrieb und als Leitbild der Wirtschaftspolitik heute weniger denn je taugt, sind bloß noch offene Türen einzurennen.

Als vollständigen Wettbewerb hatte man das Geschehen auf einem Markt bezeichnet, der folgenden fünf Bedingungen entspricht[163]:

(1) Käufer und Verkäufer sind so zahlreich, daß keiner durch seine eigenen Handlungen einen wahrnehmbaren Einfluß auf den Preis ausüben kann;

(2) jeder Käufer und Verkäufer trifft seine Entscheidungen in völliger Unabhängigkeit, ohne Abstimmung mit seinen Wettbewerbern;

(3) das Produkt des fraglichen Wirtschaftsbereiches ist homogen, d. h. jede Einheit gleicht völlig jeder anderen Einheit;

(4) jedermann ist sogleich über jeden Marktvorgang informiert;

(5) alle Produktionsfaktoren sind zwischen den verschiedenen Wirtschaftszweigen vollständig beweglich.

Die dynamischen Wettbewerbstheorien gehen zutreffend davon aus, daß in der heutigen Wirklichkeit keine dieser Bedingungen kaum je voll erfüllt ist. Auf nahezu allen Produktmärkten gibt es große Unternehmen mit beträchtlichem Marktanteil, für die der Preis – in gewissen Grenzen – nicht eigentlich „Parameter", sondern Variable ist[164]. Solche Unternehmen müssen sich für eine Preis*politik* entscheiden, und dabei müssen sie das erwartete Verhalten ihrer Konkurrenten in Rechnung stellen. Kaum ein Produkt ist homogen; vielmehr ist Produktdifferenzierung in vielen Industrien das wichtigste Instrument der unternehmerischen Marktstrategie geworden. Vollständige Information war stets eine fiktive Annahme und heute steht dem zahlenmäßigen Schwund der selbständigen Wirtschaftseinheiten als Unsicherheit reduzierendem Faktor die Erweiterung des internationalen Handlungsspielraumes durch den beschleunigten technischen Fortschritt als Unsicherheit vermehrender Faktor gegenüber. Und schließlich ist augenfällig, daß weder Arbeit noch langlebige Kapitalgüter noch gar die innere Organisation eines Unternehmens frei beweglich sind.

Marktsoziologie und Organisationswissenschaft haben außerdem weitgehend den im Optimierungsprinzip vorausgesetzten Verhaltenshypothesen den Boden entzogen. Unternehmer sind nicht darauf erpicht, in jeder einzelnen Transaktion den höchstmöglichen Gewinn zu realisieren. Sie achten auf ihr öffentliches Image, legen Wert auf Sicherheit und geordnetes Wachstum, und wenn man überhaupt noch sinnvoll davon sprechen kann, sie erstrebten Gewinn-

---

[163] Vgl. etwa AREEDA, Antitrust Analysis 7.

[164] Zu den privat administrierten Preisen vgl. den Tätigkeitsbericht des Bundeskartellamtes 1973, BT-Drucks. 7/2250, S. 14.

maximierung, so nur auf lange Sicht[165]. Der Verbraucher betritt auf der anderen Seite den Markt nicht souverän in der Absicht, seine lang empfundenen, „echten" Bedürfnisse zu befriedigen. Im Werbefernsehen kommt der Markt vielmehr zu ihm ins Wohnzimmer, und eine gewaltige Werbungsindustrie setzt ihm neue Bedürfnisse schneller in den Kopf, als sie eine die Nachfrage planende Wirtschaft befriedigen kann[166].

Man ist sich einig, daß vollständige Konkurrenz weder eine angemessene Wachstumsrate noch ausreichende Neuerungstätigkeit zulassen würde[167]. F & E und Innovation können erfolgreich nur von den Unternehmen durchgeführt werden, denen Marktzutrittsschranken und Unvollkommenheiten des Marktes eine gewisse „reaktionsfreie" Zeit zur Verfügung stellen, in der sie mit Gegenangriffen der Konkurrenten nicht zu rechnen haben[168]. Ohne gewisse Marktungleichgewichte und Marktunvollkommenheiten blieben die technischen Fortschritte aus, womit freilich nicht gesagt sein muß, daß ausschließlich Großunternehmen erfolgreiche Innovatoren seien[169]. Die erforderlichen Marktzu-

[165] Vgl. etwa GALBRAITH, Moderne Industriegesellschaft 126 ff.; MARRIS, The Economic Theory of Managerial Capitalism (1964) passim. Einen guten Überblick über den Diskussionsstand bietet MACHLUP, Theories of the Firm – Marginalist, Behavioral, Managerial: AER 1967, 1 ff. Von sozialistischer Seite wird oftmals großer Wert auf den Nachweis gelegt, daß die Produktion auch im Managerkapitalismus ausschließlich profitorientiert sei. Vgl. etwa BARAN/SWEEZY, Monopoly Capital (1966) 20 ff.; DVORKIN u. a., Kritika sovremennych buržuaznych ėkonomistov (1971) 3 ff. Das nimmt nicht wunder, weil die These, daß im Kapitalismus nur wegen des privaten Profits produziert werde, für das Dogmengebäude jedenfalls des orthodoxen Marxismus wohl unverzichtbar ist. Andererseits verzichten die Marxisten damit aber auf die – politisch und agitatorisch vielleicht viel wirksamere – immanente Kritik der Marktwirtschaft, die der Managerkapitalismus ermöglicht. Nur die am Gewinn orientierten unternehmerischen Entscheidungen sind marktwirtschaftlich orientiert und als rational auszuweisen. Die Ausrichtung der Produktion an Werten wie Prestige, guter Presse, spirit of craftmanship usw. ist nichts anderes als unverhüllte Herrschaft einzelner über viele. Selbst ein konservativer Analytiker wie H. SCHELSKY räumt ein, daß die Managerherrschaft prinzipiell nicht legitimiert ist; zit. nach KUNZE, Mitbestimmung in der Wirtschaft und Eigentumsordnung: RdA 1973, 257 ff.

Die deutsche Mitbestimmungsdiskussion hat aus dieser Erkenntnis wohl ihre stärkste Anregung bezogen; vgl. etwa KUNZE aaO.

[166] HANSEN, The Economics of the Soviet Challenge: Ec. Rec. 1960, 10: „... nowadays consumers no longer act on their own free will. The demand curve is no longer the product of spontaneous wants. It is manufactured ... The consumer is ‚brainwashed' ... and the process of consumer brain-washing has become a branch of psychoanalysis. Consumer wants are no longer a matter of individual choice. They are mass-produced." Vgl. auch MISHAN, Technology and Growth – The Price we Pay (1970) 89 ff.; GALBRAITH, Moderne Industriegesellschaft 191.

[167] Vgl. etwa MACHLUP, The Production and Distribution 176.

[168] CLARK, Competition as a Dynamic Process (1961) 481; PRAHL, Patentschutz und Wettbewerb (1969) 45; zum Begriff der reaktionsfreien Zeit PRAHL 32 mit weiteren Nachweisen; zum Begriff der Marktzutrittsschranken (barriers to entry) BAIN, Barriers to New Competition (1956).

[169] Der Zusammenhang zwischen Unternehmensgröße und Innovation ist bis heute

trittsschranken können außer in dem Abschreckungspotential bloßer Größe und Finanzmacht auch in starker Spezialisierung, technischem Know-how, überlegener Absatzorganisation, eingeführten Warenzeichen, geschickter Werbung und ferner natürlich in gesetzlichen Ausschließungsrechten wie Patenten und Betriebsgeheimnissen bestehen, die alle auch kleineren Unternehmen zugute kommen können.

Marktzutrittsschranken aller Art geben dem Unternehmen einen gewissen Spielraum zu schöpferischen strategischen Entscheidungen, und auch hier braucht man nicht nur an die größten Unternehmen zu denken: *Alle* heute zu wirtschaftlich selbständigem Handeln fähigen Unternehmen haben ein Mindestmaß solcher wirtschaftlicher *Macht*. Die Funktionsfähigkeit des Marktes beruht mithin darauf, daß er gerade nicht ein anonymer machtfreier, lediglich Sachzwänge produzierender Spielautomat ist, wie es dem liberalen Glauben an die unsichtbare Hand entsprach, sondern daß er ein Macht erzeugendes – im günstigsten Falle Macht ständig neu verteilendes – Kommunikationssystem[170], ein – bestenfalls instabiles – Geflecht von Machtbeziehungen darstellt.

Nicht nur die Einsicht, daß die Marktwirtschaft außerstande ist, die politischen und ökonomischen Bedingungen ihrer Erhaltung selber zu garantieren, nicht nur die KEYNESsche Revolution des wirtschaftlichen Denkens und die dadurch der Politik zugefallene Verantwortung für das langfristige Krisenmanagement der Wirtschaft machen die liberale Dichotomie von Staat und Gesellschaft und die klassische Begründung des Staatsinterventionismus hinfällig[171]. Noch grundsätzlicher ist es die Ubiquität der Herrschaft, durch die sich die säuberliche Trennung der als machtfrei vorgestellten privaten Wirtschaft von der legitimationsbedürftigen politischen Herrschaftsordnung[172] er-

---

heftig umstritten; vgl. SCHUMPETER, Capitalism, Socialism and Democracy (2. Aufl. 1949); GALBRAITH, American Capitalism (2. Aufl. 1956) 86; VILLARD, Competition, Oligopoly, and Research: JPE 1958, 483–497; SYLOS-LABINI, Oligopoly and Technical Progress; LENEL, Die Bedeutung der großen Unternehmen für den technischen Fortschritt (1968) 3 ff.; DERS., Die Ursachen der Konzentration 174 f.

Das Problem kompliziert sich dadurch, daß sich die Fähigkeit der Unternehmen zur Durchführung technischer Fortschritte zu ihrer Größe nicht ebenso verhält wie ihre Neigung zur Innovation. Vgl. PRAHL 57–68; UNTERBURG 166–172; KAUFER 66 ff. (mit Fallstudien) jeweils mit zahlreichen weiteren Nachweisen.

[170] LUHMANN, Eigentum, passim, analysiert die Wirtschaft als System von Kommunikationen.

[171] So aber WALZ 215.

[172] MAX WEBER, Die drei reinen Typen der legitimen Herrschaft, in: Soziologie, Weltgeschichtliche Analysen, Politik, ed. WINCKELMANN, (1964), erörtert das Problem der Herrschaftslegitimation nur für den politischen Bereich. Bereits der von WEBER (151) verwendete Begriff der Herrschaft – „die Chance, Gehorsam für einen bestimmten Befehl zu finden“ – ist definitorisch auf die Trennung von Staat und Gesellschaft bezogen. Herrschaft in dem weiten, der gegenwärtigen Verflechtung von Staat und Wirtschaft gemäßen Sinne müßte etwa als (instrumentale) Verfügung über Menschen bezeichnet werden.

ledigt hat. Damit ist im wirtschaftlichen Bereich eine substantielle Abgrenzung des Politischen vom Privaten, wie sie noch die Staatsfunktionslehre der Wohlfahrtsökonomen zu leisten vermeinte[173], unmöglich geworden. Die Wirtschaft ist repolitisiert oder, wie kritisch gesagt wurde, refeudalisiert: Der säkulare Trend „from status to contract" (MAINE) hat sich in der Wirklichkeit dessen, was GALBRAITH Moderne Industriegesellschaft und BARAN und SWEEZY Monopolkapitalismus nennen, umgekehrt.

Der Staatsinterventionismus braucht sich nicht mehr als die für die Optimierung einer eindeutigen social welfare function erforderliche bloße Korrektur des Marktes zu rechtfertigen. Die Möglichkeit, Wirtschaft überhaupt als Mittel zu einem Zweck zu betrachten, ist verwirkt, wenn sie als System im Medium der Macht ablaufender Kommunikationen selber Zwecke erzeugt. So ist es unmöglich, die Differenzierung von Staat und Wirtschaft von einer wissenschaftlich faßbaren Konzeption der Wohlfahrt her zu thematisieren. Statt vom Zweck des Wirtschaftens, der Maximierung der „Wohlfahrt", kann man die prinzipielle „Eigengesetzlichkeit" der Wirtschaft nurmehr von einem außer- und vorwirtschaftlichen Datum, nämlich der juristischen Eigentumsverfassung, herleiten[174].

Zwar setzte auch die Begriffswelt der liberalen klassischen Nationalökonomie und Wohlfahrtsökonomik insgeheim wenn nicht das private Eigentum, so doch den privaten Eigentümer voraus; das gilt vor allen anderen Begriffen für den der Wohlfahrt als das Integral privater, individueller, subjektiver Befriedigungen. Das prinzipiell Neue an den die heutige Wettbewerbsdiskussion beherrschenden dynamischen Theorien ist aber, daß sie offen normativ und auf die positive Eigentumsordnung bezogen sind[175]. Überspitzt kann man die

---

[173] Siehe BAUMOL, Welfare Economics and the Theory of the State (1952).

[174] LUHMANN, Eigentum, passim. Daß LUHMANN seinen Ansatz nicht zu Ende gedacht hat, zeigt sich daran, daß er die Wirtschaft noch immer in der liberalen Tradition (vgl. etwa M. WEBER, in: Soziologie 59 f.) als System der Bedürfnisbefriedigung bezeichnet. Vgl. auch oben N. 170. LUHMANN verschweigt, daß die Dynamik des Organisationsprinzips Privateigentum die Differenzierung der Gesellschaft in ein politisches und ein ökonomisches System, die sie ermöglicht hat, in einem dialektischen Schwung auch selber wieder untergräbt.

Für polemische Zwecke scheuen sich viele Autoren freilich nicht, Modifikationen der (funktionalen) Eigentumsverfassung – etwa die Einführung der vollen paritätischen Mitbestimmung – zu bekämpfen, indem sie die Garantie einer analytisch nicht weiter hinterfragten „Funktionsfähigkeit der Unternehmen", d. h. nichts anderes als der derzeit bestehenden Leistungen der Einzelwirtschaften, in die verfassungsrechtliche Eigentumsgarantie hineinschmuggeln. Befürworter der Mitbestimmung sehen sich daher – oftmals sicher wider besseres Wissen – genötigt, zu behaupten, die Repräsentation der Arbeitnehmerinteressen im Aufsichtsrat der Aktiengesellschaften werde das unternehmerische Verhalten auf dem Markt nicht verändern.

[175] Vgl. etwa PRAHL 18; MACHLUP, Wettbewerb, in: HdSW XII (1965) 214. Reichlich metaphorisch wird teilweise von einer „wirtschaftspolitischen Grundentscheidung" gesprochen (Vorwort Jahresgutachten 1967/68 des Sachverständigenrates, zit. nach PRAHL aaO).

Umkehr der Blickrichtung im Übergang von der klassischen statischen zu der neuen dynamischen Wettbewerbskonzeption so kennzeichnen: Wir haben die Marktwirtschaft nicht, weil sie für die Verwirklichung der „Wohlfahrt" am zweckmäßigsten ist, sondern weil sie unserer privaten Eigentumsordnung entspricht[176]. Damit geht ein im Entwurf der Wohlfahrtsökonomik enthaltenes kritisches Moment verloren: die instrumentale Betrachtung der Wirtschaft[177], die sich, wie zuletzt ARROWS Kritik am Patentrecht zeigte, auch einmal gegen die Logik des Privateigentums, die unterschiedslos private Aneignung des durch Privateigentum Produzierten, kehren konnte.

Die Ordnungsfunktionen, die man dem Wettbewerb zuschreibt oder der Wettbewerbspolitik aufgibt, sind denn auch nur in einem höchst begrenzten Maße Ergebnis autonom politischer Entscheidung, hauptsächlich jedoch leicht idealisierte Beschreibungen dessen, was die Konkurrenz der privaten Eigentümer tatsächlich leistet. Das sei beispielhaft an KANTZENBACHS in der deutschen Diskussion einflußreichen Ausführungen zu den Wettbewerbsfunktionen gezeigt[178]. Der Wettbewerb hat nach KANTZENBACH drei statische Funktionen zu erfüllen:

(1) die Einkommen funktionell nach der Marktleistung zu verteilen und Ausbeutung durch Marktmacht zu verhindern,

(2) den Angebotswettbewerb nach den Präferenzen der Käufer zu steuern,

(3) die Produktionsfaktoren in ihre produktivsten Einsätze zu lenken.

Dazu treten zwei dynamische Funktionen: Der Wettbewerb soll die Produktion flexibel an sich ändernde Nachfragestrukturen und an veränderte Produktionstechnik anpassen und die Durchsetzung des technischen Fortschritts beschleunigen[179].

In diesem Katalog ist nichts, was nicht schon die klassische Theorie dem vollständigen Wettbewerb zugetraut hätte; der Unterschied liegt in der Relativierung, die durch die Anerkennung der neuen Wirtschaftswirklichkeit in die

---

[176] Vor Standpunkt der Marktlogik aus ließen sich noch die Eigentumsformen wirtschaftstheoretisch thematisieren. Vgl. die Auseinandersetzung um die „Wirtschaftsrechnung" im sozialistischen Wirtschaftssystem zwischen VON MISES und VON HAYEK einerseits und OSKAR LANGE und LERNER andererseits, (Nachweise bei RAUPACH, System der Sowjetwirtschaft [1968] 24–29). Heute, nachdem die Systemleistungen der Marktwirtschaft offen auf eine normative Ordnung bezogen sind, ist das prinzipiell unmöglich geworden.

[177] Freilich sprechen auch noch Vertreter der neueren Wettbewerbstheorie von einem instrumentalen Charakter einzelner Teilziele der Wirtschaftspolitik. Einen solchen Charakter soll etwa das Postulat der leistungsgerechten Einkommensverteilung haben; vgl. PRAHL 22. Es ist unschwer zu sehen, daß die Instrumentalisierung nur in einem höchst begrenzten Maße stattfinden kann: welche Leistungen überhaupt bewertet werden und welcher Wert (etwa Gebrauchswert oder Tauschwert?) ihnen beigemessen wird, ist mit der wirtschaftspolitischen Grundentscheidung für eine private Marktwirtschaft bereits im Voraus „entschieden".

[178] KANTZENBACH, Die Funktionsfähigkeit des Wettbewerbs (2. Aufl. 1967).

[179] KANTZENBACH 16 ff.

Begriffe hineingetragen wird. Seitdem wir wissen, daß Wettbewerb nur wegen der Unvollkommenheiten funktioniert, die ihn vom Modell der vollständigen Konkurrenz unterscheiden, bedeutet nicht mehr jeder Vorstoß gegen die PARETO-Bedingungen der statischen Effiziens „Ausbeutung" wie noch bei PIGOU[180]. Marktmacht heißt nur noch „exzessive Marktmacht", und eine Einkommensverteilung ist dysfunktionell nur, wenn sie „unnötige" Einkommensdifferentiale erlaubt. Welches Maß von Einkommensungleichheit nötig ist, ergibt sich u. a. aus dem Gewicht, das man der dynamischen Funktion, der Beschleunigung des technischen Fortschritts, beimißt. Freilich ist diese Funktion noch in sich völlig unbestimmt, da, wie wir bereits wissen, jeder marktstrukturellen Anreizkonstellation nicht nur eine bestimmte quantitative, sondern auch eine bestimmte qualitative Struktur des technischen Fortschritts entspricht. Nachdem erkannt ist, daß die Nachfrage ebenso geplant ist wie die Produktion, daß zwischen ihnen „a two-way street"[181] verläuft, besagen die statischen Funktionen (2) und (3) bloß noch, daß alles, was Unternehmen produzieren, auch tatsächlich verkauft wird und daß das Kapital so rasch, wie es auf den Beinen ist, den Gewinnchancen folgt: Das sind in der Tat die elementaren Wirkungen eines Marktes. Aus einem solchen Katalog teils harmonisierbarer, teils sich widerstrebender Wettbewerbsfunktionen lassen sich konkrete und operative Entscheidungsanweisungen für die Wettbewerbspolitik wenn überhaupt, nur dann ableiten, wenn wichtige Variable wie der technische Fortschritt autonomisiert und wie das globale Ziel der Wirtschaftspolitik, die Maximierung des Sozialprodukts[182], auf ihre quantitative Dimension verkürzt werden: der Preis dafür, daß „die private Form der Kapitalverwertung ... *als solche* der Diskussion entzogen"[183] bleibt.

Das Vordringen der neuen dynamischen Wettbewerbskonzeptionen ist für uns deshalb von Bedeutung, weil sie eine theoretisch grundsätzlich neue Einschätzung des Patentschutzes und des Rechts der Betriebsgeheimnisse ermöglicht hat. Die herkömmliche statische, am wirtschaftlichen Gleichgewicht orientierte Wirtschaftstheorie vermochte im Patentsystem, in den vom Gesetz gebilligten Monopolen an technischem Wissen schlechthin, nur eine theoretisch nicht zu rechtfertigende Anomalie der Marktwirtschaft zu erblicken. Das Patentsystem war systemwidrig. Soweit man in dieser Feststellung noch keinen hinreichenden Grund sah, die Patentgesetzgebung zu bekämpfen, wie es etwa noch Vertreter der Freiburger neoliberalen Schule taten[184], mußte die Auseinandersetzung um Wert oder Unwert des Patentrechts von der möglichst umfassenden Abwägung seiner vielfältigen vorteilhaften und nachteiligen wirtschaft-

---

[180] PIGOU, The Economics of Welfare 549–551.

[181] CLARK, Competition as a Dynamic Process 39.

[182] Vgl. PRAHL 18.

[183] HABERMAS, Technik und Wissenschaft als „Ideologie" 80 f.

[184] EUCKEN, Grundsätze der Wirtschaftspolitik (2. Aufl. 1955) 268; GATHER, Reform der Patentgesetzgebung: ORDO 1949, 270–303.

lichen *Auswirkungen* entschieden werden. Höhepunkt und Abschluß dieser Auseinandersetzung sind bis heute die resignierten Worte FRITZ MACHLUPS geblieben: „Kein wirklicher Volkswirt kann auf der Grundlage des gegenwärtigen Standes der Volkswirtschaftslehre mit Sicherheit feststellen, ob das Patentsystem in seiner heutigen Form der Allgemeinheit im Endergebnis zum Nutzen oder zum Schaden gereicht ... Gäbe es bei uns keinen Patentschutz, so wäre es nach der gegenwärtigen Kenntnis seiner wirtschaftlichen Folgen unverantwortlich, die Annahme eines Patentgesetzes zu empfehlen. Da wir aber seit langer Zeit ein Patentgesetz haben, wäre es nach unserem gegenwärtigen Kenntnisstand ebenso unverantwortlich, seine Abschaffung zu empfehlen."[185] Über diese Position hätte nur noch eine politische Ökonomie hinausführen können, die nicht die gesamtgesellschaftlichen Kosten und Vorteile gegeneinander zu verrechnen, sondern die Nutznießer des Patentsystems und die von ihm Geschädigten zu identifizieren sich bemüht hätte.

Auf dem Boden der neuen dynamischen Wettbewerbskonzeptionen gelingt es, das Patentrecht wenigstens in seinem Kernbestand, der befristeten privaten Aneignung von Wissen, prinzipiell als wettbewerbskonformes Rechtsinstitut darzustellen. Damit ist der ärgste bisher auf dem Patentsystem lastende Legitimationsdruck abgefangen. Wer von nun an das Patentrecht angreift, der sei gewarnt: Er muß die Marktwirtschaft selber meinen[186]!

Die These, Patente seien prinzipiell wettbewerbskonform, ist in Deutschland jüngst von zwei Autoren aufgestellt worden, die das Patentsystem im Lichte von zwei im einzelnen verschiedenen dynamischen Wettbewerbstheorien untersucht haben. PRAHLS[187] Argumentation ist im wesentlichen die folgende. Er definiert im Gefolge CLARKS[188] und KANTZENBACHS[189] den Wettbewerb als eine „Sequenz von aggressiven und defensiven Handlungen, von initiativen und reaktiven Bewegungen"[190]. Außer der – in der traditionellen Wettbewerbstheorie zentralen – Preispolitik stehen den Unternehmen in der Wirtschaftswirklichkeit eine ganze Anzahl weiterer Angriffs- und Verteidigungsmittel („Aktionsparameter") zur Verfügung: neben der Absatzpolitik insbesondere die Werbung und die Produktvariation[191]. Zum Wettbewerbsverhalten

---

185 MACHLUP, Die wirtschaftlichen Grundlagen 537; vgl. auch TURNER, The Patent System and Competitive Policy: N.Y.U.L. Rev. 1967, 277 ff. (zit. nach Pat. L. Rev. 1970, 259, 263): „I am not aware of any analysis ... since 1958 that would permit us to come to any other conclusion."

186 KAHN, The Role of Patents, in: MILLER (ed.), Competition, Cartels, and Their Regulation (1962) 317, stellt in MACHLUP, Die wirtschaftlichen Grundlagen, „a general tendency to criticize the (scil.: patent, M.B.) law when the true culprit is the market system generally" fest.

187 PRAHL 45.

188 CLARK, Competition as a Dynamic Process 14 ff.

189 KANTZENBACH, Die Funktionsfähigkeit 32 ff.

190 PRAHL 27 f.

191 PRAHL 29.

werden auch die nicht unmittelbar am Markt wirksamen Handlungen gerechnet, die als „Aktionen oder Reaktionen Wettbewerbswirkungen haben können"; PRAHL spricht mit WESTPHAL von „Vorbereitungswettbewerb"[192]. In der strategischen Situation der Wettbewerber, in der jeder Zug mit Gegenzügen beantwortet wird, kommt es zu Wettbewerbshandlungen überhaupt nur, wenn ein gewisser, länger währender Terraingewinn möglich erscheint. Für jede wettbewerbliche Maßnahme braucht es deshalb eine gewisse „reaktionsfreie Zeit", in der mit Gegenangriffen nicht gerechnet werden muß[193]. Wieviel reaktionsfreie Zeit verfügbar ist, hängt ab von der Struktur und der Transparenz des Marktes, der Mobilität der Produktionsfaktoren, der Auslastung der Produktionskapazitäten u. v. m.[194]. Ist die verfügbare reaktionsfreie Zeit zu kurz, kommt es zu einem wettbewerblichen Patt[195]. Aufgabe der Wettbewerbspolitik muß es deshalb sein, verfügbare und notwendige reaktionsfreie Zeit anzugleichen[196]. Hier kann das patentrechtliche Ausschließungsrecht helfen: Es verlängert die für Forschungswettbewerb und innovatorische Produktvariation verfügbare reaktionsfreie Zeit und kann so ein technologisches Patt überwinden[197]. In vielen Industrien weist die oligopolistische Interdependenz den Preiswettbewerb in eine höchst untergeordnete Rolle: Hier kann durch Patente der noch mögliche Produktwettbewerb gekräftigt werden und zu langfristigen Positionsverschiebungen führen, die auf längere Sicht vielleicht sogar das preispolitische Patt auflösen[198]. Diese Vorzüge haften nur dem als Ausschlußrecht ausgestalteten Patent an. Reduziert zu einem Rechtstitel auf Geldzahlung, wie etwa nach Einführung des allgemeinen Lizenzzwanges, könnten Patente allenfalls einmal eine erstarrte Preisfront in Bewegung bringen, nicht aber ein technologisches Patt überwinden[199].

KAUFER[200] stellt im Anschluß an VON HAYEK[201] und JENNER[202] die Unsicherheit, unter der sich die marktwirtschaftlichen Anpassungsvorgänge abspielen[203], in den Mittelpunkt seiner Sicht der funktionsfähigen Konkurrenz.

---

192 WESTPHAL, Preisvorschriften und Marktmechanismus in der europäischen Wirtschaftsgemeinschaft (1969); PRAHL 29.

193 PRAHL 32.

194 PRAHL 34.

195 PRAHL 39.

196 PRAHL 38.

197 PRAHL 75.

198 PRAHL 41.

199 PRAHL 87, 134, 138.

200 KAUFER 16 ff.

201 VON HAYEK, Economics and Knowledge: Econ. 1937. Nr. 4, 33–54; The Use of Knowledge in Society: AER 1945, 519–530; Wettbewerb als Entdeckungsverfahren (1958).

202 JENNER, An Information Version of Pure Competition: West. Ec. J. 1964, 21–38 (zit. nach LAMBERTON, ed., Economics of Knowledge 83 ff.).

203 Ähnlich HEFLEBOWER, Competition: Static, Dynamic, Dated, in: WROE ALDERSON (ed.), Patents and Progress (1965) 197, 200.

Vollkommenes Wissen darf man, so beginnt seine Argumentationskette, nicht voraussetzen; es wird vielmehr erst im Austauschprozeß des Marktes hervorgebracht[204]. Wettbewerb ist ein „Entdeckungsverfahren“ (HAYEK). Im Prozeß von trial and error verändern sich – etwa durch den technischen Fortschritt – laufend die Ausgangsbedingungen, und so wird das „unbekannte Potential“, auf das der Prozeß zustrebt[205], ständig ausgeweitet[206]. Wettbewerb ist daher sowohl eine Quelle der Unsicherheit als auch ein Verfahren zu ihrer Überwindung[207]. Diese Sicht führt zu einer Umwertung der Marktmacht. Sie ist nicht schon dann böse, wenn sie bestimmte Aktionsparameter verfügbar macht, etwa den Preis oder den technischen Stand der Produktion, sondern erst dann, „wenn bestimmte Parameter dem Zwang ihrer Einsetzung entzogen werden und dadurch der Prozeß der Wissensermittlung verzerrt wird“[208]. Der Wettbewerb ist funktionsfähig, wenn er das „Rennen“ um die Marktmacht in Gang hält[209]. „Anstatt wirtschaftliche Macht in homogene, atomistisch-kleine Teile zu diffundieren, verschiebt Wettbewerb laufend die Machtpositionen. Er selektiert, er erzeugt Marktmacht. Im machtmäßigen Ungleichgewicht akzentuieren sich so einerseits die Richtigkeit und andererseits die Fehler der Entscheidungen bestimmter Unternehmen. Und aus der Machtdifferenz erwächst erst der Impuls, die Fehler zu korrigieren.“ [210] Das statische PARETO-Optimum der Faktorallokation ist durchaus irrelevant[211]. JENNER schreibt: „Monopoly and pure competition are not contradictory phenomena, but coincidental parts of competitive control“[212], und er findet damit KAUFERS Billigung[213]. In eine so konzipierte Wettbewerbswirtschaft paßt das patentrechtliche zeitlich befristete Ausschließungsrecht ohne Bruch hinein. Die Wettbewerbspolitik braucht

---

[204] KAUFER 17.

[205] Am schonungslosesten hat wohl VON HAYEK, Die Verfassung der Freiheit (1971), die Auswirkungen eines so verstandenen Konkurrenzprinzips auf die Gesamtverfassung einer Gesellschaft analysiert. Er sieht in ihm freilich die „Verfassung der Freiheit“. „Fortschritt ist Bewegung um der Bewegung willen, denn im Prozeß des Lernens und in den Ergebnissen des Erlernten genießt der Mensch die Gabe der Vernunft“ (52 f.). „Diejenigen, die die Macht der menschlichen Vernunft preisen, sehen gewöhnlich nur eine Seite der Wechselwirkung zwischen menschlichem Denken und Verhalten, in der der Verstand sowohl angewendet als auch gebildet wird. Sie sehen nicht, daß, *wenn es Fortschritt geben soll, der soziale Prozeß, in dem sich der Verstand entwickelt, nicht von diesem Verstand beherrscht werden kann*“ (48; Hervorhebung nicht im Original). Im Interesse eines so verstandenen Fortschritts bejaht VON HAYEK ausdrücklich die Ungleichheit der Chancen. Er zitiert (54) billigend TARDE: „Der Luxus von heute ist das Bedürfnis von morgen.“

[206] KAUFER 18.

[207] KAUFER 18.

[208] KAUFER 18; JENNER 84.

[209] KAUFER 21.

[210] KAUFER 19.

[211] KAUFER 14.

[212] JENNER 100.

[213] KAUFER 18.

sich nur die Verhinderung des Mißbrauchs von Patenten angelegen sein zu lassen: Der Grundgedanke des Patentrechts aber ist im Einklang mit der Wettbewerbsordnung[214].

Die dynamischen Wettbewerbstheorien[215] haben die wirtschaftswissenschaftliche Analyse gewiß einen großen Schritt näher an die Wirklichkeit herangeführt. Es soll keinesfalls bestritten werden, daß sie einen bedeutenden Beitrag zur Formulierung einer wirksamen Wettbewerbspolitik leisten können. Hier ging es indessen darum, die Prämissen dieser Theorien zu hinterfragen, um festzustellen, inwieweit die Stellungnahmen ihrer Anhänger in der Patentdebatte für die rechtsvergleichende Funktionsanalyse der technologiepolitischen Anreizsysteme eines sozialistischen Gesellschaftssystems fruchtbar gemacht werden können. Als die entscheidende Prämisse der dynamischen Wettbewerbstheorien erkannten wir das Privateigentum, dessen positivrechtliche Ausgestaltung erstmals voll als Datum der Wettbewerbsanalyse anerkannt wird. Bei ihren Aussagen muß stets mitbedacht werden, daß der Bezugsrahmen für die Beurteilung der Leistungen des Wettbewerbs mit den als „wirtschaftspolitische Grundentscheidungen" bezeichneten Folgen der Anerkennung des Privateigentums feststeht. Nur von da aus läßt sich Wettbewerb als „Rennen" oder als Folge von Angriff und Verteidigung begreifen, und nur so erklärt es sich, daß alle von der Eigentumsordnung zur Verfügung gestellten Aktionsparameter – Preis, Produktvariation, Werbung usf. – einigermaßen wertfrei nebeneinandergestellt werden. Die dynamischen Auffassungen des Wettbewerbs finden sich damit ab, daß der Kampf der Eigentümer um ihren Vorteil nicht mehr gleichsam von außen – quasi-naturrechtlich – durch die Unterordnung unter den selbständigen Zweck der Wohlfahrtsmaximierung zu rechtfertigen ist, daß die Eigentumsordnung vielmehr unvermeidlich die Bestimmung der Wohlfahrt präjudiziert, kurzum, daß die Eigentumslogik in der Marktlogik nicht aufgeht.

2. *Demsetz' allgemeine Theorie der Vermögensrechte*

Mit seiner Erwiderung auf die an der klassischen statischen Marktlogik orientierte Kritik des Patentrechts durch Arrow[216] geht Demsetz[217] noch einen Schritt weiter als die Vertreter der dynamischen Theorien des Wettbewerbsprozesses. Er begründet das geistige Eigentum *unmittelbar* eigentumslogisch, indem er seine strukturelle Verwandtschaft mit anderen Vermögensrechten (property rights) nachzuweisen versucht.

---

[214] Diese These wurde jüngst aufgenommen von Kraft, Patent und Wettbewerb in der Bundesrepublik Deutschland (1972).

[215] Zu den vielen Spielarten der dynamischen Theorie vgl. Sandrock, Grundbegriffe des Gesetzes gegen Wettbewerbsbeschränkungen (1968) 76 ff.

[216] Siehe oben N. 73.

[217] Demsetz, Information and Efficiency – Another Viewpoint: JLE 1969, Nr. 12, 1–22, zit. nach Lamberton (ed.), Economics of Knowledge 160, 175.

DEMSETZ' Beweisgang ist der folgende. Die Ökonomen haben sich zu lange nur auf den Austauschvorgang und die Preisbildung auf dem Markt konzentriert; das hat ihnen den Blick darauf verstellt, *was* Gegenstand des Tausches ist[218]. Der Wert der Tauschobjekte hängt entscheidend von der rechtlichen Typisierung der verkehrsfähigen Vermögenspositionen[219] ab, sowie von der Effektivität ihrer rechtlichen Durchsetzung (enforcement). Sollte etwa künftig der unbefugte Gebrauch von Autos straflos bleiben oder wird die Strafverfolgung lax gehandhabt, so fällt der private Tauschwert des „Wagenparks" einer Volkswirtschaft[220]. Da der gesellschaftliche Wert eines Automobils unabhängig davon ist, ob es vom Eigentümer oder vom Dieb benutzt wird, führt die Aufhebung des Strafgesetzes gegen Autodiebstahl oder die Vernachlässigung der Rechtsdurchsetzung dazu, daß in Zukunft weniger Autos gekauft werden, als gesellschaftlich wünschenswert wäre. Das geltende Strafgesetzbuch und eine energische Staatsanwaltschaft können dies Auseinanderfallen von privatem und gesellschaftlichem Nutzen vermeiden[221]. In der Angleichung privater und gesellschaftlicher Kosten und Vorteile, in der Internalisierung von Externalitäten, liegt die Hauptfunktion des Eigentums, ja der Vermögenszuweisung schlechthin[222]. Indem das Eigentum die Personen, die für ein Gut nicht zahlen, vom Genuß ausschließt, enthüllt es erst den gesellschaftlichen Wert des Gutes. Diese Bewertungsfunktion (valuation power) des Eigentums ist da am größten, wo es am *privatesten* ist[223]. Durch den Ausschluß Nichtberechtigter werden Informationen über die alternativen Verwendungen der für ein Gut erforderlichen Produktionsfaktoren erzeugt, und dadurch wird die Allokation auf das Ideal der Effizienz hin gesteuert[224]. Effizienz verlangt aber nicht, daß für alle Güter ein Preis ermittelt werden, daß jede Externalität internalisiert werden muß[225]. Denn die Herstellung des Marktes für ein bisher unbewertetes

---

[218] DEMSETZ, The Exchange and Enforcement of Property Rights: JLE 1964, Nr. 7, 11, 17; DERS., Some Aspects of Property Rights: JLE 1966, Nr. 9, 61; DERS., Toward a Theory of Property Rights: AER 1967, 347, 349. Für Juristen ist es freilich eine Selbstverständlichkeit, daß eine Güterordnung einer Verkehrsordnung vorangehen muß. Vgl. F. VON HIPPEL, Zur Gesetzmäßigkeit juristischer Systembildung (1931).

[219] DEMSETZ, Toward a Theory 347, spricht dem angelsächsischen Sprachgebrauch folgend durchgängig von property rights. Damit meint er nicht nur das Sacheigentum, sondern alle geldwerten Rechtspositionen, d. h. nicht nur subjektive Rechte im Sinne der deutschen Rechtsdogmatik, sondern auch alle Schutzgüter und Rechtsreflexe, sofern sie nicht der Verfügung oder besser: Kommerzialisierung entzogen sind. „Property rights specify how persons may be benefited and harmed and, therefore, who must pay whom to modify the actions taken by persons."

[220] DEMSETZ, The Exchange 17.

[221] DEMSETZ, The Exchange 18.

[222] DEMSETZ, The Exchange 18; DERS., Toward a Theory 350.

[223] DEMSETZ, The Exchange 19.

[224] AaO 16 f.

[225] AaO 14.

Gut (bzw. einen Schaden) verursacht selber Kosten (transaction, bargaining, contracting costs), nicht anders als der Einsatz politischer oder administrativer Internalisierungstechniken[226]. DEMSETZ vertraut darauf, daß die Eigentumsordnung die effiziente Abwägung des durch Internalisierung zu erwartenden Gewinns gegen die Kosten der hierfür erforderlichen Verfahren leisten werde. Er stellt so die These auf: „The emergence of new property rights takes place in response to the desires of the interacting persons for adjustment to new benefit-cost possibilities." Oder in anderen Worten: „Property rights develop to internalize externalities when the gains of internalization become larger than the costs of internalization."[227] Impliziert ist in dieser These die DEMSETZ als einem Angehörigen der interventionsfeindlichen „Chicago School" naheliegende Annahme, wenn sich neue Eigentumsrechte oder Schutzpositionen nicht aus einem allmählichen Wandel der Sozialanschauungen und des Common Law entwickelten[228], so zeige das, daß die Kosten der Internalisierung den möglichen gesellschaftlichen Nutzen überstiegen und staatliches Handeln fehl am Platze sei. Mit diesen Erwägungen glaubt DEMSETZ auch die Kritik der Wohlfahrtsökonomen an der „künstlichen" Verknappung von öffentlichen Gütern erledigt zu haben. Sofern die Verfahrenskosten (contracting, police costs) nicht den erwarteten gesellschaftlichen Nutzen überstiegen, sei es angemessen, auch für die Nutzung öffentlicher Güter einen Preis zu fordern. Nur so lasse sich Information darüber gewinnen, ob es lohne, Produktionsfaktoren von anderen Verwendungsmöglichkeiten abzuziehen und zur Herstellung des öffentlichen Gutes einzusetzen[229]. Das Patentrecht internalisiere den gesellschaftlichen Nutzen der Gewinnung neuen technischen Wissens. Das Grundeigentum internalisiere andere Externalitäten, etwa den Raubbau von Naturschätzen, der späteren Generationen schade[230]. Ein grundsätzlicher Unterschied besteht nach DEMSETZ' Auffassung zwischen Bodeneigentum und geistigem Eigentum nicht[231].

DEMSETZ stellt es so dar, als könne die Rechtsordnung insgesamt auf das Ideal der Effizienz[232] hin angelegt werden und als sei das Privateigentum aus seinen ökonomischen Funktionen zu *begründen*. Die Typisierung und Abgrenzung von Vermögenspositionen internalisiert Externalitäten aber nicht nur,

---

[226] AaO 12 f. Hier schließt sich DEMSETZ an COASE, The Problem of Social Cost, an.

[227] DEMSETZ, Toward a Theory 350. Im Luft- (und wohl auch in dem sich entwikkelnden Weltraum-)Recht sowie in den Haftungsregeln des Straßenverkehrsrechts sieht DEMSETZ 350 f. Belege für seine These. Um einer systemvergleichenden Kritik vorzubeugen, macht er die Einschränkung, daß die Präferenz einer Gesellschaft für die Form des privaten Eigentums in Rechnung gestellt werden müsse.

[228] DEMSETZ, Toward a Theory 350.

[229] DEMSETZ, The Exchange 20; DERS., Information and Efficiency 170; ausführlich DERS., The Private Production of Public Goods: JLE 1970, 293–306.

[230] DEMSETZ, Toward a Theorie 354.

[231] DEMSETZ, Toward a Theory 359; DERS., Information and Efficiency, passim.

[232] DEMSETZ, The Exchange 18 f.

sondern sie konstituiert sie überhaupt erst. Die Ausbildung der subjektiven Rechte durch die Auflösung der komplexen Gemengelagen von Recht und Pflicht im feudalen Statusrecht kann man historisch geradezu als den Prozeß der Konstituierung von Externalitäten betrachten. LUHMANN hat so die Entstehung des subjektiven Rechts – einer in sich ungerechten, „asymmetrischen" Rechtslage – als Antwort auf die vermehrte Rollendifferenzierung und Kontaktmobilität der Verkehrswirtschaft gedeutet. Das subjektive Recht (etwa das Recht, mit einer Sache nach Belieben zu verfahren) neutralisiert rechtlich die Folgen der Rechtsausübung und ermöglicht nur mittelbar durch das Geldsystem und im Wege des Vertragsschlusses einen Interessenausgleich[233]. Externalität ist durch die private (subjektive) Güter*zuweisung* bedingt und zugleich auf die übergeordnete systemstrukturelle Güter*ordnung* bezogen. Von Externalität kann man mithin erst und nur dann sprechen, wenn es typisierte Vermögenspositionen gibt; von Schäden und Vorteilen kann nur die Rede sein, wenn eine normative Verteilungsordnung schon vorhanden ist. Der Begriff der Externalität ist forschungsstrategisch darauf zugeschnitten, die Korrektur (realignment, adjustment) einer grundsätzlich privaten Güterordnung anzuleiten, aber er kann nicht eine *allgemeine* Theorie der Vermögensrechte begründen.

Ähnliches ist zur Bewertungsfunktion des Eigentums zu sagen. Auch auf diese Funktion läßt sich das Eigentum nicht zurückführen. Der Markt kann nur die Güter bewerten, die das Eigentumssystem als typische Vermögenspositionen verkehrsfähig gemacht hat. Wenn das Bodenrecht für Wohngrundstücke als Mindestgröße 20 Zimmer und einen Park von 10 ha vorschreibt, so werden auch nur solche Herrensitze, nicht aber Schrebergärten mit Wochenendhäusern bewertet. Bevor das Wohnungseigentumsgesetz in Kraft trat, war Wohnungseigentum noch kein Gut. Die sozialpolitische Entscheidung, ob es Wohnungseigentum geben solle, konnten Effizienzkriterien dem Gesetzgeber nicht abnehmen. Güter können nur als so und nicht anders ausgestaltete vom Markt bewertet werden. Werden neue Güter „anerkannt", so werden auch neue Güter nachgefragt und produziert. Wie wir schon sahen, kann man auch über die Ausgestaltung eines Patentsystems im einzelnen nur entscheiden, wenn man zuvor die politische Entscheidung getroffen hat, nach welchen Maßstäben Technologien produziert werden sollen.

DEMSETZ ist der Auffassung, die Verteilung vorhandener Güter könne analytisch nicht sinnvoll von der Produktion neuer Güter getrennt werden[234]. Ob die Verteilung vorhandenen technischen Wissens den PARETO-Bedingungen entspreche, sei gleichgültig. Wie auch die anderen Vertreter dynamischer Wettbewerbstheorien hält er die statische Perspektive für irrelevant. DEMSETZ erscheint es folglich belanglos, daß einmal vorhandenes Wissen nicht knapp zu sein brauche. Damit hat er den Begriff der Knappheit selber „dynamisiert", ein

---

[233] LUHMANN, Funktionale Methode und juristische Entscheidung: AöR 1969, 1, 26.

[234] DEMSETZ, Information and Efficiency 172.

Ausdruck dessen, daß die Wirtschaft der Eigentümer nicht mehr nur als Auseinandersetzung mit dem Problem der Knappheit zu begreifen ist, sondern bloß noch als ein sein „unbekanntes Potential“ (KAUFER) selbst definierendes autonomes System. Weder ein Anfangs- noch ein Endzustand ist vorstellbar. Damit ist zugleich die in der Rechtsdogmatik und Naturrechtslehre[235] noch bewahrte Zwieschlächtigkeit des Eigentums als Friedensordnung und als Instrument des Konkurrenzkampfes, die Einheit von „Haben“ und „Verwerten“, von „bürgerlichem Miteinander“ und „antagonistischer Allokationsordnung“[236] preisgegeben. In DEMSETZ’ Theorie erscheint Eigentum nur noch als rastlos sich selbst verwertendes *Kapital.* Indem er den Gedanken einer Eigentumsstatik verwirft, verschließt er die Pforte, durch die noch in der Wohlfahrtsökonomik PIGOUS Erwägungen der Verteilungsgerechtigkeit in die Wirtschaftsanalyse Einlaß fanden. Zusammen mit der Vorstellung eines gerechten und friedlichen – statischen – bürgerlichen Naturzustandes, von dem aus der Konkurrenzkampf zum gemeinen Besten bloß „veranstaltet“ wird, verschwindet der letzte Rest von Naturrecht.

Ähnlich wie die Theoretiker des funktionsfähigen Wettbewerbs verfährt auch DEMSETZ in einem sonderbaren Zirkel. Er erkennt richtig, daß die Vermögenszuordnung logisch vor dem Austausch kommt, daß der Markt eine Folge der Eigentumsordnung ist. Dann aber bezieht er die Eigentumsrechte funktional auf eine Systemleistung des Marktes – die Effizienz, die nichts anderes als eine Beschreibung dessen ist, was dabei herauskommt, wenn man private Eigentümer mit bestimmten individuellen Rechtspositionen aufeinander losläßt[237]. Statt eine allgemeine Theorie der Eigentumsrechte zu entwikkeln[238], ermahnt DEMSETZ bloß den Gesetzgeber, er möge doch so konsequent sein, neue Eigentumsrechte nach dem Muster der alten zu schaffen[239].

---

[235] Vgl. DÜRIG, Das Eigentum als Menschenrecht: ZfSt. 1953, 326–350.

[236] WALZ, Der Schutzinhalt 233.

[237] Vgl. oben N. 149 und 150.

[238] Wie wenig „allgemein“ DEMSETZ’ Theorie ist, zeigt sich an seiner ganz unhistorischen Behandlung des Gemeineigentums. Da er sich keine andere Form der Interaktion als den Austauschvertrag und die Konkurrenz, kein anderes Verhaltensmuster als den Antagonismus von Privateigentümern denken kann, erweist sich für ihn das Gemeineigentum, das eine gleichsinnige *Kooperation* der Individuen voraussetzt, als hoffnungslos ineffizient; DEMSETZ, Toward a Theory 354–358.

[239] Mit seiner These, der Staat werde jedenfalls stets dann die Kosten der Internalisierung übernehmen oder entsprechende property rights zur Verfügung stellen, wenn diese Kosten nicht größer seien als der aus der Internalisierung zu erwartende Gewinn (für wen?), gerät DEMSETZ – sicher gegen seinen Willen – in gefährliche Nähe zur Theorie des „staatsmonopolistischen Kapitalismus“, wie er etwa in der DDR vertreten wird.

Wenn auch die Eigentumsordnung als ganze nicht auf den Gesichtspunkt der Effizienz zurückgeführt werden kann, weil das Recht für die gesellschaftliche Güterstruktur konstitutiv ist (vgl. TRIBE, Channeling Technology 94; WRIGHT, The Cost-Internalization Case, passim; FLETCHER, Fairness and Utility in Tort Theory: Harv. L. Rev.

VI. Eigentumsformen

1. Der juristische Eigentumsbegriff

WOLFF/RAISER[240] definieren das Eigentum als das „umfassendste Herrschaftsrecht, das die Rechtsordnung an einer Sache zuläßt". WIEACKER[241] erblickt den Kern des Eigentumsrechts in der „Zuordnung von Sachgütern an eine Rechtsperson". Nach EICHLER bezeichnet das Eigentum die „rechtliche Zugehörigkeit einer Sache zu einer Person"[242]. Andere Autoren betonen die Ausschließlichkeit der Sachherrschaft[243].

In seiner Untersuchung über das sowjetische Eigentumssystem hat JAKOBS die Erfahrung gemacht, daß diese Elemente des Eigentumsbegriffs – allen Anstrengungen der sowjetischen Rechtswissenschaft, den Eigentumsbegriff auf eine neue, sozialistische Grundlage zu stellen, zum Trotz – auch in der Sowjetjurisprudenz immer wieder hervorkommen. Wegen dieses Befundes sah er sich in der Lage, die Zugehörigkeit der Sache zur Person als „Grundbeziehung des Eigentums" zur apriorischen Kategorie zu ernennen. Dem juristischen Eigentumsbegriff der deutschen Zivilistik sprach er für jede entwickelte Rechtsordnung Geltung zu[244]. Der gesellschaftliche Kontext der Eigentumsverfassung vermag nach JAKOBS diesen monadenhaften Eigentumsbegriff nicht zu affizieren; er kann sich bloß in der positivrechtlichen Ausformung der Eigentumszuordnung und des Eigentumsinhaltes auswirken[245]. Dieser Ausgangspunkt hat etwas bestechend Einfaches, und er ermöglicht JAKOBS eine überaus geschlossene systematische Darstellung des sowjetischen Eigentumsrechts, freilich mehr in begriffs- und rezeptionsgeschichtlicher als in funktionaler Perspektive[246].

Uns geht es darum, das geistige Eigentum, die ausschließliche Zuordnung von Wissen an Personen, in einen funktionalen Zusammenhang mit der Eigentumsordnung verschiedener Gesellschaftssysteme zu stellen. Den Unterschied von privatem und sozialistischem Eigentum mit JAKOBS auf die unterschiedliche positive Regelung der Rechtsinhaberschaft und der Eigentumsschranken zu

1972, 537, 573), so soll nicht bestritten werden, daß Effizienz ein wichtiger Gesichtspunkt für das rechtspolitische social engineering sein kann. Vgl. CALBRESIS originellen Entwurf eines neuen Rechts der Schadensverteilung bei Verkehrsunfällen in The Cost of Accidents, A Legal and Economic Analysis (1970); DERS., Optimal Deterrence and Accidents: Yale L. J. 1955, 656–671; ähnlich MICHELMAN, Pollution as a Tort – A Non-Accidental Perspective on CALABRESI's Costs: Yale L. J. 1971, 647; kritisch hierzu FLETCHER, Fairness and Utility, passim.

240 WOLF/RAISER, Sachenrecht (10. Aufl. 1957) 173.

241 WIEACKER, Wandlungen der Eigentumsverfassung (1935) 24.

242 EICHLER, Institutionen des Sachenrechts I (1954) 14, 138.

243 Etwa SCHLOSSMANN, Über den Begriff des Eigentums: JherJb. 1903, 290 ff.

244 JAKOBS, Eigentumsbegriff 47.

245 JAKOBS, Eigentumsbegriff 47.

246 Vgl. oben S. 10.

verkürzen, hieße auf entscheidende Einsichten in den Zusammenhang des technologiepolitischen Instrumentariums mit den Eigentumsformen zu verzichten.

Das angeblich apriorische Grundverhältnis des Eigentums ist mit allen seinen Bestandteilen historisch[247], und wenn die sowjetische Jurisprudenz noch pandektistische Wegzehrung mit sich führt, so beweist das nicht das Gegenteil.

Die Vorstellung des Eigentums als einer *unmittelbaren* rechtlich garantierten Herrschaft einer Person über eine *Sache* vermochte sich nur einzubürgern, weil man den Sachbegriff naturalistisch auf die Evidenz der Lebensanschauung stellte. Das BGB kann so den scheinbar anschaulichen Begriff der Sache durch den ganz unanschaulichen des Gegenstandes als Rechtsbegriff definieren. Im Sachenrecht das Recht der Güterordnung schlechthin zu erblicken und die körperlichen Gegenstände einem Sonderrecht zu unterstellen, entsprach der Wirklichkeit der römischen Verkehrsgesellschaft. Der heutigen Wirtschaft, deren Kapital zunehmend aus immaterieller Struktur[248] besteht, entspricht das paradigmatische Hervortreten des Sacheigentums keinesfalls. WIEACKERS Zuordnungslehre[249] hat das Verdienst, die Zuordnung des Vermögens schlechthin, nicht nur der Sachen, als den allgemeinen Grundtatbestand des Verkehrsrechts erkannt zu haben. Das Recht des Sacheigentums ist nur ein Sonderfall des allgemeinen Vermögensrechts[250]. Hätten die Vertreter der Zuordnungslehre nicht das Forderungseigentum nach Analogie des Sacheigentums verstanden, sondern umgekehrt das Sacheigentum von der Forderungszuordnung her rekonstruiert, so wäre eines deutlich geworden: daß der Gegenstand der Zuordnung vom Recht konstituiert und keineswegs der unmittelbaren wirtschaftlichen Anschauung zu entnehmen ist, damit aber auch, daß die Macht des uti, frui, abuti nicht nur erkannt, sondern vom Recht verliehen und mithin immanent normativ begrenzt ist. Es hätte so in der Konsequenz der Zuordnungslehre gelegen, Sachbegriff und Eigentumsmacht zu teleologisieren. Der einheitliche Zuordnungsbegriff macht einen einheitlichen Eigentumsbegriff entbehrlich. WIEACKER hatte dies erkannt[251]. Und das sowjetische Recht hat in der Tat den Schritt getan, bestimmte Klassen von Sachgütern einer jeweils spezifischen Zweckbindung zu unterwerfen und die des persönlichen, genossenschaftlichen und staatlichen Eigentums fähigen Gegenstände teleologisch auf den gesell-

---

[247] RAISER, Das Eigentum als Rechtsbegriff in den Rechten West- und Osteuropas, Thesen: RabelsZ 26 (1961) 230 ff.

[248] BOULDING, The Economics of Knowledge.

[249] WIEACKER, Die Forderung als Mittel und Gegenstand der Vermögensordnung: DRWiss. 41, 49; DERS., Zum System des deutschen Vermögensrechts (1941) passim. Zum Diskussionsstand vgl. LARENZ, Schuldrecht II (10. Aufl. 1972) § 29.

[250] Das Common Law hat den abstrakten römischen Eigentumsbegriff nie rezipiert und braucht ihn deshalb auch nicht zu überwinden. Der Empirismus seiner Begrifflichkeit und die Unschärfe seines Eigentumsbegriffs bringen einen Gewinn an Wirklichkeitsnähe: property kann alles sein, was einen Wert hat, der good will eines Unternehmens nicht weniger als ein Betriebsgeheimnis oder ein Patent.

[251] WIEACKER, Wandlungen der Eigentumsverfassung.

schaftlichen Zweck der einzelnen Eigentumsarten hin zu bestimmen[252]. Eine erste, historisch erklärliche Enge des klassischen, von der deutschen Zivilistik des 19. Jahrhunderts weiter ausgearbeiteten Eigentumsbegriffs liegt also in der Sonderstellung, die er den Sachen einräumt. Insoweit ist er von der Zuordnungslehre überholt worden. Die juristische Schwäche dieser Lehre liegt darin, daß sie den privaten, der Zuordnung fähigen Gegenständen keine überzeugenden Konturen geben kann. Weshalb ist eine Forderung zugeordnet, nicht aber eine wettbewerbliche Vorzugsstellung? Der Streit um den Zuweisungsgehalt der sogenannten Immaterialgüterrechte, des Rechts am Gewerbebetrieb und der Wettbewerbspositionen[253] zeigt, weshalb die Zuordnungslehre nur begrenzten Erfolg haben konnte und keinesfalls als zentraler Systembegriff des Privatrechts geeignet ist: Tendenziell unterminiert sie die der Privatrechtsideologie unverzichtbare Unterscheidung von subjektiven Rechten und bloßen Rechtsreflexen, statischer Güterordnung und Wirtschaftsdynamik, Friedensordnung und Kampfrecht.

Die Zuordnung von Gütern an eine Person ist gleichbedeutend mit dem Ausschluß Dritter vom Genuß dieser Güter. Raiser apostrophiert deshalb folgerichtig das in der Sowjetunion bestehende Staatseigentum an Grund und Boden[254]. Die angeblich apriorische Grundbeziehung des Eigentums, die Zuordnung oder Zugehörigkeit von Sachen zu Personen, ist damit auf eine bestimmte historische Interaktionsform bezogen: auf den Tauschverkehr von Warenbesitzern[255]. Raiser will von Eigentum nur da sprechen, „wo die Herrschaft von Personen über Sachgüter auf eine Mehrzahl von Rechtsgenossen verteilt, und wo deren Rechtsstellung gegeneinander abzugrenzen ist“[256].

Wir wollen die relative Bedeutung der Interaktionsformen des antagonistischen Tauschverkehrs auf dem Markt einerseits und der Planung andererseits im Bereich des technischen Fortschritts als ein Problem der Eigentumsordnung darstellen. Dazu brauchen wir einen Eigentumsbegriff, der nicht von vornherein in einen marktwirtschaftlichen Bezugsrahmen eingespannt ist[257]. Entgegen

---

[252] Jakobs, Eigentumsbegriff 43 f.

[253] von Caemmerer, Bereicherung und unerlaubte Handlung, in: Festschrift Rabel I (1954) 333 ff.; Mestmäcker, Eingriff und Rechtsverletzung in der ungerechtfertigten Bereicherung: JZ 1958, 521 f. Eine gute Übersicht über den Diskussionsstand und eine kritische Auseinandersetzung mit der Lehre vom Zuweisungsgehalt bietet Haines, Bereicherungsansprüche bei Warenzeichenverletzung und unlauterem Wettbewerb (1970).

[254] Raiser, Das Eigentum 230 f.

[255] Vgl. auch die Erwiderung auf Raiser von Knapp, Verträge im tschechoslowakischen Recht: RabelsZ 27 (1962/63) 495–498.

[256] Raiser, Das Eigentum 230.

[257] Pašukanis war bekanntlich der Auffassung, alles Recht beruhe auf dem gesellschaftlichen Tatbestand des Tausches, sei mithin bürgerliches Recht (Obščaja teorija prava i markzism [1924], dtsch. Allgemeine Rechtstheorie und Marxismus [1966]). Zu den politisch gefährlichen Folgen und Implikationen dieser ultralinken Position vgl. Reich, Marxistische Rechtstheorie zwischen Revolution und Stalinismus: KJ 1972,

Jakobs sind wir der Meinung, daß ein durch die Merkmale der Zuordnung und der Ausschließlichkeit gekennzeichneter Eigentumsbegriff auf die wirkliche Eigentumsverfassung der Sowjetunion nicht paßt.

Auch die Definition des Eigentums als Herrschaftsrecht ist nicht systemneutral. Sie ist eigentümlich an eine bestimmte historische Struktur der Güterwelt gebunden. In der Redeweise von der Sachherrschaft ist die Konstanz der Summe aller möglichen Verwertungs- und Verfügungshandlungen, die Konstanz der Machtsumme impliziert. Das Eigentum stellt man sich als den relativ größten Ausschnitt dieser summenkonstanten Macht vor, den eine Rechtsordnung zuläßt[258]. Seine vordergründige Plausibilität bezieht dieser Gedanke wiederum aus der naturalistischen Fassung des zivilrechtlichen Sachbegriffs. Betrachtet man das Eigentum nicht mehr in seinem bloß subjektivrechtlichen Gehalt, sondern in seiner institutionellen Funktion, so zeigt sich, daß es eine entscheidende Determinante der Differenzierung des gesellschaftlichen Systems ist. Luhmann hat die Funktion der Eigentumsgarantie als Monetarisierung der Bedarfsdeckung und Ausdifferenzierung eines relativ autonomen Subsystems „Wirtschaft" analysiert, eines Subsystems, in dem nur noch bestimmte gesellschaftliche Bedürfnisse wahrgenommen und befriedigt werden[259]. Mithin strukturiert das Eigentum die Interaktionen, in denen sich die Auseinandersetzung der Menschen mit ihrer Umwelt, ihr „Stoffwechsel mit der Natur" (Marx) vollzieht, und damit die gesellschaftliche Güterwelt selber. Unterschiede der Eigentumsformen ergeben unterschiedliche Machtsummen[260]. Funktionale Rechtsvergleichung muß diesem Zusammenhang folgen können. Sie kann deshalb nicht von einem Eigentumsbegriff ausgehen, der die umfassendste Sachherrschaft bezeichnet.

Der durch Zugehörigkeit und Herrschaftsmacht bestimmte Eigentumsbegriff setzt voraus, daß eine *private* Güterwelt bereits konstituiert ist. Nur auf einem begrenzten, eben privaten, Stück Grund und Boden kann man prinzipiell alles

---

152 ff., der von der Möglichkeit eines genuin sozialistischen Rechts, eines Rechts der gesellschaftlichen *Kooperation* überzeugt ist.

[258] Vgl. etwa Raiser, Das Eigentum 231.

[259] Luhmann, Grundrechte als Institution (1965) 108 ff.

[260] Die Bedeutung dieses Gedankens für die Diskussion über ein Unternehmensrecht und die Einbeziehung der Arbeitnehmer in unternehmerische Entscheidungsprozesse liegt auf der Hand. Wäre die unternehmerische Entscheidungskompetenz summenkonstant, so bedeutete eine unterparitätische Repräsentation der Arbeitnehmer im Aufsichtsrat der Aktiengesellschaften nichts, eine voll paritätische Repräsentation dagegen wäre ein Unding, weil sie die Zuordnung „der Macht" in der Schwebe hielte, zu einem dauernden „Patt" führen würde. Beurteilt man die Machtverteilung nicht vom Krisenfall, von der Ausnahmesituation des absoluten Vetos der einen Seite her, sondern vom alltäglichen Entscheidungsverhalten, so zeigt sich, daß jede Änderung der Entscheidungsstruktur eine Veränderung der Machtlage bewirkt.

Vgl. ausführlich zur Kritik des in der klassischen Politologie implizierten Modells der Machtsummenkonstanz Luhmann, Legitimation durch Verfahren (1969) 176, ders., Klassische Theorie der Macht – Kritik ihrer Prämissen: Zeitschrift für Politik 1969, 169 f.

nach seinem Belieben tun dürfen. Der von JAKOBS verwendete Eigentumsbegriff gilt nur, wenn der Güterbestand einer Rechtsgemeinschaft gleichsam „vertikal" in „Blöcke" geschnitten wird, oder wie ein Kuchen in Stücke. Es gibt aber hochentwickelte Rechtskulturen, denen ein solcher Eigentumsbegriff nicht angemessen ist, weil die entscheidenden Schnitte nicht vertikal, sondern horizontal geführt worden sind: Man denke etwa an das germanische Lehnsrecht[261]. In sozialistischen Rechtsordnungen spielt eine solche „horizontale" Teilung der Güter in aus Klassen bestimmter Verwertungs- und Verfügungshandlungen bestehenden Ebenen der Rechtsmacht eine besondere Rolle. Ein für die Rechtsvergleichung tauglicher Eigentumsbegriff muß es gestatten, diese güterkonstituierende Funktion des Eigentumssystems zum Thema zu machen.

2. Funktionen des Eigentums

Einen die Formen des privaten und des sozialistischen Eigentums umgreifenden Eigentumsbegriff gewinnen wir, wenn wir von der Betrachtung der ökonomischen Funktion des Eigentums ausgehen. Im frühen Konkurrenzkapitalismus regulierte das Eigentum sowohl die Allokation der Produktionsfaktoren als auch die primäre Verteilung der Arbeitsprodukte, sowohl die Zuweisung von Einkommen als auch die Haftung für Schulden. Ein Paar realer und ein Paar monetärer Funktionen des Privateigentums lassen sich so unschwer trennen[262]. In der durch die großen Publikumsgesellschaften gekennzeichneten wirtschaftlichen Wirklichkeit der entwickelten westlichen Industrieländer verläuft bekanntlich eine scharfe Scheidelinie zwischen den realen und den monetären Eigentumsfunktionen. Die Kapitaleigentümer haften mit ihrem Vermögen und beziehen Einkommen in der Form von Dividenden, während das Management die realen Funktionen des Eigentums ausübt und die unternehmerischen Entscheidungen trifft[263]. In demselben Maße, wie Kapitaleigentum und

[261] Vgl. dazu etwa RAISER, Eigentum, in: Rechtsvergl. HWB II. *Innerhalb* einzelner Gegenstände des Privateigentums erlaubt das Bodenrecht des englischen Common Law nach der doctrine of estates eine unbeschränkte Horizontalteilung der Eigentumsrechte, nämlich in der Zeitdimension. Vgl. LAWSON, Introduction to the Law of Property (1958).

Die Aktualität einer der Individualzuweisung vorangehenden „horizontalen Aufspaltung" des Eigentums in ein Ober- und Untereigentum bzw. Verfügungs- und Nutzungseigentum zeigt die gegenwärtige bodenrechtliche Diskussion in der Bundesrepublik.

[262] Prof. ELIZABETH CLAYTON, die mir freundlicherweise ihr unveröffentlichtes Manuskript „Property Rights Under Socialism: Determination of Economic Use Under Legal Constraints" zur Verfügung stellte und der ich für manche Einsicht dankbar bin, zerlegt die realen und monetären Komponenten zudem noch nach der Dichotomie statisch-dynamisch in stock rights and flow rights.

[263] BERLE/MEANS, The Modern Corporation and Private Property (1932, rev. Ausgabe 1967) XII, sprechen heute von der Teilung des Produktiveigentums in „managerial-productive" und „passive-receptive (stock and security) ownership". Zu den wirt-

Management auseinanderfallen, verändert sich die Einkommensfunktion des Eigentums in ihrer Bedeutung: Das Kapitaleinkommen erscheint statt als Lohn und Ansporn der Unternehmertätigkeit nurmehr als Rente, als „bloße Vergütung des Kapitaleigentums"[264]. Neuere Entwicklungen deuten eine Loslösung der Einkommensfunktion des Eigentums von seiner Haftungsfunktion an: Da das Insolvenzrecht als letzte Konsequenz des Haftungsprinzips wichtige sozialpolitische Zielsetzungen – etwa die Erhaltung der Arbeitsplätze – außer acht läßt, kommt es zu einer gewissen Sozialisierung bestimmter unternehmerischer Risiken ohne gleichzeitige Sozialisierung des Unternehmergewinns[265]. Einzelne Funktionen des Privateigentums sind also keineswegs invariant; das Gesetz seiner eigenen Dynamik ist vielmehr der ständige Funktionswandel (Renner). Sucht man nach dem allgemeinen Ausdruck dessen, was Eigentum in allen Stadien seiner Entwicklung geleistet hat, so stößt man auf seine Grundfunktion: Das Eigentum bestimmt die gesellschaftliche Rollenverteilung im Produktionsprozeß[266]. Hieran muß ein systemübergreifender Eigentumsbegriff anknüpfen. Alle Formen des Eigentums haben eines gemeinsam: Sie sind die für den Einsatz der Produktionsmittel maßgebliche Kompetenzordnung[267]. Dieser Grundfunktion sind alle übrigen Funktionen des Eigentums untergeordnet. Von ihrer Ausgestaltung hängt es ab, ob ein Geldsystem und Tauschbeziehungen, mithin monetäre Funktionen, überhaupt bestehen und welcher Spielraum ihnen eingeräumt wird. „Privat" ist eine Eigentumsordnung, die Geld-Ware-Beziehungen institutionalisiert, indem sie den Betrieb voneinander unabhängiger, Tausch-

---

schaftstheoretischen Folgerungen aus der Trennung von Eigentum und Management siehe Marris, The Economic Theory of Managerial Capitalism (1964).

[264] Marx, MEW XXV, 452: „Bildung von Aktiengesellschaften. Hierdurch: ... 3. Verwandlung des wirklich fungierenden Kapitalisten in einen bloßen Dirigenten, Verwalter fremden Kapitals, und der Kapitalseigentümer in ... bloße Geldkapitalisten ..." Marx schließt daraus, daß das Aktienwesen „eine Aufhebung der kapitalistischen Produktion auf der Grundlage des kapitalistischen Systems selbst" sei; aaO, 454.

[265] Als vieldiskutierte Beispiele sind hier die staatlichen Sanierungsmaßnahmen bei Krupp und BMW zu nennen.

[266] Marx sieht im Eigentum bekanntlich das Strukturprinzip der Produktionsverhältnisse. Vgl. Das Elend der Philosophie: MEW IV, 165: „... Das bürgerliche Eigentum definieren heißt somit nichts anderes, als alle gesellschaftlichen Verhältnisse der bürgerlichen Produktion darstellen"; Zur Kritik der politischen Ökonomie siehe MEW XIII, 8: „... Auf einer gewissen Stufe ihrer Entwicklung geraten die materiellen Produktionskräfte der Gesellschaft in Widerspruch mit den vorhandenen Produktionsverhältnissen oder, was nur ein juristischer Ausdruck dafür ist, mit den Eigentumsverhältnissen, innerhalb der sie sich bisher bewegt hatten ...".

[267] Huber, Wirtschaftsverwaltungsrecht II (1954) 4, sieht in „der Verfügungsmacht über die dem Wirtschaftsprozeß dienenden Wirtschaftsmittel" einen wesentlichen Kern des Eigentums im ökonomischen Sinne. Ähnlich – mit Betonung auf der Entscheidungsgewalt des Eigentümers über den Einsatz der Güter im Produktionsprozeß – Kloten, Das Eigentum in der Wirtschaftsordnung: Wirtschaftsdienst 1955, 76 ff.; Klueber, Eigentumstheorie und Eigentumspolitik (1963) 15 ff.

wert erzeugender Privatarbeiten ermöglicht[268]. Unter der Geltung eines im theoretischen Sinne voll „sozialisierten“ Eigentums dagegen schließt die „unmittelbar gesellschaftliche Produktion wie die direkte Verteilung ... allen Warentausch aus, also auch die Verwandlung der Produkte in Waren“[269]. An die Stelle des Marktes tritt die sozialistische, unmittelbar am Gebrauchswert orientierte Planung als das die gesellschaftliche Kooperation regelnde Konnexinstitut des Eigentums. Die Existenz in diesem Sinne „privaten“ oder „sozialistischen“ Eigentums sagt freilich noch nichts über den sozialistischen oder privaten Inhalt der Produktion aus[270]. Ebenso wie man sich unter bestimmten politischen Bedingungen einen Marktsozialismus[271] vorstellen kann, kann es unter den Bedingungen sozialistischen Eigentums Klassenherrschaft, etwa die Herrschaft einer „Staatsbourgeoisie“[272], geben. Wir müssen diese politische Dimension vernachlässigen; der hier verwendete Sozialismus- und Privatheitsbegriff ist deshalb operationell verkürzt[273].

Nach der sowjetischen Sprachregelung ist das Absterben der Geld-Ware-Beziehungen und die Heraufkunft eines einheitlichen kommunistischen Volkseigentums (edinaja obščenarodnaja kommunističeskaja sobstvennost’) bis zur Vollendung des Aufbaus des Kommunismus vertagt[274]. Die Periode des Sozialismus, die nach dem sowjetischen Sprachgebrauch mit der Liquidierung der Ausbeuterklassen und der Abschaffung des – formell – privaten Eigentums an den Produktionsmitteln anbrach, kennt Geld-Ware-Beziehungen noch durch-

---

[268] Vgl. die ähnliche Bestimmung von Offe, Strukturprobleme des kapitalistischen Staates (1972) 15: „Privat‘ ist das Attribut einer ökonomischen Struktur, in der Gebrauchswerte nur als Begleiterscheinungen von Tauschwerten auftreten ...“. Offe versucht, den „Grundwiderspruch“ zwischen der Vergesellschaftung der Produktion und der privaten Aneignung der Produkte systemtheoretisch als ein Steuerungsdefizit zu deuten. Privatheit meint nach Offe 15 „die strukturelle Abstraktion von Bedürfnissen, Gruppen und Klassen, die vom Basismechanismus profitabler Kaptialverwertung nicht automatisch mitberücksichtigt werden“, und ist für ihn damit gleichbedeutend mit „Irrationalität“. Privatheit und Irrationalität sind „nur alternative Bezeichnungen für das strukturelle Defizit an bewußter gesellschaftlicher Kontrolle des bloß *faktisch* vergesellschafteten Lebensprozesses“, aaO, 16.

[269] Engels, Anti-Dühring: MEW XX, 288; Bettelheim, Ökonomischer Kalkül und Eigentumsformen (1970) 12.

[270] Gegen den Fetischismus des Planes und des Marktes Bettelheim, Ökonomischer Kalkül 42, 153.

[271] Etwa der von der deutschen Sozialdemokratie erstrebte demokratische Sozialismus wird den Markt soweit wie möglich intakt halten („soviel Markt wie möglich, soviel Planung wie nötig“). Zum Marktsozialismus vgl. Šik, Der dritte Weg (1972).

[272] Dazu Bettelheim, Ökonomischer Kalkül 81, und Bettelheim/Dobb/Foa/Hubermann/Robinson/Mandel/Sweezy, Zur Kritik der Sowjetökonomie (1971) passim.

[273] Wir versagen es uns deshalb auch, die Frage zu entscheiden, ob sich die Sowjetunion mit Recht „sozialistisch“ nennt. Diese Frage steht im Mittelpunkt der in N. 272 angeführten Arbeiten.

[274] Programm der KPdSU (russ.) 89.

aus. Ihnen vindiziert man einen neuen, spezifisch sozialistischen Inhalt[275], ohne daß diese Behauptung marxistisch substantiiert werden könnte. Statt eines neuen Inhalts haben die Warenbeziehungen in den sozialistischen Ländern höchstens eine eingeschränkte Funktion, insoweit nämlich, wie ihre Eigendynamik politisch beherrscht werden kann[276]. Daraus läßt sich natürlich keine Antwort auf die entscheidende Frage gewinnen, bis zu welchem Grade Warenbeziehungen vorherrschen dürfen, ohne daß die Produktionsverhältnisse ihren sozialistischen Charakter einbüßen.

Wenn das Eigentum, funktional gesehen, eine ökonomische Kompetenzordnung darstellt, so muß es auch Regeln und Verfahren geben, nach denen über die Zuordnung der Kompetenzen entschieden wird. Hier kommt die juristische Eigentumsordnung ins Spiel. Sie regelt die Kompetenz-Kompetenz. Soweit es der Entwicklungsstand der Produktivkräfte zuläßt, kann der sowjetische Staat im Rahmen seines Staatseigentums Entscheidungskompetenzen an sich ziehen oder delegieren, etwa einen Markt einrichten oder kassieren. Die Kompetenz-Kompetenz liegt in einem System des privaten Eigentums prinzipiell bei den privaten Eigentümern, freilich nur innerhalb ihrer jeweiligen Herrschaftsparzellen. Entscheidungen, die über die Organisationsgewalt des einzelnen Privateigentümers hinausgehen, sind eigentumsrechtsfrei. Sie müssen vom *politischen* System in der Auseinandersetzung mit den Eigentümern, oft genug gegen sie, durchgesetzt werden. Der entscheidende Unterschied zwischen dem privaten und dem staatlichen Eigentum im Rechtssinne liegt demnach darin, daß das Staatseigentum anders als das Privateigentum eine umfassende rechtliche Organisationsgewalt über die Wirtschaft verleiht. Ob diese rechtliche Organisationsgewalt effektiv wird und in welchem Sinne sie ausgeübt wird, hängt von der politischen Machtverteilung in einer sozialistischen Gesellschaft ab.

Die juristische Eigentumsverfassung bestimmt, welche Verknüpfungen von Allokations-, Einkommens- und Haftungsfunktion als zwingende rechtliche Typen ausgestaltet sind, an denen das wirtschaftspolitische social engineering seine Grenzen findet. Die größte Gestaltungsfreiheit gewährt auch hier das

---

[275] Programm der KPdSU (russ.) 89. Wie schwer man sich mit der Rechtfertigung der Geld-Ware-Beziehungen tut, zeigt das offizielle Lehrbuch der Politischen Ökonomie Sozialismus von CAGOLOV u. a. 255: „Während das Warenverhältnis bei kapitalistischer Produktionsweise das Ausgangsverhältnis und generelle Verhältnis darstellte, das als unerläßliches Attribut Bestandteil des Grundverhältnisses war, läßt sich das grundlegende primäre und generelle Verhältnis des Sozialismus nur aufdecken, wenn man von den Warenbeziehungen abstrahiert. Sozialistische Produktionsverhältnisse werden nicht durch Warenbeziehungen hervorgebracht, ja, diese Verhältnisse und die Warenbeziehungen sind bis zu einem gewissen Grade gegensätzlicher Natur ..."

[276] Das läßt sich auch aus dem Lehrbuch von CAGOLOV u. a. 257 herauslesen: „Sozialismus ist das Gegenstück zum Kapitalismus, nicht aber zur Warenproduktion schlechthin. Die Warenproduktion schlechthin, ganz allgemein gesehen, schließt in sich unmittelbar keinen Antagonismus ein. Antagonismen entstehen jedoch unvermeidlich durch die *spontane* Entwicklung der Warenproduktion" (Hervorhebung nicht im Original).

Staatseigentum. Weist die Eigentumsordnung eines sozialistischen Staates private Züge darin auf, daß bestimmte Allokationsentscheidungen einem Markt unterworfen werden, so ist damit noch nicht gesagt, daß auch die übrigen Eigentumsfunktionen nach dem Modell des klassischen Privateigentums verteilt sind. Im Gegenteil: Allokations- und Einkommensfunktion können durchaus auseinanderfallen. Es bedarf einer selbständigen wirtschaftspolitischen Entscheidung darüber, ob Unternehmen, die auf einem Markt Gewinn erwirtschaften sollen, auch über die Verwendung des Gewinns sollen entscheiden dürfen und ob, darüber hinaus, ein Teil dieses Gewinns als Individualeinkommen an Management oder Belegschaft ausgeschüttet werden soll[277].

VII. Typologie der technologiepolitischen Anreizsysteme

Auf der Grundlage dessen, was bisher ausgeführt wurde, können wir uns daran machen, eine allgemeine Typologie der technologiepolitischen Anreizsysteme aufzustellen. Vergegenwärtigen wir uns einen hypothetischen Gesetzgeber, der sich allein für Technologie interessiert und der zudem bei der Ausgestaltung der Eigentumsordnung völlig frei ist. Die Vertrags-, Verfahrens- und Verwaltungskosten alternativer Gestaltungen scheiden wir von der Betrachtung aus. Und a fortiori müssen die politischen Kosten alternativer Eigentumsformen außer Betracht bleiben.

Für besondere Anreize zur Durchführung des technischen Fortschritts besteht nur dann ein Bedürfnis, wenn der Wirtschaftsablauf nicht vollständig geplant ist, mit anderen Worten: wenn dezentralisierte Wirtschaftseinheiten durch einen Markt und ein Geldsystem koordiniert werden und wenn diese Wirtschaftseinheiten über F & E zu entscheiden haben. In einem idealen System voll durchgeführter Planung verschwänden Externalität und Risiko als *ökonomische* Probleme. Die Planungsbehörde ginge unmittelbar von dem Gebrauchswert neuer Technologien aus und würde dabei alle erkannten nützlichen und schädlichen Folgen in Ansatz bringen. Ebenso würde das Planungsamt unmittelbar, ohne den Umweg über die Geldrechnung, entscheiden, welche Risiken der F & E gesellschaftlich vertretbar sind und wie sie sich auf die Forschungsprioritäten auswirken. In allen vorhandenen Wirtschaftssystemen findet sich indessen im Bereich der F & E ein Gemenge marktwirtschaftlicher

---

[277] Die jeweilige Ausgestaltung der Anreiz- und Haftungsfunktion des Eigentums hat freilich auch immer allokative Nebenwirkungen, da sie die Motivation der wirtschaftlich Handelnden beeinflußt. PEJOVICH hat diese Wirkungen für das Eigentumssystem der UdSSR und Jugoslawiens untersucht, allerdings unter der etwas problematischen Voraussetzung, daß sich sozialistische Manager genauso verhalten wie kapitalistische; siehe PEJOVICH, Liberman's Reforms and Property Rights in the USSR: JLE 1969, Nr. 12, 155–162; DERS., The Firm, Monetary Policy, and Property Rights in a Planned Economy: West. Ec. J. 1969, Nr. 7, 193–200.

und administrativer Entscheidungsstrukturen. Als spezielle Anreizsysteme unterscheiden wir die gesetzlichen Ausschlußrechte, zu denen wir auch die geschützten Betriebsgeheimnisse rechnen (Patentsystem I), und ein System direkter staatlicher Prämien und Subventionen (Prämiensystem). Zwischen diesen beiden steht als eigentümliche Zwitterform ein System gesetzlicher Ausschlußrechte in Verbindung mit allgemeinem Lizenzzwang (Patentsystem II).

Den speziellen Anreizsystemen treten die tiefer in der Wirtschaftsverfassung verankerten Anreize gegenüber, die vom Wettbewerb ausgehen oder mit der Möglichkeit der Unternehmer gegeben sind, durch Unternehmenswachstum, Diversifikation, Fusion und Konzernbildung einen immer größeren Anteil des gesellschaftlichen Werts von F & E zu internalisieren und deren Risiko zu streuen. Diese allgemeinen Anreizsysteme hängen von der Eigentumsordnung ab: Sie bestimmt, ob und in welchem Umfang F & E Parameter der Konkurrenz sind und ob die Unternehmer an der wirtschaftlichen Organisationsgewalt teilhaben, also über den Tätigkeitsbereich, die Größe und Kapitalausstattung ihrer Unternehmen mitentscheiden können.

Bevor wir dem Zusammenhang der einzelnen speziellen Anreizsysteme mit den Eigentumsformen nachgehen, vergleichen wir die beiden Patentsysteme und das Prämiensystem unter drei Gesichtspunkten miteinander. Erstens, wie verhalten sie sich zum Effizienzprinzip, zu den Bedingungen optimaler statischer Allokation? Zweitens, welche Struktur hat der durch die einzelnen Anreizsysteme induzierte technische Fortschritt? Drittens, welche Möglichkeiten bieten die einzelnen Gestaltungen für die politische Einwirkung auf Richtung und Geschwindigkeit des technischen Fortschritts?

1. *Auswirkungen der speziellen Anreizsysteme*

Das Patentsystem (I) verhindert die optimale Allokation des vorhandenen Wissens. Umgekehrt liegt es bei einem Prämiensystem, das jedermann den freien Zugang zu dem vorhandenen Wissen gewährleistet[278]. Ein Patentsystem (II) ist unter dem Gesichtspunkt der statischen Effizienz günstiger als ein Patentsystem (I), aber weniger günstig als ein Prämiensystem. Zwar schließt es die volle Monopolisierung des Wissens aus; da eine Nutzung indessen nur gegen Entgelt möglich ist, wird das Wissen, das an sich zu Grenzkosten von Null verwendet werden könnte, immer noch suboptimal verwertet.

Entgegen der Auffassung vieler Ökonomen ist der Widerspruch der Patentsysteme mit der statischen Effizienz keinesfalls belanglos[279]. Daß Knappheit

[278] Arrow, Economic Welfare and the Allocation of Resources for Invention, in: The Rate and Direction of Inventive Activity – Economic and Social Factors (NBER) (1962) 609 ff., und Gather, Reform der Patentgesetzgebung: ORDO II (1949) 270 ff., empfehlen dem Gesetzgeber deswegen die Einführung eines Prämiensystems nach sowjetischem Muster.

[279] In Werken über „Comparative Economics“ wird die statische Effizienz der Fak-

nicht künstlich herbeigeführt werden sollte, ist eine sozialpolitische Forderung, die für den common sense eine beinahe naturrechtliche Evidenz hat[280]. Können neue Technologien, von Patenten unbehindert, soweit wie möglich verbreitet werden, so erreichen sie ceteris paribus breitere Schichten der Verbraucher. Selbst dann, wenn man annehmen könnte, daß der technische Fortschritt durch die Verschiedenheit der Anreizsysteme bloß in seinem zeitlichen Ablauf beeinflußt würde, beträfe die Wahl zwischen den verschiedenen Systemen doch die intertemporale Wohlfahrtsverteilung, per se eine Frage der *politischen* Ökonomie. Der politische Charakter dieser Wahl wird noch deutlicher, wenn man sich vergegenwärtigt, daß die Anreizsysteme auch die Struktur und Richtung des technischen Fortschritts beeinflussen. Daß die künstliche Verknappung von Wissen mit leichter Hand abgetan werden kann, ist bloß der wissenschaftliche Ausdruck eines Wirtschaftssystems, dessen Grundstruktur offenbar nur einen Weg zur Beherrschung des aus der Ungleichheit der Verteilung resultierenden sozialen Konfliktpotentials offenläßt: die Sicherung eines unaufhörlichen, möglichst krisenfreien Wirtschaftswachstums. In demselben Maße wie es sich abzeichnet, daß dem Wachstum Grenzen[281] gesetzt sind, wird sich indes der Verteilungskampf nicht nur auf den jährlichen Zuwachs zum Bruttosozialprodukt beschränken lassen; und in demselben Maße wird die unreflektierte Hintanstellung der statischen Effizienz zugunsten eines dynamischen Optimums fragwürdig und die künstliche Verknappung von Gütern anstößig.

Alle Anreizsysteme, so sahen wir, setzen eine Technologiepolitik voraus. Sie lassen sich nicht ohne Rest marktlogisch, als bloße Internationalisierungsmaßnahmen, begründen. Was aber ist die Technologiepolitik des Patentsystems?

Der Patentgesetzgeber muß im Interesse der Rechtssicherheit bemüht sein,

---

torallokation neben der dynamischen Effizienz (dem Wachstumspotential) – allerdings regelmäßig ohne politische Bewertung des Verhältnisses der beiden Effizienzkriterien zueinander – und dem Wachstum, der Arbeitsproduktivität und der Befriedigung der Verbraucherwünsche (consumer satisfaction) gewöhnlich als eigenwertiger Indikator der wirtschaftlichen Leistungsfähigkeit genannt. Vgl. BALASSA, Success Criteria for Economic Systems, in: BORNSTEIN (ed.), Comparative Economics, Models and Cases (1965) 2 ff.; HURWITZ, Conditions for Economic Efficiency of Centralized and Decentralized Structures, in: GROSSMAN (ed.), Plan and Value (1960); GROSSMAN, Economic Systems (1967). Vgl. auch VON BEYME, Ökonomie und Politik im Sozialismus (1975) 154. VON BEYME 197 kritisiert zu Recht die in der Kapitalismusapologie häufige Verwendung nur-quantitativer Effizienzvergleiche, die Zielvorstellungen wie Redistribution und Partizipation außer acht lassen. Bemerkenswert auch das von ihm 187 ff. verwendete Effizienzkriterium der Autonomie und Innovationsfähigkeit des ökonomischen Systems.

280 Vgl. die Herleitung des (statischen) Effizienzprinzips bei RAWLS, A Theory of Justice (1971) 65–72.

281 Die von MEADOWS u. a. veröffentlichte Studie des Club of Rome, The Limits to Growth (1972), hat eine Flut von weiteren Publikationen hervorgerufen. Vgl. außerdem MISHAN, Technology and Growth – The Price We Pay (1970).

Schutzgegenstand und Schutzumfang der Ausschlußrechte möglichst unzweideutig zu bestimmen. Der Begriff der schutzfähigen Erfindung und die Bestimmung des rechtlichen Schutzumfanges sind dabei keineswegs aus einer invarianten Sachlogik des wissenschaftlich-technischen Forschungsprozesses abzuleiten. Aus dem Prozeß des technischen Fortschritts lassen sich größere und kleinere Schritte nur durch eine rechtliche Wertung herauslösen, in die außer Billigkeitserwägungen (etwa dem Entlohnungsgedanken) vor allem wettbewerbliche Gesichtspunkte eingehen müssen. Nur Wissenszuwächse von hinreichender Kleinheit und Konkretion können monopolisiert werden, wenn die Funktionsfähigkeit einer Wettbewerbswirtschaft nicht preisgegeben werden soll. Je mehr wissenschaftlich-technische Neuerungen planmäßig, d. h.: in einem steuerbaren, mehr oder weniger kontinuierlichen Prozeß hervorgebracht werden können, desto mehr hat man Anlaß zu der Vermutung, daß die Herauslösung der Erfindungen forschungslogisch gesehen ein recht willkürliches Vorgehen ist[282].

Gesetzt, das Patentsystem habe die von seinen Urhebern und Verteidigern beabsichtigte Anreizwirkung, so ist die Schlußfolgerung unausweichlich, daß es die Verteilung der für F & E verfügbaren Mittel auf die einzelnen Phasen des technischen Fortschritts und die verschiedenen Parameter der Neuerung (funktionale, ästhetische Verbesserungen usw.) beeinflußt. Wenn nur kommerziell unmittelbar verwertbares Wissen patentfähig ist, so wird die Grundlagenforschung tendenziell unterkapitalisiert sein. Daß die strukturelle Bevorzugung der angewandten Forschung durch das Patentsystem, wie KAHN[283] meint, völlig dadurch ausgeglichen werde, daß die durch Patente intensivierte angewandte Forschung mittels eines „demand-pull"-Effektes intensivere Grundlagenforschung gleichsam hinter sich herziehe, ist in dieser Allgemeinheit schwerlich anzunehmen. Die für F & E verfügbaren Ressourcen, etwa wissenschaftlich geschulte Arbeitskräfte, sind nicht unerschöpflich. Jedenfalls aber verhindern die wettbewerblichen Rücksichten, die bei der Ausgestaltung eines Patentsystems zu nehmen sind, daß die sozialen Prioritäten für die Verteilung der Mittel auf die einzelnen Phasen des Neuerungsprozesses im Rahmen eines Patentsystems voll thematisiert und durchgesetzt werden können.

Anders ist das nur, soweit die Wissenschaft, wie MARX treffend vorhergesagt hat, zur unmittelbaren Produktivkraft geworden ist. In den Bereichen, wo Grundlagenforschung ohne wesentlichen time lag unmittelbar kommerziell nutzbare Technologien hervorbringt, besteht ein relativ festes Verhältnis zwischen dem Aufwand für Grundlagenforschung und dem Ertrag an Erfindungen. Grundlagenforschung ist unmittelbar input der Produktion von Erfindungen. Hier entfällt die Verzerrung der Allokation innerhalb der Forschung weitgehend. Dafür ist freilich ein Preis zu zahlen. Während die Effizienz der Mit-

---

[282] Vgl. etwa JEWKES/SAWYER/STILLERMAN, The Sources of Invention (1958) 251; POLANYI, Patent Reform: RES 1944, 61, 71.

[283] KAHN, The Role of Patents 314.

telallokation im Verhältnis der einzelnen Phasen des Neuerungsprozesses zueinander wiederhergestellt ist, wird die Verzerrung beim Einsatz des neuen Wissens insgesamt im Verhältnis zu den anderen inputs der Produktion (Material, Arbeitskraft usw.) ärger. Das gesamte Spektrum neuen Wissens wird unteroptimal ausgenutzt, wenn es den Endverbraucher nur durch Patente hindurch erreichen kann, welche die jeweils letzten Schritte der Entwicklung abdecken. Faßt man einmal nicht das Verhältnis der Produzenten zueinander, sondern ihr Verhältnis als *Klasse* zu den Verbrauchern als Klasse ins Auge, so erstreckt sich die Monopolisierung des Wissens nun auch auf die in Erfindungen verwertete Produktivkraft Wissenschaft. Obwohl Patente nur für das sprichwörtliche Tüpfelchen auf dem i, für den abschließenden Federstrich, gewährt werden, internalisiert das Patentrecht nun nicht nur den Sozialnutzen der privatwirtschaftlich betriebenen angewandten Forschung, sondern auch den der weitgehend öffentlich betriebenen Grundlagenforschung. Will man mit PIGOU[284] die Folgen ineffizienter Ausnutzung von Produktionsfaktoren „Ausbeutung" nennen, so nimmt die Ausbeutung der Verbraucher unter den Bedingungen der neuen wissenschaftlich-technischen Revolution zu[285, 286].

Die Tendenz zur Verzerrung des den gesellschaftlichen Prioritäten entsprechenden Verhältnisses von Grundlagenforschung und angewandter Forschung ist dem Patentsystem (I) immanent. Die forschungspolitischen Prioritäten können bei der Bestimmung des patentrechtlichen Schutzgegenstandes nur in den äußerst engen Grenzen berücksichtigt werden, die von der Wettbewerbspolitik gesetzt sind[287]. Daß der Schutz von Betriebsgeheimnissen überhaupt nicht als

---

[284] PIGOU, The Economics of Welfare (4. Aufl. 1932) 32.

[285] Vgl. auch NIKOLAEV, Social'no-ėkonomičeskaja suščnost' naučnych issledovanij: MEMO 1969, 26.

[286] Darin liegt das Neue – nicht aber in der Tatsache, daß die Unternehmer sich den Ertrag der Wissenschaft aneignen können. MARX, MEW XXIII, 407 N. 108, schrieb bereits: „Die Wissenschaft kostet den Kapitalisten überhaupt ‚nichts', was ihn durchaus nicht hindert, sie zu exploitieren. Die ‚fremde' Wissenschaft wird dem Kapital einverleibt wie ‚fremde' Arbeit."

Prinzipiell neu ist, daß weite Bereiche der Grundlagenforschung, vor allem auf den dynamischsten Gebieten wie der Elektronik, der Chemie oder der Atomforschung, nicht mehr „rein" sind, sondern planmäßig auf ihre industrielle Verwertung hin betrieben werden, während ihre Kosten und Risiken zu einem großen Teil unmittelbar der Allgemeinheit zur Last fallen. Die öffentliche Finanzierung von F & E hat in den hochentwickelten Industriestaaten Ausmaße angenommen, die für die Väter der Patentgesetzgebung nicht vorhersehbar waren. Die von den Patentgesetzen intendierte Verteilung der Lasten und Erträge von F & E ist mithin grundlegend verändert worden.

Zum Forschungsaufwand der öffentlichen Hand in der Bundesrepublik vgl. Bundesbericht Forschung V vom 28. 4. 1975, BT-Drucks. 7/3574, 50 ff. Danach werden die Wissenschaftsausgaben zu über 60 Prozent von den öffentlichen Haushalten getragen; rund 60 Prozent aller Forschungsmittel werden im Unternehmenssektor verausgabt.

[287] Vgl. PRAHL 142: „Die relative Breite des Patentanspruchs im Vergleich zum freibleibenden Teil des Entwicklungspotentials ist entscheidend." 144: „Bei der Wahl des Ansatzpunkts für einen Patentanspruch muß die relative Breite der Sperrwirkung so-

Anreizsystem, sondern als Bestandteil des Rechts gegen den unlauteren Wettbewerb, als ein Postulat der guten Geschäftsmoral verstanden wird, hat hier bisher sogar verhindert, daß die forschungspolitische Problematik überhaupt wahrgenommen und thematisiert wurde. Der Geheimnisschutz verzerrt die Verteilung der Forschungsanstrengungen im Verhältnis derjenigen Projekte, die leicht und sicher geheimzuhalten sind, zu den Vorhaben, deren Geheimhaltung schwerfällt – eine Unterscheidung, der ein technologiepolitischer Sachgehalt kaum beizumessen ist.

Ein Patentsystem (II) führt nicht notwendig zu einer vergleichbaren Verzerrung bei der Allokation der Forschungsmittel. Der völlige Ausschluß Dritter von der Nutzung des geschützten Wissens ist hier nicht möglich. Deshalb müssen nicht bereits bei der Bestimmung des Schutzgegenstandes Rücksichten auf die Funktionsfähigkeit des Wettbewerbs genommen werden; diese kann vielmehr im Verfahren zur Bestimmung der angemessenen Lizenzgebühr hinreichend berücksichtigt werden. Ein Prämiensystem schließlich kann unter ausschließlich forschungspolitischen Gesichtspunkten auf alle Kategorien des Wissens erstreckt werden, für deren Erzeugung ein Anreiz gesetzt werden soll: Es läßt sich unmittelbar auf eine bestimmte Verteilung der Forschungsmittel hin zuschneiden.

Das Patentsystem (I) gibt einen Anreiz zur duplikativen und substitutiven Forschung. Die Gefahr, von der Anwendung bestimmter Technologien für die Dauer der Laufzeit eines Patents ausgeschlossen zu sein, veranlaßt die Unternehmen, unabhängig voneinander um die Lösung technischer Probleme zu wetteifern. Nachdem es einem Unternehmen gelungen ist, für eine Lösung des Problems ein Patent zu erlangen, besteht für andere Unternehmen der Anreiz fort, nach weiteren, nicht unter das Patent fallenden Lösungen desselben Problems zu suchen, um das Patent „herumzuerfinden"[288]. Der Geheimnisschutz hat auch hier im wesentlichen dieselben Wirkungen wie das patentrechtliche Ausschlußrecht: Auch er reizt zu unkoordinierter duplikativer Forschung. Patente helfen durch ihre Offenbarungsfunktion der Substitutionsforschung immerhin auf die Beine und erleichtern so den Forschungswettbewerb. Der Geheimnisschutz macht die Erarbeitung einer dem geschützten Geheimnis gleichwertigen Lösung besonders umständlich und kostspielig. Einen gewissen Ausgleich dafür bietet der Umstand, daß ein Geheimnisinhaber sich nicht gegen den unabhängigen Doppelerfinder wehren kann, der die geschützte technische Lehre nochmals entdeckt. Sofern ein Patentsystem (II) nicht überhaupt eine schwächere Anreizwirkung hat, d. h. dem Patentinhaber geringeren Gewinn verspricht als ein Patentsystem (I), bleibt der Anreiz zur Duplikation der For-

---

wohl im Hinblick auf das *technische* als auch im Hinblick auf das *wirtschaftliche* Entwicklungspotential beachtet werden." Auf dieser Grundlage entwirft PRAHL eine rein wettbewerblich orientierte Bestimmung des patentrechtlichen Schutzumfangs.

[288] Vgl. etwa MACHLUP, Die wirtschaftlichen Grundlagen 50; KAUFER 168–170.

schungsarbeiten grundsätzlich voll erhalten. Der Substitutionsanreiz wird zwar in denjenigen Fällen gemildert, in denen unter einem Patentsystem (I) eine Lizenz nicht erteilt werden würde. Im einzelnen hängt der Substitutionsanreiz davon ab, nach welchem Modus die Zwangslizenzgebühr berechnet wird. Bei einem Prämiensystem bleibt nur ein geringer Duplikationsanreiz erhalten. Seine Stärke hängt von der Ausgestaltung der Konnexinstitute des Anreizsystems ab, letztlich von der Eigentumsform. Wenn der Geheimnisschutz oder erhebliche tatsächliche Hindernisse im Informationsfluß den einzelnen Forschungseinheiten ein eigenbrötlerisches Verhalten ermöglichen und wenn die Eigentumsordnung zu solchem Verhalten anspornt, wird der Duplikationsanreiz kräftiger sein, als wenn ein Geheimnisschutz fehlt und die Forschungseinheiten von der Eigentumsordnung zur Kooperation angehalten sind. Der Substitutionsanreiz entfällt bei einem Prämiensystem fast völlig, weil das einmal erarbeitete Wissen tatsächlich und rechtlich frei zugänglich ist. Die Substitution lohnt sich dann nur insoweit, als die Übertragung des Wissens größere Kosten verursacht als die substitutive Forschung.

Gewiß ist es richtig, daß Duplikation und Substitution nicht immer und grundsätzlich Verschwendung sein müssen. Zugegeben, sie mögen den Ausstoß einer Industrie an technischem Fortschritt vermehren, wenn ein bestimmter Reifegrad der Industrialisierung erreicht ist, vor allem dann, wenn man zur Messung des technischen Fortschritts auf die Patentstatistik zurückgreift[289]. Oftmals wird die Verteilung der Kräfte bei der hohen Erfolgsunsicherheit der F & E erfolgreicher sein als ein koordinierter Generalangriff. Aber es ist ganz unwahrscheinlich, daß diejenige Zersplitterung der Forschungsanstrengungen, die vom Schematismus des Patentrechts oder gar von den Zufälligkeiten des Geheimnisschutzes hervorgerufen wird, stets die sachgerechteste Strategie zur Lösung einer Forschungsaufgabe darstellt. Mißt man den technischen Fortschritt nicht nur quantitativ, am Maßstab der Patentstatistik, sondern qualitativ an einem Wertmaßstab der praktischen Vernunft, so erscheint die durch Patente (I) induzierte Duplikation und Substitution jedenfalls dann als Verschwendung, wenn Probleme hoher politischer und moralischer Priorität ungelöst bleiben, weil knappe Forschungsmittel für die oftmals nur triviale Abwandlung bereits bekannter Verfahren und Produkte verbraucht werden[290].

Man kann häufig lesen, der Vorzug der Patentsysteme (I) liege darin, daß der Markt über den Wert und Unwert neuer Technologien entscheide[291]. Mögen die Sportwagenfahrer, so heißt es[292], die Forschung der Mineralölgesellschaften zur Herstellung immer klopffesterer Treibstoffe bezahlen: Warum die All-

---

[289] Vgl. die Arbeiten von KUZNETS und SCHMOOKLER (oben N. 59).

[290] So auch MACHLUP, Die wirtschaftlichen Grundlagen 52.

[291] Etwa KRAFT, Patent und Wettbewerb in der Bundesrepublik Deutschland (1972) 32, 36.

[292] Bei KAHN, The Role of Patents 308, 318.

gemeinheit belasten für die Idiosynkrasien einer Minderheit von Rennfahrern? Wir wissen bereits, wo der Trugschluß in dieser Argumentation steckt. Der Markt bewertet nur diejenigen Klassen von Gütern, die das Recht zuvor konstituiert hat. Ganz ähnlich, wie die Schaffung des Wohnungseigentums die Nachfragesituation auf dem Immobilienmarkt beeinflußt hat, greift das Patentsystem in die Struktur der Nachfrage nach neuen Technologien ein. Unter der Geltung eines Patentsystems bewertet der Markt nicht neue Technologien schlechthin, sondern patentgeschützte neue Produkte und Verfahren. Das Patentrecht macht technologisch neue Produkte knapper und teurer, als wenn neues Wissen frei zugänglich wäre. Wenn das Patentrecht, wie wir annehmen wollen, überhaupt einen Sinn hat und die beabsichtigte Anreizwirkung entfaltet, so wird es also die F & E-Anstrengungen der Unternehmen in dem Sinne kanalisieren, daß die erzeugten neuen Technologien der Nachfrage eines relativ kleineren Bevölkerungsteiles mit relativ größerer Kaufkraft entsprechen. Sind Einkommen und Vermögen ungleich verteilt, so begünstigt das Patentsystem die Produktion von „Luxustechnologien" zu Lasten der „Sozialtechnologien"[293]. Wenn das Patentsystem sonach in die reale Verteilung des technischen Fortschritts eingreift, dann geht der Streit in Wirklichkeit gar nicht darum, ob die Sportwagenfahrer, die Allgemeinheit oder sonst jemand für Autosporttechnologien zahlen sollen, sondern darum, ob eine Rechtslage zu schaffen ist, in der solche Technologien auf dem Markt nachgefragt und gewinnbringend produziert werden können. Selbst wenn es im übrigen richtig wäre, daß die Luxusgüter von heute die Massenverbrauchsartikel von morgen sind, ist die Entscheidung darüber, wessen Bedürfnisse sofort befriedigt werden und wer auf morgen vertröstet werden muß, doch *politisch* per se[294].

---

[293] Die sozialen Verteilungswirkungen des Patentrechts wurden, soweit ersichtlich, noch nicht untersucht.

Der Gemeinplatz, daß die Luxustechnologien von heute die Massentechnologien von morgen sind, mag hieran nicht unschuldig sein. Polanyi, ein scharfer Gegner des Patentsystems, rechtfertigt die Einführung eines Prämiensystems sogar mit der Erwägung, daß der gesamte Nutzen aller in einer Generation gemachten Erfindungen sich im Laufe eines Menschenlebens in etwa gleichmäßig auf alle Mitglieder dieser Generation verteile; es sei deswegen nicht unbillig, die Allgemeinheit durch Steuern mit den Kosten eines Prämiensystems zu belasten; Polanyi, Patent Reform: RES 1944, 61.

Äußerungen, die sich mit den hier entwickelten Überlegungen teilweise decken, finden sich neuerdings jedoch bei Küng, Steuerung und Bremsung des technischen Fortschritts (1976). Er schreibt 51: „Heute ist es doch so, daß der technische Fortschritt *nicht neutral* (kursiv im Original) ist in dem Sinne, als er darauf Bedacht nehmen muß, mit seinen Erfindungen einigermaßen kaufkräftige Abnehmer anzusprechen. Es werden mit anderen Worten die Wohlhabendsten privilegiert und mittelbar die anderen benachteiligt – mag ihr Bedarf noch so intensiv sein."

[294] Vertreter der new welfare economics haben erkannt, daß die intertemporale Verteilung der Wohlfahrt nicht „aus dem Markt" begründet werden kann, sondern stets normativ auf ein Ideal der Verteilungsgerechtigkeit hin bezogen werden muß. Vgl. De V. Graaff, Theoretical Welfare Economics (1967) 99, aber auch Rawls 284 ff.

Ein Patentsystem (II) hat grundsätzlich dieselben Verteilungswirkungen wie ein System gesetzlicher Ausschlußrechte. Anders ein Prämiensystem. Da neues Wissen und damit auch technologisch neue Produkte nicht „künstlich" verknappt werden, begünstigt es – wenn wir unsere Wendung umkehren – die Sozialtechnologien zu Lasten der Luxustechnologien. Man wird sich schwer dazu verstehen können, diesem Ergebnis weniger marktwirtschaftliche Dignität zuzuerkennen als dem Ergebnis der Patentsysteme: Schließlich beruht es darauf, daß das Optimalitätskriterium der Marktlogik auch auf die Allokation des Wissens angewandt wird. Patentsysteme sind „marktkonformer"[295] als Prämiensysteme nur in dem Sinne, daß sie weniger Staatshandeln voraussetzen, einen geringeren Eingriff in das vom Eigentum entfesselte Spiel der Kräfte bedeuten. Bloß eigentumslogisch, nicht aber marktlogisch ist die Systemkonformität der Patentsysteme begründbar.

Die hinter dem Patentrecht stehende Technologiepolitik ist inhaltlich überaus unbestimmt. Der Begriff der schutzfähigen Erfindung läßt sich nur sehr abstrakt fassen. Der Begriff des schutzfähigen Betriebsgeheimnisses vollends hat gar keine technologiepolitischen Konturen. Was sich trotz dieser Unbestimmtheit über die Struktur des vom Patentsystem (I) induzierten technischen Fortschritts ausmachen ließ, zeigt bereits hinreichend, daß die Politik des Patentsystems in mancher Hinsicht einer expliziten, spezifischeren Technologiepolitik zuwiderlaufen kann. Das Patentrecht allein würde etwa keine ausreichende Grundlagenforschung hervorrufen. Projekte höchster politischer Priorität, wozu etwa auch militärische Forschungen gerechnet werden, verlangen oft eine größere Konzentration der Forschungsmittel, als sie vom Patentsystem hervorgebracht werden kann. Schließlich ist wahrscheinlich, daß eine auf demokratischer Willensbildung beruhende Technologiepolitik bei der realen Verteilung des technischen Fortschritts andere, und zwar sozialere, Akzente setzen würde als das Patentsystem. Ein Patentsystem internalisiert nur den Sozialnutzen der Technologien, nicht auch ihre Sozialkosten. Eine explizite Forschungspolitik muß auch diese Kosten des technischen Fortschritts bewerten. Die stete technologische Umwälzung, unter der wir leben, sprengt zudem – so versuchten wir oben darzutun – den liberalen Bezugsrahmen des marktwirtschaftlichen Denkens. Die vom technischen Fortschritt angetriebene Umwertung aller Werte verlangt, soll der gesellschaftliche Wandel gesellschaftlich beherrscht, humanisiert werden, nach einer nicht nur instrumentalen Rationalität, nicht nur nach Sozialtechnik, sondern nach vernünftiger *Politik*.

Das Patentsystem macht einer solchen Politik Schwierigkeiten. Forschungsmittel sind knapp, ebenso die Mittel, die für die politische Einwirkung auf den technischen Fortschritt zur Verfügung stehen. Die Korrektur vom Patentsystem verursachter Fehlentwicklungen des technischen Fortschritts verbraucht

---

295 Ein Hauptargument der Verteidiger des Patentsystems; vgl. etwa KRAFT, aaO; vgl. aber auch WALZ 208.

einen Teil dieser knappen Mittel. Das Patentsystem erhöht die Rendite einer bestimmten Art von Investitionen, damit zugleich das durchschnittliche Gewinniveau der Volkswirtschaft. Diese Wirkung der Patente muß überkompensiert werden, wenn direkte staatliche Steuerungsmittel, wie etwa Subventionen, durchgreifen sollen: Der Staat hat die erhöhten opportunity costs des angesteuerten Verhaltens zu tragen. Die in Patentgesetzen anzutreffenden Bereichsausnahmen, etwa für die pharmazeutische Industrie oder andere sozial besonders wichtige Industrien, sind deshalb bei freier Mobilität des Kapitals eine ziemlich paradoxe[296] Regelung: Für die nicht von Patenten geschützten Industrien erhöht ein anderwärts wirksames Patentsystem die opportunity costs der Forschung.

Patente stellen typischerweise nur kleine und kleinste Schritte auf dem Wege zu marktfähigen neuen Produkten dar. Der technische Fortschritt wird vom Patentrecht so stark zerstückelt, daß die politischen Wertungsprobleme aus dem Blick geraten. Daraus ergibt sich eine besondere „Tyrannei der kleinen Entscheidungen"[297]. Zeigen sich im weiteren Verlauf einer Entwicklung sozial bedenkliche Folgen, muß sich die Politik gegen eine Vielzahl vom Recht befestigter Gewinnerwartungen, gegen eine Front wohlerworbener Rechte durchsetzen.

Aber selbst da, wo die Wertproblematik einer Technologie sich bereits an einer isolierten Erfindung enthüllt, ermöglicht das Patentrecht keine sachgerechte Bewertung. Patentämter sind weder dazu befähigt noch demokratisch dazu legitimiert, über die Patentfähigkeit der „morning-after-pill" (Empfängnisverhütung durch Verhinderung der Nidation des befruchteten Eies) nach sozialethischen Standards zu befinden[298].

Ein Patentsystem (II) wirkt sich für die politische Steuerung des technischen Fortschritts ebenso aus wie ein Patentsystem (I), sofern einzelne Erfindungen Gegenstand des Patentschutzes sind. Wählt man größere Sinneinheiten als Schutzobjekt, so läßt sich die bei einem Patentsystem (I) unvermeidlich auftretende „Tyrannei der kleinen Entscheidungen" verringern.

Das Prämiensystem läßt größere F & E-Kapazitäten für die politische Ver-

---

[296] Vgl. auch Kahn, aaO. Bereichsausnahmen haben dann einen Sinn, wenn ein internationales Ungleichgewicht der Forschungsanstrengungen besteht. Die Bereichsausnahme ist in ihrer Wirkung dann in erster Linie gegen ausländische Technologiemonopole gerichtet; ausländische Erfindungen können kostenlos im Inland verwertet werden. Vgl. hierzu die Parke-Davis-Entscheidung des EuGH (Amtliche Sammlung XIV, 86).

[297] Tribe, Channeling Technology Through Law, 56, N. 6, spricht mit Recht von einer „growing inappropriateness of the discrete 'invention' as the subject of an incentive system".

[298] Tribe aaO berichtet, das U.S. Patent Office habe ursprünglich ein Patent im Zusammenhang mit der morning-after-pill mit der Erwägung verweigert, ein solches Empfängnisverhütungsmittel leiste unmoralischem Verhalten Vorschub. Eine höchst zweifelhafte Sanktion! Zwar wird der Erfinder bestraft, aber dafür muß man mit einer um so ungehemmteren Verbreitung der unmoralischen Pille rechnen.

fügung frei, da es unerwünschte Substitutionsforschung weitgehend unterbindet; es bietet so einer spezifischen Technologiepolitik günstigere Durchsetzungschancen als ein Patentsystem. Die relativ egalitäre Verteilung der neuen Technologien, die das Prämiensystem bewirkt, dürfte unter demokratischen Verhältnissen eher dem politischen Willen der Mehrheit entsprechen als die für das Patent typische Verteilung: „Marktdemokratie" und politische Demokratie führen hier mithin tendenziell eher zu den gleichen Ergebnissen. Entsprechend ist es leichter, die politischen Prioritäten[299] durchzusetzen.

Bei alledem gehen wir, wie bisher, davon aus, daß ein Prämiensystem ähnlich breit und unbestimmt konzipiert ist wie ein Patentsystem, etwa daß alle „Erfindungen" belohnt werden. Ein Vorteil des Prämiensystems besteht indessen gerade darin, daß dies nicht so zu sein braucht. Die durch Patente bewirkte unteroptimale Nutzung des Wissens hat Fernwirkungen in alle Bereiche einer Volkswirtschaft hinein; ist ein input der Produktion monopolisiert, so macht sich das in der Nachfrage nach allen anderen inputs bemerkbar, bis zurück zu den einfachsten Grundstoffen. Die Wirkungen eines Patentsystems ließen sich also niemals auch nur auf eine bestimmte Industrie beschränken. Außerdem würde die notwendig ex ante festzulegende Schutzdauer die Patente zu äußerst unhandlichen Werkzeugen einer spezifischen und beweglichen Forschungspolitik machen. Ein Prämiensystem kann dagegen ohne weiteres „lokal" und kurzfristig angewandt werden.

Bei der Bemessung des „Schutzgegenstandes" eines Prämiensystems müssen überdies keine Rücksichten auf die Wettbewerber genommen werden. Die prämierten Wissenszuwächse können beliebig groß gewählt werden. Anders als beim Patentsystem brauchen technologische und wirtschaftliche Sinneinheiten nicht in die schöpferischen Einzelschritte aufgelöst zu werden, die in sie eingegangen sind. Statt an Erfindungen kann ein Prämiensystem an konkrete Projekte anknüpfen, die von Anfang an einem wertenden „technology assessment" unterworfen werden können. Das Prämiensystem ist deshalb besonders geeignet als Instrument einer unmittelbar inhaltlichen Forschungsplanung. Es kann vollständig auf eine konkrete Technologiepolitik abgestimmt werden.

2. *Auswirkungen der Eigentumsformen*

Untersuchen wir nun die technologiepolitischen Implikationen der Eigentumsformen. Zunächst stellen wir uns ein Wirtschaftssystem vor, welches wie das der BRD oder der USA durch das Vorherrschen des privaten Eigentums an den Produktionsmitteln gekennzeichnet ist. Die Kompetenz-Kompetenz über die wirtschaftliche Rollenverteilung liegt primär bei den Privateigentümern. Der Wettbewerb und die Freiheit der Unternehmer, ihre Kapitalien beliebig

[299] Selbstverständlich können die politischen Prioritäten unter entsprechenden Machtverhältnissen auch einmal weniger „sozial" sein als die im Patentsystem enthaltenen Vorentscheidungen.

zusammenzulegen, sind in diesem Wirtschaftssystem die allgemeinsten Instrumente zur Internalisierung des Sozialnutzens und zur Kompensation und/oder Streuung des Risikos von F & E[300].

Die Struktur dieser Wirtschaft bedingt es, daß Entscheidungen über F & E in einem relativ engen zeitlichen Horizont getroffen werden. Nach einer amerikanischen Umfrage aus dem Jahre 1958 rechneten 39 Prozent der großen Unternehmen damit, daß sich ihre F & E-Ausgaben in längstens drei Jahren bezahlt machten, weitere 52 Prozent der großen Unternehmen rechneten mit einer Frist von drei bis fünf Jahren[301]. Die Privatwirtschaft, so wird man bei aller gebotenen Vorsicht sagen können, ist tendenziell eher bereit, kurzfristig oder mittelfristig rentable Forschungsvorhaben durchzuführen als langfristige und grundlegende Projekte. Letztere müssen weitgehend öffentlich finanziert werden, und da private und öffentliche Aufgaben dieselben sächlichen Ressourcen in Anspruch nehmen, behindert die Präferenz der Privatwirtschaft für rasch amortisierbare Technologien in einem gewissen Maße die Aufteilung der Mittel nach autonom forschungspolitischen Kriterien.

Unter den heute weithin vorherrschenden Bedingungen des Oligopols übernehmen die Substitutionskonkurrenz und die diese vorbereitende Duplikation der Forschung eine immer wichtigere Rolle im Wettbewerbsgeschehen[302]. Angesichts der für das Oligopol typischen weitgehenden Ausschaltung oder Lähmung des Preiswettbewerbs bietet der technische Fortschritt, der eine immer größere Zahl von alternativen „Rezepten" bereitstellt, mit der Produktdifferenzierung den wichtigsten Parameter des Restwettbewerbs. In den Konzeptionen des „funktionsfähigen Wettbewerbs" nimmt der Produktwettbewerb deshalb einen zentralen Platz ein. Tendenziell führt er zu einer – im Zeitalter der privaten Nachfrageplanung[303] schwerlich mit der Souveränität der Verbraucher zu rechtfertigenden – „Produktinflation", zu einer exzessiven Produktdifferenzierung und einer verschwenderischen, oft nur trügerischen Vielfalt des Angebots um der Vielfalt willen[304]. Die Produktinflation wird teilweise als Antwort auf das Problem des Schwindens der Investitionsgelegenheiten durch eine Art interner Expansion der Wirtschaft interpretiert[305]. Dies

---

[300] Grundlegend hierzu COASE, The Nature of the Firm: Economica, N. S. 1937, 386 ff.

[301] Die von MCGRAW/HILL veranstaltete Umfrage und ihre Ergebnisse sind wiedergegeben bei HAMBERG, Invention in the Industrial Research Laboratory: JPE 1963, 95 ff.

[302] Vgl. PRAHL 28 ff., 40 f., 82 mit weiteren Nachweisen.

[303] Vgl. GALBRAITH, Die moderne Industriegesellschaft 191 f.

[304] Als typische Beispiele werden oft die amerikanische Automobilindustrie, die von FISHER/GRILICHES/KAYSEN, Abstract and the Costs of Automobile Changes since 1949: AER 1962, 259 analysiert worden ist, und die Pharmaindustrie genannt. Zum Ganzen BARAN/SWEEZY, Monopoly Capital (1966).

[305] Vgl. etwa MERHAV, Technological Dependence, Monopoly, and Growth (1969).
Zu der marxistischen Hypothese der tendenziell fallenden Profitrate vgl. KONÜS, On

erklärt vielleicht die Zähigkeit, mit der das Patentsystem von der Industrie insgesamt – auch von den im einzelnen oft eher patentgeschädigten Branchen – verteidigt wird.

Auf dem Markt kommt technischer Fortschritt nur zustande, wenn ausreichende Marktunvollkommenheiten (market imperfections) und Marktzutrittsschranken den Pionierunternehmen eine hinlängliche reaktionsfreie Zeit garantieren. Daß sich die von SCHUMPETER, GALBRAITH und anderen vertretene These von der innovatorischen Überlegenheit der Großunternehmen empirisch nicht voll erhärten ließ, ist dabei für unser Argument nicht weiter wichtig[306]. Auch die kleineren Unternehmen, die in der Diskussion um die Wirkung der wirtschaftlichen Konzentration auf den technischen Fortschritt den Großunternehmen gegenübergestellt werden, sind immer noch größere Unternehmen, als sie im Modellbild der vollständigen Konkurrenz vorkommen. Auch ihre Teilnahme am Wettbewerb beruht, wie man heute weiß, auf „monopoly"[307]. Der funktionsfähige Wettbewerb ist nach heutiger Auffassung ein Machtgefüge, und die Fähigkeit zum Produktwettbewerb durch F & E setzt solche Macht bei den Unternehmen voraus[308]. Die mehr oder weniger festen oder brüchigen zeitweiligen Monopole, die in der industriellen Organisation angelegt sind und vom Wettbewerb laufend neu hervorgebracht werden, haben auf die reale Verteilung der Technologien keine andere Wirkung als die gesetzlichen Monopolrechte. Gegenüber der bei vollständigem Wettbewerb gegebenen optimalen statischen Allokation begünstigt die funktionsfähige Konkurrenz wie die Schutzrechte strukturell Luxusgüter und -innovationen.

Dieser Verteilungseffekt wird dadurch noch verstärkt, daß F & E erhebliche Gewinndifferentiale erzeugen und aufrechterhalten und somit zu der Ungleichheit der Einkommensverteilung beitragen, die sich wiederum in der Struk-

---

the Tendency for the Rate of Profit to Fall, in FEINSTEIN (ed.), Socialism, Capitalism, and Economic Growth (1967).

306 Vgl. LENEL, Die Bedeutung der Großunternehmen für den technischen Fortschritt (1968) mit weiteren Nachweisen.

307 Vgl. die oben (N. 208, 212) genannten Autoren.

308 Nach der Hypothese des Monopolkapitalismus ist das kapitalistische Wirtschaftssystem durch das Vorherrschen der Oligopole in ein neues Stadium eingetreten. Wenn auch die Konkurrenz nicht vollständig ausgeschaltet sei, so kämen doch die gesamtgesellschaftlichen Wirkungen der oligopolistischen Konkurrenz den Wirkungen des Monopols nahe. Der Monopolbegriff wird also – ein m. E. wissenschaftlich durchaus legitimes Verfahren – aus dem üblichen rein wettbewerblichen Kontext herausgelöst und zur inhaltlichen Kennzeichnung einer bestimmten *Produktionsstruktur* verwendet.

Vgl. etwa BARAN/SWEEZY, Monopoly Capital, und MANDEL, Marxistische Wirtschaftstheorie (1968).

In der marxistischen Literatur wird allerdings häufig – aus offensichtlich agitatorischen und „bündnispolitischen" Gründen – der Monopolvorwurf nur gegenüber den Großunternehmen erhoben; der Schwerpunkt liegt weniger auf den wirtschaftlichen Auswirkungen des ja tatsächlich allgegenwärtigen „monopoly", als auf der politischen Macht.

tur der Nachfrage nach neuen Technologien niederschlägt. Die Rentabilität der F & E ist noch wenig erforscht und stellt der empirischen Forschung offenbar besonders große Hindernisse in den Weg. Nach den vorliegenden Schätzungen scheint aber festzustehen, daß Aufwendungen für den technischen Fortschritt eine besondere gewinnträchtige Art der Investition darstellen[309]. Das Patentsystem dürfte seinen Anteil an der Schaffung dieser günstigen Investitionsbedingungen haben. So erklärt sich vielleicht der Umstand, daß auch die Vertreter von Großunternehmen, die angeblich auch ohne Patentsystem ihre Forschungsausgaben nicht kürzen könnten[310], das Patentrecht hartnäckig verteidigen[311].

Die Unternehmenskonzentration wirkt sich auf die *Fähigkeit* der Unternehmen, langfristige Forschungen erfolgreich zu betreiben, günstig aus. Leider scheint die *Neigung* der Unternehmen, grundlegende Innovationen durchzuführen, mit der Konzentration abzunehmen[312]. Über die Auswirkung der Konzentration auf die Verteilung der Mittel auf die laufenden und auf die grundlegenden Forschungsvorhaben und Neuerungen läßt sich deshalb wenig Allgemeines sagen. Auf die Duplikation und Substitution dürfte die Konzentration ebenfalls einen geringen Einfluß haben, da der tatsächlich vorhandene Grad der Produktdifferenzierung wohl weniger auf die technischen Bedingungen der Produktion zurückgehen dürfte als auf die am Markt gegebenen Möglichkeiten der Kapitalverwertung. Was schließlich die reale Verteilung der Technologien angeht, so ist wohl anzunehmen, daß mit dem Monopolisierungsgrad tendenziell auch die Luxusproduktion zunimmt.

In dem Maße, wie die Ressourcen in einem System des privaten Eigentums frei beweglich sind, geht von diesem eine weitere spezifische Anreizwirkung aus, von der inhaltlich schwerlich mehr zu sagen ist, als daß sie jedenfalls zum gesellschaftlichen Nutzen des technischen Fortschritts, den sie hervorbringt, in keinerlei Zusammenhang steht. Ein Unternehmen, das F & E betreibt, kann aus seinem Vorauswissen über den Gang des technischen Fortschritts „Spekulationsgewinne“ ziehen, indem es etwa Rohstoffquellen, deren Knappheit im

---

[309] Mansfield, Rates of Return from Industrial Research and Development: AER 1965, 310 ff., schätzt, daß die Grenzertragsrate der Forschung in manchen Industrien – etwa in der Mineralölindustrie – bis zu 40–60 Prozent beträgt.

[310] Das war ein Ergebnis der Hearings on the American Patent System, U. S. Senate, Subcommittee on Patents, Trademarks, and Copyrights, Oct. 1955 (Wash., D. C., 1956) 194; vgl. auch Scherer/Bachmann/Herzstein, Patents and the Corporation – A Report on Industrial Technology under Changing Public Policy (2. Aufl. 1959) 135 ff.

[311] Vgl. etwa Weidlich, in: Weidlich/Spengler, Patentschutz in der Wettbewerbswirtschaft (1967) 11 (W. ist Vorstandsmitglied der BASF); Frost, Patent Rights and the Stimulation of Technological Progress, in: Alderson/Terpstra, Patents and Progress (1965) 61 ff. (F. ist Leiter der Patentabteilung von General Motors).

[312] Zum Zusammenhang zwischen Innovationsfähigkeit und Innovationsneigung Unterburg 164 ff., 168 f., der zum Ergebnis kommt, daß das Oligopol die günstigsten Bedingungen schaffe.

Zuge des vorbereiteten technischen Fortschritts steigen wird, vorsorglich aufkauft[313].

Betrachten wir nun ein Wirtschaftssystem, in dem durch Verstaatlichung die *rechtlichen* Voraussetzungen für den Aufbau einer staatssozialistischen Wirtschaft geschaffen sind. Hier kann nur die allgemeine Problematik dargestellt werden; den Einzelheiten nachzugehen bleibt dem folgenden Kapitel über das sowjetische Recht vorbehalten.

Ob der technische Fortschritt in einer solchen Wirtschaft eine ähnliche Struktur haben wird wie in einem auf dem Privateigentum beruhenden Wirtschaftssystem, hängt vor allem davon ab, wieweit durch wirtschaftliche Dezentralisierung politikfreie, „autonom ökonomische" Entscheidungslagen geschaffen sind.

Es ist Gegenstand einer ausdrücklichen politischen Entscheidung, welche der im Staatseigentum an den Produktionsmitteln enthaltenen Funktionen an Unternehmen und andere verselbständigte Wirtschaftseinheiten delegiert werden. Da die für das Privateigentum typische Verknüpfung der Funktionen nicht zwingend ist, kann die Durchführung einzelner Phasen des technischen Fortschritts verschiedenen Institutionen allein nach Sachgesichtspunkten zugewiesen werden. Das Dilemma der kapitalistischen Wirtschaft, daß die Fähigkeit zu F & E und die Neigung zur Innovation bei jeweils verschiedenen Unternehmensgrößen optimiert werden, läßt sich so – jedenfalls theoretisch – grundsätzlich vermeiden. Auch wenn die Realisierung des technischen Fortschritts im vollen Umfang den verselbständigten Wirtschaftseinheiten überlassen bliebe, behielte der Staat noch einige Instrumente in der Hand, mit der die durch die dezentrale (marktwirtschaftliche) Allokationsordnung erzeugte Struktur des technischen Fortschritts in vieler Hinsicht korrigiert werden könnte. Die Verteilungswirkung der „privaten" Produktion neuer Technologien etwa kann durch ein administratives Preissystem weitgehend ausgeglichen werden. Da zudem die Einkommensfunktion des Eigentums der Allokationsfunktion nicht zu folgen braucht, kann auch bei weitgehender Verwendung marktwirtschaftlicher Elemente eine erhebliche Einkommensungleichheit vermieden werden, die sich auf die Struktur des technischen Fortschritts auswirken würde. Wenn auf der Grundlage des Staatseigentums eine antagonistische Interessenstruktur, eine Art Konkurrenz der Unternehmen, erst einmal eingerichtet ist, entsteht das Problem, ob die marktwirtschaftlichen Elemente funktional eingegrenzt werden können oder ob sie sich nach ihrem eigenen Gesetz stets weiter ausdehnen, ob etwa die Verselbständigung der Unternehmen in Fragen der F & E automatisch das Auftreten der unerwünschten kapitalistischen „Geheimniskrämerei" (sekretničestvo) der Unternehmen nach sich zieht.

---

313 Hirshleifer, The Private and Social Value of Information and the Reward of Inventive Activity: AER 1971, 561 ff.

Das Privateigentum hat, so sahen wir, technologiepolitisch gesehen fast genau dieselben Auswirkungen auf Verlauf und Struktur des technischen Fortschritts wie ein Patentsystem (I). Soweit der Wettbewerb der Eigentümer „funktionsfähig“ ist, setzt er Monopolmacht eines gewissen Umfanges voraus, und insoweit kommt es ebenso wie beim Patentrecht (I) zu einer suboptimalen Nutzung des vorhandenen Wissens. Schließlich engt das Privateigentum den Aktionsraum der Technologiepolitik auf eben dieselbe Weise ein, wie es ein System gesetzlicher Ausschlußrechte tut. Die Vertreter der dynamischen Wettbewerbskonzeption haben sonach vollkommen recht mit der Feststellung, das Patentrecht sei systemkonform.

Für eine auf dem Staatseigentum an den industriellen Produktionsmitteln beruhende sozialistische Übergangsgesellschaft ist in einem ganz ähnlichen Sinne das Prämiensystem systemkonform. Es vermeidet Geld-Ware-Beziehungen bei der Nutzung des vorhandenen Wissens und greift somit auf das Fernziel der direkten Verteilung in einer sozialistischen Gesellschaft vor. Ein Prämiensystem kann am vollständigsten an die Erfordernisse einer einheitlichen staatlichen Technologiepolitik angepaßt werden, denn keine Struktur- und Verteilungseffekte sind darin unabänderlich gleichsam eingebaut. Es ist jedem technologiepolitischen Ziel dienstbar zu machen. Ökonomische „Sachzwänge“ lassen sich somit ausschalten: Darin ermöglicht das Prämiensystem den Vorgriff auf die angestrebte völlige politische Beherrschung der Produktion.

In der Wirklichkeit gibt es keine absoluten Systemgrenzen. „Systemkonformität“ ist nicht zwingend erforderlich. Alle drei speziellen Anreizsysteme lassen sich sowohl mit einem System des privaten Eigentums[314] als auch mit der Eigentumsordnung einer sozialistischen Übergangsgesellschaft verbinden. Dabei handelt es sich freilich nicht um die bloße Addition der Anreizwirkungen des Patentsystems und der jeweiligen Eigentumsordnung. Die Eigentumsordnung läßt den ökonomischen Inhalt des Patentrechts nicht unberührt: Ein System des privaten Eigentums mit prinzipiell vollständiger Vertragsfreiheit und Kapitalmobilität intensiviert die Anreizwirkung des Patentsystems, die planerische Bindung der materiellen Produktionsmittel in einem System (ganz oder teilweise) vergesellschafteten Eigentums mindert sie. Eine sozialistische Übergangswirtschaft kann etwa dem Patentinhaber, wie wir sehen werden, schlechterdings nicht dieselbe Freiheit bei der Ausgestaltung von Lizenzbedingungen und Gebührenstrukturen geben wie eine kapitalistische Wirtschaft.

Wenn die Einführung eines Patentsystems (II) oder gar eines Prämiensystems in eine auf dem Privateigentum beruhende Wettbewerbswirtschaft erörtert wird, darf man nicht mehr unter das Reflexionsniveau der dynamischen Wettbewerbstheorie zurückfallen. An „Systemkonformität“ wäre das Patentsystem

[314] Die positiv-verfassungsrechtliche Untersuchung, ob das Grundgesetz etwa eine institutionelle Garantie des bestehenden Patentrechts enthalte, kann im Rahmen dieser Arbeit nicht geleistet werden.

(II), ein allgemeiner Lizenzzwang, dem System der Ausschlußrechte unterlegen. Die Funktionsfähigkeit des Wettbewerbs beruht ja nicht darauf, daß Marktmacht im Entstehen ausgemerzt wird, sondern darin, daß hinreichend starke Anreize für einen intensiven beständigen Kampf um die Marktmacht gesetzt werden. Es ist, wie PRAHL ausgeführt hat, durchaus zu erwarten, daß bei allgemeinem Lizenzzwang der Produktwettbewerb und langfristig vielleicht sogar der Preiswettbewerb an Intensität verlieren würden. Dasselbe gilt, und in verstärktem Maße, auch für ein Prämiensystem.

Damit ist jedoch nicht das letzte Wort gesprochen. Die Auseinandersetzung um das Patentsystem sollte, wie hoffentlich sichtbar wurde, nicht nur wie bisher mit wettbewerbspolitischen Argumenten geführt werden. Bei der Wahl eines Anreizsystems geht es nicht nur darum, „den" technischen Fortschritt möglichst effizient anzuspornen. Vielmehr muß man stets auch eine technologiepolitische Entscheidung treffen. In einer privaten Wettbewerbswirtschaft wäre ein Prämiensystem und auch ein allgemeiner Lizenzzwang nicht als Instrument zur Durchsetzung der dem Wettbewerb innewohnenden Tendenzen, sondern als Mittel zur bewußten technologiepolitischen Korrektur des Wettbewerbs zu begreifen.

Ähnlich, bloß mit umgekehrtem Vorzeichen, stellt sich das Problem in einer sozialistischen Übergangsgesellschaft. Ware-Geld-Beziehungen bei der Nutzung technischen Wissens und Patentsysteme (I oder II) können auf einem bestimmten Stand der Entwicklung der Produktivkräfte dem Prämiensystem an Effizienz eindeutig überlegen sein. Aber auch hier erschöpft sich darin das Problem nicht. Fällt in der Diskussion um die Stimulierung des technischen Fortschritts der technologiepolitische Aspekt der Anreizsysteme unter den Tisch, so ist man derselben Ideologisierung des technischen Fortschritts erlegen wie die Ökonomen der Marktwirtschaft. Patentsysteme können in einer Gesellschaft, die sich wirklich auf dem Wege zum Sozialismus befindet, nur Übergangslösungen darstellen, und ihre Neueinführung kann nicht mehr als ein taktischer zeitweiliger Rückzug sein.

ZWEITER TEIL

DIE RECHTLICHE STEUERUNG DES TECHNISCHEN FORTSCHRITTS IN DER SOWJETUNION

ERSTER ABSCHNITT

ÜBERBLICK ÜBER DIE GESCHICHTE DES SOWJETISCHEN ERFINDERRECHTS

Das sowjetische Erfinderrecht hat eine wechselvolle Geschichte. Der Sog der wirtschaftlichen Umwälzungen hat es so sehr mitgerissen, daß sich an seiner Entwicklung der Pendelschlag der sowjetischen Wirtschaftsgeschichte, die stete Abfolge überstürzter und gewaltsamer Vorgriffe und taktischer Rückzüge, wie in einem Spiegel verfolgen läßt. Das Erfinderrecht war immer in besonderem Maße ein Experimentierfeld der Rechtspolitik; denn die Sowjetmacht hat von der Zeit ihrer akuten äußeren und inneren Bedrohung bis hin zur gegenwärtigen globalen Systemkonkurrenz mit einem sichtbar konsolidierten kapitalistischen Weltsystem im Kampf um den technischen Fortschritt und die Erhöhung der Arbeitsproduktivität ihr Existenzproblem schlechthin erkannt.

Dreimal – 1919, 1924, 1931 – wurde das Erfinderrecht von Grund auf umgestaltet. Seit 1931 hat es „sozialistische Errungenschaften" zu verteidigen, und die späteren Neufassungen von 1941, 1959 und zuletzt 1973 wahren deshalb ein für sowjetische Verhältnisse beträchtliches Maß an Kontinuität.

I. Revolution, Kriegskommunismus und die erste Sozialisierung des Erfinderrechts (1917–1921)

Die Nationalisierung der Industrie und des Verkehrswesens war nach der Nationalisierung von Grund und Boden[1] die zweite Stufe der revolutionären Machtergreifung über die russische Wirtschaft. Ende 1917 wurden die Privatunternehmen der sogenannten Arbeiterkontrolle (rabočij kontrol') unterstellt[2]. Damit waren den Arbeitern alle wirtschaftlichen und kaufmännischen Vor-

[1] Dekret vom 8. 11. 1917, S. U. 1917, Nr. 1, Ziff. 3.

[2] Dekret vom 14. 11. 1917, S. U. 1917, Nr. 3, Ziff. 35.

gänge der Betriebsführung zugänglich. Das Geschäftsgeheimnis wurde ausdrücklich aufgehoben. Von den technischen Betriebsgeheimnissen war in dem Dekret über die Arbeiterkontrolle nicht die Rede. Indessen implizierte das den Organen der Arbeiter übertragene Recht, die Produktion zu beaufsichtigen und die Selbstkosten der Erzeugnisse zu ermitteln, daß die Arbeiter freien Zugang auch zu den technischen Geheimnissen der Betriebe hatten. Wo die Unternehmer Widerstand gegen die Arbeiter leisteten, kam es zu spontanen Fabrikbesetzungen und Nationalisierungen[3]. Nach und nach wurden die Eisenbahnen und die Handelsflotte sowie die großen Privatunternehmen der Montanindustrie, der Elektrizitätswirtschaft und der Textilindustrie nationalisiert[4]. Im Sommer 1918 kam die durch die Zentralgewalt entfesselte, weithin kaum noch beherrschte Welle der Nationalisierungen zu einem vorübergehenden Stillstand. Sämtliche Großbetriebe waren verstaatlicht. Ende 1920 wurden auch alle Klein- und Mittelbetriebe nationalisiert, sofern sie mehr als fünf Personen in der maschinellen oder mehr als zehn Personen in der nichtmaschinellen Produktion beschäftigten[5]. Bereits 1918 war das Außenhandelsmonopol des Staates eingeführt worden[6], obwohl der russische Außenhandel zu dieser Zeit infolge der Blockade durch die Entente völlig zum Erliegen gekommen war.

In „Staat und Revolution" hatte LENIN seine Vorstellungen von der nachrevolutionären Sowjetwirtschaft niedergelegt[7]. Die gesamte Volkswirtschaft sollte nach dem Vorbild der Post organisiert werden. Die Gesellschaft sollte sich in ein Büro und eine Fabrik mit gleicher Arbeit und gleichem Lohn verwandeln. Unter den Bedingungen des Bürgerkriegs und der ausländischen Intervention war es der Sowjetregierung unmöglich, dieses Konzept einer sozialistischen Wirtschaft mit der gebotenen Behutsamkeit zu verwirklichen. Die allgemeine Versorgungskrise, die Bedürfnisse der inneren und äußeren Front und das politische Chaos zwangen der Sowjetregierung immer raschere und umfassendere Zentralisierungsmaßnahmen auf[8]. Die Zentralbehörden, nämlich der seit dem 15. 12. 1917 bestehende Oberste Volkswirtschaftsrat (VSNCh) und seit März 1920 über ihm der Rat der Arbeit und Verteidigung (STO), hatten zwar praktisch unbegrenzte Kompetenzen zur Planung und Organisation des Wirtschaftslebens, vermochten aber trotz aller Anstrengungen mangels ausreichender Kader und mangels Erfahrung keinen einheitlichen Wirtschaftsplan

---

[3] RAUPACH, Geschichte der Sowjetwirtschaft I (1964) 35 f., und NOVE, An Economic History of the U. S. S. R. (1972) 53.

[4] Dekrete vom 28. 6. 1918, S. U. 1918, Nr. 47, Ziff. 559, und vom 19. 8. 1918, S. U. 1918, Nr. 61, Ziff .672.

[5] Dekret vom 7. 9. 1920, S. U. 1920, Nr. 78, Ziff. 366; Verordnung vom 29. 11. 1920, S. U. 1920, Nr. 93, Ziff. 512.

[6] Dekret vom 22. 4. 1918, S. U. 1918, Nr. 33, Ziff. 432.

[7] LENIN, Werke XXV, 393, 488.

[8] DOBB, Russian Economic Development since the Revolution (1928) 49.

durchzusetzen[9]. Es herrschte ein „administrativer Partisanenkrieg“[10]. Eine während des ganzen Kriegskommunismus andauernde galoppierende Inflation, der man in der Erwartung der geldlosen kommunistischen Wirtschaft teilweise absichtlich nicht entgegenwirkte, zerrüttete die Währung. Produktion und Verteilung nahmen weithin naturalwirtschaftliche Züge an. Im Verhältnis zu seinen Bürgern und Organisationen ging der Staat immer mehr zur unentgeltlichen direkten Verteilung über. Die Städte wurden durch Requisition und Beschlagnahme der Überschüsse mit Agrarprodukten versorgt; der private Handel wurde systematisch ausgeschaltet[11].

Am 30. 6. 1919 erließ der Rat der Volkskommissare unter LENINS Vorsitz das Dekret über Erfindungen[12]. Es ging auf den VIII. Kongreß der Bolschewiki im März 1919 zurück, auf dem ein neues Programm zur Entwicklung der Wirtschaft beschlossen worden war[13]. Das Erfinderwesen sollte auf eine neue, sozialistische Grundlage gestellt werden. An die Stelle der eigennützigen und eigenbrötlerischen Individualisten sollten klassenbewußte Arbeitererfinder treten. Erfinden sollte eine Massenbewegung werden[14]. Zugleich hatte man sich vorgenommen, die organisatorischen Voraussetzungen dafür zu schaffen, daß alle nützlichen Erfindungen möglichst rasch und vollständig ausgewertet würden[15].

Jede Erfindung, die das Komitee für Erfindungswesen (Komitet po delam Izobretenij) als nützlich anerkannt hatte, konnte das Präsidium des VSNCh durch Verfügung zum Gemeingut (dostojanie) der RSFSR machen[16]. Danach durften alle Bürger und alle staatlichen Stellen die Erfindungen „unter besonderen, im Einzelfall auszuhandelnden Bedingungen“ nutzen[17]. Von den zum Gemeingut erklärten Erfindungen, welche die Landesverteidigung betrafen oder sonst besonders wichtig und für geheim erklärt waren, hieß es, sie dürften weder im Ausland patentiert noch Dritten überlassen oder überhaupt mitgeteilt werden[18]. Ferner war bestimmt, daß als nützlich anerkannte Erfindungen entweder durch Vereinbarung oder, falls eine Vereinbarung nicht zustande

---

[9] Vgl. NOVE, Economic History 70.

[10] VAJSBERG, Ėtapy ėkonomičeskoj politiki SSSR (1934) zit. nach NOVE, Economic History 71.

[11] Vgl. zum Ganzen NOVE, Economic History 63 ff.

[12] Verordnung (Položenie) des SNK vom 30. 6. 1919, S. U. 1919, Nr. 34, Ziff. 342; der sowjetischen Übung folgend sprechen wir vom Dekret des Jahres 1919. Vgl. dazu allgemein POZNANSKIJ, V. I. Lenin i Sovetskoe izobretatel'stvo: Voprosy Istorii 1962, Nr. 4, 3–17; MAKSAREV, Leninskij dekret 1919 g. ob izobretenijach i ego značenie dlja razvitija izobretatel'skogo prava v SSSR (Vortrag, 1969).

[13] LANDKOF, Istorija Sovetskogo izobretatel'skogo prava (1948) 71.

[14] ANTIMONOV/FLEJŠIC, Izobretatel'skoe pravo (1960) 38.

[15] ANTIMONOV/FLEJŠIC 38.

[16] Dekret 1919, § 1.

[17] Dekret 1919, § 2.

[18] Dekret 1919, § 2 Satz 2.

komme, zwangsweise gegen eine besondere Entschädigung (voznagraždenie) zum Gemeingut der RSFSR erklärt würden[19]. Das Urheberrecht an der Erfindung sollte gewahrt bleiben und durch einen vom Komitee für Erfindungswesen ausgestellten Urheberschein bescheinigt werden[20]. Die Anmeldung mußte vom wirklichen Erfinder bewirkt und von ihm unterschrieben werden[21].

Das Dekret läßt sehr viele rechtliche Fragen offen. Die Erklärung einer Erfindung zum Gemeingut der RSFSR scheint zu bedeuten, daß mittels einer allgemeinen Zwangslizenz an den Staat jedermann in der RSFSR das Recht der Nutzung erhält. Dementsprechend hält etwa CHEJFEC die Erklärung einer Erfindung zum Gemeingut der RSFSR für gleichbedeutend mit ihrer Nationalisierung[22]. ANTIMONOV/FLEJŠIC[23] ziehen aus dem Wortlaut des Dekrets indessen den Umkehrschluß, nicht verteidigungswichtige oder geheime Erfindungen dürften auch dann an Dritte übergeben oder im Ausland patentiert werden, wenn sie zum staatlichen Gemeingut erklärt worden seien; der Erfinder dürfe mithin entgeltliche Lizenzverträge mit einzelnen Unternehmen auch noch über eine zum Gemeingut erklärte Erfindung abschließen. Solche Verträge haben aber nur dann einen Sinn, wenn nicht ohnehin jedermann zur Nutzung dieser Erfindungen berechtigt ist.

In Wirklichkeit wird paradoxerweise beides – die Nationalisierung der Erfindungen und die Fortdauer des privaten Verfügungsrechts an ihnen – zugleich gegolten haben. Die Erklärung zum Gemeingut sollte alle rechtlichen Schranken für die vollständige Ausnutzung der Erfindungen aus dem Wege räumen. In den Wirren des Bürgerkrieges war indessen nicht einmal die Verbreitung der Patentschriften gesichert. Die Erfinder konnten deshalb faktisch ihre Erfindungen auch noch nach der Nationalisierung gegen Entgelt in Lizenz geben. In der ambivalenten Einstellung des Dekrets zur Frage der gesellschaftlichen oder privaten Verfügung über die Erfindungen spiegeln sich die Verhältnisse während des Kriegskommunismus insgesamt wider: Die planmäßige gesellschaftliche Lenkung der Produktion hielt nicht Schritt mit der juristischen Nationalisierung der Produktionsmittel; statt ein Mittel zur souveränen politischen Beherrschung der Produktion war die Nationalisierung zunächst nur ein Instrument zur Brechung der Kapitalistenmacht. Wie die Nationalisierung der Betriebe in jedem Augenblick gegen die Betriebsführung gekehrt werden konnte, so konnte den Erfindern, wenn sich eine Gelegenheit bot, die Nationalisierung der Erfindungen entgegengehalten werden. Im übrigen aber blieb es einstweilen beim alten.

In der Literatur ist man sich folglich auch keinesfalls darüber einig, ob die

---

[19] Dekret 1919, § 3.

[20] Dekret 1919, § 4.

[21] Dekret 1919, § 6.

[22] CHEJFEC, Promyšlennye prava i ich chozjajstvennoe značenie v Sojuze SSR i na zapade (1930) 42, 65.

[23] ANTIMONOV/FLEJŠIC 38.

Erklärung einer Erfindung zum Gemeingut dem Erfinder sein Ausschlußrecht nahm. LANDKOF schreibt in einer nicht gerade klaren Stellungnahme, das Dekret sei zwar Ausdruck einer Abneigung der proletarischen Ideologie gegen alle Arten kapitalistischer Monopole, es habe aber das Ausschließungsrecht nicht abgeschafft[24]. ANTIMONOV/FLEJŠIC dagegen meinen, das Dekret habe zum ersten Mal die Urheberschaft der Erfinder nicht durch Patente und Ausschlußrechte, sondern durch ein neuartiges Schutzinstrument geschützt[25].

Völlig ungeklärt ist schließlich die Frage, welchen Status die zwar als nützlich anerkannten, aber nicht zum Gemeingut erklärten Erfindungen hatten. MEERZON behauptet, das Dekret habe überhaupt nur das Recht an denjenigen Erfindungen geregelt, die zum Gemeingut gemacht worden seien[26]. Diese Auslegung würde LENINS Dekret vielleicht von dem Verdacht reinigen, mehr Fragen aufgeworfen als entschieden zu haben und nur ein ideologisches Programm, aber keine Rechtsquelle darzustellen; sie ist aber ganz unwahrscheinlich: Das Dekret hob ausdrücklich das gesamte vorrevolutionäre Patentrecht auf[27].

Mit dem Dekret unterschied die Sowjetregierung die sächlichen, von den Kapitalisten zur Ausbeutung der Arbeiter eingesetzten, Produktionsmittel von den schöpferischen Leistungen der Erfinder. Erstere wurden entschädigungslos enteignet; für Erfindungen dagegen war eine Entschädigung zu zahlen. In der Hand der wirklichen Erfinder waren Erfindungen mithin nicht „Produktionsmittel"; wer nur seine Erfindung besaß, war kein Kapitalist[28].

Was geschah mit den Erfindungen, die der Erfinder bereits an ein Unternehmen abgetreten hatte? Niemand zweifelte daran, daß den Unternehmen keine Entschädigung zustand. Um die Begründung dieses Grundsatzes entstand jedoch eine interessante Kontroverse. POVOLOCKIJ vertrat die Auffassung, solche Erfindungen seien durch die Enteignung des Produktivvermögens, etwa aufgrund des Dekrets über die Nationalisierung der Großindustrie vom

---

[24] LANDKOF, Istorija 75.

[25] ANTIMONOV/FLEJŠIC 38; ebenso CHEJFEC Promyšlennye prava 42. Entsprechend gehen die Meinungen darüber auseinander, ob und inwieweit der 1919 eingeführte Urheberschein dem 1931 eingeführten und bis heute beibehaltenen System entspreche. LANDKOF, Istorija 73, betont, das Dekret 1919 stehe den herkömmlichen patentrechtlichen Vorstellungen noch recht nahe; für ihn bringt also erst das Jahr 1931 den revolutionären Durchbruch. Andere stellen eine bis ins Jahr 1919 zurückreichende Kontinuität des Systems der Urheberscheine fest. Angesichts der Unklarheit des Dekrets 1919 dürfte es sich bei diesen Meinungsverschiedenheiten in erster Linie um eine verschiedene Einschätzung der Leistungen Stalins handeln. Für Kontinuität: VENEDIKTOV, Organizacija gosudarstvennoj promyšlennosti v SSSR I (1957) 641 f.; MEERZON, V. I. Lenin i Sovetskoe izobretatel'stvo (1969) 23.

[26] MEERZON, V. I. Lenin 16.

[27] Dekret 1919, § 10.

[28] CHEJFEC, Promyšlennye prava 42; LANDKOF, Istorija 73; MEERZON, V. I. Lenin 15.

28. 6. 1918, verstaatlicht worden. Er schreibt[29]: „Nach dem Dekret vom 28. 6. 1918 erstreckte sich die Nationalisierung auf alles Vermögen, das den früheren Besitzern gehörte, gleichgültig worin es bestand und wo es sich befand. Das Recht an einer Erfindung und insbesondere das Recht auf ein Patent an einer Erfindung, die von ihrem Urheber abgetreten worden ist, gehören trotz aller ihrer Besonderheiten zu den Vermögensrechten (und) folglich gingen sie bereits durch die Tatsache der Nationalisierung auf den Sowjetstaat über." CHEJFEC, ein Vertreter der Petersburger bürgerlichen Intelligenz im Dienste der Sowjetmacht und in ideologischen Fragen stets ein geschickter Taktierer, war dagegen der Ansicht, die zaristischen „Privilegien" seien kein Vermögen und mithin habe man sie auch nicht nationalisieren können. Vielmehr seien sie als mit dem Kriegskommunismus unverträglich im „Augenblick der Sozialrevolution" einfach außer Kraft getreten[30]. Der subjektiv-privatrechtlichen Auffassung des Patentrechts bei POVOLOCKIJ stellt er also eine objektiv-rechtliche oder institutionelle Auffassung des Patentrechts gegenüber. Neben der Nationalisierung als Beendigungsgrund für subjektive private Vermögensrechte soll es nach CHEJFEC also einen besonderen Erlöschensgrund für wirtschaftsrechtliche Positionen geben: den Widerspruch zum revolutionären ordre public[31].

Eine Besonderheit des Dekretes von 1919 besteht darin, daß es nur die Nützlichkeit, aber nicht auch die Neuheit der Erfindungen verlangte[32]. Unter den chaotischen Verhältnissen des Kriegskommunismus schien eine formalistische Neuheitsprüfung am Maßstab der internationalen Technik ein entbehrlicher Luxus zu sein. Angesichts der Isolierung Sowjetrußlands konnte es der Regierung gleichgültig sein, ob eine Erfindung im Ausland oder auch im fernen Sibirien schon einmal gemacht und publiziert worden war. Es ging nicht darum, den Erfindergeist auf die noch unbeackerten Felder der Welttechnik zu führen, sondern darum, alles im sowjetischen Herrschaftsbereich verfügbare und brauchbare Wissen für die Kriegsproduktion zu mobilisieren. Der Verzicht auf die Neuheitsprüfung bedeutete zugleich eine gewisse Abkehr vom Gedanken der Belohnung für die schöpferische Leistung des erstmaligen Erfinders und damit einen ersten mutigen Schritt zur wirtschaftspolitischen Instrumentalisierung des Erfinderrechts. In einem sonderbaren Widerspruch zu der

[29] POVOLOCKIJ in einer Kommentierung der §§ 3 und 5 des Einführungsgesetzes zum Patentgesetz 1924, V. K. 1927, 13 ff.

[30] CHEJFEC, Promyšlennye prava 64.

[31] Eine allgemeine Schranke der Rechtsausübung ergab sich aus Art. 2 des Einführungsgesetzes zum Zivilgesetzbuch der RSFSR aus dem Jahre 1922. Nach der von DUGUITS Rechtsfunktionalismus inspirierten Vorschrift durften die bürgerlichen Rechte nicht im Widerspruch zu ihrer sozial-ökonomischen Bestimmung ausgeübt werden. Vgl. dazu REICH, Sozialismus und Zivilrecht (1972) 149.

[32] ANTIMONOV/FLEJŠIC 40; CHEJFEC, Promyšlennye prava 43. Das überaus kurz gefaßte, nur zehn Paragraphen umfassende Dekret bemüht sich freilich gar nicht ausdrücklich um eine Definition der Schutzvoraussetzungen.

Regelung der Schutzvoraussetzungen scheint freilich die Vorschrift zu stehen, daß nur der wirkliche Erfinder den Antrag auf einen Urheberschein stellen dürfe und seine Urheberschaft durch Unterschrift zu bescheinigen habe. Dadurch sollten indessen nur die Kapitalisten gehindert werden, sich nach der bisherigen russischen Praxis durch Vorausabtretungsverträge die Erfindungen der Arbeiter anzueignen[33].

Eine erste gewisse Rückwendung zu herkömmlichen patentrechtlichen Vorstellungen zeichnete sich bereits in einem Erlaß (Instrukcija) ab, den das vorwiegend mit Fachleuten aus der vorrevolutionären Zeit besetzte Komitee für Erfindungswesen am 14. 12. 1919 herausgab[34]. Er machte die Erteilung des Urheberscheins allein von der Neuheit der Erfindung abhängig[35]. In der Tradition des deutschen Patentrechts schloß der Erlaß die Erteilung eines Urheberscheins für neue chemische Heil-, Nahrungs- und Geschmackstoffe aus[36], eine Regelung, die in einer voll nationalisierten Volkswirtschaft und angesichts der Möglichkeit, Erfindungen aller Art zum Gemeingut zu erklären, freilich nicht nur sinnlos, sondern sogar schädlich ist. Ebenfalls in der Tradition des bürgerlichen Patentrechts wurde das durch den Urheberschein geschützte Erfinderurheberrecht definiert als „Recht auf den Gebrauch, die Herstellung und Verbreitung der Gegenstände der Erfindung sowie auf Vergütung in den vom Gesetz hierfür bestimmten Fällen"[37]. Mit einigem Recht sieht Chejfec in dieser nach rückwärts gewandten Bestimmung des Schutzrechtsinhalts den untauglichen Versuch, in einer Zeit, da Privatleute völlig von Produktion und Handel ausgeschlossen waren, das herkömmliche Patentrecht vom Patentamt aus wieder einzuführen[38].

In denselben Zusammenhang läßt sich die ausdrückliche Klarstellung einordnen, die nicht an den Staat veräußerten (otčuždennye) Erfindungen befänden sich im freien Verkehr und ihre Urheber hätten im Einzelfall Anspruch auf eine vertragliche Nutzungsvergütung (voznagraždenie)[39].

---

[33] Das Prinzip des wirklichen Erfinders war also in erster Linie gegen den Kapitalisten und erst in zweiter Linie gegen unlautere Konkurrenten des Erfinders gerichtet; vgl. Antimonov/Flejšic 40.

[34] Allgemeiner Erlaß (Obščaja Instrukcija) des Komitees für Erfindungswesen zum Dekret 1919, Ėkonomičeskaja Žisn' Nr. 38 vom 14. 12. 1919, abgedr. bei Kirzner/Petrovskij, Patentnoe i avtors'koe pravo (1927) 256–259.

[35] Erlaß vom 14. 12. 1919, §§ 7 und 8.

[36] Anmerkung zu § 8 des Erlasses vom 14. 12. 1919, in der auf § 11 der gleichzeitig veröffentlichten Regeln über die Anmeldung der Erfindungen verwiesen wird, abgedr. bei Kirzner/Petrovskij 259 ff.

[37] Erlaß vom 14. 12. 1919, § 9.

[38] Chejfec, Promyšlennye prava 42.

[39] Erlaß vom 14. 12. 1919, § 23. Das Dekret 1919, das das gesamte vorrevolutionäre Patentrecht aufgehoben hatte, wurde somit uminterpretiert in eine Ermächtigung zur Enteignung bestimmter Erfindungen. Für die nicht enteigneten Erfindungen sollten mithin – wie zuvor – das Ausschlußrecht (das ja die Voraussetzung für den freien Verkehr bildet) und die Lizenzfreiheit erhalten bleiben.

Über die Nützlichkeit der Erfindungen zu entscheiden, war nach dem Erlaß Sache einer besonderen Bewertungskommission (ocenočnaja komissija)[40]. Zugleich wurde klargestellt, daß dem Erfinder für jede als nützlich anerkannte Erfindung eine Belohnung zu zahlen sei[41]. Für die Höhe der Vergütung sollten die Art und der Umfang der gewerblichen Nutzung der Erfindung, daneben auch ihre allgemeine technische und wirtschaftliche Bedeutung maßgeblich sein[42]. Die Vergütung konnte die Form einer einmaligen Zahlung oder einer Rente annehmen[43]. Die Bewertungskommission sollte die Vergütung laufend an geänderte Verhältnisse anpassen[44]. Für die Zahlungen waren dem Komitee für Erfindungswesen besondere Fonds zugewiesen[45]. Wurde eine Erfindung zum Gemeingut der RSFSR erklärt, so war die Belohnung entsprechend höher[46]. Dozorcev sieht in dieser noch sehr unvollkommenen Regelung der Erfinderbelohnung bereits Anzeichen einer Abkehr von der patentrechtlichen Kommerzialisierung der Erfindungen als Waren: Die an die Umstände der Verwertung angepaßte Erfinderbelohnung sei bereits 1919 nicht mehr der Kaufpreis eines Patents, sondern ein sozialistisches Arbeitsentgelt gewesen; das erkläre auch, daß nur der wirkliche Erfinder die Belohnung habe beanspruchen können[47].

Richtungweisend für die weitere Entwicklung war ferner die Regelung der Arbeitererfindungen. Die Arbeiter durften ihre Erfindungen unter allen Um-

---

[40] Erlaß vom 14. 12. 1919, § 3.

[41] Erlaß vom 14. 12. 1919, § 3.

[42] Erlaß (Instrukcija) der Bewertungskommission vom 14. 12. 1919 (abgedr. bei Kirzner/Petrovskij 267–269), § 7.

[43] Erlaß vom 14. 12. 1919 (oben N. 42), § 10.

[44] AaO, § 13.

[45] Erlaß (Instrukcija) über die Verteilung (raschodovanie) des Anreizfonds für die Hervorbringung nützlicher Erfindungen (fond pooščrenija poleznych izobretenij), abgedr. bei Kirzner/Petrovskij 266 f.; Dozorcev, Pravovoe regulirovanie voznagraždenija za izobretenija v SSSR v 20–e gody: V. I. 1968, Nr. 2, 28 f. Sofern eine Erfindung nicht enteignet (d. h. zum Gemeingut erklärt) worden war, konnte der Erfinder mithin eine staatliche Prämie beanspruchen und zugleich vom Nutzer der Erfindung eine Lizenzgebühr verlangen. Ebenso wie der Streit um die Existenz des Ausschlußrechts unter der Geltung des Dekrets 1919 spiegelt diese Verbindung eines sozialistischen mit einem privatwirtschaftlichen Entgeltmodus die wirren Verhältnisse der Sowjetwirtschaft während des sogenannten Kriegskommunismus wider. Der Erfinder konnte nicht hoffen, auf dem „Markt" einen angemessenen Preis für die Erfindungsnutzung zu erzielen; vielfach wird er wohl kaum auch nur eine Chance gehabt haben, sich gegen die unberechtigte Nutzung seiner Erfindung zur Wehr zu setzen. (Nach § 24 des Erlasses vom 14. 12. 1919 [oben N. 34] haftete der Patentverletzer dem Erfinder; aus dem Wortlaut der Vorschrift wird nicht klar, ob neben der zivilrechtlichen auch eine strafrechtliche Haftung stattfinden sollte.) Die staatliche Prämie sollte somit eine gewisse Mindestvergütung garantieren.

[46] Verordnung (Položenie) des VSNCh über das Komitee für Erfindungswesen vom 9. 12. 1920, S. U. 1920, Nr. 98, Ziff. 523, § 9. Vgl. auch Antimonov/Flejšic 42.

[47] Dozorcev, Pravovoe regulirovanie 28.

ständen im eigenen Namen anmelden und alle mit einem Urheberschein verbundenen Rechte geltend machen[48]. Der Erlaß erwähnte außerdem neben den Erfindungen bereits sonstige Verbesserungen (usoveršenstvovanija) als Gegenstände des Schutzes, ohne indessen im einzelnen anzugeben, inwieweit auf sie die für Erfindungen geltenden Vorschriften anzuwenden seien[49]. Auch hierin haben spätere Regelungen an den Erlaß des Jahres 1919 angeknüpft.

Ende 1920 erließ der VSNCh eine Verordnung über das Komitee für Erfindungswesen, worin diesem in einer für die weitere Entwicklung des sowjetischen Rechts beispielhaften Weise weitreichende Kompetenzen zur Betreuung der Erfinder, zur Ausarbeitung, Prüfung und Fortführung von F & E-Projekten und zur Propaganda der Erfindungen in der Volkswirtschaft zugewiesen wurden[50].

II. Wiederaufbau und Neue Ökonomische Politik (1921–1925): Das Patentrecht einer Mischwirtschaft

Die N.Ö.P. setzte nach der Beendigung des Bürgerkriegs damit ein, daß die Sowjetmacht unter der Übermacht der Hungersnot zur Befriedung der unruhigen Bauernschaft genötigt war, das System der landwirtschaftlichen Requisitionen (prodrastverstka) durch eine auf die Hälfte der bisherigen Abgaben beschränkte Naturalsteuer (prodnalog) zu ersetzen. Den Rest ihrer Überschüsse sollten die Bauern auf dem „freien Markt" absetzen[51]. Im März 1921 folgte bereits die Legalisierung des privaten Handels schlechthin[52]. Es währte nicht lange, bis auch Teile der Industrie reprivatisiert wurden. Im Mai 1921 wurde die Nationalisierung der kleinen Unternehmen rückgängig gemacht[53]. Wenig später, am 7. 7. 1921, wurde den Bürgern gestattet, eine handwerkliche Produktion aufzunehmen und kleine Betriebe mit einer Zahl von 10–20 Arbeitern zu betreiben[54]. Eine stattliche Anzahl nationalisierter Unternehmen wurde an Privatpersonen – häufig sogar an die früheren Eigentümer – verpachtet[55]; eine geringere Anzahl wurde vom VSNCh oder von Regionalorganen förmlich denationalisiert[56]. Schließlich spielte ausländisches Kapital, das man mit Konzessionsverträgen ins Land zu ziehen versuchte, eine gewisse, insgesamt

[48] Erlaß vom 14. 12. 1919 (oben N. 34), § 14.

[49] AaO. Vgl. auch Verordnung vom 9. 12. 1920 (oben N. 46), § 1 d.

[50] AaO, § 1 c–g.

[51] Vgl. Dekret vom 21. 3. 1921 und dazu RAUPACH, Geschichte 49; NOVE, Economic History 83.

[52] NOVE, Economic History 84.

[53] Dekret vom 17. 5. 1921. Vgl. dazu NOVE, Economic History 85.

[54] Dekret vom 7. 7. 1921. Vgl. dazu NOVE, Economic History 85, und RAUPACH, Geschichte 54.

[55] NOVE, Economic History 85.

[56] NOVE, Economic History 85.

freilich recht geringe Rolle[57]. Die „Kommandohöhen der Wirtschaft“, Banken, Großindustrie und Außenhandel, blieben auch weiterhin in der Hand des Staates. Auch innerhalb des staatlichen Sektors kam es indessen zu einer starken Dezentralisierung der Entscheidungsgewalt und einem entsprechenden Funktionszuwachs für den Markt.

Bisher standen die Betriebe unter der direkten Leitung der beim VSNCh für die einzelnen Industriebranchen bestehenden Abteilungen (glavki)[58]. Rohstoffe und Arbeitslöhne wurden (soweit es überhaupt Barlöhne gab) den Betrieben direkt zugeteilt. Der Staat übernahm alle finanziellen Verpflichtungen der Betriebe. Die öffentlichen Dienstleistungen waren weitgehend kostenlos.

Das Dekret (nakaz) des Rates der Volkskommissare vom 9. 8. 1921 „über die Einführung der Grundsätze der N.Ö.P.“ stellt nun das Prinzip der wirtschaftlichen Rechnungsführung auf (chozrasčet)[59]. Die Unternehmen sollen künftig nach einzelwirtschaftlichen Grundsätzen, finanziell selbständig, mit dem ihnen vom Staat zugeteilten Kapital erfolgreich wirtschaften. Zunächst konzipiert als nur partielles Steuerungsprinzip einer immer noch weitgehend auf der direkten administrativen Allokation und der zentralen Finanzierung beruhenden Wirtschaft, dehnt sich die einzelwirtschaftliche Rechnungsführung und mit ihr die Koordinierung der Wirtschaft durch den Markt bald immer weiter aus[60]. Nach einer Übergangszeit, in der zentralwirtschaftliche und marktwirtschaftliche Allokation und Verteilung, autonome und vom Budget finanzierte Unternehmen gleichgewichtig nebeneinander stehen[61], werden durch das Dekret des VSCNh vom 6. 4. 1922 die meisten Staatsunternehmen auf die einzelwirtschaftliche Rechnungsführung umgestellt und aufgefordert, untereinander, mit dem kooperativen Sektor und mit den Unternehmen des freien Markts Verträge abzuschließen[62]. Das ist gleichbedeutend mit einer Restauration des Geldsystems als Allokationsmechanismus[63]. Betriebsstoffe

---

[57] Nove, Economic History 89; Raupach, Geschichte 55. Vgl. auch Art. 55 des Zivilgesetzbuchs der RSFSR aus dem Jahre 1922.

[58] Nove, Economic History 87, und Raupach, Geschichte 36.

[59] Eine ausführliche Erörterung des Chozrasčet findet sich bei Crespi Reghizzi, L'impresa nel diritto Sovietico (1969) 19–32 mit weiteren Nachweisen. Vgl. ferner Nove, Economic History 54, Raupach, Geschichte 54. Das sowjetische Schrifttum ist schier unübersehbar, vgl. die Nachweise bei Crespi Reghizzi, aaO.

[60] Crespi Reghizzi 20.

[61] Durch Dekret vom 27. 10. 1921, Crespi Reghizzi aaO, wurde einzelnen Klassen von Unternehmen gestattet, sich auf dem Markt Rohmaterialien zu beschaffen und ihre Erzeugnisse dort abzusetzen. Vgl. dazu Crespi Reghizzi 21.

[62] Vgl. dazu Crespi Reghizzi 21. Erst 1929 werden *alle* Unternehmen auf das System der einzelwirtschaftlichen Rechnungsführung umgestellt, das mit der Vollsozialisierung und dem unter Stalin vollzogenen Übergang zu einer straffen integralen Wirtschaftsplanung einen neuen – beschränkteren – Inhalt gewinnt.

[63] Zwar gibt es seit August 1921 beim Kommissariat für Finanzen ein besonderes Preiskomitee, das die Preise für solche Geschäfte festsetzen sollte, an denen Staatsorgane (d. h. Staatsunternehmen, staatliche Organisationen und Behörden) beteiligt waren. Vor

und Arbeitskraft müssen künftig bezahlt werden und die Mittel dazu haben sich die Unternehmen durch den Verkauf ihrer Produkte zu beschaffen. Solange der Chozrasčet nur partielles Steuerungsmittel sein sollte, war der bloße Ausgleich der Betriebskosten durch die Einnahmen (okupaemost') die einzelwirtschaftliche Zielfunktion. Nun tritt an dessen Stelle die Gewinnerzielung[64].

Der Grundtyp der neuen selbständigen Wirtschaftseinheiten sind die sogenannten Trusts (tresty)[65], die häufig bereits in der Zeit des Kriegskommunismus aus den Notwendigkeiten der gespannten Versorgungslage entstanden waren[66]. Das Dekret über die Trusts definiert: „Als staatliche Trusts werden staatliche Industrieunternehmen anerkannt, denen der Staat gemäß ihrer von ihm in jedem Fall bestätigten Satzung in ihrer Tätigkeit Selbständigkeit gewährt und die auf der Grundlage der einzelwirtschaftlichen Rechnungsführung zum Zweck der Gewinnerzielung handeln." Die Trusts sind juristische Personen[67], für deren Schulden die Staatskasse keine Haftung übernimmt[68]. An Grund und Boden, Bodenschätzen, Gewässern und Wäldern haben die Trusts ein Nutzungsrecht; das übrige Vermögen wird ihnen vom Staat zum Besitz, zur Nutzung und zur Verfügung überlassen[69]. Die Zentralbehörden VSNCh und STO behalten ein übergeordnetes Verfügungsrecht; wir nannten es: die Kompetenzkompetenz über die Organisation der staatlichen Industrie. Sie können einzelne Trusts liquidieren, ihr Vermögen neu verteilen, ihren Tätigkeitsbereich verändern und jederzeit den erwirtschafteten Gewinn zwangsweise einziehen[70]. Die einzelnen zu einem Trust gehörigen Betriebe haben weder finanzielle noch administrative Selbständigkeit[71].

Die Planungsbehörden der N.Ö.P., der VSNCh, regionale Volkswirtschaftsräte (sovnarchozy) und die seit 1921 bestehende staatliche Planungskommission (Gosplan)[72] hatten formal fast unbeschränkte Befugnisse. Die Entscheidungskompetenzen der Trusts und der Planungsorgane überlappten sich somit weitgehend. Einen vollständigen Produktions- und Allokationsplan gab es zu keiner Zeit[73]. Die Wirtschaftsplanung war höchst lückenhaft und bediente

der Eigendynamik der neuen Marktwirtschaft versagte diese Preiskontrolle aber. Man ging daher alsbald zu einem System von Richtpreisen über, die von der Wirtschaft binnen kurzem als bloße Mindestpreise behandelt wurden. Vgl. Nove, Economic History 102.

64 Crespi Reghizzi 20.

65 Dekret vom 10. 4. 1923, S. U. 1932, Nr. 29, Ziff. 336. Vgl. dazu Crespi Reghizzi 62 f. und Jakobs, Eigentumsbegriff 223 ff.

66 Raupach, Geschichte 56.

67 Dekret vom 10. 4. 1923, § 2.

68 AaO, § 1 a. E.

69 AaO, § 6.

70 AaO, § 5 in Verb. mit §§ 28, 48, 49, 51–53. Vgl. Gincburg, Zakonodatel'stvo o trestach i sindikatach (1926) zu § 5 des Trustdekrets.

71 Nove, Economic History 97.

72 Nove, Economic History 100.

73 Nove, Economic History 101; Raupach, Geschichte 56.

sich vorwiegend der Methoden indikativer Steuerung und der Manipulation der wirtschaftlichen Rahmenbedingungen durch die Währungs- und Kreditpolitik[74]. Das schloß jedoch nicht aus, daß die Planungsbehörden grundsätzlich jede Entscheidung an sich ziehen und im Wege imperativer Planung erledigen konnten. Das Ausmaß der direkten Planung war von Industrie zu Industrie verschieden. Allgemein läßt sich wenig mehr sagen, als daß die Kontrolle über die Investitionstätigkeit weiter reichte als die Kontrolle über die laufende Produktion[75].

Langfristige und kostspielige Forschungsarbeiten spielten in der Zeit des Wiederaufbaus keine große Rolle. Soweit sie durchgeführt wurden, wird man annehmen dürfen, daß der VSNCh, bei dem eine wissenschaftlich-technische Abteilung (NTO), bestand, die Verwendung der Mittel für die Forschung billigen mußte. Maßnahmen zur Verbesserung der laufenden Produktion, die ohne große Investitionen durchzuführen waren, blieben dagegen der Entscheidung der Trusts überlassen. Nicht nur zwischen dem privaten und dem staatlichen Sektor, sondern auch zwischen den einzelnen Unternehmen des staatlichen Sektors kam es während der N.Ö.P. zu einem gewissen Wettbewerb, in dem auch die Parameter der Produktqualität und des technischen Fortschritts eingesetzt wurden[76]. Erst in einer Verfügung des Rats der Arbeit und Verteidigung (STO) vom 18. 8. 1926 werden „die parallele Tätigkeit (parallelizm) der Staatsunternehmen und eine ungesunde Konkurrenz zwischen ihnen" für unzulässig erklärt[77]. Während der N.Ö.P. war es keine Seltenheit, daß Staatsunternehmen voreinander Produktionsgeheimnisse hatten. Das Betriebsgeheimnis war aber weder im privaten noch im staatlichen Sektor rechtlich geschützt. Lediglich die Mitteilung nicht für die Verbreitung bestimmter Tatsachen durch Staatsbedienstete (dolžnostnye lica) war durch Artikel 121 des Strafgesetzbuches vom Jahre 1922 unter Strafe gestellt. Nach dieser Vorschrift wurde auch der Verrat von staatlichen Betriebs- und Geschäftsgeheimnissen an Außenstehende, insbesondere Unternehmer des privaten Sektors, geahndet[78].

Lenin setzte große Hoffnungen auf die Beteiligung westlichen Kapitals und vor allem auch westlicher Technologie beim Wiederaufbau der russischen Wirt-

---

[74] Nove, Economic History 100.

[75] Nove, Economic History 100.

[76] Vgl. Chejfec, Promyšlennye prava 159 f.

[77] Zitiert nach Chejfec, Promyšlennye prava 159. Von der Aufhebung des Betriebsgeheimnisses und dem Kampf gegen die Geheimniskrämerei (sekretničestvo) war auch schon früher die Rede. Vgl. etwa den Runderlaß (Cirkuljar) Nr. 11 des VSNCh vom 25. 11. 1925, abgedr. bei Kirzner/Petrovskij 241–244, wo die Unternehmen darauf hingewiesen werden, daß die Existenz eines inhaltsgleichen Ausländerpatents der Offenlegung eines Geheimnisses wegen des Vorbenutzungsrechts nicht entgegenstehe. Zum Vorbenutzungsrecht nach § 16 G 1924 vgl. Povolockij, Pravo preždepol'zovanija: V. K. 1930, Nr. 9, 26–31.

[78] Chejfec, Promyšlennye prava 162.

schaft. Das entformalisierte Erfinderrecht des Kriegskommunismus war offenkundig nicht dazu angetan, ausländische Erfindungen ins Land zu ziehen[79]. Die Wiederherstellung der Rechtssicherheit war deshalb unumgänglich. Die zentralisierte wirtschaftliche Bewertung der Erfindungen schien, wie das Nützlichkeitskriterium überhaupt, wenig in die Marktwirtschaft zu passen, die man mit der N.Ö.P. veranstaltet hatte[80]. Und schließlich war die Ausgangslage für eine Rückkehr zu den jedenfalls juristisch bewährten Formen des Erfindungsschutzes auch deshalb günstig, weil die Zahl der Erfindungsanmeldungen während des Kriegskommunismus rapide abgenommen hatte und unter der Geltung des Dekrets 1919 auch in den ersten Jahren der N.Ö.P. nur unbedeutend gestiegen war[81].

Während das LENINSCHE Dekret des Jahres 1919 unter den wirtschaftlichen Bedingungen des Kriegskommunismus, wie man mit einigem Vorbehalt sagen kann, die Nationalisierung der Erfindungen gebracht hatte, führte nun die N.Ö.P. zur Wiedereinführung des privaten Erfindungseigentums. Eine erste Wiederbelebung des Gedankens eines geistigen Eigentums an den Erfindungen bewirkte das Dekret des Rates der Volkskommissare vom 22. 5. 1922 über die Anerkennung der privaten Vermögensrechte. Unter dem Titel „Sachenrechte" wurde das Erfinderrecht neben den anderen gewerblichen Schutzrechten in den durch Spezialgesetz zu bestimmenden Grenzen ausdrücklich garantiert[82].

Erst im September 1924 erließ die Sowjetregierung eine neue Verordnung (postanovlenie) über Erfindungspatente[83], die – der sowjetischen Übung folgend – auch hier untechnisch das Patentgesetz des Jahres 1924 genannt werden soll[84]. Es folgte in den Fragen des Schutzgegenstandes, des Prüfungsverfahrens und in der gesamten Terminologie auffällig dem damaligen deutschen Patentrecht. Dem Patentinhaber wurde das ausschließliche Recht gewährt, „die Erfindung im Gebiet der UdSSR gewerblich auszuführen"[85]. Alle

---

[79] Vgl. LANDKOF, Istorija 77.

[80] LANDKOF, Istorija 77; RJABČINSKIJ, Dejstvujuščij patentnyj zakon i ego nedostatki: V. K. 1927, Nr. 10, 13; CHEJFEC, Promyšlennye prava 50 f.

[81] MARTENS (damals Leiter des Komitees für Erfindungswesen) gibt in Na novom puti, V. K. 1924, Nr. 1, 56 f., folgende Zahlen über die Entwicklung des Erfindungswesens an (bezogen auf 1914 = 100): 1915: 64; 1916: 67; 1917: 54; 1918: 12; 1919: 6; 1920: 10; 1921: 19; 1922: 25; 1923: 37.

[82] S. U. 1922, Nr. 36, Ziff. 423 (auszugsweise abgedr. bei KIRZNER/PETROVSKIJ 270). Vgl. dazu LANDKOF, Istorija 76 f.; STUČKA, Kurs Sovetskogo graždanskogo prava III (1931) 62–69; MEERZON 22. Allgemein zu dem Dekret REICH, Sozialismus und Zivilrecht 136 ff.

[83] S. Z. 1924, Nr. 9, Ziff. 98, abgedruckt bei KIRZNER/PETROVSKIJ 1 ff. (zit. als G 1924).

[84] Vgl. ANTIMONOV/FLEJŠIC 42. Für die vielfältigen Bezeichnungen der russischen vorrevolutionären und sowjetischen Rechtsquellen gibt es oftmals kein genaues deutsches Äquivalent. Vgl. LUCAS, Quellen und Formen des Sowjetrechts (1965).

[85] G 1924, § 9.

vorrevolutionären Patente wurden für unwirksam erklärt[86]; den Erfindern wurde jedoch das Recht eingeräumt, nach dem neuen Recht ein Patent zu beantragen[87]. Die Neuanmeldung war bei den Erfindungen ausgeschlossen, die der Erfinder bereits freiwillig oder zwangsweise an den Staat veräußert hatte[88].

Für die Landesverteidigung brauchbare oder sonst wichtige Erfindungen konnten gegen Entschädigung zugunsten des Staates enteignet werden[89]. Daneben wurde generell der Lizenzzwang zugunsten der staatlichen Behörden und Unternehmen „im Rahmen ihrer Bedürfnisse" vorgesehen[90]. Der Patentinhaber war ferner verpflichtet, seine Erfindung innerhalb von fünf Jahren nach der Patenterteilung entweder selbst oder durch einen Lizenznehmer auszuführen. Andernfalls konnte jede interessierte Behörde oder Person eine Zwangslizenz beantragen[91]. In beiden Fällen der Zwangslizenz waren die begünstigten Unternehmen oder Behörden zur Entschädigung verpflichtet[92].

---

[86] Nach CHEJFEC, Promyšlennye prava 64, war diese Vorschrift nur deklaratorisch, da nach seiner Auffassung die Privilegien des alten Rechts bereits mit der Oktoberrevolution erloschen waren.

[87] Einführungsverordnung zum G 1924, abgedr. bei KIRZNER/PETROVSKIJ 1, §§ 1 und

[88] AaO, § 5. In einer Auskunft (spravka) gegenüber dem Syndikat der Mineralölindustrie (Neftesindikat) machte sich das Komitee für Erfindungswesen die Auffassung von POVOLOCKIJ, V. K. 1927, zu eigen. Vgl. CHEJFEC, Promyšlennye prava 64. Danach konnten auch diejenigen vorrevolutionären Patente, die der Erfinder oder sonstige Patentinhaber einem später nationalisierten Unternehmen abgetreten hatte, nicht erneuert werden. CHEJFEC begründete seine entgegengesetzte Auffassung damit, daß diese Patente nicht nationalisiert worden, sondern als mit dem wirtschaftlichen ordre public unverträglich außer Kraft getreten seien. (Enteignung und Veräußerung werden im Russischen mit demselben Ausdruck – otčuždenie – bezeichnet). CHEJFEC stützte seine Lehre auch auf den deutsch-sowjetischen Staatsvertrag von 1925 über den Schutz des gewerblichen Eigentums. Im Protokoll zu § 5 dieses Abkommens war § 5 der Einführungsverordnung zum G 1924 in dem Sinne interpretiert worden, daß die Erneuerung nur derjenigen vorrevolutionären Patente ausgeschlossen sein sollte, die auf Grund des Dekrets 1919 „veräußert" (d. h. verstaatlicht oder enteignet: zum Gemeingut erklärt) worden waren. Wenn grundsätzlich auch die an nachmalige Staatsunternehmen freiwillig abgetretenen Patente unter § 5 fielen, so wären deutsche Staatsangehörige vor sowjetischen bevorzugt, ein Ergebnis, das Art. 1 des Staatsvertrags, der die Inländerbehandlung vorsah, widersprochen hätte. Im übrigen hatte das Reich mit dem Rapallo-Vertrag vom 16. 4. 1922 die Nationalisierung der deutschen Unternehmen anerkannt. Wenn an solche Unternehmen abgetretene vorrevolutionäre Patente von der Nationalisierung ergriffen worden wären, so hätte nach CHEJFEC' scharfsinnigem Argument (65–68) kein Grund bestanden, im Staatsvertrag von 1925 i. V. mit § 5 der Einführungsverordnung die Entnationalisierung dieser Patente zu ermöglichen.

[89] G 1924, § 15 I.

[90] G 1924, § 15 II.

[91] G 1924, § 18. Nach dem Wortlaut dieser Vorschrift genügte der Patentinhaber seiner Ausführungspflicht auch dadurch, daß er einem Unternehmen des privaten Sektors eine Lizenz erteilte. Dagegen de lege ferenda VENECIANOV, Ob osuščestvlenii izobretenija i posledstvijach neosuščestvlenija V. K. 1930, Nr. 1, 20–23.

[92] G 1924, §§ 15 und 18. Die Enteignung und der Lizenzzwang nach § 15 waren

Mit den Mitteln der Enteignung, der Zwangslizenz und des Ausführungszwanges glaubte man, der Gefahr zu entgehen, daß aus dem Patentrecht wie im Monopolkapitalismus ein Mittel nicht zur Entwicklung der Produktivkräfte, sondern zur Hemmung des Fortschritts werde[93].

Welche Rolle spielte das Ausschlußrecht des Patentinhabers oder des sonst Nutzungsberechtigten im staatlichen Sektor[94]? Vergegenwärtigen wir uns, daß der von Lenin als Staatskapitalismus[95] konzipierte staatliche Sektor eine sonderbare coincidentia oppositorum verwirklichen sollte: weitgehende kommerzielle Selbständigkeit der Staatsunternehmen verbunden mit einer prinzipiell unbeschränkten zentralen Planungshoheit[96]. Der staatliche Sektor wurde als ein „ganzheitlicher Organismus" verstanden und doch sollte ein Wettbewerb der Staatsunternehmen stattfinden[97].

Der Erlaß des Rates der Arbeit und Verteidigung (STO) vom 20. 7. 1925 über das „Verfahren, nach dem staatliche Behörden und Unternehmen Erfindungspatente und Lizenzen erwerben"[98], enthielt eine originelle Lösung.

---

nur bei solchen Patenten vorgesehen, die sich in der Hand von Privatleuten oder Genossenschaften befanden. In beiden Fällen war vorausgesetzt, daß die betreffende Erfindung von besonders großer Bedeutung war. So Martynov, Prinuditeľnaja licenzija po dejstvujuščemu patentnomu zakonodateľstvu SSSR: V. K. 1928, Nr. 1, 2 f. (nach dem Wortlaut des § 15 galt diese Voraussetzung nur bei der Enteignung). Von § 15 wurde während der Geltung des G 1924 niemals Gebrauch gemacht. Die bloße Existenz der Vorschrift reichte offenbar aus. Vgl. Povolockij, Dva proekta zakona ob izobretenijach, in: K proektu novogo zakona ob izobretenijach (1930) 9.

[93] Lenin, Der Imperialismus als höchstes Stadium des Kapitalismus: Werke XXII, 281, hatte die Patentunterdrückung als eine für die Stagnations- und Fäulnistendenzen des Monopolkapitalismus besonders charakteristische Praktik dargestellt.

[94] Chejfec, Gosudarstevennaja promyšlennost' i patentoderzatel': V. K. 1924, Nr. 1, 67; Šachnazarov, Porjadok priobretenija patentov na izobretenija gosudarstvennymi učreždenijami i predprijatijami: V. K. 1925, Nr. 3, 33; Venecianov, O porjadke priobretenija prava na izobretenie (patentnych licenzij) gosudarstvennymi učreždenijami i predprijatijami, V. K. 1925, Nr. 8, 44; ders., O porjadke priobretenija patentov gosorganami: Predprijatie 1926, Nr. 3, 96; Povolockij, Priobretenie patentov predprijatijami: V. K. 1928, Nr. 8, 1109; Martynov, Prinuditeľnaja licenzija 2.

[95] Lenin, Die drohende Katastrophe und wie man sie bekämpfen soll: Werke XXV, 369: „Denn der Sozialismus ist nichts anderes als der nächste Schritt vorwärts über das staatskapitalistische Monopol hinaus. Oder mit anderen Worten: der Sozialismus ist nichts anderes als staatskapitalistisches Monopol, das zum Nutzen des ganzen Volkes angewandt wird und dadurch aufgehört hat, kapitalistisches Monopol zu sein."

[96] Stučka umschreibt das Wesen dieser Wirtschaftsordnung in entsprechend leerformelhaften Wendungen: „Die sozialistische Planmäßigkeit (planovost') wird auf der Grundlage der N. Ö. P., d. h. der freien Konkurrenz, der Vertragsfreiheit im Rahmen des Zivilgesetzbuches, ergänzt und berichtigt durch das Prinzip der Äquivalenz, freilich einer Äquivalenz der Arbeit.", zit. nach Šachnazarov, K proektu zakona o patentach na izobretenija: V. K. 1928, Nr. 6, 790.

[97] Vgl. Michajlovskij, Patentno-pravovye otnošenija v uslovijach gosudarstvennogo kapitalizma: V. K. 1924, Nr. 1, 61, 65.

[98] V. K. 1925, Nr. 9, 5 f., abgedr. auch bei Kirzner/Petrovskij 41 f.

„Staatsorgane“, also Behörden und Staatsunternehmen, mußten sich das Recht zur Nutzung von Erfindungen durch Vertrag auf dem freien Markt verschaffen[99]. Innerhalb des staatlichen Sektors war die weitere Nutzung der Erfindungen dann jedoch einer besonderen Regelung unterworfen. Alle weiteren Staatsorgane konnten von dem zuerst nutzungsberechtigten Staatsorgan Lizenzen „für die Bedürfnisse ihrer Tätigkeit oder Produktion“ verlangen[100]. Ein Patentinhaber konnte also das Recht zur Nutzung der Erfindung nicht auf ein einzelnes Staatsorgan beschränken. Der verstaatlichten Industrie gegenüber war sein Ausschließlichkeitsrecht nicht teilbar; er konnte sein Recht nur dem staatlichen Sektor als ganzem entweder gewähren oder vorenthalten. Dabei ist kaum anzunehmen, der Patentinhaber habe die Verwertung seiner Erfindung durch alle interessierten Unternehmen des staatlichen Sektors dadurch verhindern können, daß er die dem ersten Staatsunternehmen gewährte Lizenz gegenständlich oder territorial beschränkte.

Aber auch innerhalb des staatlichen Sektors war die Erfindung keineswegs gemeinfrei. Alle weiteren Staatsorgane, die die Erfindung nutzen wollten, mußten dem ersten staatlichen Erwerber des Nutzungsrechts Lizenzgebühren bezahlen. Im Streitfalle entschied die unterste, beiden Staatsorganen gemeinsam übergeordnete Wirtschaftsbehörde[101]. Im Innern der Staatsindustrie war das Nutzungsrecht an der Erfindung also durchaus teilbar. Es ist anzunehmen, daß Entsprechendes galt, wenn ein Staatsunternehmen das Recht zur Nutzung der Erfindung durch Lizenzzwang erwarb. Die Unterscheidung von Lizenzzwang und Enteignung, von der das Gesetz ausgeht, hatte somit für den staatlichen Sektor kaum eine Bedeutung: in jedem Falle konnte die Staatsindustrie als Ganze die Erfindung nutzen; einen Unterschied gab es nur hinsichtlich der Verteilung der Entschädigungslast.

Juristisch höchst einfallsreich, erweist sich dieser Versuch, einerseits die „organische Einheit“ des staatlichen Sektors zu wahren, andererseits jedoch die Entscheidung über den Erwerb von Erfindungen zu dezentralisieren, in seinen wirtschaftlichen Folgen als nicht unproblematisch. Ein außerhalb des staatlichen Sektors stehender Patentinhaber, etwa der private Konkurrent des ersten staatlichen Lizenznehmers, mußte bei der Entscheidung über die Lizenzgebühren die mögliche unbeschränkte Nutzung der Erfindung im gesamten staatlichen Sektor in Rechnung stellen. Er hatte sein Ausschlußrecht im ganzen zu verkaufen und er mußte einen entsprechend hohen Preis erzielen. Der Ersterwerber dagegen kaufte ein – anderen staatlichen Stellen und Unternehmen gegenüber – nicht ausschließliches Recht. Der einzelwirtschaftliche Wert eines Patents ist um so geringer, je mehr Wettbewerber die Erfindung nutzen dürfen. Der Ersterwerber hätte deshalb nach der Konzeption des Erlasses gleichsam

---

[99] § 1.
[100] § 5.
[101] §§ 6 und 7.

wie ein Vertreter für den gesamten staatlichen Sektor handeln müssen, ohne sich indessen seine Aufwendungen voll ersetzen lassen zu können. Die einzelwirtschaftliche Erfolgsrechnung, der Chozrasčet, machte es für die Staatsunternehmen mithin rational, nicht der erste Lizenznehmer zu sein und Erfindungen erstmals in den staatlichen Sektor einzubringen, sondern einem anderen den Vortritt zu lassen[102].

Es ist so nicht verwunderlich, daß in dem Erlaß für den Fall, daß mehrere Unternehmen an der Erfindung interessiert waren, sich aber nicht einig werden konnten, die administrative Entscheidung darüber vorgesehen war, welches Staatsunternehmen den Vertrag mit den Außenstehenden schließen *müsse*[103].

In der Rechtswirklichkeit der N.Ö.P. war der negative Anreiz dieses Systems durch eine Reihe von Umständen gemildert. Der private Patentinhaber konnte zunächst nur in sehr begrenztem Umfang selbst die Erfindung auswerten und in Konkurrenz zum staatlichen Sektor treten. Sofern er das versuchte, war er – als „Nepman" die negative Figur dieser Zeit schlechthin – unter Umständen erheblichem politischen Druck ausgesetzt. Schließlich drohte ihm die Zwangslizenz, bei der sich die Höhe der Entschädigung nach den Vorteilen bemaß, die der Patentinhaber aus der Anwendung der Erfindung hätte ziehen können[104]. Durch die hoheitliche Koordinierung mehrerer um die Nutzungsrechte an einer Erfindung konkurrierender Unternehmen gewährleistete der Staat, daß die Staatsindustrie ihr weitgehendes Nachfragemonopol voll ausbeutete und schon dadurch den Lizenzpreis niedrig hielt[105]. Soweit der Ersterwerber tatsächlich mehr zu bezahlen hatte, als ihm das Nutzungsrecht wert war, hatten die Wirtschaftsbehörden immer noch die Möglichkeit, auf die Bemessung der Nutzungsentgelte innerhalb des staatlichen Sektors einzuwirken und den Ersterwerber so zu entschädigen.

Der Erlaß vom 20. 7. 1925 gab Anlaß zu einer lehrreichen Kontroverse über den Zusammenhang der Nutzungsrechte an sächlichen Produktionsmitteln mit dem Nutzungsrecht an Erfindungen, über das Verhältnis von Sacheigentum und Immaterialgüterrecht. Die Einführung des Chozrasčet war nur möglich, soweit den Trusts in ihrem Verhältnis zueinander ein fester Bestand an Wirtschaftsgütern garantiert war[106]. Deshalb war die Vertragsfreiheit das Mittel

[102] Der Erlaß institutionalisierte mithin eine „Ausbeutung der Starken durch die weniger Starken", indem er den weniger initiativen Unternehmen einen Anreiz bot, als „Trittbrettfahrer" (free-rider) den Einsatz anderer für sich auszubeuten. Vgl. hierzu Olcur Manson Jr., The Logic of Collective Action (1971) 3. Der Gedanke klingt auch bei Šachnazarov, Porjadok priobretenija patentov na izobretenija gosučreždenijami i predprijatijami: V. K. 1925, Nr. 3, 37, in seiner Kritik am Entwurf des Erlasses an.

[103] § 8.

[104] Verordnung des VCIK und SNK vom 12. 9. 1924, abgedr. bei Kirzner/Petrovskij 47 f., § 3.

[105] Vgl. Venecianov, O porjadke 48.

[106] Vgl. §§ 5 und 6 des Dekrets über die Trusts (oben N. 65).

zur Reallokation der Güter zwischen den Unternehmen[107]. Konnte der Erlaß, eine dem Dekret über die Trusts im Rang nachstehende Rechtsquelle, die Staatsunternehmen wirksam verpflichten, Lizenzverträge miteinander abzuschließen?

Šachnazarov verneinte die Frage aus formellen Gründen[108]. Venecianov dagegen hielt den Erlaß für wirksam, weil das Patentgesetz 1924 das Recht an der Erfindung nicht als unbeschränktes Eigentum ausgestaltet habe[109]. Wenn schon dem wirklichen Erfinder eine Lizenz abverlangt werden dürfe, dann müsse der Lizenzzwang auch gegenüber einem Staatsunternehmen durchgreifen, das bloß Patentinhaber sei[110]. Auch Martynov erklärte den Erlaß für mit dem Recht der Trusts vereinbar; wenn der Staat einen ganzen Betrieb aus einem Trust herausnehmen könne, dann müsse er erst recht auch das Recht haben, die entgeltliche Lizenzierung von Erfindungen zu verlangen[111]. Das Argument befriedigt formal wenig, da der Erlaß nur vom STO ausging, während das Recht, über den Bestand der Staatsunternehmen zu entscheiden, bei STO und VSNCh gemeinsam lag. Niemand verfiel auf den Ausweg, den Chejfec seinerzeit in der Frage, wann der Kriegskommunismus die Unternehmenspatente außer Kraft gesetzt habe, gefunden hatte[112]: Das Erfinderrecht sei gar kein subjektives Vermögensrecht, sondern eine wirtschaftsrechtliche objektive Schutzposition. Dieser institutionellen Auffassung des Patentrechts stand nun die immer noch gültige Anerkennung des Erfinderrechts als eines Vermögensrechts durch das Dekret vom 22. 5. 1922 entgegen. Ein Autor kam ihr aber immerhin sehr nahe. Michajlovskij hatte schon 1924 die Forderung nach der Beseitigung des patentrechtlichen Ausschlußrechts im Innern des staatlichen Sektors aus dem funktionellen Zusammenhang von Chozrasčet und Planung abgeleitet[113]. Dahinter stand die Einsicht, der Chozrasčet tauge zwar zur Allokation der knappen Ressourcen, nicht aber zur Verteilung des technischen Wissens, das von jedermann kostenlos genutzt werden könne.

Die N.Ö.P. brachte nicht nur ein Patentgesetz, das sich von den fortgeschrittenen Patentgesetzen westlicher Industrieländer kaum mehr unterschied, sondern auch eine Erneuerung der wissenschaftlichen Aura des Patentrechts,

---

[107] Šachnazarov, Porjadok 36: „Normalerweise ... können Umlaufwerte außerhalb eines freiwillig abgeschlossenen Vertrags nicht Gegenstand des Anspruchs eines Staatsunternehmens gegen ein anderes sein."

[108] Šachnazarov, Porjadok 37. Dabei ging Šachnazarov davon aus, daß Erfindungen zu den Umlaufwerten der Staatsunternehmen zählten.

[109] Venecianov, O porjadke 47.

[110] Venecianov, O porjadke 48. Er schließt das nicht eben überzeugende Argument an, der STO hätte den Lizenzzwang gegen Staatsunternehmen wohl nicht eingeführt, wenn er wirklich eine so revolutionäre Neuerung wäre.

[111] Martynov, Prinuditel'naja licenzija 3.

[112] Oben N. 30 und 88.

[113] Michajlovskij, Patentno-pravovye otnošenija 61 ff.

mit der in Deutschland vor allem J. KOHLER dieses „großartige Rechtsgebiet“ und seine „Hauptkulturstätte“, das deutsche Patentamt, zu umgeben verstanden hatte[114]. MICHAJLOVSKIJ pries das neue Recht für seine Rückkehr zu den „Begriffen und Konstruktionen, die seit Jahrzehnten ... den Kulturvölkern in Fleisch und Blut übergegangen seien“ und gab der Hoffnung Ausdruck, das Patentrecht werde nicht versäumen, „den mächtigen Einfluß auszuüben, den ein richtig angelegtes Patentrecht immer und überall auf die Entwicklung der Produktivkräfte ausgeübt“ habe[115] – eine übrigens von Ökonomen bis heute nicht bestätigte, von Patentrechtlern aber immer wieder aufgestellte Behauptung. Der damalige Vorsitzende des Komitees für Erfindungswesen, L. MARTENS, erklärte in seinem Vorwort zu CHEJFEC' Buch „Grundlagen des Patentrechts“[116] das Patentrecht wieder einmal zu einem besonders schwierigen und unzugänglichen Rechtsgebiet; und dem bewährten Sachkenner CHEJFEC attestierte er die „streng wissenschaftliche“, d. h. politisch wertfreie, Behandlung seines Gegenstandes. Es war die Blütezeit der restaurativen Behandlung des Patentrechts, als CHEJFEC schrieb: „Nicht jeder ist zum geistigen Schaffen berufen – nur das Genie und das Talent schaffen“[117]: eine starke Herausforderung für die Kommunisten, die das Erfindertum der Massen (massovoe izobretatel'stvo) und das Schöpferischwerden aller Arbeit propagierten.

Die sowjetische Patentrechtswissenschaft wurde, wie diese Beispiele erkennen lassen, während der N.Ö.P. aus dem Hauptstrom der sowjetischen Ideologie einigermaßen abgetrieben. Ihren symbolischen Ausdruck fand diese Entwicklung in der von CHEJFEC, MICHAJLOVSKIJ und anderen betriebenen, Anfang 1924 erfolgten Verlegung des Komitees für Erfindungswesen von Moskau nach Leningrad. Um so härter wurde die Ende der zwanziger Jahre bevorstehende Auseinandersetzung um die erneute Sozialisierung des Erfinderrechts.

III. Das Ende der N.Ö.P. und die zweite Sozialisierung des Erfinderrechts (1925–1931)

Die N.Ö.P. überschritt ihren Höhepunkt im Jahre 1925. Seit 1926 wurde der private industrielle Sektor unaufhörlich zurückgedrängt[118]. Zugleich intensivierte sich die staatliche Kontrolle über Produktion und Verteilung. Die Preiskontrolle und schließlich die administrative Preisgestaltung dehnten sich

---

[114] Mit diesen Worten widmete KOHLER sein Handbuch des Deutschen Patentrechts (1900) dem Reichspatentamt.

[115] MICHAJLOVSKIJ, Patentno-pravovye otnošenija 65.

[116] CHEJFEC, Osnovy patentnogo prava (1925).

[117] CHEJFEC, Osnovy 17.

[118] NOVE, Economic History 136.

aus. Der VSNCh, der die Produktions- und Finanzpläne (promfinplany) der Trusts zu genehmigen hatte, arbeitete fortan immer enger mit Gosplan zusammen, der die langfristigen Pläne ausarbeitete[119]. Der erste Fünfjahresplan (1927–1932) und die zwangsweise Kollektivierung der Landwirtschaft in den darauffolgenden Jahren (1929–1934) eröffneten die Epoche der integralen Wirtschaftsplanung. Diese war aber nicht gleichbedeutend mit der Preisgabe der Geldrechnung und des Prinzips der wirtschaftlichen Rechnungsführung. Im Gegenteil. Die Zentralgewalt war mit der direkten naturalwirtschaftlichen Lenkung des Produktionsablaufs weit überfordert; die indirekte und formale „Kontrolle durch den Rubel" gewann entsprechend an Bedeutung. Das Geldsystem mußte dringend stabilisiert werden, um dem Staat die Lenkungsinstrumente der Preis-, Geld- und Finanzpolitik an die Hand zu geben[120]. Der Chozrasčet wurde auf immer weitere Kategorien staatlicher Unternehmen ausgedehnt, eine Entwicklung, die im Jahre 1929 ihren vorläufigen Abschluß fand[121]. Unter den Bedingungen der Zentralisierung veränderte sich die Funktion der wirtschaftlichen Rechnungsführung. In der N.Ö.P. noch das vorherrschende wirtschaftliche Organisationsprinzip eines überwiegend nur „global", nämlich durch die Manipulation der Marktbedingungen gesteuerten Marktsozialismus, wird der Chozrasčet künftig einer integralen imperativen Planung untergeordnet. Er hat nurmehr die Aufgabe, die Unternehmen zum rationellen, sparsamen Einsatz der ihnen zugewiesenen Produktionsmittel für die Erfüllung der ihnen erteilten Planbefehle anzuhalten[122].

Damit entfallen die Bedingungen für die Konkurrenz unter den Staatsunternehmen, die freilich auch während der N.Ö.P. bei dem hohen Kartellierungsgrad der Staatsindustrie nur bescheidene Formen angenommen hatte. An die Stelle des Kampfes um den Markt tritt der Wettlauf um die Planerfüllung. Nach und nach entsteht so eine vergleichsweise offene Zusammenarbeit der Unternehmen auf dem Gebiet der Technologie. Betriebsgeheimnisse verlieren ihre wettbewerbliche Bedeutung[123].

Noch während der Geltung des Patentgesetzes vom Jahre 1924 nahm das Erfinderrecht im staatlichen Sektor eine neue und folgenreiche Entwicklung, die es weit über das eigentliche Patentrecht hinausführte. Insbesondere in zwei Bereichen brachen sich neue sozialistische Vorstellungen Bahn: in der Organi-

---

119 Nove, Economic History 143.

120 Raupach, Geschichte 90.

121 Crespi Reghizzi 22.

122 Crespi Reghizzi 26. Diese Unterordnung des Chozrasčet unter die Planung kommt deutlich im zweiten Dekret über die Trusts vom 29. 5. 1927 zum Ausdruck, das bis 1965 in Kraft blieb; vgl. Crespi Reghizzi 42.

123 Chejfec, Promyšlennye prava 159–163. Die Geheimhaltung verliert aber nicht ihre Bedeutung als Mittel, die wahre Kapazität eines Unternehmens vor den Planungsbehörden zu verschleiern und ihm so einen „leichten Plan" zu verschaffen. Dazu Grossman, Knowledge, Information and Innovation in the Soviet Union: AER 1966, 118, 120.

sation der gewerblichen Verwertung der Erfindungen[124] und in der Behandlung und Entlohnung der Arbeitererfinder[125].

Die Losung des Tages war die Förderung des Arbeitererfindungswesens (rabočee izobretatel'stvo)[126]. Von ihm erwartete man den entscheidenden Durchbruch im Kampf mit der technologischen Rückständigkeit der sowjetischen Industrie. In einem berühmten Runderlaß „Über das Arbeitererfindungswesen" von Dzeržinskij[127], dem Vorsitzenden des VSNCh und Chef der Tscheka, aus dem Jahre 1925 heißt es: „Mit dem Übergang der Produktionsmittel in die Hände der Räteregierung der Arbeiter und Bauern haben sich vor dem Arbeiter an der Werkbank ganz neue Möglichkeiten aufgetan, die erfinderischen Fähigkeiten, die in ihm schlummern, auszuschöpfen. Wenn er sich um die Vervollkommnung der Arbeit müht, dann weiß der Arbeiter heute, daß er nicht arbeitet, um die Übermacht seines Klassenfeindes, des Kapitalisten, zu stärken, daß er ihm nicht neue Mittel gibt, die Ausbeutung und Unterdrückung der Arbeiter zu verstärken, sondern, daß er umgekehrt seinem Staat und seiner eigenen Klasse die Möglichkeit gibt, die Arbeitsproduktivität zu erhöhen, die produzierten Reichtümer zu mehren, Schwerarbeit einzusparen und die Lage der Werktätigen zu verbessern. Dieses Bewußtsein gibt den Arbeitern und Technikern in der Produktion einen starken Anreiz zu schöpferischer Erfinderarbeit. ... Das Land des rätekommunistischen Aufbaus der Arbeiter und Bauern muß auch das Land des kollektiven Schöpfertums im Bereich der Technik und der Verbesserung der Arbeitsmethoden sein."

Die Sorge der politischen Führung galt weniger der Beschaffung neuer Technologien als ihrer möglichst raschen und ungehinderten Einführung, mehr der Innovation als der Invention. Dem schöpferischen Schwung der befreiten Arbeiter waren nur, so dachte man, die Hindernisse des Bürokratismus und der Trägheit der Unternehmensleitungen, oder gar der Sabotage des Klassenfeindes aus dem Wege zu räumen. Der klassenbewußte Erfinder ist nicht an einem Monopolrecht interessiert[128]; er will die Früchte seiner Arbeit sehen;

---

[124] Vgl. Rassochin, Istoričeskij opyt organizacij ispol'zovanija izobretenij v narodnom chozjajstve SSSR: V. I. 1967, Nr. 7, 4–15.

[125] Dozorcev, Pravovoe regulirovanie 24–28.

[126] Verordnung des SNK vom 26. 4. 1928 über Maßnahmen zur Unterstützung des Arbeitererfindungswesens, S. Z. 1928, Nr. 26, Ziff. 235; Verordnung des ZK der Bolschewiki vom 26. 10. 1930 über die Lage des Massenerfindungswesens unter dem Gesichtspunkt seines Einflusses auf die Rationalisierung der Produktion, abgedr. in Direktivy KPSS i Sovetskogo pravitel'stva po chozjajstvennym voprosam II, 215–217. Aus historischer Sicht behandeln das Massenerfindungswesen Poznanskij, O razvitii massovogo rabočego izobretatel'stva: Voprosy Istorii 1960, Nr. 3, 138–153, und Landkof, Istorija 79.

[127] Verfügung (prikaz) des VSNCh Nr. 34 vom 11. 4. 1925, abgedr. bei Kirzner/Petrovskij 225–227.

[128] Der Runderlaß vom 11. 4. 1925 empfahl aber noch die Anmeldung der Arbeitererfindungen zum Patent. Vgl. dazu Rassochin, Istoričeskij opyt 4 und 6.

dafür schuldet der Staat ihm materielle und moralische Anerkennung. Diese Vorstellungen klingen bereits in DZERŽINSKIJS Runderlaß an und verschwinden danach nie wieder aus der sowjetischen Diskussion.

Das Patentgesetz 1924 hatte auch darin Anschluß an das Patentrecht westlicher Länder gefunden, daß es das Komitee für Erfindungswesen als reine Patentbehörde ausgestaltete und von allen über das Patenterteilungsverfahren hinausgehenden Aufgaben der Wirtschaftsverwaltung befreite[129]. Im staatlichen Sektor wurden diese Aufgaben nach und nach den Organen der Wirtschaftsverwaltung übertragen. Bei den obersten Volkswirtschaftsräten wurden bereits 1925 Büros zur Unterstützung der Erfinder (bjuro sodejstvija izobretateljam) eingerichtet, denen die wirtschaftliche Bewertung der Erfindungen und Verbesserungsvorschläge (usoveršenstvovanija), ihre Verbreitung und schließlich die Unterstützung der Erfinder gegenüber dem Komitee für Erfindungswesen oblag[130].

Ein besonderes Büro bei der wissenschaftlich-technischen Abteilung des VSNCh der Union und ein weiteres Büro des VSNCh zur Unterstützung des Arbeitererfindungswesens bemühten sich um die Verbesserung des Informationsaustausches über den technischen und wirtschaftlichen Wert von Erfindungen. Aus allen Erfindungen des staatlichen Sektors sollte so auch faktisch ein nationales Gemeingut (nacional'noe dostojanie) gemacht werden[131].

1928 wurde ein erheblicher Teil dieser Funktionen nach unten verlagert. In Unternehmen mit mehr als 100 Beschäftigten wurden besondere Hilfsfonds für das Fabrikerfindungswesen gebildet, in welche die Unternehmen einen Teil der Ersparnisse abzuführen hatten, die sie infolge der Anwendung von Erfindungen und Verbesserungen ihrer Beschäftigten erzielten. Ferner wurden in diesen Unternehmen Expertenkommissionen eingerichtet, die Erfindungen und Verbesserungen der Unternehmensangehörigen auf ihre Nützlichkeit hin untersuchen und den Erfindern technische Hilfe leisten sollten[132].

Im Mai 1928 wurde beim VSNCh ein Zentralbüro für die Realisierung der Erfindungen und die Unterstützung des Erfindungswesens (CBRIZ) geschaffen, das die wichtigsten Erfindungen auslas, popularisierte und vor allem auch befugt war, den Unternehmen die Einführung von Erfindungen in die Produktion vorzuschreiben[133]. Die Innovation unterlag also erstmals einer rudi-

---

[129] Vgl. MARTENS im Vorwort zu CHEJFEC, Osnovy.

[130] Runderlaß (Cirkuljar) Nr. 62 des VSNCh vom 26. 6. 1925 über die Organisation der Büros zur Unterstützung der Erfinder, abgedr. bei KIRZNER/PETROVSKIJ 227–230.

[131] Runderlaß (Cirkuljar) Nr. 76 des VSNCh vom 4. 8. 1925 über Maßnahmen zur Verwertung und weitestmöglichen Verbreitung der nützlichen Erfindungen, abgedr. bei KIRZNER/PETROVSKIJ 233–235.

[132] Verordnung des SNK vom 26. 4. 1928 über Maßnahmen zur Unterstützung des Erfinderwesens, S. Z. 1928, Nr. 26, Ziff. 235 (abgedr. in V. K. 1928, Nr. 9, 1319). Dazu RASSOCHIN, Istoričeskij opyt 5.

[133] Vgl. RASSOCHIN, Istoričeskij opyt 5 f.

mentären Planung[134], die sich freilich nach kurzer Zeit als überzentralisiert und ihrer Aufgabe nicht gewachsen erwies[135].

Bereits in den zwanziger Jahren zeichnen sich sonach drei Züge der künftigen sozialistischen Organisation der Innovation ab:

(1) Gegenstand der Regelung sind nicht nur patentfähige Erfindungen, sondern auch sonstige Verbesserungsvorschläge.

(2) Neues Wissen wird einer nicht nur einzelwirtschaftlichen Bewertung unterzogen.

(3) Die Einführung neuen Wissens in die Produktion wird der Planung zugänglich gemacht.

Das Patentgesetz 1924 ließ die Vorausabtretung von Arbeitnehmererfindungen nur unter der Bedingung zu, daß sie in Erfüllung einer dienstlichen Pflicht gemacht wurden[136]. Solche Diensterfindungen standen, wie Dozorcev schreibt, dem Inhaber (vladelec) des Unternehmens zu, im Fall der Staatsunternehmen also dem Staat[137]. Sie fielen also nicht in das den Unternehmen zur einzelwirtschaftlichen Nutzung überstellte Sondervermögen.

In einem Mustervertrag (tipovoj dogovor) über die Vorausabtretung der Diensterfindungen der in staatlichen Forschungsinstituten Beschäftigten aus dem Jahre 1925[138] war vorgesehen, daß die Erfindungen an das Kollegium der wissenschaftlich-technischen Abteilung (NTO) des VSNCh übergehen und von diesem verwaltet werden sollten[139]. Es übernahm die Verpflichtung, die Erfindung innerhalb von drei Jahren im Inland oder Ausland zu verwerten oder sie an den Erfinder zurückzuübertragen. Der VSNCh (NTO) vergab Lizenzen über die ihm abgetretenen Erfindungen an die Unternehmen des staatlichen und vielleicht auch des privaten Sektors[140]. Wir müssen die Frage

---

[134] Der Bedeutung der Innovation und der Desorganisation des damaligen Planungsapparats entsprechend waren auch andere Stellen damit befaßt, die Innovationstätigkeit zu kontrollieren. Nach der Verordnung des SNK vom 14. 7. 1928 über die Verwertung der Erfindungen (Izvestija CIK i VCIK, Nr. 165, vom 18. 7. 1928) war das Volkskommisariat der Arbeiter- und Bauerninspektion der UdSSR (Narodnyj Kommissariat Raboče-krestjanskoj Inspekcii SSSR) beauftragt, die Einführung derjenigen Erfindungen zu überwachen, denen die wissenschaftlich-technische Verwaltung des VSNCh besondere Bedeutung beimaß. Die für die einzelnen Industrien oder Unionsrepubliken zuständigen Wirtschaftsverwaltungen konnten außerdem einzelne Personen (wohl Fabrikdirektoren und leitende Ingenieure) persönlich für die Realisierung einzelner wichtiger Erfindungen verantwortlich machen. Vgl. Rassochin, Istoričeskij opyt 5.

[135] Zek, Reformy organov po realizacii izobretenij: V. K. 1930, Nr. 5, 18; Rassochin, Istoričeskij opyt, 6.

[136] G 1924, § 6; Antimonov/Flejšic 43.

[137] Dozorcev, Pravovoe regulirovanie 29.

[138] Abgedr. bei Kirzner/Petrovskij 321 f.; vgl. Chejfec, Dogovor o perechode buduščich izobretenij račočego ili služaščego k predprijatiju: V. K. 1925, Nr. 6, 57–64.

[139] In der Praxis soll so auch gegenüber den Arbeitererfindern der staatlichen Produktionsunternehmen verfahren worden sein. Vgl. Dozorcev, Pravovoe regulirovanie 30, 2. Sp. N. 1.

[140] Chejfec, Dogovor o perechode.

offen lassen, ob und wieweit das tatsächlich auch für die Diensterfindungen galt, die in den der einzelwirtschaftlichen Rechnungsführung unterliegenden Produktionsunternehmen, Trusts usw. gemacht worden waren, oder ob an diesen Erfindungen die Unternehmen selbst das Recht zur Vergabe von Lizenzen hatten. Die Frage ist reichlich akademisch, weil die Staatsunternehmen in immer weiterem Maße zu staatlichen Monopolen wurden, womit sich die Lizenzvergabe nach außen erübrigte[141]. Jedenfalls brauchten die Unternehmen keine Lizenz des VSNCh (NTO), um die Erfindungen ihrer eigenen Angestellten zu verwerten.

Bereits in dem erwähnten Mustervertrag waren Grundsätze über die Bemessung der Erfindervergütung enthalten. Der angestellte Erfinder erhielt 15–30 Prozent der beim VSNCh (NTO) eingehenden Lizenzgebühren. Zur unentgeltlichen Nutzung durften Erfindungen nur mit der Zustimmung des Erfinders freigegeben werden.

Wurden Diensterfindungen in den Unternehmen genutzt, in denen sie entstanden waren, so erhielten die Erfinder Prämien aus den Mitteln der Unternehmen[142]. Prämien gab es aber nicht nur für patentfähige Erfindungen, sondern auch für alle Arten von Verbesserungsvorschlägen[143]. Seit 1927 bestanden bei den Unternehmen besondere Fonds für die Unterstützung des Arbeitererfindungswesens und der Verbesserungsvorschläge[144].

Für die Höhe der Prämien kam es auf den ökonomischen Nutzen der Erfindungen, ihre technische Bedeutung, die Schwierigkeit der gelösten Aufgabe und ähnliche Faktoren sowohl wirtschaftlicher als auch technischer Art an[145]. Nach einem Runderlaß von Glavmetall, der obersten Verwaltung der metallverarbeitenden Industrie, aus dem Jahre 1925 bemaß sich die Prämie nach der jährlich durch die Anwendung der Erfindung erzielten Ersparnis, eine Formulierung, der wir immer wieder begegnen werden[146].

In dem staatlichen Sektor, soviel wurde hier sichtbar, verlor das Patentrecht für die Diensterfindungen der bei Staatsunternehmen Beschäftigten zusehends an Bedeutung. Diese Erfindungen eignete sich unmittelbar der Staat an. Der Erfinder erhielt als Lohn nicht den Preis für ein Ausschlußrecht, sondern ein

---

[141] Vgl. Chejfec, Promyšlennye prava 52.

[142] Runderlaß (Cirkuljar) Nr. 79 des VSNCh vom 14. 8. 1925 über Maßnahmen zur Anspornung des Arbeitererfinderwesens, V. K. 1925, Nr. 9, 14–17; vgl. dazu Dozorcev, Pravovoe regulirovanie 31.

[143] Dozorcev aaO.

[144] Der Runderlaß vom 14. 8. 1925 betraf nur die patentunfähigen Erfindungen, ein Runderlaß der obersten Wirtschaftsverwaltungsbehörde für die Metallindustrie – Glavmetall – und der Metallarbeitergewerkschaft aus dem Jahre 1925, abgedr. bei Kirzner/Petrovskij 230–233, regelte nur die Prämien für patentfähige Erfindungen.

[145] Runderlaß vom 14. 8. 1925, Abschnitt II, § 1.

[146] Bei Qualitätsverbesserungen waren diese für die Höhe der Prämien maßgebend. Daneben war in jedem Falle auch die technische Einfachheit der neuen Lösung zu berücksichtigen, oben N. 144.

Arbeitsentgelt in Gestalt der Prämie[147]. Die Verwertung der Diensterfindungen erfolgte weithin im Wege der technischen Kooperation, wobei sich sehr schwer sagen läßt, welche Rolle entgeltliche Technologietransfers (Know-how-Verträge, Lizenz- und Kooperationsverträge) in der Zusammenarbeit der Staatsunternehmen bzw. ihrer Gruppierungen (Trusts, Syndikate, Konzerne, Kombinate) noch spielten. Nur in bestimmten Fällen verfügte der VSNCh (NTO) durch Lizenzverträge über die Nutzungsrechte an Diensterfindungen aus staatlichen Unternehmen. LANDKOF schreibt in seiner Geschichte des sowjetischen Erfinderrechts: „So läßt sich feststellen, daß unter der Beteiligung der breiten Massen der Arbeitererfinder ein neues System entstand, kaum nachdem das System des Patentschutzes für Erfindungen als Mittel zur Wahrung der persönlichen und materiellen Interessen aller Erfinder, also auch der Sowjetbürger, eingeführt worden war. Vom Patentsystem war dieses neue System in seinen Grundsätzen weit entfernt. Jenes war auf dem Gedanken eines ausschließlichen Monopolrechts des Erfinders an seiner Erfindung aufgebaut. Das faktisch durch die Initiative der Arbeiter und Erfinder in den Unternehmen eingeführte System beruhte dagegen auf dem Grundsatz der freien Verwertung der nützlichen Erfindungen durch den Staat bei gleichzeitiger Wahrung der Persönlichkeits- und Vermögensrechte des Erfinders . . .“[148]

Das Ende des Jahrzehnts erlebte eine ungemein lebhafte Diskussion über die künftige Gestalt eines dem Entwicklungsstand der sowjetischen Übergangsgesellschaft entsprechenden Erfinderrechts. Obgleich auf ihren Ausgang bereits der Schatten des innerparteilichen Sieges von STALIN fällt, hatte die Diskussion ein ungewöhnliches politisches und juristisches Niveau, und sie war auf lange Zeit eine der letzten in aller Öffentlichkeit geführten rechtspolitischen Auseinandersetzungen. Bis heute hat die sowjetische Rechtspolitik eine vergleichbare Publizität noch nicht wiedergefunden[149].

Der erste Anstoß zu der Reformbewegung ging von dem Umstand aus, daß das Komitee für Erfindungswesen nicht mit der Flut der Patentanmeldungen fertig wurde[150]. Es mußte widersprüchlich erscheinen, erst mit großem Propagandaaufwand die Massenbewegung der Arbeitererfinder in Gang zu bringen

---

[147] Vgl. DOZORCEV, Pravovoe regulirovanie 30.

[148] LANDKOF, Istorija 81.

[149] In den zwanziger Jahren gingen insgesamt zehn Entwürfe der verschiedensten Behörden und gesellschaftlichen Organisationen durch die Fachpresse. (Zur Geschichte der Reformdiskussion vgl. RJABČINSKIJ, K istorii zakonoproekta, in: K proektu novogo zakona ob izobretenijach [1930].) Das neue Erfinderrecht des Jahres 1973 wurde zwar ebenfalls durch eine ausführliche literarische Diskussion vorbereitet; ein abgeschlossener Entwurf wurde jedoch m. W. nicht allgemein zugänglich gemacht.

[150] Von September 1924 bis Juli 1928 gingen 40 000 Anmeldungen ein, 6 000 führten zur Patenterteilung, 5 000 wurden mangels Neuheit abgewiesen, 5 000 aus Formgründen abgelehnt. 24 000 Anmeldungen waren im Juli 1928 noch unerledigt. Vgl. ŠIPOV, Problema novogo patentnogo zakona: V. K. 1928, Nr. 8, 1106.

und sie dann durch den Engpaß eines formalistischen und umständlichen Patenterteilungsverfahrens aufhalten zu lassen[151].

Die ungenügende Innovationstätigkeit der Unternehmen wurde ebenfalls schon bald mit dem geltenden Patentsystem in Zusammenhang gebracht[152]. Die Mittel der Unternehmen waren durch den Plan zu sehr für die Bedürfnisse der laufenden Produktion und der Grundinvestitionen festgelegt; die Innovation war entsprechend unterkapitalisiert[153]. Dem sei, so glaubte man, nur abzuhelfen, wenn die Innovationstätigkeit in die Planung einbezogen würde; einer durchgreifenden Planung stehe aber die Zersplitterung der Nutzungsrechte an Erfindungen im Wege[154].

Das Patentgesetz 1924 gestattete, wie wir wissen, die Vorausabtretung der eigentlichen Diensterfindungen. In der Praxis müssen solche Vorausabtretungen der Regelfall gewesen sein. Es wurde sehr bald als unbefriedigend angesehen, daß der Grundsatz, auch angestellte Erfinder dürften ihre Erfindungen selber zum Patent anmelden, deshalb in Wirklichkeit toter Buchstabe blieb. Man nahm Anstoß daran, daß das gesetzlich für den Regelfall vorgesehene Schutzinstrument dem umworbenen Arbeitererfinder nur in Ausnahmefällen zugute kam[155].

Am Anfang der Reformdiskussion stand eine Reihe mehr oder weniger technischer Vorschläge zur Beschleunigung des Patenterteilungsverfahrens. Einige Zeit lang wurde sogar die Einführung eines Anmeldesystems nach dem Vorbild des damaligen französischen Rechts erörtert[156]. Es erwies sich aber sehr rasch,

---

[151] Eine große Zahl der Früchte des Arbeitererfinderwesens dürfte freilich relativ trivial gewesen sein. Mit der Aufforderung: „Erfindet weniger und lernt mehr!" konnte man sich indessen schon bald den Vorwurf der Rechtsabweichung einhandeln. Raevič wirft einem gewissen Rudakov vor, er habe „kein Vertrauen in die qualitative Neuartigkeit des sowjetischen Erfinderwesens, in die schöpferische Tätigkeit der Arbeiterklasse", Politika izobretatel'stva i patentnoe pravo dvuch sistem v period obščego krizisa kapitalizma (1934) 69.

[152] Zek, Realizacija izobretenij v gospromyšlennosti: V. K. 1928, Nr. 9, 1319.

[153] Zek aaO.

[154] Povolockij, Dva proekta zakona ob izobretenijach, in: K proektu 9. In einer vielbeachteten Äußerung hatte Albert Einstein erklärt: „Das Monopolrecht des Erfinders ist in der freien Wirtschaft ein unvermeidliches Übel. In der Planwirtschaft muß es durch systematische Anreize ersetzt werden." (Massy vmesto edinic: Izobretatel' 1929, Nr. 1, 4.)

Eine Verfügung des ZK der Bolschewiki vom 26. 10. 1930 forderte, daß die Erfinderarbeit „engstens mit den allgemeinen Plänen der Rationalisierung und des Wiederaufbaus und mit der umfassenden Organisation des sozialistischen Erfahrungsaustauschs zwischen den Unternehmen verbunden" werde (Direktivy KPSS i Sovetskogo pravitel'stva po chozjajstvennym voprosam II, 215–217). Vgl. dazu Antimonov/Flejšic 46.

[155] Kirzner, Spornye voprosy patentnogo prava v svjazi s proektom novogo zakona o patentach na izobretenija: V. K. 1928, Nr. 4, 469; Rjabčinskij, K istorii 4.

[156] Vgl. Rjabčinskij, K istorii 4 ff. Das Komitee für Erfinderwesen legte einen entsprechenden Entwurf vor (abgedr. in V. K. 1928, Nr. 4). Vgl. dazu Pergament, Proekt

daß jede – auch die fortschrittlichste – bloße Kombination der in bürgerlichen Patentrechten enthaltenen Lösungen den hochgespannten Erwartungen der aktiven Kommunisten nicht genügen würde[157]. Die Zeit war reif nicht nur für eine Reform, sondern für eine Revolution des Erfinderrechts.

Im März 1928 wurde auf einer Konferenz der wissenschaftlich-technischen Verwaltung des VSNCh (NTO) erstmals die Nationalisierung der Erfindungen erwogen[158]. Die Radikalisierung der Positionen war fortan nicht aufzuhalten, wie beschwörend die Patentspezialisten des Komitees für Erfindungswesen auch gegen die „revolutionären Phrasen und den Ultrademokratismus" der Kritiker des Patentsystems zur Mäßigung und Versachlichung der Diskussion aufriefen[159]. Eine Serie von „Enthüllungen", die bereits den künftigen Diskussionsstil STALINS ahnen ließen, trug ihr Teil dazu bei, den Ton der Auseinandersetzung zu verschärfen. KUJBYŠEV, der Nachfolger DZERŽINSKIJS im Vorsitz des VSNCh, hatte schon Ende 1926 das Komitee für Erfindungswesen öffentlich beschuldigt, Erfindungen absichtlich auf Jahre hinaus zu „marinieren", von den Erfindern Bestechungsgelder anzunehmen und mit dem Ausland zusammenzuarbeiten[160]. Seit 1928 wurde auch mit einzelnen Funktionären des Komitees für Erfindungswesen abgerechnet[161]. KIRZNER, der im Januar 1927 zum Leiter des Komitees für Erfindungswesen ernannt worden war, verlor sein Amt und seine Parteimitgliedschaft unter anderem deshalb, weil er das Patentrecht ein „Fenster nach Europa"[162] genannt hatte[163]. CHEJFEC und MICHAJLOVSKIJ wurde übertriebene Anteilnahme am Schicksal ausländischer Patentanmelder, einem JULIUS BLAU sogar die Eröffnung eines illegalen Patentkontors vorgeworfen[164].

Passen Ausschlußrechte an technischem Wissen in eine Wirtschaft, die das Zusammenwirken der Produktionseinheiten nicht mehr der Anarchie des Marktes überläßt, sondern auf der Grundlage der vollständigen Nationalisierung

---

novogo zakona o patentach na izobretenija: V. K. 1928, Nr. 6, 785; ŠACHNAZAROV, K proektu zakona o patentach na izobretenija: V. K. 1928, Nr. 6, 790; DEŠEVOJ, K voprosu o celesoobraznosti vvdenija v uslovijach SSSR javočnoj sistemy dlja registracii izobretenij: V. K. 1928, Nr. 9, 1272. Vgl. ferner die in Sovetskoe Pravo 1929, Nr. 1, 113–156, abgedruckten Diskussionsbeiträge.

157 Vgl. etwa POVOLOCKIJ, Izobretenija sluzaščich po proektu novogo zakona o patentach: V. K. 1928, Nr. 6, 796; DERS., Spornye voprosy proekta novogo patentnogo zakona: V. K. 1928, Nr. 7, 946.

158 Vgl. RJABČINSKJ, K istorii 7.

159 TRILISSER im Vorwort zu K proektu novogo zakona ob izobretenijach (1930).

160 Schlußwort auf dem Gewerkschaftskongreß „Trud" am 13./14. 12. 1926, zit. nach RAEVIČ, Politika izobretatel'stva 58.

161 SEDEL'NIKOV, Puti Sovetskogo izobretatel'stva (1929).

162 Vgl. RAEVIČ, Politika izobretatel'stva 57, wo diese Äußerung scharf gerügt wird.

163 KIRZNER soll auch Mitglied des früheren zaristischen Geheimdienstes gewesen sein. Er wurde durch einen Arbeiter und Kommunisten, MOISEEV, ersetzt; SEDEL'NIKOV, Puti 25, 46.

164 SEDEL'NIKOV, Puti 26 ff.

der Produktionsmittel bewußt durch eine integrale Wirtschaftsplanung koordiniert? Diese Frage wurde zum Zentralthema der Debatte[165].

RAEVIČ hatte erstmals den historischen Materialismus auf die Ausschlußrechte angewendet und im Patentrecht den Ausdruck des historischen Übergangs vom Konkurrenzkapitalismus zum Monopolkapitalismus gesehen. Es entspreche der Entwicklungsdynamik der kapitalistischen Produktionsweise, daß die Warenform sich in dem Augenblick auf Wissenschaft und Technik erstreckt habe, als diese Gegenstand der privatwirtschaftlichen Investitionstätigkeit geworden seien[166]. Ließ sich ein so durch und durch bürgerliches Rechtsinstitut mit dem einmal erreichten Stand des sozialistischen Aufbaus in der Sowjetunion vereinbaren? RAEVIČ selbst bejahte 1926 die Frage noch, forderte aber für die Zukunft, der Staat müsse, sobald er wohlhabender geworden sei, unmittelbar, d. h. unter Umgehung der Warenform, für seine Erfinder sorgen[167].

Bei seiner Beurteilung der Ausschlußrechte war RAEVIČ von dem traditionellen, rein juristischen Begriff der Ausschlußrechte ausgegangen. Gegenstand der Ausschlußrechte, so heißt es bei ihm, „sind, wie bei den Schuldrechten, Handlungen, aber nicht die konkreten Handlungen konkreter Personen, sondern die eigenen Handlungen der Berechtigten als etwas Ausschließliches, ihnen allein Gewährtes und im Regelfall allen anderen Verbotenes“[168].

CHEIFEC leugnete, daß diese Begriffsbestimmung auch für das sowjetische Patentrecht Geltung habe. Seine These lautete, der Inhalt der Ausschlußrechte lasse sich nur im Kontext der jeweiligen Wirtschaftsverfassung bestimmen[169]. „Der deutsche Patentinhaber“, so schrieb er[170], „hat ein ausschließliches Recht auf bestimmte gewerbliche Handlungen, die ihm das Patent als lex specialis gestattet; dabei werden diese Handlungen aus dem allgemeinen bürgerlichen Verkehr herausgenommen. Der sowjetische Patentinhaber dagegen erwirbt mit dem Patent nicht zugleich ein Recht auf bestimmte gewerbliche Handlungen, das umfassend genug wäre, um ihm die gewerbliche Verwertung der Erfindung zu gestatten. Er bleibt durch die allgemeinen Normen des bürgerlichen Gesetzbuches beschränkt. Die Grundfunktion (scil. des bürgerlichen Patents, M. B.) fehlt dem sowjetischen Patent daher.“ Mit dieser Argumentation bekämpfte CHEJFEC die Formulierung des § 9 des Patentgesetzes 1924, der dem Patentinhaber das ausschließliche Recht zusprach, die Erfindung gewerblich zu ver-

---

[165] Vgl. etwa RYNDZJUNSKIJ, K proektu novogo zakona o patentach na izobretenija: V. K. 1928, Nr. 9, 1292.

[166] RAEVIČ, Iskljucitel'nye prava (1926) 2–7; DERS., Politika izobretatel'stva 7–21. Ebenso LIPECKER, Reforma zakonodatel'stva ob izobretenijach: Sovetskoe Gosudarstvo i Revoljucija Prava 1931, Nr. 3, 111 f.

[167] RAEVIČ, Iskljucitel'nye prava 126.

[168] RAEVIČ, Iskljucitel'nye prava 3.

[169] CHEJFEC, Promyšlennye prava 50.

[170] CHEJFEC, Promyšlennye prava 48.

werten. Und in der Tat zweifelte niemand daran, daß das Patentrecht dem Patentinhaber keine weitergehenden Rechte zur wirtschaftlichen Betätigung einräume als die allgemeinen wirtschaftsrechtlichen Vorschriften[171].

Eine positive Ermächtigung zur Vornahme bestimmter wirtschaftlicher Handlungen enthält das sowjetische Patent, wie CHEJFEC ganz zu Recht annimmt, also nicht: Ein Immaterialgütereigentum, das Recht, mit einer Erfindung nach Belieben zu verfahren, wäre tatsächlich für den ein nudum jus, dem die Rechtsordnung nicht zugleich auch die Befugnis gewährte, Rohstoffe zu verarbeiten, Menschen und Maschinen in Gang zu setzen und Sachgüter zu erzeugen. Freilich gilt das für eine kapitalistische Wirtschaft ebensogut wie für eine Wirtschaft im Übergang zum Sozialismus. Auch bei uns sind die Gewerberechte bloß soviel wert, wie weit die Gewerbefreiheit trägt. Hier dürfte der Wunsch, das sowjetische Patentrecht vom Makel seiner bürgerlichen Herkunft zu reinigen und auf eine eigenständige sozialistische Grundlage zu stellen, CHEJFEC den Blick getrübt zu haben. Seine Abgrenzungsbemühungen überzeugen nicht.

Wie steht es mit der negatorischen, der Ausschlußwirkung des sowjetischen Patents? Auch hier glaubt CHEJFEC einen tiefgreifenden Unterschied zwischen dem bürgerlichen und dem sowjetischen Patentrecht zu erkennen. Die normativ kaum begrenzte Möglichkeit des Lizenzzwanges beschränkt nach seiner Meinung das Verbietungsrecht des Patentinhabers so sehr, daß das sowjetische Ausschlußrecht auch insoweit mit seinem bürgerlichen Pendant nichts mehr gemein hat[172]. „Das sowjetische Patent gewährt seinem Inhaber ein unbedingtes Recht, die wirtschaftlichen Früchte seiner Erfindung zu ziehen. Aber ausschließliche Rechte zu einer operativen gewerblichen Tätigkeit gewährt es nicht, und es verschließt unserer Staatsindustrie auch nicht unbedingt eine solche Tätigkeit in Ansehung des Patentgegenstandes."[173] Das sowjetische Patent ist sonach nichts anderes als ein besonderer Behelf, um dem Erfinder eine materielle Belohnung zu sichern[174], unter den wirtschaftlichen Verhältnissen am Ende der zwanziger Jahre nichts weiter als ein *„Urheberschein* (Hervorhebung von

[171] Der Rat der Volkskommissare hatte schon 1924 auf eine Anfrage der für die Erteilung von Gewerbekonzessionen an Ausländer zuständigen Behörde – Glavkoncesskom – festgestellt, § 9 des G 1924 in Verb. mit § 5 (der den Ausländern Inländerbehandlung zusicherte) habe in keiner Weise die Regeln über die Zulassung ausländischen Kapitals oder über den Erwerb und Betrieb von Handels- und Industrieunternehmen abgeändert; Protokoll Nr. 78 vom 23. 12. 1924, zit. nach CHEJFEC, Promyšlennye prava 49. Vgl. auch CHEJFEC, Novy proekt patentnogo zakona: V. K. 1930, Nr. 2, 18.

[172] CHEJFEC, Promyšlennye prava 49; DERS., Gosudarstvennaja promyšlennost' i patentoderžatel: V. K. 1924, Nr. 1, 67, 68.

[173] CHEJFEC, Promyšlennye prava 50.

[174] CHEJFEC, Promyšlennye prava 55; DERS., Patentnaja politika rekonstruktivnogo perioda, in: K proektu novogo zakona ob izobretenijach (1930) 26, 28; so auch schon JAROŠEVIC, Smysl' patentovanija izobretenij v uslovijach Sovetskogo gosudarstva: V. K. 1928, Nr. 11, 1657.

mir, M. B.), der die Tatsache der Urheberschaft einer bestimmten Person wie auch den Gegenstand und das Maß ihrer schöpferischen Leistung bescheinigt und dem Erfinder in bürgerlich-rechtlicher, vertraglicher Form eine Belohnung für den Fall sichert, daß der Staat seine Erfindung verwertet"[175]. CHEJFEC glaubte, die Beibehaltung eines so sozialistisch zurechtgemachten Patentrechts für die – im offiziellen Sprachgebrauch noch bevorstehende – Zeit des Übergangs zum Sozialismus befürworten zu können[176].

In CHEJFEC Argumentation liegt ein Widerspruch. Man kann nicht die Belohnung der Erfinder durch das Mittel der Austauschbeziehungen sicherstellen wollen und zugleich dem Patent jede Ausschlußwirkung absprechen. Erfindungen werden nur dann zur Ware, ein Austausch findet nur dann statt, wenn das Patent wenigstens eine gewisse Ausschlußmacht gewährt[177]. Geld-Ware-Beziehungen verschaffen dem Erfinder immer nur einen *Tauschwert* für seine Erfindung, und dessen Höhe hängt unmittelbar vom Grad der Ausschließlichkeit ab, mit der seine Rechtsstellung ausgestattet ist. Es gibt keine Möglichkeit, den Tauschwert der Erfindungen auf ihren Arbeitswert oder gar ihren Gebrauchswert zurückzuführen. So ist es erklärlich, daß CHEJFEC' Analyse des Funktionswandels der Patente unter sowjetischen Bedingungen zwar weithin Anerkennung fand, die grundsätzliche Kritik am Patentsystem jedoch nicht abzufangen vermochte. Auf einem neuen, höheren Niveau ging der Streit auch nach CHEJFEC' Diskussionsbeitrag weiterhin darum, ob nicht aus prinzipiellen Erwägungen das Erfinderrecht der sowjetischen Planwirtschaft von der Warenform zu lösen sei.

Der Angriff gegen das Patentsystem als solches wurde von zwei theoretischen sozialistischen Positionen aus vorgetragen, zwischen denen ein innerer Zusammenhang besteht. Es ging zum einen um die Form der Beziehungen zwischen den Erfindern und der Allgemeinheit (dem Staat), zum anderen um die Eignung des bürgerlichen Erfindungsbegriffs selber für ein Anreizsystem in der grundsätzlich Gebrauchswerte produzierenden sozialistischen Planwirtschaft.

In der verstaatlichten „sozialistischen" Volkswirtschaft tritt die Arbeitskraft nach der sowjetischen Lehre nicht mehr als Ware auf. Die Stelle antagonistischer Warenbeziehungen nehmen neuartige sozialistische Arbeitsbeziehungen (trudovye otnošenija) ein[178]. „Alle in der sozialistischen Gesellschaft produzierten Güter werden von den Werktätigen angeeignet ... Letztlich sind ihre persönlichen Interessen identisch." „Im Sozialismus", so folgert man daraus, „sind die Produzenten *direkt* und *unmittelbar* mit den Produktionsmitteln ver-

---

175 CHEJFEC, Promyšlennye prava 55.

176 AaO 56; ebenso JAROŠEVIČ, Smysl̓ und ANOSOV, Nacionalizacija izobretenij: Izobretatel̓ 1930, Nr. 5, 4.

177 Das erkennt POVOLOCKIJ, Dva proekta 7 f.

178 Vgl. z. B. RUMJANCEV u. a., Političeskaja ėkonomija socializma (1972) 98–103; CAGOLOV (ZAGOLOW) u. a., Lehrbuch Politische Ökonomie Sozialismus (1972) 137 f.

bunden."[179] Weshalb sollte man allein den Erfindern zumuten, die Erzeugnisse ihrer Arbeit zu Markt zu tragen und mit ihrem Staat um einen Preis zu feilschen? MARKOV schreibt: „Wir sehen das ‚Genie', das ‚Schöpfertum', die ‚Inspiration', worauf die Ideologen der Bourgeoisie das Eigentumsrecht an Erfindungen gründen, bereits mit anderen Augen an. Für uns ist dies Verhältnis vor allem ein Verhältnis der Arbeit, und unter unseren Bedingungen kann und muß man die Frage nach der Annäherung dieser Beziehungen an die Arbeitsbeziehungen . . . stellen."[180]

Vom Arbeitscharakter der Erfindertätigkeit ausgehend forderte die Linke die prinzipielle Gleichbehandlung aller Erfindungen ohne Rücksicht auf die patentrechtliche Erfindungshöhe, also unter Einschluß auch der bisher patentunfähigen Verbesserungen[181]. Besonders „revolutionär gesinnte Genossen" vertraten sogar die Ansicht, das Erfinderrecht solle sich gar nicht mehr an den Einzelerfinder wenden, sondern nurmehr an die schöpferischen Kollektive[182].

Der Streit um die Eignung des dem bürgerlichen Patentrecht entlehnten standard of invention für ein sozialistisches Anreizsystem kreiste vor allem um den Begriff der Neuheit (novizna). Man war mit dem Alles-oder-Nichts-Prinzip des bürgerlichen Patentschutzes nicht zufrieden. Die „Erfindungshöhe", den „spark of genius" hielt man nicht für geeignet, um den Weizen von der Spreu zu sondern. Ähnliche Zweifel hatte man an der Selektionsleistung des Neuheitskriteriums. Sollte man es durch den Maßstab der Nützlichkeit ersetzen oder wenigstens ergänzen[183]?

---

[179] CAGOLOV u. a., Lehrbuch Politische Ökonomie Sozialismus 138.

[180] MARKOV, Patentovanie izobretenij v SSSR: Revoljucija Prava 1929, Nr. 4, 114, 119.

[181] Vgl. etwa MARKOV aaO.

[182] Kritisch dazu JAROŠEVIC, Smysl' 1657; FIŠMAN, Proekt novogo zakona o patentach na izobretenija: V. K. 1928, Nr. 8, 1116.

[183] Nach allgemeiner sowjetischer Auffassung hatte das LENINsche Dekret über Erfindungen aus dem Jahre 1919 auf die Neuheitsprüfung verzichtet; vgl. oben N. 32 und CHEJFEC, Novyj proekt 43. Gegen den Neuigkeitsmaßstab: ŠACHNAZAROV, K proektu zakona; ŠIPOV, Problema novogo. Stärkere Berücksichtigung der Nützlichkeit forderten: ZAPOL'SKIJ, Organizacija izobretatel'skogo dela, patentnyj zakon, Komitet po delam izobretenij i CBRIZ: V. K. 1928, Nr. 9, 1288. Nach dem Entwurf BERNŠTEJNS sollte die Neuheit beim Patent Erteilungsvoraussetzung sein, beim Urheberschein dagegen die Nützlichkeit; vgl. dazu JAROŠEVIČ, Čto daet proekt t. Bernštejna izobretatelju-trudjaščemusja, in: K proektu 29, und ALEKSEEV, Osnovnye položenija proekta t. Bernštejna, ebd. 24. Ähnlich wollte ŠIPOV aaO die Neuheitsprüfung beim Patent beibehalten.

Für die Beibehaltung des Neuheitskriteriums und gegen den Maßstab der Nützlichkeit erklärten sich CHEJFEC, Promyšlennye prava 50–52; PORAJ-KOŠIC, Poleznost' i novizna, in: K proektu 15; CYRLIN, Novye tečenija v proektach Sovetskogo zakona ob izobretenijach, ebd. 21; JAROŠEVIC aaO; N. N., Mnimoe razrešenie problemy izobretatel'stva: V. K. 1928, Nr. 9, 1267 (eine Streitschrift des Komitees für Erfindungswesen gegen ŠIPOV, den damaligen Vorsitzenden des Zentralbüros für die Realisierung der Erfindungen und das Sowjetische Erfinderwesen – CBRIZ).

Markov glaubte auf die Neuheitsprüfung nicht verzichten zu können[184]. Die Neuheit repräsentierte für ihn den Arbeitswert der Erfindung; in ihr erblickte er die Garantie, daß hinter einer „Erfindung“ nicht Diebstahl, sondern Arbeit stehe. Er wollte jedoch das gesamte Prüfungsverfahren vom Patentamt nach unten, auf die Unternehmensebene, verlagern. Daß das Komitee für Erfindungswesen Erfindungen auf ihre Neuheit und Ausführbarkeit (primenimost'), die Unternehmen sie dagegen auf ihre tatsächliche industrielle Brauchbarkeit prüften, schien ihm eine unnötige Verschwendung zu sein. Da jedermann infolge der Abschaffung der Betriebsgeheimnisse wissen könne, was es in der Sowjetunion Neues gebe, bedürfe es keines besonderen Attests der Neuheit. Auf eine zentrale Prüfung der Erfindungen könne man verzichten, da es sich beim Erfindungsschutz in der Planwirtschaft nicht darum handele, Konkurrenten voreinander zu schützen.

Am schärfsten hat bei aller ihm eigenen Einseitigkeit Lipecker[185] die Neuheitsproblematik gedanklich durchdrungen. Er unternahm den radikalsten Versuch, das Patentrecht insgesamt – nicht nur die Form des Patentschutzes, das Ausschlußrecht, sondern auch den Begriff der patentrechtlich schutzfähigen Erfindung – auf die Bedingungen der kapitalistischen Produktion zurückzuführen, um daraus die Notwendigkeit eines völligen Neubeginns herzuleiten[186]. Lipecker wendet sich gegen die Annahme, das Neuheitsprinzip sei in das bürgerliche Patentrecht eingeführt worden, um den technischen Fortschritt anzuregen. Er deutet das Neuheitserfordernis folgendermaßen: „Wenn einzelnen Personen ein ausschließliches Recht auf die Verwertung irgendwelcher technischer Konstruktionen oder Produktionsverfahren (die man Erfindungen nannte) verliehen und vom Staat geschützt wurde, so entstand die Notwendigkeit, solche Konstruktionen und Produktionsmethoden genau abzugrenzen. Die Verleihung von Ausschlußrechten an dem einen oder anderen wirtschaftlichen Gut hat nämlich unausweichlich auch ihre Kehrseite: Allen übrigen interessierten Personen wird der Genuß dieses Gutes verboten. Bei der Festsetzung der Merkmale der Patentfähigkeit von Erfindungen war es deshalb erforderlich, den Weg der geringsten Beeinträchtigung der Interessen aller übrigen Warenproduzenten zu gehen. Dabei bestand die Aufgabe in erster Linie darin, bereits bestehende Produktionssysteme vor den Übergriffen der Personen zu bewahren, die bestimmte Ausschlußrechte erhalten hatten. Dem Gesetzgeber drängte sich der Schluß auf, die Industrie werde dann am wenigsten leiden, wenn ihr die Nutzung derjenigen Konstruktionen und Methoden verboten werde, die ihr bislang unbekannt waren und die noch nicht gewerblich angewandt worden waren. Als Kriterium der Patentfähigkeit wurde die

---

184 Markov, Patentovanie 119–123.

185 Lipecker, Reforma 111–120. Lipeckers Aufsatz erschien erst, nachdem die Würfel gefallen waren. Das neue Patentgesetz wurde im April 1931 verabschiedet.

186 Raevič, Politika izobretatel'stva 69, warf Lipecker später Linksabweichung von der Generallinie der Partei vor.

Neuheit der Erfindungen anerkannt."[187] Die Bestätigung seiner Auffassung findet Lipecker in dem Anmeldesystem des damaligen französischen Rechts, nach seiner Auffassung dem weitaus konsequentesten bürgerlichen Patentsystem, weil die Frage der Neuheit der Erfindung erst dann gestellt werde, wenn die Gewährung des Ausschlußrechts an der Erfindung an eine Person die Interessen einer anderen Person berühre[188].

Lipecker sieht keinen vernünftigen Grund, die Neuheitsprüfung im künftigen sowjetischen Recht beizubehalten. An die Stelle der Neuheit will er als das entscheidende Kriterium der Schutzfähigkeit von Erfindungen die Nützlichkeit setzen. „Unter den Bedingungen des Kapitalismus hatte die gesellschaftliche Nützlichkeit einer Erfindung weder für die Unternehmer noch für die Erfinder ein aktuelles Interesse. Die Erfindung wurde ausschließlich unter dem Gesichtspunkt des individuellen Vorteils beurteilt, den sie dem einen oder anderen Unternehmer brachte. In dieser Hinsicht nützliche Erfindungen fanden gewöhnlich eine starke Nachfrage; nicht nützliche Erfindungen wurden durch das Fehlen der Nachfrage ausgesiebt. In einer streng reglementierten Planwirtschaft darf über die Verwirklichung der Erfindungen nicht vom freien Lauf der Dinge, von den anarchistischen Forderungen des Marktes entschieden werden ... Deshalb muß man der sowjetischen Patentgesetzgebung die Frage der Nützlichkeit der Erfindungen zugrundelegen."[189] Für die Nützlichkeit, oder den *Gebrauchswert*, der Erfindungen kommt es nach Lipecker aber nicht auf ihre Neuheit, sondern allein auf ihre Effektivität an[190].

Lipecker beklagt die ungute Geheimniskrämerei, zu der die formale Neuheitsprüfung die Unternehmen veranlassen; sie stehe nicht im Einklang mit den Direktiven der Partei über den freiwilligen Erfahrungsaustausch unter Staatsunternehmen[191]. Der gesellschaftliche Wert einer Erfindung werde nicht dadurch gemindert, daß ein Erfinder vor der Patenterteilung seine Erfindung zur Anwendung kommen lasse oder auf „neuheitsschädliche" Weise veröffentliche[192].

Mit seiner pauschalen Ablehnung der Neuheitsprüfung schießt Lipecker gewiß weit über das Ziel hinaus. Auch im Kapitalismus hat das Neuheitskriterium nicht nur die Funktion, das Vertrauen der Privatunternehmer in den Fortbestand ihrer wohlerworbenen Interessen zu schützen, sondern es soll auch die Anreizwirkung des Patentrechts kanalisieren. Lipecker hat aber darin

---

[187] Lipecker, Reforma 113. Ähnlich bringt Zapol'skij bereits 1928 (in Organizacija izobretatel'skogo dela) das Neuheitskriterium mit den Bedingungen der kapitalistischen Konkurrenz in Zusammenhang.

[188] Lipecker, Reforma 118.

[189] Lipecker, Reforma 115.

[190] Lipecker, Reforma 119. Ähnlich, aber vorsichtiger bereits Šipov, Problema 1106, und Deševoj, K voprosu 1272.

[191] Lipecker, Reforma 113.

[192] AaO, 118.

recht, daß die kapitalistische Verwertung der Technik einer technologiepolitischen Problematisierung des Neuheitskriteriums enge Grenzen setzt, ganz ähnlich wie die Wettbewerbsordnung die Wahl der des Schutzes durch ein Ausschlußrecht fähigen Gegenstände einengt. Wo technischer Fortschritt nicht ein Parameter der Konkurrenz sein soll – darin muß man LIPECKER recht geben – kann der Gesichtspunkt des Bestandsschutzes außer Betracht bleiben, und entsprechend vermehrt sich die technologiepolitische Wahlfreiheit des Gesetzgebers. Ist das Erfinderrecht einmal von den Sachzwängen befreit, die ihm die private Konkurrenzwirtschaft auferlegt, so kann der standard of invention auch insoweit der Technologiepolitik zugänglich gemacht werden. Richtig ist auch, daß für die Sowjetunion als das Entwicklungsland, das sie während der Zeit des „sozialistischen Wiederaufbaus" (rekonstruktivnyj period) fraglos noch war, ein an der einstweilen unerreichbaren „Welttechnik" orientierter Neuheitsmaßstab nicht notwendig die geeignetste Lösung sein mußte[193]. Die Entwicklungshilfe hat die Erfahrung machen müssen, daß unterentwickelten Ländern oft wenig mit der Überlassung der modernsten amerikanischen oder westeuropäischen Technologien gedient ist, sondern daß es für die Entwicklungsländer vielmehr entscheidend ist, sich ihrer gesellschaftlichen und industriellen Infrastruktur entsprechende (also etwa arbeitsintensive und nicht kapitalintensive), „angepaßte" Technologien zu verschaffen. LIPECKER läßt auch erkennen, daß bei der Entscheidung für und wider das Neuheitskriterium ferner die – angesichts der Isolierung der Sowjetunion der dreißiger Jahre – erheblichen Kosten der Beschaffung und Verbreitung des auf der Erde vorhandenen neuen Wissens gegen die Kosten seiner „duplikativen" Neuproduktion im eigenen Lande abzuwägen waren. Schließlich besteht kein Zweifel, daß die formale Neuheitsbestimmung des bürgerlichen Patentrechts mit der künftigen Ausgestaltung des Erfinderrechts als einer Arbeitsbeziehung nicht voll in Einklang zu bringen war.

LIPECKERS bedeutende Leistung liegt darin, daß er nicht nur die Form des bürgerlichen Erfindungsschutzes, das Ausschlußrecht, kritisiert, sondern auch den Erfindungsbegriff selber von der bürgerlichen Ideologie des geistigen Eigentums zu reinigen versucht hat. Anstatt mit moralischen Begriffen, wie etwa dem des Plagiats, zu operieren, entwirft er konsequent seine Konzeption eines nur technologie- und industriepolitischen Erwägungen untergeordneten, eigenständig sozialistischen Anreizinstrumentes.

LIPECKERS Diskussionsbeitrag war der Höhepunkt der „linken" Angriffe auf das Patentsystem. Die Konzeption LIPECKERS beruhte auf der realistischen Annahme, daß die Sowjetunion einstweilen den Sozialismus in einem Lande zu errichten habe und daß dabei von der Außenwelt nennenswerte Hilfe nicht zu erwarten sei. Fragen der Außenwirtschaft und der technischen Zusam-

---

[193] Das anerkennt auch JAIČKOV, Izobretenie i ego pravovaja ochrana v SSSR (1961) 28–30.

menarbeit mit dem kapitalistischen Ausland zog er deshalb nicht in Betracht. Noch 1934 konnte RAEVIČ zwar die Befürworter eines Beitritts zur Pariser Verbandsübereinkunft als Rechtsabweichler und typische Vertreter der bürgerlichen Intelligenz bezeichnen[194]. Als LIPECKERS Aufsatz erschien, war es jedoch bereits ausgemacht, daß man willens sein würde, für die Chance, ausländische Technologien ins Land zu ziehen, jedenfalls gewisse Konzessionen zu machen. Nachdem einige Zeit erwogen worden war, Ausländern die für Sowjetbürger vorgesehenen Rechte nur dann zu gewähren, wenn sie „proletarische Hilfe" leisteten, setzte sich in allen drei Entwürfen, die 1930 noch in der Diskussion waren[195], das Prinzip der Inländerbehandlung durch.

Alle drei Entwürfe wollten ferner das herkömmliche Patent neben dem neu einzuführenden System des Urheberscheins beibehalten. Während die Entwürfe BERNŠTEJNS und des Rats der Volkskommissare dem Erfinder die Wahl des Schutzinstruments freistellen wollten, sollte nach dem Entwurf des Komitees für Erfindungswesen der Staat das Recht erhalten, jede Erfindung für nützlich und damit der freien Verwertung durch die Staatsindustrie zugänglich zu erklären[196].

Mit der Beibehaltung des Patents wollte man in erster Linie den Ausländern entgegenkommen[197]. Zugleich wollte man die Möglichkeit der Patentierung sowjetischer Erfindungen auch in denjenigen ausländischen Staaten offenhalten, die Patente an Ausländer nur vergaben, wenn die Gegenseitigkeit (vzaimost') verbürgt war[198]. Daneben stand aber durchaus auch die Erwägung, daß es untunlich sei, die bürgerliche technische Intelligenz mit der völligen Abschaffung des Patentrechts vor den Kopf zu stoßen[199]. Wollte man die Einheit des Erfinderrechts nicht sprengen, so mußte man folglich auch für das Recht des Urheberscheins weitgehend an dem herkömmlichen patentrechtlichen standard of invention festhalten.

Das neue Patentgesetz des Jahres 1931[200] bricht denn auch nicht mit dem Gedanken eines besonderen Erfindungsschutzes schlechthin. Seine Pionierlei-

---

[194] RAEVIČ, Politika izobretatel'stva 54.

[195] Es handelte sich um den Entwurf des Komitees für Erfindungswesen vom April 1930, abgedr. in K proektu, den Entwurf BERNŠTEJNS, auszugsweise wiedergegeben bei POVOLOCKIJ Dva proekta 7, und den Entwurf der Vorbereitungskommission des SNK aus dem Jahre 1930, Izvestija CIK SSSR i VSIK Nr. 265 vom 25. 9. 1930. Vgl. dazu CHEJFEC, Patentnaja politika; DERS., Prava inostrancev po proektu „Položenija ob izobretenijach", V. K. 1930, Nr. 10, 13, wo CHEJFEC die Inländerbehandlung befürwortet.

[196] Dazu POVOLOCKIJ, Dva proekta.

[197] LANDKOF, Istorija 87.

[198] PERETERSKIJ/KRYLOV, Meždunarodnoe častnoe pravo (1940) 138.

[199] Vgl. LANDKOF, Istorija 87. LIPECKER, Reforma 116, spricht von einer Kapitulation des Gesetzgebers vor dem raffgierigen, reaktionären Teil der Erfinder.

[200] Verordnung (položenie) des CIK und des SNK über Erfindungen und technische Verbesserungen vom 9. 4. 1931, S. Z. 1931, Nr. 21, Ziff. 181, im folgenden – gemäß sowjetischem Sprachgebrauch – zit. als Gesetz 1931 (abgekürzt G 1931).

stung liegt nur darin, daß es als Instrument des Erfindungsschutzes neben dem Patent erstmals den Urheberschein (avtorskoe svidetel'stvo) vorsieht. In der offiziellen Präambel des Gesetzes[201] kommt der Kern der Reform gut zum Ausdruck. „Die bisher geltende Patentgesetzgebung", so heißt es dort, „welche die Interessen des Erfinders durch ein Ausschlußrecht an seiner Erfindung schützte, entspricht nicht mehr den Bestrebungen der Arbeitererfinder, der bewußten Erbauer einer sozialistischen Gesellschaft. Es wurde erforderlich, den Erfindern die Möglichkeit zu geben, freiwillig einen sozialistischen Weg zur Verwirklichung ihrer Erfindungen zu eröffnen. Dieser Weg besteht darin, daß der Erfinder Beziehungen zum Sowjetstaat nicht als ein Eigentümer aufnimmt, der seine Ware anbietet, sondern als Arbeiter eines sozialistischen Unternehmens, der das Produkt seiner Arbeit dem Staat übergibt und dafür von diesem eine normierte Arbeitsvergütung (trudovoe voznagraždenie) erhält."

Das Gesetz 1931 erstreckte sich nicht nur auf „neue Erfindungen", sondern auch auf „sonstige technische Verbesserungen" (usoveršenstvovanija)[202]. Der Urheber einer neuen und gewerblich verwertbaren[203] Erfindung konnte entweder nur die Anerkennung seiner Urheberschaft durch einen Urheberschein (avtorskoe svidetel'stvo) oder aber ein Ausschlußrecht (patent) verlangen[204]. Neue Stoffe waren nicht schutzfähig[205]. Nur einen Urheberschein, nicht aber ein Patent konnte der Erfinder verlangen, wenn er die Erfindung im Zusammenhang mit seiner Arbeit in einem F & E-Institut des Staates oder in einer F & E-Abteilung eines Staatsunternehmens gemacht hatte oder wenn die Erfindung auf eine ausdrückliche dienstliche Anweisung eines Staatsorgans oder einer Organisation des vergesellschafteten Sektors zurückging; ferner war die Erteilung eines Patents ausgeschlossen, wenn der Erfinder von einem Staatsorgan oder einem Organ des vergesellschafteten Sektors bei der Ausarbeitung der Erfindung materielle Hilfe erhalten hatte[206]. Die Praxis zeigte sehr bald, daß das Patent trotz seiner grundsätzlichen Gleichstellung mit dem Urheberschein nur eine sehr geringe Rolle spielen würde[207].

[201] Abgedruckt bei Povolockij, Avtorskoe svidetel'stvo i patent na izobretenie: V. K. 1930, Nr. 8, 89, auszugsweise auch bei Antimonov/Flejšic 46 f.

[202] G 1931, § 1.

[203] G 1931, § 3.

[204] G 1931, §§ 2 und 3.

[205] So ausdrücklich G 1931, § 3 II.

[206] G 1931, § 6 Buchst. a–c.

[207] Landkof, Istorija 88 f., nennt folgende Zahlen:

Anmeldungen

Jahr	Patente	Urheberscheine
1932	169	20 667
1933	137	18 432
1934	39	20 085
1935	61	23 551

Erfindungen galten als neu, wenn sie im Inland und Ausland weder ausgeführt, noch beschrieben oder sonst zur Kenntnis der Fachwelt gebracht worden waren. Der Neuheitsmaßstab der bürgerlichen Patentrechte, der Stand der Welttechnik, wurde also beibehalten. Beantragte ein Erfinder allerdings einen Urheberschein statt eines Patents, so war es nicht neuheitsschädlich, wenn er die Erfindung innerhalb eines Zeitraums von sechs Monaten vor der Anmeldung den besonders an der Erprobung und Weiterentwicklung interessierten Stellen und Unternehmen beschrieben hatte oder wenn die Erfindung in einem Staatsunternehmen zum Zweck der Erprobung oder Weiterentwicklung ausgeführt worden war. Die unberechtigte, ohne Zustimmung des Erfinders erfolgte Veröffentlichung hinderte ebenfalls die Erteilung des Urheberscheins nicht[208]. In gewissem Umfang war die Neuheitsprüfung also entformalisiert, sofern der Erfinder nicht ein Ausschlußrecht beantragte.

Die Nützlichkeit gehörte nicht zu den Schutzvoraussetzungen. Die Prüfung der Nützlichkeit durch die jeweils für eine Industriebranche zuständigen Organe für Erfinderwesen[209] diente allein der Auswahl der für die industrielle Verwertung geeignetsten Erfindungen. Die endgültige Entscheidung wurde erst getroffen, wenn die Erfindung bis zur Produktionsreife gediehen war[210]. Mit der Anerkennung der Nützlichkeit war die Planung der gewerblichen Verwertung der Erfindung verbunden[211]. Alle Unternehmen einer Branche waren verpflichtet, die für sie nützlichen Erfindungen auszuführen[212]. Die Unternehmen hatten deshalb (neben anderen interessierten Parteien) ein befristetes Einspruchsrecht gegen die Anerkennung der Nützlichkeit einer Erfindung[213]. Das Gesetz sah ein besonderes Verfahren für die Durchführung und Überwachung des Innovationszwanges vor[214].

Der Inhaber eines Patents war, wie ausdrücklich klargestellt wurde, im Rahmen der für die private Wirtschaftstätigkeit geltenden Gesetze berechtigt, seine Erfindung selber gewerblich zu verwerten[215]. Er war verpflichtet, die Erfindung binnen drei Jahren entweder selbst auszuführen oder Dritten Lizenzen zu erteilen; widrigenfalls konnte das Komitee für Erfindungswesen Zwangslizenzen vergeben[216]. Für Erfindungen, die für den Staat von wesentlicher Bedeu-

---

In der zweiten Hälfte des Jahres 1931 wurden Sowjetbürgern 273 Patente und 3 364 Urheberscheine erteilt, in den Jahren 1937–1939 14 Patente und 6 032 Urheberscheine, LANDKOF aaO.

[208] G 1931, § 45.

[209] G 1931, §§ 14 und 20.

[210] G 1931, § 21.

[211] G 1931, § 27.

[212] G 1931, § 27 III.

[213] G 1931, § 26.

[214] G 1931, §§ 34–37.

[215] G 1931, § 5 Buchst. a.

[216] G 1931, § 5 Buchst. c.

tung waren, war allgemein die Möglichkeit der Enteignung und des Lizenzzwanges vorgesehen[217].

War für eine neue Erfindung ein Urheberschein erteilt, so galten für ihre Verwertung folgende Regeln[218]:

„a) Das Recht, die Erfindung innerhalb der Sowjetunion zu verwerten, steht dem Staat zu.

b) Genossenschaften und andere Organisationen des vergesellschafteten Sektors dürfen diejenigen Erfindungen, die in den Kreis ihrer Tätigkeit fallen, unter den gleichen Bedingungen verwerten wie die Staatsorgane.

c) Der Erfinder selber (oder sein Erbe) darf die Erfindung im eigenen Betrieb verwerten, sofern er Kleingewerbetreibender (kustar') oder Privatunternehmer ist.

d) Sonstige Privatpersonen und Kooperative, die nicht dem genossenschaftlichen System angehören, dürfen die Erfindung mit der Erlaubnis des staatlichen Organs derjenigen Branche, in deren Bereich die Erfindung einschlägt, unter den Bedingungen nutzen, die von diesem Organ festgesetzt werden."

Während der Patentverletzer nur zivilrechtlich auf Schadenersatz haftete, war der Verletzer des staatlichen Nutzungsrechts der strafrechtlichen Verfolgung ausgesetzt[219].

Der Erfinder erwarb mit der Erteilung des Urheberscheins einen Anspruch auf eine besondere Vergütung, deren Höhe bei faktorsparenden Erfindungen von der in einem Jahr erzielten Ersparnis[220], bei anderen Erfindungen von ihrer „Wichtigkeit" (važnost') abhing[221].

War die Erfindung als nützlich anerkannt, so hatte das Organ für Erfindungswesen der jeweiligen Industriebranche die Vergütung festzusetzen und auszuzahlen[222]. Der Urheber einer nicht für nützlich erklärten neuen Erfindung erhielt seine Vergütung von dem Unternehmen, das seine Erfindung verwertete. Über die Höhe der Vergütung schlossen die Parteien in diesem Fall einen besonderen Vertrag; einigten sie sich nicht, so entschied das Gericht[223]. Das Gesetz sagt nicht, unter welchen Bedingungen weitere Unternehmen solche nicht für nützlich erklärten Erfindungen nutzen durften. Es ist anzunehmen, daß nicht etwa – wie unter der Geltung des Erlasses vom 20. 7. 1925 „über das Verfahren, nach dem staatlichen Unternehmen und Behörden Erfindungs-

---

[217] G 1931, § 5 Buchst. d.

[218] G 1931, § 4 Buchst. a–d.

[219] G 1931, § 9.

[220] Die Vergütung errrechnete sich nach einer degressiven Skala. Für die unbedeutendsten Erfindungen betrug die Vergütung 20 Prozent, für die bedeutendsten 2 Prozent der in einem Jahr eingesparten Kosten. Der Mindestbetrag war 100 Rubel, der Höchstbetrag 100 000 Rubel. Vgl. den Erlaß des Komitees für Erfindungswesen vom 31. 10. 1931 (Instrukcija), §§ 2–6, abgedr. in V. K. 1931, Nr. 10.

[221] Antimonov/Flejšic 47.

[222] G 1931, § 87.

[223] G 1931, § 4 f.

patente und Lizenzen erwerben"[224] – die weiteren Nutzer dem erstmals die Erfindung nutzenden Unternehmen Lizenzgebühren zu bezahlen hatten. Das würde zu dem Recht des Staates an allen Erfindungen, für die Urheberscheine ausgestellt sind, wenig passen. Vielmehr dürfte die Vergütung für die weitere Nutzung der Erfindung jeweils unmittelbar durch die Unternehmen mit dem Erfinder ausgehandelt worden sein. Denkbar ist auch, daß das den mehreren Unternehmen unmittelbar übergeordnete Organ den Vertrag abschloß und die von dem ersten Unternehmen bereits bezahlte Vergütung dabei in Ansatz brachte[225]. Die Frage wird in der Literatur, soweit ersichtlich, nicht behandelt. Sie ist von geringer praktischer Bedeutung, da es wohl kaum vorkam, daß Unternehmen nicht für nützlich erklärte Erfindungen verwerteten. Als sicher darf man annehmen, daß der Erfinder durch Vertrag keine höhere Vergütung erzielen konnte als im Wege der administrativen Festsetzung.

Die „übrigen Verbesserungen" unterschieden sich von den durch Patent und Urheberschein geschützten Erfindungen nur dadurch, daß ihnen die Neuheit – gemessen am Weltmaßstab – mangelte[226]. Der Erlaß des Komitees für Erfindungswesen vom 31. 10. 1931 nannte als Schutzobjekt außer den technischen Verbesserungen auch die organisatorischen Verbesserungen[227]. Den Urhebern von Verbesserungsvorschlägen wurden besondere Bescheinigungen über ihre Urheberschaft erteilt und sie erhielten eine Prämie, die ähnlich der Vergütung für neue Erfindungen berechnet wurde und bei Vorschlägen technischen Inhalts etwa die Hälfte, bei solchen organisatorischen Inhalts dagegen etwa ein Viertel der Erfindervergütung erreichte[228].

Die Unternehmen hatten 50 Prozent der durch die Anwendung der Erfindungen und sonstigen Verbesserungsvorschläge im ersten Jahr erzielten Ersparnisse in einen besonderen Fonds abzuführen, aus dem die Prämien bezahlt wurden. Aus ihm wurden ferner nach einem bestimmten Schlüssel Beträge für die Prämien- und Vergütungsfonds der übergeordneten Wirtschaftsverwaltungsbehörden abgezweigt[229].

---

[224] Siehe oben bei N. 98.

[225] So wurde nämlich nach G 1931, § 89, bei den Prämien für sonstige Verbesserungen verfahren.

[226] G 1931, § 10; Antimonov/Flejšic 48.

[227] Erlaß vom 31. 10. 1931 (oben N. 220), § 1. Vgl. dazu Antimonov/Flejšic 49.

[228] Erlaß vom 31. 10. 1931, § 7. Vgl. dazu Antimonov/Flejšic 48 N. 1, und Dozorcev, Pravovoe regulirovanie.

[229] Verordnung (Položenie) des CIK und SNK vom 13. 8. 1931 „über Prämienfonds für Errungenschaften bei der Erfüllung und Übererfüllung des Promfinplans sowie für Erfindungen, technische Verbesserungen und Rationalisierungsvorschläge", S. Z. 1931, Nr. 52, Ziff. 338. Vgl. dazu Dozorcev, Pravovoe regulirovanie, 30 ff.

IV. Das Erfinderrecht als sozialistische Errungenschaft (1931–1959)

Es währte nicht lange, bis die Reform des Jahres 1931 als Ausdruck der Generallinie der von STALIN beherrschten Kommunistischen Partei interpretiert wurde. Die im Kampf um das neue Erfinderrecht zutage getretenen Meinungen, die über die Prinzipien des neuen Rechts hinausgegangen oder hinter ihnen zurückgeblieben waren, wurden kurzerhand als Links- oder Rechtsabweichung disqualifiziert[230]. Die wissenschaftliche Durchdringung des Rechtsstoffes mußte unter solchen Umständen ins Stocken geraten. Eine kritische Auseinandersetzung mit dem neuen Recht unterblieb. Es dauerte fast zwei Jahrzehnte, bis mit RAJGORODSKIJS Lehrbuch im Jahre 1949 wieder eine Darstellung des Erfinderrechts erschien, die ernstlich den Anspruch der Wissenschaftlichkeit erhob[231]. Allenfalls in der rechtstheoretischen Debatte um das System des sozialistischen Zivilrechts, die während der Jahre 1939–1943 stattfand, wurden die Grundlagenprobleme des Erfinderrechts noch am Rande berührt[232]. Mit einem Wort: In der Sowjetunion STALINS wurden die Grundprinzipien des neuen Rechts in kürzester Zeit zur „sozialistischen Errungenschaft“ stilisiert und damit – bis in die Gegenwart hinein – praktisch der Diskussion entzogen.

Es ist deshalb möglich, die weitere Darstellung stark zu raffen, zumal auch die Struktur der sowjetischen Wirtschaft vom Beginn der dreißiger Jahre bis in die Mitte der fünfziger Jahre trotz einer verwirrenden Unzahl organisatorischer Reformen im großen und ganzen unverändert blieb.

Das neue Gesetz über Erfindungen und technische Verbesserungen aus dem Jahre 1941[233] bringt nur eine Reihe von Klarstellungen und unwesentlichen

---

[230] Vgl. etwa RAEVIČ, Patentnaja politika, passim.

[231] RAJGORODSKIJ, Izobretatel'skoe pravo SSSR (1949).

[232] REJCHEL', Voprosy avtorskogo i izobretatel'skogo prava i proekt graždanskogo kodeksa SSSR: Socialističeskaja Zakonnost' 1939, Nr. 12, 51; AMFITEATROV, K voprosu o pontjatii Sovetskogo graždanskogo prava: SGiP 1940, Nr. 1, 38 ff.; BRATUS', O predmete Sovetskogo graždanskogo prava: SGiP 1940, Nr. 1, 38 ff.; GENKIN, Predmet i sistema Sovetskogo trudovogo prava: SGiP 1940, Nr. 2, 55 ff.

Allgemein zur Zivilrechtsdiskussion im Zeichen der Stalinisierung REICH, Sozialismus und Zivilrecht 233.

[233] Verordnung (Položenie) des SNK vom 5. 3. 1941 „über Erfindungen und technische Verbesserungen sowie über die Finanzierung der mit dem Erfindungswesen, den technischen Verbesserungen und Rationalisierungsvorschlägen verbundenen Ausgaben“ (in Kraft gesetzt durch Verfügung [postanovlenie] des SNK Nr. 448), S. P. 1941, Nr. 9, Ziff. 150 (im folgenden sowjetischer Übung entsprechend zit. als Gesetz 1941, abgekürzt G 1941). Vgl. zur Reform des Jahres 1941 RAJGORODSKIJ, Osnovnye problemy izobretatel'skogo prava: Socialističeskaja Zakonnost' 1938, Nr. 8, 66, und JAIČKOV, Novoe položenie ob izobretenijach i techničeskich usoveršenstvovanijach: Socialističeskaja Zakonnost' 1942, Nr. 7, 12.

Neuerungen. Auffällig ist, daß der Begriff der Erfindung eindeutig nur noch auf neue technische Lösungen angewendet wird, während das Gesetz des Jahres 1931 unter dem Eindruck der vorangegangenen Auseinandersetzung über die Neuheitsfrage „neue Erfindungen" von „sonstigen Verbesserungen" unterschieden hatte. Da im Jahre 1941 die private Wirtschaftstätigkeit außerhalb der Landwirtschaft praktisch völlig liquidiert war, fehlt in dem neuen Gesetz jeder Hinweis auf die Nutzung der dem Staat gehörenden Erfindungen durch den Erfinder selbst, durch sonstige Privatpersonen oder durch – wie man nun sagte – „wilde" (dikie), d. h. nicht vergesellschaftete, Produktionsgenossenschaften[234].

Der Erlaß über die Vergütung für Erfindungen, technische Verbesserungen und Rationalisierungsvorschläge aus dem Jahre 1942[235] versuchte erstmals eine Bestimmung der schutzfähigen nicht neuen Lösungen, die bald allgemein als unbefriedigend angesehen wurde[236]. Als technische Verbesserungen wurden Vorschläge bezeichnet, welche die in einem Unternehmen oder in einer Produktionseinheit (proizvodstvennyi učastok) bereits vorhandenen Konstruktionen oder Produktionsprozesse verbesserten. Rationalisierungsvorschläge sollten dagegen „produktionstechnische Vorschläge" sein, „die den Produktionsprozeß unmittelbar durch eine effektivere Ausnützung der Ausrüstungen, der Materialien oder der Arbeitskraft verbessern, ohne die Konstruktionen oder Produktionsprozesse wesentlich zu verändern". Als schutzunfähig wurden dagegen angesehen Rationalisierungsvorschläge „zur Verbesserung der Wirtschaftsorganisation und -verwaltung", „beispielsweise Vorschläge zur Verbesserung des Rechnungswesens, der Dokumentation, der Materialversorgung, des Absatzes und dergleichen"[237].

Im Jahre 1936 hatte man geglaubt, auf ein eigentliches Patentamt verzichten zu können. Allein die Registrierung der Erfindungen blieb zentralisiert; sie war dem Gosplan übertragen. Sämtliche anderen Aufgaben wurden von den Fachministerien wahrgenommen[238]. Diese Organisation des Erfindungswesens entsprach ebenso der damaligen vertikalen Gliederung der Sowjetwirtschaft, der strengen Zentralisierung innerhalb der einzelnen Industriebranchen und deren verhältnismäßig großer Isolierung voneinander wie der Bedeutungslosigkeit des

---

[234] G 1941, § 3 II: „Genossenschaftliche und gesellschaftliche Organisationen verwerten die Erfindungen, die sich auf ihr Arbeitsgebiet (vedenie) beziehen, auf gleichem Fuße mit den staatlichen Organen."

[235] Erlaß (Instrukcija) „über die Vergütung für Erfindungen, technische Verbesserungen und Rationalisierungsvorschläge" des SNK vom 27. 11. 1942, in Kraft gesetzt durch Verfügung (Postanovlenie Nr. 1904), S. P. 1942, Nr. 10, Ziff. 178, § 2 II–IV.

[236] Vgl. Antimonov/Flejšic 52; Rajgorodskij, Izobretatel'skoe pravo 45–49.

[237] G 1941, § 2 II–IV.

[238] Antimonov/Flejšic 50 f.; Verordnung (Postanovlenie) des CIK und SNK vom 22. 7. 1936, S. Z. 1936, Nr. 39, Ziff. 334, zit. nach Antimonov/Flejšic 50.

internationalen Austauschs von Erfindungen[239]. Erst die nach STALINS Tod einsetzende Dezentralisierung der sowjetischen Industrie, die in der 1957 durch CHRUŠČEV eingeführten regionalen Wirtschaftsverwaltung durch die sogenannten sovnarchozy gipfelte [240], und die Wiederbelebung der technischen Zusammenarbeit mit dem Ausland erforderten eine Zusammenfassung der Kompetenzen auf dem Gebiet des Erfinderrechts[241]. Seit 1956 gibt es wieder eine einheitliche „Patentbehörde", das Komitee für Erfindungs- und Entdekkungswesen beim Ministerrat der UdSSR[242].

Die rechtspolitische Diskussion um das neue Erfinderrecht des Jahres 1959, das im folgenden zusammen mit dem seit 1974 geltenden neuesten Gesetz systematisch dargestellt wird, verlief wiederum überaus gedämpft. Es gab kaum grundsätzliche Kontroversen. Lediglich OMEL'ČENKO[243] stellte noch einmal aus ideologischen Erwägungen die Beibehaltung des Patents in Frage. DOZORCEV[244] votierte dafür, den Neuheitsmaßstab für Patente und Urheberscheine derart zu differenzieren, daß die vor der Anmeldung erfolgte Veröffentlichung der Erfindung oder ihre Freigabe zur Anwendung auf dem Gebiet der Sowjetunion zwar die Patenterteilung, nicht aber die Erteilung eines Urheberscheins ausschließen sollten. Beide Vorschläge konnten sich nicht durchsetzen.

Die einzige grundlegende Neuerung, die das Gesetz 1959[245] brachte, war der Schutz der wissenschaftlichen Entdeckungen, dessen Grundzüge allerdings bereits in der Verordnung über das Komitee für Erfindungswesen vom Jahre 1956 enthalten waren.

---

239 Nach LANDKOF, Istorija 91, verringerte sich die Zahl der ausländischen Patentanmeldungen im Zweiten Weltkrieg bis auf Null (1943).

240 Dazu RAUPACH, Geschichte 115 f.

241 ANTIMONOV/FLEJŠIC 54.

242 Verordnung (Položenie) des Ministerrats über das Komitee für Erfindungs- und Entdeckungswesen beim Ministerrat der UdSSR (im folgenden abgekürzt als Komitee bezeichnet) vom 23. 2. 1956 (in Kraft gesetzt durch Verordnung [Postanovlenie] des Ministerrats vom selben Datum), zit. nach ANTIMONOV/FLEJŠIC 53.

243 OMEL'ČENKO, O nekotorych voprosach Sovetskogo izobretatel'skogo prava (1955) 20 f.

244 DOZORCEV, Nekotorye teoretičeskie voprosy Sovetskogo izobretatel'skogo prava i razrabotka novogo zakonodatel'stva: Učenye Zapiski V. I. Ju. N. 1959, Nr. 9, 125 ff. Selbst die bescheidene teilweise Entformalisierung des Neuheitsmaßstabs, die darin gelegen hatte, daß eine der Anmeldung vorangehende Veröffentlichung der Erfindung durch den Erfinder selber oder ihre probeweise Anwendung unter bestimmten Umständen die Erteilung dieses Urheberscheins nicht hinderten, war durch das G 1941 wieder rückgängig gemacht worden.

245 Zur Reform des Jahres 1959 vgl. IONAS, O želatel'nych izmenenijach Položenija ob izobretenijach i techničeskich usoveršenstvovanijach: SGiP 1956, Nr. 5, 32 ff.; ANTIMONOV/FLEJŠIC, Zadači Sovetskogo izobretatel'skogo prava: SGiP 1957, Nr. 2, 13 ff.

ZWEITER ABSCHNITT

ERFINDERRECHT UND INNOVATIONSPLANUNG UNTER DEN BEDINGUNGEN DER WIRTSCHAFTSREFORM

A. Allgemeine Kennzeichnung der Reformwirtschaft seit 1965

I. Zur Vorgeschichte der Wirtschaftsreform

Das Wirtschaftssystem, das Stalin seinem Land hinterließ, kam dem Idealtypus der Befehlswirtschaft näher als alle bisher bekannten Wirtschaftsformationen[1]. Freilich war auch die Sowjetführung unter Stalin von dem Leitbild der vollen Zentralisierung, das sie sich selbst gesetzt hatte, immer weit überfordert. Selbst die noch verhältnismäßig undifferenzierte sowjetische Nachkriegswirtschaft hätte für eine vollständige planerische Steuerung und Koordinierung mehr wirtschaftliche Entscheidungen verlangt, als die Zentrale je zu treffen imstande war[2]. Die Produktionspläne waren mit der Planung der materiell-technischen Versorgung und mit der Planung des Arbeitseinsatzes nicht ausreichend abgestimmt. Versorgungsengpässe (uzkie mesta) und Disproportionen waren so gleichsam eingeplant[3]. Leidlich funktionsfähig wurde diese Wirtschaft nur durch das Korrektiv einer auf allen Ebenen der Verwaltungshierarchie mobilisierbaren politischen Einflußnahme auf Produktion und Konsumption. Die Partei gab ständig irgendwelche Losungen aus. Zur Überwindung besonders kritischer Engpässe wurden politische Kampagnen veranstaltet. Die Produktionsfaktoren konnten so unter Umgehung des förmlichen Planungsverfahrens in letzter Minute zu neuen Einsätzen dirigiert werden; mit den Mitteln der politischen Agitation warf man neue Kräfte an die allerorten brüchige „Arbeits- und Produktionsfront" – eine treffende und damals durchaus gebräuchliche Metapher. So ließ sich nur wirtschaften, wenn die Priori-

[1] Vgl. Raupach, Geschichte 106.

[2] Vgl. Nove, Economic History 355.

[3] Die Entwicklungsökonomik hat gezeigt, daß solche Disproportionen Wachstum stimulieren können und bei einem geringen Reifegrad des Industrialisierungsprozesses keineswegs „irrational" sein müssen. Zur Theorie der „unbalanced growth" vgl. etwa Higgins, Economic Development (1959); vgl. auch Nove, Soviet Economy (2. Aufl. 1972) 326 ff.

täten eindeutig waren: solange der Vorrang der Schwerindustrie und der produktiven Infrastruktur unangefochten war[4].

Im Jahre 1956 mußte das Dezemberplenum des Zentralkomitees der KPdSU bekennen, daß die Planung in eine Krise geraten war[5]. Die Ministerien hatten sich zu Wasserköpfen entwickelt. Die Zentrale konnte sich gegenüber dem Ressortegoismus der Industrieministerien immer weniger durchsetzen; im Bewußtsein ihrer Bedeutung bemühten sich diese rücksichtslos um den Ausbau ihrer eigenen Imperien. Die Effizienz der Wirtschaft litt darunter, daß die den Unionsministerien unterstellten Unternehmen selbst für minimale Entscheidungen im fernen Moskau um Zustimmung nachsuchen mußten. Die Ereignisse in der DDR, in Ungarn und in Polen schließlich signalisierten der Sowjetführung unübersehbar, daß es politisch gefährlich werden konnte, die agitatorische Mobilisierung der Bevölkerung als Korrektiv einer defekten Wirtschaftsordnung über Gebühr in Anspruch zu nehmen.

Aus dem innerparteilichen Zwist über die notwendigen Reformmaßnahmen ging CHRUŠČEV als Sieger hervor. Seine Gegner (MOLOTOV, MALENKOV, KAGANOVIČ) und die Repräsentanten der Zentralbürokratie hatten weitere Vollmachten für die Staatswirtschaftskommission (Gosėkonokomissija) erstrebt, die gleichsam als Superministerium den Ressortegoismus der Branchenministerien hätte gängeln sollen. CHRUŠČEV dagegen war auf die Radikallösung verfallen, die Ministerien kurzerhand abzuschaffen und damit zugleich seine Gegner zu entmachten[6]. Im zivilen Sektor wurden fortan die Unternehmen, die nicht nur örtliche Bedeutung hatten, regionalen Volkswirtschaftsräten (sovnarchozy) unterstellt. Von den Organen der zentralen Planungsmaschinerie blieb lediglich Gosplan übrig.

Mit dieser Neugliederung der Sowjetwirtschaft war die Lösung der Steuerungsprobleme freilich bloß vertagt[7]. Denn an die Stelle des Ressortegoismus traten nun regionale Egoismen, ja sogar offene Autarkiebestrebungen (mestničestvo); aus dem Gegeneinander der Industrien wurde ein Gegeneinander der Gebietseinheiten. Das Sytem der rein quantitativen und überwiegend naturalen Plankennziffern blieb unangetastet, und so blieb auch das Problem der Koordinierung der Einzelpläne ungelöst. Für Qualitätsverbesserungen und Innovationen setzte auch das neue System keine Anreize. Die Produktinnovation läßt sich nämlich in quantitativen Kennziffern nicht voll erfassen; Unternehmen, die sich um die Verbesserung ihrer Erzeugnisse bemühten, liefen wie bisher Gefahr, mit der Erfüllung des Produktionsplans in Rückstand zu geraten[8].

---

4 NOVE, Economic History 356.

5 NOVE, Economic History 342.

6 NOVE, Economic History 342 f.; RAUPACH, Geschichte 115 f.

7 NOVE, Economic History 354 ff.; BERGSON, The Economics of Soviet Planning (1964, Neudruck 1968) 86; ausführlich KASER, The Reorganization of Soviet Industry and its Effects on Decision-Making, in GROSSMAN (ed.), Value and Plan (1960).

8 Vgl. dazu unten S. 267 f.

Immerhin hat die Reform des Jahres 1957 den Gedanken der Dezentralisierung belebt; obgleich ein Fehlschlag, hat sie doch der zweiten CHRUŠČEVschen Wirtschaftsreform den Weg bereitet. Eine Rückkehr zur „Befehlswirtschaft" des STALINschen Typus war in der Folgezeit nicht mehr diskutabel.

II. Die Wirtschaftsreform des Jahres 1965

1. Allgemeine Kennzeichnung

Die zweite CHRUŠČEVsche Wirtschaftsreform[9], die auf die Plenarsitzungen des Zentralkomitees der KPdSU im Oktober 1964 und im März und September 1965 zurückgeht, hatte grundsätzlicheren Charakter als der 1957 verordnete Übergang von der vertikalen zur territorialen Gliederung der Wirtschaftsverwaltung. Durch eine prinzipielle Neubestimmung des Verhältnisses zwischen dem Staat und den Einzelwirtschaften, zwischen der hoheitlichen Planungsgewalt und der einzelwirtschaftlichen Initiative, versuchte sie vier Probleme an ihrer Wurzel zu packen[10]. Die Effizienz des Wirtschaftens mußte angehoben werden, wobei unter Effizienz nichts anderes verstanden wurde als die Erreichung des volkswirtschaftlichen Ziels – meist leerformelhaft als die allseitige Befriedigung der wachsenden materiellen und kulturellen Bedürfnisse der Werktätigen umschrieben – mit dem geringstmöglichen Einsatz von Produktionsfaktoren. Der technologische Rückstand der Sowjetunion verlangte wirtschaftsorganisatorische Maßnahmen zur Beschleunigung der Innovationstätigkeit. Die zunehmende Komplexität des Wirtschaftsgeschehens, die mit der Vermehrung des technischen Wissens und des Güterangebots verbundene Vervielfältigung der Allokationsentscheidungen machte es im Interesse der Planungsrationalität selbst erforderlich, die Planung durch eine inhaltliche Dezentralisierung zu entlasten. Schließlich erschien es zur Erhaltung der Massenloyalität geboten, die Produktion stärker an der Nachfrage der Verbraucher nach einem differenzierteren und qualitativ hochwertigeren Warenangebot auszurichten.

Die Sowjetökonomen betonen stets, daß es sich bei der Reform nicht – wie es in der westlichen Presse oft dargestellt worden ist – um die reumütige Beseitigung einmal aus ideologischer Verblendung begangener und überlange geduldeter Fehler handle, sondern um eine historische notwendige Anpassung des Wirtschaftssystems an den gegenwärtigen Stand der Entwicklung der Produktivkräfte[11]. Davon abgesehen, daß die territoriale Gliederung der Wirtschaft

[9] Einen ausgezeichneten Überblick über die Probleme und Folgen der Reform bietet die von BALINKY herausgegebene Aufsatzsammlung „Planning and the Market in the U. S. S. R. in the 1960s" (1967).

[10] Vgl. etwa OMAROV u. a., Besedy ob ėkonomičeskoj reforme (1972) 6 f.

[11] Vgl. etwa OMAROV, Besedy 5, und die Materialien des 23. Kongresses der KPdSU (Materialy XXIII C"ezda KPSS, 1966) 39 f.

in den Jahren 1957–1965 sicherlich ein schädlicher Irrweg war, kann man dieser Darstellung ein gewisses Recht nicht streitig machen. Der Zentralismus der STALINzeit entsprach weitgehend den Bedürfnissen der beschleunigten Industrialisierung, des Aufbaus einer leistungsfähigen Schwerindustrie, der straffen Kriegswirtschaft und der Beseitigung der verheerenden Kriegsfolgen unter den Bedingungen der Autarkie des Sowjetstaats. Den Notwendigkeiten eines allseitigen ökonomischen Systemwettbewerbs mit den höchstentwickelten kapitalistischen Ländern und der innenpolitischen allgemeinen Liberalisierung genügte er dagegen offensichtlich nicht. Für den verstärkten Einsatz des Marktmechanismus, die Intensivierung der materiellen Anreize und damit die teilweise Restauration autonom ökonomischer Gesetzmäßigkeiten – die Kernstücke der Reform – gab es in den sechziger Jahren, wie SWEEZY und HUBERMAN mit Recht schreiben[12], nur noch eine Alternative: die agitatorische Repolitisierung der Bevölkerung durch eine „Kulturrevolution“ und eine radikale Umstellung der Wirtschaftsziele und der gesellschaftlichen Bedürfnisstruktur. Es ist freilich unausdenkbar, unter welchen Opfern eine solche Kulturrevolution dem vom jahrzehntelangen entbehrungsreichen Kampf erschöpften Sowjetvolk hätte aufgezwungen werden müssen.

An die Stelle der jeweils für eine territoriale Einheit zuständigen sovnarchozy setzt die Reform wieder die Ministerien, deren Zuständigkeit jeweils eine Industrie (otrasl') umfaßt. Gegen den unguten Lokalpatriotismus, der sich in den territorialen Wirtschaftseinheiten eingebürgert hatte, soll sich wieder die Einheit der Sowjetwirtschaft behaupten. Die im System der sovnarchozy unbeherrschbare Duplikation, die sich vor allem im Bereich der F & E als verhängnisvoll unwirtschaftlich erwiesen hatte, soll ausgeschaltet oder doch der Steuerung zugänglich gemacht werden. Die territoriale Gliederung der Wirtschaft hatte angesichts der Kosten der F & E und der Knappheit wissenschaftlich ausgebildeten Personals eine starke organisatorische Herauslösung der Forschungseinrichtungen aus dem Bereich der Güterproduktion bedingt. Nun sind die meisten Forschungseinrichtungen zusammen mit den an ihrer Arbeit interessierten Unternehmen einer Industrie der einheitlichen Leitung der Ministerien unterstellt[13].

Im Zuge der Wirtschaftsreform verstärkt sich die Stellung der in der Hierarchie der Wirtschaftsverwaltung zwischen die Ministerien und die Produktionsunternehmen eingeschalteten, immer zahlreicher werdenden wirtschaftlichen Vereinigungen (ob"edinenija)[14]. Die sowjetische Führung betreibt mit

[12] HUBERMANN/SWEEZY, Lehren aus den sowjetischen Erfahrungen, in: BETTELHEIM u. a., Zur Kritik der Sowjetökonomie (1971) 127, 132.

[13] Vgl. etwa VIRSKIJ/FEDJUK, Voprosy i otvety po ėkonomičeskoj reforme (1972) 7 f.

[14] Die Rechtsgrundlagen sind die Verordnung (postanovlenie) des ZK der KPdSU und des Ministerrats der UdSSR vom 2. 3. 1973 (S. P. 1973, Nr. 7, Ziff. 31) und die Verordnung (položenie) über die Produktivvereinigung (proizvodstvennoe ob"edinenie) (das Kombinat) vom 27. 3. 1974 (S. P. 1974, Nr. 8, Ziff. 38). Vgl. dazu LAGUTKIN, Proizvodstvennye ob"edinenija, Problemy i perspektivy (1971); LAPTEV, Pravovoe

Nachdruck den Prozeß der Wirtschaftskonzentration, freilich einer, wie stets betont wird, nicht von den Zwängen der monopolistischen Kapitalverwertung bestimmten, sondern allein der Effizienz der Produktion untergeordneten Konzentration. Für die Notwendigkeit immer größerer Produktions- und Verwaltungseinheiten wird der erreichte Reifegrad der Industrialisierung und insbesondere auch der beschleunigte technische Fortschritt der Gegenwart verantwortlich gemacht[15]. Besondere Bedeutung messen die Sowjetökonomen den wirtschaftlichen Vereinigungen bei der Rationalisierung des Absatzes, beim Marketing und bei der Verbraucherforschung zu[16].

Die wirtschaftlichen Vereinigungen, von denen viele unmittelbar aus den Trusts und Kombinaten der späten N.Ö.P. hervorgegangen sind, ersetzen die 1934 gebildeten, innerhalb der Branchenministerien – und während des Zwischenspiels der territorialen Wirtschaftsgliederung innerhalb der sovnarchozy – bestehenden Hauptverwaltungen für Teilbereiche der einzelnen Industrien (glavki)[17]. Während es sich bei diesen um voll in die administrative Hierarchie eingegliederte bloße Mittelbehörden der Wirtschaftsverwaltung handelte, sind die wirtschaftlichen Vereinigungen mit einer relativen vermögensrechtlichen Selbständigkeit begabt: Sie operieren auf der Grundlage der einzelwirtschaftlichen Rechnungsführung. Sie haben somit eine wirtschaftliche Doppelnatur, die einen Vergleich mit kapitalistischen Konzernen nahelegt. Den ihnen untergeordneten Unternehmen gegenüber sind sie mit administrativer Befehls- und Planungsgewalt ausgestattete „übergeordnete Organe“ (vyšestojaščie organy), in der Gesamtwirtschaft sind sie dagegen Wirtschaftssubjekte.

Unter dem Oberbegriff der wirtschaftlichen Vereinigung wird eine Vielzahl im einzelnen höchst vielfältiger Organisationsformen zusammengefaßt[18]. Kombinate nennt man gemeinhin territoriale Zusammenfassungen von Unternehmen derselben Wirtschaftsstufe, wie sie etwa im Montanbereich vorherrschen[19]. Als Trusts haben überwiegend Gruppierungen von Zulieferunternehmen überlebt, die einem gemeinsamen Hauptunternehmen untergeordnet sind[20]. Vertikal integrierte Gruppierungen sind auch die immer häufiger werdenden sogenannten „Firmen“ (firmy)[21]. Die Terminologie ist noch ebenso uneinheitlich, wie es die Rechtsformen sind. Das Ausmaß der Leitungsmacht, die den Ver-

---

položenie ob"edinenij v promyšlennosti: SGiP 1973, Nr. 8, 13; Rutman, Pravovoe položenie predprijatija v chodjaščego v proizvodstvennoe ob"edinenie: SGiP 1974, Nr. 2, 58; Mišunin/Il'in, Porjadok obrazovanija i dejatel'nosti proizvodstvennych ob"edinenij (kombinatov): SGiP 1975, Nr. 1, 12; Rachmilovič, Pravovoe položenie proizvodstvennych edinic ob"edinenija (kombinata): SGiP 1975, Nr. 2, 85.

[15] Vgl. etwa Lagutkin 51 ff.

[16] Lagutkin 265 ff., besonders 279–309.

[17] Vgl. Kozlov u. a., Chozjajstvennaja reforma, upravlenie i pravo (1973) 50.

[18] Vgl. hierzu Lagutkin 91 ff.

[19] Kozlov 53; Laptev (ed.), Chozjajstvennoe pravo (1970) 252.

[20] Lagutkin 94.

[21] Kozlov 54; Laptev, Chozjajstvennoe pravo 252.

einigungen über die ihnen unterstellten Unternehmen zusteht, ist von Fall zu Fall verschieden. Neben Vereinigungen, deren Mitglieder ihre rechtliche Selbständigkeit bewahrt haben und damit Unternehmen im alsbald zu erörternden Rechtssinne sind, gibt es intensiver integrierte Gruppierungen, deren Mitglieder diese rechtliche Selbständigkeit und damit ihre Wirtschaftssubjektivität eingebüßt haben.

Wir müssen es bei diesem notwendig knappen Überblick bewenden lassen. Die wirtschaftlichen Funktionen der hierarchisch gegliederten Wirtschaftsverwaltung und der vermögensrechtlich verselbständigten Einzelwirtschaften lassen sich gedanklich bei jeder möglichen Organisationsform der wirtschaftlichen Vereinigung trennen. Für uns ist es nur wichtig festzuhalten, daß „übergeordnete Organe" der Wirtschaftsverwaltung nicht nur die Ministerien, sondern auch Vereinigungen sein können, und daß „Einzelwirtschaften" vielfach nicht nur Einzelunternehmen, sondern auch Unternehmensgruppen sind[22].

Wenn man die Spitze der Wirtschaftsverwaltung, die Ministerräte der Union und der Unionsrepubliken, die unmittelbar diesen unterstellten Staatskomitees und Obersten Wirtschaftsbehörden (vedomstva) und die regionalen und lokalen politischen Machtzentren, die Exekutivorgane (ispolkomy) der Räte, einbezieht, ergibt sich folgendes viergliedriges Schema der Reformwirtschaft[23].

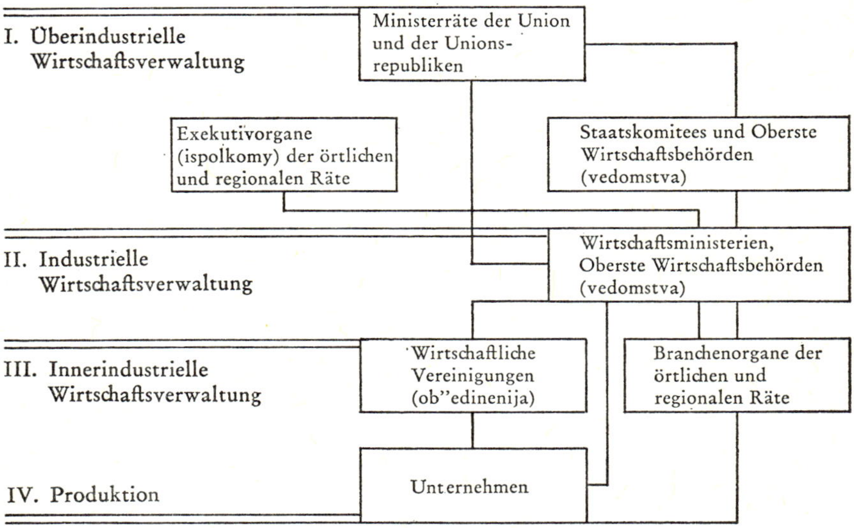

[22] Eine vorzügliche Übersicht über die vielen in der heutigen Sowjetwirtschaft vorkommenden Zuständigkeitsverteilungen zwischen Ministerien, wirtschaftlichen Vereinigungen und Unternehmen bieten MAMUTOV/CIMERMAN, Prava promyšlennych predprijatij, ob"edinenij i ministerstv v rešenii chozjajstvennych voprosov (1969), und MAMUTOV, Predprijatie i vyšestojaščij chozjajstvennyj organ (1969).

[23] Aus KOZLOV, Chozjajstvennaja reforma i apparat upravlenija (1971) 34.

2. Das neue System der Wirtschaftsplanung

Die gewandelte Rolle der Wirtschaftsverwaltung kommt am deutlichsten in der neuen Technik der Planung zum Ausdruck. Die Reform verringerte radikal die Zahl der quantitativen Plankennziffern (Erfolgsindikatoren, pokazateli) und stellte an ihrer Statt die „synthetischen" Kennziffern der Rentabilität (rentabel'nost') und des Gewinnes (pribyl') in den Vordergrund, wohlgemerkt nicht eines auf dem prinzipiell steuerlosen Markt der Privateigentümer faktisch erzielten Profits, sondern des unter den Bedingungen zentraler Faktorzuteilung, eines administrativen Preissystems und einer weitgehenden zentralen Steuerung der Innovationstätigkeit institutionell verstatteten „normativen" Gewinns. Unter dem System der rein quantitativen Naturalplanung mußte, wenn die Planaufgabe für die Herstellung etwa von Kronleuchtern in Kilogramm ausgedrückt war, damit gerechnet werden, daß der Planadressat wenige, aber besonders schwere Kronleuchter herstellen würde[24]. Von der Einführung der synthetischen Kennziffern versprach man sich die Beseitigung solcher aus der Unvollkommenheit der Planungstechnik resultierenden Externalitäten. Zugleich sollten die Unternehmen mehr Freiheit und Anreiz dazu erhalten, aus eigener Initiative die Produktionskosten zu verringern oder ihr Produkt zu verbessern[25]. Der Plangewinn eines Unternehmens ist bestimmt als die Differenz zwischen dem in Plangroßhandelspreisen ausgedrückten Gesamtumsatz und den Faktorkosten der Produktion (sebestoimost': Selbstkosten). Ob der Gewinnplan erfüllt ist, ergibt ein Vergleich des Plangewinns (balansovaja pribyl') mit dem tatsächlich realisierten Gewinn (faktičeskaja pribyl'), bei dem auch unplanmäßige Einnahmen und Ausgaben wie Schadensersatzleistungen, Vertragsstrafen usw. zu Buche schlagen[26].

Der zweite bedeutsame synthetische Erfolgsindikator ist, wie erwähnt, die Rentabilität. Sie bezeichnet das Verhältnis der Gewinnmasse zum Wert der Grundfonds und materiellen Umlauffonds der Unternehmen. Durch den Rentabilitätsplan werden die Unternehmen angehalten, den auf die materiellen Produktionsfaktoren entfallenden Ertrag (fondootdača) zu vergrößern und sich von überflüssigen Produktionskapazitäten zu trennen[27].

Außer dem Gewinn und der Rentabilität werden zur Festlegung der zentral verordneten Planaufgaben nur noch die folgenden Größen verwendet[28]:

---

[24] Zu diesem Beispiel aus der sowjetischen Wirklichkeit vgl. NOVE, Economic History 355.

[25] Zum ganzen KOSYGIN, Ob uluščenii upravlenija promyšlennostju, soveršenstvovanii planirovanija i usilenii ėkonomičeskogo stimulirovanija promyšlennogo proizvodstva (1965) 22.

[26] VIRSKIJ/FEDJUK, Voprosy i otvety 31.

[27] VIRSKIJ/FEDJUK, Voprosy i otvety 33–35.

[28] Vgl. zum folgenden VIRSKIJ/FEDJUK, Voprosy i otvety 26 ff.; LAPTEV, Kommentarij k položeniju o socialističeskom gosudarstvennom proizvodstvennom predprijatii (1971) 152.

(1) die Gesamtausbringung der Unternehmen in Planpreisen; im Konsumgütersektor tritt jedoch zunehmend die Gesamtmasse der abgesetzten Produktion an ihre Stelle; dadurch soll dem Mißstand abgeholfen werden, daß ein immer beträchtlicherer Teil der Industrieproduktion keine Käufer findet, weil an den Wünschen der Verbraucher vorbei produziert wird;

(2) die Gesamtausbringung der wichtigsten Güter in Naturalgrößen; für den Export bestimmte Waren werden meist ebenfalls in Naturalgrößen geplant;

(3) der gesamte Lohnfonds einer Wirtschaftseinheit, d. h. die verfügbare Lohnsumme;

(4) der Teil des an den Staatshaushalt abzuführenden Ertrags und die Übertragungen aus dem Staatshaushalt an die Unternehmen;

(5) die Mindestsumme der Investitionen;

(6) die Einführung bestimmter neuer Produkte und Verfahren;

(7) die Masse der den Unternehmen zentral zugeteilten Materialien, Rohstoffe und Ausrüstungen.

3. Die Rechtsstellung der Unternehmen, das neue System der materiellen Stimulierung und das Vertragssystem

Der Vereinfachung des zentralen Planungsverfahrens steht eine entsprechende Verstärkung der Entscheidungsmacht der Unternehmen[29] gegenüber. Dabei umschreibt der Ausdruck „Dezentralisierung“ das Wesen der neuen Zuordnung einzelwirtschaftlicher und zentraler Entscheidungsstrukturen nur unzulänglich. Er erweckt die Vorstellung der Machtsummenkonstanz: als sei den Unternehmen eben die wirtschaftliche Entscheidungsmacht zugewachsen, auf die der Staat verzichtet hat. In Wirklichkeit handelt es sich um die Einrichtung eines viel komplexeren Kommunikationsmusters, um eine Vermehrung des Entscheidungspotentials, die dem durch die Reifung der Produktionskräfte hervorgebrachten Strukturgewinn der wirtschaftlichen Güterwelt und der Vervielfältigung der Alternativen entspricht. Der Anspruch der Reformer, die Planung durch Dezentralisierung zu verbessern und zu intensivieren, ist deshalb jedenfalls nicht notwendig vermessen und paradox.

Die Reform brachte keine Änderung der juristischen Eigentumsverhältnisse. Der Staat bleibt alleiniger Eigentümer der industriell benutzten Produktionsmittel. Die Unternehmen stehen zu ihm nach wie vor in einem Verhältnis der Organschaft. Die wirtschaftliche Kompetenz, die Macht, über die Organisation der Wirtschaft zu entscheiden, hat sich der Staat ungeschmälert vorbehalten, was sich insbesondere an seinem Recht zeigt, jederzeit Unternehmen zu instituieren und wieder zu kassieren[30]. Funktional handelt es sich aber bei der Reform um eine Zuweisung von Eigentumskomponenten, und zwar allo-

---

[29] Hierzu allgemein Laptev, Kommentarij, und Crespi Reghizzi, L'impresa, passim.
[30] Laptev, Kommentarij 25 f.

kativer ebenso wie monetärer Art, an die Einzelwirtschaften. Und da sich die Koordinierung der dezentralen Wirtschaftseinheiten nun weitergehend im Medium des Geldes auf einem Markt vollzieht, kann man funktional von einer begrenzten Reprivatisierung der Wirtschaft sprechen[31].

Die Staatsunternehmen sind wie bisher juristische Personen[32]. Sie sind nach dem Prinzip der Einmannverantwortlichkeit (edinonačalie) organisiert[33]. Ihnen sind subjektive Vermögensrechte eingeräumt. Das Gesetz scheint die Sprache der deutschen Zivilistik zu sprechen: Den Unternehmen wird an dem ihrer operativen Verwaltung (operativnoe upravlenie) unterstehenden Vermögen das Recht des Besitzes, der Nutzung und der Verfügung zugesprochen – freilich nicht als Selbstzweck, sondern zur Ausübung „in den Schranken des Gesetzes, in Übereinstimmung mit den Zielen der Unternehmenstätigkeit, den Planaufgaben und der Zweckbestimmung der Vermögensgüter“[34]. Das satzungsmäßige Betriebskapital (ustavnyj fond) – wie man sagen könnte – der Unternehmen besteht aus sogenannten Grundfonds und Umlauffonds[35]. Umlauffonds sind die weniger wertvollen und kurzlebigen Betriebsmittel mit kurzer Umlaufzeit; Grundfonds sind vor allem langlebige Investitionsgüter[36]. Das Gesetz garantiert den Unternehmen den Bestand an Betriebsmitteln für das laufende Planjahr[37]. Das der operativen Verwaltung der Unternehmen unterliegende Sondervermögen ist Haftungsgrundlage für die Schulden, die das Unternehmen bei seiner eigenverantwortlichen Wirtschaftstätigkeit eingeht. Zwischen dem Vermögen des Unternehmens und dem Staatsvermögen besteht eine vollständige Haftungstrennung[38].

Die Reform hat die Zahl der einzelwirtschaftlichen Aktionsparameter erhöht. Die Unternehmen können unter bestimmten Bedingungen überschüssige Ausrüstungsgegenstände, Transportmittel, Rohstoffe und Materialien an andere Unternehmen weiterverkaufen und den Erlös wieder ihren Umlaufmitteln zuführen[39]; unausgenützte Produktionskapazitäten, Gebäude, Werksanlagen und andere Bestandteile ihrer Grundfonds dürfen sie verpachten[40]. Wenn die Planerfüllung gesichert ist, dürfen die Unternehmen Fabrikationsaufträge für andere Unternehmen ausführen. Überplanmäßig hergestellte Erzeugnisse, die

[31] In dem von Bettelheim, Ökonomischer Kalkül und Eigentumsformen (1970), gebrauchten Wortsinn.

[32] Verordnung (položenie) über das sozialistische staatliche Produktionsunternehmen des Ministerrats der UdSSR vom 4. 10. 1965 (S. P. 1965, Nr. 19–20, Ziff. 155), § 2.

[33] AaO, § 4.

[34] AaO, § 8.

[35] AaO, § 11.

[36] Näher Laptev, Kommentarij 34.

[37] Verordnung vom 4. 10. 1965 (oben N. 32), § 12.

[38] AaO, § 9.

[39] AaO, § 21.

[40] AaO, § 16; das Recht der operativen Verwaltung können die Unternehmen aber nicht weitergeben.

nicht mittels staatlicher Allokationsbefehle (narjady) verteilt werden, können sie auf dem Markt an andere staatliche und genossenschaftliche Stellen veräußern[41].

Den allokativen Eigentumsfunktionen, die so an die Einzelwirtschaften delegiert sind, stellt das neue System der materiellen Stimulierung einige monetäre Einkommensfunktionen an die Seite. Die Unternehmen dürfen sich einen Teil des erwirtschafteten Gewinns aneignen und ihn – im Rahmen allgemeiner Normen – für bestimmte Zwecke frei einsetzen: für gewisse dezentrale Investitionen, für soziale und kulturelle Einrichtungen und für Prämienzahlungen an die Arbeitnehmer[42].

Das Konnexinstitut dieses komplexen Eigentumssystems ist ein ebenso komplexes System von Wirtschaftsverträgen[43]. Die Skala der Gestaltungen reicht von Planverträgen, bei deren Eingehung den Parteien weder Abschluß- noch Inhaltsfreiheit zusteht, bis zu praktisch der Privatautonomie überlassenen planfreien Verträgen. Je konkreter der Vertragsgegenstand in die zentrale Planung einbezogen und der direkten administrativen Allokation unterworfen ist, desto weniger Raum bleibt naturgemäß für die vertragliche Konkretisierung der Planaufgaben.

4. Die Verzinsung der Produktionsfonds

Zugleich mit dem neuen System der Planung und materiellen Stimulierung brachte die Wirtschaftsreform ein neues wirtschaftliches Steuerungsinstrument: Zins- oder Abgabeleistungen auf die Produktionsfonds (plata za fondy)[44]. Bis zu der Reform war es für die Höhe des von den Unternehmen an den Staat abzuführenden Gewinnanteils und die Höhe der Umsatzsteuer gleichgültig, wie groß der Einsatz sächlicher Produktionsmittel war. Angesichts der ständigen Rohstoffknappheit und Versorgungsschwierigkeiten waren die Unternehmen bestrebt, möglichst viel Rohstoffe und Produktionskapazitäten in ihren Besitz zu bringen und müßig auf Vorrat zu halten[45]. Jetzt müssen die Unternehmen einen bestimmten Prozentsatz des Arbeitswertes (stoimost')[46] ihrer Grundfonds und der normativ gebundenen (nicht aber der frei verfügbaren)

---

[41] AaO, § 68.

[42] Dazu näher unten S. 275 f.

[43] Dazu ausführlich Loeber, Der hoheitlich gestaltete Vertrag, passim, und Pfuhl, Der Wirtschaftsvertrag im sowjetischen Recht (1958) passim.

[44] Omarov, Besedy 122–144; Virskij/Fedjuk, Voprosy i otvety 75 f.; Drogčinskij/Carev (ed.), Chozjajstvennaja reforma, opyt, perspektivy (1968) 101 ff.; Nove, Soviet Economy 236 ff.

[45] Omarov, Besedy 123; Nove, Soviet Economy 236.

[46] Drogčinskij/Carev 117; Omarov, Besedy 129. Der Prozentsatz beträgt im Regelfall sechs, Rovinskij u. a., Finansovoe pravo (1971) 153; in einzelnen Industrien mit geringer Rentabilität – etwa der holzverarbeitenden Industrie – beträgt er drei, in den Genußgüterindustrien dagegen zehn.

Umlauffonds in die Staatskasse abführen[47]. Damit sollen drei Ziele erreicht werden: einmal die rationelle, sparsame Verwendung der vorhandenen Produktionsmittel, zum anderen die Rationalisierung der Investitionsentscheidungen und schließlich – gesamtwirtschaftlich gesehen – optimale Proportionen zwischen den einzelnen Wirtschaftszweigen. Die Zinsen oder Steuern für Grund- und Umlauffonds repräsentieren freilich keine Marktpreise, und das Optimum, das sie herbeiführen helfen sollen, ist deshalb auch nicht das Optimum einer Marktwirtschaft. Zusammen mit dem Zinssatz der Gosbank, mit dem sie funktional eng zusammenhängen[48], sowie dem Preissystem und dem System der Umsatzsteuer sind sie in erster Linie Instrumente der globalen monetären Wirtschaftslenkung.

5. Der Arbeitsmarkt

Stalins Mengenplanung unterlag auch die Arbeitskraft. Sie wurde ebenso wie die gegenständlichen Produktionsmittel *in natura* alloziert. Der faktische Arbeitszwang, die Bindung der Arbeitskräfte an ihren Arbeitsplatz[49] entsprach dem geringen Spezialisierungsgrad der sowjetischen Arbeiter und den Bedingungen einer straff gelenkten Notstands- und Kriegswirtschaft: „Zwangsarbeitslager einerseits und eine weitgefächerte Lohnskala mit eingebauten Privilegien andererseits waren“, wie Raupach schreibt[50], „extreme Äußerungen dieser Situation.“ 1956 wurde im industriellen Sektor die individuelle Mobilität der Arbeitskraft hergestellt, die freilich durch die strenge Wohnraumbewirtschaftung bis heute starken Einschränkungen unterworfen bleibt. Obwohl die Lohnsumme auch nach der Reform eine der zentral festgesetzten Plangrößen bleibt und obgleich die Grundlöhne innerhalb der einzelnen Kategorien von Arbeitnehmern einheitlich festgelegt werden, schaffen die den Unternehmen eingeräumten Freiheiten bei der Ausgestaltung der Lohnstruktur im einzelnen[51] und die vom einzelwirtschaftlichen Erfolg abhängigen Prämien die Voraussetzungen für einen recht wirksamen Arbeitsmarkt.

6. Das Preissystem

Die Wirtschaftsreform hat das Preissystem[52] für Industriegüter nicht wesentlich berührt. Seit 1957 haben sich die Verwaltungszuständigkeiten für die

---

[47] Der Grund und Boden hat keinen Arbeitswert; deshalb sind für ihn keine Zinsen zu entrichten. Die wirtschaftliche Berechtigung dieser Sonderbehandlung des Bodens ist natürlich sehr zweifelhaft.

[48] Drogčinskij/Carev 119.

[49] Ausführlich zur Arbeitsverfassung der Stalinzeit Hofmann, Die Arbeitsverfassung der Sowjetunion (1956).

[50] Raupach, System der Sowjetwirtschaft (1968; 1970).

[51] Virskij/Fedjuk, Voprosy i otvety 23 ff.

[52] Allgemein zum Preissystem Raupach, System 134 ff. Besonders kritisch Bergson,

Preisfestsetzung zwar mehrfach verändert, aber das Entscheidende ist geblieben: Industriegüter haben keinen Marktpreis. Die sowjetischen Preise werden nicht vom Wechselspiel der Marktkräfte bestimmt und drücken daher nicht Knappheitsrelationen aus. Grundlage der Preisfestsetzung ist vielmehr der in die Erzeugnisse eingegangene Arbeitswert (stoimost'). Den durchschnittlichen Produktionskosten wird bei den Fabrikgroßhandelspreisen, die hier am meisten interessieren, eine Gewinnspanne von 3 bis 5 Prozent zugeschlagen. Trotz dieses einfach scheinenden Ausgangspunktes ist die Aufgabe der Preisbehörden alles andere als leicht. Die entscheidende und praktisch fast unüberwindliche Problematik liegt darin, den für die Herstellung eines Gutes gesellschaftlich notwendigen Arbeitsaufwand (die Durchschnittskosten) zu ermitteln. Das theoretisch bis heute festgehaltene Prinzip der Preisbildung nach dem Arbeitswert bietet so einen weiten Spielraum für preispolitische Manipulationen. Das Preissystem ist daher ein wirksames Instrument zur Einwirkung auf die Struktur von Investition und Produktion und damit auch auf die reale Verteilungsstruktur.

Die Ministerien und wirtschaftlichen Vereinigungen dürfen seit 1965 in einem engen Rahmen die Preise variieren, um gewisse gezielte Anreizwirkungen für die Investitions- und Innovationstätigkeit der Unternehmen zu erzeugen[53]. Die Unternehmen sind bis auf geringfügige Ausnahmen an die administrativ festgesetzten Preise gebunden. Eine solche Ausnahme gilt etwa bei einzeln angefertigten Gütern, für die ein Preis naturgemäß nicht besteht[54].

B. Das Recht der Erfindungen, wissenschaftlichen Entdeckungen und Rationalisierungsvorschläge

I. Das Recht der Erfindungen[55]

1. Der Begriff der schutzfähigen Erfindung nach Sowjetrecht

Die sowjetische Rechtstheorie fordert vom Gesetzgeber, daß er seine Begriffe nach dem wirklichen Wesen der angeschauten Lebensverhältnisse bilde.

The Economics 158–177; vgl. auch Nove, Soviet Economy 163, 194, 208. Das sowjetische wirtschaftswissenschaftliche Schrifttum ist nahezu unübersehbar. Einen knappen Überblick über die Probleme gibt Skvorcov, Ceny i cenoobrazovanie v SSSR (1972); die Geschichte des Preissystems behandelt Malafeev, Istorija cenoobrazovanija v SSSR (1964).

[53] Dazu Nove, Soviet Economy 145, und unten S. 271 f.

[54] Nove, Soviet Economy 146.

[55] Als umfassende, noch heute für viele Einzelfragen wertvolle, Darstellung des vor 1959 bestehenden Rechtszustandes ist Rajgorodskij, Izobretatel'skoe pravo SSSR, zu

Mit dem Anspruch auf Wirklichkeitsadäquität der Begriffsbildung verträgt sich nach der Erkenntnistheorie des Marxismus-Leninismus, für die Objektivität und Parteilichkeit ja keinen Gegensatz bilden, durchaus die zugleich erhobene Forderung, den Klassencharakter dieser Lebensverhältnisse zum Ausdruck zu bringen[56].

---

nennen. Zum Erfinderrecht des Jahres 1959 gibt es zwei gute Gesamtdarstellungen: ANTIMONOV/FLEJŠIC, Izobretatel'skoe pravo, und RJASENCEV, Sovetskoe izobretatel'skoe pravo (1961). Originelle Monographien über Grundfragen des Erfindungsschutzes sind: JAIČKOV, Izobretenie; JURČENKO, Problemy Sovetskogo izobretatel'skogo prava (1963); KORECKIJ, Izobretatel'skoe pravo na novem ėtape (1962); DOZORCEV, Ochrana izobretenij v SSSR (1967); LANDKOF, Osnovy izobretatel'skogo prava (1961). Mehr den Charakter eines Grundrisses haben folgende Werke: DORKIN, Osnovnye ponjatija Sovetskogo izobretatel'skogo prava (1965); MOZOLIN, Prava izobretatelej i racionalizatorov v SSSR (1960); IONAS/KLJUEV/MAVRIN, Prava izobretatelej i racionalizatorov v SSSR (1959); TORKANOVSKIJ, Sovetskoe zakonodatel'stvo ob izobretatel'stve i racionalizacii (1964). Sehr nützlich ist das von BOGUSLAVSKIJ herausgegebene Sammelwerk Pravovye voprosy naučno-techničeskogo progressa v SSSR (1967).

Der Reform des Jahres 1973 ging unmittelbar die Monographie von SKRIPKO, Ochrana prav izobretatelej i racionalizatorov v SSSR (1972), voraus, in der viele der vom Gesetzgeber getroffenen Entscheidungen vorausgesagt oder vorweggenommen sind.

Zum neuen Erfinderrecht des Jahres 1973 konnte im Manuskript lediglich unselbständiges Schrifttum verwertet werden. Die inzwischen erschienenen Schriften von RJASENCEV u. a., Patentovedenie (1976), MAMIOFA, Ochrana izobretenij i techničeskij progress (1974), und ZENKIN u. a., Inženeru ob izobretenii (1976), waren mir erst nach Abschluß des Manuskripts zugänglich. Das Werk von RJASENCEV enthält eine sehr knappe und informative allgemeine Beschreibung des Erfindungswesens im historischen Kontext der Entwicklung der Sowjetwirtschaft im allgemeinen (3–20); im übrigen handelt es sich hier – ebenso wie bei dem Buch von ZENKIN – um eine Darstellung des neuen Erfinderrechts für die Bedürfnisse der Patentpraktiker (meist Techniker, sog. patentovedy) ohne theoretischen Ballast und ohne jede Auseinandersetzung mit der Literatur. Das Werk MAMIOFAS dagegen ist eine sorgfältig dokumentierte Monographie, die im wesentlichen auf den hier berücksichtigten Veröffentlichungen beruht, aber oftmals vorsichtiger formuliert ist.

Die Darstellung des geltenden Erfinderrechts lehnt sich teilweise eng an meine früheren Ausführungen in BALZ, Invention and Innovation under Soviet Law (1975) 29 ff., an.

[56] Seit der Grundlagendiskussion über das System des Sowjetrechts und namentlich über den Begriff des Zivilrechts und dessen Stellung im Rechtssystem, dazu ausführlich REICH, Sozialismus und Zivilrecht 263 f., und BILINSKY, Ringen um das Zivilrecht im Ostblock: OER 1961, 174–196, ist es ausgemacht, daß das Rechtssystem das Wesen der Sozialverhältnisse im Sinne einer Widerspiegelung auszudrücken hat. Das Rechtssystem wird nicht „konstruiert, sondern begriffen", so BRATUS', Predmet i sistema Sovetskogo graždanskogo prava (1963) 48; vgl. auch ALEKSEEV, Obščie teoretičeskie problemy sistemy Sovetskogo prava (1961) 10, und IOFFE/ŠARGORODSKIJ, Voprosy teorii prava (1961) 138–140.

Nur von dieser rechtstheoretischen Position aus ist der Aufwand verständlich, mit dem – vor allem zwischen TADEVOSJAN, Nekotorye voprosy sistemy Sovetskogo prava: SGiP 1956, Nr. 8, 7, und LAPTEV, O Sovetskom chozjajstvennom prave: SGiP 1959, Nr. 4, 77, einerseits und BRATUS', Predmet 144 ff., und IOFFE, Pravovoe regulirovanie choz-

Die Begriffe des „gewerblichen Rechtsschutzes" oder des „Immaterialgüterrechts" lehnen sowjetische Autoren als unwissenschaftlich ab, weil die bürgerliche Rechtswissenschaft ganz heterogene Rechtsmaterien unter sie subsumiere. Die Einheit dieser Rechtsgebiete sei bloßer Schein: nur der Reflex der Warenform, die den Gütern in der kapitalistischen Gesellschaft übergestülpt ist. „Das bürgerliche Recht", so heißt es bei ANTIMONOV/FLEJŠIC, „betrachtet die Erfindung nicht weniger als das gewerbliche Muster, das Warenzeichen oder die Firma als Gegenstand von Verkehrsgeschäften. Zugleich wird das im Patent ausgedrückte Recht an der Erfindung, das historisch nicht anders als das Recht am Gebrauchsmuster, am Warenzeichen oder an der Firma aus der Konkurrenz der Unternehmen hervorgegangen ist, wie diese Rechte als „Element" des Handels- oder Industrieunternehmens als einer wirtschaftlichen Ganzheit aufgefaßt."[57] Der universale Verblendungszusammenhang der Warenproduktion läßt die bürgerliche Patentrechtswissenschaft nach sowjetischer Auffassung keinen wissenschaftlichen Erfindungsbegriff gewinnen, und dieser Mangel, die Unbestimmtheit des Patentrechts selbst, erscheint ihr als ein Werkzeug zur Ausbeutung des arbeitenden Erfinders. Erst wenn der Warenfetisch entzaubert ist, kommt die wirkliche Natur des Erfinderrechts als des Rechts der im Bereich der Ausarbeitung und Verwertung neuer technischer Lösungen auftretenden Beziehungen unter Menschen zum Vorschein[58]. Die sowjetische Jurisprudenz macht bei der Konstruktion ihres Erfindungsbegriffs – diesem theoretischen Ausgangspunkt gemäß – eine Vielzahl von Anleihen bei den Wirklichkeitswissenschaften, bei der Soziologie und Psychologie des technischen und wissenschaftlichen Schaffens[59]. Sehen wir, wieweit ihr die Verwirklichung ihres Programms gelingt.

Was ist eine Erfindung? Eine Sache, oder ein Geistiges, eine Idee? Die Frage

---

jajstvennoj dejatel'nosti v SSSR (1959) 6 ff., andererseits – die Auseinandersetzung um den Begriff des Wirtschaftsrechts geführt wird; dazu HEINRICH, Zur Entwicklung der sowjetischen Wirtschaftsrechtstheorie: OER 1970, 25–46 mit weiteren Nachweisen.

Zu den geistesgeschichtlichen Ursachen der nicht nur für den sowjetischen dialektischen Materialismus, sondern auch für die sowjetische Rechtstheorie charakteristischen Naturalisierung und Ontologisierung des Denkens, deren Funktion die Konstitution des Marxismus als Legitimationswissenschaft ist, vgl. die Einleitung von NEGT zu DEBORIN/BUCHARIN, Kontroversen über dialektischen und mechanistischen Materialismus (1969).

[57] ANTIMONOV/FLEJŠIC 58 f.; IONAS, Izobretatel'skoe pravootnošenie v Sovetskom graždanskom prave (Jur. Kand. Diss. Leningrad 1955) 80–83, 101.

[58] ANTIMONOV/FLEJŠIC und IONAS aaO.

[59] Besonders auffällig das Werk von JURČENKO, Problemy 8 f., und DERS., Problemy Sovetskogo izobretatel'skogo prava (Jur. Doktordiss. Leningrad 1966). Besonders häufig zitiert werden EREMEEV, Social'no-ėkonomičeskie problemy techničeskogo tvorčestva (1967); JAKOBSON, Process tvorčeskoj raboty izobretatelja (1935); RUBINŠTEJN, Osnovy obščej psichologii (1946) 57 ff.; VASILEJSKIJ, Psichologija techničeskogo izobretatel'stva (Psychol. Doktordiss. Gor'kij 1952); LEVITOV, Psichologija truda (1963) 317 ff.; ARCHANGEL'SKIJ, Psichologičeskie osobennosti trudovoj dejatel'nosti peredovikov i novatorov proizvodstva (1957); PONOMAREV, Psichologija tvorčeskogo myšlenija (1960).

ist bis heute unter sowjetischen Juristen streitig. ANISOV schreibt: „Erfindung ist ein als Ergebnis zielgerichteter schöpferischer Tätigkeit von Menschen künstlich geschaffener materieller Gegenstand.“[60] Daß die Erfindung eine Idee sei, entspricht nach seiner Auffassung nicht der Prüfungspraxis des Komitees für Erfindungs- und Entdeckungswesen, das stets ein fertiges, ausgearbeitetes Objekt verlange[61]. Nach anderer und zwar herrschender Auffassung ist die Erfindung ein immaterielles Gut (nematerial'noe blago), das Produkt rein geistigen Schaffens[62]. Als solches hat sie einen Gebrauchswert[63] und kann Gegenstand von Rechtsverhältnissen sein[64].

Eine besonders große Rolle spielt – dem sowjetischen Nachdruck auf dem Arbeitererfinderwesen entsprechend – die Frage nach dem Verhältnis von Talent und Lernen, von Spontaneität und Methode beim Erfinden. Vgl. etwa AL'TŠULER/ŠAPIRO, Izgnanie „šestikrylogo“ serafima: Izobretatel' i Racionalizator 1959, Nr. 10, 1 ff.; DUL'ČEVSKIJ, Talant i trud v techničeskom tvorčestve: Izobretatel' i Racionalizator 1960, Nr. 6, 30 ff.; SIMONOV, Talant i trud v techničeskom tvorčestve: Izobretatel' i Racionalizator 1960, Nr. 1, 24.

[60] ANISOV, Ponjatie i suščnost' izobretenija (Thesen), in: Naučno-praktičeskaja konferencija na temu „Ochrana prav izobretatelej i racionalizatorov v SSSR“ (Moskau 1969) 11.

[61] ANISOV, aaO 10; DERS., Priznaki ob"ekta izobretenija: V. I. 1968, Nr. 4, 17.

[62] MARTYNOV, Prava avtorstva v SSSR: Učenye trudy V. I. Ju. N. 9 (1947) 135; ANTIMONOV/FLEJŠIC 61; JURČENKO, Problemy 18; DOZORCEV, Ochrana 9 f.; TORKANOVSKIJ, Sovetskoe zakondatel'stvo 12; SKRIPKO, Ochrana 11; IONAS, Ob"ekt izobretenija: V. I. 1969, Nr. 7, 3–4.

[63] Vgl. etwa MAMIOFA, Izobretatel'skoe pravootnošenie: V. I. 1969, Nr. 10, 17; DERS., Soderžanie i ėlementy izobretatel'skogo pravootnošenija in: Naučno-praktičeskaja konferencija (oben N. 60) 43.

[64] Ob das Immaterialgut Erfindung im technischen Sinne „Gegenstand“ von Rechtsverhältnissen sein kann, ist allerdings streitig; manche nennen die Erfindung auch nur das Objekt (ob"ekt-im Gegensatz zu Gegenstand – predmet) des erfinderrechtlichen Rechtsverhältnisses, wieder andere nehmen an, daß die Erfindung eine außerhalb des Rechtsverhältnisses liegende juristische Tatsache ist. Auf die Einzelheiten dieses außerordentlich subtilen Meinungsstreits kann hier nicht eingegangen werden. Vgl. außer den in Note 63 genannten Arbeiten vor allem IONAS, Izobretatel'skoe pravootnošenie, JURČENKO, Ob"ekt izobretatel'skogo prava, Očerki po graždanskomu pravu (LGU) (1957) 225 ff., und neuerdings EFIMOV, Juridičeskie fakty v Sovetskom izobretatel'skom prave: V. I. 1975, Nr. 7, 17 ff.

Der Streit um das Rechtsverhältnis konnte zeitweise zur zentralen Kontroverse der sowjetischen Rechtstheorie werden, weil die Entzauberung des Warenfetischs verlangt, daß auch die Sachenrechte und strukturverwandte Rechte wie das Immaterialgüterrecht als Verhältnis von Menschen zueinander, als gesellschaftliches Verhältnis also, begriffen werden, andererseits die Sachlogik immer wieder die Sonderstellung dieser Rechte ins Blickfeld brachte. Zum allgemeinen Problem des Rechtsverhältnisses vgl. IOFFE, Pravootnošenie po Sovetskomu graždanskomu pravu (1949); KEČEKJAN, Normy prava i pravootnošenija: SGiP 1955, Nr. 2, 24; VENEDIKTOV, O sub"ektach socialističeskich pravootnošenij: SGiP 1955, Nr. 6; KRASAVČIKOV, Juridičeskie fakty v Sovetskom graždanskom prave (1959); TOLSTOJ, K teorij pravootnošenija (1959); CHALFINA, Obščee učenia o pravootnošenii (1974). Einen guten Überblick über den Problemstand gibt JAKOBS, Eigentumsbegriff 168 ff.

Das Gesetz über Entdeckungen, Erfindungen und Rationalisierungsvorschläge vom 24. 4. 1959 (künftig: Gesetz 1959)[65] definierte Erfindung als „die durch wesentliche Neuheit ausgezeichnete Lösung einer technischen Aufgabe auf einem beliebigen Gebiet der Volkswirtschaft, der Kultur, des Gesundheitswesens oder der Landesverteidigung, die eine positive Wirkung äußert“[66].

Die sowjetischen Juristen verschmähen den Standard des „Durchschnittsfachmannes“[67] als Maßstab der Erfindungshöhe[68]. Seine Implikation, nur der überdurchschnittliche Fachmann könne erfinden, gilt als arbeiterfeindlich und läuft den sowjetischen Vorstellungen vom Massencharakter der Erfinderarbeit zuwider. JURČENKO schreibt dazu: „Im Gegensatz zur bürgerlichen Wissenschaft, die geistiges Schöpfertum als etwas nur einzelnen talentierten und außergewöhnlichen Persönlichkeiten Eigenes bezeichnet, beweist die sowjetische Wissenschaft, daß die Fähigkeit zum geistigen Schaffen jedem Menschen innewohnt und daß der Erfinder und Rationalisator ein alltäglicher Mensch ist, dessen Arbeitserfolg sozial bedingt ist. Die schöpferische Tätigkeit auf dem Gebiet der Technik und anderen Gebieten der Volkswirtschaft hat in unserem Land Massencharakter, verfolgt patriotische Ziele und kommt unter den Bedingungen des Kollektivismus und der Kameradschaftshilfe, der freundschaftlichen Zusammenarbeit der Wissenschaftler mit den Männern der Produktion zustande. Die Erfinderarbeit wird geplant und ihre Richtung wird vom Staat bestimmt. Diese Gesetzmäßigkeiten der schöpferischen Arbeit der Sowjetmenschen sind unmittelbar durch das sozialistische Wirtschaftssystem, das sozialistische Eigentum an den Produktionsmitteln und die sozialistische Produktionsweise bestimmt.“[69] Man sieht deshalb einen Gewinn an Wissenschaftlichkeit darin, daß an die Stelle des „subjektiven“ bürgerlichen Maßstabs der Erfindungshöhe das „objektive“ Kriterium der wesentlichen Neuheit verwendet wird[70].

Eine ganze Reihe von sowjetischen Autoren hat neuerdings gegen den Begriff

---

[65] Verordnung (položenie) über Entdeckungen, Erfindungen und Rationalisierungsvorschläge, bestätigt durch Verfügung (postanovlenie) des Ministerrats der UdSSR vom 24. 4. 1959, S. P. 1959, Nr. 9, Ziff. 59. Wir sprechen der Übung sowjetischer Juristen folgend auch hier untechnisch von einem „Gesetz“, obwohl nach Art. 32 der sowjetischen Verfassung aus dem Jahre 1936 Gesetze im förmlichen Sinne (zakon) nur vom Obersten Sowjet ausgehen können.

[66] G 1959, § 3.

[67] Vgl. etwa BGH, GRUR 1960, 428.

[68] RAJGORODSKIJ, Izobretatel'skoe pravo 50; IONAS, Izobretatel'skoe pravootnošenie 80–82.

[69] JURČENKO, Problemy 7 f.

[70] RAJGORODSKIJ, Izobretatel'skoe pravo 50. Im Lehrbuch von KONSTANTINOV (ed.), u. a., Grundlagen der marxistisch-leninistischen Philosophie (dtsch. Ausg. 1971) 173, heißt es: „Der dialektische Materialismus geht davon aus, daß ... Wesen und Erscheinung universelle objektive Charakteristika der Dinge sind.“

der wesentlichen Neuheit eingewendet, er leiste dem Subjektivismus bei der Prüfung der Erfindungen Vorschub, und Gegenvorschläge gemacht, die sich stark an westliche Formulierungen anlehnen[71]. Am weitesten geht DOZORCEV, der die wesentliche Neuheit dann als gegeben ansieht, wenn eine neue technische Lösung auf der Grundlage der bereits in dem betreffenden Gebiet angesammelten Kenntnisse für die Spezialisten nicht offenkundig ist[72]. Die herrschende Meinung freilich begnügt sich im Gefolge von IONAS[73] mit der Feststellung: „Wesentliche Neuheit ist Neuheit des Wesens", gewiß eher ein „spekulativer Satz" als eine juristisch objektivierbare Begriffsbestimmung.

Dem Standard des Durchschnittsfachmanns, den das deutsche Patentrecht verwendet[74], und der sowjetischen Schutzvoraussetzung der wesentlichen Neuheit ist ein Wesentliches gemeinsam: sie versuchen eine immanent *technische* Bestimmung der Erfindungshöhe. Daß dem bürgerlichen Patentrecht eine solche Bestimmung gelingen könne, bezweifeln die sowjetischen Autoren jedoch[75]. Die im bürgerlichen Patentrecht vorkommenden Ansätze zu einer Bereicherung oder Ergänzung des rein technischen standard of invention durch wirtschaftliche Kriterien, etwa den durchschlagenden wirtschaftlichen Erfolg einer Erfindung[76], führen sie sogleich als Beweismittel dafür an, daß es den bürgerlichen Juristen gar nicht darum gehe, die geistig Schaffenden zu schützen, sondern nur darum, den Monopolen Exzeßprofite zu sichern[77]. Wissenschafts-

---

[71] JAIČKOV, Izobretenie 68; RASSOCHIN, O normativnych kriterijach patentosposobnosti, in: Naučno-praktičeskaja konferencija (oben N. 60) 18. RASSOCHIN möchte an die Stelle der wesentlichen Neuheit das Kriterium der Erhöhung des Standes der Welttechnik setzen (aaO, 7). Ähnlich bereits LANDKOF, Osnovnye problemy Sovetskogo izobretatel'skogo prava: SGiP 1950, Nr. 2, 66.

[72] DOZORCEV, Ochrana 29.

[73] IONAS, Izobretatel'skoe pravootnošenie 150; ANTIMONOV/FLEJŠIC 85; JURČENKO, Problemy 37; IOFFE, Sovetskoe graždanskoe pravo II (1971) 454; TORKANOVSKIJ, Sovetskoe zakonodatel'stvo 16.

[74] Auch nach dem amerikanischen Patentrecht (Patent Code, 35 U. S. C. [1964], as amended by 79 Stat. 261 [1965], s. 103) darf der Fortschritt, den die Erfindung gegenüber dem Stand der Technik (prior art) erlaubt, nicht offenkundig sein („obvious ... to a person having ordinary skill in the art to which said subject matter pertains").

[75] Etwa IONAS, Izobretatel'skoe pravootnošenie 84.

[76] Vgl. BOYER, Commercial Success as Evidence of Patentability: Pat. L. R. 1970, 1–28; PIETZCKER, Patentgesetz und Gebrauchsmustergesetz (1929) 66–68. Die CDU/CSU-Fraktion des Deutschen Bundestags hat jüngst gefordert, daß § 1 des Patentgesetzes zum Zwecke der Verbesserung der Lage der deutschen Erfinder in dem Sinne geändert wird, „daß ... im Zweifel die ... Erfindungshöhe eines Patents bejaht werden muß, wenn sich der Erfindungsgegenstand als von erheblicher volkswirtschaftlicher Bedeutung erwiesen oder sich auf dem Markte durchgesetzt hat ..." (BT-Drucks. 7/2591, S. 3).

[77] Das ist die Grundthese der sowjetischen Kritik am westlichen Patentrecht. Vgl. BOGUSLAVSKIJ, Buržuaznoe patentnoe pravo i Sovetskoe patentnoe pravo (1961) 5 ff.; DERS., Patentnaja sistema sovremennogo kapitalizma (1960); IVANOV, Patentnaja sistema sovremennogo kapitalizma (1966) 144 ff.; PODOPRIGORA, Patentnoe pravo kapitali-

gläubig meinen die sowjetischen Juristen dagegen, einen der Psychologie und der Erkenntnistheorie des dialektischen Materialismus entstammenden rein wissenschaftlichen Begriffs des geistigen Schaffens (tvorčestvo) unmittelbar zur Lösung rechtlicher Probleme heranziehen zu können[78]. Statt normativ und teleologisch wird deshalb sehr stark empirisch und ontologisch argumentiert. Die Prüfung der Neuheit am Maßstab der Welttechnik, die noch in den dreißiger Jahren Gegenstand durchaus sinnvoller rechtspolitischer Diskussionen sein konnte, gerät so zum unverzichtbaren Postulat für einen angeblich wissenschaftlich begründeten Erfindungsschutz. IONAS etwa schreibt: „Vom *Standpunkt der Erkenntnistheorie* betrachtet ist eine Erfindung die Entdeckung möglicher Verbindungen von Dingen als Ursachen von Wirkungen, *die zuvor nirgendwo auf der Welt gemacht worden ist,* für den Menschen praktische Bedeutung besitzt und ausschließlich durch seine Tätigkeit bedingt ist.“[79]

Über die Bedeutung, die dem Merkmal der „positiven Wirkung“ (položitel'nyj ėffekt) einer Erfindung zukommt, besteht Unklarheit. Ein Teil der Lehre nimmt an, die positive Wirkung sei Voraussetzung nicht für den Schutz der Erfindungen, sondern lediglich für ihre Verwertung[80]. Nach der herrschenden Meinung dagegen, der auch die Praxis des Komitees entspricht, ist die positive Wirkung dagegen Schutzvoraussetzung[81].

Teilweise wird das Erfordernis einer positiven Wirkung rein technisch verstanden, etwa als Erfordernis der „technischen Qualität“ einer Erfindung[82]. Überwiegend jedoch sieht man in der „positiven Wirkung“ nur eine neue Bezeichnung für den in der Geschichte des sowjetischen Erfinderrechts immer wieder auftauchenden Maßstab der „Nützlichkeit“ (poleznost')[83]. Die positive Wirkung ist also der konkrete Nutzen, den eine Erfindung bringt, oder ihr Gebrauchswert.

Bei Diensterfindungen äußert sich das Unternehmen, in dem der Erfinder beschäftigt ist, im Zeitpunkt der Anmeldung zur Frage der Nützlichkeit. Un-

---

stičeskich stran (1968) 8; SVJADOSC, Buržuaznoe patentnoe pravo (1967) 19 ff.; RAJGORODSKIJ, Izobretatel'skoe pravo 3 ff.

„Somit“, schreibt IONAS (Izobretatel'skoe pravootnošenie 102), „ist im kapitalistischen Gemeinwesen der maximale Gewinn das Kriterium geistigen Schaffens“.

[78] Vgl. außer den in N. 59 zitierten Schriften von JURČENKO vor allem IONAS, Izobretatel'skoe pravootnošenie 26 ff., und DERS., Proizvedenie tvorčestva v Sovetskom graždanskom prave (Jur. Doktordiss. Moskau 1966) 8 ff.

[79] IONAS, Izobretatel'skoe pravootnošenie 61 (Hervorhebung von mir); ähnlich JURČENKO, Problemy 8.

[80] BOGUSLAVSKIJ u. a., Pravovye voprosy naučno-techničeskogo progressa v SSSP (1967) 235; JAIČKOV, Izobretenie 79. Andere Autoren äußern sich de lege ferenda in diesem Sinne: RASSOCHIN, O normativnych kriterijach 18; ANTIMONOV/FLEJŠIC 85–87.

[81] JURČENKO, Problemy 40, 49; TORKANOVSKIJ, Sovetskoe zakonodatel'stvo 28; SKRIPKO, Ochrana 32 ff.

[82] JAIČKOV, Izobretenie 109.

[83] JURČENKO, Problemy 40, 49; TORKANOVSKIJ, Sovetskoe zakonodatel'stvo 28; SKRIPKO, Ochrana 32 ff.

mittelbar vom Erfinder bewirkte Anmeldungen sonstiger Erfindungen verweist das Komitee an sachverständige Institute. In letzter Instanz entscheidet aber stets das Komitee selbst[84]. Gegen dieses Verfahren der Nützlichkeitsprüfung wurde eingewendet, es führe zur Verweigerung des Schutzes gerade für die wichtigsten Erfindungen, die erst in ferner Zukunft realisierbar sind[85]. Das Komitee versucht, eine solche negative Auslese zu verhindern, indem es in seiner Praxis auch eine zukünftige positive Wirkung (perspektivnaja poleznost') ausreichen läßt[86]. Ferner wird befürchtet, Unternehmen könnten Diensterfindungen negativ begutachten, um sich – bei ihrer notorisch geringen Innovationsneigung – die Einführung der Erfindungen zu ersparen. F & E-Institute werden verdächtigt, die Wirkung der Erfindungen Außenstehender gelegentlich nicht vorurteilsfrei zu begutachten, wenn sie selbst an einem ähnlichen Projekt arbeiten[87]. Schließlich muß man sich fragen, ob die grundsätzlich am Gebrauchswert der Erfindungen ausgerichtete Nützlichkeitsprüfung durch eine Zentralbehörde unter den Bedingungen der Wirtschaftsreform noch sinnvoll ist, da die Innovationsentscheidungen zunehmend von den Unternehmen nach dem einzelwirtschaftlichen Erfolgskriterium des Gewinnes getroffen werden[88]. Das Komitee sucht diese Bedenken durch eine sehr großzügige Handhabung der Nützlichkeitsprüfung zu zerstreuen. Eine Rolle spielt die Nützlichkeit überhaupt nur bei Urheberscheinen. Patente werden praktisch nie mangels positiver Wirkung verweigert[89].

Das neue Gesetz über Entdeckungen, Erfindungen und Rationalisierungsvorschläge (künftig: Gesetz 1973)[90] verändert den Erfindungsbegriff nicht wesentlich[91]. In Artikel 21 ist definiert: „Als Erfindung wird eine neue, über

---

[84] Skripko, Ochrana 34.

[85] Antimonov/Flejšic 99.

[86] Skripko, Ochrana 37.

[87] Skripko, Ochrana 37 f.

[88] Diese Frage steht hinter der Kritik von Boguslavskij u. a., Pravovye voprosy, und Rassochin, O normativnych kriterijach.

[89] Hiance/Plasseraud, La protection des inventions en Union Soviétique et dans les républiques populaires d'Europe (1969) 77.

[90] Verordnung (položenie) über Entdeckungen, Erfindungen und Rationalisierungsvorschläge, bestätigt durch Verfügung (postanovlenie) des Ministerrats der UdSSR vom 21. 8. 1973, S. P. 1973, Nr. 19, Ziff. 109. Die Verordnung ist zum 1. Januar 1974 in Kraft getreten. Auch hier sprechen wir der sowjetischen Übung gemäß vom „Gesetz" des Jahres 1973. Der Text ist auch in V. I. 1973, Nr. 10, 58–79, abgedruckt.

[91] Zum Erfindungsbegriff des G 1973: Zenkin, Ponjatie izobretenija po novomu položeniju ob otkrytijach, izobretenijach i racionalizatorskich predloženijach: V. I. 1974, Nr. 1, 46–52; Šalito, O trebovanijach k novizne izobretenija po Sovetskomu zakonodatel'stvu: V. I. 1975, Nr. 10, 12–17; Fogel', Kriterii ochranosposobnosti chimičeskogo soedinenija v SSSR: V. I. 1974, Nr. 4, 13–17; vgl. auch Mamiofa, Novoe v prave na izobretenie: V. I. 1974, Nr. 3, 13–16; Dorkin, Novoe zakondatel'stvo po izobretatel'stvu: V. I. 1974, Nr. 1, 13 ff.; Skripko, Novoe v Sovetskom izobretatel'skom prave: SGiP 1974, Nr. 4, 26, 28–30.

wesentliche Unterscheidungsmerkmale (otličija) verfügende technische Lösung einer Aufgabe auf einem beliebigen Gebiet der Volkswirtschaft, des sozialen und kulturellen Aufbaus und der Landesverteidigung anerkannt, die eine positive Wirkung äußert."[92]

Das Erfordernis der positiven Wirkung ist also mit allen ihm eigenen Unklarheiten unverändert übernommen. Anders als im Gesetz 1959 fällt in dem neuen Gesetz aber nicht mehr das Wort „Nützlichkeit". Einer der ersten Exegeten schließt daraus, man habe die Anforderungen an die „positive Wirkung" vor allem deshalb herabgesetzt, um an der Schutzfähigkeit langfristig wirksamer Erfindungen (perspektivnye izobretenija) keinen Zweifel zu lassen[93]. Wenn dies die Absicht des Gesetzgebers war, so kommt sie im Text kaum zum Ausdruck. Ein positiver Effekt soll nämlich jedes bessere Ergebnis sein, das die Erfindung gegenüber dem bisherigen Stand der Technik ermöglicht[94]. Verschwommener hätte man auch die Nützlichkeit nicht definieren können.

Neuheit und Erfindungshöhe, die in dem vertrackten Begriff der wesentlichen Neuheit verschmolzen waren, werden nun zwar formal als getrennte Schutzvoraussetzungen angesehen[95]. Das Gesetz[96] erläutert jedoch, daß eine Lösung dann über wesentliche Unterscheidungsmerkmale verfüge, wenn sie gegenüber den der Wissenschaft und Technik bekannten Lösungen durch eine „neue Gesamtheit von Merkmalen" gekennzeichnet sei. Damit folgt es in der Sache der bisher herrschenden Auffassung, daß es auf die Neuheit des Wesens ankomme. Zugleich wird die bisher herrschende Sprachregelung festgeschrieben, daß es nicht auf die Fähigkeiten eines fiktiven Durchschnittsfachmannes ankomme, sondern auf den objektiven Fortschritt gegenüber dem bisherigen Stand der Technik.

Neu ist die ausdrückliche Bestimmung der Neuheit[97]: „Eine Lösung wird als neu anerkannt, wenn bis zum Datum der Priorität der Anmeldung das Wesen dieser oder einer identischen Lösung weder in der UdSSR noch im Ausland einem unbestimmten Kreis von Personen soweit bekannt war, daß ihre Ausführung möglich war."[98] Damit ist geklärt, daß es keine neuheitsschädliche Veröffentlichung darstellt, wenn die Erfindung im Rahmen des innerbetrieblichen Kollektivismus, der kameradschaftlichen Zusammenarbeit und der Beratung der Erfinder durch staatliche und gewerkschaftliche Stellen Dritten bekanntgeworden ist. Wie bisher werden bei der Neuheitsprüfung alle in-

---

[92] G 1973, § 21.
[93] Zenkin, Ponjatie 51.
[94] Zenkin, Ponjatie 51.
[95] Ausführlich hierzu Zenkin, Ponjatie 49–51; Šalito, O trebovanijach 12 ff.
[96] G 1973, § 21 III.
[97] G 1973, § 21 II. Dazu die oben N. 95 genannten Autoren.
[98] So legte allerdings das Komitee den Neuheitsbegriff bereits in ständiger Praxis aus; vgl. Hiance/Plasseraud 73.

ländischen und ausländischen Patentschriften, Patentanmeldungen und Veröffentlichungen der Neuheitsprüfung zugrundegelegt[99].

Das Gesetz 1959 hatte die Erfindung als die Lösung einer *technischen* Aufgabe definiert. Wann war eine Aufgabe technischer Art? Auch der Streit um diese Frage wurde mit philosophischen und realwissenschaftlichen Argumenten geführt[100]. ANTIMONOV/FLEJŠIC definierten Technik als „Arbeitswerkzeuge und Verfahren sowie die Methoden zu ihrer Verwertung im Prozeß der Erzeugung von materiellen Gütern aller Art"[101]. Die Lösung technischer Aufgaben führt nach dieser engen Auffassung stets zu Veränderungen an den Arbeitswerkzeugen (Maschinen) oder in den technologischen Prozessen der Güterproduktion[102]. Andere Autoren setzten die technischen Aufgaben mit den praktischen Aufgaben schlechthin gleich und identifizierten so technisches mit instrumentalem Handeln im weitesten Sinne. JURČENKO nannte die Erfindung die „schöpferische Lösung einer praktischen oder utilitarischen (utilitarnyj) Aufgabe"[103]. SKRIPKO war der Auffassung, der technische Charakter nicht der Aufgabe, sondern der Lösung sei das Entscheidende. „Erfindung ist die technische Lösung einer Aufgabe."[104]

Diese Wendung und sicherlich auch die ihr zugrundeliegende weitere Bestimmung der Technik[105] hat das neue Gesetz aufgenommen. Allerdings verfolgt es keine klare Linie. Es anerkennt erstmals ausdrücklich auch neue Stämme von Mikroorganismen als Erfindungen[106]. Neue Zuchtleistungen auf dem Gebiet der landwirtschaftlichen Kulturen und anderer Kulturpflanzen, der Viehzucht und Geflügelhaltung, der Pelztierzucht und Seidengewinnung dagegen werden den Erfindungen nur „gleichgestellt"[107].

Der Gesetzgeber des Jahres 1959 glaubte noch mit dem Erfordernis der Lösung einer technischen Aufgabe den gegenständlichen Schutzbereich hinreichend umschrieben zu haben. Im Gesetz 1973 müssen nun nach der ausdrücklichen Übernahme des weiteren Begriffs der Technik besondere Einschränkungen gemacht werden. Als schutzfähige Erfindungen werden nicht anerkannt: „Methoden und Systeme der Organisation und Verwaltung der Wirtschaft

[99] Zum bisherigen Recht vgl. VON FÜNER, Der Neuheitsbegriff im sowjetischen Erfinderrecht: GRUR/Int. 1965, 120 ff.; HIANCE/PLASSERAUD 73 ff.

[100] Besonders um wissenschaftliche Begriffsbildung bemüht auch hier JURČENKO, Problemy 21.

[101] ANTIMONOV/FLEJŠIC 66.

[102] So auch MAJKAPAR, Izobretenie i patent (1968) 18 f.

[103] JURČENKO, Problemy 17; ähnlich DOZORCEV, Ochrana 8; TORKANOVSKIJ, Sovetskoe zakondatel'stvo 14.

[104] SKRIPKO, Ochrana 17.

[105] Vgl. ZENKIN, Ponjatie 47; SKRIPKO, NOVOE 29. DORKIN, Novoe zakonodatel'stvo 14.

[106] G 1973, § 21 V.

[107] G 1973, § 22 I und II. Zum Ganzen KOMISSAROV, Nekotorye voprosy pravovoj ochrany selekcionnych dostiženij: V. I. 1975, Nr. 12, 8 ff.; zum bisherigen Recht und de lege ferenda DOZORCEV, Ochrana selekcionnych dostiženij v SSS R (1969).

(Planung, Finanzierung, Materialversorgung, Rechnungswesen und dergleichen); konventionelle Zeichensysteme (uslovnye oboznačenija) (z. B. Verkehrszeichen und dergleichen), Verzeichnisse, Regeln (z. B. Spielregeln, Verkehrsregeln und dergleichen), Entwürfe und Pläne für Bauwerke (sooruženija, zdanija) und territoriale Einheiten (territorii), Siedlungen (naselennye punkty), landwirtschaftliche Anlagen (ugodija), Parks und dergleichen, Erziehungs- und Lehrverfahren und -systeme, etwa grammatische Sprachsysteme sowie Vorschläge, die lediglich die äußere Erscheinung von Erzeugnissen betreffen und nach der Gesetzgebung über gewerbliche Muster schutzfähig sind."[108] Das Gesetz nimmt ferner solche Lösungen vom Schutz aus, „die gesellschaftlichen Interessen, den Grundsätzen der Menschlichkeit und der sozialistischen Moral zuwiderlaufen oder eindeutig nutzlos" sind[109].

Unter der Geltung des Gesetzes 1959 war ausführlich die Einführung des Erfindungsschutzes für neue Leistungen auf dem Gebiet der Kybernetik und der elektronischen Rechentechnik erörtert worden[110]. Besonders durchdringend griff MAMIOFA die Beschränkung des Schutzbereichs auf Stoffe, Vorrichtungen und Verfahren als veraltet an. Sie entspreche den Bedingungen der ersten industriellen Revolution des 18. Jahrhunderts, einer Zeit, in der in der Technik mechanische Vorrichtungen und in der Naturwissenschaft mechanistische Vorstellungen vorgeherrscht hätten. Die gegenwärtige wissenschaftlich-technische Revolution dagegen sei durch den Übergang von der mechanisch-fabrikmäßigen (mašino-fabričnoe) zur komplex-automatisierten Produktion gekennzeichnet. Mit den mechanistischen Grundbegriffen des herkömmlichen Patentrechts werde man dem Fortschritt der modernen Wissenschaften, für welche die struktural-systemtheoretische Methode charakteristisch sei, nicht mehr gerecht[111]. Von dieser Position aus fordert MAMIOFA eine neue Grundlegung des Erfinderrechts insgesamt und insbesondere die Ausdehnung des Schutzes auf praktisch alle Manifestationen des Fortschritts in den angewandten Wissenschaften[112].

---

[108] G 1973, § 21 VI.

[109] G 1973, § 21 VII.

[110] MAMIOFA, Pravovaja zaščita avtorstva i uspechi kibernetiki: Pravovedenie 1956, Nr. 4, 134 ff.; DERS., O vlijanii techničeskogo progressa na ponjatie juridičeski značimogo izobretenija: SGiP 1966, Nr. 1, 125 ff.; DERS., Sovremennaja naučno-techničeskaja revoljucija i pravovye problemy ochrany izobretenij (Jur. Doktordiss. Char'kov 1970, zit. nach dem veröffentlichten Avtoreferat); DERS., Ob ochranosposobnosti matematičeskich rešenij techničeskich zadač: V. I. 1973, Nr. 5, 21 ff.; GUTENMACHER, Kibernetika i izobretatel'stvo: Izobretatel'stvo v SSSR 1957, Nr. 1, 7 ff.: dazu SKRIPKO, Ochrana 45 f.; ANISOV/KOMOV/LARINOVA/MILOCHIN/GAŠČIN, K voprosu o patentosposobnosti algoritmov, programm, kodov (1969).

[111] MAMIOFA, Diss. (Avtoreferat) 6 f.; DERS., Zavtrašnij den' nauki izobretatel'skogo prava i praktika ochrany izobretenij, in: Materialy III. Pribaltijskoj konferencii po patentnym i licenzionnym voprosam I (1968) 48–54.

[112] MAMIOFA definiert den Gegenstand des Erfinderrechts als „System von Elementen, die eine innere Einheit besitzen" (Diss., Avtoreferat 8).

In der Tat wurde auch das neue Erfinderrecht 1973 mit der Aufgabe nicht fertig, einen operativen Erfindungsbegriff zu entwickeln, der einem als Strukturgewinn begriffenen technischen Fortschritt (BOULDING)[113] gemäß wäre. Es greift sie nicht einmal an. Vielmehr stellt es erstmals ausdrücklich fest, daß Gegenstand der Erfindung nur eine neue Vorrichtung, ein Verfahren oder ein Stoff sowie die Verbindung bereits bekannter Vorrichtungen, Verfahren oder Stoffe zu einem neuen Zweck sein kann[114]. Dennoch scheint das letzte Wort zur Schutzfähigkeit von Codes, mathematischen Sprachen, Algorithmen und Computerprogrammen noch nicht gesprochen zu sein, denn das Gesetz erwähnt sie trotz der vorangegangenen lebhaften Diskussion absichtlich wohl nicht unter den schutzunfähigen Neuerungen, um der Entwicklung nicht vorzugreifen. Mit dem Bekenntnis zu dem weiteren Begriff der Technik, das in der Formel von der „technischen Lösung einer Aufgabe" zum Ausdruck kommt, dürfte immerhin die Möglichkeit eröffnet sein, daß das Komitee in seiner Entscheidungspraxis zum unmittelbaren Schutz von Algorithmen, mathematischen Sprachen usw. übergeht[115].

Das Gesetz 1959 schloß in der Nachfolge aller sowjetischen Patentgesetze seit 1924, die sich an das damalige deutsche Patentrecht anlehnten, den Schutz chemischer Stoffe aus[116]. Lediglich die Verfahren zur Herstellung chemischer Substanzen waren schutzfähig. Wohl aber schützte das alte Recht Heilsubstanzen, Geschmacksstoffe und Nahrungsmittel, die nicht auf chemischem Wege gewonnen wurden. Für solche Stoffe konnten allerdings nur Urheberscheine erteilt werden; Patente wurden aber für neue Verfahren zur Herstellung solcher Stoffe gewährt.

Die sowjetische Rechtswissenschaft hatte die Schutzunfähigkeit chemischer Substanzen bis in die jüngste Zeit hinein niemals gründlich durchdacht. Die Argumente, die sich in der älteren Literatur finden, wirken einigermaßen oberflächlich. JURČENKO beschränkte sich auf den Hinweis, daß manche chemisch hergestellten Stoffe bereits in der Natur vorkämen[117], während JAIČKOV sich mit dem Satz begnügte, auch andere Länder kämen ohne den Schutz

---

[113] Vgl. oben S. 22 und N. 19 (Erster Teil).

[114] G 1973, § 21 IV.

[115] Der erste nach dem Inkrafttreten des G 1973 erschienene Aufsatz, SMIRNOV, Nekotorye voprosy pravovoj ochrany matematičeskogo obespečenija ĖVM: V. I. 1974, Nr. 12, 13 ff., äußert sich negativ zum Schutz abstrakter mathematischer Ideen.

Derzeit genießen mathematische Bestandteile der elektronischen Rechentechnik Schutz, wenn sie sich in einer im engeren Sinne technischen Vorrichtung oder Konstruktion ausdrücken, kurzum, wenn sie nicht bloß soft-ware, sondern hard-ware sind. Vgl. SMIRNOV aaO, 14 und MAMIOFA, Praktika ochrany izobretenij, otnosjaščichsja k sposobam polučenija, preobrazovanija i peredači informacii (1970) 1, 216, zit. nach SMIRNOV aaO, sowie DERS., Ob ochranosposobnosti 21, 23. Unstreitig ist, daß neue mathematische Ergebnisse urheberrechtlichen Werkschutz genießen, SMIRNOV aaO.

[116] G 1959, § 4 II.

[117] JURČENKO, Problemy 54.

chemischer Stoffe aus[118]. SEREBROVSKIJ und MOZOLIN argumentierten, für die Versagung des Schutzes sei entscheidend, daß eine chemische Formel allein regelmäßig nicht die für die Herstellung des Stoffes erforderliche Information vermittle[119]. LANDKOF kam wohl der ratio legis des deutschen Patentgesetzes mit seiner Auffassung am nächsten, alternative Darstellungsverfahren eines Stoffes dürften nicht blockiert werden[120], womit freilich noch nicht gesagt ist, weshalb auch die Erteilung von Urheberscheinen ausgeschlossen sein sollte[121]. Erst in den letzten Jahren war der Schutz chemischer Stoffe Gegenstand ausführlicher Diskussion, und eine Vielzahl von Stimmen hat sich für eine Änderung des bisherigen Rechtszustandes ausgesprochen[122].

Die originellste Begründung für die Einführung des Erfindungsschutzes für chemische Substanzen hat MAMIOFA geliefert. Er erklärt das Fehlen des Stoffschutzes im (früheren) deutschen Patentrecht damit, daß in Deutschland – anders als in den angelsächsischen Ländern, die einen Stoffschutz schon lange kennen – die Erfindung nicht als körperlicher Gegenstand, sondern als Idee oder „Lehre" begriffen worden sei, als Anweisung, Mittel zu einem bestimmten Zweck einzusetzen. Stoffe habe man sich aber nur entweder als Mittel oder aber als Ergebnis einer Tätigkeit vorstellen können. Die moderne wissenschaftlich-technische Entwicklung zwinge hier aber zum Umdenken. Sie schaffe die Möglichkeit, einen Stoff hinreichend durch diejenigen Merkmale seiner Struktur zu kennzeichnen, die seine Eigenschaften bestimmen. Die erfinderische Leistung liege nun darin, daß eine „neue Beziehung zwischen der chemischen Struktur eines Stoffes (als dem Mittel) und den aus ihr resultierenden Eigenschaften des Stoffes (als dem Zweck)" aufgezeigt werde[123]. Für uns wirkt freilich das zweite Argument MAMIOFAS überzeugender, die Erteilung von Urheberscheinen für chemische Stoffe erleichtere die Verwertung sowjetischer Stofferfindungen durch Patentierung im Ausland[124], ohne die sowjetische Industrie zu behindern[125].

---

[118] JAIČKOV, Izobretenie 41.

[119] SEREBROVSKIJ/MOZOLIN, Avtorskoe pravo na otkrytie, izobretenie i racionalizatorskoe predloženie (1961) 10.

[120] LANDKOF, Osnovy 34 f.

[121] Richtig MAMIOFA, Pravovye voprosy zaščity izobretenij v oblasti chimii: SGiP 1964, Nr. 3, 45, 47.

[122] Vgl. die Materialien über eine diesem Thema gewidmete Konferenz im Juli 1968 in Riga „Problemy ochrany izobretenij v oblasti chimii", Materialy soveščanija (1968) und FOGEL', Pravovaja ochrana izobretenij v oblasti chimii (Jur. Kand. Diss. Tartu 1969, zit. nach dem veröffentlichten Avtoreferat).

[123] MAMIOFA, Vlijanie naučno-techničeskogo progressa na teoriju i praktiku pravovoj zaščity izobretennogo chimičeskogo veščestva, in: Problemy ochrany (vorige Note) 5 ff.

[124] Die Stofferfindung wird erst durch die Anmeldung zur Kenntnis des für die Verwertung sowjetischer Erfindungen im Ausland zuständigen Komitees gebracht. Zugleich wird durch die Anmeldung die sog. Verbandspriorität in den Mitgliedstaaten der Pariser Verbandsübereinkunft zum Schutze des gewerblichen Eigentums gewahrt.

[125] MAMIOFA, Pravovye voprosy 48.

Nach dem Gesetz 1973 werden für Substanzen, die auf chemischem Wege gewonnen werden[126], nur Urheberscheine erteilt, aber keine Patente. Dasselbe gilt für Stoffe, die durch die Atomzertrümmerung gewonnen werden, sowie für Vorrichtungen und Verfahren, die der Gewinnung und Verwertung von Kernenergie dienen, ferner für Heilstoffe, Geschmacksstoffe und Nahrungsmittel, für Kosmetika und für human- oder veterinärmedizinische Heilverfahren oder Verfahren der Prophylaktik und Diagnostik sowie für neue Stämme von Mikroorganismen[127].

2. *Die Verwertungsrechte an geschützten Erfindungen*

a) Patente

Auch die Gesetze der Jahre 1959 und 1973 haben das Patent neben dem Urheberschein als Instrument des Erfindungsschutzes beibehalten[128]. Das neue Gesetz ist in seinen Vorschriften über Patente insgesamt wesentlich ausführlicher als das bisherige, und es lehnt sich stärker an Formulierungen der bürgerlichen Patentrechte an.

Die Rechtsstellung des Patentinhabers umschreibt das neue Recht beinahe mit denselben Worten wie das Gesetz 1959: „Niemand darf eine Erfindung, für die ein Patent erteilt ist, ohne das Einverständnis des Patentinhabers verwerten. Der Patentinhaber ist berechtigt, entgeltlich oder unentgeltlich seine Erlaubnis (Lizenz) zur Nutzung der Erfindung zu erteilen oder sein Patent ganz abzutreten."[129] Das Gesetz 1973 fügt noch einen Satz hinzu: „Die Höhe der Zahlung für die Erteilung einer Lizenz oder die Abtretung der Erfindung wird durch Vereinbarung der Parteien bestimmt."[130] Wie bisher muß die Lizenz oder Abtretung beim Komitee registriert werden, um wirksam zu sein[131].

Beide Gesetze bezeichnen das Patent als ein Ausschlußrecht (iskljucitel'noe pravo)[132]. Das Gesetz 1973 umschreibt den Inhalt des Ausschlußrechts erstmals seit 1931 wieder näher und gibt ihm eine Wendung ins Positive: „Der Inhaber des Ausschlußrechts an einer Erfindung verwirklicht (osuščestvljaet) das Recht, die Erfindung zu verwerten und über sie zu verfügen."[133]

---

[126] Zu den Einzelheiten vgl. FOGEL', Kriterii ochranosposobnosti und ZENKIN, Ponjatie 48.

[127] G 1973, § 25. Zum Schutz durch mikrobiologische Verfahren gewonnener Stoffe vgl. DEMENT'EV/SLIVKINA, O vozmožnosti pravovoj zaščity veščestv, polučennych mikrobiologičeskim putem: V. I. 1975, Nr. 5, 11 ff.

[128] G 1959, §§ 47 ff.; G 1973, §§ 30 ff.

[129] G 1973, § 30 IV; vgl. schon G 1959, § 48 Buchst. c.

[130] G 1973, § 30 V.

[131] G 1959, § 48 Buchst. c; G 1973, § 30 V.

[132] G 1959, § 4 I; G 1973, § 23 I.

[133] G 1973, § 23 II. In G 1931, § 5 Buchst. a, hieß es: „Der Patentinhaber kann die Erfindung unter Beachtung der Gesetzgebung über die private unternehmerische Tätigkeit ausführen, Ausländer und ausländische juristische Personen können die Erfindung unter

Das Gesetz 1959 hatte auf Vorschriften über die Patentverletzung verzichtet. Es war aber unbestritten, daß der Inhaber eines Patents Schadensersatz nach den allgemeinen Vorschriften des Zivilgesetzbuches verlangen konnte[134]. Das Gesetz 1973 verweist nun ausdrücklich auf das allgemeine Deliktsrecht: „Eine Person, die das ausschließliche Recht des Patentinhabers auf die Verwertung der Erfindung der patentgeschützten Erfindung verletzt hat, muß den von ihm verursachten Schaden nach den Vorschriften der bürgerlichen Gesetzgebung der UdSSR und der Unionsrepubliken ersetzen.“[135]

Bei Erfindungen, die für den Staat eine besonders große (važnoe) – früher hieß es: wesentliche – Bedeutung haben, ist wie bisher der Lizenzzwang möglich; im neuen Recht ist zudem die Enteignung vorgesehen[136].

Aus diesem kurzen Überblick über das positive sowjetische Patentrecht kann man leicht den Eindruck gewinnen, es unterscheide sich von den Patentrechten kapitalistischer Staaten kaum in wesentlichen Zügen[137]. Das wäre verfehlt. Die Dinge sehen ganz anders aus, wenn wir die gegenwärtige sowjetische Eigentumsverfassung mit in die Untersuchung einbeziehen. Sie nimmt vieles von dem, was das Patentrecht zu geben scheint. Daran zeigt sich, daß funktionale Rechtsvergleichung nicht auf das Deutungsmuster der Einheit der Rechtsordnung verzichten kann.

Es ist leerer Schall, wenn das Gesetz 1973 dem Ausschlußrecht des Patentinhabers einen positiven Gehalt, das Recht zur Verwertung der Erfindung, vindiziert[138]. Privatpersonen – seien sie Sowjetbürger oder Ausländer – sind von jeder gewerblichen Betätigung ausgeschlossen, sieht man einmal von den kaum nennenswerten Resten des Klein- und Hausgewerbes (kustarničestvo) ab. Die Industrie ist vollständig in staatlicher Hand. Ausländische Direktbeteiligungen, wie sie in Rumänien, Ungarn und anderen Ländern bereits vorkommen, kennt die Sowjetunion jedenfalls derzeit noch nicht. Kein Inhaber eines sowjetischen Patents kann mithin seine Erfindung selber gewerblich verwerten. Das Patent verleiht ihm nicht mehr als die Macht, Dritte von der Nutzung der Erfindung auszuschließen; sein Inhalt ist rein negativ. Diese Ausschlußmacht steht dazu auf einem schwachen Fundament: Da der Patentinhaber nicht mit strafrechtlichen Mitteln geschützt wird, kann jeder Interessent die Erfindung nutzen, sofern er nur willens ist, Schadensersatz zu leisten[139]. Han-

---

Beachtung der Gesetze über die Zulassung ausländischen Kapitals zur wirtschaftlichen Tätigkeit auf dem Gebiet der UdSSR ausführen.“

134 Vgl. etwa Jaičkov, Izobretenie 176.

135 G 1973, § 30 VI. Zum Ganzen vgl. Mamiofa, Novoe 13 f. Auch das neue Recht sieht keine Strafsanktionen für Patentverletzungen vor.

136 G 1973, § 35; G 1959, § 48 Buchst. g.

137 Diesen Eindruck erwecken auch die Praktikerbücher über das sowjetische Patentrecht.

138 G 1973, §§ 23, 30.

139 So bereits Poklonskij in der Patentdiskussion der zwanziger Jahre (Dva proekta zakona ob izobretenijach, in: K proektu 11).

delt es sich um einen sowjetischen Erfinder, dem der Staat als Monopolist gegenübersteht, so ist kaum anzunehmen, daß der Schadensersatz höher ausfällt als die Vergütung, die der Erfinder als Inhaber eines Urheberscheins erhalten würde. Da das sowjetische Patent mithin dem Erfinder keine positiven Nutzungshandlungen zuweist, entfällt auch die in den kapitalistischen Ländern auftretende, überaus komplizierte Erschöpfungsproblematik. Das sowjetische Patent „erschöpft" sich – wie CHEJFEC in der Diskussion der zwanziger Jahre richtig festgestellt hat[140] – darin, ein bloßer Titel auf Geldleistungen zu sein.

Die in dem neuen Gesetz so deutlich zum Ausdruck kommende Neigung der Sowjetjurisprudenz, das Erfinderrecht als Sondermaterie und nicht als integralen Bestandteil des Rechts der Wirtschaftsorganisation zu behandeln, ist keinesfalls neu. Bereits RAJGORODSKIJ hatte das Ausschlußrecht des Erfinders in Anlehnung an das deutsche Recht als ausschließliche Befugnis bezeichnet, die Erfindung zu nutzen und über sie zu verfügen[141], und diese Auffassung war seitdem herrschend geworden[142]. Man verschloß den Blick davor, daß dieses angebliche Recht, positiv auf ein immaterielles Gut einzuwirken und mit ihm zu wirtschaften, in der verstaatlichten Sowjetwirtschaft kein Betätigungsfeld fand. Bevor diese herrschende Auffassung Gesetz wurde, hatte lediglich RASSOCHIN noch einmal die von CHEJFEC[143] entwickelte institutionelle Theorie der Ausschlußrechte aufgegriffen und weiterentwickelt[144]. Er leugnete den positiven Gehalt des Ausschlußrechts an Erfindungen und interpretierte es als bloßen Behelf zu deren Kommerzialisierung, nämlich als Vorbedingung des Verfügungsrechts, das er für allein wesentlich hielt. Inzwischen hatten sich jedoch die Fronten gewandelt. Es kam nicht mehr darauf an, die Ausschlußrechte vor den Angriffen der „Linken" zu bewahren – wie es noch CHEJFEC' Anliegen gewesen war –, sondern darauf, das Patentrecht als „Fenster nach Europa" weit zu öffnen, um es zum ideologisch unauffälligen Vehikel der technischen Kooperation mit dem Westen zu machen. Für RASSOCHINS Einsichten bestand keine Nachfrage.

Dazu paßt, daß einzelne Lehrbücher noch den Ballast der herkömmlichen Lizenztypologie mit sich schleppen. Auch im sowjetischen Recht soll es einfache und volle, ausschließliche und nicht ausschließliche Lizenzen geben. Der

---

[140] Oben 1. Abschnitt N. 169.

[141] RAJGORODSKIJ, Izobretatel'skoe pravo 230.

[142] Vgl. etwa IONAS, Izobretatel'skoe pravootnošenie 234; DOZORCEV, in: Naučno-praktičeskaja konferencija (oben N. 60) 26; ANTIMONOV/FLEIJŠIC 170. Bereits RAEVIČ, Isključitel'nye prava, hatte seiner Definition des Ausschlußrechts als der ausschließlichen Zuweisung bestimmter Handlungen Geltung nicht nur für kapitalistische Wirtschaften, sondern auch für die verstaatlichte Sowjetwirtschaft zugesprochen, vgl. oben S. 119.

[143] Vgl. oben S. 97 und CHEJFEC, Osnovnye problemy izobretatel'stva (1935) 104.

[144] RASSOCHIN, Ob isključitel'nom prava Sovetskogo gosudarstva na izobretenie: V. I. 1969, Nr. 5, 16; DERS., Pravovye problemy ispol'zovanija izobretenij v narodnom chozjajstve (Jur. Kand. Diss. Moskau 1970) 44.

Lizenzgeber soll dem Lizenznehmer Beschränkungen hinsichtlich der Art, dem Gebiet, dem Umfang und der Dauer der Verwertung der Erfindung auferlegen dürfen[145]. Das Gesetz 1973 – wie vor ihm auch das Gesetz 1959 – schweigt zu der Frage der Lizenzbeschränkungen allerdings. Vertragen sich solche Lizenzbeschränkungen überhaupt mit der so oft beschworenen Einheit der Sowjetwirtschaft? Es gilt ja für ein grundlegendes wirtschaftliches Strukturprinzip, daß es keine rechtlichen Schranken für die Verwertung allen in der Sowjetunion verfügbaren wissenschaftlichen und technischen Wissens gibt[146].

Unklar ist bereits, ob das Nutzungsrecht an einer Erfindung auf ein einzelnes Unternehmen beschränkt werden kann. Der Lehrstreit in der Literatur – wenn beim Vorliegen zweier Meinungsäußerungen von einem solchen gesprochen werden kann – beschränkt sich zwar auf die Frage, welche Wirkung die vollständige Abtretung eines Patents habe; er hat aber auch für das Lizenzrecht Bedeutung, da die Lizenz als Teilabtretung angesehen wird[147].

Rassochin behauptet in seiner Kandidatendissertation, wenn ein Erfinder einem Staatsunternehmen sein Patent abtrete, dann erwerbe „in Übereinstimmung mit den Grundsätzen des sozialistischen Wirtschafts- und Staatssystems“ der Staat – und nicht die einzelne Organisation – das Ausschlußrecht[148]. Dieses Ergebnis begründet Rassochin mit dem reichlich begriffsjuristisch wirkenden Argument, zwar handle es sich hier um eine Rechtsnachfolge des Unternehmens, der Begriff der Rechtsnachfolge setze nach sowjetischem Recht aber nicht voraus, daß der Inhalt des Rechts unverändert bleibe. Rassochin beruft sich auf Čerepachin[149] und Rjasencev[150] und definiert die Rechtsnachfolge wie folgt: „Beim Hinzutreten bestimmter juristischer Faktoren endet nach dem Gesetz das Recht bei einer Person, während im Ursachenzusammenhang damit bei einer anderen Person ein typengleiches Recht mit dem gleichen oder einem anderen Inhalt entsteht.“[151] Der Grund für diese uns merkwürdig anmutende Bestimmung der Rechtsnachfolge liegt darin, daß die subjektiven Rechte des sowjetischen Wirtschaftsrechts prinzipiell nicht auf eine Verkehrswirtschaft bezogene klar vertypte Tauschpositionen, sondern statusrechtlich eingebundene Kompetenzlagen sind[152].

---

145 Antimonov/Flejšic 181; Rajgorodskij, Izobretatel'skoe pravo 241 f.

146 Dozorcev, Pravovoj režim naučno-techničeskich znanij: SGiP 1973, Nr. 6, 52–60; Boguslavskij, Pravovye voprosy 5.

147 Im G 1973 heißt es: „. . . Der Patentinhaber ist berechtigt, eine Erlaubnis zur Nutzung der Erfindung (Lizenz) zu erteilen oder sein Patent *ganz abzutreten*“ (Hervorhebung von mir).

148 Rassochin, Pravovye voprosy 30, 41.

149 Čerepachin, Pravopreemstvo po Sovetskomu graždanskomu pravu (1962).

150 Rjasencev, Sovetskoe graždanskoe pravo I (1965) 270.

151 Rassochin, Pravovye voprosy 28.

152 Allgemein zum Stand der Lehre vom subjektiven Recht in der Sowjetunion vgl. Bilinsky, Zur Problematik des subjektiven Rechts in der Sowjetunion: Jb. f. OstR 1 (1960) 2; Jakobs, Der Grundinhalt der subjektiven Rechte im deutschen und sowjetischen Rechtssystem: OER 1964, 258 ff.

Der gegenteiligen Ansicht ist RAJGORODSKIJ, der das Wesen der Rechtsnachfolge traditionell versteht und daraus nicht weniger begriffsjuristisch den Schluß zieht, der Inhaber eines Ausschlußrechts müsse das Recht, das er selber habe, inhaltsgleich auch durch Lizenz auf ein Staatsunternehmen übertragen können[153].

Das geltende positive Recht gibt kaum mehr als gewisse Anhaltspunkte für eine Lösung des Problems. Gewisse Folgerungen lassen sich vielleicht aus der Regelung des Vorbenutzungsrechts ziehen[154]. Nach dem Gesetz 1959 war das Vorbenutzungsrecht jeweils dem Unternehmen vorbehalten, das die Erfindung vor der Anmeldung unabhängig vom Erfinder genutzt hatte. Das neue Gesetz gewährt ein solches Recht auch den (rechtsfähigen) Anstalten (učreždenija) und Organisationen. Angesichts des organschaftlichen Verhältnisses der Staatsunternehmen zum Staat könnte man annehmen, das Vorbenutzungsrecht, das in einem Unternehmen begründet worden sei, komme alsbald der gesamten Staatswirtschaft zugute. In der Literatur ist die gegenteilige Ansicht vertreten worden: Das Vorbenutzungsrecht müsse auf den jeweiligen Vorbenutzer beschränkt bleiben, wenn anders das Recht des Patentinhabers nicht ausgehöhlt werden solle[155]. Eben diese Aushöhlung könnte der Sowjetstaat aber bewirken, wenn er von seiner Organisationsgewalt über die Wirtschaft Gebrauch machen würde. So wie der Staat das Recht hat, jederzeit Unternehmen oder sonstige rechtsfähige Organisationen zu schaffen oder zu kassieren, kann er sie auch verschmelzen[156]. Praktisch werden solche Rechtsfragen freilich nie. Mangels eines Geheimnisschutzes spielt das Vorbenutzungsrecht in der Praxis kaum eine Rolle. Falls es in seltenen Fällen einem Staatsunternehmen einmal einen technischen Vorsprung vor den anderen Unternehmen sichern sollte, wäre das jedenfalls eine wenig beweiskräftige Anomalie[157] im System der Sowjetwirtschaft.

Das neue Recht unterscheidet ausdrücklich zwischen Zwangslizenz und Enteignung[158] und scheint damit RAJGORODSKIJS Meinung zu bestätigen. Die Un-

---

[153] RAJGORODSKIJ, Izobretatel'skoe pravo 230. Den Gedanken des „nemo plus juris transferre potest quam ipse habet" zieht R. bereits heran, um zu begründen, daß auch dem sowjetischen Patentinhaber ein positives Nutzungsrecht zustehe. Er schreibt (234): „Wenn der Inhalt des Rechts des Patentinhabers nicht die ausschließliche Nutzung der Erfindung ist, wie kann dann dieses ausschließliche Nutzungsrecht in der Hand des Rechtsnachfolgers entstehen? Dabei unterliegt es doch keinem Zweifel, daß unsere wirtschaftlichen und sonstigen Organisationen im Wege der Rechtsnachfolge das Recht der ausschließlichen (oder beschränkten) Nutzung der patentgeschützten Erfindung erwerben können."

[154] G 1973, § 33; G 1959, § 48 Buchst. f.

[155] ANTIMONOV/FLEJŠIC 184.

[156] PETROV, Sovetskoe administrativnoe pravo, Čast' obščaja (1970) 138 ff.

[157] Gegenüber dem Grundsatz, daß das Sowjetrecht keine Wissensmonopole zuläßt (oben N. 146).

[158] G 1973, § 35.

terscheidung ist nämlich nur sinnvoll, wenn im Falle der Zwangslizenz das Nutzungsrecht an der Erfindung tatsächlich auf die „entsprechende Organisation" – so drückt das Gesetz 1973 sich aus – beschränkt bleibt. Eine solche formale Argumentation wäre aber fehl am Platze; das Erfinderrecht ist, wie wir sahen, nicht immer ganz beim Worte zu nehmen. Das Nebeneinander von Lizenzzwang und Enteignung ist schon seit 1924 Bestandteil des sowjetischen Erfinderrechts und wurde allein im Gesetz 1959 aufgegeben[159]. Dabei ist nach Angabe sowjetischer Autoren bis heute weder von der Enteignung noch vom Lizenzzwang Gebrauch gemacht worden[160]. Ausländern gegenüber hält man sich strikt zurück, um sie nicht von der Patentanmeldung abzuschrecken[161]. Sowjetischen Patentinhabern gegenüber reicht bereits das Fehlen einer Strafsanktion für Patentverletzungen aus, um allen Interessenten die Nutzung der Erfindung zu einer „angemessenen" Lizenzgebühr – in der Form des Schadensersatzes – zu ermöglichen[162]. Man wird beinahe sagen können, daß Enteignung und Lizenzzwang bloß angedroht sind, um Inländer von der Patentierung ihrer Erfindungen abzuhalten. Schon deshalb darf man in die neue Formulierung nicht zuviel hineinlegen. Bereits 1925 hatte die Zwangslizenz zugunsten eines einzelnen Unternehmens, wie oben dargelegt wurde, zur Folge, daß der gesamte staatliche Sektor die Erfindung nutzen konnte[163]; ein Unterschied zur Enteignung bestand nur hinsichtlich der Verteilung der Entschädigungslast. Weshalb sollte die Unterscheidung heute folgenreicher sein? Da die Eingriffsvoraussetzungen für Enteignung und Lizenzzwang identisch sind, ist anzunehmen, daß eine Maßnahme nur dann als Enteignung deklariert würde, wenn sie wirklich für eine unbestimmte Vielzahl von Unternehmen von Interesse wäre.

Für RASSOCHINS Auffassung dagegen spricht als ein starkes historisches Argument die Regelung aus dem Jahre 1925, wonach der Patentinhaber dem staatlichen Sektor gegenüber nur einheitlich über sein Nutzungsrecht verfügen konnte[164]. Wenn das schon damals galt, als die Einheit der Staatsindustrie noch kaum gefestigt war, dann muß es – so ließe sich folgern – erst recht heute gelten.

Wir kommen nach diesem Für und Wider zu dem für westliche Juristen wenig befriedigenden Ergebnis, daß die (wie man meinen sollte) zentrale Frage,

---

[159] G 1924, § 15; G 1931, § 5 Buchst. e; G 1941, § 4 Buchst. d.

[160] Etwa RASSOCHIN, Pravovye voprosy 44 N. 2; vgl. auch HIANCE/PLASSERAUD 102.

[161] MAGGS/JERZ, The Significance of Soviet Accession to the Paris Convention for the Protection of Industrial Property: JPOS 1966, 242, 250.

[162] Vgl. oben N. 139. Zwar kennt auch der sowjetische Zivilprozeß das Institut der Unterlassungsklage, JUDEL'SON, Graždanskij process (1972) 148. Ob ein sowjetischer Bürger mit einer Unterlassungsklage wegen einer drohenden oder fortdauernden Patentverletzung durch ein – staatliches – Unternehmen durchdringen könnte, dürfte jedoch eine sehr akademische Frage sein.

[163] Siehe oben S. 106 f.

[164] AaO.

was aus dem Nutzungsrecht an einer Erfindung wird, wenn es einmal ganz oder teilweise aus der Hand eines privaten Patentinhabers in ein Unternehmen der Staatswirtschaft gelangt ist, weder vom positiven Recht beantwortet wird, noch in der sowjetischen Jurisprudenz auf ein mehr als beiläufiges Interesse stößt. Es besteht offenbar kein Bedürfnis, diese Frage als *Rechtsproblem* auszudiskutieren.

Die Möglichkeit für den Patentinhaber, die Übertragung des Nutzungsrechts auf seinen unmittelbaren Vertragspartner zu beschränken, ist sicherlich die geringste Form der Nutzungsbeschränkung bei der Lizenzvergabe. Im Westen würde man hier noch gar nicht von einer Lizenzbeschränkung sprechen. Ob Mengen-, Verwendungs- und Gebietsbeschränkungen, so wie es die Lehrbücher des Erfinderrechts wahrhaben wollen, wirklich zulässig sind, ist deshalb erst recht zweifelhaft. Auch hierzu werden in der Literatur wenig Worte gemacht. Lizenzbeschränkungen dieser Art „kommen" nämlich, wie Antimonov/Flejšic sich ausdrücken, im sowjetischen Recht praktisch „nicht vor"[165]. Versetzen wir uns in die Lage eines Sowjetbürgers, der den für seinesgleichen ungewöhnlichen Schritt getan hat, ein Patent zu nehmen. Er kann selber der Staatsindustrie keine Konkurrenz machen und hat also kein Interesse daran, bestimmte Nutzungsbefugnisse für sich selbst zurückzuhalten. Die Produktionsplanung und das administrative Preissystem verhindern, daß er die regional oder für die verschiedenen Anwendungsbereiche der Erfindung unterschiedliche Nachfrageintensität und -elastizität durch Verwendungs- oder Gebietsbeschränkungen zur Maximierung seines Gebühreneinkommens ausnützen kann. Da er auch nicht über die ausländische Patentierung und Verwertung seiner Erfindung entscheiden darf[166], steht er einem vollständigen staatlichen Nachfragemonopol gegenüber. Er kann einzelne Staatsunternehmen also nicht gegen andere ausspielen. Er muß sich grundsätzlich mit jeder Lizenzgebühr abfinden, die ihm angeboten wird, denn er sitzt am kürzeren Hebel. Als letzter Ausweg bleibt ihm bloß der Umtausch seines Patents in einen Urheberschein, wodurch er sich einen gesetzlich normierten Vergütungsanspruch einhandelt. Schließlich kann ihn die Staatsindustrie jederzeit in der Form der Enteignung und des Lizenzzwangs oder – einfacher noch – durch eine Patentverletzung auf den Weg des Duldens und Liquidierens verweisen.

Preisstellungsklauseln oder Rückgewährungsklauseln (grant back) werden in der allgemeinen sowjetischen Literatur nicht erwähnt. Sie können im Recht der internen Lizenzbeziehungen ebenfalls nicht zulässig sein. Die Verpflichtung des Lizenznehmers zum Erfahrungsaustausch mit dem Lizenzgeber kommt schon deshalb kaum in Betracht, weil der Patentinhaber selber nicht Produzent sein kann. Ein Ausschlußrecht könnte der Lizenzgeber an den ihm überlassenen schutzfähigen Erfahrungen des Lizenznehmers nicht erwerben, weil Erfin-

[165] Antimonov/Flejšic 181.
[166] G 1973, §§ 103, 104; G 1959, § 69.

dungen, die in einem sowjetischen Unternehmen gemacht werden, stets nur durch Urheberschein geschützt werden. Preisstellungsklauseln hätten für den Patentinhaber keine Bedeutung, da er nicht selber zum Staat in Konkurrenz treten kann. Für den Staat wäre die private Einflußnahme auf die Preisgestaltung politisch zudem unannehmbar.

Auf eine günstige Lizenzgebühr kann der Patentinhaber am ehesten dann hoffen, wenn er seinem Lizenznehmer nicht widerspricht. So ist institutionell dafür gesorgt, daß die persönlichen Interessen auch des Patentinhabers mit den Interessen der Allgemeinheit zusammenfallen[167], nämlich wie diese auf die möglichst weite und ungehinderte Verwertung der Erfindung gerichtet sind.

In eben dem Maße, wie die Sowjetwirtschaft eine planmäßig organisierte Wirtschaft ist, kann sie es Privatpersonen nicht gestatten, durch Lizenzbeschränkungen willkürlich auf das Kostengefüge und die Struktur der Industrieproduktion einzuwirken. Das käme einer unerwünschten partiellen Reprivatisierung der Sowjetwirtschaft gleich. Selbst wenn das Erfinderrecht dem Patentinhaber das Recht einräumen sollte, die Lizenzerteilung mit allerlei Bedingungen und Einschränkungen zu verbinden, so würde ihm der wirtschaftsrechtliche ordre public der Sowjetunion die Ausübung dieses Rechts verwehren.

In der Literatur finden sich auch keine eindeutigen Stellungnahmen zur Frage der Berechnung der Lizenzgebühren. Sicher ist jedoch, daß auch hier die Strukturprinzipien der sowjetischen Wirtschaftsverfassung der – im neuen Recht ausdrücklich hervorgehobenen – Vertragsfreiheit der Parteien enge Grenzen setzen. Die Wahl unter verschiedenen Modalitäten der Gebührenberechnung ist zugleich eine Entscheidung über die reale Struktur der Produktion und über das Kostengefüge einer Wirtschaft – nicht anders als die Festsetzung der einzelnen Arten von Lizenzbeschränkungen[168]. Richten sich die Lizenzgebühren nach der Ausbringung der unter Verwertung der Erfindung hergestellten Endprodukte, so hat der Lizenzgeber je nach der wirtschaftlichen Bedeutung der Erfindung und dem Grad ihrer Substituierbarkeit eine größere oder geringere Macht, durch die Einwirkung auf die Produktionskosten die Ausbringung der Endprodukte zu steuern. Entsprechend werden weniger der für die Herstellung der Endprodukte erforderlichen Produktionsfaktoren gebraucht. Durch eine Art Kettenreaktion wird schließlich die Allokation in der gesamten Volkswirtschaft verzerrt. Bemißt sich die Lizenzgebühr nach

---

[167] Vgl. dazu etwa RASSOCHIN, Ob isključitel'nom prave 13 N. 36; DORKIN, Leninskij dekret ob izobretenijach i ego vlijanie na vozniknovenie kačestvenno novych otnošenij v oblasti izobretatel'stva: V. I. 1975, Nr. 8, 3, 8. Allgemein zum Grundsatz der Übereinstimmung der persönlichen, kollektiven und gesamtgesellschaftlichen Interessen im Sozialismus KONSTANTINOV u. a., Grundlagen der marxistisch-leninistischen Philosophie 500 ff.; EICHHORN u. a., Wörterbuch der marxistisch-leninistischen Soziologie (1969), Stichwort „Interesse" 228 ff.

[168] Grundlegend BAXTER, Legal Restrictions on Exploitation of the Patent Monopoly: Yale L. J. 1966, 267 ff., vor allem 309–313.

dem Ausmaß der Erfindungsnutzung, so werden relativ zuviel der anderen für das Endprodukt erforderlichen inputs benötigt, eine Verzerrung, die sich wiederum durch die gesamte Volkswirtschaft hindurch bemerkbar macht. Dies alles gilt nicht nur in Marktwirtschaften, sondern auch in einer Planwirtschaft, die sich zwar vielleicht langsamer an die Entscheidungen des Lizenzgebers anpaßt als jene, auf eine Kostenrechnung aber auch nicht verzichten kann. Die Freiheit, unter verschiedenen Methoden der Gebührenberechnung zu wählen, wäre mithin gleichbedeutend mit der Freiheit, über die volkswirtschaftliche Allokation der Produktionsfaktoren zu entscheiden. Solche Entscheidungen behält der sowjetische Staat aber prinzipiell sich selbst vor. Man muß deshalb annehmen, daß nur eine Art der Gebührenberechnung in Frage kommt: die Festsetzung einer Fixsumme. Daß ein sowjetischer Patentinhaber durch die zeitliche Aufteilung seines Rechts diese Schranke überwinden und mehrmals eine feste Lizenzgebühr beziehen könnte, dürfte praktisch unvorstellbar sein.

Untersuchen wir nun die Rechtstellung des ausländischen Patentinhabers. Grundsätzlich sollte sie nicht anders sein als die des sowjetischen Patentinhabers. Das Erfinderrecht sichert nämlich den Ausländern und ihren Rechtsnachfolgern die gleiche Rechtstellung zu wie den sowjetischen Bürgern und Personen (Grundsatz der Inländerbehandlung)[169]. Muß man deshalb annehmen, daß das Patentrecht der Ausländer ebenso beschränkt und mit denselben Unsicherheiten belastet ist wie das der Sowjetbürger?

Die Inländerbehandlung wird den Ausländern nur für das Erfinderrecht zugesagt. Das Gesetz beruht auf der Annahme, daß das Erfinderrecht sich als Sonderrechtsmaterie qualifizieren und eindeutig vom Eigentumsrecht und vom Recht der Wirtschaftsorganisation abheben lasse, eine Prämisse, die wir für die funktionale Untersuchung des Erfinderrechts aufgeben mußten. In einem rein erfinderrechtlichen Sinne werden Inländern und Ausländern in der Tat die gleichen lizenzrechtlichen Befugnisse zugesprochen. Die jüngst abgeschlossene Doktordissertation von Gorodisskij über den internationalen Patentlizenzvertrag verwertet zu einem guten Teil westliche Autoritäten und liest sich kaum anders als irgendeine westliche Darstellung des internationalen Lizenzrechts[170]. Aus den Darstellungen sowjetischer Schriftsteller kann man nur fol-

---

[169] G 1973, § 7 I; G 1959, § 14. Das bisherige Recht hatte die Inländerbehandlung nur den Erfindern selbst zugesichert und zudem Gegenseitigkeit (vzaimost') verlangt. Das neue Recht gewährt die Inländerbehandlung auch den Rechtsnachfolgern der Erfinder, einschließlich der juristischen Personen. (Zu der Frage, was das in der Sowjetunion heißt, deren juristische Personen niemals ein Patent oder einen Urheberschein erwerben können, vgl. unten S. 185.) Das Gegenseitigkeitserfordernis ist nun entfallen. Da praktisch alle Industriestaaten Mitglieder der Pariser Verbandsübereinkunft sind, die generell Inländerbehandlung vorschreibt, opferte die Sowjetunion – seit 1965 selber Mitglied der PVÜ – mit dieser Änderung praktisch nichts.

[170] Gorodisskij, Licenzionnyj dogovor vo vnešnej torgovle SSSR (Jur. Doktordiss. Moskau 1971).

gern, daß das sowjetische Recht voll an dem internationalen Common Law der Lizenzbeziehungen teilhabe[171].

Bei funktionaler Betrachtung stellt sich indessen heraus, daß die Struktur der Sowjetwirtschaft den Handlungsspielraum auch des ausländischen Patentinhabers auf ganz ähnliche Weise einschränkt wie den eines Sowjetbürgers. Erinnern wir uns, daß Ausländer nicht zur gewerblichen Betätigung in der Sowjetunion zugelassen sind. Konzessionsabkommen, wie sie während der N.Ö.P. abgeschlossen wurden, kommen heute noch nicht wieder vor; ebensowenig läßt die Sowjetunion gegenwärtig Direktinvestitionen in der Form von Minderheitsbeteiligungen (im angelsächsischen Sprachraum sogenannten equity ownership joint ventures) zu. Der ausländische Patentinhaber kontrahiert nicht unmittelbar mit den sowjetischen Staatsunternehmen, sondern mit einer monopolistischen Außenhandelsorganisation namens Licenzintorg[172], die für alle Staatsunternehmen als Kommissionär auftritt. Gegenüber dem sowjetischen Patentinhaber hat der Ausländer nur einen, freilich schlechterdings entscheidenden Vorteil: Er ist Außenhandelspartner, und er ist für die Realisierung seiner Erfindung nicht auf die Sowjetunion angewiesen. Er kann sie vor die Wahl stellen, das patentierte Erzeugnis entweder fertig aus dem Ausland importieren zu müssen oder es gegen eine entsprechend hohe Lizenzgebühr selber herzustellen. Ein Ausländer kann deshalb anders als ein Sowjetbürger, der wie wir sahen, auf die Verwertung seiner Erfindung im Ausland keinen Einfluß hat, „Welthandelspreise" und grundsätzlich auch die Konditionen des Welthandels erzielen[173].

Alle Bedingungen der Lizenz stehen aus diesem Grund prinzipiell der Diskussion offen. Die Sowjetunion wird nach ihrem handelspolitischen Ermessen

---

[171] Vgl. etwa BOGUSLASVKIJ, Patentnye voprosy v meždunarodnych otnošenijach (1962) 185–188; siehe ferner die Darstellungen des sowjetischen internationalen Patentlizenzrechts etwa bei LANGEN, Internationale Lizenzverträge (2. Aufl. 1958), sowie bei HENN, Problematik und Systematik des internationalen Patentlizenzvertrags (1967) passim.

[172] Das Statut von Licenzintorg ist veröffentlicht in Propriété Industrielle (Industrial Property), März 1966, 68. Zur Rechtsstellung dieser Außenhandelsorganisation vgl. HIANCE/PLASSERAUD 116 ff. Allgemein zu den Außenhandelsorganisationen des Sowjetrechts etwa POZDNJAKOV u. a., Ėksportno-importnye operacii (1970) 9 ff. Eine Kurzübersicht bietet auch das Werk von HIANCE/PLASSERAUD 115.

[173] Enteignung und Zwangslizenz brauchen Ausländer nicht zu fürchten, da es sich die Sowjetunion nicht leisten will, die ausländische Bereitschaft zur wissenschaftlich-technischen Zusammenarbeit zu mindern und da es ihr in den meisten Fällen darauf ankommen wird, durch freiwillige Mitwirkung des Lizenzgebers möglichst alles für die Verwertung der Erfindung erforderliche technische Wissen (Know-how, technische Erfahrungen, u. U. auch fertigungstechnische Unterstützung) zu bekommen. Wie MAGGS/JERZ, The Significance 249 f., berichten, hat ČERVJAKOV, Chef der Außenhandelsabteilung des Komitees, erklärt, wenn es im äußersten Falle einmal zur Zwangslizenzierung eines Ausländerpatents kommen solle, so richte sich die Lizenzgebühr nach „Welthandelspreisen".

dem Ausländer um so weiter entgegenkommen, je stärker sie an der betreffenden Erfindung interessiert ist. Daß das Zusammenwirken von Patentrecht und Wirtschaftsorganisation von der Rechtswissenschaft – man muß wirklich annehmen: bewußt – im Unklaren gelassen wird, gewinnt hier die wichtige Funktion, die Verhandlungsposition der sowjetischen Seite zu stärken. Von eindeutigen Rechtsnormen nicht behindert, kann Licenzintorg einerseits grundsätzlich alle praktisch denkbaren Lizenzbedingungen gewähren, andererseits aber ebensowohl jeder Forderung der Gegenseite den Einwand des sowjetischen wirtschaftlichen ordre public entgegenhalten. Die sowjetische Seite hat deshalb auch ein Interesse daran, daß ihre Vertragspraxis sehr individuell bleibt und daß nicht eine stehende Übung bekannt wird; entsprechend ist sie wenig geneigt, ihre Verträge Dritten offenzulegen[174].

Es ist durchaus denkbar, daß die Sowjetunion in einem Vertrag über ein ihr besonders wichtiges Patent auch einmal – um ein krasses Beispiel zu wählen – der idiosynkratischen Forderung des Lizenzgebers nach der Festsetzung von Mindestpreisen stattgeben könnte. Im Außenhandel kommt es jedenfalls immer wieder vor, daß die Sowjetunion Pflichten übernimmt, die nicht in ihre wirtschaftliche Landschaft passen und für deren Durchsetzung die *rechtlichen* Mittel fehlen. PISAR berichtet beispielsweise, daß die Sowjetunion im Rahmen von Know-how-Lizenzen wiederholt Geheimhaltungspflichten übernommen hat, obwohl das sowjetische Recht über keinen Geheimnisschutz verfügt[175].

Die Probleme des sowjetischen internationalen Patentlizenzvertrages sind also überwiegend Probleme nicht des sowjetischen Erfinderrechts, ja des Rechts überhaupt, sondern Fragen der Handelspolitik. Wir können hier deshalb nicht mehr tun, als in wenigen großen Zügen die Interessenlagen zu kennzeichnen, die im internationalen Lizenzverkehr der Sowjetunion auftreten.

Ein Ausländer hat, da er weder selber in der Sowjetunion produzieren darf noch infolge des sowjetischen Außenhandelsmonopols ungehindert seine Erzeugnisse in die Sowjetunion exportieren kann, grundsätzlich kein Interesse daran, das Nutzungsrecht an seiner Erfindung auf einzelne Staatsunternehmen oder einzelne territoriale Einheiten zu beschränken[176]. Umgekehrt würde eine solche Beschränkung in starkem Widerspruch zu den Grundprinzipien der Sowjetwirtschaft stehen. Licenzintorg erhält deshalb in aller Regel vom Lizenzgeber die Erlaubnis, ausländische Erfindungen in allen Unternehmen und auf dem gesamten sowjetischen Staatsgebiet zu verwerten[177].

[174] Mir ist es während eines einjährigen Studienaufenthalts in der Sowjetunion nicht gelungen, Zugang zu Licenzintorg zwecks Einsichtnahme von Vertragsmustern oder Interview von Bediensteten der Organisation zu erwirken.

[175] PISAR, Coexistence and Commerce (1970) 339.

[176] Der Durchführung und Überwachung einer solchen Beschränkung stünden überdies schier unüberwindliche Hindernisse entgegen, weil die Sowjetunion ihren westlichen Vertragspartnern die im Westen üblichen Inspektionen, Werksbegehungen, Testkäufe usw. in der Regel nicht gestattet. Vgl. HIANCE/PLASSERAUD 121; PISAR 339.

[177] HIANCE/PLASSERAUD 121; PISAR 341.

Dagegen ist es für den Lizenzgeber häufig von erheblichem Interesse, die Verwertung der Erfindung im westlichen Ausland aber auch in den anderen sozialistischen Ländern in der Hand zu behalten. Die beste Sicherung hat er, wenn er in allen den Ländern, in denen er produzieren will oder nach denen er ausschließlich zu exportieren wünscht, Parallelpatente nimmt. Wie steht es aber mit der nicht geschützten technischen Information, dem Know-how, die regelmäßig zugleich mit einem Schutzrecht übertragen werden? Prinzipiell haben alle Länder des Rates für Gegenseitige Wirtschaftshilfe (Comecon) Zugang zu dem technischen Wissen, das in einem Mitgliedsland verfügbar ist[178]: Dies entspricht auf der internationalen Ebene der innerhalb der nationalen Volkswirtschaften üblichen technischen Zusammenarbeit. Der Grundsatz des freien Austauschs technischer Information unter den Bruderländern steht inzwischen freilich weitgehend nur noch auf dem Papier. Die Staaten des RGW gehen immer mehr dazu über, in den anderen Mitgliedsstaaten Schutzrechte anzumelden und förmliche Lizenzverträge abzuschließen[179]. Die Lizenzpraxis westlicher Unternehmen hat gezeigt, daß sich trotz des noch immer proklamierten Grundsatzes der freien brüderlichen Zusammenarbeit Verwertungsbeschränkungen auf das Staatsgebiet der Sowjetunion aushandeln und ohne besondere Mühe durchsetzen lassen[180].

Gegenständliche Beschränkungen können den Zweck haben, den Lizenzgeber in seinem Arbeitsgebiet vor unerwünschter sowjetischer Konkurrenz auf dem Weltmarkt zu schützen; in gewissem Umfang dienen sie auch seinem Interesse, sich die Möglichkeit des Exports bestimmter Waren in die Sowjetunion zu wahren. Eine solche Verwendungsbeschränkung ist in der Sowjetunion mit dem Instrumentarium der Wirtschaftsplanung viel leichter durch-

---

[178] Vgl. Dietz, Trends Toward Exclusive Patent Rights in Socialist Countries: International Review of Industrial Property and Copyright Law 1971, Nr. 2, 155, 161, 168.

[179] Dietz, 168; Hiance/Plasseraud 25; Boguslavskij, Pravovoe regulirovanie meždunarodnych chozjajstvennych otnošenij (1970) 94 f. Am 12. 12. 1974 hat der RGW (Comecon) vier Musterverträge gebilligt, die künftig in der wissenschaftlich-technischen und außenwirtschaftlichen Zusammenarbeit der Mitgliedstaaten angewendet werden sollen: 1. den Musterlizenzvertrag des allgemeinen Typs für Schutzrechtslizenzen, 2. den Musterlizenzvertrag über die Weitergabe von Know-how, 3. den Mustervertrag über die unentgeltliche Weitergabe wissenschaftlich-technischer Errungenschaften und 4. den Musterlizenzvertrag über Warenzeichen. Das Prinzip der Unentgeltlichkeit der wissenschaftlich-technischen Hilfe gilt nur für den dritten Vertragstyp, der nur die Erstattung der Übertragungskosten vorsieht. Bei den übrigen Verträgen bemessen sich die Lizenzgebühren nach den im allgemeinen Welthandel üblichen Grundsätzen, vgl. zum Ganzen neuerdings Trachtengerc, Dogovory o peredače naučno-techničeskich dostiženij v ramkach SĖV: V. I. 1975, Nr. 10, 44–49. Da komplette Technologietransfers meistens den Zugang zu Schutzrechten oder zu geschütztem Know-how voraussetzen, dürfte dem Vertrag des dritten Typs nur ein sehr bescheidenes Anwendungsgebiet verbleiben, zumal eine Abgrenzung zwischen Know-how und anderen wissenschaftlich-technischen Errungenschaften nur sehr schwierig zu treffen sein dürfte.

[180] Pisar 339, 341.

zuführen und zugleich weniger prinzipienwidrig als die Beschränkung einer Lizenz auf ein einzelnes Unternehmen oder einzelne Gebietseinheiten. Sie dürften in der Praxis deshalb gelegentlich vorkommen[181].

Mengenbeschränkungen, die nicht dem Schutz des Patentinhabers auf dem Weltmarkt oder seinem Export in die Sowjetunion dienen, sollen in der Praxis vorkommen[182], dürften aber selten sein. Die sowjetische Seite legt regelmäßig besonderen Nachdruck darauf, den Lizenzgeber zur Übertragung zukünftiger Erfahrungen zu verpflichten[183]. Die reziproke Verpflichtung zur Rückübertragung von Lizenzen an neuen Erfindungen und Erfahrungen (grant back) dürfte Licenzintorg nicht leicht abzuringen sein, ist aber sicherlich im Einzelfall möglich.

Mindest- und Höchstpreisfestsetzungen für das Staatsgebiet der Sowjetunion sind für den Lizenzgeber grundsätzlich uninteressant, da er mit der Sowjetunion auf ihrem Territorium nicht in Konkurrenz treten kann. Da sie umgekehrt einen schwerwiegenden Verzicht auf die staatliche Preishoheit darstellen würden, ist kaum vorstellbar, daß sie zugelassen werden. Zum Schutz seiner Stellung auf dem Weltmarkt kann eine Preisstellungsklausel hinsichtlich des sowjetischen Exports für den Lizenzgeber von Bedeutung sein. Eine solche Exportbeschränkung bedeutet für die Sowjetunion keine Preisgabe grundsätzlicher Positionen und ist deshalb wohl verhältnismäßig einfach auszuhandeln.

Auf Lizenzbeschränkungen, die sich auf das Territorium der Sowjetunion beziehen, wird sich der Patentinhaber schon deshalb nicht versteifen, weil die Sowjetunion ihren Vertragspartnern praktisch niemals die im Westen üblichen Inspektionen, Werksbegehungen und Testkäufe gestattet[184], ohne welche die Überwachung der Vertragsdurchführung nicht möglich ist.

Die Berechnung der Lizenzgebühr nach dem output (Stücklizenz), nach dem Maße der Erfindungsnutzung oder gar nach dem Umsatz oder dem Gewinn des Lizenznehmers ist schon wegen dieser Überwachungsschwierigkeiten für den Lizenzgeber nicht attraktiv. Er hat aber auch kein Interesse an den allokativen Nebenwirkungen der verschiedenen Berechnungsmodalitäten: Es bringt ihm keinen Nutzen, wenn er über die Lizenzgebühr den Preis oder die Menge der in der Sowjetunion abgesetzten Erzeugnisse beeinflussen kann. Ausländer finden sich deshalb regelmäßig mit einer beim Vertragsschluß berechneten festen Lizenzgebühr ab[185]. Die Sowjetunion legt deswegen auf die Festgebühr großen Wert, weil sie die grenzkostenfreie Nutzung der Erfindung und damit die sozial wünschenswerte möglichst weitgehende Verwertung erlaubt und die Planung nicht durch allokative Fernwirkungen erschwert.

---

181 Hiance/Plasseraud 121.
182 Hiance/Plasseraud 121.
183 Hiance/Plasseraud 121; Pisar 339.
184 Oben N. 176.
185 Hiance/Plasseraud 121; Pisar 342 f.

b) Urheberscheine

Der Urheberschein stellt, so sahen wir, wie ein Patent die Urheberschaft des Erfinders und die Priorität seiner Erfindung fest. Zugleich erwirbt der Erfinder einen gesetzlichen Vergütungsanspruch dafür, daß er dem Staat seine Erfindung überläßt.

In dem neuen Gesetz ist erstmals in der Geschichte des sowjetischen Erfinderrechts Wert auf die ausdrückliche Feststellung gelegt, daß der Staat mit der Erteilung des Urheberscheins ein Ausschlußrecht erwerbe[186]. Die Erfinderrechtsgesetze seit dem Jahre 1931[187] und die Grundlagen der Zivilgesetzgebung[188] hatten dem Erfinder das Recht eingeräumt, zwischen der bloßen Anerkennung seiner Urheberschaft und der Erteilung eines Ausschlußrechts zu wählen. Im neuen Recht heißt es ausführlicher: „Der Urheber einer Erfindung kann nach seiner Wahl verlangen: entweder die Anerkennung seiner Urheberschaft und die Gewährung der hierfür vom geltenden Recht vorgesehenen Rechte und Privilegien in Verbindung mit der *Übergabe des Ausschlußrechts an den Staat* oder die Anerkennung seiner Urheberschaft und die Erteilung eines Ausschlußrechts an der Erfindung."[189] Auch für den Staat gilt die Legaldefinition des Ausschlußrechts: „Der Inhaber des ausschließlichen Rechts an einer Erfindung übt das Recht aus, die Erfindung zu verwerten und über sie zu verfügen."[190]

Das Gesetz 1959 hatte die ausschließliche Zuständigkeit des Staates zur Verwertung der Erfindungen betont, indem es formulierte: „Das Recht, die Erfindungen zu verwerten, für die Urheberscheine erteilt sind, steht dem Staat zu, der dafür sorgt, daß die Erfindungen nach Maßgabe der Zweckmäßigkeit realisiert werden. Genossenschaftliche und gesellschaftliche Unternehmen und Organisationen verwerten die in ihren Aufgabenbereich fallenden Erfindungen zu den gleichen Bedingungen wie die staatlichen Unternehmen und Organisationen."[191] Das neue Gesetz dagegen hebt die operative Selbständigkeit der Unternehmen und die Divergenz einzelwirtschaftlicher und volkswirtschaftlicher Zielfunktionen bedeutungsschwer hervor: „Die Verwertung der durch Urheberscheine geschützten Erfindungen erfolgt ohne besondere Lizenz (wörtlich: Erlaubnis, razrešenie, M.B.) durch die sowjetischen staatlichen, genossenschaftlichen und gesellschaftlichen Unternehmen, Organisa-

[186] G 1973, § 26 I; dazu Mamiofa, Novoe 13 f.

[187] G 1931, § 2; G 1941, § 1; G 1959, § 4.

[188] Osnovy graždanskogo zakondatel'stva sojuza SSSR i sojuznych respublik, Gesetz der UdSSR vom 8. 12. 1961, Vedomosti Verchovnogo Soveta SSSR 1961, Nr. 50, Ziff. 525, Art. 110.

[189] G 1973, § 23 (Hervorhebung von mir); vgl. auch G 1973, § 26, wonach der Urheberschein das staatliche Ausschlußrecht bescheinigt.

[190] G 1973, § 27 II.

[191] G 1959, § 6.

tionen und Anstalten (učreždenija), die dabei von den staatlichen Interessen und *ihren eigenen Interessen* ausgehen."[192]

Erstmals seit 1931[193] wird wieder die Vergabe von Lizenzen an Wirtschaftssubjekte außerhalb des staatlichen, genossenschaftlichen und gesellschaftlichen Sektors vorgesehen: „Die gewerbliche Verwertung der erwähnten (scil. durch Urheberschein geschützten, M.B.) Erfindungen durch andere Organisationen und Personen ist mit der Erlaubnis des Staatskomitees des Ministerrates der UdSSR für Erfindungs- und Entdeckungswesen zulässig."[194]

Mit seiner Legaldefinition des Urheberscheins hat das Gesetz 1973 einen vorläufigen Schlußstrich unter die wichtige und überaus interessante rechtstheoretische Kontroverse über die Natur des staatlichen Rechts an den durch Urheberscheine geschützten Erfindungen gezogen. Vereinzelt hatte man dieses Recht in Analogie zum Staatseigentum an den Produktionsmitteln begriffen und die Erfindungen, für die ein Urheberschein erteilt war, als Gemeingut (narodnoe dostojanie) bezeichnet[195].

Svjadosc schreibt: „Der Staat – das einheitliche Subjekt des Staatseigentumsrechts – tritt auch als einheitliches Subjekt des Nutzungsrechts an der Erfindung auf. Und auf dieser Ebene unterscheiden sich die erfinderrechtlichen Rechtsverhältnisse, deren Gegenstand immateriell ist (eine Idee, ein Prinzip zur Lösung einer technischen Aufgabe), nicht von den Rechtsverhältnissen des Staatseigentums an den Produktionsmitteln, deren Gegenstand stets Sachen, materielle Gegenstände sind."[196] Der Aussagewert der Eigentumsanalogie mußte freilich stets beschränkt bleiben. Das wissenschaftlich-technische Wissen nimmt, wie wir sahen, keine ganz eindeutige Stellung in Marx' System der Produktionsmittel, Produktionskräfte und Produktionsverhältnisse ein[197]. In der Wirtschaftsverfassung unterliegen die sächlichen Produktionsmittel aber

---

[192] G 1973, § 27 I (Hervorhebung von mir).

[193] In G 1931, § 4 Buchst. d heißt es: „Andere [scil. als staatliche und sozialistisch-kooperative] Privatpersonen sowie Kooperative außerhalb des genossenschaftlichen Systems dürfen die Erfindung mit der Erlaubnis des staatlichen Organs derjenigen Industriebranche, in deren Bereich die Erfindung einschlägt, und zu den von diesem Organ festgesetzten Bedingungen verwerten". Eine entsprechende Vorschrift erübrigte sich für die nach dem Abschluß der Sozialisierung ergangenen Gesetze der Jahre 1941 und 1959.

[194] G 1973, § 27 II.

[195] Vgl. Mamiofa, Novoe 213: Svjadosc, Avtorskoe svidetel'stvo – osnovnaja forma ochrany izobretenij v SSSR: V. I. 1969, Nr. 6, 40–42; Dorkin, Leninskij dekret 6; die Analogie zwischen dem Staatseigentum an den sächlichen Produktionsmitteln und dem staatlichen Ausschlußrecht an den Erfindungen betont neuerdings sehr stark Matveev, Suščnost' prava na izobretenie v socialističeskom gosudarstve: V. I. 1975, Nr. 8, 11, 12: „Der Urheberschein ... basiert auf den Beziehungen des sozialistischen Eigentums und drückt diese im Bereich des Erfindungswesens aus." Ausführlich in diesem Sinne auch Mamiofa, Priroda i suščnost' avtorskogo svidetel'stva na izobretenie, in: Problemy pravovoj ochrany izobretenij, Materialy naučnoj sessii (Riga 1967) 4.

[196] Svjadosc, Avtorskoe svidetel'stvo 42.

[197] Oben 35 ff.

durchaus anderen Regeln als das wissenschaftlich-technische Wissen. Während die sächlichen Produktionsmittel in der operativen Verwaltung der sowjetischen Unternehmen (operativnoe upravlenie)[198] stehen und nach den Grundsätzen der einzelwirtschaftlichen Rechnungsführung (chozrasčet) eingesetzt werden müssen, ist das wissenschaftliche und technische Wissen nicht einzelnen Wirtschaftseinheiten zugeordnet. Anders als für die in ihre Grundkapitalausstattung fallenden Produktionsmittel (osnovnye sredstva) müssen die sowjetischen Unternehmen auch nach der Wirtschaftsreform für Wissen keine Zinsen (plata za fondy) in die Staatskasse bezahlen[199]. Diese Unterschiede sind leicht zu erklären: Sowohl der Chozrasčet als auch die Verzinsung der sogenannten Grundfonds sollen der mikroökonomischen Effizienz bei der Allokation der knappen Produktionsfaktoren dienen; Wissen aber ist nicht knapp[200].

In der Literatur des Erfinderrechts wurde deshalb ganz überwiegend auch schon bisher das Recht des Staates als Ausschlußrecht an einem Immaterialgut bezeichnet[201]. Das Nutzungsrecht der staatlichen und genossenschaftlichen Unternehmen und Organisationen stellte man sich dementsprechend als abgeleitetes, durch eine universelle unentgeltliche Lizenz vermitteltes Recht vor[202]. Innerhalb dieser herrschenden Lehre ging der Streit im wesentlichen darum, ob das staatliche Ausschlußrecht neben seiner Sperrwirkung auch die positive Befugnis zur Nutzung und Verwertung der Erfindung zum Inhalt habe. Die Fronten verliefen hier im wesentlichen ebenso wie im Streit um die Rechtsnatur des sowjetischen Patents. Autoren, die das Erfinderrecht als autonomes Sonderrechtsgebiet auffaßten, sprachen dem Recht des Staates ebenso wie dem Recht des Patentinhabers positiven Gehalt zu[203], während Vertreter einer mehr wirtschaftsrechtlichen und institutionellen Betrachtungsweise das Recht der Erfindungsnutzung nicht als Ausfluß des Erfinderrechts, sondern als Wirkung des Eigentumsrechts an den sächlichen Produktionsmitteln interpretierten[204]. Fast allen Stimmen war das Bedürfnis gemeinsam, die Strukturgleich-

---

[198] Dazu ausführlich JAKOBS, Eigentumsbegriff 239 f.

[199] Oben S. 143 f.

[200] In der sowjetischen Literatur wurde dieser Zusammenhang bisher am deutlichsten ausgesprochen von DOZORCEV, Ėkonomičeskaja reforma i pravovye voprosy izobretatel'stva, in: Učenye Zapiski V. N. I. I. S. Z., Bd. X (1967) 114–119.

[201] Vgl. etwa BOGUSLAVSKIJ (ed.), Pravovye voprosy 246; DOZORCEV, Ochrana 45; DERS., Pravovoj režim 24; DERS., Nekotorye teoretičeskie voprosy 131; JAIČKOV, Izobretenie 212; RASSOCHIN, Ob iskljucitel'nom prave; DERS., Pravovye voprosy 8 ff.; SKRIPKO, Ochrana 60.

[202] DOZORCEV, Ochrana 45; DERS., Pravovoj režim 24; RASSOCHIN, Ob iskljucitel'nom prave 13. Die meisten Autoren verzichten auf eine ausdrückliche begriffliche Ableitung.

[203] DOZORCEV, Ochrana 45; DERS., Pravovoj režim 24; JAIČKOV, Izobretenie 180; RAJGOROGSKIJ 234; IONAS, Izobretatel'skoe pravootnošenie 234; RJASENCEV, Sovetskoe izobretatel'skoe pravo 22.

[204] RASSOCHIN, Ob iskučitel'nom prave, passim; DERS., Pravovye voprosy 8 ff. Hierher gehört auch MAMIOFA, der dem staatlichen Ausschlußrecht schlechterdings jede Funk-

heit des Patents und des staatlichen Ausschlußrechts nachzuweisen[205]. In einer überspitzten formalen Argumentation verstieg DOZORCEV sich dabei bis zu der Behauptung, das staatliche Recht sei ebenso wie das Patent auf fünfzehn Jahre befristet[206]. So sehr das neue Recht auch die strukturelle Gleichartigkeit der beiden Ausschlußrechte betont, hat es diese Auffassung doch nicht übernommen. Es stellt ausdrücklich fest, daß der Urheberschein unbefristet wirke[207].

Gegen die These von der Strukturgleichheit des Patents und des staatlichen Nutzungsrechts an Erfindungen, ja gegen die Konstruktion eines solchen Rechts überhaupt, hatte in den letzten Jahren MAMIOFA, der wohl eigenwilligste Kopf der sowjetischen Patentrechtswissenschaft, seine tief ansetzende Kritik gerichtet[208]. Sein Programm ist wie seinerzeit das von LIPECKER[209] darauf gerichtet, das sowjetische Erfinderrecht von allen Muttermalen seiner Herkunft aus dem bürgerlichen Patentrecht zu reinigen[210], und so fordert er den konsequenten Verzicht auf die Vorstellung, daß der Urheberschein „gleichsam eine Art Patent sei, das dem Staat gehöre und bei ihm als dem Rechtsnachfolger des Erfinders ein ausschließliches Recht zur Verwertung der Erfindung"[211] erzeuge. Unter den Bedingungen der vollständigen Sozialisierung der Produktionsmittel

---

tion in der vollsozialisierten Wirtschaft abspricht, dazu ausführlich unten S. 174 f. und N. 208.

[205] Eine Ausnahme macht RJASENCEV, Sovetskoe izobretatel'skoe pravo 22, der einen qualitativen Unterschied zwischen dem Patent, das nach ihm nur negative Befugnisse gewährt, und dem auch positive Nutzungsbefugnisse umfassenden staatlichen Ausschlußrecht erblickt.

[206] DOZORCEV, Ochrana 46. Dagegen RASSOCHIN, Ob iskjučitel'nom prave 16 f.; MAMIOFA, Izobretatel'skoe pravootnošenie 20. DOZORCEV argumentierte folgendermaßen: Nach G 1959 (§ 51) durfte nach Ablauf von fünfzehn Jahren seit der Erteilung eines Urheberscheins für die Haupterfindung auch für eine Verbesserungserfindung wiederum nur ein Urheberschein ausgestellt werden. Nach Ablauf der Frist galt eine Verbesserungserfindung als selbständig, so daß der Erfinder auch ein Patent beantragen konnte. D. führte diese Regelung auf die angeblich befristete Wirkung des Urheberscheins zurück.

Nach dem neuen Recht (G 1973, § 37 II) kann für eine Verbesserungserfindung dann, wenn für die Haupt- oder Grunderfindung (osnovnoe izobretenie) ein Urheberschein erteilt worden ist, *immer* nur ein Urheberschein erteilt werden.

[207] G 1973, § 26 II.

[208] MAMIOFA, Pravo na izobretenie v SSSR: Optiko-mechaničeskaja promyšlennost' 1964, Nr. 9, 38; DERS., Avtorskoe svidetel'stvo kak instrument pravovoj sistemy roždennoj Velikoj Oktjabrskoj Socialističeskoj Revoljucii, in: Izobretenie-rezul'tat vyskogo techničeskogo urovnja vypolnjaemych razrabotok, Materialy seminara (Leningrad 1967) 3 ff.; DERS., Soderžanie i ėlementy izobretatel'skogo pravootnošenija, in: Naučno-praktičeskaja konferencija (oben N. 60) 43 ff.; DERS., Priroda i suščnost' 4 ff.; DERS., Zavtrašnij den' 47 ff.; DERS., Sovremennaja naučno-techničeskaja revoljucija (Avtoreferat) 1 ff., 24.

[209] Siehe oben S. 123 und N. 185 (Erster Teil).

[210] MAMIOFA, Sovremennaja naučno-techničeskaja revoljucija (Avtoreferat) 1–6; DERS., Zavrašnij den' 43.

[211] MAMIOFA, Zavtrašnij den' 47; DERS., Pravo na izobretenie 38.

und eines voll durchgeführten Außenhandelsmonopols sei die Konstruktion eines staatlichen Ausschlußrechts nicht nur entbehrlich, sondern sogar schädlich. Denn sie erwecke den Anschein, als wolle der Staat seine Bürger daran hindern, staatliche Erfindungen für ihre persönlichen Bedürfnisse zu verwerten[212]. Das Recht der staatlichen und sonstigen sozialistischen Organisationen und Unternehmen zur Verwertung alles in der Sowjetunion verfügbaren technischen Wissens sei von der Erteilung des Urheberscheins ganz unabhängig[213]. Die Bedeutung des Urheberscheins liege nicht darin, daß er dem Staat das Recht zur Nutzung der Erfindung verschaffe, sondern darin, daß er die Verwertung der Erfindungen der planmäßigen staatlichen Lenkung unterwerfe[214]. MAMIOFA begreift die Erfindungen im Anschluß an MARX als Produkte allgemeiner Arbeit. Daher unterliege ihr Gebrauchswert der unmittelbar gesellschaftlichen Aneignung, ohne einen Tauschwert anzunehmen[215]. Da Erfindungen nicht knapp seien, ihre Verwertung durch den einen nicht die Verwertung durch alle anderen hindere, brauchten sie nämlich auch im gegenwärtigen Stadium der noch unvollständigen Entwicklung der Produktivkräfte nicht als Waren aufzutreten[216]. Der Rechtsfigur des Ausschlußrechts, die nichts anderes als der juristische Ausdruck der Warenform sei, bedürfe es deshalb nicht[217].

MAMIOFAS sehr überzeugende Darlegungen, nach denen Erfindungen, für die ein Urheberschein erteilt ist, auf dem Gebiet der Sowjetunion, wie wir sagen würden, gemeinfrei sind, haben wenig Widerhall gefunden[218]. Allein RASSOCHIN hat sich MAMIOFAS Kritik gestellt und noch einmal versucht, das staatliche Ausschlußrecht zu verteidigen und die These von seiner strukturellen Übereinstimmung mit dem Patent zu beweisen[219]. RASSOCHIN gesteht MAMIOFA zu, daß die Konstruktion des staatlichen Ausschlußrechts im Innern der Sowjetunion schon lange ihre Bedeutung verloren habe. „Der einzelne Bürger ist", so schreibt er, „praktisch nicht imstande, dem Staat durch die rechtswidrige Verwertung von Erfindungen zu schaden."[220] Der sowjetische Staat sei, auch das räumt RASSOCHIN ein, nicht daran interessiert, technisches Wissen zu monopolisieren und dadurch zu verknappen. Anders als im kapitalistischen Staat gewährten die Ausschlußrechte in der Sowjetunion kein Verwertungsmonopol. Im Sozialismus hätten die Ausschlußrechte nur die eine Funktion, ihren Ge-

---

[212] MAMIOFA, Priroda 4; DERS., Avtorskoe svidetel'stvo 4.

[213] MAMIOFA, Priroda 4.

[214] MAMIOFA, Izobretenie 5.

[215] MAMIOFA, Sovremennaja naučno-techničeskaja revoljucija (Avtoreferat) 25; DERS., Zavtrašnij den' 47.

[216] MAMIOFA, Sovremennaja naučno-techničeskaja revoljucija (Avtoreferat) 24.

[217] MAMIOFA, aaO; Avtorskoe svidetel'stvo 4; Pravo na izobretenie 41; Zavtrašnij den' 47.

[218] MAMIOFA selbst sah sich in einer ersten Kommentierung des neuen Gesetzes genötigt, auf die herrschende Lehre einzuschwenken (Novoe 14).

[219] RASSOCHIN, Ob isključitel'nom prave, passim. DERS., Pravovye voprosy 49 ff.

[220] RASSOCHIN, Ob isključitel'nom prave 15.

genstand zum Gegenstand rechtlicher Verfügung zu machen, ihn mithin zu kommerzialisieren[221]. Im Ausschlußrecht des Staates sieht RASSOCHIN nicht mehr als die notwendige Voraussetzung für die Patentierung sowjetischer Erfindungen im Ausland und für die Vergabe von Lizenzen an solchen Erfindungen an Ausländer[222].

RASSOCHINS Versuch, das Patent und das staatliche Verwertungsrecht unter einem einheitlichen Begriff der Ausschlußrechte zusammenzufassen, scheitert allerdings. Das Patent hat auch nach sowjetischer Auffassung nur territoriale Wirkung. Es gibt seinem Inhaber die Rechtsmacht, im Inland andere von der Nutzung auszuschließen oder ihnen durch Lizenzen im Inland ein Nutzungsrecht an der Erfindung zu gewähren. Das Recht, eine Erfindung auch im Auslande zu patentieren und über ein ausländisches Schutzrecht zu verfügen, hat mit dem inländischen Patent wegen des Territorialitätsgrundsatzes schlechterdings nichts zu tun. Die Sowjetunion kann deshalb dieses Recht auch ihren Bürgern vorenthalten, ohne sich zu dem „Weltpatentrecht" der Pariser Verbandsübereinkunft in Widerspruch zu setzen. Ebensowenig sind aber die Befugnisse des sowjetischen Staats, Erfindungen im Ausland zu verwerten, Ausfluß eines mit dem Patent strukturgleichen inländischen Ausschlußrechts an diesen Erfindungen. Mögen diese Befugnisse auch im Erfinderrecht geregelt sein[223], der Sache nach gehören sie in den Zusammenhang des staatlichen Außenhandelsmonopols.

Hat das staatliche Ausschlußrecht, von dem nun auch das Gesetz 1973 spricht, in der gegenwärtigen sowjetischen Rechtswirklichkeit irgendeine Funktion oder ist es, ebenso wie das Nutzungsrecht des Patentinhabers, bloß ein Potemkinsches Dorf? Man ist sich darüber einig, daß Hausväter, Bastler und die wenigen über das Gebiet der Sowjetunion versprengten einzelnen Kleingewerbler nicht gehindert sein sollen, staatliche Erfindungen für ihre begrenzten privaten Zwecke zu verwenden[224]. Lizenzen an Privatpersonen und Ausländer zur gewerblichen Verwertung von Erfindungen im Hoheitsgebiet der Sowjetunion gab es praktisch seit 1931 nicht mehr, obgleich sie in dem neuen Recht wieder ausdrücklich vorgesehen sind[225]. Gelegentlich ist zu lesen, der Staat könne aufgrund seines Ausschlußrechts Schadensersatz oder den Abschluß eines Lizenzvertrages verlangen, wenn Importgüter das Recht an einer sowjetischen Erfindung verletzen[226]. Solange es ein Staatsmonopol des Außenhandels gibt, ist das freilich eine rein akademische Möglichkeit. Meines Wis-

---

221 RASSOCHIN aaO, macht allerdings eine Ausnahme für das sowjetische Warenzeichenrecht, das uns hier nicht interessiert.

222 AaO 13, 15.

223 G 1973, §§ 103 ff.

224 MAMIOFA, Pravo na izobretenie 41; DERS., Avtorskoe svidetel'stvo 4; JAIČKOV 190, 213, 214; RASSOCHIN, Ob isključitel'nom prave 15.

225 Siehe oben S. 172 und N. 193.

226 DOZORCEV, Ochrana 40; RASSOCHIN, Ob isključitel'nom prave 15.

sens hat die Sowjetunion bisher noch nie Verletzungsklage gegen einen Importeur erhoben, oder den Abschluß eines Lizenzvertrags erzwungen. Falls Importware das Recht des Staates „verletzt", versucht Licenzintorg gewöhnlich einen Preisabschlag auszuhandeln[227]. Die Außenhandelsorganisation ist aber auch befugt, auf die Ansprüche des Staates zu verzichten[228]. In Einzelfällen mag der Einwand der Verletzung eines „Urheberscheins" seine Wirkung als Druckmittel auf einen Außenhandelspartner nicht verfehlen. Davon abgesehen, hat das staatliche Ausschlußrecht gegenwärtig keine Funktion. Die Möglichkeit staatlicher Verletzungsklagen gegen Importeure würde erst dann an Bedeutung gewinnen, wenn das Außenhandelsmonopol, worüber gegenwärtig in der Sowjetunion diskutiert wird, aufgelockert würde und sowjetische Unternehmen unmittelbar Außenhandelsgeschäfte mit ausländischen Firmen abschließen dürften[229].

Wie muß man sich die Entstehung des staatlichen Nutzungsrechts vorstellen? Die sowjetischen Juristen verwenden einige Mühe auf die Lösung dieser Konstruktionsaufgabe: Von ihr hängt die dogmatische Einordnung der Erfindervergütung und letzten Endes die Verortung des Erfinderrechts insgesamt im System des Sowjetrechts ab[230]. Handelt es sich um einen originären oder um einen abgeleiteten Erwerb? Wenn das Recht des Staates vom Recht des Erfinders abgeleitet ist, soll man von einer gesetzlichen oder von einer rechts-

[227] Dozorcev, Ochrana 40; ders., Pravovoj režim 24.

[228] Andernfalls könnte das Komitee bei allen Importgeschäften mitreden und im Einzelfall die Planerfüllung der Außenhandelsorganisationen sabotieren.

[229] Die mir bekannten Überlegungen zielen allerdings nur auf eine stärkere Beteiligung der Unternehmen bei den Vertragsverhandlungen; eine Preisgabe des Außenhandelsmonopols ist zur Zeit noch nicht im Gespräch, vgl. zum Ganzen Gorodisskij, Licenzionnyj dogovor, Kap. 4.

[230] Der Ontologisierung ihres Gegenstands gemäß – einer Folge der Entartung des Marxismus zur Legitimationswissenschaft (vgl. oben N. 56) – huldigt die Sowjetjurisprudenz einem sehr weitgehenden Begriffsrealismus. Die Begriffsgläubigkeit der Juristen wird so zum Vehikel einer ständigen Rezeption dogmatisierter Systemansätze der Politökonomie und des Diamat. Zugleich hat die „begriffsjuristische" Verfahrensweise der Sowjetjuristen die – gegenläufige – Funktion, der Jurisprudenz eine gewisse Autonomie, ein Maß von Freiheit gegenüber der Politik, zu sichern. Die begriffliche Verkleidung rechtspolitischer Probleme ermöglicht der Rechtswissenschaft einen Bereich politikfreier Fachdiskussion. Dieser Sachverhalt erklärt vielleicht die überraschende Breite des Meinungsspektrums in den Grundlagenfragen des Erfindungsschutzes. Die Ausbildung einer stark spezialisierten dogmatischen Fachsprache sowie einer am Ideal axiomatischer Stringenz ausgerichteten Wissenschaft dürfte ein funktionales Äquivalent der im Westen stärker ausgebildeten institutionellen Garantien eines ausdifferenzierten Entscheidungssystems „Recht" (durch die richterliche Unabhängigkeit, Standesorganisationen, usw.) darstellen. Die Parallele der Sowjetjurisprudenz zur deutschen Pandektenwissenschaft ist auffällig: auch dieser ging es darum, durch „Wissenschaftlichkeit" einen Raum politikfreier Problemartikulation und -bewältigung zu schaffen. Dieser Zusammenhang erklärt vielleicht auch, weshalb der Rechtsprofessor in der Sowjetunion bei der Fortentwicklung des Rechts eine ungleich wichtigere Rolle spielt als der Richter – ganz umgekehrt wie etwa in den Ländern des Common Law.

geschäftlichen Rechtsnachfolge sprechen? Im letzten Falle: von einem einseitigen oder von einem zweiseitigen Rechtsgeschäft?

Pašerstnik interpretierte die Rechtsbeziehung zwischen dem Erfinder und dem Staat als einen Austauschvertrag[231], dem zufolge der Erfinder seine Erfindung auf den Staat überträgt und dafür den Anspruch auf die Urhebervergütung erhält[232]. Diese Auffassung vermochte sich nicht durchzusetzen, da sie vom Warencharakter der Erfindung ausging und damit implicite die grundsätzliche ideologische Überlegenheit des Urheberscheins über das Patent, um die man in den zwanziger Jahren hart gerungen hatte, in Abrede stellte. Die Konstruktion Pašerstniks wirkt zudem reichlich gekünstelt[233].

Eine Gruppe von Schriftstellern betrachtet den Antrag des Erfinders auf Erteilung des Urheberscheins als einseitiges Rechtsgeschäft, durch das der Erfinder dem Staat sein Recht übergebe[234] oder zugunsten des Staats auf sein Recht verzichte[235]. Ionas will daneben noch einen besonderen Vertrag über die Verwertung der Erfindung konstruieren. Vertragspartner des Erfinders soll hier aber nicht der Staat, sondern die jeweilige Organisation sein, welche die Erfindung verwertet. Das Angebot soll nach dieser kuriosen Auslegung im Antrag auf die Erteilung des Urheberscheins liegen, die Annahme in der Entscheidung über die Einführung der Erfindung[236].

Rassochin vertritt die Auffassung, im Antrag des Erfinders auf Erteilung eines Urheberscheins müsse man jedenfalls dann ein einseitiges Rechtsgeschäft erblicken, wenn der Erfinder damit sein Recht, zwischen Urheberschein und Patent zu wählen, ausübe. Habe der Erfinder dagegen kein Wahlrecht – wie etwa bei Stofferfindungen –, so erwerbe der Staat das Recht an der Erfindung ex lege. Im ersten Fall soll ein abgeleiteter Rechtserwerb vorliegen, im zweiten Fall ein ursprünglicher Rechtserwerb[237].

Bisher war die Meinung herrschend, der Staat erwerbe das Recht an der Erfindung ursprünglich und kraft Gesetzes[238]. Antimonov/Flejšic vergleichen

---

[231] Pašerstnik, Pravovye voprosy voznagraždenija za trud rabočich i sluzaščich (1949) 131 ff.; ders., K voprosu o ponjatii voznagraždenija za trud rabočich i sluzaščich, in: Voprosy Trudovogo Prava, Sammlung 1 (1948) 219 ff.

[232] Pašerstnik, Pravovye voprosy 143.

[233] Gegen Pašerstnik ausführlich Dozorcev, Priroda voznagraždenija za izobretatel'skie predloženija, in: Učenye Zapiski V. N. I. I. S. Z., Bd. XIII (1968) 152, 162.

[234] Ionas, Izobretatel'skoe pravootnošenie 233.

[235] Omel'čenko, O nekotorych voprosach Sovetskogo izobretatel'skogo prave (1955) 19; vgl. auch Dozorcev, Priroda 163; ders., Pravovoj režim 25; ders., Nekotorye teoretičeskie voprosy 125 ff.

[236] Ionas, Izobretatel'skoe pravootnošenie 237. Auf die Kritik von Antimonov/Fleijšic 169 hin hat Ionas sich von dieser Auffassung distanziert, Ionas, Rezension des Lehrbuchs von Antimonov/Fleijšic: SGiP 1961, Nr. 12, 139. Gegen Ionas auch Rassochin, Pravovye voprosy 21.

[237] Rassochin, Pravovye voprosy 21–32.

[238] Antimonov/Flejšic 169; Rjasencev, Sovetskoe izobretatel'skoe pravo 22; Bo-

den Vorgang mit der Aneignung einer von ihrem bisherigen Eigentümer derelinquierten Sache[239]. Solche immaterialgüterrechtliche Metaphorik schlägt aber auch bei anderen Autoren durch, etwa bei JAIČKOV und RJASENCEV: Man stellt sich den staatlichen Rechtserwerb als bloße Veränderung der Rechtszuständigkeit an einem als identisch festgehaltenen Rechtsgegenstand vor[240]. ANTIMONOV/FLEJŠIC und RJASENCEV wenden sich zur Begründung ihrer Auffassung, der Staat erwerbe sein Recht originär und ex lege, gegen die Annahme, der Erfinder habe bereits vor der Erteilung eines Schutzrechts ein ausschließliches Verwertungsrecht an der Erfindung, das er übertragen oder aufgeben könne[241]. OMEL'ČENKO und IONAS, die am entschiedensten ein solches ausschließliches „Erfinderrecht" postuliert hatten[242], wird vorgeworfen, sie seien zu stark in der Vorstellungswelt des kapitalistischen Patentrechts befangen[243]. RJASENCEV glaubt, der Begriff der Rechtsnachfolge werde überbeansprucht, wenn er den Übergang des eventuellen künftigen Ausschlußrechts des Erfinders, dem RJASENCEV nur einen negativen Gehalt zugesteht, in das umfassendste, die Befugnis zur in- und ausländischen Nutzung einschließende staatliche Recht abdecken solle[244].

In dem Gesetz 1973 ist erstmals in der Geschichte des sowjetischen Erfinderrechts ausdrücklich von der *Übergabe* des Ausschlußrechts an den Staat die Rede[245]. Damit wird eindeutig gegen die bisher herrschende Meinung Stellung bezogen. Zwar ist nicht anzunehmen, daß das neue Gesetz die Beziehung des Erfinders, der einen Urheberschein beantragt, zum Staat als Warenbeziehung, d. h. als Äquivalententausch, verstanden wissen will; das hieße die entscheidende „sozialistische Errungenschaft" des Erfinderrechts preisgeben. Die neue Formulierung läßt sich aber recht gut mit der Auffassung derer vereinen, die im Antrag auf Erteilung eines Urheberscheins ein – konkludent vorgenommenes – einseitiges Rechtsgeschäft, eine Art gezielten Verzichts oder zweckgerichteter Dereliktion erblicken[246]. Jedenfalls in den Fällen, wo dem Erfinder

---

GUSLAVSKIJ u. a., Pravovye voprosy 240; IOFFE, Sovetskoe graždanskoe pravo III (1965) 126.

[239] ANTIMONOV/FLEJŠIC 168.

[240] JAIČKOV, Izobretenie 174 ff.; RJASENCEV, Sovetskoe izobretatel'skoe pravo 22.

[241] ANTIMONOV/FLEJŠIC 169 ff.; RJASENCEV, Sovetskoe izobretatel'skoe pravo 22; vgl. auch JAIČKOV, Izobretenie 177 f., und RAJGORODSKIJ, Izobretatel'skoe Pravo 202.

[242] OMEL'ČENKO, O nekotorych voprosach 19; IONAS, Izobretatel'skoe pravootnošenie 211–234.

[243] ANTIMONOV/FLEJŠIC 170.

[244] RJASENCEV, Sovetskoe izobretatel'skoe pravo 22; dabei vertritt RJASENCEV, wie wir wissen, einen recht weiten Begriff der Rechtsnachfolge (vgl. oben N. 148). Gegen die Argumentation RJASENCEVS aus dem Wesen der Rechtsnachfolge wohl mit Recht RASSOCHIN, Pravovye voprosy 28.

[245] G 1973, § 23.

[246] MAMIOFA, Novoe 15, meint, das G 1973 habe den Streit über die Frage, ob der Erwerb abgeleitet oder originär sei, stets im ersteren Sinne entscheiden wollen.

ein Wahlrecht gewährt ist, dürfte die Deutung des staatlichen Rechts als eines abgeleiteten, auf einem Rechtsgeschäft beruhenden Recht zwingend sein.

Während das Gesetz 1973 davon spricht, daß der Erfinder, der einen Urheberschein wähle, sein Ausschlußrecht dem Staat „übergebe", heißt es von dem Erfinder, der ein Patent in Anspruch nimmt, ihm werde zugleich mit der Zuerkennung der Urheberschaft an der Erfindung ein ausschließliches Recht an ihr „gewährt"[247]. Soll das bedeuten, daß die Rechtsstellung des Erfinders *vor* deren Anmeldung davon abhängig sei, in welchem Sinne er sein Wahlrecht ausübe? MAMIOFA, der scharfsinnige Kritiker des bisherigen und einer der ersten Exegeten des neuen Rechts, zieht tatsächlich diesen Schluß[248]. Wer einen Urheberschein wählt, soll ein originäres Ausschlußrecht haben, wer ein Patent wählt, dagegen nicht. Dieses Ergebnis ist aber schlechterdings sinnwidrig. Wenn das neue Recht tatsächlich die Streitfrage um die Rechtsnatur des staatlichen Rechtserwerbs entscheiden will, so kann es die Anmeldung einer Erfindung zum Urheberschein nur dann als Verfügung über einen Gegenstand – das Ausschlußrecht des Erfinders – konstruieren, wenn es dem Erfinder diesen Gegenstand auch für den Fall zuweist, daß er sich nicht für den Urheberschein, sondern für das Patent entscheidet. Daß dies dem Gesetz 1973 entgehen konnte, läßt sich nur aus zwei Umständen erklären: einmal, daß das angebliche Ausschlußrecht des Erfinders, der einen Urheberschein beantragt, keinerlei juristischen Gehalt hat; zum anderen, daß das Recht zur Wahl zwischen Urheberschein und Patent in Wirklichkeit keine Rolle spielt[249].

Zu dem Kuriosum, daß die Rechtsstellung des Erfinders vom Ergebnis seiner später auszuübenden Wahl abhängen soll, fügt MAMIOFA ein weiteres hinzu. Er hält das Ausschlußrecht des Sowjetstaates ausdrücklich für inhaltsgleich mit dem Ausschlußrecht eines Erfinders, der gesonnen ist, einen Urheberschein zu beantragen. Nach dem – freilich nur für das bürgerliche Verkehrsrecht, nicht aber für ein sozialistisches statusorientiertes Recht geltenden – Satz, niemand könne mehr Rechte übertragen, als er selber habe, vermag er sich die Übergabe des Ausschlußrechts an den Staat nicht anders zu erklären[250]. Schließlich nennt er den Urheberschein, der dem Staat die Innehabung aller Verwertungsrechte, dem Erfinder aber nur eine bestimmte persönliche Rechtsstellung bescheinigt, ein „rechtsbescheinigendes" Dokument über das inhaltlich unveränderte Ausschlußrecht. Das Patent hingegen soll ein „rechtsbegründendes" Dokument sein[251]. Daß MAMIOFA solche Denkfehler unterlaufen, kann man sich fast nur durch den hiermit erfolgten überstürzten Rückzug von seiner

---

[247] G 1973, § 23; vgl. auch § 30, wo es heißt, das Patent bescheinige das Ausschlußrecht des Patentinhabers.

[248] MAMIOFA, Novoe 15.

[249] Dazu unten S. 187 f.

[250] MAMIOFA, Novoe 15.

[251] MAMIOFA, Novoe 15.

– inzwischen wohl als linksabweichlerisch geltenden – früheren Position begreiflich machen.

Trotz aller Dehnbarkeit des Begriffs der Rechtsnachfolge wird die Redeweise des neuen Rechts von der „Übergabe" des Ausschlußrechts an den Staat die Vorstellung eines von der staatlichen Anerkennung unabhängigen, mit dem geistigen Schöpfungsakt originär entstehenden ausschließlichen Erfinderrechts wiederbeleben, freilich – wie gesagt – ohne daß sich aus der Anerkennung dieses ganz entbehrlichen Rechts irgendwelche Folgen ergäben. Auch hierin deutet das neue Gesetz eine Rückwendung zu den herkömmlichen westlichen Konstruktionen des geistigen Eigentums an[252].

3. Die persönliche Rechtsstellung des Erfinders

In allen Stadien des Inventions- und Innovationsprozesses von der Fertigstellung der Erfindung bis zu ihrer Einführung in die Serienproduktion, hat der Erfinder eine Reihe von Befugnissen[253], die als subjektive Rechte[254] bezeichnet werden.

---

[252] In der letzten Monographie zum bisherigen Recht sind viele der nun Gesetz gewordenen Akzentverschiebungen bereits vorgezeichnet: Zum allgemeinen Erfinderrecht etwa schreibt Skripko, Ochrana 55: „Die Resultate der schöpferischen Arbeit der Erfinder ... sind Gegenstand einer besonderen Gesamtheit von Rechtsbefugnissen, die von Gesetzgebung und Wissenschaft ‚Rechte der Erfinder' genannt werden. Diese Zusammenfassung von Rechtsbefugnissen stellt das *einheitliche subjektive Recht* (Hervorhebung von mir) des Erfinders dar."

Im deutschen Recht ist die Lehre vom allgemeinen Erfinderrecht herrschend, vgl. Hubmann, Gewerblicher Rechtsschutz und Urheberrecht (3. Aufl. 1974) 44 ff., 102 ff. Bei Hubmann 102 heißt es etwa: „Seinem Inhalt nach ist es ein *einheitliches* Recht mit persönlichkeitsrechtlichen und verwertungsrechtlichen Befugnissen" (Hervorhebung von mir). In den USA wird der Gedanke des allgemeinen Erfinderrechts – diskutiert unter dem Thema der natural law bzw. common law protection of inventions – gemeinhin abgelehnt, vgl. *Gayler* et. al., *v. Wilder*, 51 U.S. (10 How.) 477 (1850). Einen Überblick über den Diskussionsstand bietet Choate, Patent Law (1973) 64 ff.

[253] Auf die Ausgestaltung der persönlichen, insbesondere der nichtvermögensrechtlichen, Rechtsstellung legt der sowjetische Gesetzgeber besonderen Wert. Dem Kapitalismus in seinem „imperialistischen Stadium" wird gemeinhin vorgeworfen, er reserviere Ehre und Würde nur den Reichen, nicht aber den arbeitenden Menschen. Vgl. hierzu außer den in N. 77 angeführten Werken über das kapitalistische Patentrecht ausführlich Flejšic, Ličnye prava v graždanskom prave SSSR i kapitalističeskich stran: SGiP 1940, Nr. 7, 57 ff.; dies., Ličnye prava v graždanskom prava SSSR i kapitalističeskich stran (1941). Allgemein zum Schutz der Persönlichkeit und der Ehre Gurevič, Čest' i drugie neimuščestvennye prava graždan i ochrana ich v Sovetskom graždanskom prave: Sovetskaja Justicija 1939, Nr. 3, 15 ff.; Beljavskij/Pridvorov, Ochrana česti i dostoinstva ličnosti v SSSR (1971); Viljeta, O suščnosti ličnych neimuščestvennych prav, reguliruemych Sovetskim graždanskim pravom, in: Trudy AN Litovskoj SSR, Serija A, Nr. 1 (1966) 17 ff.

[254] Dazu Bilinsky, Zur Problematik des subjektiven Rechts; Jakobs, Der Grundin-

a) Die Rechtsstellung des Erfinders vor der Anmeldung

Mit der Entstehung der Erfindung erwächst dem Erfinder das absolute[255], unbefristete[256], unveräußerliche und unvererbliche[257] Recht auf die Anerkennung seiner Urheberschaft (pravo na avtorstvo)[258] und seiner Erfinderehre (pravo na avtorskuju čest')[259]. Das Gesetz schützt den Erfinder davor, daß andere sich die Urheberschaft oder Miturheberschaft an der Erfindung anmaßen, ihn zum Verzicht auf die Urheberschaft oder auf die Anmeldung der Erfindung zwingen oder ohne sein Einverständnis das Wesen der Erfindung veröffentlichen[260].

Dem Erfinder wird ferner das Recht zugesprochen, über seine Erfindung zu verfügen, das heißt: auf seine Urheberschaft zu verzichten, die Erfindung zu veröffentlichen und von ihrer Anmeldung abzusehen[261]. Dieses Recht ist freilich durch die weitgehende Pflicht zur Geheimhaltung der für den Staat wichtigen Erfindungen stark eingeschränkt. Wenn sich seine Erfindung als Staatsgeheimnis erweisen kann, ist der Erfinder verpflichtet, die Erfindung anzumelden und sie im übrigen geheimzuhalten[262].

Lange Zeit galt es als besonders moralisch, wenn Erfinder darauf verzichteten, ihre Erfindungen zum Schutz anzumelden. Das in jüngster Zeit sehr stark gestiegene Interesse an der internationalen wissenschaftlichen und technischen Kooperation hat hier einen Wandel herbeigeführt. Die Sowjetunion

---

halt der subjektiven Rechte, passim; SKRIPKO, Ochrana 49 ff.; ZARUBIN, Prava avtorov otkrytij, izobretenij i racionalizatorskich predloženij po Položeniju 1973 g: V. I. 1974, Nr. 1, 19 ff.

[255] RAJGORODSKIJ, Izobretatel'skoe pravo 138; ZARUBIN, Prava avtorov 21; RJASENCEV, Neimuščestvennye prava izobretatelėj: V. I. 1969, Nr. 10, 11; DERS., Ličnye prava izobretatelej, in: Ochrana prav izobretatelej v SSSR, Doklady naučnoj-praktičeskoj konferencii IGPAN (Moskau 1969) 30; BELJAVSKIJ/PRIDVOROV, Ochrana česti i dostoinstva ličnosti v SSSR (1971) 189.

[256] ZARUBIN, Prava avtorov 21; BELJAVSKIJ/PRIDVOROV 189; ANTIMONOV/FLEJŠIC 166.

[257] ANTIMONOV/FLEJŠIC 166; BELJAVSKIJ/PRIDVOROV 189.

[258] AaO.

[259] Gelegentlich wird das Recht des Erfinders, die Erfindung durch seinen Namen zu individualisieren, als ein besonderes Persönlichkeitsrecht (pravo na imja) bezeichnet, JURČENKO, Problemy 112 f.; BELJAVSKIJ/PRIDVOROV; dagegen JAIČKOV, Izobretenie 185; zum Streitstand vgl. SERGEEV, K voprosu o prave na imja: V. I. 1968 Nr. 8.

[260] G 1973, § 8 I; ebenso bereits G 1959, § 17. Das Strafgesetzbuch der RSFSR stellt diese Handlungen in Art. 141 unter Strafdrohung. Die Vorschrift findet sich interessanterweise nicht im Kapitel „Verbrechen gegen das persönliche Eigentum der Bürger", sondern im Kapitel „Verbrechen gegen die politischen Rechte der Bürger und ihre Rechte im Arbeitsleben" (političeskie i trudovye prava).

[261] IONAS, Izobretatel'skoe pravootnošenie 212; RJASENCEV, Neimuščestvennye prava 12.

[262] G 1973, §§ 77 ff.; G 1959, §§ 58 ff. Zur Geheimhaltung in der Sowjetunion im allgemeinen MAGGS, Der nichtmilitärische Geheimnisschutz nach Sowjetrecht: OER 1965, 161 ff.

kann Erfindungen im Ausland nur dann zum Patent anmelden, wenn sie noch nicht in neuheitsschädlicher Weise veröffentlicht sind. Der Beitritt zur Pariser Verbandsübereinkunft zum Schutze des gewerblichen Eigentums im Jahre 1965 hat zudem die Möglichkeit eröffnet, durch eine Inlandsanmeldung auch in den übrigen Mitgliedstaaten die sogenannte Verbandspriorität zu wahren. Zum Schutze des staatlichen Monopols zur Verwertung der Erfindungen im Ausland gibt es seit 1962 einen weitgehenden Anmeldezwang und ein Veröffentlichungsverbot[263]. Das Gesetz 1973 bringt hier im wesentlichen nur eine Klarstellung und Zusammenfassung der bisherigen Vorschriften. Es legt den technischen Fachkräften (inženerno-techničeskie rabotniki) die Verpflichtung auf, alle von ihnen oder von den ihnen unterstellten Beschäftigten im Zusammenhang mit einer Dienstpflicht gemachten Erfindungen der Unternehmensverwaltung zu melden[264]. Die Unternehmen haben die Erfindungen dann zum Schutz anzumelden[265]. In der sowjetischen Praxis werden als im Zusammenhang mit der Erfüllung einer Dienstpflicht (služebnoe zadanie) entstanden nahezu alle Erfindungen angesehen, die in einem Unternehmen oder mit der Hilfe eines Unternehmens zustandegekommen sind[266]. Wenigstens 70 Prozent aller sowjetischen Erfindungen sind Diensterfindungen in diesem Sinne[267]. Aber auch die Urheber „freier" Erfindungen haben die Interessen des Staates zu wahren[268]; auch sie unterliegen also faktisch einem Anmeldezwang, wenn ihre Erfindungen sich nur entfernt für die Lizenzvergabe im Ausland eignen.

Erfindungen, die in den Unternehmen, Organisationen und Anstalten der Sowjetunion erarbeitet worden sind, dürfen nach der ausdrücklichen Vorschrift des Gesetzes 1973 bis zur Anmeldung nicht einem unbestimmten Kreis von Personen mitgeteilt, also insbesondere nicht allgemein veröffentlicht werden[269]. Ein entsprechendes Veröffentlichungsverbot dürfte sich aber aus der

---

[263] Verordnung (postanovlenie) des Ministerrats der UdSSR vom 14. 6. 1962 über den Schutz der staatlichen Interessen im Bereich der Erfindungen und über die weitere Verbesserung des Erfinderwesens in der UdSSR, S. P. 1962 Nr. 21, Ziff. 177; dazu Boguslavskij u. a., Pravovye voprosy 246–248; 266 ff.

[264] G 1973, § 41 II.

[265] G 1973, § 4 I. Vgl. dazu auch § 26 der Verordnung über das sozialistische staatliche Produktionsunternehmen (oben N. 32).

[266] Azimov, Pravo na izobretenie, sozdannoe na predprijatii ili organizacii: V. I. 1970, Nr. 10, 12, 13; Solodenin, Spornye voprosy, svjazannye s sozdaniem služebnych izobretenij: V. I. 1970, Nr. 6, 10.

[267] Etwa Azimov, Pravovoe regulirovanie služebnych izobretenij naučno-issledovatel'skich i konstruktorskich organizacij (Jur. Kand. Diss. Char'kov 1971) 5 f. Nach Dorkin, Novoe zakonodatel'stvo, werden heute etwa 80 Prozent aller Erfindungen von Unternehmen oder Organisationen angemeldet. Der gleiche Prozentsatz der Erfindungen soll im Zusammenhang mit der thematischen Inventionsplanung zustandekommen, Maksarev, Tvoržestvo Leninskich principov: V. I. 1974, Nr. 1, 3–4.

[268] Rjasencev, Neimuščestvennye prava 12.

[269] G 1973, § 13.

allgemeinen Pflicht zur Wahrung des staatlichen Interesses auch für den Erfinder ergeben, der eine nicht ganz triviale Erfindung in seiner Dachstube gemacht hat.

b. Das Recht zur Anmeldung der Erfindung

Nach sowjetischem Recht werden die Schutzinstrumente – Patent oder Urheberschein – grundsätzlich dem wirklichen Erfinder erteilt[270]. Man sieht die sozialistische Überlegenheit des Erfinderrechts geradezu darin, daß es anders als die westlichen Patentsysteme die Interessen der wirklichen Erfinder schütze – und nicht die ihrer kapitalistischen Ausbeuter. Auch nach sowjetischem Recht unterliegt der Grundsatz des wirklichen Erfinders freilich einigen Einschränkungen. Ein Patent kann außer auf den Namen des wirklichen Erfinders auch auf den Namen seines Rechtsnachfolgers beantragt werden. Der wirkliche Erfinder muß aber stets in der Anmeldung angegeben werden[271]. Ein Urheberschein wird dagegen stets nur dem Erfinder selbst oder seinen Erben erteilt[272].

Wenn in eine Erfindung die schöpferische Arbeit mehrerer Personen eingegangen ist, so kann jede von ihnen einen Urheberschein verlangen, in dem die Miturheber aufgeführt sind[273]. Die entsprechende Vorschrift des Patentrechts ist wohl deshalb entfallen[274], weil Patente in der Praxis nur von den Rechtsnachfolgern ausländischer Erfinder beantragt werden.

War es unmöglich, einer Einzelperson die Urheberschaft eindeutig zuzuschreiben, so wurde nach dem bisherigen Recht der Urheberschein dem Unternehmen erteilt, aus dem die Erfindung hervorgegangen war[275]. Von dieser ideologisch verlockenden Möglichkeit, das „Kollektiv" zum Erfinder zu machen, wurde häufig und großzügig Gebrauch gemacht. Der Begriff der – wie man sagte – „Fabrikerfindung" wurde deshalb von einzelnen Autoren bekämpft[276]. Das

---

[270] Mit der Erteilung eines Schutzdokuments beginnen auch nach der restriktivsten Lehre vom Erfinderrechtsverhältnis erfinderrechtliche Beziehungen. Die Rechtsstellung des Erfinders *vor* der Anmeldung soll dagegen nach einer verbreiteten Auffassung wesentlich urheberrechtlicher Natur sein, vgl. etwa ANTIMONOV/FLEJŠIC 158. Die Gegenmeinung, die wohl am ausführlichsten von IONAS, Izobretatel'skoe pravootnošenie, begründet worden ist, wird dagegen von IOFFE, Sovetskoe graždanskoe pravo III 124, BELJAVSKIJ/PRIDVOROV 192, und wohl auch von MAMIOFA, Izobretatel'skoe pravootnošenie, vertreten. Eine vermittelnde Lehre vertritt RJASENCEV, Neimuščestvennye prava 12.

[271] G 1973, § 40 IV; G 1959, § 47 a.

[272] G 1973, § 40 I; G 1959, § 30 VI.

[273] G 1973, § 26 III.

[274] G 1959, § 9 I.

[275] G 1959, § 10. Dazu ANTIMONOV/FLEJŠIC 142; MOZOLIN 34; RAJGODRODSKIJ, Izobretatel'skoe pravo 128; JURČENKO, Problemy 86; BOGUSLAVSKIJ u. a. 258–266; RJASENCEV, Sovetskoe izobretatel'skoe pravo 18.

[276] Etwa TORKANOVSKIJ, Soavtorstvo v techničeskom tvorčestve: SGiP 1963, Nr. 9, 83 ff.; zum alten Recht bereits CHEJFEC, Novyj proekt; DERS., Promyšlennye prava 87.

neue Recht schweigt zu den Fabrikerfindungen, und damit dürfte feststehen, daß in jedem Falle die Urheberschaft einer Einzelperson oder einer Gruppe von Einzelpersonen nachgewiesen werden muß[277].

Hatte der Erfinder die Erfindung in Erfüllung einer Dienstpflicht gemacht, so wurde nach einer Erfinderrechtsnovelle des Jahres 1962[278] der Urheberschein dem Unternehmen erteilt, in dem die Erfindung entstanden war. Dabei wurde der Name des wirklichen Erfinders in dem Urheberschein angegeben. Boguslavskij und Serebrovskij hatten diese Durchbrechung des Erfindergrundsatzes kritisiert, und das neue Gesetz folgt nun ihrem Vorschlag, auch bei Diensterfindungen dem wirklichen Erfinder den Urheberschein zu erteilen, zugleich aber dem Unternehmen ein besonderes Zeugnis auszustellen, in dem die Erfindung entstanden ist (svidetel'stvo na izobretenie)[279]. Mit diesem Zeugnis sind keinerlei Vermögensrechte verbunden.

Ausländer haben grundsätzlich die gleiche Rechtsstellung wie Inländer. Das Gesetz 1959 gewährte „ausländischen Staatsangehörigen, die Urheber von Erfindungen sind, auf der Grundlage der Gegenseitigkeit die gleichen Rechte wie den Staatsangehörigen der UdSSR"[280]. Das neue Gesetz ließ das Erfordernis der Gegenseitigkeit, das mit der Pariser Verbandsübereinkunft nicht vereinbar ist, fallen, behielt den Grundsatz der Inländerbehandlung aber bei. „Ausländische Staatsangehörige, die Urheber von Erfindungen sind und ebenso ihre Rechtsnachfolger (darunter auch juristische Personen) genießen die gleichen Rechte wie die Staatsangehörigen (juristische Personen) der UdSSR."[281] Was hat die Erwähnung der juristischen Personen zu bedeuten?

Sowjetische juristische Personen können weder einen Urheberschein noch ein Patent beantragen. Die Erteilung eines Patents etwa an ein Unternehmen würde den allgemeinen Grundsatz verletzen, daß es in der Sowjetwirtschaft keine rechtlich gesicherten Wissensmonopole gibt. Urheberscheine werden, wie

---

[277] So auch Zarubin, Prava avtorov 20; Mamiofa, Novoe 17. Damit erledigt sich für den Bereich des Erfinderrechts die lange und mit erheblichem Aufwand geführte Kontroverse um die Frage, ob juristische Personen geistig schaffen können. Diese Frage hatte man unglücklicherweise begriffsrealistisch verquickt mit der Problematik des Wesens der juristischen Person, deren Erörterung ähnlich wie in Deutschland um die beiden Pole der „realen Verbandspersönlichkeit" und der „Fiktion" kreiste. Vgl. Rajgorodskij, Juridičeskoe lico kak sub"ekt avtorskogo prava, in: Očerki po graždanskomu pravu (1957) 199 ff., der das geistige Schaffen den natürlichen Personen vorbehält; dagegen Jurčenko, Problemy 86 f.; Ioffe, Sovetskoe graždanskoe pravo III 118.

[278] Verordnung (postanovlenie) des Ministerrats der UdSSR vom 27. 12. 1962, S. P. 1962, Nr. 21, Ziff. 177, durch die § 10 a des G 1959 geändert wurde.

[279] G 1973, § 62; Serebrovskij, in: Boguslavskij u. a., Pravovye voprosy 246.

[280] G 1959, § 14.

[281] G 1973, § 7 I. In § 14 des G 1959 hieß es dagegen: „Ausländische Staatsangehörige, die Urheber von Entdeckungen, Erfindungen und Rationalisierungsvorschlägen sind, genießen auf der Grundlage der Gegenseitigkeit die gleichen Rechte wie die Staatsangehörigen der UdSSR." Im G 1959 war von juristischen Personen nur an versteckter Stelle, nämlich in der Vorschrift über die Priorität der Erfindung (§ 33), die Rede.

gesagt, nur dem wirklichen Erfinder erteilt. Nach dem Grundsatz der Inländerbehandlung, der auch der neuen Formulierung zugrundeliegt, könnten auch ausländische juristische Personen somit niemals einen Urheberschein erhalten. Das Komitee hat in seiner bisherigen Praxis indessen *contra legem* Urheberscheine auch ausländischen Unternehmen erteilt; der Name des wirklichen Erfinders wurde dabei in dem Urheberschein erwähnt[282]. Der in der Pariser Verbandsübereinkunft festgelegte Grundsatz der Inländerbehandlung hindert als bloße Mindestregelung die Sowjetunion nicht daran, Ausländer in bestimmten Fällen besser zu stellen als ihre eigenen Staatsangehörigen. Die Praxis des Komitees ist realistisch; denn das sowjetische Recht kann die materiellen Interessen der wirklichen Erfinder nicht wirksam schützen, wenn sie von der Rechtsordnung nicht geschützt werden, welche die Abtretung der Erfinderrechte oder – wie das deutsche Arbeitnehmererfinderrecht – den gesetzlichen Übergang dieser Rechte auf den Arbeitnehmer zuläßt oder vorsieht. Das sowjetische Recht könnte zwar vielleicht[283] der unbeschränkten Inanspruchnahme einer Diensterfindung, bei der nach deutschem Recht alle Rechte an der Diensterfindung auf den Arbeitgeber übergehen, die Anerkennung verweigern und dem Arbeitnehmer auf seinen Antrag einen Urheberschein erteilen. Diese Möglichkeit ist aber reichlich akademisch, da der Arbeitnehmer sich zu Hause schadensersatzpflichtig machen würde[284].

---

[282] Vgl. Hiance/Plasseraud 81.

[283] Die Pariser Verbandsübereinkunft geht zwar davon aus, daß die Erfinderrechte auch vor der Anmeldung übertragen werden können (vgl. Art. 4ter, der die Nennung des wirklichen Erfinders vorschreibt), sie schreibt aber nicht vor, daß eine nach dem Recht eines Mitgliedstaats erfolgte Abtretung (bzw. ein gesetzlicher Rechtsübergang) der Erfinderrechte in den anderen Mitgliedstaaten anerkannt werden muß. Die PVÜ läßt vielmehr die formellen und materiellen Voraussetzungen des nationalen Patentschutzes unberührt, etwa Hubmann, Gewerblicher Rechtsschutz 66. Freilich ergibt sich aus der Pflicht zur Anerkennung der Verbandspriorität ein gewisser Zwang zur Anerkennung eines Rechtsübergangs vor Anmeldung. Hat der Rechtsnachfolger des Erfinders in einem Land ein Patent beantragt, dann ist die Priorität für ihn auch in allen anderen Mitgliedstaaten gewahrt. Da die Patentanmeldung des Rechtsnachfolgers neuheitsschädlich ist, kann der wirkliche Erfinder kein Patent mehr erwerben.

[284] Im deutschen Schrifttum zum Arbeitnehmererfinderrecht ist streitig, ob der Rechtsübergang auf den Arbeitgeber, der bei der unbeschränkten Inanspruchnahme einer Diensterfindung eintritt, den Territorialitätsgrundsatz überwindet, ob mithin das deutsche ANErfG dem Arbeitgeber mit „dinglicher" Wirkung auch die im Ausland „belegenen" Rechte des Erfinders zuweisen kann, vgl. Hubmann, Gewerblicher Rechtsschutz 66 mit weiteren Nachweisen. Sicher ist jedenfalls, daß § 14 ANErfG, der den Arbeitgeber berechtigt, die in Anspruch genommene Erfindung auch im Ausland anzumelden, von ausländischen Rechtsordnungen nicht beachtet zu werden braucht. Die USA bestehen offenbar darauf, daß auch Arbeitnehmererfindungen stets vom wirklichen Erfinder angemeldet werden, Hubmann, aaO. § 14 soll dann dahin auszulegen sein, daß der Arbeitnehmer verpflichtet ist, das Schutzrecht selber zu erwerben und dem Arbeitgeber daraufhin abzutreten, Hubmann, aaO. Die Sowjetunion, die an ausländischen Anmeldungen und Lizenzen interessiert ist, erspart den Unternehmen und Erfindern diesen problematischen Umweg.

Es scheint, als wolle das neue Recht die bisherige Praxis ausdrücklich sanktionieren. Ob ihr das gesetzestechnisch gelungen ist, erscheint freilich zweifelhaft. Daß inländische und ausländische juristische Personen hinsichtlich der Patente ungleich behandelt werden, ergibt sich nicht aus dem Wortlaut des Erfinderrechts, sondern aus der institutionellen Einbettung der Staatsunternehmen in die Sowjetwirtschaft einerseits und der Stellung ausländischer Patentanmelder als potentielle Außenhandelspartner der Sowjetunion andererseits. Im Fall des Urheberscheins läge dagegen ein offener Regelungswiderspruch innerhalb des Erfinderrechts vor. Urheberscheine können nach dem ausdrücklichen Wortlaut auch des neuen Rechts nur auf den Namen des Erfinders ausgestellt werden. Ein großer Teil der Rechte, die mit einem Urheberschein verbunden sind, kann zudem nur natürlichen Personen zustehen[285].

c. Das angebliche Wahlrecht der Erfinder

Zu den nichtvermögensrechtlichen Befugnissen wird auch das Recht des Erfinders gerechnet, zwischen dem Urheberschein und dem Patent zu wählen[286]. Das Wahlrecht entfällt bei allen Stofferfindungen, bei neuen Stämmen von Mikroorganismen, bei neuen Selektionsprodukten und bei allen für geheim erklärten Erfindungen[287]. Hier kann der Erfinder nur einen Urheberschein verlangen. Dasselbe gilt, „wenn eine Erfindung im Zusammenhang mit der Arbeit des Erfinders in einer staatlichen, genossenschaftlichen oder gesellschaftlichen Unternehmung, Organisation oder Anstalt, oder in deren Auftrag gemacht worden ist, oder aber wenn der Erfinder eine finanzielle oder andere materielle Unterstützung von einer staatlichen, genossenschaftlichen oder gesellschaftlichen Stelle erhalten hat“[288]. Damit entfällt das Wahlrecht bereits für einen Kreis von Erfindungen, der erheblich weiter ist als der Kreis der Diensterfindungen nach deutschem Recht[289]. In der Sowjetunion hat der Erfinder kaum außerhalb seines Arbeitsplatzes oder staatlicher, gewerkschaftlicher

---

[285] Vielleicht wird man versuchen, die Bedenklichkeit der Praxis des Komitees auf dem Wege hinwegzuinterpretieren, daß die neue Einkleidung des Grundsatzes der Inländerbehandlung zugleich als Anerkennung eines nach ausländischem Recht wirksamen Rechtsübergangs gedeutet wird, der nach sowjetischem Recht nicht wirksam wäre. Den Begriff des Erfinders würde man dabei aber wohl stark überdehnen.

Zur Rechtsstellung der ausländischen Anmelder vgl. die – reichlich oberflächlichen – Ausführungen bei MICHAILOV, Oformlenie prav na izobretenie po Položeniju 1973 g: V. I. 1974, Nr. 2, 11, 13.

[286] Vgl. etwa RJASENCEV, Neimuščestvennye prava 12.

[287] G 1973, §§ 22–25; vgl. bereits G 1959, §§ 4–5.

[288] G 1973, § 24; vgl. bereits G 1959, § 49. Zur Auslegung des § 49 des G 1959, der nahezu wörtlich ins neue Recht übernommen wurde, vgl. ANTIMONOV/FLEJŠIC 241; BOGUSLAVSKIJ u. a., Pravovye voprosy 241; AZIMOV, Pravo na izobretenie 12–15. Es ist streitig, ob diese Vorschrift den Erfinder bloß verpflichtet, einen Urheberschein statt eines Patents zu wählen, so DOZORCEV, Ochrana 49, oder ob das Wahlrecht gar nicht erst entsteht, so die natürlichere Auffassung von RASSOCHIN, Pravovye voprosy 32.

[289] Zur Auslegung des § 24 vgl. die in N. 288 zitierten Autoren.

oder genossenschaftlicher Stellen zur Förderung des Erfindungswesens Zugang zu den für seine Arbeit notwendigen Materialien und Werkzeugen. Nur bei einer verschwindend geringen Zahl meist unbedeutender Erfindungen können die sowjetischen Bürger die Voraussetzungen des Wahlrechts erfüllen.

Auch in diesen Fällen ist das sowjetische Recht darauf angelegt, die sowjetischen Erfinder von der Wahl des Patents abzuhalten. Für Patente wird eine Anmelde- und Bekanntmachungsgebühr erhoben[290], nicht aber für Urheberscheine. Der Patentschutz endet, wenn die Jahresgebühr nicht bezahlt wird[291], bei Urheberscheinen wird eine solche Gebühr erst gar nicht erhoben. Wird ein Urheberschein beantragt, so ist auch das Beschwerdeverfahren gebührenfrei[292]. Ein Urheberschein kann nur binnen eines Jahres seit der Erteilung für nichtig erklärt werden[293], ein Patent dagegen während der gesamten Schutzdauer[294]. Der Patentinhaber hat keines der Privilegien, die mit einem Urheberschein verbunden sind[295] (und von denen unten noch näher zu handeln sein wird). Nach dem bisherigen Recht verlor der Urheber mehrerer Erfindungen, der für *eine* Erfindung ein Patent beantragt hatte, zugleich alle mit dem Urheberschein für die übrigen Erfindungen verbundenen Rechte außer den Vergütungsanspruch[296]; eine entsprechende Vorschrift ist in das neue Recht allerdings nicht aufgenommen.

Trotz dieser auffälligen rechtlichen Diskriminierung der Patentinhaber könnte man sich leicht Fälle vorstellen, in denen der Patentschutz auch für einen sowjetischen Bürger vorteilhafter wäre als der Urheberschein – wenn er die Chance hätte, die Lizenzen mit staatlichen Stellen frei auszuhandeln. Diese Chance hat er aber nicht: Ihm droht stets, so sahen wir, die straflose Patentverletzung und im äußersten Falle die Zwangslizenz oder Enteignung. Zudem ist das ideologische Verdikt über den Erfinder, der seine Erfindung der Allgemeinheit vorenthalten möchte, auch heute noch ebenso scharf wie in den dreißiger Jahren, und man darf füglich annehmen, daß er einer kräftigen „gesellschaftlichen Einwirkung" (obščestvennoe vozdejstvie) ausgesetzt wäre, wenn es ihn gäbe. Es gibt ihn praktisch nicht mehr. Die wenigen Patente, die sowjetischen Staatsangehörigen erteilt werden – im Jahre 1966 sollen es acht gewesen sein[297] –, erfüllen kaum noch die „optische" Aufgabe, die gesetzliche Wahlfreiheit der Erfinder augenfällig zu machen.

---

[290] G 1973, § 9; vgl. bereits §§ 21 und 47 Buchst. c des G 1959.

[291] G 1973, § 31; vgl. bereits G 1959, § 48 Buchst. b.

[292] Burrus, The Soviet Law of Invention and Copyright: Fordham L. Rev. 1961/62, 693, 702.

[293] G 1973, § 154; vgl. bereits G 1959, § 44.

[294] G 1973, § 155; G 1959, § 48 Buchst. d.

[295] G 1973, § 5 II; G 1959, § 72.

[296] G 1959, § 48 Buchst. h.

[297] Hiance/Plasseraud 79. Dorkin, Leninskij dekret ob izobretenijach 3, 8, berichtet, daß in den letzten zwanzig Jahren nur zwanzig sowjetische Erfinder ein Patent genommen hätten.

In der Wirklichkeit gibt es das Wahlrecht der Erfinder nicht. Auch hier erweist sich die sowjetische Behauptung, das Patent und der Urheberschein seien prinzipiell gleichartig und gleichwertig, als reichlich vordergründig. Funktional gesehen haben das Patentrecht und das Recht des Urheberscheins ganz verschiedene Aufgaben zu erfüllen. Patente sind für Ausländer bestimmt; der Urheberschein ist in erster Linie für Sowjetbürger gedacht. Das Patentrecht dient den wissenschaftlich-technischen Außenbeziehungen der Sowjetunion, das Recht des Urheberscheins ist Bestandteil umfassenderer binnenwirtschaftsrechtlicher Institute zur Hebung der „materiellen Interessiertheit" der Werktätigen. Nicht wenige sowjetische Autoren sprechen diesen Sachverhalt mehr oder weniger offen aus[298].

Allerdings hoffen die sowjetischen Juristen, das Patent auch im Bereich der Außenbeziehungen allmählich etwas zurückdrängen zu können. Ausländische Anmelder werden ermutigt, Urheberscheine zu beantragen[299]. In diesem Zusammenhang ist daran zu erinnern, daß das Komitee in seiner Praxis zugunsten ausländischer juristischer Personen den Grundsatz des wirklichen Erfinders preisgibt[300]. Bislang haben Ausländer von dem Urheberschein wenig Gebrauch gemacht; die Zahl der Ausländern erteilten Urheberscheine steigt aber allmählich[301]. Da der Anmelder, der einen Urheberschein wählt, alle Gebühren und die oft erheblichen Kosten der Aushandlung eines Lizenzvertrages spart, kann der Urheberschein in manchen Fällen für den ausländischen Erfinder vorteilhafter sein als das Patent. Angehörige derjenigen Staaten, die die Stockholmer Fassung der Pariser Verbandsübereinkunft ratifiziert haben, können sich die Verbandspriorität kostensparend dadurch sichern, daß sie in der Sowjetunion einen Urheberschein beantragen. Der Erfinder kann dann ein Jahr auf die weitere Ausarbeitung und Erprobung der Erfindung verwenden, bevor er über die kostspielige Patentanmeldung in den anderen Ländern entscheiden muß[302]. In den praktisch wichtigsten Fällen, wo die Ausführung der Erfindung ohne die Übertragung von Know-how, geheimen technischen Erfahrungen oder technischer Dokumentation nicht möglich ist, schwächt es die Verhandlungsposition eines ausländischen Handelspartners nicht, wenn er einen Urheberschein statt eines Patents besitzt.

Eine Unsicherheit muß noch zerstreut werden, bevor Ausländer sich in grö-

---

[298] Vgl. etwa RASSOCHIN, Pravovye voprosy 54; DOZORCEV, Buduščee pravovoj ochrany izobretenij: SGiP 1971, Nr. 9, 116 ff.; MAMIOFA, Sovremennaja naučno-techničeskaja revoljucija (Avtoreferat) 25, die die Verschiedenheit der Regelungsmaterien besonders deutlich betonen.

[299] Ich habe V. P. RASSOCHIN für einen persönlichen Hinweis zu danken.

[300] Oben S. 186.

[301] BOGUSLAVSKIJ, Vključenie avtorskogo svidetel'stva v tekst Parižskoj konvencii po ochrane promyšlennoj sobstvennosti: V. I. 1967, Nr. 12, 5; MAGGS/JERZ, The Significance 254.

[302] MAGGS/JERZ 255.

ßerer Zahl an den Urheberschein heranwagen werden. Es ist nicht vollständig geklärt, ob ein Urheberschein, der einem ausländischen Anmelder erteilt wird, dem sowjetischen Staat das Recht gewährt, die Erfindung im Ausland zu patentieren und zu verwerten[303]. Auch das neue Recht schweigt zu dieser Frage. Wie das Gesetz 1959 regelt es nur die ausländische Verwertung der sowjetischen, d. h. der von Sowjetbürgern oder auf sowjetischem Territorium gemachten Erfindungen[304]. Das Risiko für den ausländischen Anmelder dürfte allerdings recht gering sein. Die Sowjetunion würde sich gegen den Geist der Pariser Verbandsübereinkunft vergehen, die von der territorialen Wirkung der Schutzrechte ausgeht, wenn sie versuchen würde, die Erfindung eines Ausländers unermächtigt im Ausland zu verwerten. Zu ihrer Sicherung sollten sich Ausländer, die einen Urheberschein beantragen, ausdrücklich die Verwertung ihrer Erfindung im Ausland vorbehalten.

d. Die Rechtsstellung des Erfinders nach Erteilung eines Urheberscheins

Der Inhaber eines Urheberscheins erwirbt ex lege eine Reihe höchstpersönlicher Rechte und Privilegien, sowie einen Vergütungsanspruch[305]. Für die persönliche Rechtsstellung des Erfinders ist es gleichgültig, ob die Erfindung in Erfüllung einer Dienstpflicht gemacht worden ist[306]. Da das Gesetz 1973 nicht nur die ausländischen Erfinder, sondern auch ihre Rechtsnachfolger den sowjetischen Bürgern gleichstellt, ist anzunehmen, daß nun auch die persönlichen Rechte der Erfinder, soweit sie nicht ihrem Inhalt nach höchstpersönlich sind, den ausländischen Unternehmen zustehen, die für einen Urheberschein optiert haben. Das Gesetz 1973 führt erstmals auch an den durch Urheberschein geschützten Erfindungen eine Art Vorbenutzungsrecht ein. Die persönlichen Rechte des Erfinders sind – wie es das neue Gesetz ausdrückt – gegenüber denjenigen Unternehmen, Organisationen und Anstalten unwirksam, welche in dem Zeitpunkt, nach dem sich die Priorität der Erfindung bemißt, eine identische Erfindung nutzen[307].

Der Erfinder kann verlangen, daß sein Name oder eine andere ihm gefällige Bezeichnung mit der Erfindung verbunden wird und auf allen Erzeugnissen,

---

303 The Study Group on Certificates of Authorship, Geneve, 1964, Jan. 27–30, BIRPI doc. 830 (FE) (1964) 83; dazu MAGGS/JERZ 252 f.

304 G 1973, §§ 103–104; G 1959, § 69; vgl. auch Art. 110 der Grundlagen der Zivilgesetzgebung.

305 G 1973, §§ 108 ff.; G 1959, §§ 72 ff.

306 Sieht man davon ab, daß der Urheber einer Diensterfindung die Anmeldung der Erfindung nicht verhindern kann, während der freie Erfinder diese Möglichkeit im Prinzip – aber nur im Prinzip!, vgl. oben S. 183 – hat. Vgl. etwa BOGUSLAVSKIJ u. a., Pravovye voprosy 242, und § 18 des Erlasses (Instrukcija) über die Vergütung für Entdekkungen, Erfindungen und Rationalisierungsvorschläge vom 24. 4. 1959 (engl. Übersetzung bei FEDERICO, Soviet Law on Inventions and Patents: JPOS 1961, 78–84), S. P. 1959, Nr. 9, Ziff. 59 (im folgenden kurz: Erlaß 1959).

307 G 1973, § 29.

die unter Verwertung der Erfindung hergestellt werden, oder auf ihrer Verpackung erscheint[308]. Personen, deren Erfindungen in der Produktion verwertet werden, haben ein Recht darauf, außerhalb des normalen Aufnahmeverfahrens zum Hochschulstudium zugelassen zu werden[309]. Die Urheber volkswirtschaftlich besonders bedeutender Erfindungen können diese anstelle einer Dissertation zum Erwerb des wissenschaftlichen Grads eines Kandidaten oder eines Doktors der Wissenschaften einreichen; ausnahmsweise kann bei den allerwichtigten Erfindungen auf das normale Promotionsverfahren insgesamt, d. h. vor allem auf die Disputation (zaščita), verzichtet werden[310]. Erfinder werden bevorzugt zur Weiterbildung an andere Unternehmen abgeordnet. Personen, denen der Ehrentitel eines verdienten Erfinders[311] zuerkannt ist, haben ein Anrecht auf zusätzlichen Wohnraum[312]. Die Erfindungen werden im Arbeitsbuch der Erfinder vermerkt, und können diesen somit Vorteile bei der Anstellung oder bei der Beförderung verschaffen[313]. Alle diese Rechte sind unübertragbar und unvererblich[314]. Sie können schon ihres höchstpersönlichen Inhalts wegen nicht den ausländischen Unternehmen zustehen, die als Rechtsnachfolger eines Erfinders einen Urheberschein innehaben.

Anders verhält es sich dagegen bei dem gesetzlichen Vergütungsanspruch; er unterliegt der Abtretung und der Erbfolge[315] und kann nach seinem Inhalt auch dem ausländischen Rechtsnachfolger eines Erfinders zustehen. Nach dem Gesetz 1959 und dem in seiner Ausführung ergangenen Erlaß über die Vergütung für Entdeckungen, Erfindungen und Rationalisierungsvorschläge war der Vergütungsanspruch bedingt durch die Einführung der Erfindung in die Produktion (vnedrenie)[316]. Das neue Recht unterscheidet nunmehr eine einmalige, bei der Erteilung des Urheberscheins fällig werdende Prämienzahlung (edinovremennoe pooščritel'noe voznagraždenie) von der Vergütung für die Verwertung der Erfindung (voznagraždenie za ispol'zovanie)[317]. Damit wird allerdings nur ein bereits seit 1964 im wesentlichen bestehender Rechtszustand kodifiziert[318].

---

[308] G 1973, § 136; vgl. bereits G 1959, § 11, und dazu Antimonov/Flejšic 166 f.

[309] G 1973, § 138.

[310] G 1973, § 139.

[311] G 1973, § 137.

[312] G 1973, § 141; vgl. bereits G 1959, § 77.

[313] G 1973, § 135; vgl. bereits G 1959, § 73.

[314] Grundlagen der Zivilgesetzgebung, Art. 115.

[315] Ausführlich zur Erbfolge in erfinderrechtliche Rechtspositionen Efimov, Nasledovanie prav avtorov otkrytij, izobretatelej i racionalizatorov: V. I. 1975, Nr. 1, 13 ff.

[316] G 1959, § 72 in Verb. mit §§ 4 ff. des Erlasses 1959 (oben N. 306). Die Rechtsfrage, wann eine Erfindung in die Produktion eingeführt sei, gab besonders häufig zu gerichtlicher Auseinandersetzung Anlaß.

[317] G 1973, §§ 110 und 111.

[318] Die einmalige Prämienzahlung war durch eine Verordnung (postanovlenie) des Ministerrats der UdSSR vom 26. 3. 1964 über die Urhebervergütung für Erfindungen,

Die einmalige, von der Verwertung der Erfindung unabhängige Prämienzahlung war erforderlich geworden, weil die Erfinder in der Praxis häufig nicht von der Verwertung der Erfindung Kenntnis erhielten, obwohl das Gesetz 1959 die Unternehmen verpflichtete, die Erfinder von der Einführung der Erfindungen zu benachrichtigen[319]. Ferner dauerte es häufig sehr lange, bis die Erfindervergütung festgesetzt und ausgezahlt wurde[320]. Die einmalige Prämie ist vorgesehen[321], wenn eine Erfindung in Erfüllung einer Dienstpflicht in staatlichen Unternehmen und Organisationen oder aber in einem Laboratorium, einem Konstruktionsbüro oder einer Brigade des gesellschaftlichen Sektors[322] (organizacii, rabotajuščie na obščestvennych načalach) zustande gekommen ist. Für eine Erfindung kann die Prämie 20 bis 200 Rubel betragen; ein einzelner Erfinder darf jedoch nicht mehr als 50 Rubel erhalten[323]. Die Prämie wird, falls es sich um eine Diensterfindung handelt, vom zuständigen Branchenministerium (ministerstvo, vedomstvo), falls es sich um eine Erfindung handelt, die in einer gesellschaftlichen Organisation zustande gekommen ist, unmittelbar vom Komitee ausbezahlt[324]. Die einmalige Prämie wird auf eine spätere Vergütung für die Verwertung der Erfindung angerechnet[325].

Das bisherige Erfinderrecht hatte die Erfindervergütung für die Verwertung nur in dem Fall geregelt, daß die Erfindung in einem oder mehreren sowjeti-

---

die im Rahmen einer Dienstverrichtung gemacht werden (S. P. 1964, Nr. 4, Ziff. 32), eingeführt worden und durch eine Verordnung des Ministerrats vom 28. 12. 1967 sowie eine Erläuterung (ras"jasnenie) des Komitees vom 17. 2. 1967 (Nr. 1 (24)) näher ausgestaltet worden. Vgl. GRIŠKO/STAROVOJTOV, Opredelenie edinovremennogo pooščritel'nogo voznagraždenija: V. I. 1973, Nr. 3, 40 ff.

[319] G 1959, § 14; ebenso heute G 1973, § 97.

[320] DOZORCEV, Puti soveršenstvovanija sistemy voznagraždenija za izobretatel'skie predloženija, in: Problemy ochrany izobretenij v oblasti chimii, Materialy soveščanija (Riga, Juli 1968) 53.

[321] G 1973, § 73; vgl. auch den in Ausführung des G 1973 ergangenen Erlaß (Instrukcija) des Komitees über die Ordnung der Vergütungsleistungen für Entdeckungen, Erfindungen und Rationalisierungsvorschläge vom 15. 1. 1974, in V. I. 1974, Nr. 6, 52–58, §§ 13–15.

[322] Nach dem Programm der KPdSU sollen – gemäß der These vom Absterben des Staats – mehr und mehr staatliche Funktionen von gesellschaftlichen Organisationen übernommen werden, in denen die Mitgliedschaft formal freiwillig ist. Eine der wichtigsten dieser gesellschaftlichen Organisationen (obščestvennye organizacii) ist die Allunionsvereinigung der Erfinder und Urheber von Rationalisierungsvorschlägen (Vsesojuznoe obščestvo izobretatelej i racionalizatorov – VOIR). Zum Begriff und zur Funktion der gesellschaftlichen Organisationen JAMPOL'SKAJA, Obščestvennye organizacii v SSSR (1972) (bespr. von ALEKSEEV/DJURJAGIN, SGiP 1973, Nr. 7, 135–136); speziell zu den auf technischem und wissenschaftlichem Gebiet tätigen gesellschaftlichen Organisationen KSENOFONTOV/MAEVSKIJ, Kommentarij k obščemu položeniju o naučno-issledovatel'skich, konstruktorskich, proektno-konstruktorskich i technologičeskich organizazijach (1973), zu den §§ 5, 63, 66.

[323] G 1973, § 110 I; Erlaß 1974 (oben Note 321) § 14.

[324] G 1973, § 110 II; Erlaß 1974, § 15.

[325] G 1973, § 110 III; Erlaß 1974, § 22.

schen Unternehmen eingeführt worden war. Das Gesetz 1973 dagegen knüpft den Vergütungsanspruch des Erfinders an eine Vielzahl von Verwertungsformen an. Eine Vergütung wird ausbezahlt, wenn eine Erfindung
a) in der Volkswirtschaft der UdSSR verwertet wird; als solche Verwertung gilt es auch, wenn die Erfindung in Erzeugnissen verwertet ist, die aus dem Ausland eingeführt werden und zum Einsatz in der Sowjetunion bestimmt sind;
b) in einer technischen Dokumentation verwertet ist, die im Rahmen der wissenschaftlich-technischen Zusammenarbeit anderen Staaten überlassen wird;
c) in Anlagen verwertet wird, die von Unternehmen und Organisationen der UdSSR im Rahmen der technischen Auslandshilfe ausgerüstet werden;
d) durch den Abschluß eines Lizenzvertrages mit ausländischen Nutzern verwertet wird[326].

Im letzten Fall wird die Vergütung auch dann ausbezahlt, wenn die Erfindung entweder nur im Inland durch einen Urheberschein – und nicht zugleich, wie im Regelfall, durch ein ausländisches Schutzrecht – oder nur durch ein ausländisches Schutzrecht geschützt ist. In diesem Sonderfall ist es also ausreichend, wenn die Erfindung im Ausland schutzfähig ist[327].

Der Höchstbetrag der Erfindervergütung ist – wie bisher – 20 000 (neue) Rubel[328]. Die normale Vergütung für die Verwertung der Erfindungen, die zur Herstellung neuartiger Erzeugnisse, wertvoller Verfahren oder Stoffe führen oder die von besonderer volkswirtschaftlicher Bedeutung sind, sich aber nicht für eine umfangreiche Nutzung eignen, kann vom zuständigen Branchenministerium bis zum Dreifachen des Normalbetrags heraufgesetzt werden; die Obergrenze von 20 000 Rubel darf aber auch so nicht überschritten werden[329].

Wird die Erfindung in einem Unternehmen der Sowjetunion verwertet, so wird die Erfindervergütung von diesem Unternehmen festgesetzt und ausbezahlt[330]. Verwerten mehrere Unternehmen einer Branche die Erfindung, so wird die Vergütung von dem zuständigen Branchenministerium (ministerstvo, vedomstvo) festgestellt und bezahlt[331]. Wird die Erfindung von Unternehmen mehrerer Branchen verwertet, so hat das Ministerium derjenigen Branche, in der die Erfindung zuerst verwertet wurde, die Vergütung festzusetzen und auszubezahlen. Es kann jedoch von den obersten Wirtschaftsbehörden derjenigen Branchen, in denen die Erfindung sonst verwertet wird, anteiligen Ersatz seiner Aufwendungen verlangen[332].

---

[326] G 1973, § 111, Ziff. 1–4; Erlaß 1974, § 16.

[327] G 1973, § 111, Ziff. 4; Erlaß 1974, § 16 Buchst. d.

[328] G 1973, § 113 V; Erlaß 1959, § 7.

[329] G 1973, § 114; Erlaß 1974, § 23; vgl. bereits Erlaß 1959, §§ 10 und 11.

[330] G 1973, § 112; Erlaß 1974, § 17 Buchst. a; vgl. bereits Erlaß 1959, § 4 Buchst. a.

[331] G 1973, § 112 Ziff. 2; Erlaß 1974, § 17 Buchst. b; vgl. bereits Erlaß 1959, § 4 Buchst. b.

[332] G 1973, § 112 Ziff. 3; Erlaß 1974, § 17 Buchst. c; vgl. bereits Erlaß 1959, § 4 Buchst. d.

Bei faktorsparenden Erfindungen, die in der Sowjetunion verwertet werden, bemißt sich die Vergütung nach der in der Volkswirtschaft durch die Anwendung der Erfindung erzielten Ersparnis[333]. Der Erfinder erhält fünf Jahre lang – gerechnet vom Zeitpunkt der erstmaligen Verwertung der Erfindung in einem Unternehmen, einer Organisation oder einer Anstalt der Sowjetunion – jeweils zwei Prozent des in jedem Kalenderjahr ersparten Betrags[334]. Das bisherige Recht hatte dem Erfinder einen mit dem Ausmaß der Kostenersparnis abnehmenden Satz von 25 bis 2 Prozent des in *einem* Jahr eingesparten Betrags zugesprochen. Zu einem gewissen Teil wird die mit dem neuen Recht verbundene Schlechterstellung der Urheber weniger bedeutender Erfindungen durch die einmalige, von der Verwertung der Erfindung unabhängige Prämie aufgefangen. Zum anderen Teil jedoch dürfte ein gewisser Abbau der durch die Degression bewirkten negativen Anreizwirkung erwünscht sein[335]. Gegen das bisherige System war vorgebracht worden, es gebe einen zu starken Anreiz zur Lösung relativ kleiner Probleme, während es für die Lösung grundsätzlicher Aufgaben einen zu geringen Anreiz biete[336]. Derselben Tendenz zur Bevorzugung der Urheber von gewichtigeren Erfindungen entspricht es auch, daß nun die während der ersten fünf Jahre erzielte Ersparnis der Vergütung zugrunde gelegt wird, während bisher grundsätzlich die im ersten Jahr der Anwendung einer Erfindung erreichte Ersparnis maßgebend war[337].

---

[333] So im Grundsatz bereits das bisherige Recht: Erlaß 1959, § 7.

[334] G 1973, § 113 I; Erlaß 1974, § 19.

[335] Die drastische Veränderung der Anreizstruktur ergibt sich aus der nachstehenden Übersicht:

Jährl. Faktoreinsparung in Rubeln	Vergütung in Rubeln 1959	1973
1 Mio.	20 000[a]	20 000[a]
500 000	12 100 (2 % + ein Fixbetrag von 2 100)	20 000[a]
200 000	6 100 (2 % + ein Fixbetrag von 2 100)	20 000
50 001	2 600 (2 % + ein Fixbetrag von 1 100)	5 000
1 001	145 (10 % + ein Fixbetrag von 45)	100
101	25 (15 % + ein Fixbetrag von 10)	20[b]

Die mit [a] bezeichneten Werte ergeben sich infolge des gesetzlichen Höchstbetrags. In dem mit [b] bezeichneten Fall erhält der Erfinder nur die einmalige Prämienleistung, aber keine Nutzungsvergütung; die aufwendige Errechnung der Faktoreinsparung entfällt also.

[336] RJASENCEV, Sovetskoe izobretatel'skoe pravo 145.

[337] Erlaß 1959, § 7 I. Im Erlaß 1959 war zwar eine zusätzliche Vergütung für den Fall vorgesehen, daß die Erfindung im Laufe weiterer vier Jahre eine höhere jähr-

Da bedeutende Erfindungen sich in der Regel nicht so rasch bezahlt machen wie triviale, ist im neuen Recht außerdem eine von der Verwertung unabhängige besondere Prämie für besonders grundlegende, nur langfristig realisierbare Erfindungen (perspektivnye izobretenija) vorgesehen[338].

Bei Erfindungen, deren Wert sich nicht in der Einsparung von Produktionsfaktoren zeigt (izobretenija ne sozdajuščie ėkonomii), wird eine einmalige Vergütung ausbezahlt, deren Höhe wie bisher von dem „wirklichen Wert" (dejstvitel'naja cennost') unter Berücksichtigung ihrer technischen oder sonstigen positiven Wirkungen und dem Ausmaß ihrer Verwertung abhängt[339]. Die Leiter der zur Auszahlung verpflichteten Stellen können die Vergütung heraufsetzen, wenn die Erfindung im Laufe der auf die erste Zahlung folgenden vier Jahre in größerem Umfang verwertet wird[340].

Die Praxis hatte ein kompliziertes System von Koeffizienten entwickelt, um den wirklichen Wert einer nicht faktorsparenden Erfindung[341] zu bemessen[342]. Nach der neuesten Praxis[343] wurden im wesentlichen vier Kriterien verwendet: (1) der erreichte positive Effekt einer Lösung, (2) der Umfang ihrer Anwendung, (3) ihre wissenschaftlich-technische Bedeutsamkeit und (4) die Schwierigkeit der gelösten Aufgabe.

Diese Verbindung ökonomischer mit autonom technischen und wissenschaftlichen Kriterien ist auch im neuen Recht beibehalten. Der Erlaß über die Bemessung der Erfindervergütung für nicht faktorsparende Erfindungen aus dem Jahre 1974 nennt die vier Koeffizienten: K_1 – der erreichte positive Effekt; K_2 – der Umfang der Nutzung; K_3 – die Komplexität der gelösten technischen Aufgabe und K_4 – wesentliche Neuheitsmerkmale (suščestvennye otličija)[344].

---

liche Faktoreinsparung ermöglichte (§ 17 II). Daraus wurde in der Praxis jedoch nicht viel, weil die Unternehmen sich selbst zur einmaligen Berechnung und Auszahlung der Vergütung in kaum 50 Prozent aller Fälle bereit fanden, vgl. Dozorcev, Puti 54.

338 G 1973, § 118; Erlaß 1974, § 34.

339 Vgl. Erlaß (instrukcija) des Komitees vom 15. 1. 1974 über die Bemessung der Vergütung für Erfindungen und Rationalisierungsvorschläge, die keine Faktoreinsparung ermöglichen, in V. I. 1974, Nr. 6, 59–64, geändert (in § 12) durch Ergänzung vom August 1975 (kein näheres Datum) (V. I. 1975, Nr. 8, 63).

340 G 1973, § 113 II.

341 Das G 1959, § 9 nannte beispielhaft Erfindungen, die der Verbesserung der Produktqualität, der Arbeitsbedingungen oder der Sicherheitstechniken dienen.

342 Vgl. Bakastov, Opredelenie avtorskogo voznagraždenija po predloženijam, ne sozdajuščie ėkonomii: V. I. 1965, Nr. 8, 8; Furmakov/Baraševič, Koėfficienty dlja opredelenija voznagraždenija po izobretenijam, ne sozdajuščie ėkonomii: V. I. 1966, Nr. 11; Kostikova/Tichomirov/Frolov, Opredelenie razmera voznagraždenija za izobretenija i racionalizatorskie predloženija, ne sozdajuščie ėkonomii: V. I. 1973, Nr. 2, 7; vgl. auch die provisorischen Anweisungen (vremennye ukazanija) des Komitees (BB-1-72), in V. I. 1972, Nr. 8.

343 Dazu die provisorischen Anweisungen des Komitees (vorige Note).

344 Die Vergütung bemißt sich nach der folgenden Formel: $V = K_1 \cdot K_2 \cdot K_3 \cdot K_4 \cdot 20$ (Erlaß vom 15. 1. 1974; § 13).

In der rechtspolitischen Diskussion war häufig vorgeschlagen worden, auch bei den faktorsparenden Erfindungen der Bemessung der Vergütung technische Kriterien, die man teilweise „Koeffizienten des Schöpfertums" nannte, zugrunde zu legen. Neben der Kostenersparnis sollten auch hier Faktoren wie die Schwierigkeit der gelösten Aufgabe, die Grundsätzlichkeit der erfinderischen Lehre und dergleichen mehr in Ansatz gebracht werden[345]. Man glaubte, daß sich der wirkliche Wert auch der faktorsparenden Erfindungen nicht voll als ein Prozentsatz der durch die Anwendung der Erfindung erzielten Kosteneinsparung ausdrücken lasse und daß folglich das geltende Recht die Erfinderarbeit nicht auf die wertvollsten Erfindungen hinlenke. Das Gesetz 1973 hat dennoch die rein ökonomische Grundlage für die Bemessung der Vergütung für faktorsparende Erfindungen beibehalten[346], dafür aber den Anreiz zur Lösung schwierigerer technischer Probleme durch die Verlängerung des für die Bemessung der Vergütung maßgeblichen Zeitraums von einem Jahr auf fünf Jahre und durch den Abbau der Degression zu verstärken versucht. Für besonders richtungweisende Erfindungen, die im Augenblick ihrer Fertigstellung noch gar nicht anwendungsreif sind (perspektivnye izobretenija) sieht das neue Recht zudem, wie erwähnt, erstmals eine von der Verwertung unabhängige Prämie vor.

Das System der Vergütung für die binnenwirtschaftliche Nutzung der Erfindungen hat auch nach dem neuen Recht eine Reihe ziemlich offenkundiger Mängel. Es kann sein, daß eine Erfindung nicht in dem Unternehmen oder in der Branche eine Ersparnis ermöglicht, wo die Erfindung angewendet wird, sondern in einem anderen Unternehmen oder einem anderen Produktionszweig, der die Erzeugnisse des ersten Unternehmens oder der ersten Branche weiterverarbeitet[347]. Entsprechendes ist bei nicht faktorsparenden Erfindungen stets der Fall, wenn nicht internalisierbare Größen, wie etwa der technische Effekt einer Erfindung der Bemessung der von einzelnen Unternehmen oder einzelnen Branchen zu zahlenden Vergütung zugrunde gelegt werden. Die Pflicht, auch für nicht faktorsparende Erfindungen eine Vergütung zu bezahlen, erschwert den Unternehmen die Einführung von Qualitätsverbesserungen, Sicherheitstechnologien und dergleichen, da sie sich die hieraus erwachsenden Vorteile

---

[345] Zum Diskussionsstand vgl. Dozorcev, Puti 52–57; Ovčinnikov, Koėfficient tvorčestva: Izobretatel' i Racionalizator 1963, Nr. 2, 2; Poklonskij, Opredelenie razmera avtorskogo voznagraždenija: V. I. 1966, Nr. 2, 3.

[346] Bisher jedenfalls blieb auch sie weitgehend reine Theorie, da in der Praxis kaum in der Hälfte aller Fälle, Dozorcev, Puti 54, die erreichte Faktoreinsparung ausgerechnet wurde. In allen übrigen Fällen bemaß man die Vergütung nach Augenmaß und dabei kamen natürlich außer wirtschaftlichen auch alle möglichen anderen Gesichtspunkte ins Spiel, Nechorošev, Izobretatel'skij trud i ego material'noe stimulirovanie (Jur. Kand. Diss. Leningrad 1960) 242. Die Praxis muß zeigen, ob sich hieran etwas ändern wird.

[347] Vgl. dazu Erlaß 1974, § 17 III; Erlaß 1959, § 5.

infolge der Starrheit des Preissystems und der mangelnden Transparenz des Arbeitsmarktes nicht oder nur unvollkommen aneignen können.

Das Gesetz 1973 sieht, wie schon das bisherige Recht, keinen Ausgleich vor, wenn ein Unternehmen die Erfindung früher als andere Unternehmen derselben Branche verwertet und dem Erfinder die Vergütung bezahlt hatte[348]. Da die Vergütung einen Höchstbetrag von 20 000 Rubeln nicht überschreiten darf, kann das dazu führen, daß das erste Unternehmen mit einem relativ größeren Anteil der Vergütungspflicht belastet wird als alle weiteren Nutzer der Erfindung[349]. Selbst wenn man annimmt, daß informell ein Ausgleich auf dem Wege über das Ministerium der Branche stattfindet[350], muß sich das Pionierunternehmen immerhin um die teilweise Erstattung seiner Ausgaben bemühen. Je mehr Nutzer hinzukommen, desto weniger ist anzunehmen, daß der Ausgleich zwischen verschiedenen Unternehmen oder verschiedenen Branchen zu einem gerechten Ergebnis führt: die Umverteilung eines Fixbetrags – der Höchstsumme von 20 000 Rubeln – kann jedenfalls nicht ad infinitum fortgesetzt werden, wenn nicht ganz untragbar hohe Verwaltungskosten entstehen sollen. Dies alles kommt – wie schon die Regelung des Jahres 1925[351], wonach Staatsunternehmen die von ihnen erworbenen Erfindungslizenzen nicht für sich behalten durften – einer institutionalisierten „Ausbeutung der Starken durch die Schwächeren" gleich und hemmt die Initiative der Unternehmen.

Rjasencev hat deshalb schon 1961 empfohlen, die Feststellung und Auszahlung der Erfindervergütung zu zentralisieren[352]. Tatsächlich wären nur so die Spannungen zu vermeiden, die sich aus dem rechtlichen Verbot der Aneignung von Erfindungen im Zusammenspiel mit der Dezentralisierung der Lastentragung ergeben. Man darf dieses Externalitätenproblem aber nicht überschätzen. Bei dem Spezialisierungsgrad und der Konzentration der sowjetischen Industrie ist häufig genug ein einzelnes Unternehmen oder eine einzelne Branche der einzige Interessent für eine Erfindung. Soweit die Innovationsplanung funktioniert, lassen sich zeitliche Verschiebungen bei der Verwertung von Erfindungen weitgehend vermeiden oder wenigstens kompensieren. Und schließ-

---

[348] Für den Fall, daß mehrere Unternehmen eine Erfindung nacheinander nutzen und die Vergütung bereits von dem ersten oder einem anderen in der Kette der Nutzer dem letzten Innovator vorangehenden Unternehmen bereits ausbezahlt worden war, sah der Erlaß 1959 (§ 4 Buchst. e) lediglich die Anrechnung dieses Betrags bei eventuellen nachfolgenden Zahlungen vor.

[349] Nach dem bisherigen Recht führte die Degression des an den Erfinder auszubezahlenden Prozentsatzes der erzielten Ersparnis *stets* zu diesem unbilligen Ergebnis.

[350] Diese Möglichkeit hatte ich in einer früheren Stellungnahme wohl zu kategorisch ausgeschlossen, Inventions and the Organization of Technical Progress in the Soviet Union (unveröffentl. LL. M.-Dissertation, Harvard Law School 1973) 69.

[351] Oben S. 106 f.

[352] Rjasencev, Sovetskoe izobretatel'skoe pravo 145 f., ebenso Jurčenko, Problemy Sovetskogo izobretatel'skogo prava (Jur. Doktordiss. Leningrad 1966) 400.

lich gibt es, wie wir sehen werden, eine Reihe besonderer Innovationsanreize, die den negativen Anreiz ausgleichen können, der von dem System der Erfindervergütung ausgeht. Man muß sich auch vergegenwärtigen, daß eine – dazu noch auf den Höchstbetrag von 20 000 Rubel beschränkte – Vergütung in Höhe von zwei Prozent der in den ersten fünf Jahren eingesparten Kosten nur eine relativ geringe Belastung der Unternehmen bedeutet. Unter diesen Umständen ist es verständlich, daß man von der Zentralisierung des Systems der Erfindervergütung – jedenfalls einstweilen – abgesehen hat: Sie hätte einen erheblichen bürokratischen Aufwand und eine Einbuße an Sachnähe bedeutet.

Immerhin hat man sich jüngst entschlossen, ein Verfahren der zentralen Berechnung und Auszahlung der Erfindervergütung zu testen[353]. Beim Komitee wurde eine Sonderbehörde eingerichtet, der die Entlohnung der Urheber derjenigen Erfindungen übertragen ist, die in den Gebieten von Sverdlovsk und Gor'kij sowie in der Lettischen Sozialistischen Sowjetrepublik verwertet werden. Die Unternehmen dieser Gebietseinheiten haben an die Behörde 0,7 Prozent der durch die Verwertung der Erfindungen erzielten Ersparnis abzuführen. Aus diesen Beträgen wird die Erfindervergütung finanziert. Die Behörde, die eigentümlicherweise auf der Grundlage der einzelwirtschaftlichen Rechnungsführung (chozrasčet) operiert, darf als Entgelt für ihre Verwaltungsarbeit zehn Prozent der Erfindervergütung einbehalten. Durch ein solches Verfahren lassen sich die innovationsfeindlichen Externalitäten vermeiden, die mit dem üblichen System der Erfindervergütung verbunden sind. Der Hauptzweck des Experiments dürfte es jedoch sein, Möglichkeiten zu erproben, wie die Unternehmen von der Verwaltungsarbeit entlastet werden können, welche die Festsetzung und Auszahlung der Vergütung mit sich bringen. Für eine Beschleuni-

---

[353] Sie wurde eingeführt durch die Verordnung (postanovlenie) des ZK der KPdSU und des Ministerrats der UdSSR vom 20. 8. 1973 über die weitere Entwicklung des Erfinderwesens im Lande, die Verbesserung der Verwertung der Entdeckungen, Erfindungen und Rationalisierungsvorschläge in der Volkswirtschaft und die Verstärkung ihrer Rolle in der Beschleunigung des wissenschaftlich-technischen Fortschritts, S. P. 1973, Nr. 19, Ziff. 108. Dazu DORKIN, Novoe zakonodatel'stvo 13, 18, und ausführlich SMIRNOV, O centralizovannoj vyplate: V. I. 1975, Nr. 11, 42 ff.

Die Einzelheiten des Verfahrens ergeben sich aus der Verordnung (položenie) des Komitees vom 12. 7. 1974 über die „Verwaltung für den Schutz der Rechte der Erfinder und die zentralisierte Auszahlung der Vergütung" (UCVV), V. I. 1974, Nr. 12, 48 f., und aus dem Erlaß (instrukcija) des Komitees vom 18. 7. 1974 über das Verfahren der zentralisierten Auszahlung der Vergütung für die Verwertung von Erfindungen und über die Übertragung (perečislenie) der hierfür erforderlichen Mittel durch Unternehmen, Organisationen und Anstalten (učreždenija), V. I. 1974, Nr. 12, 50 f.

Neuerdings werden schon die ersten Mängel des Verfahrens gerügt. Insbesondere wird bemängelt, daß die Unternehmen die für die Errechnung der Vergütung notwendige Information nicht vollständig und oft verspätet zur Verfügung stellen. Insgesamt soll sich das neue Verfahren aber bewährt haben, SMIRNOV, aaO.

gung des notorisch langsamen bisherigen Verfahrens lassen sich die Erfinder einen Abzug von zehn Prozent vielleicht gerne gefallen.

Die Einbeziehung der Verwertung von Erfindungen im Rahmen des Außenhandels und der Entwicklungshilfe ist eine der bedeutendsten Neuerungen des Gesetzes 1973. In ihr kommt augenfällig zum Ausdruck, daß die Sowjetunion außenwirtschaftlich künftig verstärkt nicht nur als Empfänger, sondern auch als Übermittler von neuen Technologien aufzutreten beabsichtigt. Werden Erfindungen im Rahmen der wissenschaftlich-technischen Zusammenarbeit oder der technischen Auslandshilfe durch Technologietransfer verwertet – sei es durch die Überlassung einer umfassenden technischen Dokumentation oder durch den Aufbau technologisch fortschrittlicher Anlagen im Ausland –, so wird die Vergütung von dem Ministerium (oder der obersten Wirtschaftsbehörde [vedomstvo]) ausbezahlt, dem das den Technologietransfer bewirkende Unternehmen unterstellt ist[354]. In diesem Falle wird – wie bei der binnenwirtschaftlichen Nutzung nicht faktorsparender Erfindungen – eine einmalige, von dem „wirklichen Wert" der Erfindung abhängige Vergütung festgesetzt. Für den wirklichen Wert ist wie dort der technische oder sonstige positive Effekt der Erfindung und das Ausmaß ihrer Anwendung maßgeblich[355]. Wird die Erfindung durch den Abschluß eines förmlichen entgeltlichen Lizenzvertrags mit dem Ausland verwertet, so erhält der Erfinder als Vergütung drei Prozent der Lizenzgebühren, über die das Komitee mit ihm abrechnet[356]. Für jede der vom Gesetz 1973 genannten Verwertungsformen wird die Vergütung gesondert berechnet und ausbezahlt; jedoch darf für die Verwertung einer Erfindung der Höchstbetrag von 20 000 Rubeln nicht überschritten werden[357].

Auf der Ebene der Rechtstheorie gehört die Frage nach der Rechtsnatur der Erfindervergütung zu den wichtigsten und zugleich umstrittensten Problemen des Erfinderrechts. Hier vor allem kommuniziert der Rechtsstoff mit der Ideologie des Marxismus-Leninismus, und hier scheiden sich pragmatische und ideologische Strömungen der sowjetischen Erfinderrechtswissenschaft. Die theoretischen Bemühungen der sowjetischen Juristen sind darauf gerichtet, die Erfindervergütung auf *ein* Prinzip zurückzuführen und die juristische Begriffsbildung in der ökonomischen Wirklichkeit des nach sowjetischer Auffassung vollendeten Sozialismus zu fundieren. Den hohen Anspruch aller theoretischen Arbeit bringt TORKANOVSKIJ zum Ausdruck, wenn er schreibt: „Der Aufbau eines richtigen, wissenschaftlich begründeten Systems der Erfindervergütung ist nicht möglich ohne die Erhellung der wirtschaftlichen Natur dieser Ver-

---

[354] G 1973, § 112 II und III.
[355] G 1973, § 113 IV, und Erlaß vom 15. 1. 1974, § 1 Buchst. b und c.
[356] G 1973, § 112 IV.
[357] G 1973, § 113 V; Erlaß 1974, § 22.

gütung."[358] Es gibt im wesentlichen drei Theorien und eine prinzipienfeindliche, pragmatische Auffassung der Erfindervergütung[359].

Nach einer Auffassung, die zuerst von PAŠERSTNIK[360] begründet und jüngst wieder ausführlich von dem Ökonomen BORJAEV[361] verteidigt worden ist, ist die Erfindervergütung nichts anderes als der Tauschwert (menovaja stoimost') der Erfindung. Diese Auffassung verdankt es zwei hochproblematischen und ideologisch brisanten Implikationen, daß sie bisher kaum Boden gewinnen konnte. Sie setzt einmal voraus, daß Erfindungen auch dann, wenn sie nicht durch Patente, Geheimnisschutz und dergleichen einzelwirtschaftlich angeeignet werden, einen Tauschwert haben, mithin Waren[362] sind, zum andern, daß das Rechtsverhältnis, das zur Entstehung des staatlichen Nutzungsrechts an der Erfindung führt, ein Austauschvertrag[363] ist.

Eine zweite und bisher herrschende Theorie erklärt die Erfindervergütung als Ausfluß des allgemeinen sozialistischen Grundsatzes der Verteilung nach der Arbeitsleistung (raspredelenie po trudu). Nach der Lehre des Marxismus-Leninismus ist die Arbeitskraft im Sozialismus bekanntlich keine Ware mehr. Mit der Beseitigung des für die kapitalistische Produktionsweise charakteristischen Kapitalverhältnisses, mit der Aufhebung der Trennung von Produzenten und Produktionsmitteln, hat das Arbeitsverhältnis nach dieser Lehre einen vom Warentausch prinzipiell verschiedenen Inhalt erworben. Bevor die Weiterentwicklung der Produktionskräfte und die Bildung des neuen Menschen, dem die Arbeit zum ersten Bedürfnis werden muß, den Übergang zum kommunistischen Prinzip der Verteilung nach den Bedürfnissen gestattet, müssen die Menschen dadurch materiell an der Arbeit interessiert werden, daß der immer noch knappe Konsumptionsfonds nach der Arbeitsleistung verteilt wird[364]. Dazu ist es erforderlich, die Quantität und Qualität des Arbeitsbeitrags jedes Einzelnen zu messen.

Nach einer vor allem von TORKANOVSKIJ[365] ausgearbeiteten Variante der Arbeitstheorie besteht kein prinzipieller Unterschied zwischen dem normalen

---

[358] TORKANOVSKIJ, Planirovanie i material'noe stimulirovanie izobretatel'stva i racionalizacii na predprijatijach (1968) 70.

[359] Wir folgen damit der Einteilung von DOZORCEV, Priroda 156 f.

[360] PAŠERSTNIK, Pravovye voprosy 131; DERS., K voprosu 219 ff.

[361] BORJAEV, Material'naja zainteresovannost' v racionalizacii i izobretatel'stve v promyšlennosti SSSR (Wirtschaftswiss. Kand. Diss. Moskau 1966, Avtoreferat) 11 ff.; DERS., Ėkonomičeskaja priroda izobretenij i racionalizatorskich predloženij, in: Nekotorye voprosy razvitija ėkonomiki na sovremennom ėtape (1966) 341.

[362] Dazu oben S. 35 f. und DOZORCEV, Priroda 162 f.

[363] Dazu oben S. 177 f. und DOZORCEV, Priroda 162.

[364] Vgl. etwa CAGOLOV (ZAGOLOV) u. a., Lehrbuch Politische Ökonomie: Sozialismus 151 ff.

[365] TORKANOVSKIJ, Problemy pravovogo regulirovanija izobretatel'stva i racionalizacii v SSSR (Jur. Doktordiss. Kujbyšev 1965, Avtoreferat); DERS., Ob osnovnych principach sistemy material'nogo stimulirovanija izobretatelej i racionalizatorov: V. I. 1966, Nr. 1,

Arbeitslohn und der Erfindervergütung. Deren Bemessungsgrundlagen (die Ersparnis bei faktorsparenden, der „wirkliche Wert" bei nicht faktorsparenden Erfindungen) werden als – freilich notwendig unvollkommener – Index der Qualität und Quantität der tatsächlich geleisteten Erfinderarbeit interpretiert. TORKANOVSKIJ deutet den Grundsatz der Verteilung nach der Arbeitsleistung einheitlich dahin, daß er die Bemessung der geleisteten Arbeit nach ihrem Resultat erfordere. Das Resultat der Erfinderarbeit versteht er als ein unmittelbar gesellschaftlich-wirtschaftliches: „Nicht im Grad der Neuheit, nicht in der Schwierigkeit der Aufgabe, sondern in der praktischen Verwertung, in der Erreichung einer bestimmten volkswirtschaftlichen Wirkung – darin liegt der Sinn der Erfinderarbeit. Und die darauf gerichtete Tätigkeit müssen die Normen des Erfinderrechts in erster Linie stimulieren."[366] In seiner fast ausschließlich auf kostensparende Prozeßerfindungen zugeschnittenen Argumentation erklärt TORKANOVSKIJ die Erfindungen für vollständig fungibel: Erfindungen können dupliziert werden, und eine Reihe kleiner Schritte kann denselben Erfolg bringen wie ein großer erfinderischer Schritt[367].

Eine zweite Variante der Arbeitstheorie der Erfindervergütung, die besonders ausführlich von NECHOROŠEV[368] begründet worden ist, wendet sich gegen die Auffassung, daß die Arbeitsvergütung im Sozialismus grundsätzlich an das Resultat der Arbeit anknüpfe. Auch in der Sowjetunion ist die vorherrschende Form des Arbeitsentgelts der Zeitlohn[369], und es ist die wohl herrschende Meinung, daß Bemessungsgrundlage der Arbeitsvergütung nicht das Arbeitsergebnis, sondern normalerweise die Dauer und Intensität der „lebendigen Arbeit" ist[370]. PAŠERSTNIK sah sich eben deshalb gezwungen, für die Erfindervergütung eine andere Grundlage als die Verteilung nach der Arbeitsleistung zu suchen, weil der Erfinder völlig unabhängig von der aufgewendeten Arbeitszeit für das fertige Arbeitsergebnis entlohnt wird[371]. Erfinden

8 ff.; DERS., Material'noe stimulirovanie izobretatelej i racionalizatorov, in: BOGUSLAVSKIJ u. a., Pravovye voprosy 425–456; DERS., Planirovanie i material'noe stimulirovanie 70–92.

[366] TORKANOVSKIJ, Planirovanie i material'noe stimulirovanie 84.

[367] AaO 71 f.

[368] NECHOROŠEV, Izobretatel'skij trud 202 ff.; DERS., Ėkonomičeskaja priroda voznagraždenija za izobretenija i racionalizatorskie predloženija: Vestnik LGU 1960, Nr. 17; DERS., Osobennosti izobretatel'skogo truda: Izdanija Tomskogo Universiteta 1966, 84–87; ebenso JURČENKO, Problemy (Diss.) 379 ff., besonders 385.

[369] Vgl. etwa ANDREEV u. a., Sovetskoe trudovoe pravo (1971) 176 ff., und Art. 38 der Grundlagen der Gesetzgebung der UdSSR und der Unionsrepubliken über die Arbeit vom 15. 7. 1970 sowie § 83 des Gesetzeskodex der RSFSR über die Arbeit vom 9. 12. 1971. Neben dem Zeitlohnsystem (sistema povremennoj oplaty truda) gibt es auch das System des Stücklohns (sdel'naja oplata truda).

[370] ANDREEV u. a. 167 etwa definieren: „Arbeitslohn ist die Vergütung, die ein Unternehmen, eine Anstalt (učreždenie) oder eine Organisation den Arbeitern und Angestellten im Verhältnis der Quantität und Qualität der von ihnen aufgewendeten Arbeit gemäß zuvor aufgestellten Normen bezahlen muß."

[371] Siehe oben N. 360.

kann zudem nach herrschender sowjetischer Auffassung – die damit in gefährliche Nähe zur „bürgerlichen“ Lehre vom Geistesblitz rückt – wegen des schöpferischen Charakters der Erfinderarbeit nicht Gegenstand einer Dienstpflicht sein[372]. Nach neuerer Lehre erschöpft sich zwar der Grundsatz der Verteilung nach der Arbeitsleistung nicht im Bereich der eigentlichen, durch Einordnung in einen Betrieb gekennzeichneten Arbeitsverhältnisse[373], aber er gewinnt einen anderen Inhalt, wenn nicht „lebendige Arbeit“ (živoj trud), sondern „vergegenständlichte Arbeit“ (oveščestvlennyj trud) vergütet wird[374]. Diese zweite Variante der Arbeitstheorie entspricht durch die ideologisch wichtige Anknüpfung an das Prinzip der Verteilung nach der Arbeitsleistung einerseits, durch die Betonung der Besonderheit der Erfindervergütung andererseits sowohl den theoretischen wie den praktischen Bedürfnissen der sowjetischen Juristen, und sie war – mit vielen Abweichungen im einzelnen – die bisher herrschende Lehre[375]. Auslegungshilfen ergab diese Auffassung sowenig wie Leitlinien für die Rechtspolitik[376].

---

[372] Dozorcev, Priroda 168; Torkanovskij, Planirovanie i material'noe stimulirovanie 92; Nechoroščev, Izobretatel'skij trud 220 ff.

[373] Dies war die Auffassung von Pašerstnik, K voprosu 233, der den Begriff der Arbeitsvergütung damit unmittelbar mit dem in Art. 118 der Verfassung der UdSSR (1936) garantierten Recht auf Arbeit in Verbindung brachte; ebenso Dozorcev, Priroda 159.

Die radikalste Gegenposition vertrat Genkin, Predmet i sistema, der nicht nur der Erfindervergütung Arbeitscharakter zusprach, sondern das Erfinderrecht auch zum Arbeitsrecht schlug. Dahinter steht, wie Pašerstnik, K voprosu 229, bemerkte, die Furcht, jede andere Bestimmung des Arbeitsrechts könne der verpönten – weil in „bürgerlichen“ Rechtsordnungen gebräuchlichen – Unterscheidung von selbständiger und unselbständiger Arbeit auch im Sowjetrecht Anerkennung verschaffen. Genkin aaO, behauptet: „Die Arbeit ist in der UdSSR in allen ihren Erscheinungsformen ... selbständige Arbeit und beruht auf allgemeinen und für alle Formen der Arbeit einheitlichen Prinzipien der Arbeitsorganisation unter dem Sozialismus.“

Heute ist es absolut herrschende Meinung, daß das Arbeitsrecht nur das Recht der organisierten Arbeit in staatlichen Unternehmen, Organisationen und Anstalten regelt. Das Lehrbuch von Andreev u. a. definiert etwa: „Das Arbeitsrechtsverhältnis ist das juristische Verhältnis bezüglich der Arbeit, die ein Sowjetbürger als Arbeiter oder Angestellter in einem Unternehmen oder in einer Anstalt leistet“, aaO, 53. Die Wirkung des Grundsatzes der Verteilung der Arbeitsleistung beschränkt sich also nicht auf das Arbeitsrecht.

[374] Ausführlich Nechoroščev, Izobretatel'skij trud 220 ff.; ders., Ėkonomičeskaja priroda, passim; Jurčenko, Pravovye voprosy (Diss.) 385 ff.; Rjasencev, Sovetskoe izobretatel'skoe pravo 124.

[375] Vgl. etwa Antimonov/Flejšic 197; Jaičkov, Izobretenie 198, 204; Skripko, Ochrana 77; Ioffe u. a., Sovetskoe graždanskoe, pravo II (1971) 138 f.; von der ökonomischen Seite auch Čižov, Formy pooščrenija racionalizatorov i izobretatelej (1965) 14 ff.

[376] Vgl. zur Kritik Nemirovskaja, Pravovye formy material'nogo stimulirovanija izobretatel'stva i racionalizacii (Jur. Kand. Diss. Alma-Ata 1970) 17 ff.; Dozorcev, Priroda 164; ders., Puti, passim; in Form und Inhalt am radikalsten die Kritik von Muchin, Pugovica vygodnee rotornoj linii: Izobretatel' i Racionalizator 1963, Nr. 2, 20.

Eine dritte Variante der Arbeitstheorie schließlich nimmt den Grundsatz der Verteilung nach der Quantität und Qualität der geleisteten Arbeit beim Wort und ist demgemäß gegen die Bemessung der Vergütung nach dem wirtschaftlichen Erfolg der Erfindung gewendet[377]. Die Anhänger dieser Spielart der Arbeitstheorie wollen in einer radikalen Abkehr vom bisherigen System die tatsächlich vom Erfinder geleistete Arbeit zur Bemessungsgrundlage machen, was im Ergebnis freilich auf nichts anderes als den Übergang von ökonomischen zu angeblich autonom technischen Indizien, wie etwa der Schwierigkeit (složnost') der Aufgabe, des technischen Effekts der Erfindung und dergleichen mehr, hinauslaufen kann.

Eine dritte Gruppe von Autoren erkennt die Hilflosigkeit aller Versuche, die Erfindervergütung auf die eine oder andere Weise auf die Arbeitsleistung des Erfinders zurückzuführen. Sofern überhaupt noch nach einem Leitprinzip der Erfindervergütung gesucht wird, spricht man von einem Tribut (dan')[378] der Gesellschaft an den Erfinder oder von dem Ausdruck ihrer Dankbarkeit[379]. Diese pragmatische – und als eklektisch kritisierte[380] – Richtung der Erfinderrechtswissenschaft kommt der technologiepolitischen Fragestellung am nächsten: Wie muß die Erfindervergütung ausgestaltet sein, um die Erfinder zu den wichtigsten Aufgaben hinzuführen? Vertreter dieser Schule wollen technische und ökonomische, subjektive und objektive Faktoren in den verschiedensten Kombinationen berücksichtigt wissen.

Sachlich dieselben Ziele verfolgen auch die Vertreter einer vierten Theorie. Zugleich machen sie den Versuch einer begrifflichen Synthese. Die Erfindervergütung soll nach ihrer Meinung eine Prämie im technischen Verstande sein. Dozorcev[381], der Hauptvertreter dieser Theorie, überzeugt vor allem durch seine Kritik an der herrschenden Arbeitstheorie der Erfindervergütung. Er hält es für methodisch verfehlt, wenn der Versuch gemacht wird, die erfinderische

---

377 So etwa Muchin aaO; wohl auch Savičev, Pravovye problemy techničeskogo progressa: Vestnik MGU, Serija Pravo (1967), Nr. 1, 10; hierher gehören auch die in N. 345 zitierten Autoren, soweit sie überhaupt noch den Versuch machen, ihre Theorie der Erfindervergütung auf ein Grundprinzip der Politökonomie zurückzuführen. Vgl. außerdem in diesem Sinne Nemirovskaja, Pravovye formy 41; Žudra, Pravovye sredstva ochrany i realizacii Sovetskich izobretenij (Jur. Kand. Diss. Kiev 1968, Avtoreferat) 16; ähnlich auch Čižov, Formy pooščrenija 25.

378 So Tel'nichin, Material'noe stimulirovanie izobretatel'stva i racionalizacii v promyšlennosti SSSR (Jur. Kand. Diss. Leningrad 1958) 62 f.; ders., Ob ėkonomičeskoj prirode voznagraždenija za izobretenija: Izobretatel'stvo v SSSR 1957, Nr. 6, 23. Ähnlich Mamiofa, Pravovye voprosy izobretatel'stva (1968) 81, der die Vergütung eine vom Staat versprochene Auszeichnung (nagrada) nennt.

379 Dozorcev, Za čto platit' izobretatelju: Izobretatel' i Racionalizator 1964, Nr. 8, 13.

380 Dozorcev, Priroda 163 f.

381 Dozorcev, Priroda, passim; ebenso Zenin, Voznagraždenie za izobretenija v uslovijach ėkonomičeskoj reformy, in: Ochrana prav izobretatelej i racionalizatorov, Materialy naučno-praktičeskoj konferencii (1969) 38.

Arbeit nach ihrer Quantität und Qualität zu bemessen. Dabei kann es ja nicht darum gehen, den individuellen, von den jeweiligen Fähigkeiten der Erfinder abhängigen tatsächlichen Arbeitsaufwand zu messen; die erfinderische Arbeit muß vielmehr auf eine bestimmte Zahl von Einheiten einfacher gesellschaftlicher Durchschnittsarbeit zurückgeführt werden, auf den gesellschaftlich notwendigen Arbeitsaufwand[382]. Von dem gesellschaftlich notwendigen Arbeitsaufwand kann man aber nur da sprechen, wo ein bestimmtes Gut reproduziert, mehrfach neu hergestellt werden muß: Eine Erfindung braucht indessen nur einmal gemacht zu werden, denn sie verbraucht sich nicht im Prozeß ihrer Verwertung[383]. Deshalb hält DOZORCEV es schon im Ansatz für verkehrt, die Erfindervergütung überhaupt mit der für die Erzeugung der Erfindung notwendigen Arbeit in Verbindung zu bringen. Für ihn hat die Vergütung einen rein instrumentalen Charakter: Sie ist ein Anreiz zu einer bestimmten sozial erwünschten Tätigkeit[384]. Damit läßt sich auch schlüssig erklären, daß die Erfindervergütung unabhängig davon ist, ob der Erfinder für seine Tätigkeit bereits einen Arbeitslohn erhält[385]. Weniger erfolgreich ist DOZORCEVS Versuch, die Erfindervergütung im System der politökonomischen Prinzipien des Sozialismus zu verankern. Der Begriff der „Prämie" bezeichnet normalerweise eine zum Grundlohn hinzukommende, zusätzliche Arbeitsvergütung für besondere Leistungen (dopolnitel'naja oplata truda)[386]. DOZORCEV dagegen spricht in einem ganz anderen Sinne von einer Prämie: Sie soll bloß der instrumental eingesetzte Anreiz zur Erreichung eines bestimmten Zwecks sein[387]. Damit führt er neben der Verteilung nach der Arbeitsleistung ein zweites, nur voluntaristisch begründbares Prinzip der materiellen Interessiertheit ein[388], das sich nicht ohne Mühe aus dem „wissenschaftlichen So-

---

[382] DOZORCEV, Priroda 156.

[383] DOZORCEV, Priroda 156 f. Mit demselben Argument leugnet er, wie wir sahen, auch, daß Erfindungen oder andere Immaterialgüter einen „Wert" haben (Pravovoj režim 65 ff.; vgl. dazu oben S. 35 ff.).

[384] DOZORCEV, Priroda 169. Den instrumentalen Charakter der Verfügung betont auch ELIZARJAN, Materialnoe stimulirovanie za novuju techniku (1964) 107, obwohl er äußerlich noch am Grundsatz der Verteilung nach der Arbeitsleistung festhalten will.

[385] DOZORCEV, Priroda 168, vertritt allerdings auch die Meinung, daß „Erfinden" stets außerhalb der Arbeitspflicht des Arbeitnehmers liege.

[386] Vgl. etwa ANDREEV, Sovetskoe trudovoe pravo 176; im Zusammenhang des Erfinderrechts vgl. TORKANOVSKIJ, Planirovanie i materialnoe stimulirovanie 90; NECHOROŠEV, Izobretatelskij trud 220 ff. Allgemein zum Begriff der Prämie vgl. FATUEV, Pravovaja priroda premirovanija: Pravovedenie 1969, Nr. 5, 73 f.

[387] DOZORCEV, Priroda 167–171; er stellt dabei klar, daß es sich um eine Prämie nicht des Arbeitsrechts, sondern des Zivilrechts handele, wie sie etwa auch im Recht des Preisausschreibens (konkurs) bekannt sei (Art. 439 des Zivilgesetzbuches der RSFSR spricht ausdrücklich von einer „Prämie").

[388] Vgl. SERGEEV/GRINGOL'C, Voprosy stimulirovanija techničeskogo tvorčestva: V. I. 1967, Nr. 1, 55. Letzten Endes beruht DOZORCEVS Konstruktion auf der Anerkennung der relativen Selbständigkeit der Rolle des Rechts und der Rechtspolitik gegenüber den

zialismus“ herleiten läßt. Die grundsätzliche Bedeutung der Lehre von Dozorcev liegt darin, daß er die Ausgestaltung des Anreizsystems von Gesichtspunkten individueller Verteilungsgerechtigkeit weitgehend freimachen und dafür wirtschafts- und technologiepolitischen Erwägungen öffnen kann. „Es muß“, so schreibt er, „so aufgebaut werden, daß die Stimuli die Neuerertätigkeit in diejenige Richtung lenken, die für den Staat am wichtigsten ist . . .“[389]

Auf eine besonders originelle Weise hat der Wirtschaftswissenschaftler Medvedev versucht, die Erfindervergütung in ein allgemeines Konzept der materiellen Interessiertheit einzuordnen[390]. Er bezieht den Grundsatz der Verteilung nach der Arbeitsleistung auf die Sphäre der unmittelbar gesellschaftlichen Arbeit. Die Arbeit ist unmittelbar gesellschaftlich, soweit sie auf dem gesellschaftlichen Eigentum an den Produktionsmitteln beruht[391]. Dem einheitlichen Fonds des Staatseigentums entspricht so der einheitliche Arbeitsfonds der Sowjetwirtschaft. Daraus folgt, daß gleiche Arbeit gleich bezahlt wird, unabhängig von der in jedem Unternehmen verschiedenen Arbeitsproduktivität. „Verteilung nach der Arbeitsleistung bedeutet, daß der Anteil der Werktätigen am Konsumptionsfonds nicht der Menge der von ihnen hergestellten Produkte proportional ist, sondern der Qualität und der Quantität ihrer Arbeit.“[392] Dieses Prinzip allein schafft aber keinen Anreiz zur Hebung der Arbeitsproduktivität. Es muß daher durch ein anderes Verteilungsprinzip ergänzt werden; durch das Prinzip der Verteilung nach dem Wert (stoimost’). Es ist nicht Ausdruck des einheitlichen Staatseigentums, sondern Ausdruck der relativen Verselbständigung der Produktionseinheiten. Die Verteilung nach der Arbeitsleistung bemißt die Arbeit in ihrer unmittelbar gesellschaftlichen Form; der Wert mißt die Arbeit indirekt gesellschaftlich, d. h. durch den Markt[393]. Durch Prämien wird der an die Unternehmen gerichtete Anreiz der Verteilung nach dem Wert zur Motivation der in den Unternehmen beschäftigten Individuen umgesetzt. „Erfolgte die Verteilung ausschließlich nach der Wertschöpfung, so würde die sozialistische Gleichheit verletzt; deshalb können Prämien nur eine ergänzende Rolle spielen.“[394] Das Arbeitsentgelt hat somit eine Doppelnatur[395]: Zum einen Teil beruht es auf dem Grundsatz der Ver-

---

Produktionsverhältnissen, die seit der voluntaristischen Wende der sowjetischen Rechtstheorie unter Stalin und Vyšinskij (vgl. dazu ausführlich Reich, Sozialismus und Zivilrecht 263 f.) als Lehrsatz dogmatisiert worden ist, in der rechtsdogmatischen Arbeit aber, wie der Streit um die Rechtsnatur der Erfindervergütung zeigt, nicht immer berücksichtigt wird.

[389] Dozorcev, Priroda 172.

[390] Medvedev, Zakon stoimosti i material'noe stimulirovanie socialističeskogo proizvodstva (1966) 17–50.

[391] Medvedev 24.

[392] Medvedev 23.

[393] Medvedev 38.

[394] Medvedev 44.

[395] Medvedev 50 f.

teilung nach der Arbeitsleistung, zum anderen Teil auf dem Grundsatz der Verteilung nach der Wertschöpfung. Zu den Prämien, die den letzteren Teil des Arbeitseinkommens ausmachen, rechnet MEDVEDEV auch die Erfindervergütung[396].

MEDVEDEVS Prämientheorie der Erfindervergütung bietet, anders als die DOZORCEVS, einen theoretisch plausiblen Begriff der Prämie an. Sie vermeidet zugleich alle die Fiktionen, die der Arbeitstheorie der Vergütung in ihrer herkömmlichen Form anhaften. MEDVEDEVS Theorie ist aber leider nicht voll mit dem positiven Recht in Einklang zu bringen. Wenn die Erfindung, wie es wünschenswert ist, von mehreren Unternehmen gleichzeitig eingeführt wird, so wird die Prämie nicht von den Unternehmen, sondern von dem übergeordneten Organen der Wirtschaftsverwaltung ausbezahlt. Grundsätzlich ist zudem einzuwenden, daß der technische Fortschritt nach MARX' Arbeitswertlehre den Wert der Produkte nicht erhöht, sondern verringert[397]. Wenn die Einführung von Erfindungen den Gewinn eines Unternehmens und damit die verfügbare Prämiensumme erhöht, so hat das also mit vermehrter Wertschöpfung im MARXschen Sinne nichts zu tun[398].

Das neue Recht versucht nicht, die Streitfrage nach der Rechtsnatur der Erfindervergütung zu klären. Auch der Umstand, daß nun von der Übergabe des Ausschlußrechts an den Staat die Rede ist, erzwingt keinesfalls die Preisgabe der Arbeitstheorie mit allen ihren Spielarten[399]. Freilich lassen sich nun nicht mehr alle der vom Gesetz vorgesehenen Zahlungen an die Erfinder als Arbeitsvergütung bezeichnen. Die Zahlungen für besonders grundlegende, aber gegenwärtig noch nicht praktisch realisierbare (perspektivnye) Erfindungen nennt das Gesetz 1973 selbst ausdrücklich Prämien[400]. Auch die Nutzungsvergütung für den Verkauf von Lizenzen im Ausland in Höhe von drei Prozent der Lizenzgebühren läßt sich nicht als Vergütung der Erfinderarbeit nach ihrer Qualität und Quantität begreifen; sie ist ein Teil des für die Erfindung auf dem Weltmarkt erzielten Warenpreises. Wenn man sich bemühen wird, ein für alle Formen der Erfindervergütung einheitliches Grundprinzip heraus-

---

[396] MEDVEDEV 48.

[397] MARX hat nur die kostensparenden Innovationen im Auge. Vgl. dazu oben S. 35 ff.

[398] Das Verhältnis des Wertgesetzes zum Grundsatz der Verteilung nach der Arbeitsleistung ist in der sowjetischen politischen Ökonomie höchst umstritten. Gegen MEDVEDEV etwa CAGOLOV, Zakon stoimosti i ego rol' pri socializme (1959) 171 f.; TARASENKO/STOLJAROV/DIMITRENKO, Tovarnoe proizvodstvo, zakon stoimosti i den'gi pri socializme (1958) 17; KOLGANOV, Zakon stoimosti i ego rol' pri socializme (1959) 46–47, die allesamt nicht, wie MEDVEDEV, die Gegensätzlichkeit und Komplementarität der beiden Prinzipien bzw. Gesetze betonen, sondern ihre Gleichartigkeit.

[399] Vgl. allerdings TORKANOVSKIJ, Planirovanie i material'noe stimulirovanie 75 f., der seine Auffassung vor allem damit begründet, daß der Staat das Nutzungsrecht an den durch Urheberschein geschützten Erfindungen ex lege erwerbe.

[400] G 1973, § 118.

zuarbeiten, so dürfte die Prämientheorie in der von DOZORCEV vorgetragenen Form eine besonders gute Chance haben, sich durchzusetzen[401].

e) Rechte und Pflichten des Erfinders bei der Verwertung der Erfindung

Das Erfinderrecht bezieht den Inhaber eines Urheberscheins auch in die weitere Entwicklung und in die Verwertung der Erfindung ein. Es normiert eine komplexe Pflichtrechtsstellung, die einerseits dem immateriellen Interesse des Erfinders, sein Werk verwirklicht zu sehen, andererseits dem volkswirtschaftlichen Bedürfnis nach einer möglichst raschen Verarbeitung und Verwertung der Erfindung Rechnung trägt. In der Literatur waren einzelne Autoren so weit gegangen, dem Erfinder ein subjektives Recht auf die Verwertung seiner Erfindung zuzusprechen[402]. Die Konstruktion eines solchen Rechts mußte freilich stets ein ideologisches Lippenbekenntnis bleiben, da auch in der Sowjetunion ein erheblicher Teil der angemeldeten und geschützten Erfindungen niemals gewerblich ausgeführt wird. Die Erfinderrechtsgesetze der Jahre 1959 und 1973 beschränken sich deshalb mit Bedacht darauf, dem Erfinder für den Fall, daß seine Erfindung verwertet wird, eine Reihe arbeitsrechtlicher Befugnisse zu gewähren[403].

Der Erfinder ist berechtigt, bei der Vorbereitung der industriellen Verwertung der Erfindung mitzuwirken, etwa bei der Erstellung der technischen Dokumentation, bei der Anfertigung und Erprobung von Modellen und Prototypen oder bei der Umstellung des Produktionsprozesses[404]. Freilich gilt dies Recht nicht unter allen Umständen, sondern nur dann, wenn die Zuziehung des Erfinders wirtschaftlich opportun ist. Der Rechtsweg ist folgerichtig auch nicht eröffnet; der Erfinder kann sich bloß bei der Behörde der Wirtschaftsverwaltung beschweren, der das Unternehmen untergeordnet ist, in dem seine Erfindung verwertet wird[405]. ZARUBIN spricht dem Mitwirkungsrecht des Erfinders sogar praktisch jeden subjektivrechtlichen Gehalt ab; es soll sich darin erschöpfen, die Inanspruchnahme des Erfinders dem Unternehmen gegenüber zu rechtfertigen, in dem der Erfinder normalerweise beschäftigt ist[406].

---

[401] Eine andere Frage ist es, ob auch die Begründung, die DOZORCEV für seine Ablehnung der sonstigen Theorien gegeben hat, daß Erfindungen nämlich keinen „Wert" hätten, Aussicht hat, sich durchzusetzen. Da das Zivilrecht nach herrschender Auffassung im vermögensrechtlichen Bereich die Geld-Ware-Beziehungen (stoimostnye otnošenija) regelt, hätte dies nämlich zur Folge, daß das Erfinderrecht nicht mehr, wie es bisher allgemein üblich war und wovon auch die Grundlagen der Zivilgesetzgebung ausgehen, als Teil des Zivilrechts gelten könnte. – Ich bin O. S. IOFFE für eine Diskussion zu diesem Punkt dankbar.

[402] Etwa RAJGORODSKIJ, Izobretatel'skoe pravo 189, 192; JURČENKO, Problemy 115.

[403] G 1973, §§ 127–135; G 1959, §§ 12 und 13; zum Ganzen vgl. ZARUBIN, Prava avtorov 23 f.

[404] G 1973, § 127; G 1959, § 13.

[405] G 1973, § 127.

[406] ZARUBIN, Prava avtorov 23.

Wenn die Zuziehung des Erfinders wirtschaftlich zweckmäßig ist, so ist er stets verpflichtet, bei der Verwertung und Weiterentwicklung seiner Erfindung aktiv mitzuwirken[407]. Er kann von seinen normalen Arbeitspflichten entbunden und an ein anderes Unternehmen abgeordnet werden. Dieses hat ihm dann seine bisherigen Bezüge weiterzuleisten. Die Zeit, die der Erfinder so außerhalb seines Betriebs verbringt, wird auf die Dauer seiner Betriebszugehörigkeit angerechnet, von der die Versorgungsansprüche und Sozialleistungen abhängig sind[408]. Auch sonst ist Vorsorge getroffen, daß sich die arbeitsrechtliche Stellung des Erfinders durch die Abordnung nicht verschlechtert. Wenn die Befreiung des Erfinders von seiner Grundarbeitspflicht nicht zweckmäßig ist, wird von ihm offenbar erwartet, daß er in seiner arbeitsfreien Zeit an der Verwertung der Erfindung mitwirkt. In diesem Falle erhält er eine vertraglich festzusetzende besondere Vergütung[409]. Das Gesetz versäumt zu regeln, wann der Erfinder zu Überstunden verpflichtet ist: Einerseits stellt es für ihn die allgemeine und unbedingte Pflicht auf, an der Verwertung der Erfindung aktiv mitzuwirken; andererseits heißt es, diese Mitwirkung könne in der arbeitsfreien Zeit geleistet werden, wenn die Befreiung von der Grundarbeitspflicht nicht zweckmäßig sei[410]. Die Einzelheiten überlassen diese recht verwaschenen Formulierungen offensichtlich der sozialistischen Moral und der „gesellschaftlichen Einwirkung".

4. Das Erfinderrecht im Spannungsfeld zwischen dem „Sozialismus in einem Land" und der internationalen Zusammenarbeit

Die Untersuchung ergab, daß das sowjetische Erfinderrecht zwei nach ihrem Aufgabenbereich ganz verschiedene Rechtsgebiete enthält. Das sowjetische Patentrecht dient ausschließlich dem internationalen Technologietransfer. Das Recht des Urheberscheins dagegen regelt die Beziehungen der sowjetischen Erfinder zu ihrem Staat und seinen Organen.

Das Patent gewährt dem ausländischen Anmelder ein Verbietungsrecht und ermöglicht so die kommerzielle Verwertung ausländischer Erfindungen in der Sowjetunion, die Einbeziehung der UdSSR in den Weltmarkt für Erfindungen. Der ausländische Patentinhaber kann grundsätzlich alle Vertragsbedingungen erzielen, die unter den wirtschaftlichen Verhältnissen der Sowjetunion einen Sinn haben und die der wirtschaftlichen Stärke seiner Erfindung auf dem Weltmarkt entsprechen. Das sowjetische Recht des internationalen Lizenzvertrags ist überaus flexibel und unbestimmt; es läßt den sowjetischen Außenhandelsbehörden den denkbar weitesten Spielraum für handelspolitische Erwägungen.

---

[407] G 1973, § 127; G 1959, § 12.
[408] G 1973, § 130.
[409] G 1973, §§ 128 und 129.
[410] G 1973, § 128.

Das Recht des Urheberscheins ist ein Teil umfassenderer Rechtsinstitute zur Hebung der materiellen Interessiertheit der Werktätigen an der Steigerung ihrer Arbeitsleistung. Erfinder erhalten für ihre Sonderleistung eine Prämie. Der Staat verwertet die Erfindungen kraft seines binnen- und außenwirtschaftlichen Monopols im In- und Ausland. Im Innern der Sowjetunion sind die Erfindungen gemeinfrei, wenn man von der geringen und auf einen – gemessen an den Verhältnissen westlicher Marktwirtschaften – überaus niedrigen Höchstbetrag von 20 000 Rubeln beschränkten Nutzungsvergütung absieht.

So scheinen kaum Gründe zu bestehen, das Patentrecht und das Recht des Urheberscheins in einem Gesetzgebungsdokument zusammenzufassen. Die Sowjetunion könnte das Patentrecht unter rein handelspolitischen Gesichtspunkten instrumentalisieren und etwa alle die Technologien für schutzfähig erklären, die sie durch Einkauf im Ausland zu beziehen beabsichtigt, also nicht nur „Erfindungen" im herkömmlichen Sinne, sondern auch Organisations- und Managementtechniken, Marketingmethoden, alle Arten von „Anweisungen an den menschlichen Geist" usw. Der standard of invention könnte durch eine allgemeine Generalklausel etwa des Inhalts ergänzt werden: Ein Ausschließungsrecht erhält jedermann, der sowjetischen Stellen für die Sowjetwirtschaft wichtiges Wissen offenbart. Wäre ein solcher Schutz international nicht patentfähigen Wissens mit dessen Geheimhaltung gegenüber den Volkswirtschaften von Drittländern verbunden, könnte er der Sowjetunion einen besseren Überblick über den internationalen Markt geheimer und nicht frei zugänglicher Erfahrungen verschaffen. Umgekehrt ließe sich das Recht des Urheberscheins in dem Sinne instrumentalisieren, daß alle Arten für die Produktion brauchbaren Wissens, die aus dem Ausland nicht zu beschaffen sind oder dort nur zu höheren Kosten erworben werden können, als sie im Inland duplikativ erzeugt werden, zum Urheberschein angemeldet werden können und mit einer Prämie abgegolten werden.

Dozorcev hat in einer Zukunftsschau für eine solche vollständige Trennung des für die lizenzwirtschaftlichen Außenbeziehungen bestimmten Patentrechts und eines voll in den Bereich der Stimulierung der Entwicklung von neuen Technologien und Arbeitsprozessen eingeordneten Rechts der Urheberscheine plädiert[411]. So verfährt das Sowjetrecht aber gerade nicht. Der Begriff der schutzfähigen Erfindung ist für das Patent und den Urheberschein grundsätzlich gleich und er ist sehr stark an den Erfindungsbegriff des Patentrechts kapitalistischer Länder angelehnt. So wurde etwa die Einführung des Schutzes für chemische Stoffe, dessen Problematik in einer sozialistischen Wirtschaft ganz anders liegt als in einer Konkurrenzwirtschaft, erst diskutiert, nachdem der chemische Stoffschutz sich auch im Westen durchgesetzt hatte. Statt der funktionalen Selbständigkeit des Patents und des Urheberscheins betont das

[411] Dozorcev, Buduščee pravovoj ochrany izobretenij: SGiP 1971, Nr. 9, 116–120.

sowjetische Recht seit jeher und besonders stark seit 1973 die Einheit des Erfinderrechts.

Wir fanden im sowjetischen Erfinderrecht eine ganze Reihe wirklichkeitsleerer Konstruktionen und Begriffsbildungen, etwa die herkömmliche Lizenztypologie, das staatliche Ausschlußrecht, die Legaldefinition des Ausschlußrechts als eines Nutzungsrechts an der Erfindung, das vor der Schutzrechtserteilung bestehende ausschließliche Erfinderrecht und schließlich das angebliche Wahlrecht der sowjetischen Erfinder. Die sowjetische Erfinderrechtswissenschaft spricht weithin die Sprache des internationalen Rechts des geistigen Eigentums. Damit begibt sie sich der Möglichkeit, das Erfinderrecht konsequent „sozialistisch" zu durchformen und es ihrem Theorieanspruch gemäß aus dem objektiven Wesen der Sozialverhältnisse zu begreifen. Chejfec hatte seinerzeit – freilich in der Absicht, das bisherige Patentrecht zu rechtfertigen – fast als einziger versucht, das Erfinderrecht und das Recht der sozialistischen Wirtschaftsorganisation zusammenzudenken und die Begriffe des Erfinderrechts auf die sowjetische Wirtschaftswirklichkeit hin zu reflektieren[412]. In einer eigentümlichen Dialektik haben die traditionellen Begriffe des geistigen Eigentums nach dem Sieg des Urheberscheins und nach der erneuten Sozialisierung des Erfinderrechts wieder die Oberhand gewonnen. Das neue Recht des Jahres 1973 tat seit der Zeit der N.Ö.P. den bisher größten Schritt zur Angleichung des Erfinderrechts an westliche Vorbilder.

Es gibt eine Reihe rein interner Gründe, die die sowjetische Tendenz gefördert haben, das Erfinderrecht in der Tradition des westlichen Patentrechts als Sonderrechtsmaterie und als bloße sozialistische Variante des geistigen Eigentums zu behandeln und es nicht stärker in das Recht der Wirtschaftsorganisation einzuschmelzen. So konnte man das Erfinderrecht in einer – gemessen an den Wandlungen der Industrieorganisation und der technologischen Ausrüstung der Sowjetwirtschaft – beachtlichen Kontinuität halten. Rechtsfiguren wie der Lizenzvertrag und Begriffe wie das Ausschlußrecht an einer Erfindung ließen sich so unschädlich bis zu ihrer späteren eventuellen Wiederbelebung gleichsam auf Eis legen. Falls künftig auch in der Sowjetunion wie in anderen Ländern des sozialistischen Lagers Ausschlußrechte der Unternehmen gegeneinander und entsprechende entgeltliche Lizenzbeziehungen innerhalb der Sowjetwirtschaft eingeführt werden, dann läßt sich diese Reform als die Überstellung des staatlichen Nutzungsrechts an der Erfindung in die operative Verwaltung der Unternehmen deuten, und man braucht sich nicht einzugestehen, daß man es in Wirklichkeit mit dem Übergang von der unmittelbar gesellschaftlichen Aneignung des Wissens zur „privaten" Aneignung der Erfindungen als Waren zu tun hat. Der ideologische Eklat einer solchen Reform läßt sich so mildern. Wenn das sowjetische Ausschlußrecht, wie es schon bisher der herrschenden Lehre entsprach und nunmehr ins Gesetz geschrieben wurde, ein positives

---

[412] Siehe oben S. 119 f.

Nutzungsrecht ist, wird es weniger spektakulär sein, wenn vielleicht in naher Zukunft Ausländer zur Gewerbetätigkeit in der Sowjetunion zugelassen werden und nicht nur ihre eigenen Patente sondern nach der ausdrücklichen Vorschrift des neuen Rechts als Lizenznehmer auch sowjetische Erfindungen verwerten können. Die praktisch unschädliche Erhaltung althergebrachter patentrechtlicher Begriffe gewinnt so die wichtige Funktion, der Sowjetmacht rechts- und wirtschaftspolitische Manövrierfreiheit angesichts ihrer eigenen ideologischen Bindung dadurch zu sichern, daß die Radikalität der Veränderungen verschleiert wird.

Ein Grund für die Aussonderung des Erfinderrechts aus den allgemeinen Rechtsinstituten zur Förderung der materiellen Interessiertheit liegt auch in dem Bedürfnis der Sowjetunion, die Überlegenheit ihrer Rechtsordnung über die der kapitalistischen Länder an konkreten Beispielen nachzuweisen. Sie tut es, indem sie den ideologischen Anspruch des geistigen Eigentums an Erfindungen, es sei ihm um die moralischen und materiellen Interessen der Erfinderpersönlichkeiten zu tun, beim Wort nimmt und als Lüge entlarvt. Das Hauptthema der sowjetischen Patentrechtsvergleichung sind deshalb nicht die wirtschaftlichen oder gar die technologischen Auswirkungen der verschiedenen Systeme des Erfindungsschutzes, sondern die persönlichen Rechte der Erfinder: ein Gebiet, auf dem die Sowjetunion in der Tat Bedeutendes geleistet hat[413]. Noch in der Kritik am kapitalistischen Patentsystem lassen sich die sowjetischen Juristen dessen vordergründigste Problemstellung aufdrängen[414].

Wesentlicher für die gegenwärtige Gestalt des sowjetischen Erfinderrechts sind jedoch Gesichtspunkte des Außenhandels, der internationalen Zusammenarbeit und des internationalen Rechts. Die Staaten des Rates für gegenseitige Wirtschaftshilfe (RGW, Comecon) bemühen sich um die Angleichung der nationalen Patentrechte[415]. Das ist die Folge dessen, daß der ursprünglich vor-

---

[413] Vgl. die oben N. 77 zitierten Schriften.

[414] Allerdings werden auch immer wieder, am nachdrücklichsten bei Ivanov, Patentnaja sistema sovremennogo kapitalizma, die angeblich fortschrittsfeindlichen Auswirkungen eines – mißbrauchten – Patentrechts hervorgehoben, das man seit Lenin immer wieder als Ausdruck des Monopolkapitalismus begreift. Die einzige kritische Arbeit über die Wirkung des Patentsystems, die mir bekanntgeworden ist, ist Filippovskij, Patentnaja sistema i naučno-techničeskij progress v kapitalističeskich stranach (1972). Bei der – wenig originellen – Schrift handelt es sich im wesentlichen um eine Wiedergabe der Argumente der westlichen, namentlich der amerikanischen, Kritiker des Patentsystems (vor allem Machlup, Penrose, Vaugham).

[415] Das am 13. 7. 1973 in Kraft getretene Abkommen über den rechtlichen Schutz der Erfindungen, allgemein nützlichen gewerblichen Muster (promyšlennye, obščepoleznye obrascy) und Warenzeichen betrifft zwar nur solche Erfindungen, die aus der wirtschaftlichen Zusammenarbeit der Mitgliedstaaten des RGW (Comecon) hervorgehen, dürfte aber dennoch einen erheblichen Harmonisierungsdruck ausüben. Vgl. zu dem Abkommen Dorkin, Soglašenie stran-členov SĖV o pravovoj ochrane izobretenij: V. I. 1973, Nr. 10, 11 ff. Allgemein zur Zusammenarbeit der RGW-Länder auf dem Gebiet des Erfinderrechts vgl. Maksarev, Sotrudničestvo stran-členov SĖV v oblasti izobre-

gesehene unentgeltliche Technologietransfer unter den Bruderländern in der Wirklichkeit durch ein System entgeltlicher Lizenzbeziehungen ersetzt worden ist. Die Sowjetunion, die das am weitesten in der sozialistischen Richtung entwickelte Erfinderrecht besaß (und noch besitzt), muß deshalb den anderen sozialistischen Ländern gewisse Zugeständnisse machen[416].

Der Hauptgrund für die mangelhafte „sozialistische" Durchformung des sowjetischen Erfinderrechts liegt jedoch darin, daß es ein Vehikel des technologischen Austausches mit dem kapitalistischen Ausland sein soll, dem die Sowjetunion gegenwärtig eine besonders große Bedeutung beimißt. Sollen ausländische Anmeldungen ins Land gezogen werden, so muß das Patentrecht auch für Ausländer verständlich und attraktiv gemacht werden. Vor allem das neue Recht des Jahres 1973 spart nicht mit Formulierungen, die deutlich machen sollen, daß die Sowjetunion auch auf dem Gebiet des Patentrechts den internationalen Stand erreicht hat.

Entscheidende Bedeutung für die gegenwärtige Gestalt des sowjetischen Erfinderrechts hatte die Pariser Verbandsübereinkunft (PVÜ). Am 8. März 1965 hat die Sowjetunion durch Beschluß des Ministerrats ihren Beitritt zur PVÜ in der Lissaboner Fassung erklärt[417]. Die PVÜ setzt einen gewissen erfinderrechtlichen Minimumstandard in den Verbandsländern voraus. Jenseits dieses Mindeststandards begnügt sie sich mit der Angleichung des Ausländerstatus an den Status der Inländer (Grundsatz der Inländerbehandlung oder Assimilationsprinzip). Die PVÜ betrifft nur das Recht des gewerblichen Eigentums, dieses allerdings im weitesten Sinne[418]. Sie maßt sich nicht an, in das Recht der Staaten zur souveränen Gestaltung ihrer Wirtschaft einzugreifen. Ihr liegt also die Annahme zugrunde, daß sich eine einheitliche und international brauchbare Qualifikation des gewerblichen Eigentums, des Regelungsgegenstandes der Konvention, finden lasse. Mit dieser Annahme ruht sie fest in der Gedankenwelt ihrer Entstehungszeit, des ausgehenden 19. Jahrhunderts. Nur in

---

tateľstva: V. I. 1974, Nr. 6, 3 ff.; Nevskij, Sotrudničestvo stran-členov SĖV v oblasti patentnoj informacij: V. I. 1974, Nr. 9, 26 ff.

[416] Hierzu wird man etwa die Auffassung, die Erteilung eines Urheberscheins führe zu einer Art Patent in der Hand des Staates rechnen müssen. Dorkin 14 bezeichnet kennzeichnenderweise den Urheberschein als ein dem ostdeutschen Wirtschaftspatent „analoges" Schutzdokument (zum Recht der DDR vgl. etwa Hiance/Plasseraud 278). Zur Rückwirkung der Zusammenarbeit im Rahmen des RGW auf das sowjetische Erfinderrecht vgl. allgemein Dorkin, Novoe zakonodateľstvo 13 f.

[417] Vgl. GRUR/Int. 1965, 201; BGBl. 1965 II 1134, 1571. Hierzu Maggs/Jerz, The Significance, passim; Bodenhausen (Bodenchauzen), SSSR i Parižskaja Konvencija po ochrane promyšlennoj sobstvennosti: SGiP 1965, Nr. 4, 70; von Füner, Der Beitritt der Sowjetunion zur Pariser Verbandsübereinkunft und seine Folgen: OER 1966, 61–71; Pfanner, Erfinderbescheinigungen und ihre internationale Anerkennung: GRUR/Int. 1965, 483–491; Boguslavskij/Červjakov, Prisoedinenie Sovetskogo Sojuza k Parižskoj Konvencii po ochrane promyšlennych prav: V. I. 1965, Nr. 6, 2–5; Boguslavskij, Vključenie, passim.

[418] Art. 1 PVÜ.

einer liberalen Wirtschaftsverfassung konnte sich die Vorstellung herausbilden, das geistige Eigentum sei ein dem Eigentum an materiellen Gegenständen ebenbürtiges und von diesem begrifflich unabhängiges Privatrecht[419]. Nur in einem liberalen Bezugsrahmen, d. h. unter den Bedingungen der Gewerbefreiheit und des freien – durch Privateigentum vermittelten – Zugangs zu den Produktionsmitteln, konnte sich die Vorstellung etablieren, gewerbliches Eigentum sei das Recht, einen immateriellen Gegenstand durch den Ausschluß Dritter der eigenen gewerblichen Verwertung vorzubehalten[420]. Die Untersuchung des sowjetischen Rechts hat uns gelehrt, daß vom gewerblichen Eigentum da schlechterdings nichts übrig bleibt, wo es keine private Verfügung über die sächlichen Produktionsmittel gibt: Das geistige Eigentum ist dem Sacheigentum keinesfalls ebenbürtig, sondern es ist ihm untergeordnet und von ihm abhängig. Einen Rest gewerblichen Eigentums gibt es in der Sowjetunion bloß für Ausländer. Sie können durch die Anmeldung eines Patents die unerlaubte Verwertung ihrer Erfindung verhindern und haben eine Verhandlungsposition, die ihnen einen gewissen Einfluß auf die Lizenzbedingungen ermöglicht. Die der PVÜ zugrunde liegende Unterscheidung von gewerblichem Eigentum und Wirtschaftsorganisation ist somit, wenn man einmal den Blick über die privaten Marktwirtschaften hinaushebt, nicht zu halten.

Nun aber besteht ein allgemeines internationales Interesse daran, daß auch sozialistische Länder in die PVÜ einbezogen werden. Seitdem die Industrie der sozialistischen Länder einen gewissen Entwicklungsgrad erreicht hat, können diese vermehrt nicht nur als Käufer, sondern auch als Verkäufer von Technologien auf dem Weltmarkt auftreten. Angesichts der Grundkonzeption der PVÜ blieb der Sowjetunion nichts übrig, als ihr Patent formal soweit wie möglich an das dort voraussichtlich noch auf lange Sicht festgeschriebene Weltpatentrecht anzunähern. Den bisherigen Mitgliedstaaten der PVÜ bleibt dabei so lange die Beantwortung der schwierigen Frage erspart, welche Verwertungsbefugnisse der internationale Mindeststandard des gewerblichen Eigentums voraussetze, wie sie die Fassade des sowjetischen Patentrechts nicht allzu gründlich hinterfragen. Der Interessenkonstellation in diesem eigentümlichen Spiel ist es beispielsweise zuzuschreiben, daß die herkömmliche Lizenztypologie zwar überall als Bestandteil des sowjetischen Rechts ausgegeben wird, aber so elementare Probleme wie die Frage der Beschränkbarkeit einer Lizenz auf ein einzelnes Staatsunternehmen nur überaus oberflächlich behandelt werden.

Die PVÜ hat erhebliche Auswirkungen nicht nur auf das sowjetische Patentrecht, sondern auch auf das Recht des Urheberscheins. Auf der Stockholmer Diplomatischen Konferenz zur Revision der PVÜ im Jahre 1967 wurde der

[419] Zu den historischen Ursachen und Voraussetzungen der privatrechtlichen Auffassungen des Patentrechts ausführlich die Dissertation von WALZ, Der Schutzinhalt des Patents im Recht der Wettbewerbsbeschränkungen (1973) 94 ff.

[420] Vgl. MOECKE, Zur Gleichstellung der Urheberscheine mit dem Patent im Recht der PVÜ: OER 1967, 130, 135.

Urheberschein neben dem Patent als ein die Verbandspriorität begründendes Schutzinstrument anerkannt[421]. Die Anerkennung ist aber an die Bedingung geknüpft, daß der Erfinder das Recht hat, nach seiner Wahl statt des Urheberscheins ein Patent zu beantragen. Damit ist das angebliche Wahlrecht der sowjetischen Erfinder international garantiert. Es hat freilich nur die Bedeutung, den formalen Beweis dafür zu erbringen, daß der Erfinder in der Sowjetunion nicht „enteignet" wird[422]. Denn die Diplomatische Konferenz verlangte nicht das Unmögliche: daß das Wahlrecht auch effektiv sein müsse.

Der Vertreter der sowjetischen Delegation auf der Stockholmer Konferenz versicherte, Patent und Urheberschein seien gleichbedeutende (ravnoznačnye) Instrumente des Erfinderschutzes: Die Schutzvoraussetzungen seien für beide Schutzinstrumente gleich, und beide führten zur Entstehung eines Ausschlußrechts an der Erfindung[423]. Der einzige Unterschied bestehe darin, daß beim Patent der Erfinder, beim Urheberschein dagegen der Staat das Ausschlußrecht erwerbe[424]. Die konstruierte Strukturgleichheit des Patents und des – an sich ganz überflüssigen – staatlichen Ausschlußrechts, deren Nachweis den sowjetischen Juristen am Herzen liegt, hat also in erster Linie die Aufgabe, die verbandsrechtliche Gleichstellung des Urheberscheins mit dem Patent zu rechtfertigen[425].

Die Einbeziehung des Urheberscheins in die PVÜ verhindert schließlich auch eine funktionelle Bestimmung des Neuheitskriteriums bei den Erfindungen, für die ein Urheberschein beantragt wird. Da der Urheberschein innerhalb der Sowjetwirtschaft kein Ausschlußrecht verleiht, sollte es im Interesse der alsbaldigen Verwertung der Erfindungen nicht neuheitsschädlich sein, wenn die Erfindung vor der Anmeldung in sowjetischen Unternehmen angewendet oder in der Sowjetunion veröffentlicht wird[426]. Die PVÜ indessen verlangt, daß sich die Neuheit und die Priorität der Erfindung unabhängig davon nach dem Zeitpunkt der Anmeldung richten, ob ein Patent oder ein Urheberschein beantragt ist.

---

[421] Vgl. Art 4 I der revidierten Fassung der PVÜ; offizieller englischer Text in Industrial Property 1968, 122. Die Bundesrepublik ist an die Stockholmer Fassung gebunden. Vgl. zur Gleichstellung der Urheberscheine mit den Patenten PFANNER, Erfinderbescheinigungen, passim, und MOECKE, Zur Gleichstellung, passim.

[422] Art. 4 I PÜV.

[423] So ausdrücklich RASSOCHIN, Pravovye voprosy 18, der diesem „Beweis" allerdings auch für die innersowjetischen Verhältnisse eine gewisse Alibifunktion zuschreibt.

[424] JU. E. MAKSAREV, zit. nach BOGUSLAVSKIJ, Vključenie 7; vgl. auch DOZORCEV, Pravovoj režim 24, wo die Strukturgleichheit des Urheberscheins (bzw. des durch ihn attestierten staatlichen Nutzungsrechts) und des Patents fast in denselben Worten hervorgehoben wird.

[425] RASSOCHIN, Pravovoye voprosy 54 f., gibt das ganz unverhüllt zu.

[426] So OMEL'ČENKO, O nekotorych voprosach Sovetskogo izobretatel'skogo prava (1955) 11; DOZORCEV, Nekotorye teoretičeskie voprosy 145. In Buduščee 119 schlägt DOZORCEV vor, den Neuheitsmaßstab für interne und internationale Zwecke zu spalten.

In den dreißiger Jahren, als die sowjetische Rechtspolitik mit Elan daran ging, eigenständige sozialistische Rechtsinstitute zu entwerfen, konnte es einem Autor Nachteile bringen, wenn er das Patentrecht ein „Fenster nach Europa" nannte[427]. Im Zeichen der friedlichen Koexistenz und der internationalen technischen Zusammenarbeit werden nun in der Sowjetunion alle Anstrengungen gemacht, aus dem sowjetischen Erfinderrecht möglichst ein solches Fenster nach dem Westen zu machen. Es wäre verfehlt, bereits wegen dieser Anpassung eines im Grunde peripheren Rechtsgebietes einer „Konvergenztheorie" das Wort zu reden. Noch ferner liegt es mir, die Sowjetunion der Doppelzüngigkeit zu zeihen, wenn sie mit patentrechtlichen Konstruktionen und Begriffen operiert, die in ihrer Wirtschaftsverfassung keine Wirklichkeit haben. Man braucht darin nicht mehr zu sehen als eine außenhandelspolitisch motivierte Anpassung an eine im Grunde unbefriedigende internationale Rechtslage. Der grundsätzliche Mangel des internationalen Patentrechts liegt darin, daß die wirtschaftlich und politisch entscheidende Regelungsmaterie der PVÜ, der internationale Technologietransfer zwischen Ländern mit gleicher und zwischen solchen mit verschiedener Wirtschaftsordnung, im Umweg über den Schutz eines quasi-naturrechtlich begründeten und eindeutig bürgerlich gefärbten Mindeststandards des Individualrechtsschutzes für den tatsächlichen Erfinder geregelt werden soll. Würde sich die PVÜ unmittelbar ihrem eigentlichen Gegenstand, der Erleichterung des Welthandels mit patentgeschützten neuen Technologien, zuwenden, so brauchte sie die Erfindungen nur im internationalen Raum – für außenwirtschaftliche Zwecke – zu kommerzialisieren. Ohne sich in das für die innerstaatlichen Sachverhalte geltende Erfinderrecht einzumischen, könnte sie sich damit zufriedengeben, daß alle Mitgliedstaaten den Ausländern ein vollwertiges Ausschlußrecht zur Verfügung stellen. Statt dessen verlangt die PVÜ auch von den internen Erfinderrechten der sozialistischen Länder, daß sie einen dem inneren Wirtschaftsrecht der kapitalistischen Länder entlehnten patentrechtlichen Minimumstandard erfüllen, der erst im Umweg über den Grundsatz der Inländerbehandlung den Interessenten der PVÜ, den am internationalen Technologietransfer beteiligten Unternehmen und Staatswirtschaften, zugute kommt. Damit verlangt die PVÜ von den Staatshandelsländern sachlich durchaus unnötige Konzessionen: Nach ihrer Anlage ist sie kein systemneutrales Instrument der internationalen Zusammenarbeit[428].

---

[427] Siehe oben S. 118.

[428] Das haben inzwischen auch die Entwicklungsländer erkannt, die auf eine Revision der Pariser Verbandsübereinkunft drängen.

II. Das Recht der wissenschaftlichen Entdeckungen

Die Grundprinzipien des Rechts der Urheberscheine, das dem Urheber eine Reihe persönlicher und vermögensrechtlicher Befugnisse gewährt, ihm indessen das Recht zur gewerblichen Verwertung des von ihm hervorgebrachten neuen Wissens vorenthält, lassen sich leicht auf solche Wissenskategorien ausdehnen, die sich von den „Erfindungen" durch einen größeren oder geringeren Generalisierungsgrad abheben. Anders als beim Patentsystem, das den Urhebern bestimmter Kategorien neuen Wissens ein Ausschlußrecht einräumt, ist bei dem Prämiensystem des Sowjetrechts die Bestimmung der schutzfähigen Gegenstände nicht a limine durch die Entscheidung für das Grundkonzept des Anreizsystems präjudiziert.

Bereits das Gesetz 1959 definierte den Gegenstand des Entdeckungsschutzes[429] als die „Feststellung bisher unbekannter, objektiv vorhandener Gesetzmäßigkeiten, Eigenschaften und Erscheinungen der materiellen Welt"[430]. Das neue Recht hat diese Legaldefinition wörtlich übernommen und lediglich – entsprechend der bisher schon herrschenden Auffassung[431] – klargestellt, daß die Entdeckungen den Stand der Erkenntnis grundlegend verändern müssen[432]. Wie bisher sind auch nach dem neuen Recht geographische, archäologische, paläontologische Entdeckungen, die Entdeckung der Lagerstätten von Bodenschätzen und Entdeckungen auf dem Gebiet der Gesellschaftswissenschaften vom Schutz ausgenommen[433]. Damit sind auch weiterhin praktisch nur Ent-

---

[429] Die monographische Literatur zum Entdeckungsschutz ist noch immer verhältnismäßig knapp. Die wichtigsten Werke sind: RAJGORODSKIJ, Otkrytie i ego pravovaja ochrana v Sovetskom graždanskom prave, in: Učenye Zapiski LGU, Nr. 201, Serija Juridičeskich Nauk, Bd. VII (1955) 120–158; SEREBROVSKIJ, Naučnoe otkrytie kak ob"ekt poznanija: SGiP 1959, Nr. 3, 48 ff.; DERS., Pravovaja ochrana naučnych otkrytij v SSSR (1960); KOŽINA, Pravovye voprosy ochrany naučnych otkrytij (1971); EFIMOV, Naučnoe otkrytie i ego pravovaja ochrana (1971).

Einen guten Überblick über das bisher geltende Recht bietet SCHRAMEYER, Das Recht der wissenschaftlichen Entdeckungen in der UdSSR: OER 1964, 77 ff.; vgl. auch NEUMEYER, Der Schutz wissenschaftlicher Entdeckungen im Recht der Sowjetunion: GRUR/Int. 1973, 376.

Im neuen Recht gibt es erst ein paar kleinere Aufsätze: KOŽINA, Izmenenija v zakonodatel'stve SSSR v oblasti pravovoj ochrany otkrytij: V. I. 1974, Nr. 1, 40 ff.; SAPEL'KIN, Novyj šag v oblasti pravovoj ochrany naučnych otkrytij: V. I. 1974, Nr. 8, 8 ff.; EFIMOV, Aktual'nye voprosy sozdanija i izpol'zovanija otkrytij v SSSR: V. I. 1974, Nr. 6, 32 ff.

[430] G 1959, § 2 I. Vgl. dazu BAKASTOV/KONJUŠAJA, O ponjatii „naučnoe otkrytie": V. I. 1971, Nr. 2, sowie die Monographien zum bisherigen Recht.

[431] SEREBROVSKIJ, Pravovaja ochrana 35; KOŽINA, Pravovaja ochrana naučnych otkrytij: V. I. 1968, Nr. 1, 17 f.; DIES., Izmenenija 42. Vgl. auch SCHRAMEYER, Das Recht der wissenschaftlichen Entdeckungen 81.

[432] G 1973, § 10 (vnosjaščie korennye izmenenija v uroven' poznanija).

[433] G 1959, § 2 II; G 1973, § 10 II.

deckungen auf dem Gebiet der Natur- und Ingenieurwissenschaften schutzfähig[434]. Die Erkenntnistheorie LENINS[435] und die unklare Stellung der reinen Mathematik in der sowjetischen Wissenschaftstheorie[436] wurden bisher zur Begründung dafür angeführt, daß Fortschritte der theoretischen Mathematik nicht als schutzfähige Entdeckungen angesehen wurden. Dagegen war in der Zeit vor dem Erlaß des Gesetzes 1973 mit praktischen und erkenntnistheoretischen Argumenten Widerspruch erhoben worden[437]. Das neue Recht zeigt sich jedoch in der Bestimmung des Entdeckungsbegriffs wie in der Frage der Ausdehnung des Erfindungsschutzes aus ideologischen Erwägungen einigermaßen konservativ. Es hat auch die Vorschläge zurückgewiesen, den Schutz gesellschaftswissenschaftlicher Entdeckungen[438] und wissenschaftlich fruchtbarer bloßer Hypothesen einzuführen[439], und zwar ebenfalls mit mehr ideologischen und wissenschaftstheoretischen als praktischen Gründen. Die Tendenz der Sowjetjurisprudenz, Rechtsbegriffe ontologisch abzusichern, statt sie teleologisch zu entwickeln, führt auch hier dazu, daß der Schutz geistiger Leistungen nicht offen und eindeutig als wissenschafts- und wirtschaftspolitisches Problem thematisiert werden kann.

In der deutschen Patentrechtsliteraur wird die wissenschaftliche Entdeckung üblicherweise als bloße Enthüllung eines in der Natur Vorhandenen von der technischen Erfindung als der schöpferischen Erarbeitung neuer, in der Natur nicht vorhandener Lösungen unterschieden[440]. Diese wissenschaftstheoretisch heute unhaltbare vulgärpositivistische Auffassung hatte auch unter Sowjetjuristen ihre Anhänger[441]. Das Gesetz 1973 macht dem Streit um den schöp-

---

[434] EFIMOV, Naučnoe otkrytie 99.

[435] Äußerungen über die Mathematik finden sich außer in dem Werk „Materialismus und Empiriokritizismus" (Werke XIV 177 f., 300, 309 f.) vor allem in den Anmerkungen zu dem Buch Die Moderne Philosophie von A. Ray (Zamečanija na knige A. Reja „Sovremennaja filosofija"), in: V. I. LENIN, Filosofskie tetradi (1965) 481 ff. (dtsch. in Werke XXXVIII).

[436] Vgl. dazu TRACHTENGERC, Izobretatel'skoe pravo socialističeskich stran i pravo na otkrytie (1968) 125 mit weiteren Nachweisen.

[437] EFIMOV, Naučnoe otkrytie 99; ebenso ANAN'EV/LUR'E, Zaščita gosudarstvennych interesov v oblasti otkritij: Informacija po Izobretatel'stvu 1965, Nr. 4, 3.

[438] Dafür EFIMOV, Naučnoe otkrytie 101; SEREBROVSKIJ, Naučnoe otkrytie 49; dagegen etwa IOFFE, Sovetskoe graždanskoe pravo III (1965) 153.

[439] Einen solchen Schutz gibt es in der ČSSR. Zum Streitstand vgl. EFIMOV, Naučnoe otkrytie 84 f.; KOŽINA, Pravovaja ochrana 17 f. Zum Recht der ČSSR TRACHTENGERC, Izobretatel'skoe pravo 129.

[440] Vgl. etwa BERNHARDT, Lehrbuch des deutschen Patentrechts (3. Aufl. 1973) 24; ausführlich ERMAN, Wissenschaftliches Eigentum (1929).

HUBMANN, Gewerblicher Rechtsschutz 79, will das Prädikat des Schöpfertums nicht einmal den Erfindern zuerkennen, sondern es allein den Dichtern, Tonkünstlern und Malern vorbehalten.

[441] Vgl. etwa RAJGORODSKIJ, Otkrytie 123.

ferischen Charakter der Entdeckerarbeit ein Ende, indem es bestimmt[442], daß nur die Urheberschaft derjenigen Personen geschützt wird, auf deren schöpferischer Arbeit die Entdeckung, Erfindung oder der Rationalisierungsvorschlag beruht[443].

Die praktische Bedeutung des Entdeckungsschutzes ist gering[444]. Die Hauptursache dafür wird man in der Strenge der Schutzvoraussetzungen zu erblicken haben. In vielen Fällen dürfte auch die staatliche Geheimhaltung wissenschaftlicher Ergebnisse eine Anmeldung verhindern[445]. Schließlich sind auch Klagen laut geworden, daß das Komitee bei der Festsetzung und Ausbezahlung der Vergütung langsam und bürokratisch verfahre[446].

Der Entdeckungsschutz soll folgende Zwecke erfüllen[447]:

(1) die Priorität der wissenschaftlichen Entdeckungen zugunsten ihrer Urheber, aber zugleich auch des Sowjetstaats feststellen,

(2) die Wissenschaftler zur Lösung wissenschaftlicher Probleme anreizen und

(3) die Information über die Fortschritte in den Wissenschaften zum Zweck ihrer möglichst umfassenden Verbreitung und Verwertung zentralisieren.

Die staatliche Priorität hat, abgesehen von ihrem Prestigewert, keinerlei praktische Bedeutung, solange es keine ausländischen Rechtsordnungen gibt, die für wissenschaftliche Entdeckungen Patente gewähren. In Einzelfällen könnte die Priorität von Bedeutung sein, wenn eine sowjetische Entdeckung im Ausland als schutzfähige Erfindung qualifiziert würde. Nach der PVÜ ist das Entdeckerdiplom aber nicht dem Patent oder dem Urheberschein für Erfindungen gleichgestellt[448]. In den seltenen Fällen, in denen eine Entdeckung im Sinne des sowjetischen Rechts im Ausland Patentschutz genießt, wird die Sowjetunion die Entdeckung zunächst im Ausland zum Patent anmelden, bevor sie ihre Veröffentlichung im Inland zuläßt. Da es sich hier regelmäßig ohnedies um Zweifelsfälle handelt, ist zudem wahrscheinlich, daß die Möglichkeit aus-

---

[442] G 1973, § 3.

[443] Schon bisher hatten sich für den schöpferischen Charakter der Entdeckungen ausgesprochen: Ionas, Proizvedenie, passim; Serebrovskij, Pravovaja ochrana 35; Jurčenko, Problemy (1963) 14.

Die schöpferische Eigenart der Leistung des eigentlichen Urhebers wurde zu deren Abgrenzung von den bloßen Mitarbeitern der Erfinder, Entdecker und Rationalisatoren verwendet, vgl. dazu Serebrovskij aaO.

[444] Bis Mai 1967 wurden insgesamt 5 556 Entdeckungen zum Schutz angemeldet; lediglich 887 bestanden die vorläufige Prüfung; anerkannt wurden nur 52 Entdeckungen; an die Urheber wurden insgesamt 42 Diplome ausgegeben. Vgl. dazu Kožina, Pravovaja ochrana.

[445] Hierzu allgemein Maggs, Der nichtmilitärische Geheimnisschutz.

[446] Efimov, Naučnoe otkrytie 175.

[447] Vgl. die Hinweise des Komitees für die Anmeldung der Erfindungen (Ukazanija po sostavleniju zajavki na otkrytie) (EO-1-68) vom 11. 6. 1968 (zum bisherigen Recht), in: Izobretatel'stvo v normativnych aktach (1969) 229 ff.; Efimov, Naučnoe otkrytie 6; vgl. auch G 1973, § 17 IV und V.

[448] Hiance/Plasseraud 27 f.

ländischen Patentschutzes die Sowjetunion bewegen wird, von vornherein eher einen Urheberschein als ein Entdeckerdiplom auszustellen[449].

Das Gesetz 1959 gewährte auch Ausländern Schutz für ihre wissenschaftlichen Entdeckungen, wenn die Gegenseitigkeit verbürgt war[450]. Diese Vorschrift hatte kaum praktische Bedeutung, da es ein dem sowjetischen Entdekkerdiplom entsprechendes staatliches Schutzdokument allenfalls in sozialistischen Ländern gibt. Deutsche Autoren haben darüber Spekulationen angestellt, ob die Verleihung von Preisen durch staatliche oder private Stiftungen oder ein persönlichkeitsrechtlicher Anspruch auf die Forscher- und Entdeckerehre, wie ihn manche für gegeben halten[451], als Äquivalent des sowjetischen Entdekkungsschutzes angesehen werden könnte[452]. Freilich hat die Sowjetunion kein Interesse daran, wissenschaftliche Kenntnisse zu prämieren, die ihr ohnehin zugänglich sind; andererseits kann sie aber auch kaum hoffen, durch die Gewährung des Entdeckungsschutzes ausländische Wissenschaftler zur Preisgabe solcher Entdeckungen zu bewegen, die ihr sonst nicht zugänglich wären. Das neue Recht schränkt den Schutz ausländischer Entdecker folglich stark ein, macht ihn aber zugleich von dem für ein stark persönlichkeitsbezogenes Recht sachfremden Erfordernis der Gegenseitigkeit unabhängig. Der Schutz wird auf die Fälle beschränkt, in denen seine Verweigerung eine persönliche Kränkung des Urhebers bedeuten würde: Ausländische Wissenschaftler oder ihre Erben erhalten nur noch dann Entdeckerdiplome, wenn sie die Entdeckung in Gemeinschaft mit Sowjetbürgern oder während ihrer Arbeit in einem Unternehmen, einer Organisation, oder einer Anstalt auf dem sowjetischen Territorium gemacht haben[453].

Der Entdeckungsschutz ist in dreierlei Betracht vom Erfindungsschutz durch den Urheberschein verschieden. Für die Priorität ist nicht der Zeitpunkt der Anmeldung entscheidend, sondern der Zeitpunkt, in dem die Entdeckung erstmals formuliert, in der Presse veröffentlicht oder sonst Dritten zur Kenntnis gebracht worden ist[454]. Diese Entformalisierung des Neuheitsmaßstabs und der Priorität ist möglich, weil das Entdeckerdiplom seinem Inhaber kein Monopol-

---

449 FOGEL', Ochrana izobretenij v oblasti chimii (1970), zit. nach ZENKIN, O sootnošenij izobretenija i otkrytija: V. I. 1973, Nr. 7, 20, 23, spricht sich für eine solcherlei Gesichtspunkte berücksichtigende rein pragmatische Abgrenzung der Entdeckungen von den Erfindungen aus. ZENKIN 23, pflichtet ihm bei, allerdings nicht ohne eine verbale Verbeugung vor der Rechtstheorie, die eine dem Wesen der Dinge entsprechende Begriffsbildung verlangt.

450 G 1959, § 14. Allgemein zum Gegenseitigkeitserfordernis BOGUSLAVSKIJ, Patentnye voprosy 150.

451 HUBMANN, Urheber- und Verlagsrecht (3. Aufl. 1974) 256.

452 Dazu SCHRAMEYER, Das Recht der wissenschaftlichen Entdeckungen 86 f. mit weiteren Nachweisen.

453 G 1973, § 7 II.

454 G 1973, § 14; G 1959, § 27; dazu EFIMOV, Naučnoe otkrytie 24, und KOŽINA, Izmenenija 41.

recht gewährt und deshalb die Interessen derjenigen Unternehmen nicht verletzen kann, die aufgrund der Mitteilung oder Veröffentlichung die Entdekkung verwerten. Da das Entdeckerdiplom nicht der PVÜ unterfällt und insbesondere keine Verbandspriorität begründet, braucht auch auf das internationale Recht keine Rücksicht genommen zu werden. Hier, im Recht der wissenschaftlichen Entdeckungen, ist also der „sozialistische“ Neuheitsmaßstab[455] verwirklicht, den im Recht der Erfindungen anzuwenden die Sowjetunion nun durch ihre Mitgliedschaft in der PVÜ gehindert ist.

Es ist allgemeine Meinung, daß Entdeckungen gemeinfrei[456] sind, sofern sie nicht geheim sind oder sonst aus Staatsschutzgründen nicht veröffentlicht werden. Der sowjetische Staat kann auf ein förmliches Ausschlußrecht an den geschützten Entdeckungen verzichten, da es im Ausland keinen Patentschutz für wissenschaftliche Entdeckungen gibt, der ihm eine gewinnbringende Verwertung durch Schutzrechtsanmeldung und Lizenzvergabe ermöglichen würde.

Entdeckungen sind normalerweise nicht unmittelbar der gewerblichen Verwertung fähig. Die Vergütung ist deshalb nicht von der Nutzung abhängig. Zugleich mit der Ausstellung des Diploms zahlt das Komitee dem Entdecker einen Betrag bis zu 5000 Rubeln aus[457]. Es ist nicht geklärt, nach welchen Kriterien sich die Höhe des Betrags bemessen soll[458]. Sowohl der kurzfristige wirtschaftliche Effekt der Entdeckung als auch ihre Bedeutung für den weiteren wissenschaftlichen Fortschritt scheinen allgemein in Betracht gezogen zu werden. Die Vergütung ist ebenso wie die Erfindervergütung davon unabhängig, ob das neue Wissen im Zusammenhang mit der Erfüllung einer Dienstpflicht entstanden ist[459].

Es macht hier noch größere Schwierigkeiten als bei Erfindungen, die Vergütung auf den Grundsatz der Verteilung nach der Arbeitsleistung zurückzuführen. Das erkennen einzelne Autoren auch an[460]. Dennoch wird auch heute noch die Auffassung vertreten, es handle sich bei der Entdeckervergütung um eine Form des Arbeitsentgelts[461].

Funktional entspricht das Recht der Entdeckungen fast völlig dem Recht der Erfindungen: Die Urheber neuen, in der Produktion über kurz oder lang ver-

---

[455] Dozorcev, Buduščee 119, und oben Seite 133.

[456] Vgl. etwa Efimov, Naučnoe otkrytie 48 f.; Dozorcev, Ochrana 123; Kožina, Izmenenija 49.

[457] G 1973, § 109; vgl. bereits Erlaß 1959, § 3.

[458] Zum Streitstand Serebrovskij, Pravovaja ochrana 11 f.; Efimov, Naučnoe otkrytie 174; Ioffe, Sovetskoe graždanskoe pravo II 165.

[459] G 1973, § 20. Zur früheren Rechtslage vgl. Serebrovskij in: Boguslavskij u. a., Pravovye voprosy 238 ff.

[460] Etwa Ioffe, Sovetskoe graždanskoe pravo II 165.

[461] Vgl. Efimov, Naučnoe otkrytie 174. Der Erlaß 1959 sprach von einer einmaligen Vergütung mit Anreizfunktion (edinovremennoe pooščritel'noe voznagraždenie) und stellte sich damit auf den Boden der Anreiztheorie. Im neuen Recht (G 1973, § 109) wird dagegen nur noch der Ausdruck „Vergütung“ verwendet (voznagraždenie).

wertbaren Wissens erhalten eine Reihe persönlicher Anerkennungen und eine Vergütung für ihre Sonderleistung; und in der Folge steht das neue Wissen allen Wirtschaftseinheiten und Forschungsinstituten innerhalb der Sowjetunion zur Verwertung offen.

Die sowjetischen Juristen streiten sich allerdings darüber, ob das Recht der Entdeckungen als ein integraler Bestandteil des Erfinderrechts[462] oder als ein selbständiger Zweig des Sowjetrechts[463] anzusehen sei. Je nach ihrer theoretischen Stellungnahme betonen die sowjetischen Schriftsteller die Gemeinsamkeiten oder die Unterschiede des Erfinderrechts und des Rechts der wissenschaftlichen Entdeckungen[464]. Hinter der Fassade dieser Auseinandersetzung verbirgt sich ein praktisch und ideologisch bedeutsames rechtspolitisches Problem. Der Erfinder darf, wie wir sahen, seine Erfindung nicht veröffentlichen, bevor sie beim Komitee zum Schutz angemeldet worden ist[465]. Durch dieses Verbot soll das Interesse des Sowjetstaates an der für die Verwertung der Erfindung im Ausland wichtigen internationalen Priorität gesichert werden. Vertreter der Einheit von Entdeckungsschutz und Erfindungsschutz wollen das Veröffentlichungsverbot per analogiam auch auf Entdeckungen erstrecken[466]. Der Sache nach geht es hier natürlich nicht um die finanziellen Interessen des Staates an der Verwertung der Entdeckungen im Ausland; die staatliche Priorität hat bei Entdeckungen, wie wir sahen, gegenwärtig praktisch keine wirtschaftliche Bedeutung. Vielmehr soll nach der Auffassung dieser Autoren dem Staat bei den wichtigsten wissenschaftlichen Leistungen ein unmittelbarer Einfluß auf die Veröffentlichungspolitik der Forschungsinstitute eingeräumt werden. Die Anhänger einer liberaleren Publikationspolitik berufen sich dagegen auf die grundsätzliche Verschiedenheit des Rechts der Entdeckungen und des Erfinderrechts[467].

---

462 So etwa RJASENCEV, Sovetskoe izobretatel'skoe pravo 15; KORECKIJ, Izobretatel'skoe pravo 75.

463 So etwa IOFFE, Sovetskoe graždanskoe pravo II 154; SEREBROVSKIJ, Pravovaja ochrana 15, 20.

464 Die Grundlagen der Zivilgesetzgebung nennen das Recht der wissenschaftlichen Entdeckungen besonders neben dem Erfinderrecht und dem Urheberrecht (Artt. 107, 109). ANTIMONOV/FLEJŠIC 109 betonen die Verwandtschaft des Rechts der Entdeckungen mit dem Urheberrecht. Das Entdeckerdiplom ist freilich völlig unabhängig von dem Urheberschutz, den der Entdecker für literarische Arbeiten genießt, in denen er seine Entdeckung veröffentlicht. Vgl. MARTYNOV, Prava avtorstva 158 ff.; SEREBROVSKIJ, Pravovaja ochrana 14 f.; EFIMOV, Naučnoe otkrytie 51 ff.

465 Vgl. oben S. 183.

466 ALIMATAEV, Otkrytija, izobretenija i gosudarstvennyj prioritet: Narodnoe Chozjajstvo Srednej Azii 1964, Nr. 4, 67 f.; BELILOVSKIJ, Sootnošenie avtorskich i izobretatel'skich prav naučnych rabotnikov: Pravovedenie 1966, Nr. 2, 76, 79 ff.

467 EFIMOV, Naučnoe otkrytie 49. Der Streit ist ein gutes Beispiel dafür, wie sich in der sowjetischen Rechtswissenschaft hinter scheinbar abstruser und scholastischer Argumentatorik wichtige rechtspolitische Kontroversen verbergen. Der begriffsjuristische Stil garantiert der Sowjetjurisprudenz bei der Behandlung rechtspolitischer Gegenstände

III. Das Recht der Rationalisierungsvorschläge

1. Gegenstand und Kriterien des Schutzes

Neues technisches Wissen, das den Generalisierungsgrad des erfinderischen Wissens nicht erreicht, kann als Rationalisierungsvorschlag (racionalizatorskoe predloženie, racpredloženie) einem dem Erfindungsschutz weitgehend angeglichenen Schutzsystem unterstellt werden[468]. Dem Urheber eines Rationalisierungsvorschlags wird eine Bescheinigung erteilt (udostoverenie), mit der sich bestimmte Geldwerte und persönliche Rechte verbinden. Anders als bei Erfindungen wird das Schutzdokument aber erst ausgegeben, wenn ein den gesetzlichen Schutzvoraussetzungen entsprechender Vorschlag zur Verwertung angenommen ist[469]. Im Falle kollektiver Urheberschaft wird allen Miturhebern eine Bescheinigung ausgestellt, in der die anderen Urheber namentlich erwähnt sind[470]. Wie nach dem bisherigen Recht können die fachlich ausgebildeten Ingenieure und technischen Mitarbeiter (inženerno-techničeskie rabotniki) der Forschungs-, Konstruktions- und Entwicklungsinstitute für Vorschläge, die sich auf die von ihnen bearbeiteten Projekte beziehen, keinen Schutz verlangen[471]. Das neue Recht erstreckt diese Regelung auf die fachlich ausgebildeten Mit-

---

eine für den westlichen Beobachter immer wieder überraschende – relative –Unabhängigkeit von der Politik. Der Nachdruck, den man – innerhalb einer hochspezialisierten dogmatischen Kunstsprache von Juristen für Juristen – auf begriffliche und deduktive Stringenz legt, erscheint so als ein funktionales Äquivalent der stärker formal-institutionalisierten Garantien – wie etwa der Unabhängigkeit der Rechtsprechung –, die in westlichen Demokratien die funktionale Ausdifferenzierung des Rechts und der Rechtswissenschaft als eines Teilsystems der Normenbildung gewährleisten.

[468] Das Recht der Rationalisierungsvorschläge wird allgemein in den Lehrbüchern und Monographien über das Erfinderrecht abgehandelt. Vgl. außer den oben N. 55 genannten Titeln noch die folgenden Einzelabhandlungen: Bezruk, Racionalizatorskoe predloženie kak ob"ekt izobretatel'skogo prava, in: Trudy V. Ju. Z. I., Bd. I (1961) 85 ff.; Gavrilov, Ponjatie racionalizatorkogo predloženija: V. I. 1969, Nr. 1, 21 ff.; Nosov, Racionalizatorskoe predloženie po Sovetskomu izobretatel'skomu pravu (Jur. Kand. Diss. Leningrad 1966, Avtoreferat); Jurčenko in: Boguslavskij u. a., Pravovye voprosy 279 ff., ders., Ponjatie i suščnost' racionalizatorskogo predloženija, in: Naučno-praktičeskaja Konferencija (oben N. 60) 13 ff.; Ionas, Techničeskoe usoveršenstvovanie i racionalizatorskoe predloženie: SGiP 1954, Nr. 2, 104 ff. Zum Recht des Jahres 1973: Asinovskij, Soderžanie racionalizatorskogo predloženija: V. I. 1975, Nr. 11, 19 ff.; Kosarev/Januškevič, Ponjatie i priznaki ochranosposobnogo racionalizatorskogo predloženija: V. I. 1975, Nr. 6, 15 ff.; Smirnov, Pravovoe značenie udostoverenija na racionalizatorskoe predloženie: V. I. 1975, Nr. 3, 3 ff.; ders., Racionalizatorskoe predloženie po Položeniju 1973 g.: V. I. 1974, Nr. 1, 53 ff.

[469] G 1973, § 75; G 1959, § 7.

[470] G 1973, § 75 II.

[471] G 1973, § 74 II; G 1959, § 7 III.

arbeiter der Forschungs- und Entwicklungsabteilungen der Unternehmen, denen im Laufe der Wirtschaftsreform eine erhebliche Bedeutung zugewachsen ist[472].

Das Gesetz 1959 hatte die noch in dem Gesetz 1941 enthaltene Zweiteilung der nicht als Erfindungen schutzfähigen Neuerungen in technische Verbesserungen (techničeskie usoveršenstvovanija) und Rationalisierungsvorschläge (racionalizatorskie predloženija)[473] durch einen einheitlichen Begriff ersetzt. Es definierte: „Als Rationalisierungsvorschläge gelten Vorschläge zur Vervollkommnung der (scil. im Produktionsprozeß) angewandten Technik (der Geräte, Instrumente, Maschinen, Vorrichtungen, Apparate, Aggregate usf.), zur Vervollkommnung der Erzeugnisse, der Produktionstechnologie, der Kontroll-, Überwachungs- und Forschungsmethoden, der Sicherheits- und Arbeitsschutztechnik oder Vorschläge, die es ermöglichen, die Arbeitsproduktivität zu erhöhen, Energie, Ausrüstungen und Materialien effektiver auszunützen."[474] Das Gesetz 1959 schloß ausdrücklich „Vorschläge zur Verbesserung der Arbeitsorganisation und Wirtschaftslenkung (zur Ordnung des Personalwesens und der Organisation oder zur Vereinfachung oder Verbesserung der Buchführung und des Rechnungswesens, der Dokumentation, der Materialbeschaffung, des Absatzes und dergleichen)" vom Schutze aus[475]. Diese Vorschläge nennt man üblicherweise verwaltungsorganisatorisch oder wirtschaftsorganisatorisch und stellt sie den produktionsorganisatorischen Vorschlägen (proizvodstvenno-organizatorskie) gegenüber[476]. Diese Unterscheidung ist aber keineswegs klar. Das Komitee trug seinen Teil zu der herrschenden Unsicherheit bei, indem es in einer Erläuterung ausführte, nur die technische Lösung der in der Legaldefinition genannten Aufgaben sei ein Rationalisierungsvorschlag[477]. Die wohl herrschende Lehre legt den Begriff der Technik hier in dem weiteren Sinne aus und hält die Vorschläge zur Verbesserung des eigentlichen Produktionsablaufs auch dann für schutzfähig, wenn sie keine Veränderung der Arbeitswerkzeuge erfordern[478]. In der letzten Zeit schlug eine Reihe von Autoren vor, darüber hinaus de lege ferenda auch die wirtschaftsorganisatorischen Vorschläge, die für die Effizienz einer Volkswirtschaft sicherlich ebenso große Bedeutung haben können wie Vorschläge zur Verbesserung der Produktionstechnik, für schutzfähig zu erklären[479]. Im Recht derjenigen Neuerungen, die nicht dem Standard der

---

472 Dazu unten S. 243.

473 G 1941, § 2.

474 G 1959, § 7 I.

475 G 1959, § 7 III.

476 Gavrilov, Ponjatie 22; Jurčenko, in: Boguslavskij u. a., Pravovye voprosy 283; Skripko, Ochrana 18 f.; Rjasencev, Sovetskoe izobretatel'skoe pravo 52.

477 Erläuterung (ras"jasnenie) des Komitees vom 14. 5. 1964, in: Informacija po Izobretatel'stvu 1964, Nr. 6.

478 Vgl. die in N. 476 genannten Schriften; dagegen Bezruk, Racionalizatorskoe predloženie 99; Antimonov/Flejšic 20, 67.

479 Asinovskij, Ochrana prav avtorov izobretenij i racionalizatorskich predloženij po Sovetskomu pravu (Jur. Kand. Diss. Leningrad 1965) 70–85; Jurčenko, Ponjatie i

schutzfähigen Erfindung genügen, ist die Sowjetunion internationalrechtlich nicht gebunden und sie brauchte sich daher bei der Ausgestaltung ihres Anreizsystems für Rationalisierungsmaßnahmen in der Tat nicht durch den dem „Weltpatentrecht" zugrundeliegenden mechanistischen Begriff der Technik beschränken zu lassen.

Auch diesen rechtspolitisch überaus wichtigen Streit um die Erstreckung des Schutzes auf alle Maßnahmen einer umfassend verstandenen Rationalisierung der Gütererzeugung entscheidet das neue Gesetz in einem stark nach rückwärts gewandten Sinne. Es verlangt, daß ein Rationalisierungsvorschlag „die Veränderung der Konstruktion der Erzeugnisse, der Produktionstechnologie und der (scil. im Produktionsprozeß) angewandten Technik oder aber eine Veränderung der Materialzusammensetzung" bewirkt. Von den Vorschlägen, „die es ermöglichen, die Arbeitsproduktivität zu erhöhen, Energie, Ausrüstung und Material effektiver auszunützen", unter die nach bisher herrschender Lehre auch die sogenannten produktionsorganisatorischen Vorschläge gerechnet wurden, ist im neuen Recht keine Rede mehr. Damit sind nicht nur, wie bisher, die Vorschläge zur Verbesserung des Managements, des Personal- und Rechnungswesens, des Marketing usw. schutzunfähig, sondern auch alle den Produktionsprozeß selbst betreffenden Vorschläge, die nicht mit – im engsten Sinne – „technischen" Mitteln zu verwirklichen sind. Das Recht der Rationalisierungsvorschläge ist somit grundsätzlich auf denselben Ausschnitt neuen Wissens beschränkt wie das Recht der Erfindungen: Es ist bloß eine Ergänzung des Erfindungsschutzes „nach unten"[480].

Das Gesetz 1959 schwieg zu der Frage, welche Anforderungen an die Neuheit eines Rationalisierungsvorschlags zu stellen seien. In der Literatur bestand nur Einigkeit darüber, daß es nicht auf die Neuheit gegenüber dem Stand der Welttechnik ankomme, sondern daß eine beschränkte, lokale Neuheit ausreiche. Eben darin sah man überwiegend den wesentlichen Unterschied zwischen Rationalisierungsvorschlägen und Erfindungen[481]. Aber welche Einheiten der Sowjetwirtschaft sollte man an die Stelle der „Welt", die für Erfindungen maßgebend ist, als Bezugspunkt setzen? Welche Diffusion des Wissens sollte neuheitsschädlich sein? Sollte wie im Erfindungsrecht die bloße Publikation eines identischen Vorschlags den Urheber eines Rationalisierungsvorschlags sei-

suščnost', These 6; Skripko, Ochrana 47; zum Diskussionsstand vgl. Šalito, O pravovoj ochrane organizacionnych predloženij: V. I. 1966, Nr. 6, 3 ff.

[480] Einzelne Institutionen, wie die Staatsbank der UdSSR (Gosbank) oder das Ministerium der Finanzen der UdSSR haben im Rahmen ihrer Organisationsgewalt Anreizsysteme geschaffen, nach denen auch Verbesserungsvorschläge rein organisatorischen Inhalts prämiert werden; vgl. Smirnov, Nekotorye voprosy. Es ist nicht ausgeschlossen, daß für die nicht im engeren Sinne technischen Vorschläge einmal, wie es Smirnov aaO, vorschlägt, eine einheitliche Regelung außerhalb des Erfinderrechts getroffen wird.

[481] Gavrilov, Ponjatie 23; Jurčenko, in: Boguslavskij u. a., Pravovye voprosy 291; Bezruk, Racionalizatorskoe predloženie 89; Antimonov/Flejšic 121.

ner Rechte berauben? War die Kenntnis der – häufig innovationsfeindlichen – Unternehmensleitungen als neuheitsschädlich anzusehen, oder sollte man die Kenntnis aller Fachleute eines Unternehmens, oder gar aller Arbeitskräfte verlangen? Man muß bei der Beantwortung dieser Fragen davon ausgehen, daß einiges innovatorische Wissen, das im Idealfall von einer Wirtschaftseinheit auf eine andere übertragen werden könnte, tatsächlich nicht übertragen wird, denn der Informationsfluß ist in der Wirklichkeit oftmals nicht reibungsfrei. Die Kosten der duplikativen Erarbeitung einer Rationalisierungsmaßnahme, einschließlich der Kosten des hierfür erforderlichen Anreizes, müssen gegen die Alternativkosten der Wissensübertragung und der zu deren Durchführung erforderlichen Anreize abgewogen werden. Dabei ist zu berücksichtigen, daß die Kosten der Wissensübertragung um so größer sind, je konkreter ein Vorschlag ist, d. h. je stärker er auf die jeweiligen Verhältnisse eines Unternehmens bezogen ist[482]. Aus der detaillierten Regelung der Neuheitsfrage, die das neue Gesetz getroffen hat, lassen sich deshalb Rückschlüsse auf die in der Sowjetwirtschaft gegebenen Informationshemmnisse ziehen.

Wird ein Rationalisierungsvorschlag, wie es der Regel entspricht[483], bei einem Unternehmen, einer Anstalt oder einer Organisation eingereicht, so kommt es darauf an, ob der Vorschlag für diese Stelle neu ist[484]. Damit folgt das Gesetz 1973 der schon bisher herrschenden Meinung, daß das Neuheitskriterium auf die rechtliche Einheit der Unternehmen zu beziehen sei und nicht auf deren produktionstechnische Untereinheiten (proizvodstvennye učastki, cechi)[485]. Das Gesetz 1973 setzt also voraus, daß sich innerhalb eines Unternehmens technisches Wissen so leicht verbreiten wird, daß es insoweit eines Anreizes zur Duplikation nicht bedarf. Freilich dürfte hinter der Entscheidung des Gesetzgebers auch das Bedürfnis stehen, dem Neuheitsurteil einen eindeutigen und rechtlich klar faßbaren Bezugspunkt zu geben.

Neuheitsschädlich ist es, wenn der Rationalisierungsvorschlag in dem fraglichen Unternehmen bereits ausgeführt wird. Ferner ist es neuheitsschädlich[486], wenn die vorgeschlagene Rationalisierungsmaßnahme in einem Befehl (prikaz) oder einer Verfügung (rasporjaženie) der Organe der Wirtschaftsverwaltung vorgesehen, von der übergeordneten Verwaltungsinstanz empfohlen oder in offiziellen Informationsschriften zur Verbreitung fortschrittlichen Erfahrungs-

---

[482] In der sowjetischen juristischen Literatur wird das Problem allerdings – außer ansatzweise bei JURČENKO aaO 289 ff. – nicht in diesen funktionalen Kategorien diskutiert.

[483] G 1973, § 68; G 1959, § 54.

[484] G 1973, § 64.

[485] GAVRILOV, Ponjatie 23; JURČENKO, in: BOGUSLAVSKIJ u. a., Pravovye voprosy 289; SKRIPKO, Ochrana 30 f.; a. A. MOZOLIN 14 f.

[486] G 1973, § 64 Ziff. 1–4; damit sanktioniert das G 1973 im wesentlichen die bisherige, auf der Erläuterung des Komitees vom 14. 5. 1964 (oben N. 477) beruhende Praxis.

wissens in der fraglichen Industriebranche bereits veröffentlicht worden war, ferner wenn die Maßnahme in den für das Unternehmen verbindlichen technischen Vorschriften (Standards, etc.) vorgesehen war. Schließlich – fast eine Selbstverständlichkeit – fehlt die Neuheit, wenn ein identischer Vorschlag vom technischen Dienst der Unternehmen erarbeitet worden war oder wenn die Priorität für den Vorschlag, die sich nach dem Datum der Einreichung bestimmt[487], einer anderen Person zusteht.

Die Veröffentlichung in der allgemeinen Fachliteratur ist nicht neuheitsschädlich. Diese Literatur ist derzeit nicht so allgemein zugänglich oder wird nicht in solchem Maße von den Unternehmen ausgewertet, daß man ihre Kenntnis voraussetzen könnte[488].

Eignet sich ein Vorschlag zur Verwertung in mehreren Unternehmen, Anstalten oder Organisationen, so kann ihn der Autor nach seiner Wahl wie bisher auch unmittelbar bei der obersten Wirtschaftsbehörde – in der Regel dem Ministerium – einreichen, in deren Tätigkeitsbereich die Unternehmen usf. fallen[489]. Das kann auch noch dann geschehen, wenn dem Urheber des Vorschlags bereits von einem untergeordneten Unternehmen eine Bescheinigung erteilt worden ist. Nach dem Gesetz 1973 erlischt in diesem Falle die Wirkung der zuerst erteilten Bescheinigung[490]. Wurde die Anmeldung bei der übergeordneten Behörde vorgenommen, so war nach dem bisher geltenden Recht auf die Kenntnis dieser Behörde abzustellen[491]. Das neue Recht bestimmt nun ausdrücklich, daß sich die Neuheit auch dann nach dem Kenntnisstand in den Unternehmen richtet, in denen der Vorschlag ausgeführt werden kann[492]. Damit ist eine Reihe von Fragen aber immer noch unbeantwortet. Gesetzt, ein Vorschlag sei zwar den Unternehmen einer Branche unbekannt, dem übergeordneten Organ der Wirtschaftsverwaltung aber durchaus geläufig: Sollte in diesem Fall die Behörde tatsächlich einen Vorschlag prämieren müssen, dessen Ausführung sie jederzeit selbst durch Empfehlung oder Verwaltungszwang hätte herbeiführen können? Dieses auf den ersten Blick unsinnig erscheinende Ergebnis könnte immerhin in einigen Fällen innovationsfördernde Wirkung haben. Es ist denkbar, daß das übergeordnete Organ der Wirtschaftsverwaltung lediglich aus bürokratischer Trägheit einen wertvollen Rationalisierungsvorschlag nicht propagiert oder den Unternehmen zur Einführung empfohlen oder aufgegeben hat. Durch die Erteilung einer Bescheinigung erlangt der Vorschlag von selbst eine gewisse Publizität; der Urheber wird außerdem an der Verwertung materiell interessiert und kann zu seiner Unterstützung gesell-

---

[487] G 1973, § 74.

[488] JURČENKO, in: BOGUSLAVSKIJ u. a., Pravovye voprosy 288.

[489] G 1973, § 68 II; G 1959, § 54 I Satz 2.

[490] G 1973, § 75 IV.

[491] So jedenfalls die h. M.: JURČENKO, in: BOGUSLAVSKIJ u. a. 290 f.; SKRIPKO, Ochrana 31.

[492] G 1973, § 68 II.

schaftliche Organisationen, vor allem die Allunionsvereinigung der Erfinder und Urheber von Rationalisierungsvorschlägen[493] aber auch Stellen der Partei oder der Gewerkschaften, kurz: die öffentliche Meinung, mobilisieren.

Unklar ist auch, ob es auf die Gesamtheit der einer Behörde unterstellten Unternehmen ankommen soll. JURČENKO hatte zum bisherigen Recht ausgeführt, die Anmeldung werde abgelehnt, wenn der Vorschlag mit Kenntnis der Wirtschaftsbehörde auch nur in einzelnen der in Frage kommenden Unternehmen angewandt werde; der Vorschlag könne aber noch erfolgreich bei einem Unternehmen eingereicht werden, dem er noch nicht bekannt sei[494]. Diese Auffassung dürfte auch noch mit der Fassung des Gesetzes 1973 zu vereinbaren sein.

Aus der Vorschrift des Gesetzes 1973, daß eine von einem untergeordneten Unternehmen erstellte Bescheinigung ihre Wirkung verliert, wenn die Wirtschaftsbehörde eine Bescheinigung ausstellt[495], wird nicht ersichtlich, ob der Urheber des Vorschlags ein Recht darauf hat, eine zweite Bescheinigung zu erhalten oder ob nur der Fall behandelt sein soll, daß eine zweite Bescheinigung zu Unrecht erteilt ist. Der Billigkeit würde es am ehesten entsprechen, wenn der Vorschlag immer dann auch noch bei der Behörde angemeldet werden dürfte, wenn er wenigstens einem der dieser untergeordneten Unternehmen noch unbekannt ist. Der Urheber hätte dann keinen Anreiz, sich „sicherheitshalber"[496] von vornherein an die Ministerien zu wenden.

Bisher konnte es vorkommen, daß von einem Ministerium und von einem ihm untergeordneten Unternehmen für inhaltlich identische Vorschläge Schutzurkunden an zwei verschiedene Personen erteilt wurden[497]. Das neue Recht sucht diesen Unfall zu vermeiden, indem es allein die Kenntnis der Unternehmen für maßgebend erklärt. Eigentlich müßten nun die höheren Behörden in jedem Falle den Kenntnisstand aller Unternehmen ihres Tätigkeitsbereichs feststellen – schwerlich eine praktische Lösung.

Das Fernziel, den Informationsstand in der sowjetischen Wirtschaft so anzuheben und den Informationsfluß so zu beschleunigen, daß die Neuheit einheitlich nur auf der Ebene der Industriebranchen beurteilt zu werden braucht[498], hat die Sowjetwirtschaft 1973 offensichtlich noch nicht erreicht.

---

[493] Dazu G 1973, § 86.

[494] JURČENKO, in: BOGUSLAVSKIJ u. a., Pravovye voprosy 290 f.

[495] G 1973, § 75 IV.

[496] Dabei gehen wir davon aus, daß auch die zu Unrecht beim Ministerium bewirkte Anmeldung dem Urheber die Priorität sichert. Auch das scheint keineswegs zweifelsfrei zu sein. G 1973, § 73 sagt nur, daß sich die Priorität (pervenstvo) nach dem Zeitpunkt der Anmeldung bei dem Unternehmen oder – im Falle der Einreichung des Vorschlags bei einem Ministerium oder einer sonstigen obersten Wirtschaftsbehörde – bei dieser Behörde bestimmt.

[497] JURČENKO, in: BOGUSLAVSKIJ u. a., Pravovye voprosy 290.

[498] Das fordert JURČENKO aaO.

Nach einer offiziellen Erläuterung des Komitees aus dem Jahre 1964 (raz"-jasnenie)[499] geht die Neuheit eines Vorschlags auch dann verloren, wenn er vom Urheber veröffentlicht oder sonst Dritten mitgeteilt oder auf seine Initiative vor der förmlichen Anmeldung ausgeführt wurde. Da der Schutz für Rationalisierungsvorschläge nicht zu einem Ausschlußrecht führt und auch keine förmliche internationale Priorität zu wahren ist, hat dieser Formalismus keinen rechten Sinn. Statt der möglichst raschen und umfassenden Verwertung nützlicher Vorschläge dient diese Bestimmung nur der Einhaltung des vorgesehenen Anmeldeverfahrens. Sie wurde deshalb selbst von Autoren kritisiert, die im Recht der Erfindungen für die Formalisierung des Neuheitsmaßstabs eintreten[500]. Das Gesetz 1973 bestimmt nun immerhin, daß es nicht schädlich ist, wenn der Vorschlag in einen Zeitraum von bis zu drei Monaten vor der förmlichen Anmeldung auf Veranlassung des Urhebers verwertet worden ist[501].

Nach herrschender Auffassung ist auch ein bloßer Rationalisierungsvorschlag ein Erzeugnis geistigen Schaffens[502]. Das Kriterium des Schöpferischen (tvorčestvo) wird zur Abgrenzung der Rationalisierungsvorschläge von der bloßen Übertragung fortschrittlichen Wissens (perenos peredovogo opyta) aus einem Unternehmen in ein anderes verwendet[503]. In der bereits erwähnten Information des Komitees heißt es, ein Rationalisierungsvorschlag sei das Ergebnis selbständiger Arbeit eines Urhebers bzw. eines Urheberkollektivs oder aber der selbständigen Umarbeitung und Anpassung aus der Erfahrung anderen Unternehmen entliehenen Wissens[504]. An dieser Rechtslage hat sich durch das Gesetz 1973 nichts geändert. Man kann nicht sagen, daß die Unterscheidung von schöpferischen Vorschlägen mit nur lokaler Neuheit und bloßen unselbständi-

---

[499] Siehe oben N. 477.

[500] Etwa JURČENKO aaO, 289.

[501] G 1973, § 64 Ziff. 1.

[502] Vgl. etwa ANTIMONOV/FLEJŠIC 123; BEZRUK, Racionalizatorskoe predloženie 87; JURČENKO, in: BOGUSLAVSKIJ u. a., Pravovye voprosy 292. Diese Auffassung bestätigt das G 1973, indem es an hervorragender Stelle (§ 3) die Urheberschaft derjenigen Personen anerkennt, „durch deren schöpferische Arbeit die Entdeckung, die Erfindung oder der Rationalisierungsvorschlag gemacht worden ist". Gegen die Auffassung vom schöpferischen Charakter der Rationalisierungsvorschläge RAJGORODSKIJ, Izobretatel'skoe pravo 218; CHEJFEC, Osnovy 17. Die Lehre vom schöpferischen Charakter aller erfinderrechtlich geschützten Formen neuen Wissens, also auch der Rationalisierungsvorschläge findet eine starke Stütze in der Lehre des Marxismus-Leninismus vom Schöpferischwerden aller Arbeit im Kommunismus. Am aufwendigsten ist die schöpferische Natur der Rationalisierungsvorschläge von IONAS, Izobretatel'skoe pravootnošenie 79 ff., und DERS., Proizvedenie tvorčestva 14 ff., sowie von JURČENKO, Problemy (1966) 6 ff., begründet worden. Vgl. zur Problemgeschichte Nosov, Racionalizatorskoe predloženie 17 ff.

[503] Vgl. etwa ANTIMONOV/FLEJŠIC 123 f.; BEZRUK, Racionalizatorskoe predloženie 102–104; TORKANOVSKIJ, Ponjatie racionalizatorskogo predloženija: SGiP 1960, Nr. 6, 47 ff.

[504] Siehe oben N. 477 (§ 1 Buchst. d).

gen Übertragungen sehr brauchbar sei. Ob ein Vorschlag als Rationalisierungsvorschlag prämiert wird, hängt in der Praxis allein davon ab, ob sein Urheber die Quelle seiner Inspiration angibt.

Schon bisher war man sich einig, daß auch Rationalisierungsvorschläge eine positive Wirkung (položitel'nyj ėffekt) äußern müßten[505]. Der Gesetzgeber des Jahres 1959 glaubte davon absehen zu können, das Merkmal der Nützlichkeit ausdrücklich festzulegen, da der Vergütungsanspruch des Urhebers ohnehin erst mit der Verwertung seines Vorschlags entsteht. Die Praxis lehrte, daß die Unternehmen häufig besonders wertvolle Rationalisierungsvorschläge ablehnten, weil sich ihr Nutzen nur auf längere Sicht, etwa durch kostspielige Modernisierungsmaßnahmen realisieren ließe. So konnten sie sich, wie SKRIPKO schreibt, selber von der Pflicht befreien, die für die Realisierung des Vorschlags notwendigen Bedingungen zu schaffen[506]. Das Gesetz 1973 nimmt das Merkmal der Nützlichkeit deshalb in seine Definition des Rationalisierungsvorschlags auf und bestimmt ausdrücklich: „Ein Vorschlag wird als nützlich anerkannt, wenn seine Verwertung in dem betreffenden Unternehmen (der Anstalt oder der Organisation) unter den Bedingungen, die gegenwärtig bestehen oder *die auf Grund bestätigter Pläne bestehen müssen* (Hervorhebung von mir, M. B.) die Erreichung einer wirtschaftlichen, technischen oder sonstigen positiven Wirkung gestattet.“[507] Maßnahmen, die zur Herabsetzung der Zuverlässigkeit, der Lebensdauer oder sonstiger Qualitätsindikatoren (pokazateli) der Produkte führen können, werden nicht als Rationalisierungsvorschläge anerkannt[508].

Rationalisierungsvorschläge sind gemeinfrei. Von einem Ausschlußrecht des Sowjetstaats ist hier – im Gegensatz zum Recht der Erfindungen – keine Rede. Rationalisierungsvorschläge unterliegen also der unmittelbaren – nicht durch ein Eigentumsrecht vermittelten – gesellschaftlichen Aneignung. Dieser Unterschied vom Erfinderrecht ist darin begründet, daß die Mehrzahl der Rationalisierungsvorschläge sich nicht für den förmlichen Schutz und die Verwertung im Ausland eignen. Falls die Sowjetunion in Zukunft ein größeres Interesse etwa am Gebrauchsmusterschutz des deutschen Rechts entwickeln sollte, würde auch an Rationalisierungsvorschlägen ein staatliches Ausschlußrecht entwickelt werden. Bislang war die internationale Know-how-Lizenz zur Übertragung der konkreteren Formen neuen Wissens offenbar ausreichend. Das Staatsmonopol zum Abschluß solcher Know-how-Lizenzverträge braucht nicht auf ein ausschließliches Immaterialgüterrecht gegründet zu werden; insoweit beruhen die Operationen der Außenhandelsbehörde Licenzintorg vielmehr unmittelbar auf dem Außenhandelsmonopol.

Das Gesetz 1973 enthält eine ausdrückliche Bestimmung über die binnen-

---

[505] SKRIPKO, Ochrana 32 ff. mit weiteren Nachweisen; vgl. auch die Erläuterung des Komitees aus dem Jahre 1964 (oben N. 477) § 1 Buchst. e.

[506] SKRIPKO, Ochrana 41.

[507] G 1973, § 65 I; vgl. auch 63.

[508] G 1973, § 65 I und II. Vgl. dazu SMIRNOV, Racionalizatorskoe predloženie 54.

wirtschaftliche Nutzung der Rationalisierungsvorschläge, die weitgehend an die Regelung der Erfindungsnutzung angeglichen ist. „Staatliche, genossenschaftliche und gesellschaftliche Unternehmen, Organisationen und Anstalten sind ohne besondere Erlaubnis durch irgendwelche Organe oder Personen berechtigt, die in ihren Tätigkeitsbereich einschlagenden Rationalisierungsvorschläge zu verwerten, gleichgültig wo und wann diese gemacht worden sind.“[509] Es ist denkbar, daß daraus jetzt schon ein staatliches Ausschlußrecht hergeleitet werden wird, von dem man sich das Nutzungsrecht der Unternehmen als durch eine allgemeine gebührenfreie Lizenz abgeleitet vorstellen müßte[510]. Bereits aus der definitorischen Beschränkung der Rationalisierungsvorschläge auf den im engeren Sinne technischen Bereich läßt sich ja, wie wir sahen, die Tendenz ablesen, Erfindungen und Rationalisierungsvorschläge rechtlich stärker aneinander anzugleichen[511].

2. *Rechtsstellung der Urheber von Rationalisierungsvorschlägen*

Mit der Gemeinfreiheit der Rationalisierungsvorschläge kontrastiert eigentümlich die territorial und branchenmäßig beschränkte Geltung des Schutzes. Im Gesetz 1973 heißt es hierzu: „Die Rechte des Urhebers, die auf der Bescheinigung für einen Rationalisierungsvorschlag beruhen, wirken im Bereich desjenigen Unternehmens (derjenigen Organisation oder Anstalt), das (die) die Bescheinigung erteilt hat. Wenn die Bescheinigung von einem Ministerium oder von einer anderen obersten Wirtschaftsbehörde ausgestellt ist, wirken die Rechte des Urhebers in den diesem Ministerium oder dieser Behörde unterstellten Unternehmen, Organisationen und Anstalten.“[512] Was soll das heißen? Klar

[509] G 1973, § 66.

[510] Bereits unter dem alten Recht war streitig, ob das Recht zur Nutzung eines Rationalisierungsvorschläge dem jeweiligen Unternehmen (oder der jeweiligen Industriebranche) zustehe, in dem (der) der Vorschlag angemeldet worden ist, oder dem Sowjetstaat. Letztere Auffassung vertraten Skripko, Ochrana 96, und Mozolin, Graždanskoe pravo II (1970) 494 (zit. nach Smirnov, Pravovoe značenie 6 N. 2); die erstere Auffassung vertrat vor allem Gavrilov, Pravovye voprosy ochrany racionalizatorskich predloženij (1969) 26 (zit. nach Smirnov N. 3 und 4). Bisher wurde vermieden, das Nutzungsrecht ein ausschließliches Recht zu nennen, da es innerhalb der Sowjetwirtschaft gegen niemand, der zur Nutzung in der Lage ist (d. h. alle Wirtschaftssubjekte), ausschließlichen Charakter hat, und anders als das Ausschlußrecht an Erfindungen auch nicht – mangels entsprechender Schutzrechte – die ausländische Verwertung des geschützten Wissens monopolisiert.

[511] Für eine weitgehende Parallelität der Konstruktion des Urheberscheins und der Bescheinigung für Rationalisierungsvorschläge Smirnov, Pravovoe značenie 3 ff., der nicht nur das staatliche „Nutzungsrecht“ an beiden Kategorien neuen Wissens für strukturgleich erklärt, sondern die Bescheinigung für Rationalisierungsvorschläge analog dem Urheberschein als rechtsbegründendes Dokument bezeichnet, so bereits Jurčenko, in: Boguslavskij u. a., Pravovye voprosy 311; Bezruk, Racionalizatorskoe predloženie 48; dagegen Gavrilov, Pravovye voprosy 51 (zit. nach Smirnov 3 N. 3).

[512] G 1973, § 76. Vgl. dazu ausführlich Smirnov, Pravovoe značenie 3 ff. Bereits

ist, daß es keine territorialen oder sachlichen Schranken für die Verwertung geben darf[513]. Aber soll der Urheber einer Neuerung etwa die Möglichkeit haben, in verschiedenen Bereichen der Sowjetwirtschaft – sei es in mehreren Unternehmen oder sei es in mehreren Branchen – parallele „Schutzrechte" zu erwerben? Wie wir sahen, braucht ein Rationalisierungsvorschlag nicht bei dem Unternehmen eingereicht zu werden, bei dem der Urheber beschäftigt ist, noch auch nur in dem Bereich des Ministeriums, in dessen Zuständigkeit dieses Unternehmen fällt. Wegen der beschränkten Neuheitsprüfung wäre es nicht schädlich, daß eine der Verbandspriorität der PVÜ entsprechende nationale Priorität nicht vorgesehen ist. Es käme für den Urheber allein darauf an, den Vorschlag jeweils bei den verschiedenen Stellen anzumelden, bevor er ihnen bekannt wird. So käme es zu einem unerfreulichen Wettlauf zwischen dem Urheber und der vom Komitee, den Ministerien und den gesellschaftlichen Organisationen, namentlich der Allunionsvereinigung der Erfinder und Urheber von Rationalisierungsvorschlägen, veranstalteten Propaganda der technischen Neuerungen, dem Informations- und Erfahrungsaustausch der Unternehmen und ähnlichen Auswirkungen der Gemeinfreiheit. Das ist aber sicher nicht vom sowjetischen Gesetzgeber beabsichtigt: Aus der Regelung des Anmeldeverfahrens ist ersichtlich, daß für einen Rationalisierungsvorschlag immer nur *eine* Bescheinigung, ein „Schutzrecht", erteilt werden soll[514]. Wirkungsbereich einer Schutzurkunde soll im äußersten Falle eine Branche sein. Zwar könnte sich ein Urheber theoretisch Bescheinigungen von mehreren Branchen oder mehreren der ihnen zugehörigen Unternehmen ausstellen lassen. Daß dieser Fall weder in der Literatur erörtert noch im Gesetz angesprochen ist, zeigt, daß ein solches Verhalten praktisch nicht vorkommt, wohl weil es in grobem Widerspruch zur sozialistischen Moral stehen würde. Die Beschränkung der Schutzwirkung bedeutet daher praktisch vor allem, daß die Vergütung, die der Urheber erhält, nur von denjenigen Wirkungen des Rationalisierungsvorschlags abhängt, die bei einem bestimmten Unternehmen oder in einer bestimmten Branche eintreten. Eine Ausnahme gilt nur, wenn das Unternehmen, das die Bescheinigung ausgestellt hat, den Rationalisierungsvorschlag im Rahmen eines förmlichen „Vertrags über die Übergabe wissenschaftlich-technischer Errungenschaften und über die Hilfeleistung bei der Verwertung fortschrittlicher

---

unter dem geltenden Recht war gelegentlich von einer örtlichen oder territorialen Wirkung der Bescheinigung für Rationalisierungsvorschläge gesprochen werden: JURČENKO, in: BOGUSLAVSKIJ u. a., Pravovye voprosy 291; GAVRILOV, Pravovye voprosy 26 (zit. nach SMIRNOV, Pravovoe značenie 6 N. 4).

[513] SMIRNOV, Pravovoe značenie 6: „... hier geht es nicht um die Rechte des Staates, sondern um die Rechte des Urhebers."

[514] Zur Frage, wie es sich verhält, wenn inhaltsgleiche Vorschläge von verschiedenen Personen bei verschiedenen Stellen (etwa bei verschiedenen Unternehmen einer Branche oder bei einem Unternehmen und zugleich beim Ministerium der betreffenden Branche) eingereicht werden, vgl. SMIRNOV, Pravovoe značenie 3 f.

Erfahrungen"[515] einem anderen Unternehmen weitergibt. Dann werden die Rechte des Urhebers auf diese Unternehmen „erstreckt"[516]. Der Grund für diese Ausnahme dürfte einmal darin liegen, daß in diesem Fall eindeutig feststeht, wer den Rationalisierungsvorschlag nutzt, zum anderen darin, daß es unbillig wäre, wenn zwar das übergebende Unternehmen ein besonderes Entgelt erhielte, nicht aber der Urheber des Vorschlags.

Wenn der Urheber mithin also schwerlich mehrere Schutzurkunden für einen und denselben Rationalisierungsvorschlag erhalten kann, so besteht für ihn in dem sicherlich relativ seltenen Fall, daß ein Vorschlag für mehrere Branchen von Interesse ist, ein gewisser Anreiz, den Vorschlag da anzumelden, wo er voraussichtlich am intensivsten genutzt werden und die größten Wirkungen zeitigen wird. Der relativ geringe Höchstbetrag von 5000 Rubeln und der Umstand, daß praktisch alle Rationalisierungsvorschläge der Praxis der Betriebe entstammen, dürften indessen wirksam verhindern, daß die Urheber von Rationalisierungsvorschlägen von Ministerium zu Ministerium gehen, um ihre Vorschläge zur Anmeldung „anzubieten". In der sowjetischen Wirklichkeit dürfte es zudem eine Anstandspflicht der Arbeitnehmer sein, ihre Rationalisierungsvorschläge bei dem Unternehmen, das sie beschäftigt, oder aber bei dem für dieses Unternehmen zuständigen Ministerium einzureichen. Daß Rationalisierungsvorschläge auch außerhalb der Unternehmen eingereicht werden können, in denen sie gemacht worden sind, hätte dann bloß die Bedeutung, den Urheber auch zur Anmeldung unternehmens- oder branchenfremder Vorschläge zu veranlassen, nicht aber die Bedeutung, ihm ein Wahlrecht zwischen verschiedenen interessierten Branchen zu gewähren.

Die Höhe der Vergütung hängt von denselben Faktoren ab wie bei Erfindungen: im Falle faktorsparender Neuerungen von der jährlich erzielten Einsparung – im Falle nicht faktorsparender (ne sozdajuščie ėkonomii) Neuerungen von deren „wirklichem Wert"[517]. Anders als bei Erfindungen ist hier aber eine degressive Vergütungsskala beibehalten[518]. Angesichts des Umstands, daß

[515] Vgl. dazu unten S. 256.

[516] G 1973, § 76 II.

[517] G 1973, § 115, und Erlaß 1974, §§ 37 und 38.

[518] Vgl. G 1973, § 120, und Erlaß 1974, § 37:

Jährliche Faktorersparnis (in Rubeln)	Vergütung
bis 100	17 % der Ersparnis, aber mindestens 10 Rubel
100–500	7 % der Ersparnis + 10 Rubel
500–1 000	5 % der Ersparnis + 20 Rubel
1.000–5 000	3 % der Ersparnis + 40 Rubel
5 000–50 000	2 % der Ersparnis + 90 Rubel
50 000–100 000	1 % der Ersparnis + 590 Rubel
100 000 und darüber	0,5 % der Ersparnis + 1090 Rubel

sich die Tätigkeit der betrieblichen Neuerer ohnedies zur Höhe der Vergütung wenig elastisch verhalten wird, eine relativ zu große Anreizwirkung für kleine Rationalisierungsvorschläge zu Lasten der bedeutenderen Vorschläge mithin nicht zu erwarten ist, glaubte man offenbar, auf eine stärkere Differenzierung verzichten zu können. Die Höhe der Vergütung für nicht faktorsparende Vorschläge bewegt sich ebenfalls zwischen 10 und 5000 Rubel[519]. Eine erste Abschlagszahlung muß bereits zwei Monate nach der Verwertung des Vorschlags bewirkt werden[520]. Erweitert sich die Anwendung des Vorschlags im darauffolgenden Jahr, so wird die Vergütung entsprechend ergänzt[521]. Das oberste Wirtschaftsorgan einer Branche (in der Regel also ein Ministerium) kann die Vergütung bis auf ein Dreifaches des errechneten Betrages erhöhen, wenn der Vorschlag keiner weiten Anwendung fähig ist[522].

Im Normalfalle wird die Vergütung von dem Unternehmen oder von dem Organ der Wirtschaftsverwaltung ausbezahlt, das die Bescheinigung über den Rationalisierungsvorschlag ausstellt[523]. Das gilt auch dann, wenn die Rechte des Urhebers auf andere Unternehmen erstreckt werden, denen der Rationalisierungsvorschlag im Rahmen eines umfassenden entgeltlichen Technologietransfers überlassen worden ist.

Wenn ein Rationalisierungsvorschlag nicht in dem Unternehmen, das die Bescheinigung ausgestellt hat, sondern in einem anderen Unternehmen zu Faktoreinsparungen oder zu sonstigen positiven Ergebnissen führt, dann wird die Vergütung von der obersten Wirtschaftsbehörde (in der Regel einem Ministerium) ausbezahlt, der das *erste* Unternehmen unterstellt ist[524]. Das Gesetz sagt nicht, ob auf der Ebene der Ministerien ein Ausgleich stattfindet. Selbst wenn die Frage – was wahrscheinlich ist – verneint werden muß, ist durch diese Lösung dafür gesorgt, daß bei den Unternehmen kein negativer Innovationsanreiz entsteht. Das die Bescheinigung ausstellende Unternehmen belastet mit der Einführung eines Rationalisierungsvorschlags wegen seiner vermögensrechtlichen Selbständigkeit (chozrasčet) gleichsam ein fremdes Vermögen, und wird so nicht mit Ausgaben für eine Maßnahme belastet, die zwar gesellschaftliche – externe – Vorteile hat, ihm aber unter Umständen keinen einzelwirtschaftlichen Nutzen bringt.

Der Urheber eines Rationalisierungsvorschlags genießt ferner die dem Erfinder zustehenden arbeitsrechtlichen Vorrechte und einen Teil von dessen sonstigen, persönlichkeitsrechtlichen Befugnissen[525]. Außer im Falle der erwähnten technischen Spezialisten in den Forschungs- und Entwicklungsabteilungen der

[519] G 1973, § 120 II; Erlaß 1974, § 38.
[520] G 1973, § 121.
[521] G 1973, § 122; Erlaß 1974, § 41.
[522] G 1973, § 123; Erlaß 1974, § 39.
[523] G 1973, § 119; Erlaß 1974, § 36.
[524] G 1973, § 119 II.
[525] G 1973, §§ 127–142.

Unternehmen und der besonderen F & E-Institute und -Organisationen sind die Rechte des Urhebers unabhängig davon, ob der Rationalisierungsvorschlag im Zusammenhang mit einem Dienstverhältnis steht[526]. Nach dem Recht des Jahres 1941[527] dagegen erhielt der Urheber eines Rationalisierungsvorschlags, der sich unmittelbar auf sein Arbeitsgebiet bezog, nur dann eine Vergütung, wenn der Vorschlag „originell und schöpferisch" war. Weniger originelle Rationalisierungsvorschläge galten als mit dem Arbeitslohn abgegolten[528].

Ausländer haben noch kaum Rationalisierungsvorschläge eingereicht. Nach dem bisherigen Recht entfiel der Schutz für Ausländer in vielen Fällen bereits wegen des Fehlens der in Artikel 14 des Gesetzes 1959 vorausgesetzten Gegenseitigkeit. Es mußte immerhin zweifelhaft sein, ob und wieweit der Gebrauchsmusterschutz des deutschen Rechts und die nach dem Gesetz über Arbeitnehmererfindungen gegebene Vergütungspflicht für technische Verbesserungsvorschläge als Äquivalent des sowjetischen Rechts angesehen worden wären. In das Gesetz 1973 ist das Gegenseitigkeitserfordernis nicht mehr aufgenommen. Große Bedeutung wird der Schutz der Rationalisierungsvorschläge für Ausländer dennoch schwerlich gewinnen können.

Der Unterschied zwischen Rationalisierungsvorschlägen und Erfindungen, so haben wir bereits berichtet, liegt nach der Auffassung sowjetischer Juristen vor allem in dem anderen als Selektionskriterium verwendeten Neuheitsmaßstab[529]. Die Neuheit der Erfindungen wird am Maßstab der Welttechnik gemessen; ein Rationalisierungsvorschlag dagegen braucht nur für ein einzelnes Unternehmen neu zu sein. In seiner konkreten Ausformung wird freilich auch ein Rationalisierungsvorschlag, ja selbst eine bloße ingenieurtechnische Routinearbeit oftmals absolut neu sein. Dadurch wird sie natürlich noch nicht zur Erfindung. Hier erweist sich, daß Neuheit und Erfindungshöhe nicht reinlich voneinander abgelöst werden können und daß es nicht unbedingt verfehlt war, sie – wie das bisherige Recht – im Begriff der „wesentlichen Neuheit" zusammenzufassen. Das Neuheitsurteil kann erst gesprochen werden, wenn die erfinderische Lehre eines Vorschlags in einem geistigen Abstraktionsvorgang herauspräpariert worden ist. Der entscheidende Unterschied zwischen Erfindungen und Rationalisierungsvorschlägen liegt daher zunächst in dem Grad der Generalisierung, den der wertende Zugriff des Beurteilers an einen Vorschlag heranbringt. Ein Rationalisierungsvorschlag ist die schöpferische Konkretisierung bereits vorhandenen, aber abstrakten technischen Wissens[530].

[526] So bereits Erlaß 1959, § 18.

[527] Erlaß (instrukcija) über die Vergütung für Erfindungen, technische Verbesserungen und Rationalisierungsvorschläge, bestätigt durch den Rat der Volkskommissare am 27. 11. 1942, S. Z. 1942, Nr. 22, Ziff. 178, § 19.

[528] Zur Entwicklung des Rechts der im Zusammenhang mit der Erfüllung einer Dienstpflicht gemachten Rationalisierungsvorschläge vgl. Antimonov/Flejšic 127.

[529] Antimonov/Flejšic 121 f.; Bezruk, Racionalizatorskoe predloženie 89; Jurčenko, in: Boguslavskij u. a., Pravovye voprosy 291.

[530] Skripko, Ochrana 22, bringt das gut zum Ausdruck: „Als Rationalisierungsvor-

Wenn man es so betrachtet, wird deutlich, daß das Recht der Rationalisierungsvorschläge zwei ganz verschiedene Tatbestände regelt. Rationalisierungsvorschläge können einmal Vorschläge sein, die dem Unternehmen oder Ministerium, bei dem sie angemeldet werden, zwar neu sind, bei besserer Information aber bekannt sein könnten. Zum anderen gibt es aber auch Rationalisierungsvorschläge, die absolut neu sind, mit denen also ein schöpferischer gedanklicher Schritt getan ist, der zuvor noch nirgends getan worden war[531]. Die ersten Vorschläge unterscheiden sich von Erfindungen durch den Mangel der Neuheit am Weltmaßstab, die zweiten – wie wir sagen würden – durch den Mangel an Erfindungshöhe. Im ersten Fall gibt das sowjetische Recht einen Anreiz, Mängel des Informationsflusses durch duplikative Forschungsanstrengungen zu kompensieren; im zweiten Fall dagegen wird ein Anreiz gegeben, nicht nur radikale, sondern auch weniger grundsätzliche Neuerungen *erstmals* zu entwickeln. Es erscheint fraglich, ob das dezentrale Anmeldungs- und Prüfungsverfahren, das für Rationalisierungsvorschläge vorgesehen ist, beiden Regelungsmaterien gleichermaßen angemessen ist.

Bestimmte Rationalisierungsvorschläge können den im Ausland bestehenden Voraussetzungen für einen Schutz durch ein „kleines" Patent, Gebrauchsmuster oder dergleichen entsprechen. Absolut oder auch nur für bestimmte ausländische Staaten neue Vorschläge könnten deshalb oftmals durch Lizenzvergabe im Ausland verwertet werden. Für diesen Fall, wie auch für die beschleunigte und kontrollierbare Verbreitung solcher Vorschläge, wäre es von Vorteil, wenn das Anmeldeverfahren ähnlich zentralisiert wäre wie bei Erfindungen. Freilich wäre die Selektion der überregional neuen Rationalisierungsvorschläge nur um den hohen Preis zu haben, daß alle Rationalisierungsvorschläge zentral auf ihre Neuheit geprüft werden müßten. Die Sowjetunion hat es vorgezogen, die Verbreitung der Rationalisierungsvorschläge weitgehend dem mehr oder weniger freien Erfahrungsaustausch[532] der Unternehmen und der Branchen untereinander zu überlassen und im Einzelfall in Kauf zu nehmen, daß durch unzeitige Veröffentlichung ein im Ausland möglicher Schutz entfällt.

---

schläge sind Vorschläge anzusehen, deren Wesen klar ist. Als Rationalisierungsvorschlag kann man einen Vorschlag bezeichnen, der ganz ausgearbeitet ist und für seine Ausführung keine weiteren schöpferischen Anstrengungen erforderlich macht ... Bei der Erfindung ist das Objekt des rechtlichen Schutzes ein Prinzip zur Lösung eines produktionstechnischen Problems; als Rationalisierungsvorschlag wird dagegen eine konkrete Arbeitsmethode, die konkrete Form der Lösung einer Aufgabe geschützt."

[531] Vgl. Jurčenko, in: Boguslavskij u. a., Pravovye voprosy 292.

[532] Unternehmen, die einen Rationalisierungsvorschlag verwerten, der auch für andere Unternehmen von Interesse sein kann, müssen nach G 1973, § 68 Abs. 2 binnen drei Monaten die erforderliche Dokumentation dem zuständigen Organ der Wirtschaftsverwaltung übersenden.

C. Die Erzeugung, Verbreitung und Verwertung neuen technischen und wissenschaftlichen Wissens

In Marktwirtschaften wird der technische Fortschritt wesentlich durch den Wettbewerb und durch das Patentsystem – unter Einschluß des Rechts der Betriebsgeheimnisse – kanalisiert. Die Marktkräfte von Angebot und Nachfrage lenken die Erzeugung, Verbreitung und gewerbliche Verwertung des neuen Wissens. Die Chancen der Marktteilnehmer sind durch die Marktstruktur und die industrielle Organisation einerseits und durch „künstliche" Prozeßregler (Unterburg) wie Patente und Betriebsgeheimnisse andererseits determiniert. Grundsätzlich beschränkt sich die staatliche Intervention darauf, mit dem Bildungswesen und der Förderung der Universitäten und sonstigen Forschungseinrichtungen die Infrastruktur des technischen Fortschritts bereitzustellen und Einzelprojekte von höchster staatlicher Priorität – man denke an militärische Forschungen oder an die Forschungen zur Überwindung der gegenwärtigen Energiekrise – durch direkte Subventionierung zu unterstützen. Wo der Staat direkt zugunsten der Erzeugung und Verwertung bestimmter Technologien interveniert – und er tut dies in immer größerem Ausmaß – sieht er seine Aufgabe darin, vom Markt hervorgerufene Fehlallokationen zu berichtigen und die marktwirtschaftliche Investititionsstruktur dadurch zu modifizieren, daß die mit dem Eigentumssystem und den „künstlichen" Anreizsystemen gegebene Anreizkonstellation kompensiert und in der gewünschten Richtung abgewandelt wird.

Die Anreizstruktur des Eigentumssystems in Verbindung mit dem Patentsystem ist komplex: Sie wendet sich nicht nur an die Individuen, die letztlich durch geistige Arbeit den technischen Fortschritt ermöglichen, sondern auch an Unternehmen, nämlich an die wirtschaftlich handlungsfähigen Kapitalträger; sie gilt nicht nur der Invention, sondern auch und zuallererst der Innovation und zudem der Verbreitung technischer Neuerungen.

Das sowjetische Erfinderrecht dagegen schafft einen Inventionsanreiz allein für natürliche Personen, für Einzelerfinder oder Erfinderkollektive. Welche Forschungsvorhaben durchgeführt werden, unter welchen Bedingungen neues Wissen übertragen und weiterverbreitet wird, schließlich wann Neuerungen industriell verwertet werden, „regelt" das Erfinderrecht nur höchst unvollkommen: Indem es Wissen für aneignungsunfähig erklärt, bereitet es nur den Grund für eine politische Planung des technischen Fortschritts in allen seinen Phasen. Wieweit dieses Planungsverfahren zu zentralisieren oder durch die Institutionalisierung einzelwirtschaftlicher Entscheidungskompetenzen zu dezentralisieren sei, läßt das Erfinderrecht ebenso offen wie die Ziele der Planung. Das Erfinderrecht regelt im wirtschaftsrechtlichen Bereich somit nur einen kleinen Ausschnitt der Materie, die Gegenstand des Patentsystems ist. Wollen wir das technologiepolitische Instrumentarium der verschiedenen Wirtschaftssysteme vergleichen, so müssen wir uns den wirtschaftsrechtlichen Institutionen zuwenden, die das Erfinderrecht ergänzen.

I. Allgemeine Kennzeichnung der sowjetischen Institutionen

In der voll entwickelten sozialistischen Planwirtschaft wäre der Prozeß des technischen Fortschritts insgesamt Gegenstand einer politischen Willensbildung. Solange in der Übergangsgesellschaft Geld-Ware-Beziehungen bestehen, begrenzen diese Beziehungen und die in ihnen wirkenden ökonomischen Gesetze den Handlungsspielraum der Politik ganz unabhängig davon, ob die Warenform auf das technische Wissen selber erstreckt wird oder nicht. Solange die Sowjetunion außerdem gegenüber den fortgeschrittensten kapitalistischen Ländern in dem, wie RAUPACH treffend schreibt, Prozeß der nachholenden Industrialisierung[533] begriffen ist, kann das volle Politisierungspotential des technischen Fortschritts nicht entwickelt werden. Ideologischer Ausdruck dieser geschichtlichen Situation der Sowjetunion ist es, daß dem Sozialismus im wesentlichen Auswirkungen nur auf die Organisationsformen und die gesamtwirtschaftlichen und sozialen Fernwirkungen des technischen Fortschritts, nicht aber auf seinen Inhalt im einzelnen zugesprochen werden[534].

Die allgemeinen Züge des sowjetischen politischen Systems eignen auch den Institutionen zur Steuerung des technischen Fortschritts[535]. Das gilt für den demokratischen Zentralismus ebenso wie für den Grundsatz der Parteiführung und -kontrolle auf allen Ebenen der Politik und Verwaltung. Diesem in der Praxis notwendig weitgehend uneinlösbaren Zentralismuspostulat entspricht

---

533 RAUPACH, Geschichte 273. Ausführlich zur sowjetischen Rezeption westlicher Technologie SUTTON, Western Technology and Soviet Economic Development (1971).

534 Die zweite wissenschaftlich-technische Revolution, über die es ein unabsehbares sowjetisches Schrifttum gibt, wird als weltweites und im wesentlichen einheitliches Phänomen dargestellt, das von der Struktur der Wirtschaftssysteme im Ganzen unbeeinflußt ist. BREŽNEV tat eine charakteristische Äußerung, als er auf dem 24. Parteikongreß der KPdSU erklärte: „Vor uns, Genossen, steht eine Aufgabe von historischer Bedeutung: die Errungenschaften der wissenschaftlich-technischen Revolution organisch mit den Vorteilen des sozialistischen Wirtschaftssystems zu verbinden ...“ (Pravda vom 31. 3. 1971 oder Materialy XXIV S"ezda KPSS [1971] 57).

535 Vgl. dazu RASSUDOVSKIJ, Gosudarstvennaja organizacija nauki v SSSR (1971) 17 ff.; MAEVSKIJ, in: BOGUSLAVSKIJ u. a., Pravovye voprosy 18. Ausführlich zum institutionellen Rahmen des technischen Fortschritts in der Sowjetwirtschaft *vor* der Wirtschaftsreform des Jahres 1965 KNIRSCH, Die Planung des technischen Fortschritts, in: BOETTCHER/THALHEIM, Planungsprobleme im sowjetischen Wirtschaftssystem (1964) 62 ff.

der oft beschworene Gedanke einer „einheitlichen Technologiepolitik“ (edinaja technologičeskaja politika)[536].

In den letzten Jahren sind jedenfalls Züge einer weitgehenden Dezentralisierung der Entscheidungsbefugnisse über die Festsetzung und Durchsetzung der technologischen Parameter der Produktion sichtbar geworden, und in demselben Maße wird die Einheit der „einheitlichen Technologiepolitik“ unausweichlich zersetzt. Der Trend zur Dezentralisierung wird auf die in den dynamischsten Forschungsbereichen typische Verkürzung der Zeitspanne zwischen Grundlagenforschung und Innovation zurückgeführt, die in MARX' Redeweise von der Wissenschaft als unmittelbarer Produktivkraft prägnant umschrieben ist[537]. Der Nachdruck liegt heute deshalb auf der Intensivierung der Rückkoppelung der F & E an die Produktion und auf der zunehmenden Verlagerung der F & E in die Unternehmen[538].

II. Die Erzeugung und Verbreitung neuen Wissens

1. *Träger und Rechtsformen der F & E*

Wissenschaft und Technik stehen in der konkurrierenden Zuständigkeit der Sowjetunion und der Unionsrepubliken[539]. Eine ausdrückliche Verfassungsbestimmung fehlt[540]. Gelegentlich nimmt sich das Gesetzgebungsorgan der Sowjetunion, der Oberste Sowjet, der Grundsatzfragen an. Seit 1966 bestehen ständige Ausschüsse (kommissii) für Bildungswesen, Wissenschaft und Kultur in beiden Kammern (palaty) des Obersten Sowjet[541]. Im Regelfall entscheidet der Ministerrat der UdSSR. Im Verordnungswege hat er eine Vielzahl von Organisationsfragen, etwa den Aufbau der F & E-Institutionen, die Planungs-

---

[536] Darin, daß es eine solche einheitliche Technologiepolitik ermögliche, wird gemeinhin ein wesentlicher Vorzug des auf dem Staatseigentum an den Produktionsmitteln beruhenden Systems der integralen Wirtschaftsplanung gesehen. Vgl. z. B. PROSTJAKOV, Uskorenie techničeskogo progressa v uslovijach chozjajstvennoj reformy (1973) 12. Kritisch hierzu GROSSMANN, Knowledge, Information 123–125.

[537] RASSUDOVSKIJ, Gosudarstvennaja organizacija 14; DERS., in: BOGUSLAVSKIJ u. a., Pravovye voprosy 4.

[538] Vgl. die von KOSYGIN vorgetragenen Direktiven des 24. Parteikongresses der KPdSU zum Fünfjahresplan 1971–1975, in: Materialy XXIV S"ezda KPSS (1971) 142, (ebenfalls in Pravda, 4. 4. 1971); RASSUDOVSKIJ, Gosudarstvennaja organizacija 5; MAEVSKIJ, in: BOGUSLAVSKIJ u. a., Pravovye voprosy 5.

[539] RASSUDOVSKIJ, Gosudarstvennaja organizacija 24. Zu dem – höchst komplizierten – System der Rechtsquellen vgl. LUCAS, Quellen und Formen des Sowjetrechts (1965).

[540] ŠAFIR, Kompetencija SSSR i sojuznoj respubliki (konstitucionnye voprosy) (1958) 141, hat vorgeschlagen, ausdrückliche Zuständigkeitsregelungen für die Steuerung des technischen Fortschritts in die Unionsverfassung aufzunehmen.

[541] RASSUDOVSKIJ, Gosudarstvennaja organizacija 24; zur Stellung der Ausschüsse vgl. BERMAN/QUIGLEY, JR., Basic Laws on the Structure of the Soviet State (1969) 119 ff.

techniken, die Grundsätze der Personalpolitik im Bereich von Wissenschaft und Forschung, die technische Dokumentation und vieles mehr geregelt[542]. Fragen von besonderer Bedeutung entscheiden der Ministerrat und das Zentralkomitee der KPdSU häufig gemeinsam. In der Vergangenheit haben diese Organe etwa Maßnahmen für den Fortschritt der Biologie getroffen oder das neue System der materiellen Stimulierung neuer Technik eingeführt[543].

Unterhalb des Ministerrats[544] besteht eine sonderbare und recht verwirrende Zweiung der Institutionen und Pläne in solche für F & E im allgemeinen (neue Technik: novaja technika) auf der einen und solche für Erfindungen, Entdeckungen und Rationalisierungsvorschläge auf der anderen Seite.

Im Jahre 1961 wurde beim Ministerrat der UdSSR ein Staatskomitee zur Koordinierung der wissenschaftlichen Forschungsarbeiten (Gosudarstvennyj Komitet po Koordinacii Naučno-issledovatel'skich Rabot) gegründet. Es trat an die Stelle des bisherigen staatlichen wissenschaftlich-technischen Ausschusses. 1965 wurden seine Kompetenzen erweitert; es wurde zum Staatskomitee des Ministerrats für Wissenschaft und Technik (Gosudarstvennyj Komitet Soveta Ministrov SSSR po Nauke i Technike)[545]. Es ist das oberste Organ der allgemeinen Wissenschafts- und Technologieverwaltung. Ihm gehören sowohl ständige Mitglieder als auch Unternehmensdirektoren, Wissenschaftler und Beamte anderer Behörden, wie etwa des Gosplan, als Mitglieder an[546]. Das Staatskomitee hat umfassende Befugnisse zur Formulierung und Durchführung der einheitlichen Technologiepolitik. Seine hauptsächliche Aufgabe ist es, die gesamtwirtschaftlichen forschungspolitischen Prioritäten festzulegen und die Duplikation der Forschungsanstrengungen zu vermeiden, soweit sie forschungspolitisch unerwünscht ist[547]. Das Staatskomitee kann ferner Forschungsprojekte aller Art jederzeit abbrechen lassen, gleichgültig auf welcher Ebene der Wirtschaftsorganisation sie durchgeführt werden; zu diesem Zweck kann es die Finanzierung solcher Vorhaben unterbinden. Es kann Forschungsmittel von einer Unionsrepublik oder von einer Branche in die andere übertragen, und

---

542 RASSUDOVSKIJ, Gosudarstvennaja organizacija 24; MAEVSKIJ, in: BOGUSLAVSKIJ u. a., Pravovye voprosy 29.

543 MAEVSKIJ aaO 29, N. 5.

544 Im Rahmen dieser Arbeit kann selbstverständlich keine ins einzelne gehende Darstellung der sowjetischen Institutionen im Bereich der Planung des technischen Fortschritts gegeben werden. Einen guten Überblick bieten die Schriften von KNIRSCH, Die Planung des technischen Fortschritts ... und Die Durchsetzung des technischen Fortschritts, in: MARKERT (ed.), Osteuropa-Handbuch I: Das System der Sowjetwirtschaft (1965), die zur Ergänzung herangezogen werden können. Beide Schriften geben allerdings teilweise noch nicht den neuesten Stand wieder. Zum Ganzen auch PISKOTIN/RASSUDOVSKIJ/RING u. a., Organizacionno-pravovye voprosy organizacii nauki v SSSR (1973).

545 Die Zuständigkeiten ergeben sich aus der Satzung (Položenie) vom 1. 10. 1966, S. P. 1966, Nr. 21, Ziff. 193.

546 MAEVSKIJ, in: BOGUSLAVSKIJ u. a., Pravovye voprosy 35.

547 Vgl. MAEVSKIJ aaO, 34; RASSUDOVSKIJ, Gosudarstvennaja organizacija 27.

zwar auch innerhalb laufender Planungsperioden. Es kann den F & E-Institutionen des Landes darüber hinaus zusätzliche, außergewöhnliche Aufgaben zuweisen[548]. Es hat selbst einen beträchtlichen Fonds für Forschungszwecke zur Verfügung und kann damit die Durchführung eilbedürftiger Vorhaben beschleunigen. In Verbindung mit Gosplan, mit dem Ministerium der Finanzen und dem Staatskomitee für materiell-technische Versorgung (Gossnab) teilt es die vorhandenen Forschungsmittel unter den einzelnen Branchen und Wissenschaftsdisziplinen auf[549]. Ferner erarbeitet das Staatskomitee Grundsätze für die technologiepolitischen Außenbeziehungen der Sowjetunion; dazu kann es unmittelbar Kontakt mit ausländischen Staaten und ausländischen Unternehmen aufnehmen[550]. Schließlich überwacht das Staatskomitee unmittelbar die Forschung auf den wichtigsten Gebieten und die Einführung der grundlegendsten Neuerungen in die Volkswirtschaft[551].

Die Akademie der Wissenschaften der UdSSR ist eine weitere Institution, mit der sich an Kompetenzfülle keine wissenschaftliche Einrichtung westlicher Länder messen kann. Die Akademie hat eine Doppelnatur: Einerseits ist sie eine Gelehrtenkörperschaft, deren Mitglieder durch Kooptation gewählt werden und auf Lebenszeit der Akademie angehören; andererseits ist sie ein Glied des staatlichen Verwaltungsaufbaus[552]. Der Akademie der Wissenschaften unterstehen die wichtigsten Institute für die Grundlagenforschung in allen Disziplinen. Im Verein mit dem Staatskomitee für Wissenschaft und Technik erarbeitet sie Perspektivpläne zur Lösung grundlegender wissenschaftlicher Probleme, die dem Ministerrat zur Bestätigung vorgelegt werden. Gemeinsam mit dem Staatskomitee für Wissenschaft und Technik entscheidet die Akademie, welche Resultate der Grundlagenforschung vorrangig in den F & E-Institutionen der einzelnen Industriebranchen weiterentwickelt werden sollen[553].

Seit 1965 liegt die Entscheidungsgewalt im Bereich von Wissenschaft und Technik innerhalb der einzelnen Branchen bei den Ministerien. Die frühere territoriale Gliederung der Sowjetwirtschaft in sogenannte Sovnarchozy hatte sich im Bereich des F & E als besonders ineffizient erwiesen. Bereits auf dem Novemberplenum des Jahres 1962 beschloß die KPdSU deshalb im Bereich von Forschung und Technologie eine vertikale Gliederung nach Branchen einzuführen. Alle Forschungs- und Entwicklungsinstitute mit Ausnahme der Akademieinstitute sowie alle bedeutenderen F & E-Abteilungen in den Unterneh-

---

548 Vgl. Maevskij aaO, 35; Rassudovskij aaO, 30.

549 Vgl. Rassudovskij aaO, 27.

550 Vgl. Rassudovskij aaO, 24. Aufsehen erregte seinerzeit in den USA ein langfristiges Abkommen des Komitees mit General Electric Co. über wissenschaftlich-technische Zusammenarbeit.

551 Maevskij aaO, 33. Außerdem hat das Staatskomitee wichtige Aufgaben auf dem Gebiet der wissenschaftlich-technischen Information (informacija).

552 Maevskij aaO, 68; Rassudovskij aaO, 32.

553 Rassudovskij aaO, 27.

men wurden in der Folgezeit unmittelbar einem jeweils für die gesamte Industriebranche zuständigen Staatskomitee unterstellt[554].

Unterhalb der Akademie der Wissenschaften findet F & E in drei verschiedenen Typen von Institutionen statt: (1) in selbständigen wissenschaftlichen Forschungsinstituten, Konstruktions- und Projektierungsorganisationen und sogenannten technologischen Organisationen (naučno-issledovatel'skie, konstruktorskie, proektno-konstruktorskie, technologičeskie organizacii); (2) in Universitätsinstituten und (3) in den F & E-Einrichtungen der Produktionsunternehmen. Im Jahre 1964 zählte die sowjetische Statistik 4651 F & E-Institute, darunter 2019 wissenschaftliche Forschungsinstitute[555].

Die Forschungsinstitute der Akademie der Wissenschaften werden von der Akademie und dem Staatskomitee für Wissenschaft und Technik gemeinsam gegründet[556]. Die anderen F & E-Institute werden von Ministerien, Staatskomitees und anderen obersten Wirtschaftsbehörden im Rahmen ihres jeweiligen Aufgabenbereichs geschaffen und verwaltet[557]. Die Organisationsgewalt der Ministerien wird jedoch von der obersten Entscheidungsgewalt des Staatskomitees für Wissenschaft und Technik überlagert[558]. In den einzelnen Unionsrepubliken wiederholt sich nahezu der organisatorische Aufbau der Forschungsverwaltung, den wir auf Unionsebene vorfinden[559].

Für die Qualifizierung eines Instituts als eines wissenschaftlichen Forschungsinstituts, einer Konstruktionsorganisation usw. ist die Tätigkeit dieser Einrichtungen maßgebend; von ihr hängt die Ausstattung der Institute mit wissenschaftlichem Personal (naučnye rabotniki) ab, das arbeitsrechtlich einen Sonderstatus genießt[560].

Bei den sowjetischen Universitäten besteht eine große Zahl von wissenschaftlichen Forschungsinstituten, Fachlaboratorien (problemnye laboratorii) und sogenannten Branchenlaboratorien (otraslevye laboratorii). Die Einrichtungen der ersten Art genießen die für Forschungsinstitute übliche rechtliche Selbständigkeit und sind unmittelbar dem Ministerium der UdSSR für Höhere und

---

554 Maevskij aaO, 23.

555 Narodnoe chozjajstvo SSSR v 1964 godu, Statističeskij Ežegodnik 1964, 698. Ksenofontov/Maevskij, Kommentarij (1973) 3, sprechen von über 5 000 F & E-Einrichtungen (učreždenija); die Wahl des Ausdrucks läßt erkennen, daß es sich um Einrichtungen mit eigener Rechtspersönlichkeit handelt.

556 Rassudovskij aaO, 130.

557 Ksenofontov/Maevskij, Kommentarij zu § 3 der Allgemeinen Satzung (Obščee Položenie) für die wissenschaftlichen Forschungs-, Konstruktions-, Projekt- und technologischen Organisationen, die durch Verordnung des Staatskomitees für Wissenschaft und Technik vom 13. 11. 1970 in Kraft gesetzt worden ist (Ėkonomičeskaja Gazeta 1970, Nr. 52, 11–14). Vgl. auch Rassudovskij, Gosudarstvennaja organizacija 121; ders., in: Boguslavskij u. a., Pravovye voprosy 122.

558 Rassudovskij, Gosudarstvennaja organizacija 7.

559 Ksenofontov/Maevskij, Kommentarij 11.

560 Vgl. Ksenofontov/Maevskij, Kommentarij 10.

Mittlere Bildung unterstellt. Einrichtungen der zweiten Kategorie werden von den Branchenministerien geschaffen und dienen den begrenzten Zwecken einer bestimmten Industrie[561]. Die Problemlaboratorien entsprechen in etwa unseren Universitätsinstituten, während die Branchenlaboratorien von Ministerien oder Produktionsunternehmen errichtet und finanziert werden[562]. Universitätsinstitute aller Art führen Auftragsforschung für Ministerien oder einzelne Unternehmen durch.

Der Nachdruck, der gegenwärtig auf eine effektivere Rückkoppelung der Forschung an die Produktion gelegt wird, hatte bereits eine Reihe von Folgen.

(1) Bereits 1961 wurden die F & E-Einrichtungen der Ministerien von der direkten Finanzierung aus der Staatskasse (budžet) auf das System der einzelwirtschaftlichen Rechnungsführung umgestellt (chozrasčet)[563]. In einer großen Zahl weiterer Institute wurde 1968 die einzelwirtschaftliche Rechnungsführung eingeführt; die Rechtsstellung der wissenschaftlichen Forschungsinstitute, Konstruktionsorganisationen und technologischen Organisationen wurde weiter an die der Produktionsunternehmen angeglichen[564]. Der Chozrasčet ist aber immer noch nicht die einzige Organisationsform der Forschung in der Sowjetunion. Vielfach werden Teilbereiche der Tätigkeit der Institute immer noch unmittelbar aus dem Staatshaushalt oder aus Zentralfonds der Ministerien finanziert[565]. Einige Kategorien von Instituten sind noch immer sogenannte Budgetinstitute (gosbudžetnye organizacii), d. h. sie erhalten ihre Mittel laufend aus dem Staatshaushalt[566]. Unabhängig von dem Finanzierungsmodus sind alle Forschungseinrichtungen mit Ausnahme der Forschungsabteilungen der Unternehmen[567] und der unselbständigen Universitätsinstitute juristische Personen[568].

---

[561] Rassudovskij, Gosudarstvennaja organizacija 136.

[562] Rassudovskij aaO, 135.

[563] Verordnung (postanovlenie) des Ministerrats der UdSSR vom 1. 4. 1961 über die Umstellung der wissenschaftlichen Forschungs- und der Konstruktionsorganisationen auf die einzelwirtschaftliche Rechnungsführung, S. P. 1961, Nr. 7, Ziff. 54.

[564] Verordnung (postanovlenie) des ZK der KPdSU und des Ministerrats der UdSSR vom 24. 9. 1968 über Maßnahmen zur Erhöhung der Effektivität der Arbeit der wissenschaftlichen Organisationen und zur Beschleunigung der Verwertung der Errungenschaften von Wissenschaft und Technik in der Volkswirtschaft, S. P. 1968, Nr. 18, Ziff. 122.

[565] Rassudovskij, in: Boguslavskij u. a., Pravovye voprosy 129; ders., Gosudarstvennaja organizacija 127.

[566] Rassudovskij aaO.

[567] Rassudovskij, Gosudarstvennaja organizacija 136.

[568] Art. 11 der Grundlagen der Zivilgesetzgebung definiert die juristische Person folgendermaßen: „Als juristische Personen werden Organisationen anerkannt, die ein Sondervermögen besitzen, unter ihrem Namen vermögenswerte und persönliche nichtvermögenswerte Rechte erwerben und ebensolche Verpflichtungen eingehen sowie Kläger und Beklagte sein können" (Abs. 1). Darunter können, wie in Abs. 2 klargestellt ist, nicht nur Unternehmen und Organisationen fallen, die dem Chozrasčet unterliegen,

(2) In der Sowjetunion läßt sich ein Trend hinweg von überspezialisierten Forschungsinstituten zu Komplexinstituten[569] feststellen, die für einen bestimmten Produktionszweig alle Stadien der F & E bearbeiten, von der Grundlagenforschung bis zur Vorbereitung der Massenproduktion[570]. So gibt es beispielsweise ein Allunionsinstitut für die wissenschaftliche Forschung der Zuckerindustrie[571]. Einer stärkeren Verbindung von Produktion und Forschung dienen auch die sogenannten Experimentierbetriebe (opytnye zavody), die eingerichtet werden, um produktionstechnische Erfahrungen bei der Herstellung besonders hochwertiger Produkte zu beschaffen[572]. Produktionsunternehmen und Forschungs- und Entwicklungsinstitute werden im Zuge der Bemühungen um eine dreistufige Wirtschaftsverwaltung durch Dezentralisierung und Konzentration zu besonderen wirtschaftlichen Vereinigungen (naučno-proizvodstvennye ob"edinenija) zusammengefaßt[573].

(3) Die Unternehmen werden verstärkt zu eigener Forschungs- und Entwicklungstätigkeit ermutigt. Sie sollen sich nicht mehr nur um die Verbesserung der laufenden Produktion kümmern, sondern auch langfristige Entwicklungsvorhaben von grundsätzlicher Bedeutung in Angriff nehmen. Das Staatskomitee für Wissenschaft und Technik kann den F & E-Abteilungen der Unternehmen den Status einer wissenschaftlichen Einrichtung (naučnoe učreždenie) verleihen, eine Voraussetzung für die Teilhabe an bestimmten Forschungsmitteln aus dem Staatshaushalt und den zentralisierten Spezialfonds der Ministerien[574].

(4) Schließlich gewinnt die Vertragsforschung eine immer größere Bedeutung[575]. Bis 1961 wurden nicht nur Grundlagenforschungen sondern auch Projekte aus den angewandten Wissenschaften und Ingenieuraufgaben praktisch vollständig durch die direkte Zuweisung von Haushaltsmitteln finanziert. Seitdem wird ein stetig wachsender Teil der F & E durch Forschungsverträge finanziert, welche die Institute mit den Unternehmen abschließen. Einige Institute arbeiten bis zu 95 Prozent auf vertraglicher Grundlage; insgesamt werden

---

sondern auch staatliche Anstalten und andere Organisationen, die unmittelbar aus dem Staatshaushalt finanziert werden, sofern sie ein selbständiges Rechnungswesen (smeta) besitzen und sofern ihre Leiter das Recht haben, Bankkredit in Anspruch zu nehmen; außerdem können solche staatlichen Organisationen juristische Personen sein, die aus anderen als Haushaltsmitteln finanziert werden, sofern sie ein selbständiges Rechnungswesen besitzen und eine selbständige Bilanz erstellen.

569 Kompleksnye organizacii.

570 Rassudovskij, Gosudarstvennaja organizacija 137.

571 Ksenofontov/Maevskij, Kommentarij 16.

572 Rassudovskij, Gosudarstvennaja organizacija 139.

573 Rassudovskij aaO, 137.

574 Rassudovskij aaO, 136.

575 Hierzu ausführlich Rassudovskij aaO, 230–245; noch umfassender zur rechtlichen Konstruktion der Forschungsverträge Ring, Dogovory na naučno-issledovatel'skie i konstruktorskie raboty (1967).

nach sowjetischen Angaben aber immer noch 40 bis 85 Prozent der F & E direkt aus Haushaltsmitteln finanziert[576]. Die Verbreitung der Vertragsforschung hat mit der Einführung des Chozrasčet in die Forschungsinstitute sicherlich viel zu tun; indessen werden F & E-Verträge nicht nur von Institutionen abgeschlossen, die der einzelwirtschaftlichen Rechnungsführung unterliegen, sondern auch von „Budget"-instituten, wie etwa vielen Universitätseinrichtungen. Entscheidend ist letztlich nur die Rechtspersönlichkeit, die, wie wir sahen, den meisten Forschungseinrichtungen zukommt. Ein Teil der F & E-Verträge wird zwischen den höheren Organen der Wirtschaftsverwaltung und den ihnen unterstellten Instituten abgeschlossen. In der Literatur werden diese merkwürdigen Verwaltungsverträge von den Verträgen zwischen gleichgeordneten Partnern unterschieden[577]. Ihre rechtliche Ausgestaltung weicht aber nur unwesentlich von derjenigen der eigentlichen F & E-Verträge ab[578]. Die F & E-Verträge werden als wirtschaftliche Planverträge gekennzeichnet[579].

Für uns liegt die bemerkenswerteste Eigenheit dieser Verträge darin, daß die Ergebnisse der Vertragsforschung nicht vom Besteller angeeignet werden dürfen. Der Mustervertrag über wissenschaftliche Forschungsarbeiten aus dem Jahre 1961 bestimmte ausdrücklich: „Das Recht, die Resultate der unter diesem Vertrag durchgeführten Arbeiten zu verwerten, steht beiden Teilen gleichermaßen zu."[580] Eine entsprechende Bestimmung enthält der Mustervertrag über Universitätsforschungen aus dem Jahre 1961[581]. Es wird gemeinhin angenommen, daß das Verwertungsrecht auch allen anderen sozialistischen staatlichen und genossenschaftlichen Unternehmen und Organisationen zusteht[582].

---

[576] RASSUDOVSKIJ aaO, 86.

[577] Die Allgemeine Satzung (oben N. 557) § 8 spricht von „brancheninternen Aufträgen" (vnutriministerskie zakazy); vgl. dazu KSENOFONTOV/MAEVSKIJ, Kommentarij 109–111; RASSUDOVSKIJ, Gosudarstvennaja organizacija 85.

[578] RASSUDOVSKIJ aaO, 231; vgl. auch die vom Staatskomitee für Wissenschaft und Technik am 5. 8. 1969 in Kraft gesetzte „Musterverordnung" (tipovoe položenie) über das Verfahren beim Abschluß von Wirtschaftsverträgen und bei der Vergabe brancheninterner Aufträge zur Durchführung von Forschungsarbeiten (naučno-issledovatel'skie, opytno-konstruktorskie i technologičeskie raboty), abgedr. in Zakonodatel'stvo o kapital'nom stroitel'stve 1969, Nr. 1, 1. Lieferung, 583–594.

[579] RING, Dogovory 13 f.; BURMISTROV, Planovaja suščnost' dogovorov o vypolnenii naučno-issledovatel'skich i konstruktorskich rabot: Pravovedenie 1964, Nr. 1, 86; RASSUDOVSKIJ, in: BOGUSLAVSKIJ u. a., Pravovye voprosy 141. Zum Begriff des Planvertrags vgl. LOEBER, Der hoheitlich gestaltete Vertrag 27 ff.

[580] Mustervertrag (tipovoi dogovor) für die Durchführung wissenschaftlicher Forschungsarbeiten, § 6, abgedr. in Sbornik postanovlenij, prikazov i instrukcij po finansovo-chozjajstvennym voprosam 1961, 27–35.

[581] Abgedr. im Bjulleten' Ministerstva Vysokogo i Srednego Special'nogo Obrazovanija SSSR 1962, Nr. 9, 8–12.

[582] RASSUDOVSKIJ, in: BOGUSLAVSKIJ u. a., Pravovye voprosy 148–150; BURMISTROV, Pravovaja priroda dogovora na vypolnenie naučno-issledovatel'skich rabot, in: Sbornik aspirantskich rabot po voprosam gosudarstva i prava (1963) 186.

Seit August 1969 gibt es einen neuen Mustervertrag für F & E-Arbeiten[583]. Er gilt gleichermaßen für wissenschaftliche Forschungsaufträge wie für ingenieurwissenschaftliche Entwicklungs- und Konstruktionsprojekte, für echte Verträge zwischen selbständigen Rechtssubjekten ebenso wie für Aufträge der Ministerien an untergeordnete Forschungseinrichtungen[584]. Auffällig ist, daß es in dem Mustervertrag nicht mehr ausdrücklich heißt, die Arbeitsergebnisse stünden beiden Teilen gleichermaßen zu. Soll damit eine Eingrenzung des Nutzungsrechts beabsichtigt sein? Und wie verhält sich diese Eingrenzung zur prinzipiellen Aneignungsunfähigkeit technischen Wissens, insbesondere der Erfindungen[585]? Die Literatur geht einer klaren Stellungnahme zu der grundsätzlichen Frage des Verhältnisses der Vertragsforschung zur Aneignungsfähigkeit der Forschungsergebnisse aus dem Wege. Sicherlich ist mit der neuen Fassung des Mustervertrags nicht gemeint, daß Erfindungen und Rationalisierungsvorschläge entgegen der auch in das Gesetz 1973 übernommenen Vorschrift dann nicht – wie wir es nannten – gemeinfrei sein sollten, wenn sie im Laufe der Vertragsforschung entwickelt worden sind. Der Vertrag läßt das Recht der Erfindungen, Entdeckungen und Rationalisierungsvorschläge unberührt. Zweifelhaft bleibt aber die Rechtslage bei denjenigen Kategorien neuen Wissens, die nicht unmittelbar dem Erfinderrecht unterfallen. Die Zuordnung des Know-how und der betrieblichen Erfahrungen an den Besteller hätte schon darum einen Sinn, weil sie, wie wir sehen werden, in einem gewissen Umfange Gegenstand entgeltlicher Lizenzbeziehungen der sowjetischen Unternehmen sein können. Eine Preisgabe der rechtstheoretischen Position, daß technisches Wissen in der Sowjetwirtschaft nicht der einzelwirtschaftlichen Aneignung unterliegt, darf man in die Fassung des neuen Mustervertrags keinesfalls hineinlesen[586]. Wo Lizenzverträge im Sowjetrecht vorkommen, erklärt man sie nicht als Verfügungsverträge über ein Monopolrecht, sondern als einen Unterfall des Werk-

---

[583] Dieser neue Mustervertrag (Tipovoj dogovor na provedenie naučno-issledovateľskich, opytno-konstruktorskich i technologičeskich rabot) ist als Anlage 1 zu der Mustersatzung (Tipovoe položenie) des Staatskomitees für Wissenschaft und Technik des Ministerrats der UdSSR vom 5. 8. 1969, Nr. 360, „über das Verfahren des Abschlusses von Wirtschaftsverträgen und der Vergabe von innerministeriellen Aufträgen (vnutriministerskie zakazy) über die Durchführung wissenschaftlicher Forschungsaufgaben sowie experimentell-konstruktiver und technologischer Arbeiten veröffentlicht. (Der Text wurde mir von V. A. Dozorcev freundlicherweise, leider ohne Angabe der Fundstelle, in Kopie zur Verfügung gestellt.)

[584] Veneckij, Dogovory o sozdanii i ispoľzovanii novych techničeskich rešenij: V. I. 1970, Nr. 12, 59–63.

[585] Zum Grundsatz der Aneignungsunfähigkeit technischen und wissenschaftlichen Wissens aller Art vgl. Dozorcev, Pravovoj režim.

[586] V. A. Dozorcev hat mir in einem Gespräch am 29. 9. 1976 bestätigt, daß der neue Mustervertrag den Grundsatz der Aneignungsunfähigkeit der durch Vertragsforschung erarbeiteten F & E-Ergebnisse unberührt lasse.

vertrags[587]. Als Dogma ist die Aneignungsunfähigkeit technischen Wissens derzeit unangefochten.

Aus dem Umstand, daß die Forschungsergebnisse prinzipiell nicht von einzelnen Unternehmen appropriiert werden, wird teilweise gefolgert, F & E gehörten anders als die materielle Produktion nicht zum Bereich der Ware-Geld-Beziehungen[588]. Dabei ist es aber in der Spezialliteratur über Forschungs- und Entwicklungsverträge unbestritten, daß die Höhe der Gegenleistung des Bestellers sich nach dem vollen „Wert" (stoimost') der F & E-Resultate bemißt[589]. Nach dem neuen Mustervertrag über wissenschaftliche Forschungsarbeiten erhält das F & E-Institut zusätzlich 1,5 Prozent des wirtschaftlichen Nutzens (ėffekt), den die Forschungsergebnisse in dem Empfängerunternehmen erbringen[590]. Es ist nicht verwunderlich, daß der Wert der Forschungsergebnisse in der Spezialliteratur nicht in Frage gezogen wird[591]: Müßte man zugeben, daß Wissen im MARXschen Sinne keinen Wert hat, dann wäre auch das Eingeständnis nicht zu vermeiden, daß das gegenwärtige sowjetische Preissystem keine theoretische Grundlage für die Bemessung des Preises der Forschungsergebnisse bietet. Die gegenwärtige Regelung der F & E-Verträge macht diese mithin zu *Wert*-Geld-Beziehungen, die keine *Ware*-Geld-Beziehungen sind: ein unauflösbares Paradox für die offizielle sowjetische Doktrin, die den Warenbegriff durch den Wertbegriff und diesen durch jenen definiert[592].

2. *Die Planung von F & E*

Das Staatskomitee für Wissenschaft und Technik erarbeitet im Verein mit den Ministerien, dem Gosplan und der Akademie der Wissenschaften für Perioden von regelmäßig 10–15 Jahren langfristige Vorhersagen (prognozy) des technischen Fortschritts[593]. Ähnliche Prognosen erstellen die Ministerien für ihr jeweiliges Arbeitsgebiet. Auf der Basis dieser Vorhersagen werden die künftigen Aufgaben der Forschungseinrichtungen und Unternehmen vorläufig festgelegt[594].

Das Kernstück der sowjetischen gesamtwirtschaftlichen Planung, der staatliche Fünfjahresplan, enthält den Fünfjahresplan der wissenschaftlichen For-

---

587 Dazu unten S. 254 f.

588 Vgl. etwa RASSUDOVSKIJ, in: BOGUSLAVSKIJ u. a., Pravovye voprosy 146.

589 RING, Dogovory 149–161; RASSUDOVSKIJ, Gosudarstvennaja organizacija 232.

590 VENECKIJ, Dogovory 59–63; KLEBANER, Važnye rešenija po stimulirovaniju rasprostranenija peredovogo opyta: V. I. 1972, Nr. 9, 12.

591 Vgl. aber die Diskussion um den „Wert" von Erfindungen und Rationalisierungsvorschlägen, oben S. 35 f.

592 Vgl. oben S. 37.

593 RASSUDOVSKIJ, Gosudarstvennaja organizacija 57; SAVIČEV, Techničeskij progress i voprosy izobretatel'skogo prava (1972) 34. Zum Ganzen vgl. auch KARPENKO, in: BOGUSLAVSKIJ u. a., Pravovye voprosy 93–120.

594 RASSUDOVSKIJ aaO, 57.

schungsaufgaben (plan naučno-issledovatel'skich rabot) und der Verwertung der wissenschaftlichen und technischen Errungenschaften in der Volkswirtschaft (ispol'zovanie dostiženij nauki i techniki v narodnom chozjajstve); darin sind die Maßnahmen zur Lösung der volkswirtschaftlich wichtigsten Forschungsaufgaben, zur Produktion neuer Erzeugnisse und zur Verbesserung, insbesondere zur Mechanisierung und Automatisierung der Produktionstechnologie, sowie Maßnahmen zur Bereitstellung der erforderlichen Zahl wissenschaftlich ausgebildeter Spezialisten fixiert[595]. Das Staatskomitee für Wissenschaft und Technik kann den Plan jederzeit modifizieren, wenn es die Entwicklung von Wissenschaft und Technik erforderlich macht[596]. In den Fünfjahresplan werden Koordinierungspläne der einzelnen Ministerien aufgenommen, welche die Planaufgaben auf die einzelnen Industrien verteilen (koordinacionnye plany). Diese Pläne werden vom Staatskomitee für Wissenschaft und Technik überprüft, bevor sie Gosplan übergeben werden[597]. Die Finanzierung der Planaufgaben obliegt gewöhnlich dem Ministerium, das für ein Vorhaben die Federführung übernommen hat[598]. Die erforderlichen Mittel, der Lohnfonds und die sächlichen Ressourcen werden vom Staatshaushalt (budžet) in Übereinstimmung mit dem staatlichen Plan für die Entwicklung der Volkswirtschaft verteilt[599].

Der staatliche Jahresplan konkretisiert die Durchführung und Finanzierung der F & E-Vorhaben von nationaler Bedeutung[600]. Innerhalb der einzelnen Unionsrepubliken und der einzelnen Branchen finden sich entsprechende Fünfjahrespläne und Jahrespläne, in denen konkrete Maßnahmen für die Durchführung von F & E-Maßnahmen in den ihnen unterstellten Forschungseinrichtungen vorgesehen sind[601]. Schließlich erstellt die Akademie der Wissenschaften im Einvernehmen mit den Ministerien und dem Staatskomitee für Wissenschaft und Technik einen Fünfjahresplan für die Grundlagenforschung[602].

F & E und Innovationen, die nicht „von oben" geplant werden, unterliegen der Planung auf der Ebene der Unternehmen. Die Unternehmen erstellen jährlich einen Plan der organisatorisch-technischen Maßnahme (plan orgtechmeroprijatij) oder, wie man auch sagt, einen inneren Plan der neuen Technik (vnutrennyj plan novoj techniki); dieser Plan ist ein Bestandteil der im sogenannten Techpromfinplan enthaltenen betrieblichen Gesamtplanung[603].

Um die Erfüllung der technischen und wissenschaftlichen Pläne steht es in

[595] RASSUDOVSKIJ 60.
[596] RASSUDOVSKIJ 60; SAVIČEV 34.
[597] RASSUDOVSKIJ 60.
[598] RASSUDOVSKIJ 61.
[599] RASSUDOVSKIJ 61.
[600] SAVIČEV 34.
[601] RASSUDOVSKIJ 62; SAVIČEV 34 f.
[602] RASSUDOVSKIJ 63; SAVIČEV 34 f. Allgemein zu den Planungsfunktionen der Akademie der Wissenschaften DOZORCEV, Akademija Nauk SSSR: pravovoj status, organy upravlenija i funkcii: SGiP 1974, Nr. 11, 19, 25 f.
[603] TORKANOVSKIJ, in: LAPTEV u. a., Chozjajstvennoe pravo (1970) 192.

der Sowjetunion notorisch schlecht. GROSSMAN schätzt, daß die gesamtwirtschaftlichen Pläne nur zu 50–60 Prozent erfüllt werden[604]. Sowjetische Autoren suchen die Ursache dieses Mißstandes in der mangelhaften Abstimmung der wissenschaftlich-technischen Planung mit der Planung der Materialversorgung (material'noe snabženie) und Finanzierung[605]. Es gibt bis heute keine zulängliche Technik für eine einigermaßen exakte Bestimmung des für F & E erforderlichen inputs. Noch schwerer leidet die sowjetische Planung des technischen Fortschritts daran, daß es kein verläßliches Verfahren gibt, ex ante den volkswirtschaftlichen Gesamtnutzen eines Projekts zu ermitteln[606]. Bei der Auswahl der Projekte läßt sich deshalb eine Flucht in scheinbar rein technologische Kriterien feststellen, die üblicherweise auf den Stand der „Welttechnik" – das heißt: der Technik der höchstentwickelten westlichen Industriestaaten – bezogen sind.

Da es noch nicht gelungen ist, wirtschaftlich eindeutige und sinnvolle Kennziffern für den technischen Fortschritt zu entwickeln, ist die Planung des technischen Fortschritts noch weitgehend thematisch[607]. Der gegenwärtige Stand der Planungstechnik für F & E entspricht somit weitgehend noch dem System der naturalen Kennziffern, das vor der Wirtschaftsreform des Jahres 1965 auch in der materiellen Produktion vorherrschte. Man kann wohl vorhersagen, daß die Kennziffern für den technischen Fortschritt künftig stärker mit den synthetischen Kennziffern wie etwa dem „Gewinn", der „Rentabilität" (rentabel'nost') und dem „Umsatz" verschmolzen werden, welche die Wirtschaftsreform hervorgekehrt hat.

3. *Die Sonderverwaltung des Entdecker- und Erfinderwesens*

Das Staatskomitee des Ministerrats der UdSSR für Erfindungs- und Entdeckungswesen (Komitee) ist eine Allunionsbehörde auf derselben Verwaltungsebene wie das Staatskomitee für Wissenschaft und Technik. Seine Kompetenzen sind ungleich weiter als die eines westlichen Patentamtes. In allen Bereichen des Erfinderwesens hat es Aufsichts- und Regelungsbefugnisse; insbesondere ist es in letzter Instanz für die inländische und die ausländische Verwertung der Erfindungen verantwortlich[608]. Gemeinsam mit der Allunionsvereinigung der Erfinder und Urheber von Rationalisierungsvorschlägen (VOIR) veranstaltet das Komitee Maßnahmen zur Förderung des Massenerfinderwesens, d. h. es organisiert Kampagnen zur Konzentration der Erfinderarbeit auf Gebiete von

---

604 GROSSMAN, Knowledge 126.
605 Vgl. etwa RASSUDOVSKIJ, Gosudarstvennaja organizacija 68.
606 SAVIČEV 24; ausführlich KNIRSCH, Die Planung des technischen Fortschritts, passim.
607 Ausführlich KNIRSCH aaO.
608 Vgl. G 1973, §§ 82 ff. Die Rechtsgrundlage des Komitees ist die am 22. 7. 1960 in Kraft gesetzte Satzung (Položenie), S. P. 1960, Nr. 13, Ziff. 104.

besonderer Bedeutung[609]. Ferner unterstützt das Komitee die Erfinder; es kann etwa Druck auf ein Unternehmen oder Ministerium ausüben, um es dazu zu veranlassen, einen Erfinder mit dem für seine Arbeit erforderlichen Material auszurüsten oder sonst zu fördern, etwa ihn zeitweise von seiner gewöhnlichen Arbeit zu befreien.

Das Gesetz 1973 unterstreicht die Rolle der Ministerien. Ihnen obliegt die Überwachung und Lenkung des Erfinderwesens in den einzelnen Industriebranchen[610]. In den Unternehmen[611] gibt es sogenannte Büros für Erfinderwesen und Rationalisierung (BRIZ) für die betriebliche Organisation des Erfinderwesens, des Erfahrungsaustausches und der Erfinderförderung[612]. Besondere Patentbüros der Unternehmen (patentnye bjuro) helfen den Erfindern bei der Anmeldung und Durchsetzung ihres Schutzrechts[613].

Die Erfinderarbeit unterliegt einer methodisch ziemlich unentwickelten Planung[614]. Das Gesetz 1973 enthält erstmals einige Vorschriften, die indessen kaum über Gemeinplätze hinausgehen[615]. Die von den Ministerien und – auf

---

[609] Das G 1959 enthielt hierüber eine ausdrückliche Bestimmung in seinem § 22; vgl. auch § 2 der Satzung des Komitees.

[610] G 1973, § 83. Zur Organisation des Erfindungswesens auf Branchenebene vgl. Lynnik/Kuznecova, Soveršenstvovanie organizacii patentnoj raboty v otrasli: V. I. 1975, Nr. 11, 7 ff.

[611] Zur Organisation des Erfindungswesens unterhalb der Branchenministerien Dorkin, Zadači organov po izobretatel'stvu i racionalizacii v sovremennych uslovijach: V. I. 1968, Nr. 7, 6 ff.; Vasil'ev, Patentnye služby i razrabotka techničeskoj politiki podotrasli: V. I. 1974, Nr. 3, 10 ff. Zur besonderen Situation in den wissenschaftlich-produktiven Vereinigungen (naučno-proizvodstvennye ob"edinenija, NPO) Beljaev, NPO – Kurs na ėffektivnost': V. I. 1976, Nr. 6, 2 ff.

Zur Organisation des Erfindungswesens in den Hochschulen Kočetkov, Novyj ėtap patentnoj raboty v vuzach: V. I. 1973, Nr. 2, 3 ff.; Kukrus, Voprosy organizacii patentno-licenzionnoj raboty v vuzach: V. I. 1974, Nr. 4, 8; Ežov, Organizacija techničeskogo tvorčestva v vuze: V. I. 1976, Nr. 7, 50 ff.

[612] G 1973, § 84.

[613] Torkanovskij, in: Laptev u. a., Chozjajstvennoe pravo 210. Auch auf der Ebene der Ministerien und Unternehmen hat die Allunionsvereinigung der Erfinder und Urheber von Rationalisierungsvorschlägen gewichtige Mitspracherechte (G 1973, § 86).

[614] Bakastov, Planirovanie izobretatel'skoj i racionalizatorskoj raboty na predprijatijach (1967); Dmitriev, Tematičeskoe planirovanie na uroven' novych zadač: V. I. 1969, Nr. 11, 33–36; Torkanovskij, Planirovanie (1968) 18 ff.; Jašenskij, Planirovanie izobretatel'skoj i racionalizatorskoj raboty v sovremennych uslovijach: V. I. 1969, Nr. 10, 6 ff.; Litvak, Planirovanie patentnoj raboty na sovremennom ėtape: V. I. 1975, Nr. 10, 7 ff.

[615] G 1973, § 89: „Die Planung der erfinderischen und Rationalisierungstätigkeit hat das Ziel, die schöpferischen Anstrengungen der Erfinder und Rationalisatoren auf die Lösung der aktuellen Aufgaben zur Vervollkommnung der gesellschaftlichen Produktion hinzulenken, die rechtzeitige und breite Anwendung der effektiven Erfindungen und Rationalisierungsvorschläge in der Produktion sicherzustellen und die technische Schöpfertätigkeit der Werktätigen und ihre Beteiligung an der aktiven erfinderischen und Rationalisierungsarbeit zu entwickeln.

Der Planung der erfinderischen und Rationalisierungstätigkeit müssen das Studium der

der Unternehmensebene – von den BRIZ erstellten thematischen Pläne verwenden häufig rein quantitative technische Kennziffern[616]. Eine Flut trivialer Erfindungen an der Stelle der gewünschten revolutionären Neuerungen wäre die Folge, wenn die Planung erfolgreich wäre; zum Glück ist sie es nicht.

Die Planung der Erfinderarbeit ist besonders unrealistisch, weil die Pläne kaum mit der allgemeinen technologischen Planung und mit der Planung der Materialversorgung (snabženie) abgestimmt sind[617]. Nur eine sehr geringe Zahl der Erfindungen, die tatsächlich gemacht werden, wurden zuvor geplant[618]. Gegenwärtig werden Versuche unternommen, die Planung der Inventionstätigkeit ökonomisch rational zu fundieren und stärker in die Finanz- und Investitionsplanung der Unternehmen zu integrieren[619].

4. Die Verbreitung neuen Wissens

Das Sowjetrecht – darauf hatten wir bereits wiederholt Anlaß hinzuweisen – gestattet den Wirtschaftssubjekten nicht, sich Wissen anzueignen. Alle Arten technischen Wissens – nicht nur Erfindungen, Entdeckungen und Rationalisierungsvorschläge, sondern auch sonstige Forschungsergebnisse und technische Erfahrungen – sind gemeinfrei[620]. Es gibt keinen rechtlichen Schutz der Betriebsgeheimnisse. Tatsächlich freilich sind auch sowjetische Unternehmen und Forscher oftmals nicht gewillt, offen mit anderen zusammenzuarbeiten, und es gibt das Phänomen der – wie GROSSMAN sagt[621] – „subordinate secrecy“: das Bemühen der Fabrikdirektoren, ihre wirkliche Kapazität und somit auch kapazitätserweiternde Neuerungen den übergeordneten Behörden

---

grundlegenden Richtungen der Entwicklung von Wissenschaft und Technik, das Studium der in- und ausländischen Erfindungen und fortschrittlichen technischen Erfahrungen sowie eine Kennzeichnung derjenigen wissenschaftlich-technischen Probleme vorangehen, deren Lösung die Erhöhung der Effektivität der gesellschaftlichen Produktion sicherzustellen vermag.“

§ 90: „Das Verfahren der Planung der erfinderischen und Rationalisierungstätigkeit in den Unternehmen, Organisationen, Anstalten, Ministerien und obersten Wirtschaftsbehörden (vedomstva) wird vom Komitee des Ministerrats für Erfindungs- und Entdeckungswesen im Einvernehmen mit dem Gosplan der UdSSR und dem Staatskomitee des Ministerrats der UdSSR für Wissenschaft und Technik bestimmt.“

616 SAVIČEV 35.

617 SAVIČEV 35; vgl. außerdem DOZORCEV, Ėkonomičeskaja reforma i pravovye voprosy izobretatel'stva: Učenye Zapiski V. N. I. I. S. Z. 1967, Nr. 10, 117.

618 TORKANOVSKIJ, in: LAPTEV u. a., Chozjajstvennoe Pravo 210.

619 Vgl. JAŠENSKIJ, Planirovanie 7; LITVAK, Planirovanie 7 ff. Besondere Schwierigkeiten bereitet auch im Erfindungswesen der Ressortegoismus der einzelnen Branchenministerien. Vgl. dazu RASSOCHIN, Mežotraslevye svjazi i techničeskij progress: V. I. 1972, Nr. 5, 12 ff.; LITVAK, Planirovanie 7 f., wo die Einrichtung von interministeriellen Patentkoordinierungsräten vorgeschlagen wird (meždvedomstvennye koordinacionnye patentnye sovety).

620 DOZORCEV, Pravovoj režim, passim.

621 GROSSMAN, Knowledge 120.

zu verheimlichen, um einen „leichten" Plan zu erhalten. Zu einem guten Teil wird das Fehlen des Schutzes der Betriebsgeheimnisse auch wieder wettgemacht[622] durch die sehr weitgehende Geheimhaltung der wichtigeren Neuerungen aus Staatsschutzgründen. Das sowjetische Arbeitsrecht kennt keine vertraglichen Verschwiegenheitspflichten, Wettbewerbsverbote und andere Verträge, die es technischen Spezialisten verbieten, ihr Wissen anderen Unternehmen weiterzugeben[623]. Die recht erhebliche Mobilität der sowjetischen Arbeitskräfte auf einem weitgehend freien Arbeitsmarkt[624] trägt somit zu der Verbreitung neuen Wissens bei[625].

Wo Ausschlußrechte wie Patente oder Betriebsgeheimnisse für technisches Wissen vorhanden sind, sorgen die Marktkräfte von Angebot und Nachfrage für die Verbreitung des Wissens im Wege entgeltlicher Lizenzverträge. Kann das technische Wissen nicht appropiiert werden, dann muß der Staat das Informationswesen unmittelbar administrativ ordnen, soweit nicht schon der Arbeitsmarkt für eine gewisse Dissemination des Wissens sorgt.

Auch im Bereich des sowjetischen Informationswesens findet sich wiederum die eigentümliche Scheidung des Erfinder- und Patentrechts vom Recht der „neuen Technik". Es gibt ein besonderes System der allgemeinen technischen und wissenschaftlichen Information. Wir wollen uns erst dem letzteren zuwenden. Im Anschluß an die Darstellung des Systems der Patentinformation wird noch auf die Verbreitung bestimmter Formen von Know-how einzugehen sein, für die in einem gewissen Umfang Wirtschaftsverträge eingesetzt werden[626].

a. Das allgemeine technische Informationswesen

In den letzten Jahren haben Partei und Regierung dem Informationswesen große Aufmerksamkeit zugewendet. Kosygin forderte auf dem 23. Parteikongreß der KPdSU entscheidende Verbesserungen des Informationswesens, um den technischen Fortschritt zu beschleunigen und verschwenderische duplikative Forschung zu vermeiden[627]. Der Ministerrat erließ 1964 und 1966 Verordnungen zur Verbesserung der Information[628].

---

[622] Dazu allgemein Maggs, Der nichtmilitärische Geheimnisschutz.

[623] Ich bin V. N. Smirnov vom Lehrstuhl für Arbeitsrecht der juristischen Fakultät der Leningrader Staatsuniversität für seine Auskunft dankbar.

[624] Vgl. dazu etwa Grossman, Knowledge 119. Die Auseinandersetzung westlicher Autoren mit der Sowjetwirtschaft leidet oftmals daran, daß – gemäß dem Idealtypus der Zentralverwaltungswirtschaft – die Existenz eines Arbeitsmarktes in der Sowjetunion ignoriert wird. Charakteristisch etwa Kriele, Wirtschaftsfreiheit und Grundgesetz: ZRP 1974, 105 ff.

[625] Vgl. auch Serebrovskij, in: Boguslavskij u. a., Pravovye voprosy 205.

[626] Einen guten Überblick über die Rechtslage vor den Chruščev'schen Wirtschaftsreformen des Jahres 1965 bietet Knirsch, Die Planung des technischen Fortschritts 73–76.

[627] Vgl. Materialy XXIII S"ezda KPSS (1966) 124 f.

[628] Verordnung (postanovlenie) des Ministerrats der UdSSR vom 10. 9. 1964 über

Die umfassendsten Verwaltungskompetenzen liegen beim Staatskomitee für Wissenschaft und Technik[629]. Seit 1968 müssen alle abgeschlossenen und laufenden Forschungsprojekte beim Allunionszentrum für wissenschaftliche und technische Information[630] bei diesem Staatskomitee registriert werden[631]. Das Zentrum gibt laufend Mitteilungen über Neuentwicklungen heraus. Ausländische Information wird ebenfalls zentral übersetzt und ausgewertet[632]. Die Ministerien unterhalten besondere Informationszentren für die jeweils ihnen unterstellten Industriebranchen.

Besondere Einrichtungen, die unter der Aufsicht des Staatskomitees für Wissenschaft und Technik stehen, besorgen die Informationsübertragung zwischen verschiedenen Ministerien oder territorialen Einheiten der Sowjetwirtschaft. Schließlich gibt es ein dichtes Netz regionaler und lokaler Informationszentren[633].

Die sowjetischen Unternehmen stehen in einem ständigen freiwilligen – sicher muß man sagen: mehr oder weniger freiwilligen – Erfahrungsaustausch. Unternehmen entsenden Delegationen zu anderen Unternehmen oder zu F & E-Instituten; Arbeiter erhalten Sonderurlaub, um sich mit der Technologie anderer Betriebe vertraut zu machen; gelegentlich finden Messen (jarmarki) zum Austausch betrieblicher Erfahrungen und technischer Neuentwicklungen statt[634].

b. Das System der Patentinformation

Ein System der Patentinformation dient der Verbreitung des erfinderrechtlich geschützten Wissens[635]. Die weltweite Neuheit der geschützten Erfindungen gibt diesem Informationssystem seine besondere Bedeutung für die Rezeption und Adaption ausländischen technischen Wissens. Das zentrale For-

die Verbesserung der wissenschaftlich-technischen Information im Lande, S. P. 1964, Nr. 16, Ziff. 108; Verordnung (postanovlenie des Ministerrats der UdSSR vom 29. 11. 1966 über das gesamtstaatliche System der wissenschaftlich-technischen Information, S. P. 1966, Nr. 25, Ziff. 200.

[629] Rassudovskij, Gosudarstvennaja organizacija 97; Savičev 68.

[630] Vsesojuznyj naučno-techničeskij centr.

[631] Savičev 68.

[632] Savičev 65.

[633] Rassudovskij aaO, 97; Savičev 67.

[634] Zum Ganzen Boguslavskij/Serebrovskij, in: Boguslavskij u. a., Pravovye voprosy 368.

[635] Zum Folgenden: Savičev 56 ff.; Nevskij, Territoriaľnye patentnye fondy – sostojanie, problemy: V. I. 1972, Nr. 1, 23 f.; ders., Territorial'nye patentnye fondy – tendencija razvitija: V. I. 1972, Nr. 8, 28 f.; Novožilov, Voprosy ispolzovanija patentnoj informacii: V. I. 1972, Nr. 8, 24 f.; Gol'dfarb, Ob otraslevoj sisteme patentnoj informacii: V. I. 1973, Nr. 9, 36 f.; Gorski, Patentnaja informacija i ee mesto v informacionnom obespečenii specialistov nauki i techniki: V. I. 1973, Nr. 1, 30 f.; Artem'ev, Sistema organizacii patentnoj informacii v SSSR i programma ee razvitija: V. I. 1974, Nr. 11, 8 f.; Efimov, Važnye istočniki informacii ob otkrytijach i izobretenijach: V. I. 1974, Nr. 9, 20 f.; Nevskij, Problemy soveršenstvovanija informacii ob izbretenijach: V. I. 1975, Nr. 3, 31 f.

schungsinstitut für Patentinformation und technisch-wirtschaftliche Forschungen (Central'nyj Naučno-issledovatel'skij Institut Patentnoj Informacii i Techniko-ėkonomičeskich Issledovanij – CNIIPI) des Komitees übersetzt ausländische Patentschriften, wertet sie zusammen mit den sowjetischen Patentschriften aus und verbreitet systematische Auszüge und Zusammenfassungen. Information über die bedeutendsten Erfindungen wird den interessierten Ministerien und Unternehmen direkt zugeleitet[636].

Die Allunionspatentbibliothek [Vsesojuznaja Patentno-techničeskaja Biblioteka – VPTB) in Moskau sammelt die Patentschriften aller Länder und erstellt für Unternehmen und andere Antragsteller Gutachten über einzelne technische Probleme[637].

Ein besonderes Staatsunternehmen mit einzelwirtschaftlicher Rechnungsführung (chozrasčet) bietet den Unternehmen auf der Grundlage von Wirtschaftsverträgen alle Arten von Dienstleistungen im Bereich des Patent- und Erfindungswesens an (Proizvodstvenno-poligrafičeskoe Predprijatie „Patent" – PPP). Es hilft den Unternehmen bei der Zusammenstellung der Unterlagen für die Verwertung sowjetischer Erfindungen im Ausland; es prüft sowjetische Erzeugnisse darauf, ob sie Patente verletzen[638], und es unterstützt die Unternehmen bei der Formulierung von Schutzrechtsanmeldungen. „Patent" hat Filialen in allen wichtigen Industriezentren der Sowjetunion[639]. Offenbar sollen diese Dienstleistungen künftig aus dem Unternehmen „Patent" ausgegliedert und einem „Allunionszentrum für Patentdienstleistungen" (Vsesojuznyj Centr Patentnych Uslug) übertragen werden[640].

Größere Unternehmen und F & E-Institute haben gewöhnlich ihre eigenen Patentdienste (patentnye služby)[641]. Alle Unternehmen sind verpflichtet, besondere Patentabteilungen (patentnye podrazdelenija) einzurichten und sie mit Fachkräften zu besetzen. Da ein großer Mangel an solchen Fachkräften (sogenannten patentovedy) herrscht, bleibt die Auswertung der Patentinformation oftmals unqualifizierten freiwilligen Mitarbeitern überlassen[642, 643].

---

636 Savičev 57.

637 Savičev 58.

638 Die sowjetischen Patentrechtler sprechen von der Patentreinheit (patentnaja čistota) der Produkte.

639 Ich verdanke diese Mitteilungen der mündlichen Auskunft von O. M. Kiselev, dem Leiter der Leningrader Filiale von PPP. Vgl. auch Savičev 58.

640 Artem'ev, Sistema 12.

641 Speziell zum Informationswesen auf Unternehmensebene Kiselev, Organizacija techničeskoj informacii v konstruktorskich bjuro promyšlennych predprijatij (1962).

642 Savičev 59.

643 Zwischen den Institutionen der Union und der Unionsrepubliken (zum System der Patentinformation in der Armenischen Sowjetrepublik vgl. Saruchanjan/Akopjan/Davidova, Organizacija patentnoj informacii v Armjanskoj SSSR: V. I. 1976, Nr. 7, 38 f.) und den Patentabteilungen der Unternehmen und Wirtschaftsvereinigungen gibt es nach Branchen (dazu Gol'dfarb, Ob otraslevoj sisteme) und territorial gegliederte

Das zunehmende Interesse der Sowjetunion an der Lizenzvergabe ins Ausland setzt der Verbreitung sowjetischer Erfindungen vor der Erteilung eines inländischen oder ausländischen Schutzrechts gewisse Grenzen. Bevor eine besondere Regelung zur Wahrung der sowjetischen Priorität[644] geschaffen wurde, war offenbar eine Reihe sowjetischer Patentanmeldungen mangels Neuheit abgewiesen worden, weil die erfinderische Lehre bereits innerhalb der Sowjetunion verbreitet worden war[645]. Nun ist die Veröffentlichung einer Neuerung nur noch mit der Erlaubnis des Unternehmens oder Instituts zulässig, in dem sie entwickelt wurde. Die schutzfähigen Erfindungen müssen beim Komitee angemeldet werden. Nach dem Gesetz 1973 besteht die Anmeldungspflicht auch bei Vorschlägen, die zwar nach sowjetischem Recht schutzunfähig sind, im Ausland jedoch durch Patent oder Urheberschein geschützt werden können[646]. Ist zweifelhaft, ob eine Erfindung schutzfähig ist, so hält der Unternehmens- oder Institutsdirektor die Erlaubnis zurück, bis das Komitee entschieden hat, ob die Erfindung im In- oder Ausland angemeldet werden soll[647]. Wie wir bereits sahen[648], ist es streitig, ob dieses Verfahren auch bei wissenschaftlichen Entdeckungen einzuhalten ist, die im Ausland eindeutig nicht schutzfähig sind.

c. *Know-how-Verträge*

Auch da, wo die Rechtsordnung der Aneignung von Wissen nicht durch die Bereitstellung von Ausschlußrechten Vorschub leistet, bestehen gewisse faktische Wissensmonopole. Die erfolgreiche Anwendung vieler Technologien verlangt Fingerspitzengefühl. Solches Wissen kommt in dem Prozeß zustande, den Arrow „learning by doing"[649] nennt, und es macht in Industrien mit hohem technologischen Empiriegrad einen großen Teil des gewerblich genutzten Wissens aus. Beispielsweise das Know-how über die optimalen Emulsionstechniken bei der Herstellung fotografischer Gelatinen mag theoretisch zu unartikuliert sein, als daß es für eine symbolische – umgangssprachliche oder fachsprachlich formalisierte – Übertragung sich eignete; oder es ist vielleicht so komplex, daß die Übertragungskosten unangemessen hoch wären. Wo der Informations-

---

(zu letzteren die in N. 635 zit. Aufsätze von Nevskij) sogenannte Patentfonds, die in- und ausländische Erfindungen propagieren. 1974 gab es 31 Territorial- und 775 Branchenfonds dieser Art, Nevskij, Territorial'nye patentnye fondy – Učet ėffektivnosti: V. I. 1974, Nr. 7, 34–39.

644 Anweisungen (ukazanija) betreffend den Schutz der staatlichen Priorität bei Erfindungen, die in der UdSSR gemacht worden sind, abgedr. in Sbornik zakonodatel'stva ob izobretatel'stve i racionalizacii, 40.

645 Vgl. Savičev 88–100; Boguslavskij/Serebrovskij, in: Boguslavskij u. a., Pravovye voprosy 266–279.

646 G 1973, § 104 I.

647 Boguslavskij/Serebrovskij aaO, 268; Savičev 98.

648 Oben S. 221.

649 Arrow, The Economic Implications of Learning by Doing: RES 1962, 155 ff.

fluß solchermaßen gehemmt ist, oder wo Übertragungskosten stark ins Gewicht fallen, ist Wissen kein öffentliches Gut in dem Sinne, daß es zu Grenzkosten von (praktisch) Null genutzt werden kann. Für die Verbreitung solchen Wissens ist es nicht damit getan, ein Unternehmen zu zwingen, jedermann seine Werkstore zu öffnen und seine technischen Unterlagen vorzuweisen. Vielmehr braucht es hier einen ökonomisch mehr oder weniger kostspieligen aktiven Beitrag des technologisch überlegenen Teils: Die Kräfte des Empfängerunternehmens müssen in der Praxis geschult werden oder es bedarf der Entsendung von Spezialisten oder der Übergabe komplexer Arbeitsanweisungen, um die Technologie bei dem Empfängerunternehmen in Gang zu setzen[650]. Von den sowjetischen Unternehmen, die durch den „Hebel" des Gewinns zuallererst zur Erfüllung ihres eigenen Plans bewogen werden, ist schwerlich zu erwarten, daß sie ihr Personal und ihre Mittel von der Planerfüllung abziehen, um ihr Know-how anderen Unternehmen zu übertragen, wenn kein hinreichender materieller Anreiz geschaffen wird. Die Wirtschaftsreform, die den synthetischen Erfolgsindikator des Gewinnes in den Vordergrund rückte, vermehrte so zunächst die schon immer vorhandenen Hindernisse für die Verbreitung desjenigen technischen Wissens, das entweder so konkret-individuell oder so unartikuliert komplex ist, daß es sich für die zentrale Sammlung, Auswertung und Verteilung nicht eignet.

So ist es nicht verwunderlich, daß sowjetische Unternehmen bald nach der Reform spontan, ohne gesetzliche Ermächtigung, darauf verfielen, erforderliches Know-how bei anderen Unternehmen „einzukaufen"[651]. Im Jahre 1971 sanktionierte der Ministerrat diese Praxis, indem er einen verbindlichen Mustervertrag über die „Überlassung technischer und wissenschaftlicher Errungenschaften und die technische Hilfe bei der Verwertung fortschrittlicher Technologie" veröffentlichte[652]. Der Vertrag umfaßt die Überlassung aller Arten technischen und organisatorischen Wissens, die Weitergabe technischer Dokumentationen, Modelle und Prototypen sowie alle Spielarten technischer Hilfe.

Freilich wird ein Vertrag nur da geschlossen werden, wo das Empfängerunternehmen sich das Wissen nicht aufgrund der sozialistischen Pflicht zu

[650] Da solcherlei komplexe Lizenzbeziehungen vor allem im Außenhandel immer mehr in den Vordergrund treten, will Linder, Die Notwendigkeit zur Ausbildung der Fabrikationslizenz als spezifischer Rechtsform internationaler lizenzwirtschaftlicher Beziehungen (Jur. Diss. Halle/S. 1967), den Vorgang der Informationsübertragung in den Mittelpunkt seiner Lizenztypologie stellen.

[651] Dumeš, Dogovor – put' dlja širokogo vnedrenija izobretenij: V. I. 1969, Nr. 5, 39–42; Rassochin, O dogovore vozmezdnoj peredači techničeskogo opyta: V. I. 1970, Nr. 9, 11.

[652] Verordnung (postanovlenie) des Ministerrats der UdSSR vom 27. 8. 1971 „über die Erhöhung der gegenseitigen Interessiertheit der Unternehmen und Organisationen an der Weitergabe ihrer wissenschaftlich-technischen Errungenschaften und an der Verwertung übernommenen (zaimstvovannyj) fortschrittlichen Erfahrungswissens", S. P. 1971, Nr. 16, Ziff. 118; dazu Klebaner, Važnye rešenija, 11 ff.

freundschaftlicher Zusammenarbeit (družeskoe sotrudničestvo) unentgeltlich beschaffen kann. Daß die Reichweite dieser Pflicht nicht ganz klar ist – ja, in der Tat wohl auch kaum eindeutig geklärt werden kann – zeigt sich daran, daß auch geschützte Rationalisierungsvorschläge – jedenfalls dann, wenn zu ihrer Nutzung weitere Information erforderlich ist – Gegenstand eines Austauschvertrags sein können. Das Gesetz bestimmt zwar, daß Rationalisierungsvorschläge ohne besondere Erlaubnis von allen staatlichen, genossenschaftlichen und gesellschaftlichen Stellen genutzt werden können[653]. Andererseits sieht es aber vor, daß die Rechte des Urhebers von dem Unternehmen, das die Urheberbescheinigung ausgestellt hat, auf dasjenige Unternehmen „erstreckt" werden, dem der Rationalisierungsvorschlag im Rahmen eines Vertrags über die Weitergabe wissenschaftlich-technischer Errungenschaften oder technische Hilfe übertragen wird[654]. Die Gemeinfreiheit der Rationalisierungsvorschläge schließt also nicht aus, daß für den „Erwerb" eines Rationalisierungsvorschlags eine vertragliche Gegenleistung entrichtet werden muß! Wenn diese coincidentia oppositorum bei den Rationalisierungsvorschlägen erzwungen werden kann, weshalb denn nicht auch bei den Erfindungen? Tatsächlich wurde in der Reformdebatte diese Frage häufig gestellt[655].

Die Bereitstellung des Wirtschaftsvertrages als eines Vehikels für entgeltliche Technologietransfers hat sehr bald zu Praktiken geführt, die nach Auffassung der Sowjetführung mit der grundsätzlichen und dogmatisch verteidigten Freiheit allen technischen Wissens nicht mehr zu vereinbaren sind. In der Literatur werden Klagen darüber geführt, daß Unternehmen sich als die „Eigentümer" der von ihnen erarbeiteten Technologien gerieren und sie vor den Organen der Wirtschaftsverwaltung und vor anderen Unternehmen geheim halten, sofern diese nicht zur Entrichtung eines Entgelts bereit sind[656]. Wie stets, wenn marktwirtschaftliche Prinzipien instrumental eingesetzt werden sollen, entfalten die einmal losgelassenen Partikularinteressen ihre machtvolle Eigendynamik. Mit einer offiziellen Erläuterung zu der Verordnung vom Jahre 1971 (ras"jasnenie)[657] versucht die Sowjetregierung, nun den drohenden Dammbruch zu verhindern. Know-how-Verträge dürfen danach nur noch geschlossen wer-

---

[653] G 1973, § 66.

[654] G 1973, § 76 II.

[655] Dazu unten S. 284 f.

[656] SEDLOV, Material'noe stimulirovanie peredači naučno-techničeskich dostiženij i peredovogo opyta: V. I. 1974, Nr. 7, 9, 11.

[657] Erläuterung „über das Verfahren der Prämierung von Mitarbeitern der Unternehmen und Organisationen für die Weitergabe ihrer wissenschaftlich-technischen Errungenschaften und die Verwertung übernommenen fortschrittlichen Erfahrungswissens gemäß der Verordnung des Ministerrats Nr. 604 vom 27. 8. 1971", bestätigt vom Staatskomitee des Ministerrats der UdSSR für Arbeits- und Lohnfragen am 7. 12. 1973, vom Staatskomitee des Ministerrats der UdSSR für Wissenschaft und Technik am 3. 12. 1973 und vom Sekretär des Allunionszentralrats der Gewerkschaften am 12. 12. 1973, abgedruckt in V. I. 1974, Nr. 3, 63–64.

den, wenn die Übertragung des Wissens entweder die Leistung technischer Hilfe oder die Anpassung der Technologien an die besonderen Bedürfnisse des Empfängerunternehmens erfordert. Zur Herausgabe von Zeichnungen oder Unterlagen über fertige und auch beim Empfänger ohne weiteres verwertbare Technologien sind die Unternehmen stets, d. h. ohne vorherigen Vertragsschluß, verpflichtet; sie können dabei bloß die Erstattung ihrer Unkosten verlangen[658].

Nach dem Mustervertrag ist das Empfängerunternehmen (polučatel') verpflichtet, das Know-how nicht nur abzunehmen, sondern auch zu verwerten. Der Hebel der Vertragsdisziplin (dogovornaja disciplina)[659] wird eingesetzt, um die Innovationsabneigung der Unternehmen bis zum letzten Augenblick zu bekämpfen[660].

Das Empfängerunternehmen hat der Gegenseite (razrabotčik) die Kosten (zatraty) der Informationsübertragung oder der technischen Hilfe zu ersetzen und die Prämien zu erstatten, die das Pionierunternehmen an seine Arbeiter

---

[658] Dazu Sedlov, Material'noe stimulirovanie 9 ff.

[659] Die Erfüllung eines Wirtschaftsvertrags obliegt dem Schuldner nicht nur dem Gläubiger gegenüber, sondern auch dem Staat. Die staatliche Arbitrage, vor der Streitigkeiten über Wirtschaftsverträge ausgetragen werden müssen, kann ein Verfahren auch von sich aus einleiten, wenn die Vertragsdisziplin oder die Grundsätze der einzelwirtschaftlichen Rechnungsführung verletzt sind; der Schadensersatz, den der Schuldner zu leisten hat, kann dann in die Staatskasse abgeführt werden. Unter bestimmten Umständen sind Vertragsstrafen an den Staat abzuführen, wenn der Schuldner Vertragspflichten nicht oder schlecht erfüllt (štraf; penja). Zum Ganzen vgl. etwa Laptev u. a., Chozjajstvennoe pravo 184 ff.

[660] Die Sanktionen für Vertragsbruch, die bürgerliche Zivilrechtsordnungen vorsehen, lassen sich, wie H. Berman in einem geistvollen rechtsvergleichenden Entwurf dartut, als marktwirtschaftlich determinierter Preis der Abstandnahme von der Vertragserfüllung deuten. Dem amerikanischen Common Law, das nach der sprichwörtlichen Redewendung von O. W. Holmes für den „evil man" geschrieben ist, liegt der Gedanke einer „freedom to break – or renegotiate – disadvantageous contracts" (Berman, Protection of Rights Arising out of Economic Contracts under Socialist Legal Systems – A Comparative Approach: OER 1968, 213, 220) besonders nahe, näher als etwa dem deutschen Recht, das axiomatisch am Grundsatz des pacta sunt servanda festhält. Immerhin zeigen Vorschriften wie § 343 BGB, der die Herabsetzung einer unangemessen hohen Vertragsstrafe gestattet, daß auch unsere Rechtsordnung den Preis des Vertragsbruchs nicht unbeschränkt festsetzen läßt: der Vertragsbruch kann zu einer gesamtwirtschaftlich sinnvolleren Nutzung des Vertragsgegenstandes (der durch ihn repräsentierten Produktionsfaktoren) führen als die Vertragstreue.

Wo, wie in der Sowjetwirtschaft, ein Markt fehlt, der Informationen über den angemessenen Mitteleinsatz liefert, oder – wie man richtiger sagen müßte – wo die Informationen, die ein zweifellos vorhandener partieller Markt liefert, nicht die Dignität des marktwirtschaftlich Richtigen und Rationalen zuerkannt bekommen, kann auch der Vertragsbruch, der in Kenntnis der Haftungsfolge vorgenommen wird, nicht beanspruchen, gesamtwirtschaftlich rational zu sein. In der Sowjetwirtschaft gewinnt eine rigorose Vertragstreue deshalb eine positive ökonomische Funktion. Das erklärt die Insistenz der Sowjetjurisprudenz auf strikter Vertragsdisziplin und die große Bedeutung, die den – marktlogisch ja widersinnigen – Vertragsstrafen (penja, štraf) zukommt.

auszahlen darf[661]. In der Praxis scheint unter die Kosten auch ein gewisser geringer Gewinn gerechnet zu werden[662], der idealiter den opportunity costs entsprechen dürfte, die das übertragende Unternehmen deshalb tragen muß, weil es einen Teil seiner Kapazität von den eigenen Planaufgaben abzieht. Die Kosten der erstmaligen Erzeugung des übertragenen neuen Wissens werden dem Pionierunternehmen nach der Verordnung des Jahres 1971 nicht erstattet[663]. Mit dieser Bestimmung reimt sich aber schwerlich, daß es dem Empfängerunternehmen verboten ist, das Know-how weiter zu veräußern und Unterlizenzen zu verteilen[664]. Würden tatsächlich nur die Übertragungskosten – allenfalls zuzüglich der opportunity costs der Übertragungsarbeit – entgolten, so müßte eigentlich jedermann, der diese Arbeit leisten kann, zu ihrer Durchführung berechtigt sein. Einen rechten Sinn ergibt das Verbot der Weiterveräußerung nur, wenn man annimmt, daß die Vergütung zu einem gewissen Teil nicht als Entgelt für die Übertragung, sondern als Lohn für die Pionierarbeit, also für die erstmalige Erzeugung des neuen Wissens, zu betrachten ist. Wenn das Empfängerunternehmen das Know-how nicht weiterübertragen darf, so heißt das nichts anderes, als daß dem Pionierunternehmen eine bestimmte Form der Verwertung dieses Wissens ausschließlich *zugeordnet* ist. Wir haben gleichsam den Keim eines Patents vor uns. Die Sowjetjuristen haben sich das bloß noch nicht eingestanden, um den Grundsatz der Aneignungsunfähigkeit des Wissens nicht in Frage stellen zu müssen.

Sind Erfindungen, wie es in immer höherem Maße der Fall ist, praktisch nicht ohne Verfügung über ergänzendes Know-how verwertbar, so erstreckt sich das faktische Monopol des Know-how-Besitzers auch auf die Erfindungen; er kann die betreffende Technologie insgesamt monopolisieren, nicht anders als der Inhaber eines Monopols über einen nicht substituierbaren Rohstoff auch über Preis und Ausbringung der aus diesem Rohstoff hergestellten Endprodukte entscheiden kann. In den Marktwirtschaften und insbesondere auf dem Weltmarkt der Technologien erklärt sich so der Bedeutungsverlust der Patentlizenz gegenüber den Know-how-Lizenzen und Kooperationsverträgen. Das Sowjetrecht verhindert die schädlichen Wirkungen dieser Erstreckung der faktischen Wissensmonopole am Know-how auf die zugrundeliegenden Erfindungen, indem es die Preisbildung bei Know-how-Lizenzen streng reglementiert.

Die sowjetische Rechtswissenschaft vermeidet es geflissentlich, diese Verträge Lizenzverträge zu nennen[665]. Der Lizenzbegriff wird mit der Vorstel-

---

[661] KLEBANER, Važnye resenija 12 f.; ausführlich zur Praxis ŽALKOWSKIJ/ŠULMAN, O peredače peredovogo opyta na chozrasčetnych načalach: V. I. 1974, Nr. 2, 45 ff.

[662] KLEBANER aaO, 13.

[663] KLEBANER 13.

[664] KLEBANER 12.

[665] Vgl. KLEBANER 11–16; RASSOCHIN, O dogovore 11–16; SEDLOV, Materiaľnoe sti-

lung eines vollen Ausschlußrechts in Verbindung gebracht[666]. Ein solches Recht hat in der Tat kein sowjetisches Unternehmen. Andere Unternehmen sind nicht gehindert, selbständig dasselbe Know-how zu entwickeln und dabei die Erfahrungen des Pionierunternehmens frei zu verwerten. Die Kooperationspflicht der sozialistischen Unternehmen führt ferner zu einem gewissen Abschlußzwang. Andererseits jedoch gibt es keinen Plan, der einem Unternehmen vorschriebe, sein Know-how anderen Unternehmen zu übertragen, und man muß wohl annehmen, daß ein Pionierunternehmen de facto einen erheblichen Ermessensspielraum bei der Entscheidung hat, ob es einen Know-how-Vertrag abschließen wird. Mit dem schwer widerlegbaren Vorwand der Unabkömmlichkeit von Fachkräften oder des Vorrangs der eigenen Planerfüllung wird es sich leicht auch gegenüber administrativem und öffentlichem Druck behaupten können.

Vom Falle einer angespannten Personalsituation abgesehen, kann man sich schwer eine Situation vorstellen, in der ein Unternehmen daran interessiert wäre, eine Lizenz zu verweigern und sein Know-how für sich zu behalten. Es hat keinen Einfluß auf die Preisgestaltung seiner Produkte. Absatzschwierigkeiten wird es bei dem in der Sowjetunion vor allem für technologisch fortschrittliche Produkte vorherrschenden Verkäufermarkt kaum einmal haben. Die Unternehmen werden im Regelfalle deshalb ihr Verhalten allein davon abhängig machen, ob die erforderliche Arbeitskraft der Spezialisten mit größerem Gewinn in der eigenen Produktion und Forschung oder aber in der Übertragung technischen Wissens an andere Unternehmen eingesetzt werden kann.

Wenn ein Know-how-Vertrag geschlossen wird, so kann das Pionierunternehmen dem Empfängerunternehmen keinerlei Bedingungen stellen; es hat weder auf das Maß der Nutzung noch auf den output an Endprodukten noch gar auf deren Preis einen Einfluß. Man kann sonach dem Pionierunternehmen zwar eine gewisse Ausschlußmacht zusprechen; ein Monopol im wirtschaftlichen Sinne hat es nicht.

III. Innovation

Die sowjetische Regelung der Erzeugung und Verbreitung neuen technischen Wissens weist offenkundig eine große Zahl positiver Züge auf[667]. Um die tat-

---

mulivoranie 10, wendet sich ausdrücklich gegen die Vorstellung, der Vertrag habe einen „Verkauf" von Information zum Inhalt.

[666] Vgl. etwa Dozorcev, Pravovoj režim avtorskogo svidetel'stva v uslovijach novoj sistemy planirovanija i ėkonomičeskogo stimulirovanija (1969) 95.

[667] Demsetz, Information and Efficiency – Another View: JLE 1969, Nr. 12, 16: „The socialist ideal ... resolves static allocation problems rather neatly. But this is only because all the dynamic problems of production are ignored." Hinsichtlich der Verteilung des vorhandenen Wissens entspricht die Sowjetwirtschaft weitgehend dem hier

sächliche industrielle Verwertung des neuen Wissens, um die Innovation, ist es dagegen nicht nur nach der Ansicht westlicher Autoren[668] schlecht bestellt. Die mangelnde Innovationsbereitschaft sowjetischer Unternehmen ist für die sowjetische Presse und Literatur ein offenbar unerschöpfliches Thema. Die Intensivierung der Innovationstätigkeit ist das hauptsächliche Ziel der sowjetischen Wirtschaftsreformen seit 1965.

Ich versuche im folgenden einen Überblick über drei Rechtsmassen zu geben, die der Durchsetzung der Innovation dienen: das Recht der Standards und technischen Normen, das Recht der neuen Technik (novaja technika) und Teile des Erfinderrechts. Der erste Abschnitt befaßt sich mit den Standards und technischen Normen, der zweite mit der Planung des technischen Fortschritts.

1. *Standards und technische Normen*

Verbindliche technische Normen und Standards (standarty) werden in großem Umfang nicht nur zur Standardisierung und Rationalisierung der Produktion sowie zur Erleichterung der Planung eingesetzt, sondern auch zur Durchsetzung technischer Fortschritte. Mit den Behelfen der Normierung und Standardisierung lassen sich freilich keine Innovationen erzwingen, die das Niveau der bereits vorhandenen und jedenfalls teilweise bereits eingeführten Technologien wesentlich überschreiten. Das Recht der Normen und Standards soll deshalb nur kurz gestreift werden.

Die für die gesamte Sowjetwirtschaft verbindlichen technischen Normen und Standards werden vom Staatskomitee für Standards beim Ministerrat (Gosudarstvennyj Komitet Standartov pri Sovete Ministrov) erarbeitet[669]. Das Staatskomitee gründet seine Entscheidungen auf eine Analyse inländischer und ausländischer Erfindungen und arbeitet schon aus diesem Grunde eng mit dem Staatskomitee für Erfindungs- und Entdeckungswesen zusammen[670]. Innerhalb der einzelnen Industriezweige setzen die Ministerien verbindliche Standards fest. Das Staatskomitee für Standards, die Ministerien und die Informationszentren (informacionnye centry) der Unionsrepubliken und der anderen territorialen Einheiten der Sowjetunion sorgen für die Verbreitung und Beachtung der Standards und Normen[671].

---

angesprochenen Idealtyp. Demsetz macht die Diskrepanz zwischen statischer und dynamischer Effizienz zum Ansatzpunkt seiner Polemik gegen Arrow, vgl. oben S. 32 f.

[668] Vgl. etwa Grossman, Knowledge, passim; Nove, The Soviet Economy (1972) 181–186.

[669] Vgl. Boguslavskij, in: Boguslavskij u. a., Pravovye voprosy 12.

[670] Vgl. die vom Staatskomitee für Standards und von Gosplan gemeinsam erstellten Allgemeinen Anweisungen (obščie metodičeskie ukazanija) für die Planung der Qualitätsverbesserung der Produktion, abgedr. in Ėkoničeskaja Gazeta Januar 1971, Nr. 1. Dazu Savičev 59, und Smirnov, Izobretatel'skoe pravo i problemy standartizacii: V. I. 1975, Nr. 9, 14 ff.

[671] Savičev 67, 97; Rassudovskij, Gosudarstvennaja organizacija 100.

Den technischen Normen und Standards wird künftig eine verstärkte Bedeutung bei der Erhöhung der Produktqualität zukommen, der zunehmend die Aufmerksamkeit der sowjetischen Wirtschafts- und Rechtswissenschaft gilt[672].

Neben unmittelbarem administrativen Druck wird die Beachtung zwingender Standards und Normen auch mit zivilrechtlichen Mitteln durchgesetzt. Die Unternehmen sind verpflichtet, die Abnahme von Erzeugnissen zu verweigern, die nicht den Standards und Normen entsprechen[673]. Diese Erzeugnisse gelten nicht als Planerfüllung, und aller Gewinn, den ein Unternehmen für solche Produkte erlöst, verfällt dem Staat[674].

2. *Innovationsplanung*

Im Bereich der Innovation zeigt sich besonders auffällig die Abspaltung des Rechts der neuen Technik vom Recht der Erfindungen und Rationalisierungsvorschläge. Die Einführung „neuer Technik" unterliegt einem anderen System der Planung, der Finanzierung und, wie sich zeigen wird, auch der Anreize als die Realisierung geschützter Erfindungen und Rationalisierungsvorschläge.

„Neue Technik" als ein terminus technicus des Sowjetrechts bezeichnet nicht einen abstrakten technischen Grundsatz, nicht eine erfinderische Lehre wie die Begriffe der Erfindung, der Entdeckung oder des Rationalisierungsvorschlags, überhaupt nicht neues Wissen als solches, sondern die Verwirklichung solchen neuerischen Wissens in einem Endprodukt von verbesserter Qualität oder mit höheren technischen Kennziffern[675]. Die sowjetische Planungserfahrung zeigte,

---

672 Vgl. die umfassende Darstellung der Rechtsfragen bei OGRYSKOV, Pravovoe regulirovanie kačestva produkcii (1973); DERS., Pravovoe regulirovanie upravlenija kačestvom produkcii: SGiP 1974, Nr, 5, 62 ff.; ŠELESTOV, Povyšenie kačestva produkcii promyšlennych predprijatij: SGiP 1972, Nr. 5, 78 ff.; EMEL'JANOVA, Standarty i kačestvo produkcii (1971). Vgl. auch die Verordnung des Ministerrats der UdSSR (postanovlenie) vom 11. 10. 1970 „über die Anhebung der Rolle der Standards bei der Verbesserung der ausgebrachten Produktion", S. P. 1970, Nr. 20, Ziff. 154.

673 § 261 I–III des Zivilgesetzbuches der RSFSR lauten: „Die Qualität der zu liefernden Produkte muß den staatlichen Standards, technischen Bedingungen (uslovija) und Mustern (obrascy) entsprechen. Im (Liefer-)Vertrag kann die Lieferung von Produkten höherer als der durch staatliche Standards, bestätigte technische Bedingungen oder Muster vorgeschriebenen Qualität vorgesehen werden.

Im Falle der Lieferung von Produkten niedrigerer Qualität, als sie von den staatlichen Standards, bestätigten technischen Bedingungen oder Mustern gefordert wird, ist der Käufer verpflichtet, die Abnahme und Bezahlung der Produkte zu verweigern; wenn die Produkte bereits bezahlt sind, so ist der entrichtete Betrag zurückzuerstatten.

Kann der Mangel der gelieferten Produkte beseitigt werden, ohne daß sie dem Verkäufer(Lieferanten) zurückgegeben werden, so ist der Käufer berechtigt, vom Verkäufer (Lieferanten) die Beseitigung der Mängel an Ort und Stelle zu verlangen oder die Mängel selber auf Kosten des Verkäufers (Lieferanten) zu beseitigen."

674 Vgl. die Verordnung vom 11. 10. 1970 (oben N. 672). Hierzu LAPTEV, Kommentarij 89; SAVIČEV 23.

675 Vgl. etwa BOGUSLAVSKIJ, in: BOGUSLAVSKIJ u. a., Pravovye voprosy 15; DOZOR-

daß Erfindungen, isolierte technische Ideen oder Grundsätze, als solche weder dem gesamt- oder einzelwirtschaftlichen „technology assessment", das der Planung vorangehen muß, unterworfen werden können, noch selbst zum Gegenstand integraler Wirtschaftsplanung gemacht werden können. „Ideen" lassen sich nicht mit hinreichender Genauigkeit, ja prinzipiell gar nicht, zu den materiellen inputs und outputs der Produktion in Beziehung setzen. Alle Planung beruht aber auf der Beherrschbarkeit und Voraussehbarkeit von Einsatz und Ausbringung. Der Begriff der „neuen Technik" ist ein Versuch, den technischen Fortschritt als Störfaktor der Planung zu eliminieren, ihn dadurch in diese zu integrieren, daß die Innovationsplanung ökonomisch an die geplante Allokation der materiellen Ressourcen und die Nachfragestruktur der Sowjetwirtschaft (freilich nicht eine marktwirtschaftlich-autonome, sondern eine wirtschaftsnormativ präformierte Nachfragestruktur) angebunden wird.

So kommt in dem Übergang vom Begriff der Erfindung zu dem der „neuen Technik" als dem Zentralbegriff des Rechts der technischen Innovation ein bedeutender Wandel der sowjetischen Technologiepolitik zum Ausdruck. Man hat erkannt, daß Innovation nicht kostenlos ist, sondern gegen alternative Faktoreinsätze abgewogen werden muß. Man will nicht mehr Innovation à tout prix – ein politisches Blankett –, sondern eine bewußte Steuerung der Innovationstätigkeit. Schließlich versucht man, mit dem Umbau des rechtlichen Instrumentariums auch im Bereich des technischen Fortschritts von der althergebrachten Methode abzukommen, „Sprünge" in der Industrialisierung und im Wachstum der Sowjetwirtschaft durch Kampagnen[676] mit einem massiven Einsatz politischer und technischer Agitation und unmittelbaren administrativen Drucks herbeizuzwingen, und statt dessen einen ausgewogenen Innovations- und Wachstumsprozeß zu erreichen. Erfindungen, reine Ideen einer selbstgenügsamen Technik, ließen sich als thematische Richtlinien politischer Innovationskampagnen, die Engpaßsituationen offen in Kauf nehmen, durchaus verwenden. Für den reibungslosen Ablauf der integralen Wirtschaftsplanung indessen braucht man einen eindeutig ökonomisch operationalisierten Begriff der technisch fortschrittlichen Innovation.

Es ist kein Widerspruch hierzu, wenn wir feststellen, daß der Begriff der „neuen Technik" in der Absicht einer fortschreitenden Dezentralisierung der Innovationsentscheidungen eingeführt wurde. Eine differenzierte und in sich stimmige wirtschaftliche Gesamtplanung – im Gegensatz zu der vergleichsweise primitiven und nur mit Hilfe von „Kampagnen" und unmittelbaren politischem und administrativem Druck funktionsfähigen output-Planung der Stalinzeit – ist jedenfalls beim heutigen Stand der Planungstechnik nur bei

cev, in: Boguslavskij u. a., Pravovye voprosy 328; Torkanovskij, in: Laptev u. a., Chozjajstvennoe pravo 189, ders., Ponjatie novoj.

676 Hierzu und zur möglichen makroökonomischen Rationalität der durch solcherlei Kampagnen hervorgerufenen Disproportionen Nove, Soviet Economy 325–352.

677 Verordnung (postanovlenie) des ZK KPdSU und des Ministerrats der UdSSR vom

einem erheblichen Dezentralisierungsgrad erreichbar. Somit läßt sich das Ziel der – freilich staatlich veranstalteten und damit in ihrer Eigendynamik grundsätzlich beherrschbaren – Dezentralisierung durchaus mit dem Bestreben vereinbaren, die Innovation stärker in die Wirtschaftsplanung einzubinden.

a. Die Einführung der „neuen Technik"

Seit der Wirtschaftsreform des Jahres 1965 ist die „Einführung (vnedrenie) neuer Technik" eine der zentral festgesetzten Plankennziffern. Allerdings werden nur diejenigen Innovationen, die für den betreffenden Industriezweig (otrasl') oder für das ganze Land von großer Bedeutung sind, „von oben" geplant.

Der allgemeinste Innovationsplan ist der staatliche Fünfjahresplan mit den ihm eingegliederten Koordinierungsplänen. Nur die bedeutendsten Innovationen von nationaler Bedeutung werden in diesen Plan aufgenommen. Das Staatskomitee für Wissenschaft und Technik kann den Plan laufend modifizieren, wenn es die Entwicklung der Wissenschaft und Technik erfordert[679]. Daneben gibt es einen staatlichen Jahresplan für die Einführung neuer Technik[680]. Ähnliche, noch konkretere Pläne erarbeiten die Ministerien der Unionsrepubliken für ihr jeweiliges Gebiet[681].

Die Innovationsplanung ist verbindlich; die Planerfüllung liegt hier meist erheblich unter dem Maße des sonst Üblichen[682]. Die Unternehmen sind jedoch berechtigt, von sich aus die vorgeschriebenen Innovationen durch andere zu ersetzen, wenn dadurch *ceteris paribus* die Qualität der Produkte verbessert wird oder wenn Faktorkosten eingespart werden[683].

Maßnahmen, die nicht „von oben" geplant werden, unterliegen der einzelwirtschaftlichen Planung. Die Unternehmen erstellen jährlich einen Plan der organisatorischen und technischen Maßnahmen (plan orgtechmeroprijatij, vnutrennyj plan novoj techniki), der in die einzelwirtschaftliche Gesamtplanung, den sogenannten Techpromfinplan, eingeht[684]. Der Initiative der Unternehmen sind grundsätzlich keine Grenzen gesetzt, solange die Innovation nicht die Erfüllung der Produktionspläne behindert.

---

4. 10. 1965 Über die Vervollkommnung der Planung und die Verstärkung der materiellen Stimulierung der industriellen Produktion, S. P. 1965, Nr. 19–20, Ziff. 153; Dozorcev, in: Boguslavskij u. a., Pravovye voprosy 327; Torkanovskij, in: Laptev u. a., Chozjajstvennoe pravo 189.

[678] Dozorcev, aaO.

[679] Rassudovskij, Gosudarstvennaja organizacija 60.

[680] Rassudovskij aaO, 60; Savičev 34.

[681] Rassudovskij und Savičev aaO.

[682] Vgl. etwa Grossman, Knowledge.

[683] § 57 der Verordnung (položenie) über das sozialistische staatliche Produktionsunternehmen vom 24. 10. 1965, Ėkonomičeskaja Gazeta Nr. 20 vom 20. 10. 1965; dazu Laptev, Kommentarij 191 f.

[684] Torkanovskij, in: Laptev u. a., Chozjajstvennoe pravo 190.

Auf allen Ebenen der Sowjetwirtschaft wird die Einführung neuer Technik von dem Staatskomitee für Wissenschaft und Technik überwacht; ihm sind auch die Unternehmen in letzter Instanz verantwortlich[685]. Im übrigen obliegt die Aufsicht den Ministerien für die einzelnen Industriezweige. Überwachungsfunktion haben auch das Komitee der Volkskontrolle (Komitet Narodnogo Kontrolja)[686], und – auf der Ebene der Unternehmen – die Organisationen der Gewerkschaften und lokale Parteigliederungen.

b. Die Einführung der Erfindungen und Rationalisierungsvorschläge

Wie bereits erwähnt, gibt es neben dem Verfahren zur Einführung „neuer Technik" ein besonderes Verfahren zur Einführung von Erfindungen und Rationalisierungsvorschlägen. Die Klagen der sowjetischen Presse über die unzureichende Innovationstätigkeit betreffen in erster Linie Mängel in der Verwertung des erfinderrechtlich geschützten Wissens. Von mehr als 50 000 Erfindungen, die von 1959 bis 1964 gemacht wurden, nahmen die Unternehmen nur 18 400 zur Einführung in die Produktion an, und tatsächlich wurden nur höchstens ein Fünftel aller Erfindungen ausgeführt[687].

Das Staatskomitee erstellt Listen der wertvollsten Erfindungen und versendet sie in Abständen von drei Monaten an die Unionsministerien und an die Ministerräte der Unionsrepubliken[688]. Das Komitee richtet Empfehlungen hinsichtlich der allerwichtigsten Erfindungen unmittelbar an den Ministerrat und neuerdings auch an die Ministerien und sonstigen obersten Wirtschaftsbehörden (vedomstva)[689]. Nur ein verschwindend geringer Teil dieser Empfehlungen wird beachtet[690].

Eine Verordnung aus dem Jahre 1960 verlangt, daß Erfindungen in den Plan der neuen Technik aufgenommen werden[691]. In der Praxis kommt dies kaum einmal vor. Statt dessen wird die Einführung von Erfindungen von Ministerien und Unternehmen gesondert geplant (plan vnedrenija izobretenij)[692].

---

[685] Boguslavskij, in: Boguslavskij u. a., Pravovye voprosy 383; Rassudovskij, Gosudarstvennaja organizacija 28 f.

[686] Boguslavskij aaO, 325.

[687] Boguslavskij aaO, 385.

[688] Das G 1959 enthielt hierüber die ausdrückliche Vorschrift des § 63. Zur gegenwärtigen Praxis des Komitees vgl. Artem'ev, Važnyj ryčag techničeskogo progressa: V. I. 1974, Nr. 1, 8, 10.

[689] Artem'ev aaO.

[690] Nach Ablauf des ersten Jahres der neuen Empfehlungspraxis des Komitees blieben bereits 82 000 der zur Einführung empfohlenen Erfindungen unbeachtet; angeblich wurde ihre Verwertungsfähigkeit von den Ministerien nicht einmal geprüft, Artem'ev aaO.

[691] Verordnung (postanovlenie) des ZK KPdSU und des Ministerrats der UdSSR vom 20. 5. 1960 „über Maßnahmen zur Verbesserung der Einführung von Erfindungen und Rationalisierungsvorschlägen in die Volkswirtschaft", S. P. 1960, Nr. 11, Ziff. 74.

[692] Savičev 26; Rassochin, O edinoj sisteme vnedrenija techničeskich dostiženij: V. I. 1971, Nr. 3, 48; ders., Pravovye voprosy 240–245.

Die Pläne der „neuen Technik" sind besser mit der Planung der Materialbeschaffung koordiniert und haben daher eine bessere Verwirklichungschance. Daraus ergibt sich die kuriose Lage, daß die Unternehmen versuchen, um Erfindungen „herum" zu innovieren[693]. Wir werden unten auf einige aktuelle Vorschläge eingehen, diese unglückliche Situation zu beheben.

Die Verwertung des geschützten Wissens wird vom Komitee und von der Allunionsvereinigung der Erfinder und Rationalisatoren überwacht[694]. Auf der örtlichen Ebene beteiligen sich hieran auch Organe der Gewerkschaften und der KPdSU.

IV. Die Finanzierung des technischen Fortschritts

1. *Die Finanzierung der Einführung der „neuen Technik"*

Innovationen, die in dem zentral erstellten Plan der neuen Technik (plan novoj techniki) vorgesehen sind, werden aus besonderen Zentralfonds (fond osvoenija novoj techniki) finanziert. Praktisch alle Kosten des technischen Fortschritts von der Grundlagenforschung bis hin zur Serienreife, einschließlich der Kosten der Vertragsforschung und der Know-how-Lizenzen, werden aus diesen Fonds bestritten[695]. Unternehmen, auf die das reformierte System der Planung und wirtschaftlichen Stimulierung aus dem Jahre 1965 angewendet wird, können aus den Zentralfonds darüber hinaus die Kosten ersetzt verlangen, die sich infolge einer Innovation im ersten Jahr der Serienproduktion (serijnoe proizvodstvo) ergeben[696].

Die Zentralfonds für die Einführung neuer Technik wurden im Jahre 1960 geschaffen[697]. Das gegenwärtige System der Fonds geht auf das Jahr 1964 zurück; dem Übergang von der territorialen zur zweigmäßigen Gliederung der Sowjetwirtschaft wurde damals durch eine besondere Verordnung des Obersten Volkswirtschaftsrats (VSNCh) Rechnung getragen[698]. Die Zentralfonds wer-

---

693 Savičev 26; Rassochin, Čto tormozit vnedreniju izobretenij?: Komunist Ėstonii 1967, Nr. 12, 40–45; siehe auch Agronskij, Vsegda li novaja technika –novaja?: V. I. 1973, Nr. 12, 5 f.

694 § 2a der Satzung des Komitees (oben N. 607); G 1973, §§ 82 ff.

695 Vgl. etwa Torkanovskij, in: Laptev u. a., Chozjajstvennoe pravo 194; Dozorcev, in: Boguslavskij u. a., Pravovye voprosy 353 f.

696 Torkanovskij aaO, 197.

697 Verordnung (postanovlenie) des ZK KPdSU und des Ministerrats der UdSSR vom 23. 6. 1960 „Über die wirtschaftliche Stimulierung der Unternehmen und über die Erhöhung der materiellen Interessiertheit der Mitarbeiter bei der Entwicklung und Einführung neuer Technik und bei der komplexen Mechanisierung und Automatisierung der Produktion", S. P. 1960, Nr. 12, Ziff. 87.

698 Verordnung (postanovlenie) des Obersten Volkswirtschaftsrats der UdSSR vom 25. 8. 1964 „Über die Verbesserung des Systems der wirtschaftlichen Stimulierung und über die Erhöhung der materiellen Interessiertheit der Mitarbeiter bei der Entwicklung

den bei den Ministerien aus den Beiträgen der Unternehmen gebildet. Bemessungsgrundlage für die Höhe dieser Beiträge ist die Summe der Faktorkosten der Unternehmen (sebestojmost'); der abzuführende Prozentsatz dieser Summe ist von Industrie zu Industrie verschieden.

Gegenwärtig bestehen Zentralfonds für Innovation in dem zivilen (nicht aber dem militärischen) Sektor der chemischen, petrochemischen und metallurgischen Industrie sowie der Maschinenindustrie und der Zellulose- und Papierindustrie. Im Zusammenwirken mit den betroffenen Ministerien kann Gosplan bestimmen, daß auch in anderen Industrien solche Fonds eingerichtet werden. Einzelne Sektoren der beitragspflichtigen Industrien – etwa Unternehmen im Bereich der Luftfahrt, des Schiffs- und Lokomotivbaus – sind von der Beitragsleistung befreit. Ihre Innovationskosten werden unmittelbar vom Staat übernommen[699].

Die Zentralfonds decken ausschließlich die Kosten solcher Innovationen, die zuvor in die zentralen Pläne der neuen Technik aufgenommen worden sind. Unternehmen, die Innovationen von gesamtwirtschaftlicher oder industrieller (also nicht bloß lokaler) Bedeutung aus eigener Initiative durchführen, erhalten keine Übertragungen aus den Zentralfonds. Dies hemmt natürlich die Initiative der Unternehmen, was auch sowjetische Kritiker festgestellt haben[700]. Ferner wird kritisiert, daß innovationsfreudige und träge Unternehmen die gleichen Beiträge in die Zentralfonds einzahlen müssen. Dozorcev hat vorgeschlagen, die innovationsfreudigen Unternehmen mit einer entsprechend geringeren Beitragspflicht zu belasten[701].

Organisatorische und technische Innovationen, die Unternehmen aus eigener diese Innovationen im Plan der organisatorischen und technischen Maßnahmen (plan orgtechmeroprijatij) vorgesehen waren oder nicht. Bis 1965 wurden die Initiative durchführen, fallen ihnen selbst zur Last, und zwar gleichgültig, ob Kosten der Innovation einfach den Faktorkosten („Selbstkosten", sebestoimost') der Produktion zugerechnet; wie diese allgemein verminderten sie den verfügbaren Gewinn. Die Reform des Jahres 1965 verpflichtet die Unternehmen dagegen, einen besonderen zweckgebundenen Fonds für die Entwicklung der Produktion (fond razvitija proizvodstva) – gleichsam eine gesetzliche Rückstellung – zu bilden. Ob dieser Fonds in Anspruch genommen wird oder nicht, hat folglich keine Auswirkungen auf den Gewinn. Der Sinn des Entwicklungsfonds ist es, ein Mindestmaß von Neuerungen zu gewährleisten und zu verhindern, daß die Unternehmen im Interesse kurzfristiger Gewinnmaximierung die Innovation vernachlässigen[702]. Der Entwicklungsfonds besteht aus einem

---

und Einführung neuer Technik", S. P. 1964, Nr. 15, Ziff. 105. Diese Verordnung blieb von den Reformen des Jahres 1965 unberührt.

[699] Zum Ganzen Torkanovskij, in: Laptev u. a., Chozjajstvennoe pravo 195.

[700] Dozorcev, Pravovoj režim 135.

[701] Dozorcev, in: Boguslavskij u. a., Pravovye voprosy 354.

[702] Dozorcev, in: Boguslavskij u. a., Pravovye voprosy 354.

bestimmten Prozentsatz des Jahresgewinns, der Abschreibungen (amortizacionnye otčislenija)[703] und der Erträge aus dem Verkauf überschüssiger Umlauffonds und aus der Verpachtung freier Produktionskapazitäten[704].

Die Unternehmen können zur Finanzierung der Innovationen auch Bankkredit in Anspruch nehmen. Bis 1967 war die Krediterteilung an außerordentlich strenge Voraussetzungen gebunden. Die Staatsbank der UdSSR (Gosbank) räumte den Unternehmen Kredite nur ein, wenn es sich um die Einführung neuer Erzeugnisse oder um die Einführung von Erzeugnissen verbesserter Qualität, also um Produktinnovationen, handelte, und wenn ferner der Kredit innerhalb eines Jahres aus dem durch die Innovation erzielten Gewinn zurückbezahlt werden konnte[705]. Heute wird Bankkredit für die Einführung aller Arten technischer und technisch-organisatorischer Neuerungen gewährt. Noch immer sind die Kredite relativ kurzfristig; die längste Laufzeit beträgt sechs Jahre. Es ist ausdrücklich klargestellt, daß ein Unternehmen auch dann Innovationskredit erhalten kann, wenn es andere Darlehen noch nicht zurückbezahlt hat[706]. Darlehen für die Einführung neuer Technik müssen in erster Linie aus dem Fonds für die Entwicklung der Produktion, in zweiter Linie aus dem Gewinn, der aufgrund der Innovation erzielt wird, zurückbezahlt werden[707].

2. *Die Finanzierung des Erfindungs- und Vorschlagswesens*

Bis in die jüngste Zeit wurden die mit der Entwicklung und Verwertung von Erfindungen und Rationalisierungsvorschlägen verbundenen Ausgaben nach einer Methode finanziert, die sich seit 1940 im wesentlichen unverändert erhalten hatte[708]. Bis zur Einführung des Sonderrechts der „neuen Technik" durch die Wirtschaftsreform galt sie für alle Formen des technischen Fortschritts schlechthin. Seit der Reform gab es zwei verschiedene Finanzierungsmodi für technische Neuerungen: einen für die Entwicklung und Einführung erfinderrechtlich schutzfähiger Segmente des neuen technischen Wissens und einen für alle übrigen Neuerungsmaßnahmen. Vor allem Dozorcev hat die Unlogik

---

[703] Die Ministerien können bis zu 50 Prozent der Abschreibungen in den Enwicklungsfonds leiten, Torkanovskij, in: Laptev u. a. 198.

[704] Torkanovskij aaO; Dozorcev, Pravovoj režim 128.

[705] Dozorcev aaO, 129.

[706] Verordnung (postanovlenie) des Ministerrats der UdSSR vom 3. 4. 1967, „Über Maßnahmen zur weiteren Verbesserung des Kreditwesens (kreditovanie) und des Rechnungswesens in der Volkswirtschaft und zur Erweiterung der Rolle des Kredits bei der Stimulierung der Produktion", S. P. 1967, Nr. 10, Ziff. 56. Dazu Torkanovskij, in: Laptev u. a. 199.

[707] Verordnung (postanovlenie) des Ministerrats der UdSSR vom 30. 9. 1968 „Über Maßnahmen zur Verbesserung der praktischen Anwendung des neuen Systems der Planung und wirtschaftliche Stimulierung der Produktion", S. P. 1968, Nr. 19, Ziff. 135; dazu Dozorcev, Pravovoj režim 130–132.

[708] Dozorcev aaO, 122 f.

dieses Systems gegeißelt[709]. Erst das Gesetz 1973 hat versucht, der Ungereimtheit des bisherigen Rechtszustands ein Ende zu machen.

Maßnahmen auf dem Gebiet des Erfindungs- und Vorschlagswesens wurden, sofern sie, wie es der Regelfall war, nicht in den zentralen oder betrieblichen Plan der neuen Technik aufgenommen waren, entweder aus den Umlaufmitteln der Unternehmen oder aber direkt aus dem Staatshaushalt (budžet) finanziert. Im Prinzip sollten den Unternehmen nur die Kosten zur Last fallen, die mit Maßnahmen von bloß betrieblicher Bedeutung verbunden waren; alle anderen Kosten hatte grundsätzlich der Staatshaushalt zu übernehmen[710]. In der Praxis allerdings wurden allenfalls fünf Prozent der im Bereich des Erfindungs- und Vorschlagswesens anfallenden Kosten unmittelbar vom Staat getragen[711]. Die Ausgaben, die von den Unternehmen zu übernehmen waren, wurden als Kosten der laufenden Produktion angesehen; sie waren ein Teil der allgemeinen Faktorkosten (oder „Selbstkosten", sebestoimost')[712].

Die Kosten der Entwicklung und Verwertung gerade der volkswirtschaftlich wichtigsten Erfindungen wurden nicht ausreichend verteilt, eine Situation, wie wir sie in einem Teilbereich bereits bei der Erfindervergütung kennengelernt haben. Da der externe Nutzen von Invention und Innovation somit weder durch Transferzahlungen noch durch Eigentumsrechte den Unternehmen vergolten wurde, war der technische Fortschritt notorisch unterkapitalisiert. Für grundlegende Vorhaben waren kaum Mittel vorhanden. Dozorcev berichtet, daß 77,2 Prozent der aufgewendeten Beträge allein von der Erfindervergütung verschlungen wurden[713].

Als Innovationshindernis erwies es sich ferner, daß die Kosten der Entwicklung und Verwertung von Erfindungen und Rationalisierungsvorschlägen als Teil der allgemeinen Produktionskosten angesehen wurden; die Forschung und Entwicklung trat so unmittelbar in Konkurrenz mit der Erfüllung des Produktionsplans, die bei der stets gespannten Lage an der Planfront allemal Vorrang beanspruchte. Es konnte den Unternehmen kaum angesonnen werden, für die aneignungsunfähigen Entwicklungen und deren oftmals nur langfristig amortisierbare Verwertung Einbußen an dem kurzfristig realisierbaren und für Prämien, soziale und kulturelle Einrichtungen verfügbaren Gewinn hinzunehmen[714]. Das Ergebnis dieser Finanzierungsweise war, daß die Einführung bedeutender Erfindungen kaum ohne erheblichen administrativen Druck zustande kam, mit dessen rationaler Ausübung die Wirtschaftsverwaltung not-

---

709 Dozorcev aaO, 122 f.

710 Das G 1959, §§ 67 f. stellte den Erfindungen und Rationalisierungsvorschlägen von volkswirtschaftlicher oder branchenweiter (otraslevoe) Bedeutung solche Neuerungen gegenüber, die nur für ein Unternehmen bedeutsam sind.

711 Dozorcev, Pravovoj režim 124.

712 G 1959, § 68; dazu Dozorcev, Pravovoj režim 125.

713 Dozorcev aaO, 123.

714 Dozorcev aaO, 123.

wendig überfordert war. Freiwillig fanden sich die Unternehmen nur zu billigen, kurzfristig wirksamen – dabei aber leider meist trivialen – Maßnahmen bereit.

Nach dem Gesetz 1973 werden die Ausgaben der Ministerien und sonstigen obersten Wirtschaftsbehörden (vedomstva) nicht nur wie bisher aus den diesen zugeteilten Haushaltsmitteln (budžetnye assignovanija), sondern auch aus den Zentralfonds bestritten[715]. Die Aufwendungen der Unternehmen können nach dem neuen Recht nicht nur aus den allgemeinen, für die Produktion bestimmten Umlauffonds, sondern auch aus den „Fonds der Unternehmen" finanziert werden. Dabei kann es sich nur um den Entwicklungsfonds der Unternehmen (fond razvitija proizvodstva) handeln[716]. Nach dem neuen System besteht hinsichtlich der Finanzierung mithin kein prinzipieller Unterschied zwischen der Entwicklung und Verwertung der Erfindungen und Rationalisierungsvorschläge einerseits und der sonstigen neuen Technologien andererseits. Damit entfällt der Anreiz für die Unternehmen, um die Erfindungen, die fortschrittlichsten neuen Lösungen, „herum" zu innovieren. Die Unternehmen brauchen nicht mehr die für die Produktion bestimmten Mittel anzugreifen und die Erreichung des Planziels zu gefährden, sondern können zunächst die im Entwicklungsfonds gebundenen Gewinnrückstellungen in Anspruch nehmen. Zugleich sind die für das Erfindungs- und Vorschlagswesen verfügbaren zentralen Mittel erheblich vermehrt. Damit ist eine angemessenere Verteilung der Inventions- und Innovationskosten möglich.

V. Anreize zur Invention und Innovation

Das Sowjetrecht hat für alle Phasen des technischen Wandels ein kompliziertes System materieller Anreize eingerichtet. Wir wenden uns zuerst den Anreizen zu, die an Unternehmen und Organisationen gerichtet sind. Hier sind die Anreize zur Invention, zur Dissemination neuen Wissens und zur Innovation voneinander zu scheiden. Sodann sollen die Anreize dargestellt werden, die sich an Individuen oder an Kollektive innerhalb der Unternehmen und Organisationen richten. Dabei gilt es die Anreize, durch die allgemeine Kennziffern des Unternehmenserfolgs wie Rentabilität (rentabel'nost') oder Gewinn (pribyl') in die Ebene individueller Motivation übersetzt werden, abzuheben von den besonderen Leistungsanreizen im Bereich der Invention, der Verbreitung neuen Wissens und der Innovation.

---

[715] G 1973, § 100.

[716] Das wird in der hierzu vorliegenden Literatur allerdings noch nicht klar ausgesprochen. Vgl. DORKIN, Novoe zakonodatel'stvo 17; NAZAROV, Izobretenijam – širokuju dorogu: V. I. 1974, Nr. 1, 20, 23. Es ist denkbar, daß die genannten Fonds erweitert und ihrer neuen Zweckbestimmung gemäß umbenannt werden.

Innovation ist das Ziel aller Forschungs- und Entwicklungsanstrengungen. Unternehmen werden durch die Chance, ihre Erfolgskennziffern zu erhöhen, bewogen, F & E-Aufträge zu vergeben oder selbst Forschung zu betreiben. Die Innovationsanreize üben so einen „demand-pull"-Effekt auf die früheren Phasen des Neuerungsprozesses aus. Die Individualanreize schließlich sind, da der „freie" Erfinder in der Sowjetunion eine noch erheblich geringere Rolle spielt als im Westen[717], weithin den Zielen der Einzelwirtschaften untergeordnet.

1. *An Unternehmen und Organisationen gerichtete Anreize*

a) Innovationsanreize

Ein unspezifischer Innovationsanreiz geht von der einzelwirtschaftlichen Rechnungsführung aus (chozrasčet). Die Unternehmen werden so veranlaßt, die in ihre operative Verwaltung überstellten Produktionsmittel (Grund- und Umlauffonds) und ihren Lohnfonds effizient – d. h. im Sinne der Maximierung ihrer Zielfunktion – zu kombinieren. Sie sind deshalb an faktorsparenden Innovationen interessiert[718].

Die Wirtschaftsreform 1965 machte, wie wir sahen, den Gewinn zum wichtigsten Erfolgsindikator der Unternehmen[719]. Dadurch ist gewährleistet, daß sich Innovationen, die im Wege der Einsparung von Grund- und Umlauffonds oder der Erhöhung der Arbeitsproduktivität den Gewinn erhöhen, unmittelbar zugunsten der Unternehmen auswirken.

Die systemimmanente Beschränktheit der einzelwirtschaftlichen Rechnungsführung und des Gewinnindikators als Innovationsanreize ist leicht zu erkennen. Sie stand und steht noch immer im Brennpunkt der westlichen Kritik[720]. Solange die Wirtschaftsplanung noch immer Art und Quantität des output weitgehend vorschreibt, stimulieren der Chozrasčet und das Gewinnprinzip nur Prozeßinnovationen, nicht aber Produktinnovationen. Die „schöpferische

---

[717] Vgl. unten N. 9 und 11 (Dritter Teil).

[718] In der westlichen wirtschaftswissenschaftlichen Literatur steht die Frage im Vordergrund, ob die von den Unternehmen zu treffende Wahl unter verschiedenen Technologien (choice of technology) bei dem System der direkten – nicht über einen Markt vermittelten – Zuteilung von Grundfonds *gesamtwirtschaftlich* effizient ist. Dazu BERGSON, The Economics of Soviet Planning 160 f., 255 f., 268 f.; NUTI, Material Incentive Schemes and the Choice of Techniques in Soviet Industry: Australian Economic Papers (Dec. 1966) 183 ff.; allgemein zum Problem der einzelwirtschaftlichen Anreizstruktur in der Sowjetwirtschaft BERLINER, Factory and Manager in the USSR (1957).

[719] § 14 Verordnung über das sozialistische staatliche Produktionsunternehmen (oben N. 672). Freilich unterliegt der erwirtschaftete Gewinn – was nicht nachdrücklich genug betont werden kann – grundsätzlich nicht der Verfügung der Unternehmen: er ist bloßer Erfolgsindikator der unternehmerischen Tätigkeit. Lediglich ein gewisser Bruchteil des Gewinns wird besonderen Fonds der Unternehmen zugeführt, aus denen Investitionen und eine Reihe sozialer und kultureller Einrichtungen finanziert werden können, dazu unten S. 275 f.

[720] Vgl. etwa GROSSMAN, Knowledge 118 ff.

Zerstörung" durch revolutionäre Produktinnovationen, in denen SCHUMPETER das Bewegungsgesetz des Kapitalismus zu erkennen glaubte, ist so nicht in Gang zu bringen. Die starre Planung verhindert zudem langfristig wirksame, kostspielige und grundlegende Innovationen, deren Früchte nicht in der laufenden Planperiode (und während der Laufzeit der kurzfristigen Bankkredite) geerntet werden können. Sowjetische Unternehmen verzetteln so vielfach ihr Innovationspotential. Radikale Neuerungen können sich selbst dann, wenn sie erstmals in der Sowjetunion erarbeitet worden sind, nur schwer in der wünschenswerten Breite durchsetzen. So kommt es zu einem übergroßen technologischen Gefälle zwischen den Lieblingskindern der Sowjetführung, etwa der Waffen- und Raumfahrtindustrie, und den zivilen Industrien. Der Inseminationseffekt (oder spin-off) der technologisch dynamischen Bereiche, den insbesondere Verteidiger hoher Rüstungsausgaben im Westen hervorgekehrt haben[721], wird stark gehemmt.

Die Sowjetunion sucht die Lösung dieser Probleme in der Reform des Kreditwesens und der Preisbildung und in der zunehmenden Dezentralisierung der Investitionsentscheidungen. Die Kreditreform, die es den Unternehmern gestatten soll, Innovationskosten aus der laufenden Planperiode hinauszuverlagern, haben wir schon im Zusammenhang mit der Finanzierung des technischen Fortschritts erörtert[722]. Das immer stärkere Hervortreten der synthetischen Kennziffern des Gewinns und der Rentabilität vor die quantitativen und deskriptiven Kennziffern der bisher vorherrschenden Naturalplanung erweitert die Investitionsfreiheit der Unternehmen. Sie können nun freier unter substituierbaren Produkten und Produktqualitäten wählen. Die Wirtschaftsreform setzte im Konsumgüterbereich die Kennziffer des Umsatzes an die Stelle der Ausbringung. Die Unternehmenstätigkeit wird so an die Nachfrage der Verbraucher gekoppelt. Die Unternehmen können, wie wir sahen, veraltete Produkte durch neue ersetzen, wenn die Nachfrage der Verbraucher damit besser befriedigt wird; die Zustimmung der übergeordneten Behörde ist nur bei den wichtigsten Produkten erforderlich, deren Quantität und Qualität noch immer zentral geplant wird[723].

Unmittelbar auf die Verbesserung der Produktinnovation zielt auch die Preisreform des Jahres 1965[724]. Der Großhandelspreis (optovaja cena) neuer Erzeugnisse wird so festgesetzt, daß der „ökonomische Effekt" der Innovation zwischen Hersteller und Verbraucher in der Weise verteilt wird, daß der Her-

---

[721] Siehe aber die skeptische Beurteilung bei GALBRAITH, Die moderne Industriegesellschaft 322 N. 9.

[722] Oben S. 267 f.

[723] § 24 Verordnung über das sozialistische staatliche Produktionsunternehmen (oben N. 672), dazu LAPTEV, Kommentarij 92.

[724] SEDLOV, Stimulirovanie techničeskogo progressa – ryčag povyšenija ėffektivnosti obščestvennogo proizvodstva: V. I. 1973, Nr. 10, 4; TORKANOVSKIJ, in: LAPTEV u. a., Chozjajstvennoe pravo 200; DOZORCEV, Pravovoj režim 135.

steller einen Anreiz hat, das neue Produkt herzustellen und der Verbraucher veranlaßt wird, es nachzufragen. In der Regel sollen 30 bis 50 Prozent des verteilungsfähigen „ökonomischen Effekts" einer Neuerung dem Hersteller zugute kommen. Der ökonomische Effekt einer Produktinnovation bestimmt sich als die Differenz zwischen dem Preis, bei dem ein Unternehmen in der Lage ist, das neue Produkt serienmäßig herzustellen, ohne seine Rentabilität negativ zu beeinflussen, und der ihm gerade einen marginalen Anreiz zu der Innovation bietet, und demjenigen Preis, bei dem das bisherige Produkt und das technologisch bessere Produkt für den Verbraucher gleich vorteilhaft sind[725].

Dieses Verfahren paßt freilich nicht auf den Fall grundsätzlich neuer Produkte, die nicht nur vorhandene Erzeugnisse durch bessere substituieren. Bevor hier ein Preis festgestellt werden kann, bei dem es für den Verbraucher indifferent ist, ob er das neue Produkt besitzt oder nicht, muß dieses zunächst einmal in die Wirtschaft gelangt sein. Es werden deshalb zuerst vorläufige Großhandelspreise festgesetzt, denen die planmäßigen Faktorkosten (planovaja sebestoimost') für das erste Jahr der Serienproduktion und ein Zuschlag von bis zu 10 Prozent zur Deckung der opportunity costs der Innovation zugrundegelegt werden. Ist das neue Produkt nach einiger Zeit eingeführt, dann werden der verteilungsfähige „ökonomische Effekt" und die endgültigen Preise ermittelt[726].

Sogenannte gestufte (stupenčatye) oder bewegliche (podvižnye) Preise, die in einzelnen Industriezweigen angewendet werden, bezwecken, die Imitation von Produktinnovationen zu beschleunigen. Zugleich mit dem Preis für das technologisch überlegene Produkt werden für die veralteten Produkte mit dem Zeitablauf fortschreitende Preissenkungen festgesetzt[727].

Der Einsatz des Preissystems als Anreiz zur Innovation ist in der letzten Zeit an seine offenbaren Schranken gestoßen. Preisveränderungen erfordern ein sehr umständliches Verfahren, in dem die Produktionskosten ebenso wie der Nutzenzuwachs für den Verbraucher zentral ermittelt werden müssen. Da diese zentralisierte Prüfung naturgemäß nur Näherungswerte liefert, kommt es oft vor, daß die Unternehmen neue Produkte in den Verkehr bringen, die technisch noch nicht voll ausgereift sind. Häufig kommt es auch vor, daß die Industrie einem technologischen Fetischismus erliegt und neue, technologisch aufwendige Produkte erzeugt, obwohl der Masse der Nachfrager damit gar nicht gedient ist. Es zeichnet sich daher eine Tendenz ab, die Preispolitik sparsamer als Innovationsanreiz einzusetzen[728]. FROLOV, der Präsident des Staatlichen Preiskomitees beim Ministerrat, schlägt neuerdings vor, statt der Preispolitik

---

[725] Methodik der Bestimmung der Preise für neue Produkte produktionstechnischer Bestimmung, veröffentlicht vom Staatlichen Preiskomitee beim Gosplan der UdSSR am 24. 6. 1969, Ėkonomičeskaja Gazeta 1969, Nr. 31, zit. nach SEDLOV aaO, 7.

[726] SEDLOV aaO, 7.

[727] SEDLOV aaO, 7; TORKANOVSKIJ, in: LAPTEV u. a., Chozjajstvennoe Pravo 201.

[728] FROLOV, Pravovoe regulirovanie optovych cen: SGiP 1974, Nr. 7, 19 ff.

das Instrument der Transferzahlungen aus den Zentralfonds großzügiger anzuwenden[729]. Dabei wäre dann eine weitere Reform am Platz. Gegenwärtig werden die Zahlungen aus den Zentralfonds nicht dem Wert der Produktion zugerechnet, nach dem sich der Gewinn der Unternehmen berechnet. Wenn die Innovationskosten durch Preiserhöhungen internalisiert werden, steigt der Wert der Produktion und mit ihm der Gewinn. Dies veranlaßt die Unternehmen, eher Preiserhöhungen zu verlangen, als die Zentralfonds zu beanspruchen. Frolov schlägt als Abhilfe vor, auch die Transferzahlungen der unternehmerischen Wertschöpfung rechnerisch zuzuschlagen[730].

Für die Zwecke dieser Arbeit ist die Feststellung von Interesse, daß das staatliche Preiskomitee Preiserhöhungen nur auf der Grundlage einer wirtschaftlichen Bewertung der Qualität und der Leistungen eines technologisch neuen Erzeugnisses gewährt. Ob Erfindungen in das Objekt der „neuen Technik“ (novaja technika) eingegangen sind, ist dabei gleichgültig. Vorschläge, die demgegenüber darauf zielten, die Verwertung von Erfindungen zum entscheidenden Kriterium der Preispolitik zu machen, wurden ausdrücklich abgewiesen[731]. Wirtschaftlich gesehen, ist das durchaus sinnvoll. Der wirtschaftliche Nutzen eines neuen Produkts steht in keinem unmittelbaren Zusammenhang mit der Menge der in dem Produkt ausgeführten Erfindungen. Deswegen ist – wie wir oben sahen – die Einführung von Erfindungen auch nicht Gegenstand eines bindenden Plans, sondern nur rechtlich unverbindlicher Empfehlungen. Und aus demselben Grund gibt es auch keine rechtlichen Anreize für die Einführung von Erfindungen. Andererseits hat es sich gezeigt, daß das Recht der neuen Technik nicht ausreicht, technisch hochstehende Erzeugnisse in der gewünschten Art und Menge hervorzubringen. Die technologischen Ziele der Sowjetwirtschaft, das Ideal der sowjetischen Technologiepolitik, werden dabei offensichtlich nicht von Informationen abgeleitet, die innerhalb des sowjetischen Wirtschaftssystems erzeugt werden, sondern vom Stand der Welttechnik (mirovaja technika) und von der Nachfragestruktur auf dem Weltmarkt. Die Wettbewerbsfähigkeit (konkurentosposobnost') der sowjetischen Industrieproduktion auf dem Weltmarkt liegt der Sowjetführung nicht bloß aus ideologischen, sondern auch aus wirtschaftlichen Gründen am Herzen[732]. Daraus ergibt sich das Dilemma, daß der Sowjetwirtschaft Leistungen abverlangt werden müssen, die von ihrer Formalstruktur allein nicht erbracht werden können. Wie stets in solchen Fällen, nimmt die Sowjetführung ihre Zuflucht in informellen Anreizsystemen, nämlich zur ideologischen Agitation, zu „Produktionskam-

---

729 Frolov aaO, 23.

730 Frolov aaO, 23.

731 Dozorcev, Pravovoj režim 136. Siehe aber neuerdings wieder Pečatnikov/Kraijtman, Otraženie patentno-pravovych pokazatelej v optovoj cene izdelija: V. I. 1973, Nr. 12, 9 ff.

732 Vgl. etwa Maksarev, Toržestvo Leninskich 7.

pagnen“ oder – allgemein gesprochen – zum „sozialistischen Wettbewerb“ (sorevnovanie)[733].

Jährlich wird ein Allunionswettbewerb (smotr) für die Verwertung von Erfindungen und Rationalisierungsvorschlägen veranstaltet. Er wird von den Gliederungen der Gewerkschaften, der Allunionsvereinigung der Erfinder und Rationalisatoren und den staatlichen Wirtschaftsbehörden gemeinsam organisiert. Wettbewerber sind nicht die Unternehmen, sondern die in diesen schaffenden Kollektive. Die Sieger erhalten Prämien, Medaillen, Ehrentitel und so fort. Erfolgskriterien sind die Erfüllung des Plans der wissenschaftlichen und technischen Arbeiten und der Verwertung wissenschaftlicher und technischer Errungenschaften, die Summe der durch die Anwendung von Erfindungen und Rationalisierungsvorschlägen pro Kopf der Belegschaft erzielten Ersparnis, der Anteil der auf Erfindungen entfallenden Faktoreinsparung, die Zahl der an die Belegschaftsangehörigen erteilten Urheberscheine und viele andere Gesichtspunkte[734].

b) Anreize zur Erzeugung und Verbreitung neuer Technologien

Die einzelwirtschaftliche Rechnungsführung der Unternehmen und die vom Preissystem ausgehenden Innovationsanreize stimulieren mittelbar auch die Erzeugung und Verbreitung neuen technischen Wissens. Gewinnchancen motivieren die Unternehmensleitungen, Forschung zu betreiben, Forschungsaufträge zu vergeben und Know-how von anderen Unternehmen zu erwerben.

Der Chozrasčet und das Gewinnprinzip wirken auch auf die Anbieter neuer Technologien als Anreiz. Diejenigen F & E-Institutionen, die jüngst den Produktionsunternehmen rechtlich gleichgestellt wurden, haben ein Gewinninteresse daran, ihren Plan (den Plan der wissenschaftlichen und technischen Forschungsarbeiten) zu erfüllen und die ihnen erteilten Forschungsaufträge ordentlich auszuführen. F & E-Institutionen erhalten für Auftragsforschung zusätzlich zu dem Arbeitswert der F & E 1,5 Prozent des in einem Jahr beim Empfängerunternehmen erzielten ökonomischen Effekts der Forschungsresultate als Entgelt[735]. Verträge über die Weitergabe von Know-how gestatten es, wie wir sahen, den Unternehmen und F & E-Institutionen nicht nur, die Unkosten des Know-how-Transfers abzuwälzen, sondern auch einen gewissen Gewinn zu erwirtschaften[736]. Als ein besonderer Forschungsanreiz ist vorgesehen, daß Unternehmen, die Forschungsprojekte von gesamtwirtschaftlicher oder indu-

---

[733] Hierzu Tarasov, Sorevnujutsja novatory Moskvy: V. I. 1973, Nr. 6, 3 ff.; Sofonov, Socialističeskoe sorevnovanie i izobretatel'stvo: V. I. 1975, Nr. 6, 3 ff.

[734] Verordnung (položenie) über den gesellschaftlichen Allunionswettbewerb zur Verwertung von Erfindungen und Rationalisierungsvorschlägen in der Volkswirtschaft, bestätigt durch Verfügung (postanovlenie) des Sekretariats des V. C. S. P. S. (Allunionszentralrat der Gewerkschaften) vom 29. 5. 1974, abgedr. in V. I. 1974, Nr. 12, 52 ff.

[735] Veneckij, Dogovory 59 f.; Klebaner, Važnye rešenija 12.

[736] Siehe oben S. 258.

strieller Bedeutung durchführen, und F & E-Institutionen von der Pflicht zur Verzinsung ihrer Grundfonds (plata za fondy) freigestellt werden können. Die Entscheidung wird von dem jeweiligen Branchenministerium oder dem Ministerrat der jeweiligen Unionsrepublik im Einvernehmen mit dem Finanzministerium der UdSSR getroffen[737].

1967 wurde ein besonderer Anreiz zur Hervorbringung patentfähigen und im Ausland verwertbaren neuen Wissens geschaffen[738]. 50 Prozent der Deviseneinnahmen aus Lizenzgeschäften fließen einem Sonderfonds des Ministeriums zu, in dessen Bereich die Erfindung gemacht wurde. 30 Prozent dieses für die Beschaffung ausländischer Literatur, Ausrüstungen oder Lizenzen bestimmten Spezialfonds stehen dem Unternehmen oder Forschungsinstitut zur Verfügung, das die Erfindung hervorgebracht hat.

2. *Anreize für den Einzelnen*

a) Anreizsysteme, die an die allgemeinen Erfolgsindikatoren der Unternehmenstätigkeit anknüpfen

Bei den Unternehmen werden besondere Fonds gebildet, aus denen Prämien und Sozialleistungen aller Art für die Arbeitnehmer bestritten werden. Unternehmen, die bereits dem reformierten System der Planung und materiellen Stimulierung unterliegen, führen einen bestimmten Teil des Gewinns in einen Fonds der materiellen Stimulierung (fond material'nogo poošcrenija), einen Fonds für soziale und kulturelle Maßnahmen und Wohnungsbau (fond social'no-kul'turnych meroprijatij i žiliščnogo stroitel'stva) und in den bereits erwähnten Fonds für die Entwicklung der Produktion (fond razvitija proizvodstva) ab. Bezugsgröße für den abzuführenden Gewinnanteil ist die Lohnsumme (der Lohnfonds)[739].

Ermöglichen Preissteigerungen für technologisch neue oder verbesserte Produkte zusätzlichen Gewinn, so fließt ein Teil dieses Gewinns in den Fonds der materiellen Stimulierung und den Fonds für soziale und kulturelle Maßnahmen und Wohnungsbau, die gemeinhin unter dem Oberbegriff der „Anreizfonds" (poošcritel'nye fondy) zusammengefaßt werden. Wie der verfügbare Gewinn auf die Anreizfonds einerseits und den Entwicklungsfonds andererseits verteilt wird, hängt von dem relativen Gewicht ab, das den neuen Produkten im Produktionsprogramm des Unternehmens insgesamt zukommt. Je größer der Anteil der neuen Produkte ist, desto höhere Gewinnanteile entfallen auf die

[737] TORKANOVSKIJ, in: LAPTEV u. a., Chozjajstvennoe pravo 203, der eine – mir nicht zugängliche – Verordnung des Ministerrats vom 10. 8. 1967, S. P. 1967, Nr. 20, Ziff. 142, angibt.

[738] SAVIČEV 91, der auf eine – mir nicht zugängliche – Verordnung des Ministerrats der UdSSR „Über Maßnahmen zur Verbesserung der Arbeit auf dem Gebiet des Patent- und Lizenzwesens (patentno-licenzionnaja rabota) im Lande", Ėkonomiceskaja Gazeta 1967, Nr. 33, verweist.

[739] Vgl. z. B. LAPTEV, Kommentarij 47.

Anreizfonds. Im Einzelfalle können bis zu 50 Prozent des verfügbaren Gewinns in die Anreizfonds eingestellt werden[740]. Diese Fonds werden entweder in der Form von Prämien an die Arbeitnehmer ausgeschüttet oder sie werden zur Bereitstellung von Sozialleistungen verwendet (Wohnungsbau, Sporteinrichtungen, Kindergärten und Kindertagesstätten, Erholungsheime, ärztliche Einrichtungen)[741].

Unternehmen, die noch nicht auf das neue System der Planung und materiellen Stimulierung umgestellt sind, dürfen einen Teil ihres Gewinns in einen einheitlichen „Unternehmensfonds" (fond predprijatija), der auch „Fonds des Direktors" genannt wird, einstellen. Dieser Fonds muß zu 40 Prozent für Wohnungsbau und soziale Einrichtungen ausgegeben werden. Wenigstens 20 Prozent sind zur Finanzierung der Innovation aufzuwenden. Der Rest kann unmittelbar an die Arbeitnehmer ausbezahlt werden[742].

Für den Umfang des Unternehmensfonds gelten bestimmte Höchstsätze. Normalerweise dürfen dem Unternehmensfonds nicht mehr als ein 5,5 Prozent des jährlichen Lohnfonds entsprechender Anteil des Plangewinns (planovaja pribyl') zugeführt werden. Werden mehr als 25 Prozent des Produktionsprogramms als technisch modern qualifiziert, so kann der maßgebliche Prozentsatz auf 7 erhöht werden[743].

Im Rahmen dieser Höchstsätze führen die Unternehmen 10 Prozent[744] desjenigen Plangewinns oder der Faktoreinsparnis (sniženie sebestoimosti), die durch die Herstellung technisch neuer oder verbesserter Produkte im ersten Jahr der Serienproduktion erzielt werden, in den Unternehmensfonds ab. Wird der Gewinnplan oder der Plan zur Herabsetzung der Faktorkosten übererfüllt, so dürfen 30 bis 60 Prozent dieses Gewinns oder dieser Ersparnis in den Unternehmensfonds eingestellt werden[745].

Auch in den F & E-Institutionen werden seit der Wirtschaftsreform Anreizfonds gebildet. 50 bis 60 Prozent der von den Abnehmerunternehmen für Vertragsforschung zu leistenden Gewinnübertragungen fließen dem Fonds der materiellen Stimulierung zu und können als Prämien an das Personal ausgeschüttet werden[746].

---

[740] Torkanovskij, in: Laptev u. a., Chozjajstvennoe pravo 202.

[741] Laptev, Kommentarij 47–49.

[742] Verordnung des Ministerrats der UdSSR vom 4. 2. 1961 „Über den Fonds der Unternehmen für die Verbesserung der kulturellen und Lebensbedingungen (kul'turnobytovye uslovija) der Mitarbeiter und die Vervollkommnung der Produktion", S. P. 1961, Nr. 2, Ziff. 11. Dazu Laptev, Kommentarij 44; Krasnopol'skij, in: Boguslavskij u. a., Pravovye voprosy 386 ff.

[743] Im einzelnen Laptev, Kommentarij 45; Torkanovskij, in: Laptev u. a., Chozjajstvennoe pravo 204 f.

[744] In der chemischen und Mineralöl verarbeitenden Industrie 15 Prozent.

[745] Laptev, Kommentarij 45.

[746] Sojfer, Stimulirovanie rabotnikov za razvitie novoj techniki (1971) 40 f.; Torkanovskij, in: Laptev u. a., Chozjajstvennoe pravo 207.

Für Prämienzahlungen kann auch der zentral zugeteilte Lohnfonds eingesetzt werden. Der Direktor der Unternehmen und Forschungseinrichtungen hat große Freiheit bei der Ausgestaltung einer anreizwirksamen Lohnstruktur. Er sucht dabei regelmäßig die Billigung der örtlichen Partei- und Gewerkschaftsgliederungen. Sonderleistungen aller Art, mithin auch im Bereich des technischen Fortschritts, dürfen besonders vergütet werden (premial'naja sistema oplaty truda)[747].

b) Individualanreize für die Erzeugung, Verbreitung und Verwertung neuer Technologie

1964 wurde ein besonderes Prämiensystem für Sonderleistungen bei der Hervorbringung und Einführung „neuer Technik" (premii za sozdanie i vnedrenie novoj techniki) eingeführt[748]. Die Reformmaßnahmen des Jahres 1965 haben hieran nichts geändert. Bei den Unternehmen wird ein besonderer Prämienfonds (premial'nyj fond) gebildet. Die Höhe der Einstellungen bewegt sich zwischen 0,2 und 1,0 Prozent des jährlichen Lohnfonds; sie werden rechnerisch als Teil der Faktorkosten der Produktion (sebestoimost') behandelt. Der in den Prämienfonds einzustellende Anteil des Lohnfonds ist in den technologisch aktivsten Schlüsselindustrien, etwa in der chemischen oder der Maschinenindustrie, am höchsten und in den technologisch reifen Industrien, etwa im Bergbau, geringer. 50 bis 70 Prozent des Prämienfonds sind an die Ministerien zu übertragen, die zentrale Prämienfonds bilden (central'nyj fond premirovanija)[749].

In den Forschungseinrichtungen der Wirtschaft fließen 4 bis 8 Prozent (im Bereich der Chemie und der chemischen Verfahrenstechnik: 6 bis 10 Prozent) des Lohnfonds in den Prämienfonds. Die Hälfte dieser Mittel wird bei den Ministerien zusammengefaßt[750].

Die zentralen Prämienfonds der Ministerien dienen der Förderung von Technologien, die in die Pläne der „neuen Technik" (plany novoj techniki) der Union, der Unionsrepubliken oder der einzelnen Industriezweige aufgenommen sind. Die Prämienfonds der Unternehmen und Forschungseinrichtungen dagegen werden für die Stimulierung von technischen Fortschritten verwendet, die auf der einzelwirtschaftlichen Ebene geplant werden[751].

---

[747] Sojfer, Stimulirovanie 124–174; Krasnopol'skij in: Boguslavskij u. a., Pravovye voprosy 412 f.; Orlov, Zakonodatel'stvo o trude i techničeskij progress (1965) 95.

[748] Verordnung (postanovlenie) des Obersten Volkswirtschaftsrats der UdSSR vom 25. 8. 1964. „Über die Verbesserung des Systems der ökonomischen Stimulierung der Unternehmen und über die Erhöhung der materiellen Interessiertheit der Mitarbeiter an der Entwicklung und Einführung neuer Technik", S. P. 1964, Nr. 15, Ziff. 105. Dazu ausführlich Sojfer, Stimulirovanie 6 ff.

[749] Zum Ganzen Sojfer, Stimulirovanie 35 f.; vgl. auch Torkanovskij, in: Laptev u. a., Chozjajstvennoe pravo 205.

[750] Sojfer aaO, 36 f.

[751] Sojfer aaO, 36; Torkanovskij, in: Laptev u. a., Chozjajstvennoe pravo 205.

Die Bemessung der Prämien und die Modalitäten ihrer Auszahlung sind in einer besonderen Verordnung geregelt[752]. Hat die „neue Technik" einen quantifizierbaren ökonomischen Effekt, der in der Erhöhung der Arbeitsproduktivität oder in der Einsparung von Grund- und Umlauffonds zum Ausdruck kommt, so ist dieser für die Höhe der Prämiensumme maßgebend. Bei einem ökonomischen Effekt von bis zu 10 000 Rubeln jährlich beläuft sich die Prämiensumme auf 6 Prozent dieses Betrags; auch über mehrere Jahre hinweg darf der Betrag von 2 000 Rubeln nicht überschritten werden. Beträgt der ökonomische Effekt mehr als 5 Millionen Rubel im Jahr, so stehen 0,5 Prozent dieses Betrags für Prämien zur Verfügung; hier beläuft sich der Höchstbetrag auf 200 000 Rubel[753].

Entzieht sich der Nutzeffekt einer Technologie der wirtschaftlichen Quantifizierung, wie es bei der Sicherheitstechnik, bei theoretischen Entwicklungen oder beim ästhetischen Design der Fall ist, so ist vorgeschrieben, daß die Prämiensumme 20 Prozent des plangemäß auf diejenigen Personen, die mit der Entwicklung oder Verwertung der betreffenden Technologie befaßt sind, entfallenden Lohnfonds nicht überschreiten darf[754].

Dieses Prämiensystem erstreckt sich auf alle Phasen des technischen Fortschritts von der Grundlagenforschung bis hin zur Serienreife. Die Prämien

[752] Verordnung (položenie) des Staatskomitees des Ministerrats der UdSSR für Arbeits- und Lohnfragen „Über die Prämierung der Unternehmen und Organisationen für die Entwicklung und Einführung neuer Technik" vom 26. 12. 1964, Bjulleten' Gosudarstvennogo Komiteta Soveta Ministrov SSSR po voprosam Truda i Zarabotnoj Platy 1970, Nr. 2, 7 f. (mit allen nachträglichen Novellierungen neu veröffentlicht).

[753] Im einzelnen bemessen sich die Prämien nach folgender Tabelle:

In 1 Jahr erzielter ökonomischer Effekt	Höhe der Prämie in Prozent des ökon. Effektes
bis 10 000	von 6–25, mindestens 2 000 R.
10–20 000	von 5–20, mindestens 3 400 R.
20–50 000	von 4–17, mindestens 6 000 R.
50–100 000	von 3–12, mindestens 10 000 R.
100–500 000	von 2–10, mindestens 35 000 R.
500 000–2 Mio	von 1–7, mindestens 80 000 R.
2–5 Mio	von 0,7–4, mindestens 150 000 R.
darüber	von 0,5–3, mindestens 200 000 R.

(Aus Sojfer, Stimulirovanie 43)

[754] Sojfer, Stimulirovanie 45.

werden nach Abschluß jeder unterscheidbaren Phase berechnet und ausbezahlt. So wird hier ein gewichtiger Mangel vermieden, der dem System der Erfindervergütung anhaftet: daß der Erfinderlohn – sieht man einmal von der relativ geringfügigen Erfinderprämie[755] ab, die nach dem neuen Recht sofort nach der Erteilung des Schutzrechts fällig wird – erst nach der Einführung der Erfindung in die Volkswirtschaft ausbezahlt werden kann[756].

Die Prämiensumme wird zunächst nicht einzelnen Arbeitnehmern, sondern dem mit einer Entwicklung oder Innovation beschäftigten Kollektiv ausbezahlt. Innerhalb des Kollektivs wird die Prämiensumme an die Einzelnen nach ihrem Leistungsbeitrag verteilt. Niemand darf in einem Jahr mehr an Prämien erhalten als den dreifachen – in der chemischen, Mineralöl verarbeitenden und Maschinenindustrie den sechsfachen – Betrag seines Grundlohns[757].

Die Prämien für Universitätsangehörige werden dem Zentralfonds desjenigen Ministeriums entnommen, dem das Unternehmen unterstellt ist, welches Forschungs- und Entwicklungsarbeiten in Auftrag gegeben hat[758].

In den Forschungseinrichtungen und Ingenieurbüros der elektrotechnischen Industrie wird gegenwärtig in einem Großversuch ein neues Anreizsystem erprobt, das für die weitere Entwicklung des Sowjetrechts richtungsweisend werden könnte[759]. Das Neue dieses Systems liegt darin, daß auf ein besonderes Anreizsystem für die Durchführung des technischen Fortschritts verzichtet wird. Statt eines starren, von der Höhe des Lohnfonds abhängigen Prämienfonds wird ein Fonds für Wissenschaft und Technik gebildet (fond nauki i techniki), in den die Bestellerunternehmen einen Teil des durch die Verwertung gelieferter F & E-Resultate erzielten Gewinns abführen müssen. Dieser Fonds kann außer für Prämienzahlungen auch für die Finanzierung außerplanmäßiger Investitionen verwendet werden. Dadurch wird zweierlei erreicht. Der Gewinn als der entscheidende Erfolgsindikator der Unternehmen wird einmal unmittelbar auch für die F & E-Einrichtungen wirksam gemacht: Der Erfolg der Zulieferer von Technologie wird an den der Abnehmer gekoppelt. Zum anderen wird den F & E-Einrichtungen die Wahl zwischen einer kurzfristigen und einer langfristigen Maximierung der Prämieneinkommen eröffnet.

Es gibt eine beträchtliche Zahl weiterer – speziellerer – Prämiensysteme. Unmittelbar aus dem Staatshaushalt werden zum Beispiel Prämien für die Lösung der wichtigsten wissenschaftlichen Probleme, für die Synthese neuer

---

[755] Vgl. oben S. 191.

[756] Vgl. Sojfer, Stimulirovanie 46–48.

[757] Sojfer aaO, 52.

[758] Sojfer aaO, 38.

[759] Dieses Anreizsystem wurde durch die Verordnung des Ministerrats der UdSSR vom 24. 9. 1968 „Über Maßnahmen zur Erhöhung der Effektivität der Arbeit der wissenschaftlichen Organisationen und zur Beschleunigung der Verwertung von Errungenschaften der Wissenschaft und Technik in der Volkswirtschaft", S. P. 1968, Nr. 18, Ziff. 122 eingeführt. Vgl. hierzu Sojfer, Stimulirovanie 40; Torkanoskij, in: Laptev u. a., Chozjajstvennoe Pravo 206.

chemischer Stoffe oder für die Entwicklung hocheffektiver technischer Verfahren vergeben. Der Staat prämiert ferner unmittelbar bedeutende Leistungen auf dem Gebiet der Agronomie oder der Verwaltung der Wasser- und Holzvorräte[760]. Wir versagen uns hier die Darstellung der Einzelheiten.

Personen, die unmittelbar an der Übertragung von Know-how oder an der technischen Hilfe zwischen Unternehmen und Organisationen verschiedener Industriebranchen beteiligt sind, sowie die Angestellten der Informationszentren für die Übertragung hochwertiger (vysokokačestvennaja) technischer Information erhalten Prämien, die den Prämien für die Entwicklung und Einführung neuer Technologien weitgehend entsprechen[761]. Für die Höhe der Prämien ist der wirtschaftliche Effekt der übertragenen technischen Information maßgeblich; die Prämien dürfen aber 70 Prozent des Prämienbetrags, der für die Entwicklung oder die Einführung der jeweiligen neuen Technologien bezahlt wird, nicht übersteigen. Die höchsten Prämien sind für den Fall vorgesehen, daß die Weitergabe technischen Wissens zur Verwertung von Erfindungen führt. Wird Know-how an verschiedene Unternehmen übertragen, so wird die Prämie mehrmals fällig. Die Prämien werden aus den Prämienfonds der Ministerien und Unternehmen, aus dem Fonds der materiellen Stimulierung und – in den Forschungseinrichtungen, die an dem seit 1968 laufenden Großversuch teilnehmen – unmittelbar aus den an diese übertragenen Gewinnen bezahlt.

Zwischen den Prämien für die Entwicklung und Einführung neuer Technologien und den Prämien für die Beteiligung an der Weitergabe von technischem Wissen besteht ein gewichtiger Unterschied. Jene setzen voraus, daß die Verwertung der neuen Technologie zuvor in den Plan der neuen Technik oder in den Plan der organisatorischen und technischen Maßnahmen aufgenommen wurde; die Prämien für die Weitergabe von Know-how dagegen sind unabhängig davon, ob die Verwertung des Know-how geplant ist. Damit soll die Übertragung von solchem Know-how erleichtert werden, der für die Verwertung von Erfindungen erforderlich ist, die, wie wir sahen, meist nicht in diese Pläne aufgenommen wird[762].

c) Individualanreize für die Erzeugung, Verwertung und Verbreitung erfinderrechtlich geschützten Wissens

Hier haben die Erfindervergütung und die Vergütung der Urheber von Rationalisierungsvorschlägen und wissenschaftlichen Entdeckungen, über die

---

[760] Sojfer, Stimulirovanie 39.

[761] Vgl. die Verordnung des Ministerrats der UdSSR vom 27. 8. 1971 (oben N. 652); dazu Klebaner, Važnye resenija 13 f. Zu der Verordnung ist vom Staatskomitee des Ministerrats für Fragen der Arbeit und des Arbeitslohns gemeinsam mit dem Staatskomitee für Wissenschaft und Technik und dem Sekretär des Allunionszentralrats der Gewerkschaften eine offizielle Erläuterung veröffentlicht worden (abgedr. in V. I. 1974, Nr. 3, 63–64), der wir die Einzelheiten entnehmen.

[762] Vgl. Klebaner aaO, 14.

oben ausführlich gehandelt worden ist, ihren systematischen Ort. In seiner individualrechtlichen Funktion nimmt das Erfinderrecht im Komplex der Anreizsysteme mithin nur einen vergleichsweise bescheidenen Platz ein. An dieser Stelle ist nur noch auf diejenigen Anreize einzugehen, die nicht an die Urheber von Entdeckungen, Erfindungen und Rationalisierungsvorschlägen selbst, sondern an die Personen gerichtet sind, die nur mittelbar am Zustandekommen, an der Verbreitung oder an der Verwertung solcher schutzfähiger Neuerungen beteiligt sind.

Bereits der Erlaß des Jahres 1959 über die Vergütung für Entdeckungen, Erfindungen und Rationalisierungsvorschläge[763] sah Prämien für die Personen vor, die bei der Verwertung (vnedrenie) von Erfindungen oder Rationalisierungsvorschlägen mitwirken (premii za sodejstvie vnedreniju izobretenij)[764]. Die Unternehmen hatten Beträge in Höhe von 35 Prozent der Summen, die für die Verwertung der Erfindungen oder Rationalisierungsvorschläge an deren Urheber zu bezahlen sind, aus ihren Umlaufmitteln in einen besonderen Fonds (fond sodejstvija vnedreniju izobretenij) abzuführen[765]. Ein Zentralfonds wurde nicht gebildet. Wurde die Vergütung von einem Organ der Wirtschaftsverwaltung ausbezahlt, so hatte dieses zusätzlich 35 Prozent der Vergütungssumme an das Unternehmen zu übertragen, in dem die Erfindung oder der Rationalisierungsvorschlag verwertet wurde[766].

Die Prämien durften für den Einzelnen in einem Vierteljahr den Betrag von anderthalb Grundlöhnen nicht überschreiten[767]. Diese Bestimmung hatte die negative Nebenwirkung, daß die Innovation häufig über mehrere Quartale verteilt, also absichtlich verlangsamt wurde[768]. Als ein weiterer gewichtiger Fehler wurde es in der Literatur angesehen, daß der Erfinder selbst für seine Mitwirkung bei der Verwertung der Erfindung keine Prämie erhielt[769].

Aus dem Fonds für die Mitwirkung bei der Verwertung von Erfindungen und Rationalisierungsvorschlägen, aber auch aus anderen Anreizfonds (etwa dem Unternehmensfonds oder dem Fonds der materiellen Stimulierung) wurden auch Prämien für die Übertragung (perenos) technischen Wissens[770] außerhalb

---

[763] Siehe oben N. 306.

[764] Vgl. dazu die §§ 23–26 der offiziellen Erläuterung (ras"jasnenie) Nr. 2 des Komitees vom 10. 6. 1967 „Über die Bildung des Fonds und die Auszahlung der Prämien für die Mitwirkung an der Verwertung von Erfindungen und Rationalisierungsvorschlägen", V. I. 1967, Nr. 10, 56–58.

[765] Erlaß 1959, § 25.

[766] Vgl. dazu TORKANOVSKIJ, in: BOGUSLAVSKIJ u. a., Pravovye voprosy 458.

[767] Erlaß 1959, § 24.

[768] TORKANOVSKIJ, in: BOGUSLAVSKIJ u. a., Pravovye voprosy 466–468.

[769] TORKANOVSKIJ aaO; DOZORCEV, Puti 58.

[770] Nach dem G 1973 ist die Übertragung eines Verfahrens oder einer Vorrichtung unter bestimmten Umständen selbständig erfinderrechtlich geschützt (vgl. G 1973, § 21, und neuerdings PETROV, K voprosu ob ochranosposobnosti perenosa izvestnych techničeskich rešenij: V. I. 1976, Nr. 6, 26 ff.).

eines förmlichen Know-how-Vertrags sowie für die Mitwirkung bei der Verwertung solchen Wissens bezahlt. Dieses Prämiensystem hat nie größere Bedeutung erlangt[771].

Das Gesetz 1973 erweitert den Kreis der prämienfähigen Sachverhalte beträchtlich[772]. Prämien für die Mitwirkung beim Erfindungs- und Rationalisierungswesen (premii za sodejstviju izobretatel'stvu i racionalizacii) erhalten Personen, (1) die bei der Ausarbeitung von Erfindungen oder bei deren Anmeldung mitwirken, (2) die zu der Verwertung von Erfindungen und Rationalisierungsvorschlägen beitragen und (3) auf deren Initiative hin Erfindungen und Rationalisierungsvorschläge verwertet werden, die zuvor in anderen Unternehmen und Anstalten ausgeführt oder in der Presse veröffentlicht worden sind[773]. Dabei kommt es nicht darauf an, ob die Personen bei dem Unternehmen, in dem die Erfindung oder der Rationalisierungsvorschlag erarbeitet wurde oder verwertet wird, beschäftigt sind[774]. Die Erfinder und Urheber von Rationalisierungsvorschlägen selber sind von diesem Prämiensystem ausgeschlossen[775]. Die verfügbaren Mittel setzen sich künftig nicht nur aus 35 Prozent der als Erfindervergütung gezahlten Beträge, sondern zusätzlich aus 1,5 Prozent der Ersparnis zusammen, die durch Erfindungen oder Rationalisierungsvorschläge im ersten Jahr ihrer Verwertung erzielt wird[776]. Bei den Ministerien und obersten Wirtschaftsbehörden wird nun ebenfalls ein solcher Prämienfonds gebildet; in ihn sind 0,4 Prozent der erzielten Ersparnis einzustellen, die in den ihnen unterstellten Unternehmen erzielt wird[777]. Dieser Fonds wird an die bei diesen Behörden beschäftigten Personen ausgeschüttet[778].

Personen, die zu der Patentierung und Verwertung sowjetischer Erfindungen im Ausland beigetragen haben, erhalten ähnliche Prämien aus dem Lizenzerlös[779].

In der Literatur war die mangelhafte Abstimmung des erfinderrechtlichen Anreizsystems mit demjenigen des allgemeinen Rechts der „neuen Technik" beklagt worden[780]. Erfinder und Rationalisatoren sind von dem System der

---

771 Torkanovskij, in: Boguslavskij u. a., Pravovye voprosy 469–471.

772 G 1973, §§ 161–167. Dazu die Verordnung (položenie) des Staatskomitees beim Ministerrat der UdSSR für Arbeits- und Lohnfragen vom 15. 4. 1974 „Über das Verfahren der Prämierung für die Mitwirkung beim Erfinderwesen und bei der Rationalisierung sowie über die Verwendung der hierfür vorgesehenen Mittel", V. I. 1974, Nr. 8, 21–23.

773 G 1973, § 161, Nr. 1–3.

774 G 1973, § 162.

775 Verordnung vom 15. 4. 1974, § 3.

776 G 1973, § 164 Nr. 1; Verordnung vom 15. 4. 1974, § 4 Buchst. a.

777 G 1973, § 164 Nr. 2; Verordnung vom 15. 4. 1974, § 4 Buchst. b.

778 G 1973, § 163 II.

779 G 1973, § 166.

780 Vgl. vor allem Dozorcev, Puti 58; ders., Za čto platit' izobretatelju?: Izobretatel' i Racionalizator 1964, Nr. 8, 13 f.

Prämien für die Entwicklung und Einführung „neuer Technik“ ausgeschlossen. Obwohl Erfindungen meist nur ein einzelner Schritt in der langen Folge schöpferischer Fortschritte sind, die von der Grundlagenforschung zu serienreifen neuen Verfahren und Produkten hinführen, wird der Beitrag des Erfinders isoliert und dem ganz heterogenen System der Erfindervergütung unterstellt. Eine Prämie nach dem Recht der „neuen Technik“ erhält der Erfinder bloß, wenn er bei der Verwertung seiner Erfindung mitwirkt, und auch nur dann, wenn diese zuvor in den Plan der neuen Technik oder in den Plan der organisatorischen und technischen Maßnahmen aufgenommen worden war. Wird eine Erfindung, wie im Regelfall, außerhalb dieser Pläne verwertet, so bleibt dem Erfinder der Lohn für seine Mitwirkung bei der Verwertung versagt[781].

Das Gesetz 1973 hat nur bescheidene Schritte zur Harmonisierung des Erfinderrechts mit dem Recht der „neuen Technik“ unternommen. Wenn Prämien für die Mitwirkung beim Erfindungs- und Rationalisierungswesen für ein und dieselbe Leistung neben Prämien für die Entwicklung und Einführung „neuer Technik“ fällig werden, so ist nun vorgesehen, daß die zunächst gezahlte Prämie auf die spätere Zahlung angerechnet wird[782]. Ferner heißt es in dem neuen Gesetz, daß die Prämien für die Mitwirkung beim Erfindungs- und Rationalisierungswesen zusammen mit den Prämien für die Entwicklung und Einführung „neuer Technik“ den für diese festgesetzten Höchstbetrag von drei Grundlöhnen im Jahr für den einzelnen Arbeitnehmer nicht überschreiten dürfen[783]. Nach dem neuen Recht werden außerdem, wie wir sahen, alle mit der Entwicklung und Verwertung neuer Technologien verbundenen Aufwendungen, darunter auch die Prämien für die Entwicklung und Einführung neuer Technik und die erfinderrechtlichen Prämien und Vergütungen, nach einem einheitlichen Schema finanziert[784]. Schließlich kündigt das neue Gesetz Ausführungsbestimmungen über eine einheitliche Methode für die Bemessung des volkswirtschaftlichen Effekts der Verwertung von „neuer Technik“, von Erfindungen und Rationalisierungsvorschlägen an[785].

D. Entwicklungsperspektiven des sowjetischen Rechts zur Steuerung des technischen Fortschritts, insbesondere des Erfinderrechts

Soviel war bisher zu erkennen: Das System der rechtlichen Steuerung des technischen Fortschritts und mit ihm das Erfinderrecht, das einen durchaus

---

[781] Zum Ganzen Dozorcev, Puti 58.
[782] G 1973, § 161 II.
[783] G 1973, § 167.
[784] Siehe oben S. 267 f.
[785] G 1973, § 108 II.

engen Ausschnitt dieses Systems ausmacht, sind ein Gegenstand voller rechtspolitischer Dynamik, ein Experimentierfeld. An allen Enden wird reformiert. Auch scheinbar festgefügte Rechtsinstitute wie etwa das des Urheberscheins ändern ihre Funktion im Wandel der sie ergänzenden Konnexinstitute. Die bloße Momentaufnahme des in einem gegebenen historischen Augenblick herrschenden Rechtszustandes wäre nicht nur wegen der schier unüberwindlichen Quellenprobleme sehr schwer zu bewerkstelligen, sondern sie gäbe auch kein abgerundetes Bild eines Rechtskomplexes, zu dessen Wesen es zu gehören scheint, ständig im Flusse zu sein. Im folgenden soll mit einem Exkurs in die Zentralproblematik der dem neuen Erfinderrecht vorangegangenen rechtspolitischen Diskussion versucht werden, den Grund für eine abschließende Beurteilung des sowjetischen Erfinderrechts zu bereiten und im Großen die Perspektiven seiner weiteren Entwicklung aufzureißen.

I. Die Diskussion um die Einführung „sozialistischer" Patente und Lizenzbeziehungen

Vergegenwärtigen wir uns noch einmal die Probleme, die dem sowjetischen Gesetzgeber gestellt waren. Die Wirtschaftsreform übertrug einen erheblichen Teil der Investitionsentscheidungen im Bereich des technischen Fortschritts den dezentralen Wirtschaftseinheiten. Andererseits gilt, im Prinzip auch heute noch unangefochten, der Grundsatz der einzelwirtschaftlichen Aneignungsunfähigkeit wissenschaftlich-technischen Wissens aller Art. Man will im Bereich des technischen Fortschritts zwar sozialistischen Wettstreit (sorevnovanie), aber keine Konkurrenz.

Damit ist dem sowjetischen Gesetzgeber das Problem gestellt, Entscheidungsstrukturen zu entwerfen, in denen einzelwirtschaftliche Kosten und Vorteile möglichst vollständig gesamtwirtschaftliche oder gar gesamtgesellschaftliche Kosten und Vorteile repräsentieren; die optimale Anreizstruktur würde die Maximierung der einzelwirtschaftlichen Zielfunktion an die Maximierung des Sozialnutzens binden. Sie würde die völlige Ausschaltung der Externalitäten voraussetzen. Man kann das Externalitätenproblem von zwei Seiten angehen: entweder die den einzelwirtschaftlich aneignungsfähigen Nutzen übersteigenden Kosten und Risiken vergesellschaften, oder aber die einzelwirtschaftliche Aneignung des Sozialnutzens gestatten.

Das Sowjetrecht geht im wesentlichen den ersten Weg. Die Zentralfonds der Ministerien für die Einführung neuer Technik und in gewissem Umfang unmittelbar vom Staatshaushalt bereitgestellte Mittel ermöglichen es den Unternehmen, jedenfalls einen Teil der einzelwirtschaftlichen Kosten von F & E nach außen zu verlagern. Indessen ist dies System noch recht unvollkommen. Die Ministerien leisten Transferzahlungen nicht für alle Entwicklungen und Innovationen von industrieller oder nationaler Bedeutung. Wie wir sahen, hängen diese Zahlungen vielmehr davon ab, daß die geförderten Maßnahmen zuvor in den zentralen Plan der neuen Technik aufgenommen worden sind. Innovationen, welche die Einzelwirtschaften auf ihre eigene Initiative unternehmen, werden nicht zentral finanziert.

Wenn die einzelwirtschaftlichen Kosten und Risiken mithin weitgehend vergesellschaftet, „externalisiert“, sind, bedarf es nur noch einer relativ geringen Internalisierung von Sozialnutzen, um einen Innovationsanreiz auszulösen. Diese Funktion übernehmen der Chozrasčet und ein gegenüber kapitalistischen Verhältnissen funktional stark eingeschränktes Gewinnprinzip; im Falle der Produktinnovation bedarf es zur Aktivierung der hieraus entspringenden Anreize darüber hinaus einer die Innovation prämierenden Preispolitik.

Ein Unterfall des Externalitätenproblems besteht darin, daß das gesamtwirtschaftliche oder gesellschaftliche Innovationsoptimum regelmäßig auf einen entfernteren Zeithorizont bezogen sein wird als das Optimum der Einzelwirtschaften. Sowjetunternehmen schrecken erfahrungsgemäß auch vor langfristig für sie vorteilhaften Innovationen zurück, weil sie fürchten müssen, mit der laufenden Planerfüllung in Rückstand zu geraten. Das zur Synchronisierung einzelwirtschaftlicher und gesamtwirtschaftlicher Optimierungsstrategien geeignete Mittel des Kredits ist noch recht unentwickelt. Die kurzen Laufzeiten der Staatsbankkredite ermöglichen es den Unternehmen oft nicht, über die engen Schranken der laufenden Planperiode hinauszuschauen und sich für risikoreiche grundlegende F & E-Projekte zu engagieren.

Das sowjetische Recht zur Steuerung des technischen Fortschritts ist weithin noch nicht in sich stimmig. Das Erfinderrecht und das Recht der neuen Technik fügen sich nicht nahtlos zusammen. Die legislativen Entwicklungen, die von der Wirtschaftsreform ausgelöst worden waren, haben das Erfinderrecht weitgehend übergangen. Der Begriff der Erfindung, den das Sowjetrecht historisch aus dem kapitalistischen Patentrecht übernommen hat und aus Gründen, die wir oben erörtert haben, noch beibehält, paßt nicht recht in die organisatorische Struktur der sowjetischen Innovationsplanung. Erfindungen, technische Ideen ohne unmittelbar wirtschaftlichen Gehalt, können nicht dem technology assessment unterworfen werden, das der Formulierung einer einheitlichen staatlichen Technologiepolitik vorausgehen muß, auf die die Sowjetunion Anspruch erhebt; sie fügen sich einer stringenten integrierten Planung nicht. Es ist noch nicht gelungen, Erfindungen und Patente in die Sprache des Rechts der neuen Technik zu übersetzen und die beiden Rechtsmassen zu vereinen.

Vor diesem Hintergrund muß man die überaus ausgedehnte und hitzige Kontroverse begreifen, die in der sowjetischen Fachpresse seit 1966 um die Einführung „sozialistischer“ Patente und Lizenzbeziehungen in die Binnenwirtschaft ausgetragen wurde. Die entgegengesetzten Standpunkte lassen sich am kürzesten so kennzeichnen: Eine Schule von Juristen suchte die Auflösung der aus der Dezentralisierung von F & E einerseits und der Aneignungsunfähigkeit der Forschungsresultate andererseits entstehenden innovationshemmenden Spannung im Bereich und mit den Mitteln des Erfinderrechts; die andere Denkrichtung erstrebte eine Reform auf der Linie und im Rahmen des bestehenden Rechts der neuen Technik.

So wird es zum zentralen Streitpunkt, ob der Grundsatz der Inappropriabilität des technischen Wissens noch aufrechterhalten werden kann. Sollen Ausschlußrechte eingeführt werden, soll man die Aneignung eines Teils des Sozialnutzens der F & E gestatten; oder läßt sich das bestehende System der direkten Transferzahlungen, der „Subventionen", an die Träger der F & E hinlänglich vervollkommnen? Es leuchtet ein, daß die Frage von erheblicher Brisanz ist, sowohl ideologisch als auch ökonomisch. Um so überraschender ist die große Offenheit und Fairness, mit der die Diskussion geführt wurde, und das breite Spektrum der anzutreffenden Meinungen.

Wie wir sahen, kennt das Sowjetrecht bereits entgeltliche Austauschverträge über die Überlassung erfinderrechtlich nicht geschützten Know-how. Ja, es muß offenbar auch Lizenzverträge geben, deren Gegenstand Rationalisierungsvorschläge sind; andernfalls wäre § 76 des Gesetzes 1973, der in diesem Fall die räumliche Wirkung der Urheberbescheinigung auf die Empfängerunternehmen „ausdehnt", nicht verständlich. Sind Know-how und technische Erfahrungen aller Art, wie es auch in der Sowjetunion zunehmend zum Regelfall wird, für die Verwertung der zugrundeliegenden Erfindungen notwendig, so ist bisher im Grundsatz nur der Erwerb des Know-how mit Kosten verbunden; die erfinderische Lehre selbst ist ohne Preis. Die tarifliche Vergütung für die Überlassung von Know-how ist so streng reglementiert, daß das Pionierunternehmen sein faktisches Wissensmonopol nicht auf das erfinderische Wissen erstrekken kann. Theoretisch handelt es sich bei der vom Empfängerunternehmen zu zahlenden Lizenzgebühr nicht um die Übertragung eines Teils der für die Erarbeitung des Know-how notwendigen Aufwendungen, sondern allein um die Erstattung des Übertragungsaufwands.

Die eine Schule der Reformer hofft, die Innovationsfreude der Unternehmen und Organisationen dadurch zu heben, daß das im Bereich des Know-how erfolgreiche System der Lizenzbeziehungen auch auf Erfindungen erstreckt wird. Allerdings: Erfindungen sind formalisierte, kondensierte Information; man kann sie leicht übertragen und leicht stehlen. Ein faktisches Monopol würde sich hier nicht lang halten können. Bevor Erfindungen zur Ware werden können, muß erst die Rechtsordnung ein Ausschlußrecht bereitstellen. Ein Vorschlag zielte dahin, daß die Innovationen imitierenden Unternehmen den Pionierunternehmen eine einmalige Zahlung in Höhe von 50 Prozent des in einem Jahr durch die Einführung der Erfindung beim Empfänger realisierten wirtschaftlichen Effekts (d. h. der Ersparnis von Faktorkosten oder des Gewinnes) zu leisten hätten[786]; ein anderer dahin, daß fünf Jahre hindurch jeweils 10 bis 15 Prozent dieses Nutzeffekts an die Pionierunternehmen zu übertragen seien[787].

Die Autoren der Reformvorschläge legen großen Wert auf die Feststellung, daß das zu schaffende „sozialistische“ Patent nichts mit einem kapitalistischen Patentmonopol gemein habe; die Unternehmen sollten kein wirkliches (d. h. absolut geschütztes) Ausschlußrecht haben, sondern vielmehr allen interessierten Staatsunternehmen zum Abschluß von Lizenzverträgen verpflichtet sein[788]. In unsere Typologie der Anreizsysteme würde sich das vorgeschlagene neue System unter die Rubrik „Ausschlußrechte mit gesetzlichem Lizenzzwang“ einreihen[789].

Nach der Auffassung der einen sollten sozialistische Patente nur für Arbeitnehmererfindungen ausgegeben werden[790]. Nach dem Vorschlag anderer war das neue System auf alle Erfindungen zu erstrecken, wobei das Recht, für die Erfindungsnutzung Lizenzgebühren zu verlangen, bei Erfindungen, die von freien Erfindern gemacht worden waren, demjenigen Unternehmen zustehen sollte, das als erstes sich zur Ausführung der Erfindung bereit erklärt hatte[791]. Allgemein war die Ansicht verbreitet, daß nur Wirtschaftssubjekte – also Unternehmen und Organisationen –, nicht aber Privatpersonen ein Patent erhalten sollten: Es ging den Reformern nicht um die Verstärkung des an die Individuen gerichteten Inventionsanreizes, sondern ausschließlich um eine Intensivierung der Innovationsanreize.

BACHTAMOV und VOLIN[792] traten mit einem eigenartig zwischen dem tra-

---

[786] LITVAK, Izobretatel'stvo i chozjajstvennyi rasčet: V. I. 1966, Nr. 6, 34.

[787] MITRAKOV, Voprosy stimulirovanija razrabotki i vnedrenija izobretenij: V. I. 1967, Nr. 6, 8–9.

[788] Vgl. etwa MAMIOFA, Avtorskoe svidetel'stvo 26f.; POLJAKOV, Izobretenie kak ob"ekt pravovogo regulirovanija v uslovijach chozjajstvennoj reformy: V. I. 1968, Nr. 6, 15–16.

[789] Im sowjetischen Urheberrecht fanden die Reformer hierfür ein Vorbild. Das urheberrechtliche Ausschlußrecht wurde, anders als das Erfinderrecht, nicht dadurch sozialisiert, daß jedermann der freie Zugang zu dem geschützten Werk gestattet wurde. Die Sozialisierung vollzog sich vielmehr „auf kaltem Wege“, indem nach und nach das gesamte Verlagswesen in die Hand des Staates übernommen wurde: durch die Beseitigung des Abnehmermarktes und die Herstellung eines staatlichen Nachfragemonopols. Der Urheber wird heute nach Tarif (stavka) entlohnt, obwohl sich die formale Struktur seines Ausschlußrechts seit der N. Ö. P. nicht verändert hat. Zur Rechtsnatur der Urhebervergütung vgl. den ausführlichen Aufsatz von GRINGOL'C, O teorii avtorskogo voznagraždenija za proizvedenija literatury, nauki i iskusstva, in: Učenye Zapiski V. N. I. I. S. Z., Bd. XIV (1968) 140–155. Die Diskussion konzentriert sich hier wie bei der Erfindungsvergütung auf die Möglichkeiten: Arbeitslohn, Warenpreis, Prämie, wobei die Erklärung der Urhebervergütung als Warenpreis wegen des formal beibehaltenen ausschließlichen Urheberrechts besondere Plausibilität beanspruchen kann.

[790] POLJAKOV, Izobretenie 16.

[791] MITRAKOV, Voprosy 9.

[792] BACHTAMOV/VOLIN, Otkuda berutsja konservatory?: Literaturnaja Gazeta Nr. 36 vom 6. 9. 1967.

ditionellen System des Urheberscheins und dem System sozialistischer Patente und Lizenzbeziehungen vermittelnden Vorschlag hervor. Danach sollten die Unternehmen für Erfindungen, die sie nicht selbst erarbeitet hatten, eine Lizenzgebühr nicht an das Unternehmen, in dem die Erfindung gemacht worden war, sondern – ähnlich den Zinsleistungen für Grundfonds (plata za fondy) – an den Staat bezahlen. Damit wären die Nachteile eines Patentsystems, insbesondere die „künstliche" Verknappung des erfinderischen Wissens, ohne Aussicht auf den Gegenwert einer entsprechenden Verbesserung der Innovationsanreize für die Unternehmen eingehandelt worden; der Vorschlag fand zu Recht deshalb kaum Resonanz.

In den Jahren 1966 bis 1973 gab es kaum eine wissenschaftliche Veröffentlichung zu Grundfragen des Erfinderrechts, die es versäumt hätte, zum Streit um die sozialistischen Patente Stellung zu nehmen. Die überwiegende Zahl der Autoren lehnte die Patentlösung ab und sprach sich für eine Verstärkung des Systems der Erstattung von Übertragungskosten bei der vertraglichen Überlassung von Know-how und bei der technischen Hilfe aus[793]. Nicht die Kosten der Herstellung neuen Wissens, sondern nur die Kosten der Weitergabe sollen Unternehmen also nach dieser herrschenden Auffassung auf die Imitatoren abwälzen können[794].

---

[793] Am ausführlichsten DOZORCEV, Pravovoj režim, passim; DERS., Pravovoj režim izobretenij i ėkonomičeskie osnovy ich ispolʹzovanija, in: Ėkonomika Izobretatelʹstva, Materialy Naučnoj Konferencii (Kiev 1968) 163 ff.; DERS., Ėkonomičeskaja reforma; DERS., Izobretenie; LIBERMAN, in einem Interview der Zeitschrift V. I. (Reforma i vnedrenie): V. I. 1967, Nr. 7, 12 f.; GUZIN, Nekotorye voprosy ėffektivnogo ispolʹzovanija izobretenij: V. I. 1970, Nr. 6, 7; KLIMENKO, O nekotorych aktualʹnych problemach vnedrenija izobretenij v uslovijach chozjajstevennoj reformy, in: Materialy III. Pribaltijskoj Konferencii po patentnym i licenzionnym voprosam IV (Riga 1968) 55; MAMIOFA, Avtorskoe svidetelʹstvo 26 f., in: DERS., Avtorskoe svidetelʹstvo kak instrument (oben N. 208) 5, nimmt er einen sehr offenen Standpunkt ein und hält den „Verkauf technischer Information", der auch Erfindungen einschließen könne, nicht für mit dem entwickelten Sozialismus unvereinbar; GAK, Rolʼ izobretatelʹstva, racionalizacii i peredovogo opyta v novych chozjajstvennych uslovijach, in: Ėkonomika Izobretatelʹstva (1968) 3 ff.; RASSOCHIN, Ob iskljůčitelʹnom prave 16; DERS., O dogovore 12 ff.; DERS., Pravovye voprosy 61.

Der Präsident des Komitees, MAKSAREV, Izobretatelʹ i aktualʹnye zadači techničeskogo progressa: V. I. 1969, Nr. 1, 3, 6, neigte dagegen – in sehr vorsichtigen Formulierungen und ohne das Wort sozialistische Patente oder Lizenzen zu übernehmen – zu einer Lösung, bei der ein Pionierunternehmen die mit der Erarbeitung einer Erfindung verbundenen Kosten bei fremden Nutzern wieder hereinholen könnte. Übrigens ist auch MITRAKOV, einer der Hauptbefürworter sozialistischer Lizenzbeziehungen, leitender Beamter beim Komitee. Der profilierteste Gegner dieser Lösung, DOZORCEV, ist dagegen Mitarbeiter in dem an das Justizministerium der UdSSR angegliederten Allunionsforschungsinstitut für Sowjetische Gesetzgebung (V. N. I. I. S. Z.).

[794] DIETZ, Trends Toward Exclusive Patent Rights, scheint diese Unterscheidung zu verkennen. Er kam deshalb zu übermäßig „optimistischen" Voraussagen über die Einführung sozialistischer Lizenzbeziehungen in der UdSSR.

Einige Sowjetjuristen meinen, die Zeit sei zwar noch nicht reif für sozialistische Patente, sie werde aber unaufhaltsam kommen[795]. GRINGOL'C[796] nennt hierfür die Bedingungen:
(1) Die Finanzierung des technischen Fortschritts muß völlig den Unternehmen und Unternehmensvereinigungen überlassen bleiben und nach den Grundsätzen der einzelwirtschaftlichen Rechnungsführung (chozrasčet) erfolgen, und
(2) die Innovation muß ganz der Initiative der Unternehmen anheimgegeben werden; d. h. die Finanzierung des technischen Fortschritts unmittelbar aus dem Staatshaushalt und aus zentralen Investitionsfonds muß zusammen mit der Innovationsplanung im Prinzip verschwinden.

Soweit ist es, wie wir sahen, noch nicht gekommen. Solange aber der technische Fortschritt noch zentral geplant und finanziert wird und direkte Transferzahlungen wenigstens einen erheblichen Teil der einzelwirtschaftlichen Kosten und Risiken der Innovation sozialisieren, würde ein Patentsystem regelmäßig zu einer wirtschaftlich unbegründeten Akkumulation der Vorteile führen.

Die meisten Vertreter der Patentlösung sehen im Patentsystem bloß eine technisch bessere Alternative zu dem bestehenden unvollkommenen System der direkten Transfers, ohne sich über die politischen und distributiven Implikationen dieser Alternativen Rechenschaft zu geben. Fast die einzige, aber bemerkenswerte Ausnahme macht das überaus kritische Werk von DOZORCEV über „Das rechtliche System des Urheberscheins unter den Bedingungen des neuen Systems der Planung und materiellen Stimulierung“. DOZORCEVS hauptsächliches Argument ist, daß Erfindungen keinen „Wert“ (stoimost') besitzen – wie wir sahen, eine dogmatische Umschreibung dessen, daß sie öffentliche Güter sind[797]. Ein sozialistisches Gemeinwesen kann die Aneignung und Kommerzialisierung (tovarizacija) von Erfindungen nicht zulassen, weil diese sonst suboptimal genutzt würden. Das sowjetische Preissystem, das auf dem Arbeitswert der Güter beruht, kann mit „wertlosen“ Gütern, deren Preis nur von der Stärke einer (relativen oder absoluten) Monopolstellung abhängt, nicht zurechtkommen[798].

---

795 RASSOCHIN, O dogovore 12.
796 Mündliche Äußerung, zit. nach RASSOCHIN aaO.
797 Vgl. oben S. 35 f.: DOZORCEV, Pravovoj režim 65 f.
798 Von den Forschungsverträgen, die in der Sowjetwirtschaft eine große Rolle spielen, wissen wir freilich, daß es sich um Austauschverträge handelt und daß sich der Vertragspreis nach dem Arbeitsaufwand für die Ergebnisse der F & E richten soll, vgl. oben S. 246. Darüber schweigt DOZORCEV, denn über die Notwendigkeit und Zweckmäßigkeit der Vertragsforschung ist heute überhaupt nicht mehr zu streiten. DOZORCEV scheint das Problem aber gesehen zu haben: er leugnet nur den „Wert“ der Erfindungen, schreibt aber den geringeren Kategorien neuen Wissens einen Wert zu (DOZORCEV, Pravovoj režim 83 ff.). Er unterscheidet Erfindungen, denen er prinzipiellen Charakter zuschreibt, und „neue Technik“, ein Trick, der leider viel mit der Theorie des Genieblitzes gemein hat.

DOZORCEV sieht in den sozialistischen Patenten eine wirtschaftlich unbegründete Erstreckung des Rechts der operativen Verwaltung von den sächlichen Produktionsmitteln auf die Immaterialgüter[799]. Die ratio der operativen Verwaltung sei es, die Unternehmen zur effizienten Nutzung der knappen Güter anzuhalten; Erfindungen aber sollten nicht sparsam, sondern in der großzügigsten Weise eingesetzt werden[800]. Aus demselben Grunde wäre es verquer, eine staatliche Gebühr für die Erfindungsnutzung zu erheben[801]. Nach DOZORCEVS Meinung würde der mit der Einführung von Patentlizenzen verbundene unkontrollierbare Fluß der Produktionsmittel von einem Unternehmen zum anderen, aus einer Industrie in die andere den Grundsatz der planmäßigen und proportionalen Entwicklung der Wirtschaft suspendieren[802].

Lang könnte es nicht dauern, meint DOZORCEV, bis auch das Gespenst der Konkurrenz (konkurrencija) auferstehen werde, und mit ihm auch die Geheimhaltung der Forschungsergebnisse[803]. Besonders gewichtig ist DOZORCEVS Voraussage, das Patentsystem werde den Erfindungsbegriff zum Eckstein des Systems der rechtlichen Steuerung des technischen Fortschritts machen und das Recht der „neuen Technik“ noch im Keime ersticken[804]. Damit aber wäre die Einheitlichkeit der staatlichen Technologiepolitik aufs Spiel gesetzt. „Neue Technik“ kann wirtschaftliche und politische Wertungen in sich aufnehmen, der Erfindungsbegriff dagegen ist politisch und wirtschaftlich leer. Patente, so läßt sich DOZORCEVS Leitgedanke paraphrasieren, repräsentieren die „Anarchie der Marktwirtschaft“; „neue Technik“ steht für die politische Steuerung der Technik.

In der Sache kann man DOZORCEV nur zustimmen. Ein Patentsystem – und sei's ein sozialistisches – würde sich von einem Prämiensystem in allen den Punkten unterscheiden, die oben in der „Typologie der Anreizsysteme“ herausgearbeitet wurden. Die Gegner des Patentsystems richteten ihr Augenmerk folgerichtig auf das Recht der „neuen Technik“ und suchten nach Wegen zu seiner Fortentwicklung.

Die bei weitem schlüssigsten und durchdachtesten Vorschläge stammen wiederum von DOZORCEV[805]. Priorität kommt nach DOZORCEV der Fusion des Erfinderrechts mit dem Recht der neuen Technik in einem einheitlichen System

---

800 Pravovoj režim 108; ebenso in Ėkonomičeskaja reforma 115.

801 AaO.

802 Das Argument ist richtig: ein Patent ermächtigt seinen Inhaber wie jedes andere Monopol zu allokativen Entscheidungen auch über nicht monopolisierte Güter; es ist aber angesichts der bereits vorhandenen Möglichkeiten für Sowjetunternehmen, einander im Wettbewerb zu überflügeln und den dadurch erwirtschafteten Gewinn einzubehalten, nicht so beweiskräftig wie DOZORCEV möchte. Vgl. RASSOCHIN, O dogovore 13.

803 DOZORCEV, Pravovoj režim 99–105.

804 DOZORCEV aaO, 111 f.

805 Ihm hat sich eine Reihe von Autoren angeschlossen. Vgl. etwa KOJTEL/GAVRILOV, Ešče raz o sud'be izobretenij: Kommunist Ėstonii 1968, Nr. 7, 49 ff.; RASSOCHIN, O edinoj sisteme 50.

der Planung, Finanzierung und materiellen Stimulierung der Innovation zu. Das gesamte Sonderrecht für die Verwertung der Erfindungen soll wegfallen. Nur konkrete Projekte sollen Gegenstand der zentralen und betrieblichen Innovationsplanung und der Finanzierungs- und Anreizsysteme sein[806]. Die Erfindervergütung soll voll an die Prämien für die Entwicklung und Einführung neuer Technik angeglichen werden[807].

Es muß nach DOZORCEV vergebliche Liebesmüh bleiben, den ökonomischen Effekt von Erfindungen – abstrakten technischen Ideen – zu berechnen; bloß fertige, technologisch fortschrittliche Produkte oder Verfahren – eben „neue Technik“ – haben einen wirtschaftlichen Effekt. Der Erfinder sollte folglich nicht für ein isoliertes Geisteswerk, sondern dafür entlohnt werden, daß er einen Schritt auf dem Weg zu solchen Produkten und Verfahren gegangen ist. Letzten Endes könnte so die Rolle des Erfinderrechts in der Sowjetwirtschaft darauf beschränkt werden, besonders wertvolle und hochabstrakte Information für die zentrale staatliche Sammlung und Verbreitung zu selektieren, und – als Patentrecht – den technologischen Austausch mit dem Ausland zu ermöglichen[808]. Von seinem Platz als einer Zentralkategorie des sowjetischen Binnenwirtschaftsrechts kann der Erfindungsbegriff allerdings erst dann verschwinden, wenn es gelingt, die Technik der Planung des technischen Fortschritts entscheidend zu verbessern: die technologischen und wirtschaftlichen Kennziffern der „neuen Technik“ müssen so definiert werden, daß der verfügbare Fundus des fortschrittlichsten technischen Wissens optimal genutzt wird[809]. Dieses Zentralproblem des Rechts der neuen Technik ist noch weitgehend ungelöst[810].

---

806 DOZORCEV, Pravovoj režim 113 f.

807 DOZORCEV, Puti 58 ff.; DERS., Za čto .

808 DOZORCEV, Buduščee pravovoj 121.

809 DOZORCEV, in: BOGUSLAVSKIJ u. a., Pravovye voprosy 326–330; RASSOCHIN, O edinoj sisteme 48–51; DERS., Pravovye voprosy 75–109; DERS., O probleme povyšenija urovnja novoj techniki: V. I. 1968, Nr. 12, 3 f.

810 Vgl. hierzu RASSOCHIN, O edinoj sisteme 48 f.; DERS., O probleme povyšenija 3–7; SIMONOV/KLIMENKO, Voprosy soveršenstvovanija vnedrenija novoj techniki: V. I. 1969, Nr. 4, 8–10; LYSENKO, Ob"ekt vypolnen na urovne izobretenija: V. I. 1970, Nr. 10, 3–5; REŠETNJAK/SOLOV'EVA, Novuju techniku – na uroven' izobretenij: V. I. 1973, Nr. 9, 46–48; RASSOCHIN/RING, Pravo i vnedrenie dostiženij nauki i techniki: SGiP 1973, Nr. 3, 55–61; TORKANOVSKIJ, Ponjatie novoj techniki 50–57; ŠATROV, Ispol'zovanie izobretenij 48–50.

Mit diesem Problem befaßt sich auch die Verordnung des ZK KPdSU und des Ministerrats der UdSSR vom 23. 8. 1973 „Über die weitere Entwicklung des Erfindungswesens im Lande, die Verbesserung der volkswirtschaftlichen Verwertung von Entdeckungen, Erfindungen und Rationalisierungsvorschlägen und die Erhöhung ihrer Rolle bei der Beschleunigung des wissenschaftlich-technischen Fortschritts“, S. P. 1973, Nr. 19, Ziff. 109, ohne jedoch neue Wege zu weisen. Dazu MAKSAROV, Toržestvo Leninskich principov 5; DORKIN, Važnyj instrument upravlenija izobretatel'stvom: V. I. 1976, Nr. 2, 26 ff.

Über neue Erfahrungen bei der Einführung von Erfindungen berichten NAZAROV,

Ferner haben die Gegner der Patentlösung Vorschläge zur Verbesserung des Zentralfonds für die Einführung neuer Technik (fond osvoenija novoj techniki) vorgetragen. DOZORCEV etwa möchte die Transferzahlungen aus dem Zentralfonds künftig nur noch vom Vorliegen externer – d. h. industrieller oder nationaler – Vorteile abhängig machen und das Erfordernis, daß die zu fördernde Innovation zuvor in den Plan der neuen Technik aufgenommen worden sein muß, ersatzlos fallen lassen[811]. Dieser Formalismus hatte sich besonders als Fessel der Eigeninitiative der Unternehmen erwiesen.

II. Ausblick auf die Zukunft des Erfinderrechts

Das neue Erfinderrecht hat „sozialistische Patente" nicht eingeführt. Das Erfindungseigentum ist nicht reprivatisiert worden[812]. Vielmehr hat sich die Reform des Erfinderrechts im wesentlichen in den vor allem von DOZORCEV vorgezeichneten Bahnen bewegt. Im inneren Wirtschaftsrecht ist die Organisation der Verwertung der Erfindungen stärker mit dem Recht der „neuen Technik" verschmolzen worden. Neue Technik und Erfindungswesen werden künftig grundsätzlich aus denselben Quellen finanziert: Maßnahmen auf dem Gebiet des Erfinderwesens können nach dem neuen Recht auch dann durch Transferzahlungen aus Zentralfonds finanziert werden, wenn sie nicht zuvor in den Plan der neuen Technik aufgenommen worden sind; entsprechendes dürfte in absehbarer Zeit auch für die Entwicklung und Einführung neuer Technik gelten. Auf dem Wege zur Vereinheitlichung des Systems der Erfindervergütung und des Systems der Prämien für die Entwicklung und Einführung neuer Technik sind somit immerhin erste Schritte getan.

Der Erfindungsschutz hat im internen Wirtschaftsrecht der technischen Innovation im wesentlichen nurmehr die Bedeutung, normative Kriterien für die Formulierung der Vorhaben, für die Definition der „neuen Technik" bereitzustellen. Lehre und Praxis experimentieren gegenwärtig mit verschiedenen Verfahren, um zu erreichen, daß die Innovationsvorhaben auf Erfindungen basieren und mithin auf den „Stand der Welttechnik" (uroven' mirovoj techniki) angehoben werden. Die sowjetische Technik soll, wie offen bekannt wird, auf dem Weltmarkt konkurrenzfähig werden. Wenn der Begriff der neuen Technik derart an den nur die immanent-technische Fortschrittlichkeit der Lösungen bewertenden Erfindungsstandard gekoppelt wird, besteht freilich die Gefahr, daß die in dem Recht der neuen Technik angelegten Möglichkeiten eines gesamtwirtschaftlichen technology assessment unausgeschöpft bleiben. Das muß aber nicht so sein: Es ist allein eine Frage der von der Sowjetunion

Vnedrenie – uspechi i problemy: V. I. 1976, Nr. 2, 33 ff.; TAKSIR, Specializirovannye organizacii po vnedreniju novoj techniki: V. I. 1976, Nr. 2, 39 ff.

811 DOZORCEV, Pravovoj režim 135.

812 In dem oben S. 72 ausgeführten Sinne.

betriebenen Technologiepolitik, die allerdings gegenwärtig noch durch einen von jedem Zweifel ungetrübten Fortschrittsglauben gekennzeichnet ist.

Im äußeren Wirtschaftsrecht der Sowjetunion dagegen ist die Stellung des Erfinder- und Patentrechts wesentlich verstärkt worden. Das Gesetz 1973 kommt den Außenhandelspartnern der Sowjetunion nicht nur in der Terminologie, sondern weithin auch schon in der Sache entgegen.

Daß der innere und äußere Aspekt des Erfinderrechts nicht völlig dissoziiert worden ist, geht, wie wir sahen, vor allem auch auf außenhandelspolitische und internationale Rücksichtnahmen, insbesondere auf die Mitgliedschaft der Sowjetunion in der Pariser Union zum Schutze des gewerblichen Eigentums zurück.

DOZORCEVS Vorhersage über die Zukunft des Erfinderrechts hat sich somit schon weitgehend erfüllt. Ist damit das letzte Wort über die sozialistischen Patente und Lizenzbeziehungen gesprochen? Sicherlich nicht[813]. In kleineren, stark vom Außenhandel abhängigen Ländern, wie etwa in Ungarn, zeigt es sich, daß die Formen der Außenwirtschaftsbeziehungen und der internationalen Zusammenarbeit nicht dauernd ohne Rückwirkung auf die Organisation der Binnenwirtschaft bleiben können[814].

---

[813] Der Autor eines der ersten Aufsätze, die in der angesehensten sowjetischen juristischen Fachzeitschrift, der vom Institut für Staat und Recht der sowjetischen Akademie der Wissenschaften herausgegebenen Zeitschrift „Sovetskoe Gosudarstvo i Pravo" zum neuen Erfinderrecht erschienen, ŠATROV, Ispol'zovanie izobretenij v narodnom chozjajstve: SGiP 1974, Nr. 7, 48–50, hat die Diskussion wieder aufgenommen und gemeint, daß Lizenzbeziehungen zwischen sowjetischen Unternehmen „ihre Zukunft" hätten. Solche Lizenzbeziehungen können eingeführt werden, ohne daß der Grundsatz der freien Zugänglichkeit der Erfindungen förmlich aufgehoben werden müßte. Es brauchten allein die Bedingungen geändert zu werden, zu denen Unternehmen den zur Erfindungsnutzung in aller Regel unentbehrlichen Know-how austauschen dürfen. Das an diesem bestehende „faktische" Monopol kann auf geschützte Erfindungen „ausgedehnt" werden, sobald die Freiheit der Gebührenberechnung hergestellt ist. Das G 1973, das sozialistische Lizenzbeziehungen nicht ausdrücklich erwähnt, ermöglicht diese daher dennoch, soweit sie wirtschaftlich opportun erscheinen. Der geheiligte, auf LENIN persönlich zurückgeführte Grundsatz der Aneignungsfähigkeit der Erfindungen kann auch weiterhin dem Scheine nach aufrechterhalten bleiben.

Es unterliegt keinem Zweifel, daß diese Entwicklung, die mir langfristig wahrscheinlich erscheint, dazu führen würde, daß die Geheimhaltung technischen Wissens, die seit jeher ein nicht auszurottender Mißstand der Sowjetwirtschaft war, dann immer weiter um sich greifen würde. Früher oder später würde auch die Beweglichkeit des „in den Köpfen" des technischen Personals vorhandenen Wissens eingeschränkt. Die Rechtsordnung würde solche Praktiken in dem Maße sanktionieren müssen, wie die einzelwirtschaftliche Aneignung des Wissens sich als Innovationsanreiz erweisen würde.

Es ist nicht damit zu rechnen, daß die Know-how-Lizenz in absehbarer Zeit ganz der Privatautonomie der Unternehmen überlassen werden wird. Absehbar ist jedoch, daß den Unternehmen gestattet werden wird, nicht nur ihre Auslagen (und – wie wir sahen – einen gewissen verschleierten Gewinn), sondern einen festen Anteil der bei ihren Abnehmern erzielten Ersparnis in Anspruch zu nehmen.

[814] Vgl. EÖRSI, Law and Economic Reform in Hungary, in: EÖRSI/HAMATHY (ed.),

Das Gesetz 1973 hat für den Fall, daß ausländische Direktinvestitionen (etwa in der Form ausländischer Mehrheitsbeteiligungen) in der Sowjetunion zugelassen werden sollten, bereits vorgesorgt, wenn es in § 27 II die Lizenzierung sowjetischer, durch Urheberschein geschützter Erfindungen an „sonstige Organisationen und Personen" vorsieht.

Bei der Verwertung ihrer eigenen Neuerungen werden ausländische Investitoren darauf dringen, daß ihnen die in der Freiheit zur Gestaltung der Lizenzbedingungen liegende wirtschaftliche Allokationsmacht zuerkannt werde. Ausländische Unternehmen werden größere Freiheit für ihre Preispolitik fordern, als das geltende System der Verwaltungspreise sie ihnen gewähren würde. Aus dem rechtlichen Monopol an technischem Wissen würde mit der Rückkehr zu einer stärker marktwirtschaftlichen Preisbildung ein wirtschaftliches Monopol, d. h. die Macht über Preis und output. Der intensivierte Austausch nicht geschützten Wissens würde früher oder später die Einführung eines ausdrücklichen Geheimnisschutzes unentbehrlich machen.

Ausländische Direktinvestitionen würden mithin auf lange Sicht die Einheit des rechtlichen Status des technischen Wissens zersetzen. Schon während der N. Ö. P. konnte sich die Eigengesetzlichkeit des Wirtschaftens im staatlichen Sektor – der grundsätzlich freie Erfahrungsaustausch – nur unvollkommen von den Methoden des privaten Sektors abgrenzen. Die Spaltung der Wirtschaftsrechtsordnung ließ sich schon damals nur mühsam mit revolutionären Mitteln, durch Agitation und „Kulturrevolution", d. h. durch Mobilisierung der Massen und unmittelbaren staatlichen Druck aufrechterhalten – lauter Mittel, zu denen die Sowjetunion zurückzukehren gegenwärtig weder gewillt noch politisch in der Lage sein dürfte. Die Entwicklung in Ungarn, wo Ausschlußrechte an Erfindungen und an Betriebsgeheimnissen sich auch im Verhältnis der Staatsunternehmen zueinander durchgesetzt haben, zeigt die Zusammenhänge modellhaft.

Heute ist in der Sowjetunion viel von der Lockerung des staatlichen Außenhandelsmonopols die Rede[815]. Sollen sowjetischen Staatsunternehmen und Unternehmensverbindungen unmittelbar mit westlichen Unternehmen Kontakte aufnehmen, so müssen auch im technologischen Bereich die Verhandlungs- und Vertragsschlußzuständigkeiten des sowjetischen Partners umgrenzt werden. Auch hierfür ist kein bewährteres Mittel bekannt als die rechtliche Zuordnung des technischen Wissens in der Form von Ausschlußrechten.

Das System des Urheberscheins, der Grundsatz der Aneignungsfähigkeit des technischen Wissens, die beide auf Lenin persönlich zurückgehen oder doch zurückgeführt werden, sind aber stark ideologisch besetzt und können nicht

Law and Economic Reform in Socialist Countries (1971) 77, 116–121, und Balassa, The Economic Reform in Hungary: Econ. 1970, Nr. 37, 1–22.

[815] Vgl. Gorodisskij, Licenzionnyj dogovor Kap. 3, und Pozdnjakov, Sovetskoe gosudarstvo 131 ff., der allerdings nach ausführlicher Darstellung des Streitstandes eine ablehnende Haltung einnimmt.

abgeschafft werden, ohne den Widerstand „konservativer" Kommunisten hervorzurufen. Es fragt sich freilich, ob die Zukunft des sowjetischen Erfinderrechts auch künftig Gegenstand relativ autonomer rechtspolitischer und ideologischer Kontroversen sein kann. Die maßgeblichen Weichenstellungen finden nämlich im Bereich der Außenhandelspolitik statt. Was aus dem sowjetischen Erfinderrecht wird, hängt auf lange Sicht davon ab, wie weit die Sowjetunion in Zukunft ihre Tore dem ausländischen Kapital öffnet.

DRITTER TEIL

DAS PATENTRECHT IM ENTWICKELTEN INDUSTRIEKAPITALISMUS

I. Der Archetyp des Patents und der Funktionswandel des Patentrechts

Die Geschichte des Patentrechts reicht, wie man heute weiß[1], weit hinter das Jahr 1623 zurück, in dem das englische Parlament König Jakob I. das Statute of Monopolies abgezwungen hatte. Naive Staatsraison und der Geniekult des italienischen Quattrocento bilden, untrennbar verschlungen, die geistige Grundlage der venezianischen und florentinischen Erfinder- und Gewerbeprivilegien. Die Ideen der Gewerbefreiheit und des Freihandels, die zuerst in England wirkkräftig wurden, nötigten zu einer ersten wirtschaftspolitisch motivierten Konturierung des Erfinderschutzes. Aufklärung und Französische Revolution führten das Erfinderrecht auf dem Kontinent aus der bloßen wirtschaftspolitischen Utilität in die Würde eines vernünftigen Menschenrechts. Der deutschen Patentrechtsdoktrin, ihrem Urheber Josef Kohler vor allen anderen, blieb es übrig, in einem Sonderrechtsgebiet, dem Recht der Immaterialgüter, das vernunftrechtliche Pathos des geistigen Eigentums in der nüchternen Begrifflichkeit einer hoch entwickelten Zivilistik einzufangen. Aus allen Schichten der Kulturgeschichte des Patentrechts führen lebendige Stränge in dessen heutige Dogmatik, liefern ihr mit dem Belohnungs-, Ansporn-, Vertrags- und Eigentumsgedanken bis heute tragende Topoi.

Aus dem schillernden geschichtlichen Kleid lassen sich einige bleibende Grundannahmen, Hypothesen über die geregelte Wirklichkeit und über die Auswirkung des Patentrechts, herausziehen, welche, oftmals unausgesprochen, die patentrechtlichen Begründungszusammenhänge konstituieren. Der Archetyp des Patentrechts hat folgende Züge. Ein hochbegabtes, aber auch fleißiges und materiellen Anreizen durchaus zugängliches Individuum von der Statur vielleicht eines James Watt hat eine Idee zur Lösung eines technischen Pro-

---

[1] Vgl. zur Geschichte des Patentrechts die ausführlichen Arbeiten von Silberstein, Erfindungsschutz und merkantilistische Gewerbeprivilegien (1961), und Fox, Monopolies and Patents (1947). Einen guten Überblick bietet Machlup, Die wirtschaftlichen Grundlagen des Patentrechts: GRUR/Int. 1961, 373 ff.

blems. Es macht sich an die Arbeit und entwickelt mit eigenem oder geliehenem Kapital ein neues Verfahren oder eine neue Maschine. Schließlich trägt es die Maschine oder die Erzeugnisse seines Verfahrens selbst zu Markt. War die Idee nach dem Urteil zuständiger Techniker und Juristen gut, so wird dem Erfinder eine überdurchschnittliche, womöglich geniale Sonderleistung attestiert, und er erhält ein zeitlich begrenztes Monopol zur Herstellung und zum Vertrieb der Erfindung.

Im Archetyp des Patentrechts ist vorausgesetzt, daß der Erfinder über ein bißchen Kapital oder wenigstens über Kredit verfügt, jedenfalls daß er die nötige Verhandlungsposition besitzt, um seine Erfindung zu einem angemessenen und gewinnbringenden Preis loszuschlagen. Erfindungen werden vorgestellt als neue Waren; das Erfindermonopol führt deshalb zur Monopolisierung eines Produktmarktes. Das Reich der Technik ist das des unmittelbar in der Produktion verwertbaren Wissens; vom Reich der reinen Wissenschaft ist es erkenntnistheoretisch und organisatorisch streng geschieden. Die reine Wissenschaft wird um ihrer selbst willen in öffentlichen Anstalten gepflegt und meist von der Allgemeinheit bezahlt; angewandte, technische Forschung wird von gewinnstrebigen Privatunternehmern betrieben. Wissenschaft und Technik werden als kostenlose Segnungen, als Manna, das vom Himmel fällt, kurz: als exogene Variable des wirtschaftlichen Prozesses, angesehen. Erfindungen sind diskrete Wissenszuwächse, die der Technik einen augenfälligen Sprung nach vorne ermöglichen.

Unter diesen Prämissen gewinnen der Anspornungs- und Entlohnungsgedanke und die Gemeinverträglichkeit des Patentmonopols die Plausibilität, die von juristischen Prinzipien zu fordern ist. J. St. Mill faßt in seinen bereits 1848 erschienenen Principles of Political Economy die wesentlichsten Gründe zusammen, die bis heute zur Verteidigung des Patentmonopols in der Wettbewerbswirtschaft vorgebracht werden[2]:

„The condemnation of monopolies ought not to extend to patents, by which the originator of an improved process is allowed to enjoy, for a limited period, the exclusive privilege of using his own improvement. This is not making the commodity dear for his benefit, but merely postponing a part of the increased cheapness which the public owe to the inventor, in order to compensate and reward him for the service. That he ought to be both compensated and rewarded for it will not be denied, and also that if all were at once allowed to avail themselves of his ingenuity without having shared the labours or expenses which he had to incur in bringing his idea into a practical shape, either such expenses and labours would be undergone by nobody except very opulent and very public-spirited persons, or the state must put a value on the service rendered by an inventor, and make him a pecuniary grant. This has been done in some instances, and may be done without inconvenience in cases of very conspicuous public benefit; but in general an exclusive privilege of temporary duration

[2] Mill, Principles of Political Economy with Some of Their Applications to Social Philosophy (1848) Buch 5, Kap. 4, § 4.

is preferable, because it leaves nothing to any one's discretion; because the reward conferred by it depends on the invention being found useful, and the greater the usefulness the greater the reward; and because it is paid by the very persons to whom the service is rendered, the consumers of the commodity."

In schlichten Worten finden sich hier die „die Beseitigung der fortschrittshemmenden Diskrepanz zwischen individuellem und sozialem Grenznutzen", die „leistungsgerechte Einkommenverteilung", die Ausschaltung der „willkürlichen Handhabung des Belohnungssystems", die „Förderung *des* technischen Fortschritts", die im deutschen Sprachbereich das letzte Wort der Patentdebatte zu sein scheinen[3].

In der Wirklichkeit der modernen Industriegesellschaft ist aber allen Prämissen, die in den Archetyp des Patents eingegangen sind, den tatsächlichen wie den theoretischen, der Boden entzogen. Während das Patentrecht in seinem Grundinhalt und in seiner begrifflichen Gestalt nahezu unverändert blieb, hat sich der wirkliche Prozeß des technischen Fortschritts, der Invention und Innovation, immer weiter von der Idylle des Frühkapitalismus entfernt, in der der Archetyp des Patents zu Hause war. Der daraus resultierende Funktionswandel des Patentrechts[4] ist vielleicht noch radikaler als der Funktionswandel des Eigentums, den RENNER[5] beschrieben hat.

(1) Die Gleichung: Erfinder gleich Unternehmer/Kapitalist, gilt nicht mehr. Die Zahl der an individuelle Erfinder erteilten Patente nimmt ständig ab. In den USA wurden im Jahre 1910 noch nahezu 80 Prozent aller Patente von Einzelpersonen angemeldet[6], 1950 waren es noch mehr als 40 Prozent[7]; 1963 dagegen stammten bereits mehr als 70 Prozent aller amerikanischen Patentanmeldungen von inländischen und ausländischen Unternehmen[8]. Die Verhältnisse liegen auch in Deutschland nicht wesentlich anders: Eine von SCHÄTZLE vorgenommene Stichprobenauszählung für das Jahr 1961 ergab, daß lediglich 17 Prozent der Anmeldungen von Einzelpersonen ausgingen[9]. Die weitaus

---

[3] KRAFT, Patent und Wettbewerb in der Bundesrepublik Deutschland (1972) 30–45; BERNHARDT, Lehrbuch des deutschen Patentrechts (3. Aufl., 1973); DERS., Die Problematik des Patentschutzes in der Industriegesellschaft (1974).

[4] Vgl. hierzu etwa RICE, Decay of Our Patent System: Brooklyn L. Rev. 1936, 357, der deutlich die patentfeindliche Stimmung der Vorkriegszeit und des New Deal ausdrückt; vgl. auch KAHN, Fundamental Deficiencies of the American Patent Law: AER 1940, 475–491; PRAHL, Patentschutz und Wettbewerb (1969) 79 ff.

[5] RENNER, Die Rechtsinstitute des Privatrechts und ihre soziale Funktion (Neudruck 1965) 73–164.

[6] ALDERSON, A Marketing View of the Patent System, in: DERS./TERPSTRA/SHAPIRO (eds.), Patents and Progress (1965) 238.

[7] AaO.

[8] FEDERICO, Distribution of Patents Issued to Corporations 1939–1955, Study No. 3, Subcommittee on Patents, Trademarks, and Copyrights, U. S. Senate, 84th Congress, 2nd session 1957 (die Zahlen wurden von F. bis 1963 nachgetragen).

[9] SCHÄTZLE, Forschung und Entwicklung als unternehmerische Aufgabe (1965) 132. Ausführlich zur Situation der freien Erfinder die vom Institut für freie Berufe der

größte Zahl der Erfindungen entstammt planmäßiger, arbeitsteilig organisierter Großforschung[10]. Obwohl die Verstaatlichung der Produktionsmittel in der Sowjetunion Einzelpersonen, wie man meinen sollte, kaum erlaubt, Erfindungen zur Anmeldungsreife zu entwickeln, geben sowjetische Quellen praktisch keinen geringeren Prozentsatz von „freien" Erfindungen an[11]. Die zunehmende Kapitalintensität der Forschung[12] in den dynamischsten Wissensbereichen scheint eine systemübergreifende Erscheinung zu sein: Sie drückt den Keller- und Dachstubenerfinder an die Wand.

Es fehlt nicht an Arbeiten, die glaubhaft nachweisen, daß auch heute noch ein sehr erheblicher Teil gerade der wertvollsten und bahnbrechenden Erfindungen schöpferische Einzelleistungen sind[13]; das Nylon, die Xerokopie[14] oder der Kreiskolbenmotor mögen als Beispiele genügen. Auch wo es dem freien Erfinder noch gelingt, ein Patent zu erhalten, ist es ihm jedoch in aller Regel unmöglich, die Erfindung selber wirtschaftlich zu verwerten[15]. Während der zeitliche und finanzielle Aufwand der Innovation, der Umsetzung neuen technischen Wissens in ein marktgängiges neues Produkt oder Verfahren, im Zuge des technischen Fortschritts immer stärker ansteigt, verringert sich – relativ – der Aufwand, der erforderlich ist, um eine neue technische Idee zum Prototyp zu entwickeln. Die größten Beträge verschlingt typischerweise nicht die Invention, sondern die Innovation. Der Erfinder muß seine Erfindung regelmäßig in einem frühen Entwicklungsstadium – im Wege der Lizenzvergabe oder der Abtretung – einem bereits auf dem Markt eingeführten Unternehmen überlassen. Unternehmen, die durch eine revolutionäre Erfindung aus dem Nichts aufsteigen wie Polaroid oder Xerox, dürften zu den Seltenheiten gehören. Die zunehmende Konzentration des Wissens, die noch schneller voranschreitet als

---

Universität Erlangen–Nürnberg (Direktor: Prof. Dr. Specht) durchgeführte Untersuchung „Erfinder in der BRD, Eine empirische Untersuchung zum Entstehungs-, Entwicklungs- und Verarbeitungsprozeß von Erfindungen" (1973).

[10] Vgl. Mansfield, The Economics of R & D, in Alderson u. a., (eds.) (1965) 112; Schmookler, Technological Progress and the Modern American Corporation, in: Mason (ed.), The Corporation in Modern Society (1960) 146; Prahl, 79 ff.

[11] Nach Dorkin, Novoe zakonodatel'stvo po izobretatel'stvu: V. I. 1974, Nr. 1, 13, 14, werden 80 Prozent aller Erfindungen von Unternehmen und Organisationen angemeldet. (Der Urheberschein wird nach Sowjetrecht freilich auch dann dem wirklichen Erfinder erteilt.) Der gleiche Prozentsatz aller Erfindungen soll auf Grund der thematischen Inventionsplanung zustande kommen, Maksarev, Tvoržestvo Leninskich Principov: V. I. 1974, Nr. 1, 3, 4.

[12] Vgl. etwa Geschka, Forschung und Entwicklung als Gegenstand betrieblicher Entscheidung (1970) 30 m. w. N.; Jewkes/Sawyer/Stillerman, The Sources of Invention (1958) 117 f.

[13] Jewkes u. a., 108; Schmookler, Inventors Past and Present: RESt 1957, 329.

[14] Diese und weitere Beispiele bei Jewkes u. a., 334–337; Fallstudien finden sich bei Kaufer, Patente, Wettbewerb und technischer Fortschritt (1970) 44 f.

[15] Zu der Vielzahl der Faktoren, die den freien Erfinder an der Mitwirkung bei der Verwertung der Erfindung behindern, vgl. Specht (ed.), 129 ff., insbesondere 159 f., 173 f., 181 f.

die Konzentration der sächlichen Produktionsmittel[16], schmälert die Verhandlungsposition der unabhängigen Erfinder immer mehr[17].

Wie groß die Bedeutung des Patentsystems für die Individualerfinder trotzdem sein mag – sie verdeckt doch nicht die Brüchigkeit der Argumentation, mit der häufig versucht wird[18], das Patentrecht insgesamt durch das Vorkommen schutzwürdiger „freier" Erfinder zu rechtfertigen. Warum nicht etwa Patente *nur* an freie Erfinder erteilen? Für den Schutz der Resultate unternehmerischer Investition in F & E müssen andere Gründe sprechen als für den Schutz der Genieblitze einzelner[19]. Im Verhältnis zum schöpferischen Individuum beschränkt sich die Anreizwirkung des Patents typischerweise auf die Invention, die Hervorbringung des neuen technischen Wissens; die Innovation, die kommerzielle Ausbeutung dieses Wissens verwehren ihm im Normalfall

[16] Zur Schrittmacherfunktion der Wissens- (= Patent-) Konzentration für den wirtschaftlichen Konzentrationsprozeß überhaupt vgl. LENEL, Die Ursachen der Konzentration (1968) 110 f.; zur Konzentration des Wissens vgl. MACHLUP, The Political Economy of Monopoly (1952) 284.

Nach den Feststellungen der Konzentrationsenquête hatten die 172 Unternehmen, die mehr als 50 Patente besaßen (entspricht 1,2 Prozent aller Patentinhaber), 44,5 Prozent aller am 30. 4. 1962 in Kraft befindlichen Patente inne. Die restlichen Patente entfielen am Stichtag auf 14570 Inhaber. Die zehn umsatzstärksten Unternehmen der Chemie und der Elektrotechnik besaßen zusammen über 24,6 % aller in Kraft befindlichen Patente; Bericht über das Ergebnis einer Untersuchung der Konzentration in der Wirtschaft vom 5. 6. 1964, BT-Drucks. IV/2320/23.

Die Zusammenhänge zwischen Patentsystem und Konzentration sind freilich noch immer ungeklärt. Die Monopolkommission erhofft sich von einem von KAUFER und KOCH zu erstellenden Gutachten weiteren Aufschluß, vgl. Hauptgutachten 1973/75 der Monopolkommission (1976) 31.

Die Anzeichen sprechen auch für eine internationale Konzentration des technischen Wissens. Die Außenhandelsbilanz der Bundesrepublik weist für die letzten Jahre wachsende Negativsalden im Bereich Lizenzen und Patente aus, vgl. Monatsberichte der Deutschen Bundesbank, 26. Jg., Nr. 10 vom Oktober 1974; dazu Handelsblatt Nr. 197 vom 10. 10. 1974, S. 2; FAZ vom 12. 10. 1974, S. 9. Von 1950–1973 stiegen die Einnahmen aus Lizenzexporten von 10 Mio. DM auf 588 Mio. DM (um das 58fache), die Ausgaben für Lizenzimporte von 22 Mio. DM auf 1654 Mio. DM (also um das 75fache), das Defizit der Patent-Lizenz-Bilanz von 12 Mio. DM auf 1066 Mio. DM (also um das 88fache); A. WOLF, Analyse und Beurteilung der Patent- und Lizenzbilanz der Bundesrepublik Deutschland (1975) 39.

Allerdings scheint es in einigen besonders dynamischen Technologiebereichen auch eine gegenläufige Tendenz zu geben. Das amerikanische Handelsministerium hat registriert, daß die Zahl der auf diesen Gebieten an Ausländer, insbesondere Japaner und Westdeutsche, erteilten Patente – relativ und absolut – ansteigt; vgl. Technology Assessment and Forecast, Third Report, June 1974, U. S. Dep't of Commerce, 33–76. WOLF führt die Bewegung der Lizenzbilanzen allerdings insgesamt weniger auf technologische als auf allgemeinwirtschaftliche Ursachen zurück, 22 f. Allgemein zu den internationalen Auswirkungen des Patentsystems PENROSE, Economics of the International Patent System (1951) vor allem 111 f.

[17] KAHN, Fundamental Deficiencies, 475 f.

[18] Etwa bei JEWKES u. a., 108 f.

[19] So auch MACHLUP, Die wirtschaftlichen Grundlagen, 481.

Marktzutrittsschranken aller Art. Für bereits etablierte Unternehmen dagegen liegt der Wert eines Patents vor allem darin, daß es „reaktionsfreie Zeit" für die Durchführung der Innovation bereitstellt: Es setzt einen Innovationsanreiz.

(2) Die reinliche Scheidung von Wissenschaft und Technik, auf der der Archetyp des Patentrechts beruht, ist hinfällig – theoretisch ebensowohl wie organisatorisch. MARX' Voraussage hat sich erfüllt, Wissenschaft geht heute unmittelbar in Produktion über, sie ist zur Produktivkraft geworden[20]. Welche Ausschnitte des Forschungsprozesses von Privatunternehmen finanziert und kontrolliert werden, hängt zwar von dem erforderlichen Kostenaufwand, von den Ertragschancen und nicht zuletzt von der Ausgestaltung der Internalisierungstechniken (Geheimnisschutz und Patentsystem)[21], nicht aber von wissenschaftslogischen Sachgesetzlichkeiten ab und kann somit die historische Beschränkung des Patentschutzes auf technische Neuerungen nicht rechtfertigen.

In der technologisch fortgeschrittensten Volkswirtschaft, in den USA, trägt der Staat drei Viertel aller Ausgaben für Forschung und Entwicklung[22]. Ein Großteil der Forschungsprojekte der Privatwirtschaft wird unmittelbar im Wege staatlicher Auftragsvergabe oder durch Subventionen finanziert. Daß die Verhältnisse in der Bundesrepublik noch nicht ganz dem amerikanischen Muster entsprechen[23], dürfte weniger auf dem Einsatz anderer Techniken der Forschungsförderung (etwa steuerlicher Begünstigung der F & E) und sicherlich auch nicht auf einer sehr viel weitergehenden Selbstfinanzierung der privatwirtschaftlichen Forschung beruhen, jedoch viel mit der negativen Lizenzbilanz der Bundesrepublik[24], mit dem massenhaften Import amerikanischer Technologien zu tun haben. Soweit der Staat die Forschung unmittelbar finanziert, den Unternehmen mit den technologischen „basic conditions of an indus-

---

[20] MARX, Grundrisse der Kritik der Politischen Ökonomie (Rohentwurf 1857–1858) (1953) 592 ff.

Typischerweise geht die wissenschaftliche Grundlagenforschung der technischen Anwendung voraus, während die frühere Naturwissenschaft technisch lange bekannte Erscheinungen erst im Nachhinein erklären konnte. Ein gutes Beispiel für den Umschlag von Grundlagenwissen in technische Fortschritte bietet der Laser; die Frage, ob hier eine wissenschaftliche Entdeckung oder eine technische Erfindung vorliegt, kann praktisch nicht mehr beantwortet werden.

[21] Ausführlich zur „Aufgabenverteilung" zwischen Staat und Wirtschaft HIRSCH, Wissenschaftlich-technischer Fortschritt und politisches System (1971) 109 ff.

[22] Vgl. TURNER, The Patent System and Competitive Policy; Pat. L. Rev. 1970, 259, 268.

[23] Im Jahre 1973 wurden 42 Prozent aller Aufwendungen für Forschung, Wissenschaft und Entwicklung in der Industrie verausgabt (41 Prozent in den Hochschulen und Kliniken, 17 Prozent in – wiederum weitgehend von der öffentlichen Hand getragenen – Forschungseinrichtungen außerhalb der Hochschule). Von den in der Industrie verausgabten Beträgen (12,8 Mrd. DM) wurden von der Wirtschaft selbst etwa 82 Prozent (10,5 Mrd. DM) aufgebracht, vom Staat 18 Prozent (2,3 Mrd. DM); vgl. Bundesbericht Forschung V vom 28. 4. 1975, BT-Drucks. 7/3574, 11–13. Vgl. auch PROSI, Technischer Fortschritt als mikroökonomisches Problem (1966) 10 ff.

[24] Vgl. oben N. 16.

try" Wachstums- und Gewinnchancen zur Verfügung stellt, ist die im Archetyp des Patents intendierte Verteilung der Forschungskosten und -risiken und der Forschungserträge aufgehoben. Patente, die die Endphase langwieriger und kostspieliger Entwicklungen abdecken, gestatten der Privatwirtschaft, sich den Ertrag auch der öffentlich finanzierten Forschungsinvestitionen anzueignen[25].

(3) Die innere Struktur des heutigen beschleunigten technischen Fortschritts hat gleich zwei weitere Prämissen des patentrechtlichen Archetyps umgestoßen. Aus einer diskontinuierlichen, mehr oder weniger sprunghaften Sequenz revolutionärer Durchbrüche hat sich der technische Fortschritt immer mehr zu einem stetigen, planmäßigen und kalkulierbaren Prozeß der Wissensexpansion entwickelt. Die Herauslösung individueller Beiträge als diskreter „Erfindungen" anhand der Kriterien der Erfindungshöhe oder non-obviousness läuft, wie auch Verteidiger des Patentsystems zuzugeben bereit sind, immer mehr auf eine gewaltsame Fiktion hinaus[26].

Dem exponentiellen Anwachsen des technischen Wissens steht eine entsprechende Vervielfältigung der Industriegüter nicht gegenüber. Deren technische Kompliziertheit nimmt zudem ständig zu. Diese Umstände bedingen, daß neue Erfindungen immer seltener zugleich auch Waren sind, deren Absatz einen wettbewerbspolitisch relevanten Markt bildet[27]. Die Patente decken zumeist nur geringfügige Details der Industrieerzeugnisse ab; mehrere Erfindungen sind häufig genug unbeschränkt untereinander substituierbar. Das Patentmonopol kann deshalb typischerweise einem Monopol im Sinne der Marktformenlehre nicht gleichgestellt werden[28]. Im Zusammenhang mit der Vorbereitung des Gesetzes gegen Wettbewerbsbeschränkungen hatte sich in der Literatur eine angespannte Diskussion um die Frage entfacht, ob das Patent ein „Monopol" sei. Die Schule derer, die diese Frage mit dem schon von BLACKSTONE[29] ver-

---

[25] Vgl. oben S. 79.

[26] JEWKES u. a., 251–253; vgl. auch die wesentlich kritischer gestimmten Autoren KAHN, Fundamental Deficiencies, 481, und POLANYI, Patent Reform: RESt 11 (1944) 71.

[27] Auf diesen Sachverhalt hat zuerst BUXBAUM aufmerksam gemacht, Restrictions Inherent in the Patent Monopoly – A Comparative Critique: U. Pa. L. Rev. 1965, 633 ff.; deutsche Übersetzung: Die dem Patentmonopol innewohnenden Beschränkungen: WuW 1966, 193 ff. Vgl. auch STROHM, Wettbewerbsbeschränkungen in Patentlizenzverträgen (1971) 30.

[28] BUXBAUM, aaO. Vgl. auch BERNHARDT, Lehrbuch 5 ff.

[29] BLACKSTONE definierte monopoly als: „A license or privilege allowed by the King, for the sole buying and selling, making, working or using of anything ..., whereby the subject in general is restrained from that liberty of manufacturing or trading which *he had before*" (Hervorhebung von mir), zit. nach KAHN, Fundamental Deficiencies, 476.

Vgl. auch die Argumentation von BARTON, J., in *U. S. v. Line Material Co.*, 333 U. S. 287 (1948): „Though often so characterized a patent is not, accurately speaking, a monopoly, for it is not created by the executive authority at the expense and to the prejudice of all the community except the grantee of the patent. The term monopoly wandten Argument verneinten, das Patent schränke die bisherige wirtschaftliche Handlungsfreiheit der übrigen Marktteilnehmer nicht ein, hat damit eine wirtschaftswissenschaftlich tragfähige Grundlage erhalten, die freilich ihre interessenpolitische Zielsetzung – die Freistellung eines patentrechtsimmanenten Schutzbereichs vom Zugriff der Kartellgesetzgebung[30] – gerade nicht rechtfertigen kann[31]. Der Monopolbegriff der Wettbewerbspolitik und der Marktformenlehre ist jedoch nur auf die wissenschaftlich angeblich nicht weiter hinterfragbaren Funktionen des Wettbewerbs bezogen. So ist ihm ein kritisches Moment des Monopolbegriffs der neoklassischen Wirtschaftstheorie, der auf ein wissenschaftlich begründbares Optimum der Allokation bezogen war, abhanden gekommen. In diesem älteren Sinne ist das Patent auch heute fraglos ein Monopol: Es verhindert die sonst mögliche optimale Nutzung des vorhandenen technischen Wissens.

(4) Die Planbarkeit und Manipulierbarkeit des technischen Fortschritts heute hat die gedanklichen Grundlagen des Patentsystems aber noch in einem anderen grundstürzenden Sinne erschüttert. Der technische Fortschritt ist nicht mehr ein unaufhaltbares Schicksal, ein eigengesetzlich außerhalb der Gesellschaft und ihrer ökonomischen Institutionen ablaufender Prozeß. Er ist heute – und die Träger des technischen Fortschritts wissen das auch – eine endogene Variable des Wirtschaftsablaufs, die Folge wirtschaftlicher Entscheidungen von Menschen[32]. Das heißt zugleich: Er muß auch gesellschaftlich verantwortet werden. Nicht alles Wissen, das erzeugt werden könnte, wird tatsächlich hervorgebracht; und längst nicht alles Wissen, das hervorgebracht ist, wird wirtschaftlich verwertet. Der technische Fortschritt ist zudem nicht kostenlos: Zu seinem Aufblühen bedarf es nicht nur eines gerechten Erfinderschutzes, sondern des Einsatzes knapper Ressourcen, die auch anderwärts Nutzen bringen können[33]. Das Patentsystem kann somit nicht mehr bloß als System gerechter Entlohnung für wertvolle Sonderleistungen begriffen werden, die ohne Lohn und Anreiz vielleicht nicht oder erst später erbracht worden wären. Es ist zum komplexen „Prozeßregler“[34], zu einer Determinante wirtschaftlicher Entschei-

---

connotes the giving of an exclusive privilege for buying, selling, working or using a thing which the public freely enjoyed prior to the grant. Thus a monopoly takes something from the people. An inventor deprives the public of nothing which it enjoyed before his discovery, but gives something of value to the community by adding to the sum of human knowledge.“

[30] Etwa Möhring, Dekartellierung und Lizenzvertrag: GRUR 1950, 496.

[31] Zur Diskussion Walz, Der Schutzinhalt des Patentrechts, 12, 14.

[32] Vgl. oben S. 28 f.

[33] Plant, The Economic Theory Concerning Patents for Inventions, Econ. (New Series) 1 (1934) 46. Machlup, Die wirtschaftlichen Grundlagen 478: „Es gibt viel zu wenige schöpferische Wissenschaftler, aber eine Unmenge ungelöster Fragen“.

[34] Unterburg, Die Bedeutung der Patente in der industriellen Entwicklung (1970) 37 f., untersucht die komplexe Auswirkung des Patentsystems auf den Industrialisierungsprozeß.

dungsstrukturen geworden, deren Auswirkungen auf die Wirtschaft und den technischen Fortschritt insgesamt im einzelnen nicht mehr absehbar und noch viel weniger beherrschbar sind.

Der Glaube, das Patentsystem „produziere einen unendlichen Effekt und koste nichts"[35] hatte dem Gedanken des Erfindungsschutzes seine historische Startplausibilität und Schlagkraft verliehen. Die Patentdebatte der zweiten Hälfte des 19. Jahrhunderts wurde allein unter ordnungspolitischen Vorzeichen geführt: Der Freihandelsgedanke war der einzige ideologische Rückhalt der Patentgegner[36]. Es dauerte lange, bis die technologiepolitischen Kosten des Patentsystems Gegenstand wirtschaftswissenschaftlicher Erörterungen wurden. Das bis heute praktisch letzte Wort zur Technologiepolitik des Patentsystems steht in einem 1934 erschienenen Aufsatz von Sir Arnold Plant: „What grounds are there for concluding that the output induced by this type of monopoly has any greater claim to be regarded as ‚generally useful' than that which would have been induced in its absence by the price conditions of the open market... There may be relatively too much invention of the wrong kind."[37] Heute sind diese Ansätze fast vergessen. Nachdem die Vertreter der dynamischen Wettbewerbstheorien aufgedeckt haben, daß Monopole nach Art des Patentmonopols nicht Ausnahmen, sondern die Regel, ja geradezu das Lebenselement des Wettbewerbs[38], darstellen, ist die Frage nach der Qualität und Struktur des technischen Fortschritts im wettbewerbs- und patentpolitischen Zusammenhang tabuiert[39]. Vor die Alternative gestellt, die unwiderlegte technologiepolitische Kritik am Patentsystem auf den monopolistischen Wettbewerb insgesamt zu erstrecken oder aber das Patent als systemkonform zu legitimieren, haben sie sich für den zweiten Weg entschieden und damit die technologiepolitische Fragestellung kurzer Hand eliminiert. Der technische Fortschritt ist reduziert zur Bedingung eines Restwettbewerbs, zum Angriffs- und Verteidigungsmittel, das seinen Wert in sich trägt, und er bedarf als unerschöpfliche Quelle von Investitionsgelegenheiten, als Voraussetzung endloser interner Wirtschaftsexpansion[40] keiner Rechtfertigung.

---

[35] Bentham, Rationale of Reward, zit. nach Plant, 40.

[36] Vgl. die Darstellung bei Machlup, Die wirtschaftlichen Grundlagen 374 ff.

[37] Plant, 51. Machlup hat diese Äußerungen noch einmal wiederholt (Die wirtschaftlichen Grundlagen 481). Sonst werden selbst in den wenigen Arbeiten, die die Angemessenheit des Patentsystems unter heutigen Bedingungen des technischen Fortschritts untersuchen, die Auswirkungen des Patentrechts auf die (reale) Verteilung der Technologien außer acht gelassen; vgl. etwa Edwards, Technological Progress and the Patent Laws: IDEA 1971, 19 ff.

[38] Vgl. oben S. 537.

[39] Kennzeichnend ist es, daß in der wohl neuesten eigenständigen Arbeit zu den wettbewerblichen Wirkungen des Patentsystems die Fragestellung Plants in der Auseinandersetzung mit diesem auf das Problem der Über- oder Unterinvestition in Invention verkürzt wird, Bowman, Patent and Antitrust Law (1973) 18–28.

[40] Bombach, Quantitative und monetäre Aspekte des Wirtschaftswachstums: Schriften

In den folgenden Kapiteln gehen wir der Frage nach, wie es unter den Bedingungen des Funktionswandels des Patentrechts um seine überkommene Dogmatik steht.

II. Patenttheorien

Der bis heute währende Streit um die sogenannten Patentrechtstheorien[41] ist kein müßiger Streit um Worte. Die Rechtsfindung ist wesentlich eine Abwägung dogmatisch eingefangener Wertungen und policies, die im Einzelfall konkretisierte Abstimmung typischerweise antinomischer[42] Rechtsprinzipien. Die Auslegung eines Gesetzes kann schwerlich legitim sein, wenn sie nicht als Vermittlung eines feststellbaren Gesetzeszwecks mit dem sinnstiftenden Prinzipiengeflecht der Gesamtrechtsordnung einer Gesellschaft, mit ihrer rechtsgrundsätzlichen Infrastruktur, dargestellt werden kann. Die Patentrechtstheorien haben deshalb eine doppelte Funktion. Sie müssen einmal die einzelgesetzliche ratio legis der Patentgesetzgebung plausibel machen und sie nicht nur den Fachgenossen, sondern der Rechtsgemeinschaft insgesamt zur Evidenz bringen[43], zum anderen aber auch die dogmatische Verankerung des Patentrechts in der Gesamtrechtsordnung sichern. Die Patentrechtstheorien entscheiden sonach über das Verhältnis des Patentrechts zum Vermögensrecht, zum Persönlichkeitsrecht und vor allem auch zum Wirtschaftsrecht, insbesondere zum Wettbewerbsrecht.

Gemeinhin wird das Patentrecht individualrechtlich als Recht einer statischen Güterzuordnung, kurz als subjektives Recht[44], begründet und einer als

des Vereins für Socialpolitik, N. F., Bd. 15 (1959) 185, schreibt, ohne den technischen Fortschritt „müßte im Zuge des Prozesses der Substitution von Arbeit durch Realkapital in der Tat die pessimistische Vision einer ständig sinkenden Grenzleistungsfähigkeit des Kapitals Realität werden oder längst geworden sein". Vgl. auch HIRSCH, Wissenschaftlich-technischer Fortschritt 67 ff., mit vielen w. N.

41 Einen guten Überblick über die sog. Patenttheorien bietet MACHLUP, Die wirtschaftlichen Grundlagen 377 f. Besonders ausführlich SCHWANDER, Die Theorien über das Wesen von Erfinderrecht und Patentrecht (Jur. Diss. Frankfurt 1937). Vgl. auch BERNHARDT, Lehrbuch 1 f.

42 Zur Antinomik der Rechtsprinzipien vgl. ESSER, Grundsatz und Norm in der richterlichen Fortbildung des Privatrechts (1964) 158 f., 328 f.

43 Zum Konsensproblem im Recht vgl. die Auseinandersetzung zwischen LUHMANN, Funktionale Methode und juristische Entscheidung: AöR 1969, 1, einerseits und ESSER, Vorverständnis und Methodenwahl in der Rechtsfindung (1970) 202 ff. andererseits.

44 Vgl. etwa RAISER, Der Stand der Lehre vom subjektiven Recht: JZ 1961, 472; wohl am ausführlichsten FIKENTSCHER, Wettbewerb und gewerblicher Rechtsschutz (1958), der freilich auch den Wettbewerb subjektivrechtlich überhöht: bei FIKENTSCHER geht die Dichotomie mitten durch den Persönlichkeitsschutz, dem die Wirtschaft in seinem Sinne zu dienen scheint, hindurch. Der Wettbewerb und sein Recht dient dem Erwerbsschutz; die gewerblichen Schutzrechte bezwecken dagegen den *Güterschutz*, 306; vgl. außerdem 207 f.

objektivrechtlich, oder in RAISERS Sinne: institutionell[45], konzipierten wirtschaftsrechtlichen Verhaltensordnung gegenübergestellt. Mit weit geringerer begrifflicher Schärfe ist diese Dichotomie auch im amerikanischen Recht durchgeführt: Mit anderen als property bezeichneten und verfassungsrechtlich durch das Fünfte Amendment zur Verfassung abgesicherten Vermögenspositionen steht das Patent insbesondere dem Antitrustrecht als einem die Gemeinverträglichkeit des Eigentums konkretisierenden Komplex ordnungspolitischer Spielregeln gegenüber; häufig findet man das Problem der Abgrenzung von Patent- und Antitrustrecht als Problem der „patent-antitrust balance" umschrieben[46].

Die damit postulierte Antinomik patentrechtlicher und ordnungsrechtlicher policies ist für die Logik patentrechtlicher Begründungszusammenhänge schlechterdings konstitutiv. Die Gegenüberstellung von Patentrecht und Wirtschaftsordnungsrecht ist aber nur dann plausibel, wenn nachgewiesen werden kann, daß das Patentrecht ein anderes Ordnungsziel verfolgt als das Wirtschaftsrecht. Um diesen Nachweis bemühen sich die Vertreter der privatrechtlichen Patenttheorien, die das Patent als Ausfluß des Persönlichkeitsrechts, als geistiges Eigentum oder eigentumsähnliches Recht an einem Immaterialgut oder schließlich als kraft Verwaltungsakts oder Vertrags zugeteilten Erfinderlohn begreifen.

Bereits OTTO VON GIERKE begründete das Ausschlußrecht des Erfinders an seiner Erfindung persönlichkeitsrechtlich. Er sah im Patentschutz das Postulat eines „geschichtlich entwickelten Rechtsbewußtsein(s), das gebieterisch die Anerkennung einer ausschließlichen Berechtigung verlangt, durch deren Vorbehalt dem Erfinder, wenn er durch Hingabe einer in seiner Persönlichkeit entsprungenen Idee an die Gemeinschaft das wirtschaftliche Leben befruchtet und mit neuen Werten bereichert, ein äußerer Vorteil aus seiner Schöpfung gesichert wird"[47]. Seitdem hat vor allem HUBMANN mit seinen Schülern die Ableitung des Erfindungsschutzes aus der Beziehung des Erfinders zu seinem Erfindungsgedanken verteidigt. Er sieht im Patentrecht das zum Immaterialgüterrecht erstarkte Erfinderrecht, dem er einen gewichtigen persönlichkeitsrechtlichen Einschlag zuspricht[48]. In einer noch nicht zum Stillstand gekommenen Flut von Einzelabhandlungen und Dissertationen ist der Gedanke des Erfinderpersönlichkeitsrechts als der rechtsethische Grund des Patentschutzes entfaltet worden[49].

---

[45] RAISER, Individualgerechtigkeit und Schutz allgemeiner Werte im Rechtsleben, in: Summum jus, summa iniuria (1963) 145 ff.

[46] Vgl. etwa POWERS, The Patent-Antitrust Balance: Villanova L. Rev. 1972, 463 ff.

[47] GIERKE, Handbuch des Deutschen Privatrechts II (1895) 855.

[48] HUBMANN, Das Persönlichkeitsrecht (1967) 245; DERS., Gewerblicher Rechtsschutz (1974) 32 f.; vgl. aber auch VOCKE, Das Persönlichkeitsrecht des Erfinders unter besonderer Berücksichtigung der Erfindungen ohne Schutzrecht (Jur. Diss. Tübingen 1965) passim.

[49] Nachweise bei HUBMANN, Das Persönlichkeitsrecht 246 f.

Man sollte meinen, daß diese umfangreiche Literatur spätestens mit dem Erlaß des Gesetzes über Arbeitnehmererfindungen zur Makulatur geworden sei. § 17 dieses Gesetzes gestattet dem Arbeitgeber, von der Erwirkung eines Schutzrechts abzusehen, „wenn berechtigte Belange des Betriebes es erfordern, eine gemeldete Diensterfindung nicht bekannt werden zu lassen"; er braucht die Schutzfähigkeit der Erfindung bloß dem Erfinder gegenüber anzuerkennen. In der Literatur scheint Einigkeit darüber zu bestehen, daß die Belange des Arbeitgebers bereits dann berechtigt sind, wenn die Geheimhaltung der Erfindung für ihn wirtschaftlich vorteilhafter ist als die Anmeldung[50]. Von dem Anspruch auf die Erfinderehre, dem Recht auf (allgemeine) Anerkennung der Erfinderschaft und der Befugnis, über das Schicksal des Erfindungsgedankens zu bestimmen[51], bleibt in diesem Falle nicht viel übrig. In den USA, wo die Rechtsstellung des Arbeitnehmererfinders großenteils dem Arbeitsvertragsrecht überlassen wird, ist die Lage nicht anders; auch dort setzt sich das Geheimhaltungsinteresse des Arbeitgebers gegenüber dem Interesse des Arbeitnehmers, daß die Erfindung zum Patent angemeldet werde, in aller Regel durch[52]. Mit dem Gedanken eines in der Personwürde begründeten Erfinderrechts dürfte schwerlich vereinbar sein, daß Rechte, die teilweise sogar für unveräußerlich gelten[53], nur dann entstehen sollen, wenn der individuelle Schöpfungsakt in einer Arbeitswelt stattfindet, über die der Erfinder nicht selbst verfügungsberechtigt ist. Im Regelfall, im Falle der Arbeitnehmererfindung, hat der Gesetzgeber den Kapitalinteressen des Arbeitgebers unumschränkten Vorrang vor dem Persönlichkeitsrecht des Erfinders eingeräumt. Ein Erfinderpersönlichkeitsrecht, das nur für mittelständische Erfinder und privatisierende verbohrte Bastlernaturen gilt, ist aber unglaubwürdig und nicht verteidigenswert. Persönlichkeitsrechte sind entweder universell, Ausdruck einer allen Menschen zukommenden Personwürde, oder sie sind Ideologie.

Nicht nur das Fehlen persönlicher Universalität erledigt indessen die persönlichkeitsrechtliche Rechtfertigung des Erfindungsschutzes, sondern auch das Fehlen gegenständlicher Universalität. Die persönlichkeitsrechtliche Patenttheorie kann nicht erklären, weshalb nur Erfindungen, nicht aber auch alle

---

[50] Besonders unmißverständlich REIMER/SCHADE/SCHIPPEL, Das Recht der Arbeitnehmererfindung (5. Aufl., 1975) § 17 Anm. 5 (S. 412): „Was ... berechtigte Belange sind, wird nur vom Betrieb aus beurteilt werden können. Man wird die Entscheidung... deshalb dem pflichtgemäßen Ermessen des Arbeitgebers überlassen müssen ... Das in dem Persönlichkeitsrecht des Erfinders wurzelnde Interesse an der Erwirkung eines Schutzrechts muß zurücktreten, zumal (sic!) dem wirtschaftlichen Interesse des Arbeitnehmer durch die Regelung des Abs. 3 Rechnung getragen wird." Vgl. aber auch die Kommentierung zu § 17 ANErfG bei HEINE/REBITZKI, Arbeitnehmererfindungen (3. Aufl., 1966) und VOLMER, ANErfG (1958).

[51] Vgl. hierzu HUBMANN, Das Persönlichkeitsrecht 248–250.

[52] STEDMAN, Employer-Employee Relations, in: NEUMEYER, The Employed Inventor in the United States – R & D Policies, Law and Practice (1971) 36–37.

[53] Vgl. HUBMANN, Das Persönlichkeitsrecht 249.

anderen Produkte schöpferischer Geistesarbeit geschützt werden. Die bahnbrechenden, revolutionären Erfindungen vor allem der beginnenden Industrialisierung mögen in der Tat die alltägliche Routine des Handwerksmeisters und Ingenieurs so dramatisch überragt und die Geschlossenheit und Einmaligkeit des erfinderischen Werks so augenfällig gemacht haben, daß der Gedanke eines besonderen Erfindungsschutzes keiner besonderen Rechtfertigung bedurfte. Diese Zeiten sind vorbei. Das Kriterium der schöpferischen Leistung eignet sich nicht dazu, Erfindungen aus der Masse mehr oder weniger alltäglicher kleiner Fortschritte, die in jedem größeren Laboratorium und Produktionsbetrieb täglich anfallen, herauszuheben. Unter dem Pesönlichkeitsgesichtspunkt läßt sich noch weniger die Schutzunfähigkeit betriebswirtschaftlicher und organisatorischer Neuerungen, ästhetischer Arbeitsergebnisse (sieht man einmal von dem in Deutschland gegebenen Geschmacksmusterschutz ab) und vor allem auch der wissenschaftlichen Entdeckungen rechtfertigen. Der immaterial-güterrechtliche Numerus clausus ist offensichtlich nicht gerecht, und wenn man den Schutz der Erfindungen als Gebot der Gerechtigkeitsidee ansehen will, so ist es nur folgerichtig, mit TROLLER den Schutz auf immer neue Immaterialgüter zu erstrecken[54]. Rechtsprechung und Wissenschaft haben jedoch erkannt – oftmals mehr erspürt als ausdrücklich begründet –, daß sich eine Wettbewerbswirtschaft heute nicht mehr einseitig unter dem Gesichtspunkt subjektivrechtlicher Güterzuweisung organisieren läßt[55].

Das Reichsgericht hatte sich in seiner Rechtsprechung zum sogenannten sklavischen Nachbau zunächst für einen überaus weitgehenden Werkschutz entschieden. Es hielt für einen wettbewerbswidrigen Verstoß gegen die guten Sitten, wenn sich jemand Gedanken, Arbeit und das mit Mühe und Kosten errungene Arbeitsergebnis eines Wettbewerbers zunutze machte[56]. Dabei begründete

---

[54] TROLLER, Ist der immaterialgüterrechtliche „numerus clausus" der Rechtsobjekte gerecht?, in: Jus et Lex, Festgabe M. Gutzwiller (1959) 769.

[55] Grundlegend RAISER, Individualgerechtigkeit. Der U. S. Supreme Court hat in zwei richtungweisenden Entscheidungen die bundesstaatliche Patentgesetzgebung für die – abgesehen vom Urheberrecht – abschließende Regelung des Schutzes technischer und ästhetischer Arbeitsergebnisse erklärt, wodurch die Gerichte der Bundesstaaten an der Ausbildung weitergehender deliktsrechtlicher Schutznormen durch die sog. federal preemption gehindert seien: *Sears, Roebuck & Co.* v. *Stiffel,* 376 U. S. 225 (1964); *Compco Corp.* v. *Day-Brite Lighting, Inc.,* 376 U. S. 234 (1964). Vgl. dazu Note, Developments in the Law – Competitive Torts: Harv. L. Rev. 1964, 888–976; Note, Product Simulation – A Right or Wrong?: Col. L. Rev. 1964, 1178; Note, Unfair Competition and the Doctrine of Functionality: Col. L. Rev. 1964, 544 f.

Zur Rechtslage in Deutschland vgl. NERRETER, Wettbewerbsrechtlicher Schutz technischer und ästhetischer Arbeitsergebnisse: GRUR 1957, 408 ff. und GRUR 1957, 525 ff.; SCHICK, Das Problem des Schutzes nicht geschützter, aber schutzwürdiger Arbeitsergebnisse (Jur. Diss. Erlangen–Nürnberg 1962); THEIS, Der Schutz gegen Nachbau nach Ablauf der Schutzrechte (Jur. Diss. Frankfurt 1956); BAUMBACH/HEFERMEHL, Wettbewerbs- und Warenzeichenrecht I (9. Aufl., 1964) § 1 UWG, Anm. 242–268.

[56] RGZ 111, 254 – Käthe Kruse; RGZ 115, 280 – Puppenjunge.

die Rechtssprechung den Schutz – immaterialgüterrechtlich argumentierend – aus der Qualität des geschützten Werkes und nicht aus irgendwelchen Merkmalen der Verletzungshandlung[57]. Daß das UWG dabei offen in Konkurrenz zu den Sondergesetzen des Immaterialgüterrechts geriet, störte das Gericht nicht; in der Puppenjunge-Entscheidung wandte das Reichsgericht § 1 UWG an, obwohl die Möglichkeit einer Eintragung des Schutzobjekts in die Geschmackmusterrolle bestanden hatte[58]. Erst nach und nach wendete sich die Betrachtungsweise der Rechtsprechung von der Schutzwürdigkeit des Objekts hin zu der Sittenwidrigkeit der Verletzungshandlung[59]. In dieser Richtung hat sich die Rechtsprechung des Bundesgerichtshofs – nach einem kurzen aus den Bedingungen der sogenannten „patentamtslosen Zeit"[60] der Nachkriegsjahre erklärlichen Rückgriff auf die früheren Entscheidungen des Reichsgerichts – weiterentwickelt[61]. Die von dem geschützten Erzeugnis noch geforderte Eigenart wird meist ausschließlich im rein wettbewerblichen Sinne der Herkunftsfunktion begriffen[62]. So sehr die Abkehr von einem wirtschaftspolitisch unreflektierten immaterialgüterrechtlichen Denken einerseits zu begrüßen ist, so sehr hat die Verlagerung der Problematik in den Bereich einer wirtschaftspolitisch schlechterdings unüberprüfbaren guten Geschäftsmoral verhindert, daß die fruchtbaren wettbewerbs-, industrie- und verbraucherpolitischen Ansätze, die sich aus der Auseinandersetzung mit der früheren Rechtsprechung des Reichsgerichts entwickelt hatten[63], weitergedacht werden konnten. In den USA hat sich eine analoge Entwicklung zugetragen. Auch hier hat die Rechtsprechung zunächst sondergesetzlich nicht schutzfähigen Werken als „quasi-pro-

---

[57] Dutzendware war vom Werkschutz ausgeschlossen; RG, MuW 27/28, 217 – Kunsttöpfervasen; RG, MuW 29, 220 – Signalscheibe. In RGZ 120, 94 – Huthaken unterschied das RG erstmals ausdrücklich technische und nichttechnische Leistungen und erklärte nur die letzteren für geschützt, um den Konflikt mit dem Patentrecht zu vermeiden.

[58] Bereits in der Entscheidung RGZ 73, 296 – Schallplatten hatte das RG erklärt, daß die Sondergesetze die konkurrierende Anwendung des UWG nicht ausschlössen.

[59] Vgl. RG, GRUR 1932, 336 – Dekor; KG, MuW 27/28, 100 – Opel-Laubfrosch; RGZ 144, 41, 49 – Hosenträger. Entscheidend wurde, ob sich der „Verletzer" planmäßig an das Arbeitsergebnis seines Wettbewerbs „herangeschlichen" hatte; RGZ 147, 250; vgl. auch BGHZ 5, 1, 11 – Hummelfiguren, oder ob Verwechslungsgefahr bestand, RG, GRUR 1932, 336 – Dekor. Zum Ganzen Schick, 6 ff., der diese Entwicklung beklagt.

[60] Die patentamtslose Zeit dauerte bis 1. 10. 1949.

[61] BGH, GRUR 1954, 121 – Zählkassetten; BGH, GRUR 1954, 339 – Radschutz; BGH, GRUR 1957, 83 – Wasserzähler.

[62] BGH, GRUR 1957, 38 – Rohwerke; BGH, WRP 1958, 138. Das OLG Köln verlangte allerdings noch 1956 Überdurchschnittlichkeit der Leistung, GRUR 1956, 91.

[63] Benjamin, Schutz vor dem Erfinder: GRUR 1925, 36 und 111, etwa hatte die Rechtsprechung zum sklavischen Nachbau unter dem Gesichtspunkt angegriffen, daß sie fortschritts- und normierungshemmend sei. Vgl. auch die Kritik von Seligsohn, Ist die Nachbildung von Maschinen und anderen schutzfreien Gegenständen erlaubt?: GRUR 1926, 240.

perty“[64] nach der deliktsrechtlichen Doktrin der misappropriation Schutz gewährt; die neuesten Entscheidungen des Supreme Court dagegen lehnen Ausschlußrechte jenseits der sondergesetzlich geregelten Materien ab und bekämpfen lediglich den wettbewerblich unanständigen Sachverhalt des „palming-off“, der schwindlerischen Ausnützung fremder Marktgeltung[65].

Juristen, die die natur- und persönlichkeitsrechtlichen Begründungen des Schutzes von geistigen Leistungen zu Ende dachten, haben immer wieder die Schaffung eines wissenschaftlichen Eigentums verlangt. Am Anfang ihrer Erwägungen stand die Einsicht, daß weder rechtsethische Grundsätze noch die Eigenart des technischen Schaffens die Beschränkung des Schutzes auf technische Erfindungen rechtfertigen können. Ruffini, der Vater eines vom Völkerbund im Jahre 1923 veröffentlichten Konventionsentwurfes zum Schutze des wissenschaftlichen Eigentums, ließ keinen Zweifel daran, daß die Scheidung von Entdeckungen und Erfindungen nicht zur Grundlage einer an der Gerechtigkeitsidee orientierten Gesetzgebung tauge: „In der ganzen Frage herrscht – die Worte sind nicht zu stark – der rigoroseste Utilitarismus, ein vom wissenschaftlichen Jargon höchst unglücklich verhüllter Empirismus und letzten Endes die beunruhigendste Willkür.“[66] Die Bewegung zum Schutze wissenschaftlicher Arbeitsergebnisse nahm nach dem ersten Weltkrieg ihren Anfang in Frankreich[67]. Das Urheberrechtsgesetz vom 20. Mai 1920 führte zugunsten der bildenden Künstler das sogenannte Folgerecht (droit de suite) ein, kraft dessen sie am Steigen des Preises ihrer Werke bei der Weiterveräußerung teilnehmen sollten[68]. Ein ähnliches Folgerecht verlangte die Confédération des travailleurs intellectuels (C. T. I.) für die Urheber wissenschaftlicher Entdeckungen. Den Produktenpatenten des Patentrechts sollten Prinzipienpatente an die Seite gestellt werden, die sich auf physikalische oder mechanische Phänomene beziehen sollten, welche als solche oder in ihren Folgerungen industriell verwertbar seien. Der Inhaber des Patents sollte zur Gewährung von entgeltlichen Zwangslizenzen jedem Erfinder gegenüber verpflichtet sein, dessen Erfindung eine Anwendung des patentierten Prinzips darstelle[69]. Nachdem ein dieses Programm fortführender, von Barthélémy verfaßter Gesetzentwurf dem fran-

---

[64] Pitney, J., in *International News Serv.* v. *Associated Press*, 248 U. S. 215, 236 (1918).

[65] Oben N. 55.

[66] Ruffini, zit. nach dem französischen Original bei Osterrieth, Wissenschaftliches Eigentum (1925) 11.

[67] Eine praktisch vollständige internationale Bibliographie zum wissenschaftlichen Eigentum enthält der UNESCO-Bericht The Right to Scientific Property, in: Impact of Science on Society V (1954), Nr. 1, 47, 65 f. (Erstveröffentlichung als UNESCO Dok. No. WS 1953. 62 vom 10. 6. 1953).

[68] Zur Geschichte Erman, Wissenschaftliches Eigentum (1929) 6 ff.

[69] Dalimier/Gallié, La Propriété Scientifique – Le Projet C. T. I. (1923) 47, 50; vgl. auch Erman 7.

zösischen Parlament vorgelegt worden war[70], nahm sich auch der Völkerbund der Frage an. Der in seinem Auftrag erstellte Konventionsentwurf sah ebenfalls kein absolutes Ausschlußrecht der Wissenschaftler, sondern ein Anteilsrecht, ein Recht auf Beteiligung an dem wirtschaftlichen Wert neuer wissenschaftlicher Erkenntnisse vor[71, 72]. 1953 hat ein von UNESCO einberufener Sachverständigenausschuß erneut die Frage des wissenschaftlichen Eigentums erörtert und den Mitgliedstaaten die weitere Prüfung der Frage empfohlen. Der Bericht des Sekretariats von UNESCO erwägt, den Urhebern wissenschaftlicher Entdeckungen neben persönlichkeitsrechtlichen auch vermögensrechtliche Befugnisse zuzuerkennen[73].

Die Gründe, mit denen in der Diskussion der zwanziger Jahre die Einführung des wissenschaftlichen Eigentums in Deutschland abgelehnt wurde, sind wenig überzeugend. Teilweise suchte man, wie zuvor schon KISCH[74], in erkenntnistheoretischen Spekulationen Zuflucht, um Entdeckungen den Charakter der Schöpfung abzusprechen[75]. Teilweise wurde der Entdeckung die Gütereigenschaft abgesprochen, weil es ihr, wie ELSTER formulierte, an der „materiellen Ausnutzungsfähigkeit" mangele[76], oder weil sie, wie es bei OSTERRIETH heißt, „allen möglichen Zwecken dienstbar gemacht werden könne"[77]; die Erfindung dagegen soll nach OSTERRIETH deshalb ein „der Aneignung durch einen einzelnen fähiger Gegenstand"[78] sein, weil sie als „Mittel zur Befriedigung menschlicher Bedürfnisse ... selbständiger Wertträger"[79] sei. ERMAN war der Auffassung, erst wenn die Erkenntnis des Vorhandenseins und der Nutzbarkeit einer Eigenschaft oder einer Eigenschaftsverbindung zusammen kämen, ergäben sie ein immaterielles Gut; deshalb hätten zwar Erfindungen, nicht aber

---

70 Proposition de loi sur la propriété scientifique et la réforme de la loi du 5 juillet 1944 sur les brevets d'invention. Chambre des députés, 12e législature, doc. parlementaire 1922, annexe 1922 (t. LVIII).

71 RUFFINI, Rapport sur la propriété scientifique vom 1. 9. 1923. Commission de Propriété Intellectuelle beim Völkerbund, Dok. A 38, 1923, XII.

72 Ein weiterer Vorschlag von GARIEL sah an der Stelle des privaten Anteilsrechts ein öffentliches Prämiensystem vor, als dessen Vorbild die deutsche Sozialversicherung dienen sollte. GARIEL, La Question de la Propriété Scientifique (1924); DERS., Etat actuel de la question de propriété scientifique: Propriété Industrielle 1923, 113 f., 131 f., 146 f., 169 f.; 1925, 209 f. Zu GARIEL vgl. ERMAN 34 ff.

73 Oben N. 67.

74 KISCH, Handbuch des deutschen Patentrechts (1923) 23.

75 OSTERRIETH 26: „Entdecken ist die neue Erkenntnis einer vor dem Entdecken und unabhängig davon bestehenden Wirklichkeit; als reine Erkenntnis ist sie zwecklos. Erfinden ist die Schaffung eines bisher nicht bekannten Mittels zur Erfüllung eines bestimmten Zwecks". Ähnlich auch ERMAN, 49, 99. Dagegen zu Recht ELSTER, Schöpferische technische Leistung und wissenschaftliches Eigentum: GRUR 1929, 1138, 1140.

76 ELSTER, Schöpferische technische Leistung 1143.

77 OSTERRIETH 30.

78 OSTERRIETH 30.

79 OSTERRIETH 27.

Entdeckungen wirtschaftlichen Wert[80]. Vertreter der Industrie erklärten, der Wissenschaftler brauche den Ansporn eines materiellen Lohns nicht, um das Äußerste zu leisten; das geistige Eigentum könne nur den Unternehmungsgeist der Wirtschaft hemmen und die Produktion verteuern[81]. Haltbar sind, wie wir bereits wissen, alle diese Theorien nicht. Wissenschaftliche Forschung folgt ebenso sehr erkenntnisleitenden Interessen wie erfinderische Tätigkeit, und sie kann ebenso schöpferisch sein; welche Kategorien von Wissen ein aneignungsfähiges Immaterialgut oder ein zuordnungsfähiger Wert sind, hängt allein von der Ausgestaltung der Schutzrechte ab; schließlich dürfte der Wissenschaftler materiellen Anreizen ebenso zugänglich sein wie der Erfinder.

Man wird trotzdem kaum in der Annahme fehlgehen, daß die Aussichten für ein privatrechtlich ausgestaltetes „Anteilsrecht" der Wissenschaftler derzeit nicht günstig sind. Die wirklichen Gründe hierfür liegen aber nicht im Bereich der Rechtstheorie oder der Rechtsethik. Entscheidend ist vielmehr, daß ein wissenschaftliches Eigentum in eine gänzlich andere Interessenkonstellation hineinträte als das Patentrecht. Die Industrie ist am Patentrecht interessiert, weil es ihr einen wertvollen Investitionsparameter eröffnet; ein entsprechendes Interesse besteht am wissenschaftlichen Eigentum nicht: Wer mittels des Patentrechts die Verwertung von Erfindungen auf dem Markt kontrollieren kann, kontrolliert auch die Verwertung der den Erfindungen vorangehenden Forschungsergebnisse. Das wissenschaftliche Eigentum könnte der Industrie tatsächlich nur Kosten verursachen, ohne ihr einen Nutzen zu bringen.

Der Einwand des Fehlens persönlicher und gegenständlicher Universalität des Schutzes geistig-schöpferischer Sonderleistungen, der der persönlichkeitsrechtlichen Patenttheorie den Boden entzieht, trifft mit der gleichen Wirkung auch alle anderen rechtsethisch und naturrechtlich inspirierten Patenttheorien. Es ist nicht zu begründen, weshalb nur selbständige, nicht aber abhängige Arbeit, zu *geistigem Eigentum*[82] führen soll; ebensowenig ist einzusehen, weshalb nur Erfindungen, nicht aber andere Formen neuen Wissens Gegenstand eines solchen Eigentums sein können[83]. Unverständlich ist gleichermaßen, weshalb dem Arbeitnehmererfinder eine andere Belohnung ausgesetzt wird als dem freien Erfinder, oder weshalb nur technische, nicht aber auch organisatorische oder wissenschaftliche Leistungen belohnt werden.

Im deutschen Sprachraum ist auch der Begriff des *Immaterialguts* zur Recht-

---

[80] Erman 87.

[81] Weidlich, Zur Frage des wissenschaftlichen Eigentums: GRUR 1927, 333 ff. (W. war Vorstandsmitglied der I. G. Farben-Industrie A. G.). In der Sache ebenso Heymann im Vorwort zu Erman, x–xii.

[82] Vgl. hierzu Kohler, Die Idee des geistigen Eigentums: AcP 82, 141; besonders nachhaltig verfochten Osterrieth, Lehrbuch des gewerblichen Rechtsschutzes (1908), und Klostermann, Patentgesetz (1877), den Gedanken eines Eigentums an geistigen Gütern. Vgl. außerdem Machlup, die wirtschaftlichen Grundlagen 377, und Walz 126.

[83] So auch Walz 6–7.

fertigung des Erfindungsschutzes herangezogen worden[84]. Zu einem Teil freilich fügt die Lehre vom Immaterialgüterrecht der Überzeugungskraft der naturrechtlichen Begründung der Lehre vom geistigen Eigentum nichts hinzu[85]. KOHLER zitiert mit Billigung den Satz von J. ST. MILL: „Die Grundlage des Ganzen ist das Recht der Produzenten auf dasjenige, was sie selbst hervorgebracht haben."[86] Zugleich jedoch versucht die Lehre vom Immaterialgüterrecht eine neue Begründung des Rechtsschutzes der immateriellen Werte, indem sie deren vorrechtliches Vorhandensein als Verkehrsgüter, die lediglich der rechtlichen Zuordnung und Bestätigung bedürfen, nachzuweisen versucht. REGELBERGER hatte bereits 1895 formuliert: „Im neuen Recht sind in den Kreis der Rechtsobjekte die unkörperlichen Schöpfungen der geistigen Tätigkeit eingetreten: die wissenschaftlichen und künstlerischen Erzeugnisse, die Erfindungen, die Muster und Modelle. Mit ihrer Hervorbringung gewinnen diese Schöpfungen ein gewisses selbständiges Dasein, lassen eine gesonderte wirtschaftliche Ausbeute zu, können zum Gegenstand der Übertragung gemacht werden und sind des rechtlichen Schutzes ebenso fähig als bedürftig."[87] KOHLER kann wenige Jahre später das Immaterialgüterrecht abschließend als Beziehung einer Person zu einem bestimmten Gegenstand, als „Recht an einem außerhalb des Menschen stehenden, aber nicht körperlichen, nicht faß- und greifbaren Rechtsgute"[88] definieren. Heute ist es in Deutschland ganz herrschende Lehre, daß das Immaterialgüterrecht in eben dem Sinne ein Herrschaftsrecht an einem immateriellen Gegenstand sei wie das Eigentum ein Herrschaftsrecht an einem körperlichen Gegenstand[89].

Die Argumentation, mit der der Schutz der Immaterialgüter aus ihrer vorrechtlich gegebenen Eigenschaft als Vermögenswerte und Verkehrsgüter her-

---

[84] Die Lehre von den Immaterialgüterrechten ist noch heute im deutschen Sprachraum die weitaus herrschende Lehre.

[85] Die wesentlichste Modifikation, die die Lehre vom Immaterialgüterrecht an der Theorie des geistigen Eigentums anbringt, ist die Berücksichtigung der zeitlich begrenzten Schutzwirkung der Immaterialgüterrechte. Vgl. KOHLER, Deutsches Patentrecht 141; DERS., Handbuch des deutschen Patentrechts in rechtsvergleichender Darstellung (1900) 59 ff.

[86] Deutsches Patentrecht 2.

[87] Pandekten I (1895) 359.

[88] KOHLER, Urheberrecht an Schriftwerken und Vertragsrecht (1907) 1; ähnlich bereits im Handbuch des deutschen Patentrechts (1900) 5. Zur Entstehung und zum geistesgeschichtlichen Hintergrund der KOHLERschen Lehre WALZ, 138 ff. Ausführlich zum Begriff des Immaterialguts MERKL, Der Begriff des Immaterialgüterrechts (Jur. Diss. Erlangen-Nürnberg 1961).

[89] Vgl. etwa ENNECCERUS/NIPPERDEY, Allgemeiner Teil des bürgerlichen Rechts (15. Auflage, 1959), 1. Halbbd. 440; TROLLER, Immaterialgüterrecht (2. Aufl., 1968) 45 ff. Der Begriff des Immaterialguts ist auch in das italienische Recht eingegangen und dort einer besonders scharfsinnigen Ausarbeitung unterzogen worden. Vgl. etwa FRANCESCHELLI, Beni immateriali, Saggio di una critica del concetto: Rivista dir. industriale 1956, I, 381 ff.; GRECO, Beni immateriali, Estratto del Novissimo Digesto (1956).

geleitet wird, ist offenbar zirkulär. HUBMANN etwa meint, das Immaterialgut werde dadurch zur „Ware", daß es von seiner körperlichen Unterlage losgelöst und mit einer neuen Unterlage verbunden werden könne[90]. Sein Schüler MERKL behauptet vom Geschmacksmuster, seine Verkehrsfähigkeit[91] ergebe sich daraus, daß nach ihm mannigfaltige Gegenstände geformt werden könnten[92]. Den „Wert" der Immaterialgüter sieht MERKL darin, daß sie nützlich seien und einen Bedarf decken könnten. „Wirtschaftliche Güter" seien sie, weil sie knapp seien und weil über sie verfügt werden könne[93]. Das ist schwer begreiflich: Die immateriellen Werte sind von Natur aus zwar vielleicht Güter[94], allenfalls aber öffentliche Güter[95]. Sie sind an sich – von Natur aus – aneignungsunfähig und deshalb gerade keine Waren, Gegenstände von Verkehrsgeschäften. Das Immaterialgüterrecht muß die Gegenstände, die es angeblich nur „schützt", als Objekt von Privatrechten erst konstituieren. Das „Immaterialgut" ist somit letztlich bloß ein polemisches Schlagwort, das den Ruf nach der Schaffung neuer Herrschaftspositionen legitimieren soll[96].

Nachdem sich die vom Persönlichkeitsrecht des Erfinders, von einem angeblich überpositiven Recht auf geistiges Eigentum oder von der strukturellen Eigenart der Immaterialgüter ausgehenden Patentrechtstheorien als kaum noch überzeugend erwiesen haben, läßt sich das Patentrecht schlüssig nur noch als Instrument der Wirtschaftspolitik begreifen[97]. Die wichtigste und stichhaltig-

---

[90] HUBMANN, Das Recht des schöpferischen Geistes (1954) 47.

[91] Zur Verkehrsfähigkeit der Immaterialgüter ausführlich HUBMANN, Die Zwangsvollstreckung in Persönlichkeits- und Immaterialgüterrechte, in: Festschrift H. Lehmann (1956) 821 f.

[92] MERKL 79. Aus demselben Grunde, weil sie nämlich „allen möglichen Zwecken dienstbar" gemacht werden könne, hatte OSTERRIETH der Entdeckung die Gütereigenschaft abgesprochen.

[93] MERKL 80.

[94] Vgl. zum wirtschaftlichen Güterbegriff WEBER, Stichwort „Gut" im HWdSW. Immerhin ist auch die Güternatur der Immaterialgüter nicht unstreitig. Vgl. die Nachweise bei TROLLER, Immaterialgüterrecht 48 ff., insbesondere 50, N. 2.

[95] Wie wenig Klarheit allgemein über den Zusammenhang zwischen der Eigenschaft der Immaterialgüter als Verkehrsgüter und ihrem rechtlichen Schutz besteht, zeigt etwa die Äußerung von MERKL 80, N. 20, die Immaterialgüter seien „tatsächlich im Verhältnis zu der nach ihnen bestehenden Nachfrage knapp, obwohl ein einzelnes, einmal zur Existenz gebrachtes Immaterialgut zahlenmäßig unbegrenzt, vervielfältigt, reproduziert und dergl. werden" könne.

[96] Das zeigt sich besonders an den Versuchen, das Unternehmen als Immaterialgut zu deklarieren und damit das Recht am Unternehmen zum Quasi-Eigentum zu verfestigen. Vgl. HUBMANN, Das Recht am Unternehmen: ZHR 1955, 41 f. Dazu die überzeugende Kritik von WIETHÖLTER, Zur politischen Funktion des Rechts am eingerichteten und ausgeübten Gewerbebetrieb: KJ 1970, 121.

[97] Das ist der Tenor der Arbeit von WALZ, deren dritter Teil den Titel „Patentrecht als Wettbewerbspolitik" trägt.

In den USA, wo die Grundlagendiskussion über das Patentrecht insgesamt weit offener und vor allem auch in viel unmittelbarerer Berührung mit den Wirtschaftswissenschaften verlaufen ist, ist diese Auffassung inzwischen wohl herrschend. TURNER, The Patent ste der sogenannten volkswirtschaftlichen Theorien des Patentschutzes ist die sogenannte Anspornungstheorie: Danach ist das Patentrecht dazu bestimmt, den technischen Fortschritt zu beschleunigen, indem es der erfinderischen Tätigkeit Anreize setzt[98]. Diese Anschauung ist dem amerikanischen Rechtsdenken besonders vertraut. Es geht – anders als die kontinentale Rechtstradition – nicht von der grundsätzlichen Zuordnung aller geistigen Leistungen aus, sondern betrachtet umgekehrt die Gemeinfreiheit des Wissens als einen Grundsatz von beinahe naturrechtlicher Würde. Nicht die Beschränkung des Schutzes auf einzelne Kategorien geistiger Schöpfungen, sondern die Verknappung von Wissen überhaupt bedarf der besonderen Begründung. Von THOMAS JEFFERSON, dem geistigen Vater der amerikanischen Verfassung, stammt das Wort:

„If nature has made any one thing less susceptible than all others of exclusive property, it is the action of the thinking power called an idea, which an individual may exclusively possess as long as he keeps it to himself; but the moment it is divulged, it forces itself into the possession of every one, and the receiver cannot disposses himself of it. Its peculiar character, too, is that no one possesses the less, because every other possesses the whole of it. He who receives an idea from me, receives instruction himself without lessening mine; as he who lights his taper at mine receives light without darkening me.“ [99]

Und RAHL schreibt:

„It is not freedom of competition which requires apology. It is interference which must always be explained.“ [100]

System 266 f., weist die moralischen und rechtsethischen Rechtfertigungen des Patentrechts vor allem wegen des Fehlens der gegenständlichen Universalität des Schutzes zurück: „Even if we assume that in an ideal world society should pay each creator of a new idea its full economic value, the impossibility of devising any workable scheme for doing so leaves no moral ground for paying some but not others – particularly when it is the fundamental discovery (and such important innovations in business methods as the assembly line, the self-serving supermarket, and computerization) that typically must go substantially unrewarded ... Therefore, the case for the patent system, if a case there be, must be an economic one ...“

Von BOWMAN, Patent and Antitrust Law, werden andere als ökonomische Erwägungsgründe gar nicht mehr erörtert.

[98] Vgl. MACHLUP, Die wirtschaftlichen Grundlagen 378–379. Zu den öffentlichrechtlichen Patenttheorien, die in Deutschland durch das Auftreten JOSEF KOHLERS überholt wurden, vgl. WALZ 120 f.

[99] Brief an MCPHERSON, zitiert in *Graham* v. *John Deere & Co.*, 383 U. S. 1, 8 n. 2 (1966).

[100] RAHL, The Right to "Appropriate" Trade Values: Ohio State L. J. 1962, 56, 72; vgl. auch TURNER, The Patent System 267, and CHOATE, Patent Law (1973) 2. FIKENTSCHER, in: Wettbewerb und gewerblicher Rechtsschutz 144 und nach ihm STROHM, Wettbewerbsbeschränkungen in Patentlizenzen 11 und WALZ 139 haben darauf aufmerksam gemacht, daß im angelsächsischen Rechtsbereich, und namentlich in den USA,

Die Anspornungstheorie des Patentschutzes findet auch unmittelbar Ausdruck in der Verfassung der Vereinigten Staaten. Der Kongreß wird ermächtigt: „To promote the Progress of Science and the Useful Arts, by securing for limited Times to Authors and Inventors the exclusive Right to their respective Writings and Discoveries."[101] Die Anspornungstheorie wird den naturrechtlichen und individualistischen Begründungen des Patentschutzes, die auch in Amerika eine gewisse Rolle gespielt haben und noch spielen, zunehmend vorgezogen.

Die einfache Logik, die das Verfassungsmandat und die Anspornungstheorie im allgemeinen für seine Urheber vielleicht einmal hatten, ist freilich abhanden gekommen. Dem Gesetzgeber wird nicht schlicht ein Mittel zur Erreichung eines fraglos förderungswürdigen Zwecks an die Hand gegeben. Jedenfalls heute, unter den gegenwärtigen Bedingungen des technischen Fortschritts, ist der Verfassungssatz, wie wir wissen, eine Gleichung aus lauter Unbekannten, eine Leerformel. Die Ausgestaltung des Patentschutzes kann nicht im Hinblick auf einen eindeutigen Zweck, *den* Fortschritt, hin optimiert werden: Jeder möglichen Ausgestaltung des Patentschutzes entspricht eine bestimmte Struktur des patentinduzierten technischen Fortschritts, und umgekehrt verlangt jede bestimmte angesteuerte Struktur des technischen Fortschritts ein besonderes Patentsystem. Unter diesen Umständen ist es begreiflich, daß bei uns wie auch in den USA die technologiepolitische Dimension aus der Patentdebatte praktisch verbannt worden ist. Die Diskussion um den Wert und den Inhalt des Patentrechts kreist deshalb vornehmlich um das Problem des Verhältnisses von Patentmonopol und Wettbewerb.

Aber auch hier schafft die Nüchternheit und Redlichkeit der Anspornungstheorie neue Probleme. Nicht nur das Patentsystem, auch der Wettbewerb soll den technischen Fortschritt befördern. Der hermetische Begriffsapparat des Patentrechts und das überaus flexible Instrumentarium der Wettbewerbspolitik, das nach allen Seiten offene System des Wettbewerbsrechts, verfolgen ein gemeinsames Teilziel der Wettbewerbspolitik, den technischen Fortschritt, mit radikal verschiedenen Mitteln. Wenn die ideologischen Grundlagen des Patentrechts, die Erfinderpersönlichkeit, das geistige Eigentum, einmal erschüttert sind, ist die Eigenständigkeit des Patent*rechts*, seine *juristische* Daseinsberechtigung, letztlich nicht mehr zu begründen. Die „patent-antitrust-balance" wird aus einem juristisch faßbaren Prozeß der Abwägung und Vermittlung privater und öffentlicher policies zu einem bloßen Institutionenkonflikt zwischen Patentamt und Kartellbehörde. Das Patentrecht wird virtuell unanwendbar. Die-

---

Patentmonopol und Gewerbefreiheit stets in ihrem Spannungsverhältnis problematisiert wurden, während dieses Spannungsverhältnis in Deutschland infolge der durch KOHLER eingeleiteten Übernahme rein privatrechtlicher Kategorien in ein als Immaterialgüterrecht konzipiertes Patentrecht in Vergessenheit geraten konnte.

[101] Verfassung der USA, Art. 1, Abschnitt 8.

ser spitzen These wollen wir in der folgenden Darstellung der Auseinandersetzung um die wettbewerbsrechtliche Begrenzung des Patentrechts nachgehen.

III. Patentrecht und Wettbewerbspolitik

1. Die dem Patent innewohnenden Beschränkungen

Die herkömmliche Abgrenzung des Patentrechts vom Wettbewerbsrecht beruht auf dem Gedanken, daß über das Recht, andere von der Nutzung der geschützten Erfindung auszuschließen, hinaus eine Reihe weiterer Rechte, den Erwerber oder Benutzer im Geschäftsverkehr zu beschränken, dem Patentrecht seinem Wesen nach innewohnen. Nur wer den Schutzbereich des Patents, the scope of his patent rights, verläßt, wie es in der amerikanischen Grundsatzentscheidung *US* v. *General Electric*[102] heißt, kommt in Konflikt mit der Antitrustgesetzgebung[103]. Das Gesetz gegen Wettbewerbsbeschränkungen hat diese Grenzziehung übernommen: „Verträge über (den) Erwerb oder (die) Benutzung von Patenten ... sind unwirksam, soweit sie dem Erwerber oder Lizenznehmer Beschränkungen im Geschäftsverkehr auferlegen, die über den Inhalt des Schutzrechts hinausgehen."[104] Jedenfalls „Beschränkungen hinsichtlich Art, Umfang, Menge, Gebiet oder Zeit der Ausübung des Schutzrechts gehen nicht über den Inhalt des Schutzrechts hinaus"[105].

Der Gedanke, es gebe „dem Wesen des Patents innewohnende" Wettbewerbsbeschränkungen, ergibt einen Sinn nur unter zwei traditionellen Prämissen: daß, erstens, nach eigenständig patentrechtlichen Kriterien ein Inhalt des Schutzrechts ermittelt werden könne und daß, zweitens, die policies des Patentrechts und des Wettbewerbsrechts antinomisch seien. Betrachtet man die patentrechtliche Ausschlußmacht allein als Rechtsbehelf zur Kommerzialisierung des an sich unteilbaren öffentlichen Guts „Erfindung" oder als Maßnahme zur Internalisierung des externen Nutzens von F & E, so ist die Unterscheidung von Beschränkungen, die über den Inhalt des Schutzrechts nicht hinausgehen, und solchen, die das tun, sinnlos. Der Patentinhaber erhält in der einen oder anderen Form nie mehr als sein Patent wert ist, nie mehr als der Markt hergibt. „A promise by the licensee to murder the patentee's mother-in-law is as much 'within the patent monopoly' as is the sum 50.00 and it is not the patent laws which tell us that the former agreement is unenforceable and subjects the parties to criminal sanctions."[106] Auch der häufig

---

[102] *U. S.* v. *General Electric Co.*, 272 U. S. 476 (1926).

[103] Einen guten Überblick über den Problemstand bieten BUXBAUM, Restrictions, und WALZ, 12 ff.

[104] § 20 I GWB.

[105] § 20 II GWB.

[106] BAXTER, Legal Restrictions on Exploitation of the Patent Monopoly: Yale L. J. 1966, 267, 277.

verwendete Satz, der Patentinhaber dürfe sein Monopol an der Erfindung nicht auf andere, ungeschützte Gegenstände ausdehnen[107], ist mit der Logik des Internalisierungsdenkens nicht zu halten. Wer ein Patent an einen Filmvorführapparat hat[108], kann entscheiden, welche Filme durch diesen Apparat laufen dürfen: „The complete monopoly over the use of the mechanism inevitably involves a monopoly over the use of materials with the mechanism."[109] Daß dem Patentinhaber dennoch verboten wird, das Recht zur Nutzung des Filmvorführapparats mit der Verpflichtung des Lizenznehmers, nur Filme des Patentinhabers zu spielen, zu koppeln, läßt sich nicht aus dem Wesen des Monopolrechts, sondern nur mit wettbewerbspolitischen Erwägungsgründen rechtfertigen[110]. Schließlich: Wenn es die Aufgabe des Patentschutzes ist, dem Erfinder das justum pretium des Marktpreises für seine Leistung zu sichern[111], so kann die Höhe der auf dem Markt erzielten Belohnung nicht als Argument für oder wider eine bestimmte Ausgestaltung des Patentschutzes herangezogen werden. Der Richter in *General Electric* denkt im Zirkel, wenn er dem Patentinhaber mit der Begründung gestattet, den Lizenznehmer hinsichtlich der Preisstellung für den patentgeschützten Gegenstand zu binden, daß ihm so der gebührende Lohn (proper reward) zuteil werde[112]: Was der Erfinder sich für sein Patent einhandeln kann, hängt davon ab, welche Beschränkungen er seinem Partner auferlegen darf. Der Zirkel könnte nur dann gestoppt werden, wenn man zu einer unmittelbar gesellschaftlichen Bewertung der Erfindung, ihres Gebrauchswerts, der erfinderischen Schöpferleistung oder der Größe der Erfinderpersönlichkeit Zuflucht nähme. Dieser Weg ist versperrt, nicht nur, weil die Ökonomie der Marktwirtschaft den objektiven Wert für irrational erklärt hat und weil die Größe einer Schöpferleistung sich schwer

---

[107] Zum Problem der tying clauses (Koppelungsbindungen, Bezugspflichten) vgl. etwa die Kommentierung zu § 20 GWB bei KAUFMANN/RAUTMANN, Frankfurter Komm. z. GWB (1963). Zum amerikanischen Recht ausführlich KAUFER, 141; STROHM, 76 f.

[108] Mit der Entscheidung *Motion Picture Patents Co.* v. *Universal Film Mfg. Co.*, 243 U. S. 502 (1917) erklärte der U. S. Supreme Court Koppelungsklauseln erstmals für unzulässig. Der bisherige leading case, *Henry* v. *A. B. Dick Co.*, 224 U. S. 1 (1912), hatte Koppelungsbindungen noch als aus dem Wesen des Patentmonopols herleitbar für zulässig erklärt.

[109] POWELL, The Nature of a Patent Right: Col. L. Rev. 1917, 663, 667.

[110] POWELL, aaO.

[111] KRAFT 32 ff. Daß „auch das Ausschließlichkeitsrecht nicht in allen Fällen zu einer absolut gerechten Belohnung und Einkommensverteilung führt, ist sicher, beruht aber auf der unvermeidlichen Unvollkommenheit jeder typisierenden und generalisierenden rechtlichen Regelung; die Mangelhaftigkeit ergibt sich aus der bekannten Diskrepanz zwischen Rechtssicherheit und Einzelfallgerechtigkeit und ändert nichts an der mit dem Ausschließlichkeitsrecht erreichten grundsätzlich besseren und unserer Wirtschaftsordnung konformeren Lösung", 34. Vgl. auch HUBMANN, Geistiges Eigentum, in: BETTERMANN/NIPPERDEY/SCHEUNER, Die Grundrechte IV 1. Halbband (1960) 7, 23, wonach das Patentrecht den Erfindern „den Wert ihrer Leistung sichern" soll.

[112] Oben N. 102.

in Geld umrechnen läßt, sondern, grundsätzlicher noch, weil die individualistischen Patentrechtstheorien in ihrer ganzen Unhaltbarkeit dastünden, wenn man sie auf *General Electric* anwenden wollte.

Das im Zuge der wirtschaftspolitischen reeducation[113] dem deutschen Gesetzgeber durch die Siegermächte aufgezwungene kartellrechtliche Verbot von Beschränkungen, die über den Inhalt eines Schutzrechts hinausgehen, wurde von der Rechtswissenschaft alsbald immaterialgüterrechtlich dogmatisiert[114]. Das Zusammenwirken von Wettbewerbsrecht und Patentrecht wird als Problem der Ausgrenzung eines durch lex specialis konstituierten Bereichs privater Eigentumsmacht aus einem als eigentumsneutral verstandenen wettbewerblichen Ordnungsrecht aufgefaßt. Das in § 6 des Patentgesetzes dem Patentinhaber eingeräumte Verbietungsrecht wird so zu einem wettbewerbsrechtlich unantastbaren Mindestfreiraum des Patentinhabers. Als spezifisch patentrechtlich sieht man die Verbietungsbefugnisse an, die gegen jedermann gerichtet sind; da das Patent nach Art des Sacheigentums als Herrschaftsrecht an einem Immaterialgut verstanden wird, werden diese Befugnisse als dingliche bezeichnet. In Lizenzverträgen dem Lizenznehmer auferlegte Beschränkungen sieht man insoweit als vom Patentrecht gedeckt an, wie sie sich als teilweise Übertragung oder Abspaltung der dem Patentinhaber dinglich zugewiesenen Herrschaftsmacht darstellen lassen: Das Wettbewerbsrecht kommt nicht zum Zuge, wenn der Patentinhaber die Lizenz mit einer Beschränkung verknüpft, der dingliche Wirkung zukommt, d. h. gegen deren Nichtbeachtung sich der Schutzrechtinhaber mit der Patentverletzungsklage nach § 47 PatG wenden kann[115]. Freilich kann nicht jede den Lizenznehmer beschränkende Bedingung, unter der ein Patentinhaber zur Lizenzvergabe bereit sein mag, mit dinglicher Wirkung vereinbart werden. Von dem von Kohler postulierten „Zusammenhang der Benutzungsarten"[116] ausgehend hat die Lehre einen numerus clausus von dinglich wirkenden Lizenzbeschränkungen entwickelt, über dessen Zusammensetzung allerdings bis heute kein allgemeines Einverständnis erzielt werden konnte[117]. Anhand des ausschließlichen Katalogs dinglicher Be-

---

[113] Nach Art. V 9c 7 des 1947 in der amerikanischen Zone und Bremen in Kraft gesetzten Dekartellierungsgesetzes Nr. 56 (Amtsblatt der U. S. Militärregierung vom 1. 4. 1947, 2) waren verboten „Abmachungen im Zusammenhang mit der Ausbeutung von Patenten ... mit dem Ziele, das Monopol oder das Schutzrecht auf Gegenstände auszudehnen, die in der gesetzlichen Regelung nicht enthalten sind", vgl. dazu ausführlich Walz 23 f. Entsprechende Vorschriften galten auch in der britischen und in der französischen Zone, Walz 23, N. 20. Die Alliierten machten die Aufhebung der Dekartellierungsgesetze davon abhängig, daß in der Bundesrepublik ein dieser Konzeption entsprechendes Gesetz erlassen würde, vgl. Walz 24, N. 21 m. w. N.

[114] Vgl. im einzelnen Walz 24 ff. m. w. N.

[115] Zum Ganzen ausführlich Walz 32 m. w. N.; Strohm 270 f. m. w. N.; kritisch Buxbaum, Restrictions 643.

[116] Handbuch des deutschen Patentrechts 452 ff. Vgl. dazu Walz 57 f.

[117] Lüdecke/Fischer, Lizenzverträge (1957) D 30; Strohm 289 ff.; Walz 63 f.;

schränkungen lassen sich nun die vom Schutzbereich des Patentrechts nicht gedeckten weitergehenden Lizenzabreden als bloß schuldrechtliche Vereinbarungen begreifen, die dem Zugriff der Wettbewerbsgesetzgebung voll offenstehen[118].

Die Typologie des Lizenzrechts mit ihrer Scheidung dinglicher und bloß obligatorischer Beschränkungen, die aus der Lehre vom Schutzinhalt des Patentrechts und von dessen Erschöpfung entfaltet worden ist, ist bezogen auf das Problem einer Risikoverteilung zwischen dem Schutzrechtsinhaber und dem gutgläubigen Erwerber einer vertragswidrig vom Lizenznehmer hergestellten oder vertriebenen Sache. Es geht hier allein um die Frage, wieweit gerechtfertigte Interessen des Patentinhabers es erfordern, daß das Patentrecht im Fall einer Vertragsverletzung des Lizenznehmers sich dem Eigentum Dritter gegenüber durchsetzt, indem er dieses gleichsam als Servitut überlagert[119]. Die in der Erschöpfungslehre vollzogene Abwägung der Interessen des Patentinhabers mit der Freiheit des Rechtsverkehrs sucht den Ausgleich von Individualinteressen, dazu nur in dem nicht alltäglichen, pathologischen Fall eines Vertragsbruchs des Lizenznehmers, konkretisiert aber nicht die Rechtsmacht des Schutzrechtsinhabers im Bezug auf die Institution einer funktionsfähigen Wettbewerbsordnung; der kritische Fall wäre bei dieser letzteren Fragestellung nicht der Fall des Vertragsbruchs, sondern gerade der Fall geflissentlicher Vertragstreue des Lizenznehmers.

Daß die in dem individualrechtlichen Kontext entwickelte Lizenztypologie Relevanz auch für das Verhältnis des Patentrechts zum Wettbewerbsrecht habe, läßt sich nur so lange glaubhaft machen, wie die Konstruktion des Immaterialgüterrechts als eines der Dignität des Privateigentums teilhaftigen privaten Herrschaftsrechts plausibel ist, oder, kurz, solange wie unangefochten ist, daß das Patentrecht einem eigenständigen, dem des Wettbewerbsrechts entgegengesetzten, nämlich rein privatrechtlichen Ordnungsziel dient[120].

---

besonders ausführliche Darstellung bei HERBST, Die rechtliche Ausgestaltung der Lizenz und ihre Einordnung in das System des bürgerlichen Rechts (Jur. Diss. Göttingen 1968) 111 f.; 139 ff.

[118] WALZ 50 f. m. w. N.

[119] BUXBAUM 644, 646–647; ausdrücklich WALZ 62. STROHM 291 f., 295, möchte dagegen an der Eignung der aus der Erschöpfungslehre entwickelten patentrechtlichen Lizenztypologie auch für kartellrechtliche Zwecke festhalten, „weil schon im Bereich des Patentrechts eine gewisse Vorabklärung von Wettbewerbsinteressen erfolgt" sei. Es mag sein, wie STROHM 293, schreibt, daß das RG mit der Erschöpfungslehre stets auch übergeordnete Gesamtinteressen habe schützen wollen, namentlich auch den Gedanken der „Gewerbefreiheit". Entscheidend muß aber doch wohl sein, daß sich die grobrastrige Typenbildung, die daraus entstanden ist, schon wegen ihres Mangels an wirtschaftspolitischer Offenheit für ein schlagkräftiges Kartellrecht einfach nicht eignen *kann*, das sich nicht mehr der simplen Gewerbefreiheit, sondern der höchst komplizierten Balance eines funktionsfähigen Wettbewerbs verpflichtet weiß.

[120] STROHM meint zwar unter Berufung auf RAISERS Lehre vom Institutionenschutz, daß durchaus auch individualrechtliche Gesichtspunkte in die vom GWB intendierte

Die herrschende Lehre zu § 20 GWB scheint selber Zweifel an der Übernahme immaterialgüterrechtlicher Begründungen in das Wettbewerbsrecht zu haben. Sie begründet die wettbewerbsrechtliche Neutralität der im Schutzbereich des Patents enthaltenen Beschränkungen nicht nur damit, daß sie Folgen notwendig kartellfreier Eigentumsausübung seien, sondern im Anschluß an LIEBERKNECHT[121] auch mit der völlig anderen, nämlich wettbewerbspolitischen, Erwägung, eine Lizenz, wie immer beschränkt sie auch sein möge, eröffne einen Wettbewerb, der vor der Lizenzverteilung nicht vorhanden sei[122]. Die apologetische Absicht, die hinter dieser nachgeschobenen Begründung steht, wird offenbar, wenn man sich klarmacht, daß sie mit der ersten Begründung zumindest teilweise unvereinbar ist, teilweise ihr jedenfalls nichts Neues hinzufügt. Wenn bestimmte Beschränkungen des Wettbewerbs einem eigentumsähnlichen Herrschaftsrecht immanent sind, so bedürfen sie keiner wettbewerbspolitischen Legitimation; da Wettbewerb sich nur im Zwischenraum zwischen den Eigentümern abspielt, kann man recht eigentlich von Wettbewerbsbeschränkungen gar nicht sprechen. Nimmt man dagegen Lizenzbeschränkungen hin, weil sie als Bedingungen der Lizenzvergabe überhaupt ein Mehr an Wettbewerb schaffen, so sollte es keinen Unterschied machen, ob die Beschränkungen dinglich oder aber bloß obligatorisch wirken. LIEBERKNECHT und die ihm folgende h. M. können keinen Grund angeben, weshalb sie nach ihrem Ausflug in wettbewerbspolitische Erwägungen wieder zu einer immaterialgüterrechtlichen Umschreibung des wettbewerblichen Schutzinhalts der Patente zurückkehren[123].

Wettbewerbsordnung eingingen 294; er muß, um seine Auffassung von der kartellrechtlichen Relevanz der patentrechtlichen Abgrenzungskriterien halten zu können, denn doch Privatrecht und Wirtschaftordnungsrecht einander gegenüberstellen: „Geht man davon aus, daß das durch die Bestimmungen des Kartellrechts zu verwirklichende Prinzip der Wettbewerbsfreiheit grundsätzlich nur den ansonsten der Vertragsfreiheit überlassenen Bereich gestalten soll, so wird verständlich, daß das Kartellrecht schutzrechtsimmanente Beschränkungen ... grundsätzlich zu respektieren hat". Dem ist entgegenzuhalten: Akzeptiert man die – höchst fragwürdige – Prämisse, daß das Leitbild des GWB, die funktionsfähige Wettbewerbsordnung, durch ein bloß den Vertragsverkehr der Eigentümer regelndes Ordnungsrecht verwirklicht werden könne, so muß man um so strenger prüfen, was Eigentum (Privatrecht) in diesem, dem GWB vorausliegenden, Sinne ist. Zeigt sich, daß das Patentrecht nicht hierher gehört, so braucht das Kartellrecht auch die angeblichen schutzrechtsimmanenten Beschränkungen nicht zu respektieren.

[121] LIEBERKNECHT, Patente, Lizenzverträge und Verbot von Wettbewerbsbeschränkungen (1953) 169 ff.

[122] Vgl. dazu WALZ 35–36 m. w. N. (N. 48, 49) und die Kritik von BUXBAUM, Restrictions, 637, der auch Nachweise der amerikanischen Rechtsprechung aufführt, der LIEBERKNECHT seine Auffassung entnommen hat.

[123] Entscheidend soll nicht sein, ob eine Vereinbarung dinglich oder obligatisch wirke, sondern ob sie mit dinglicher und nicht bloß obligatorischer Wirkung hätte vereinbart werden können: LIEBERKNECHT 169, 305; REIMER, Patentgesetz und Gebrauchsmustergesetz (3. Aufl., 1968), § 9, Anm. 141 b.

BUXBAUM[124] hat als erster zu einer Kritik der Ansicht, auch beschränkte Lizenzen führten stets zu einer Intensivierung des Wettbewerbs, angesetzt und zugleich nachgewiesen, daß die Unterscheidung dinglich und schuldrechtlich wirkender Beschränkungen keine wettbewerbspolitische Relevanz hat. Den entscheidenden Fehler der Lehre von den dem Patentmonopol innewohnenden Beschränkungen sieht er in der – dem Archetyp des Patents entlehnten – Annahme, das Patentmonopol an einem Stück technischen Wissens sei gleichbedeutend mit einem Monopol auf einem bestimmten relevanten Produktmarkt, mit der Macht des Patentinhabers, auf einem Markt Beschränkungen durchzusetzen[125]. Daß das im Zeitalter der fortgeschrittenen technischen Entwicklung immer seltener der Fall ist, haben wir bereits gesehen. Wenn ein Patent aber nicht dazu führt, daß ein ganzer Markt monopolistisch geschlossen wird, so kann, wie BUXBAUM an vielen Beispielen[126] nachweist, die Erteilung inhaltlich beschränkter Lizenzen ohne weiteres zu einer Verminderung der Wettbewerbsintensität auf den Produktmärkten führen, die uns wettbewerbspolitisch allein interessieren. Lizenzen über triviale Patente können so die Kartellierung ganzer Industrien ermöglichen[127]. Wenn der immaterialgüterrechtliche Schematismus somit seine Überzeugungskraft eingebüßt hat, so bleibt nurmehr die komplizierte Untersuchung aller Umstände des Einzelfalls; erst wenn der wirtschaftliche Wert eines Patents und die Intensität des gegenwärtigen und potentiellen Wettbewerbs zwischen Lizenzgeber und Lizenznehmer festgestellt sind, läßt sich feststellen, ob eine konkrete Patentlizenz den Wettbewerb beschränkt oder verstärkt[128].

2. Die Einheitstheorie des Patentwettbewerbsrechts

In jüngster Zeit hat eine Reihe amerikanischer Autoren den Versuch gemacht, unter Verzicht auf individualrechtliche Patentrechtsideologien wettbewerbsrechtliche standards für die Beurteilung von Lizenzverträgen zu entwickeln. DONALD TURNER, früher Leiter der Antitrust Division des amerikanischen Justizministeriums[129], hat ein explizites Forschungsprogramm für die Integration des Patentrechts in das Wettbewerbsrecht, die Entwicklung einer „unitary theory" konzipiert[130]. Ein Ausgangspunkt TURNERS ist die Unhaltbarkeit der rechtsethischen Patentrechtstheorien: Das Patentrecht kann nur als

[124] Oben N. 122.
[125] 638, 649.
[126] 649.
[127] Vgl. etwa die Fälle *U. S.* v. *U. S. Gypsum Co.*, 333 U. S. 364 (1948) und *U. S.* v. *Crown Zellerbach Corp.*, 141 F. Supp. 118 (N. D. Ill. 1956).
[128] BUXBAUM 650.
[129] TURNER lehrt jetzt an der Harvard Law School.
[130] TURNER, The Patent System and Competitive Policy: N. Y. U. L. Rev. 1967, 450–475 = Pat. L. Rev. 1970, 259 ff.; DERS., Patents, Antitrust, and Innovation: U. of Pittsburgh L. Rev. 1966, 151 ff. = Antitrust Bulletin 1967, 277–289.

wirtschaftspolitische Zweckschöpfung begriffen werden: „Therefore, the case for the patent system, if a case there be, must be an economic one, and as we have seen ... a clear case cannot be made."[131] Ein zweiter Ausgangspunkt ist die Erkenntnis MACHLUPS, daß es unmöglich ist, den sozialen Nutzen des Patentsystems quantitativ zu seinen Sozialkosten in Beziehung zu setzen[132]. Wenn auch über den Nutzen oder Schaden des Patentrechts insgesamt nichts gesagt werden kann, so zwingt doch selbst die größte Vorsicht nicht dazu, das bisher geltende Patentrecht uneingeschränkt beizubehalten. TURNERS Forschungsstrategie ist es, diejenigen Erscheinungsformen der Patentmacht festzustellen, die einerseits wettbewerbspolitisch besonders schädlich sind, andererseits aber ohne wesentliche Einbußen an Anreizwirkung verboten werden können[133]. Werden sie beseitigt, so besteht kein Konflikt zwischen den Zielsetzungen des Patentrechts und der Antitrustgesetzgebung[134]. Wenn die bedenklichsten Lizenzbeschränkungen verboten würden, so könnte, meint TURNER, eine Minderung des Anreizeffekts um etwa 20 Prozent leicht hingenommen werden[135].

Erhalten bleiben muß nur ein irreduzibles Minimum an Patentschutz, wie es sich nach TURNERS Meinung der positiven Patentgesetzgebung entnehmen läßt: Der Patentinhaber muß alle anderen von der Nutzung des Patents ausschließen können sowie die Erfindung anderen zur Nutzung überlassen oder das Patent ganz übertragen dürfen[136]. Alle übrigen Befugnisse unterliegen den Schranken des Antitrustrechts. DONNEM, unter TURNER Chef der Grundsatzabteilung der Antitrust Division, nennt die zwei Kriterien, an denen Patentlizenzverträge gemessen werden sollen:

(1) Ist eine Abrede erforderlich, um dem Patentinhaber die Ausbeutung seines gesetzlichen Monopols zu ermöglichen?

(2) Gibt es für ihn Alternativen, die den Wettbewerb weniger beschränken?

Eine Abrede ist verboten, wenn die erste Frage verneint und die zweite Frage bejaht werden kann[137].

Wir wollen an einem Beispiel zeigen, was sich ergibt, wenn an die Stelle der zirkulären[138] Anrufung der dem Patentrecht innewohnenden Beschränkungen die offene, problemorientierte Denkweise der „antitrust analysis" tritt. Der Oberste Gerichtshof der USA hatte im Jahre 1926 in *General Electric* die Zulässigkeit von Preisstellungsklauseln kurzerhand mit dem Argument be-

---

[131] The Patent System: Pat. L. Rev. 1970, 267.

[132] Vgl. oben S. 59.

[133] The Patent System 268; Patents, Antitrust, and Innovation 153, 154.

[134] The Patent System 268.

[135] AaO.

[136] Patents, Antitrust, and Innovation 154.

[137] DONNEM, The Antitrust Attack on Restrictive Patent License Provisions: Antitrust Bulletin 1970, 749.

[138] Vgl. auch BUXBAUM 648.

jaht, sie verhülfen dem Patentinhaber zu der ihm gebührenden Belohnung[139]. Mit dieser simplen Argumentation geht schon 1958 FURTH[140] ins Gericht. Er will erlaubte Preisstellungsklauseln von unerlaubten danach scheiden, ob sie dem Patentinhaber lediglich die Realisierung der wettbewerblichen Überlegenheit (competitive superiority) seines Patents ermöglichen oder ihm einen weitergehenden Vorteil einbringen. Die wettbewerbliche Überlegenheit eines Patents soll gleich dem Nutzen sein, den der Patentinhaber hätte, wenn er das Patent selber verwerten würde, ohne Lizenzen zu erteilen. Entscheidend soll der wirtschaftliche Wert des Patents sein; die Chance, durch Lizenzbeschränkungen eine Industrie reglementieren zu können, ist nach FURTH nicht Bestandteil dieses Werts. FURTH anerkennt, daß auch diese Chance einen Teil des Inventionsanreizes ausmachen kann, der vom Patentsystem ausgeht, ist aber entschlossen, insoweit auf Anreizwirkung zu verzichten[141]. Das Unterscheidungsmerkmal der wettbewerblichen Überlegenheit ist, wie auch FURTH erkennt, als solches kaum justitiabel[142]. Es läßt sich aber ein Katalog von Indizien aufstellen, die andeuten, wann ein Patentinhaber darauf aus ist, mehr als den Wert seines Patents zu bekommen. Ein solches Indiz ist es, wenn die Lizenznehmer darauf drängen, daß andere Mitglieder derselben Industrie die gleiche Lizenz nehmen; ein anderes, wenn die Lizenzgebühr einen größeren Betrag ausmacht als den Preisvorteil, den das patentierte Produkt auf dem Markt genießt; ein drittes schließlich, wenn in einer lizenzierten Industrie Preissteigerungen zu beobachten sind, die das Preisäquivalent des wettbewerblichen Vorteils des Patents übersteigen[143].

Mit ähnlich komplizierten ökonomischen Erwägungen haben Vertreter der „unitary theory" vorgeschlagen, gegenständliche[144] und territoriale[145] Lizenz-

---

[139] Oben N. 102. § 20 II Nr. 2 GWB erklärt Preisstellungsklauseln generell für zulässig.

[140] FURTH, Price-restrictive Patent Licenses under the Sherman Act: Harv. L. Rev. 1958, 815 ff., 816–817.

[141] AaO, 829.

[142] Zumal das Vorhandensein von Lizenzen eine gewisse tatsächliche Vermutung zugunsten des Werts des Patents begründen dürfte. Vgl. GIBBONS, Price Fixing in Patent Licenses and the Antitrust Laws: U. Va. L. Rev. 1965, 275.

[143] FURTH 838–841. Zu den Kriterien, die das amerikanische Fallrecht entwickelt hat, vgl. STROHM 218 f.; KAUFER 134–139. AREEDA, eine der führenden Autoritäten des amerikanischen Antitrustrechts, hält die General-Electric-Doktrin generell für moribund, Antitrust Analysis (1967) 339. Er meint, der Patentinhaber könne seine legitimen Interessen – den Wert des Patents voll auszuschöpfen und sich nicht durch Lizenzvergabe einen Wettbewerber im eigenen Tätigkeitsbereich zu schaffen – statt durch eine Preisstellungsklausel auch durch die weniger mißbräuchliche Bemessung der Lizenzgebühr wahren.

[144] GIBBONS, Field Restrictions in Patent Transactions: Col. L. Rev. 1966, 423.

[145] Wegen innerstaatlicher territorialer Lizenzbeschränkungen, die das amerikanische Patentgesetz (s. 261) ebenso wie das GWB (§ 20 I) ausdrücklich für zulässig erklärt, vgl. GIBBONS, Domestic Territorial Restrictions in Patent Transactions and the Antitrust

beschränkungen sowie bestimmte Formen der Lizenzgebührenberechnung für unzulässig zu erklären[146] oder einem Patentinhaber, der eine Lizenz vergeben hat, aufzugeben, allen anderen Interessenten Lizenzen zu den gleichen Bedingungen zu erteilen[147].

Die Einheitstheorie wurde in Amerika vor dem Hintergrund des Modellbilds der vollkommenen Konkurrenz entwickelt. Daß das Patentrecht der Zielsetzung der Wettbewerbspolitik nicht widerspreche, wird in erster Linie aus dem Internalisierungsgedanken hergeleitet: Das Patentrecht berichtigt ein von der Risikobehaftetheit der Forschung und von der Aneignungsunfähigkeit des Wissens verursachtes Marktversagen[148]. Die Vertreter dynamischer Wettbewerbstheorien dagegen betonen zur Erklärung der Systemkonformität des Patentrechts die Ubiquität des (freilich nur begrenzten und zeitweiligen) Monopols, das die Voraussetzung für einen als Folge von Angriffs- und Verteidigungsmanövern vorgestellten Wettbewerb ist[149]. Während etwa TURNER in seinen Lösungen weitgehend einem (abgeschwächten) Lizenzzwang zuneigt, hebt PRAHL, der das Patentrecht im Zusammenhang mit den dynamischen Wettbewerbskonzeptionen untersucht hat, hervor, daß der Lizenzzwang kurzfristig den Produktwettbewerb und langfristig damit sogar auch die Chance eines Preiswettbewerbs beeinträchtigen werde[150]. Die dynamischen Theorien machen also eine Vorstellung fragwürdig, von der das Patentrecht seit jeher ausgegangen ist, und die auch bei TURNER und der herrschenden amerikanischen Lehre[151] noch lebendig ist: Es sei erstrebenswert, daß der Patentinhaber möglichst viele und weitgehende Lizenzen erteile[152]. Auf dem Boden der dynamischen Wettbewerbstheorie ist diese Vorstellung prinzipiell unrichtig: Die

---

Law: Geo. Wash. L. Rev. 1966, 893; wegen internationaler Gebietsaufteilungen vgl. STERN, The Antitrust Status of Territorial Limitations in International Patent Licensing: Antitrust Trade Reg. Report 1971, No 498, F 1–4.

146 BAXTER, Legal Restrictions 306, 314.

147 TURNER, The Patent System 285: Zur Rechtsprechung, die diese Aufsätze, wenngleich zögernd, aufgreift, vgl. STROHM 206 ff.; KAUFER 129. Auch das Bundeskartellamt weicht die Pauschallösungen des § 20 GWB immer stärker durch eine einzelfallbezogene Analyse der wettbewerblichen Wirkung von Patentlizenzen auf. Vgl. die Nachweise bei WALZ 271 ff., 304 f.

148 TURNER beruft sich ausdrücklich auf ARROW, The Patent System 260. Vgl. auch das besteingeführte Textbuch des Antitrustrechts von PHILIP AREEDA, Antitrust Analysis 322.

149 Vgl. oben S. 53 f.

150 PRAHL 77, 138. Für einen Lizenzzwang hatten sich vor allem Vertreter des Ordo-Liberalismus ausgesprochen. Vgl. GATHER, Reform der Patentgesetzgebung?: ORDO II (1949) 294 ff.; RÖPKE, Die Gesellschaftskrise der Gegenwart (5. Aufl. 1948) 396. Ebenso BÖRLIN, Die volkswirtschaftliche Problematik der Patentgesetzgebung (1954) 201, m. w. N.

151 TURNER, The Patent System 274; AREEDA, Antitrust Analysis 335.

152 Ein gewichtiger Topos in der Diskussion um die Zulässigkeit von Lizenzbeschränkungen ist die Erwägung, der Patentinhaber könne vielleicht ganz darauf verzichten, Lizenzen zu vergeben, wenn ihm die Freiheit genommen werde, Beschränkungen festzusetzen. Vgl. etwa FURTH 830; TURNER, The Patent System 274.

Lizenzvergabe kann einen sich anbahnenden Innovationswettbewerb, der vielleicht eine erstarrte Industriestruktur in Bewegung zu setzen vermöchte, im Keime ersticken. Ob eine Lizenz wettbewerbspolitisch erwünscht ist, könnte, wenn die erforderliche Information verfügbar wäre[153], nur von Fall zu Fall entschieden werden[154]; in vielen Fällen jedenfalls wäre dem Wettbewerb am ehesten gedient, wenn die Lizenzvergabe soweit wie möglich erschwert würde. Die Theorie des Zweitbesten, auf der die dynamischen Wettbewerbsmodelle beruhen, ergibt bereits für die Wettbewerbspolitik außerordentlich komplexe Entscheidungsanweisungen[155]. Ob sie eine tragfähige Grundlage richterlicher Rechtsfindung abgeben könnte, ist mehr als zweifelhaft.

Der von den Einheitstheorien ermöglichte und legitimierte Einbruch wettbewerbspolitischen Denkens in die Patentrechtsdogmatik bedeutet jedenfalls eine ungeheure Komplizierung der juristischen Argumentatorik. Die entscheidenden Beweisgründe sind nun wirtschaftswissenschaftliche Erwägungen. Die Rolle der Rechtswissenschaft beschränkt sich angesichts der Unsicherheit, die wissenschaftliche Generalisierungen vor der Fülle der Lebensgestalten zurücklassen, darauf, als entscheidungstechnische Behelfe Vermutungen, gewisse Wahrscheinlichkeitshypothesen, oder per-se-Verbote als verfahrensbeschleunigende und Rechtssicherheit stiftende Näherungslösungen zu entwickeln[156]. Die Regeln des Patentantitrustrechts sind somit heute nicht mehr rechtsethisch fundierte Normen, die ihren materiellen Gerechtigkeitsgehalt in sich selbst tragen, sondern entscheidungstechnische Kompromisse, Frucht einer Abwägung der Vorteile einer in unendliche Konkretion fortschreitenden realwissenschaftlichen Analyse von Einzelfällen einerseits und gewisser formaler Rechtswerte andererseits: der aus dem richterlichen Entscheidungszwang herzuleitenden Not-

---

[153] Zum Problem des Informationsdefizits Kaufer 13.

[154] Diese Folgerung zieht auch Buxbaum, nachdem er die Theorie, die Lizenzvergabe schaffe in jedem Falle einen Wettbewerb, der sonst nicht bestehen würde – eine Theorie, die über Lieberknecht in das GWB Eingang fand – widerlegt hat, Restrictions 650.

[155] Dazu Lipsey/Lancaster, The General Theory of the Second Best: RES 1956/57, 11 ff.; vgl. auch Kaufer 13. Kritisch zu diesem Konzept Mishan, Second Thoughts on Second Best: Oxford Economic Papers (NS) 1962, 205 ff. Wissenschaftsgeschichtlich bedeutet die Theorie des Zweitbesten den Übergang von der Zweckrationalität auf die – freilich weit weniger faßbare – Systemrationalität; zu diesen Rationalitätsmustern Luhmann, Zweckbegriff und Systemrationalität (1973). Er war ausgelöst worden durch folgende Einsicht: Wenn vollständiger Wettbewerb in der Wirklichkeit nicht zu erreichen ist, so bedeutet die Verbesserung des bestehenden Wettbewerbs im Sinne *einzelner* Bedingungen des vollständigen Wettbewerbs (etwa im Sinne einer vollständigen Information oder im Sinne einer Atomisierung der Wirtschaftssubjekte) keinesfalls notwendig, daß im Ergebnis mehr wirksamer Wettbewerb herauskommt. Grundlegend Clark, Towards a Theory of Workable Competition: AER 1940, 241 ff.; vgl. auch Areeda, Antitrust Analysis 15.

[156] Allgemein zu den per-se-Verboten des amerikanischen Antitrustrechts vgl. Areeda, 303, 319, 348; Neale, The Antitrust Laws of the U. S. A. (2. Aufl., 1970) 26–29, 434–440.

wendigkeit, die Diskussion einmal abzuschneiden, und einem vertretbaren Mindestmaß an Rechtsgewißheit[157]. Daß es um die Rechtssicherheit freilich nicht allzu gut bestellt sei, ist eine unaufhörliche Klage der amerikanischen Praktiker, die auf die Preisgabe des erreichten wissenschaftlichen Raffinements und die Rückkehr zu den simplen Regeln über die dem Patentrecht innewohnenden Beschränkungen drängen. Die Praxis verlangt nach einer „positive patent philosophy"[158].

Für den Wettbewerb mögen die Anweisungen der Einheitstheorie des Patentantitrustrechts überaus wohltuend sein – theoretisch sind sie ein Ratschlag der Verzweiflung. Wenn wir über die gesamtwirtschaftliche Wirkungsweise des Patentrechts nichts Schlüssiges zu sagen wissen, so kann auch über die Auswirkungen derjenigen Minderung der Anreizwirkung, die der immer weiter reichende Eingriff des Wettbewerbsrechts zur Folge hat, nichts gesagt werden. Es mag unwahrscheinlich sein, aber es ist doch möglich, daß die 20 Prozent Anreizwirkung, auf die TURNER[159] zu verzichten gewillt ist, für die Hervorbringung der wichtigsten Inventionen, deretwegen die ganze kostspielige Maschinerie des Patentsystems in Gang gehalten wird, besonders wichtig sind. Noch bedenklicher ist es, daß die Einheitstheorie dem Skalpell des wettbewerbsrechtlichen Denkens, mit dem immer weitere Teile des herkömmlichen Patentrechts abgetrennt werden, keine prinzipielle Grenze ziehen kann. Das

---

[157] In anderen Bereichen des Antitrustrechts ist deshalb immer wieder versucht worden, durch die Beschwörung einer ideologischen antitrust philosophy per-se-Verbote nicht bloß als entscheidungstechnische Erleichterungen, sondern als wirkliche, materielle Rechtsnormen, als Ausfluß prinzipiell konsensfähiger Wertungen, hinzustellen. Vgl. die Worte, mit denen Richter DOUGLAS die per-se-Illegalität des price fixing begründet: „If the so-called competitive abuses were to be appraised here (der Beklagte hatte die Preisfestsetzung mit der Notwendigkeit begründet, einem ruinösen Verdrängungswettbewerb zu begegnen, M. B.), the reasonableness of prices would necessarily become an issue in every price fixing case. In that event, the Sherman Act would soon be emasculated, its philosophy would soon be supplanted by one which is wholly alien to a system of free competition; it would not be the charter of freedom which its framers intended ...", *U. S.* v. *Socony – Vacuum Oil Co.*, 310 U. S. 150 (1940), zit. nach AREEDA, Antitrust Analysis 199. Die entscheidungstechnische Überlegung, daß ein näheres Eingehen auf die Umstände des Einzelfalls die Gerichte überfordern würde, wird alsbald durch Wertbeschwörung abgesichert („charter of freedom"). Eine ähnliche ideologische Überhöhung des Wettbewerbsrechts wird die in der Bundesrepublik diskutierte Pönalisierung einzelner, besonders gravierender Kartellrechtsverstöße zur Folge haben. Denn das Strafrecht trifft nach seinem heutigen Selbstverständnis nur Taten mit sozialethischem Unrechtsgehalt. Zum Diskussionsstand vgl. KARTTE/VON PORTATIUS, Kriminalisierung des Kartellrechts: BB 1975, 1169.

[158] So ausdrücklich SEIDEL, Patent Ecology – some Interrelationships with Antitrust and General Law: Marquette L. Rev. 1970, 94. SEIDEL umschreibt die Aufgabe wie folgt: „... to define positively the degree of freedom which the patentee will have, regardless of antitrust philosophy, to exercise control and dominion over his patented invention".

Ähnlich POWERS, The Patent-Antitrust Balance: Villanova L. Rev. 1972, 463, 466; ADELMAN/JARESS, Patent-Antitrust Law – A new Theory: Wayne L. Rev. 1971, 1 ff.

[159] TURNER, The Patent System 268–269.

Zugeständnis TURNERS, ein harter Kern der Patentgesetzgebung müsse unangetastet bleiben, ist nur eine Scheinlösung. Es verweist uns auf das, was schwarz auf weiß im Gesetz steht. Aber keine Rechtsnorm lebt von ihren Worten allein. Rechtsanwendung ist stets Auslegung, und jede Auslegung eines Gesetzestextes aktualisiert die aus Prinzipien und dogmatisch gespeichertem Problemwissen zusammengesetzte Infrastruktur der Rechtsnormen[160]. Fehlt es an einer solchen Infrastruktur, oder ist die vorhandene Infrastruktur nicht mehr plausibel zu machen, so bleibt die Auslegung willkürlich; für ihre Resultate kann der Rechtsanwender selbst unter den Eingeweihten, den juristischen Fachgenossen, nicht auf Konsens hoffen[161]. Wenn Patentgesetzgebung und Wettbewerbsrecht in der Tat dasselbe Ziel verfolgen, die Förderung der Invention und Innovation, so ist nicht mehr verständlich zu machen, weshalb sie es mit so verschiedenen Mitteln tun und weshalb im Antitrustrecht ein soviel komplexeres Problembewußtsein geduldet und nur soviel zaghaftere Generalisierungen zugelassen werden als im Patentrecht. Wenn im Kopfe der Rechtsanwender ein Minimalkonsens über Ziel und Zweck der Begriffe des Patentrechts nicht mehr hergestellt werden kann, so versagt die rechtsstaatliche Arbeitsteilung zwischen der Normsetzung und einer wissenschaftlich angeleiteten objektiven Rechtsanwendung. Ein Gesetzeswerk, das sich nicht auf eine eigenständige Teleologie stützen kann, können Juristen mit ihren Mitteln nicht anwenden. Aus einer hermeneutisch objektivierbaren Abwägung privater und öffentlicher policies wird die Abgrenzung des Patentrechts vom Wettbewerbsrecht zum Schlachtfeld zweier juristischer Argumentationsstile. Statt eines juristisch auflösbaren Konkurrenzproblems haben wir einen dogmatisch kaum zu verhüllenden Interessenkampf zwischen – wie auch immer motivierten – Liebhabern des Patentrechts und Freunden des Wettbewerbsrechts vor uns. Es hängt allein von den politischen Konstellationen ab, ob die Kartellbehörden gehindert werden können, aus einem ungeliebten Patentrecht immer größere Stücke herauszuschneiden.

Daß der nackte Gesetzeswortlaut dem wettbewerbspolitischen Denken keine unüberwindlichen Barrieren entgegenstellen kann, zeigen die Versuche der Vertreter der Einheitstheorie, territoriale Lizenzbeschränkungen, die das amerikanische Patentgesetz ausdrücklich als Ausfluß des Patenteigentums anerkennt[162], wettbewerbspolitisch zu zersetzen[163], oder die erfolgreichen Bemühungen des Bundeskartellamts, die in § 20 GWB sanktionierte Lehre von den Lizenzbeschränkungen, die nicht über den Schutzinhalt des Patents hinausgehen, durch

---

[160] Hierzu grundlegend ESSER, Vorverständnis und Methodenwahl in der Rechtsfindung (1970) 35 ff.

[161] „Recht" ist aber ein auf Konsensfähigkeit angelegtes Ordnungsprogramm: vgl. ESSER 14, in der Auseinandersetzung mit LUHMANNS Lehre von der Rechtsnorm als Konditionalprogramm mit mehr oder weniger mechanischer Vollzugsfähigkeit.

[162] S. 261.

[163] Oben N. 145.

die Einschleusung einzelfallbezogener wettbewerbsrechtlicher Gesichtspunkte aufzuweichen[164].

Kann man sich als Jurist unter solchen Umständen der „unitary theory" anschließen oder muß man in den Chor derer einfallen, die dem Patentrecht ein von Wettbewerbserwägungen unabhängiges, rechtsethisch begründetes eigenständiges Überlebensrecht vindizieren, die kurzum „the structuring of a patent philosophy"[165] fordern? Für die Wissenschaft kann es nur einen Weg geben. Die individualistischen, rechtsethischen und immaterialgüterrechtlichen Theorien des Patentschutzes werden nicht deswegen wahrer, weil man sie dringend brauchen könnte. Hinter das von der Einheitstheorie erreichte Reflexionsniveau zurückfallen kann man nur um den Preis des besseren Wissens. Sie gibt die Wirklichkeit zutreffend wieder: Inventions- und Innovationsanreize zu setzen, ist Aufgabe nicht nur des Patentsystems, sondern auch des Wettbewerbs; die Marktunvollkommenheiten, die wir im Interesse des technischen Fortschritts hinnehmen, haben ein und dieselbe Struktur, gleich ob sie vom Patentrecht oder vom Wettbewerbsrecht sanktioniert werden; beide Institutionen verfolgen schließlich die gleiche unspezifische Technologiepolitik, die, wie wir sahen, weder von der Marktlogik noch vom politischen System legitimiert wird.

Die „unitary theory" ist aber nicht, wie ihre Urheber wollen, eine juristische „Theorie" in demselben Sinne wie die Theorie der dem Patentrecht innewohnenden Beschränkungen: ein pragmatischer Leitfaden zur Harmonisierung und Abgrenzung des Patentrechts und Wettbewerbsrechts im Einzelfall. Vielmehr ist sie ein kritischer Theorieansatz, der einseitig gegen das Patentrecht gerichtet ist. Er kehrt sich nicht nur gegen die Mißbräuche des Patentrechts, sondern in seiner Konsequenz auch gegen dessen Substanz. Mit ihr läßt sich etwa auch die schematische Schutzfrist, die in den Patentgesetzen vorgesehen ist, in Frage stellen. Eine Schutzfrist von 17[166] oder 18[167] Jahren ist für triviale Erfindungen viel zu lang[168]. Ebenso wie die Zulässigkeit von

[164] Walz 271 f. mit w. N.

[165] Seidel.

[166] Amerik. Patentrecht.

[167] Deutsches Patentrecht.

[168] Zum Problem der optimalen Patentfrist Kaufer 116; ausführlich Fillipovskij, Patentnaja sistema i naučno-techničeskij progress v kapitalističeskich stranach (1972) passim. F. kommt aufgrund eines Vergleichs der Patentstatistiken westlicher Länder zum Ergebnis, daß die tatsächliche „Lebensdauer" der Patente dazu neigt, immer länger zu werden, während die optimale Lebensdauer nach seiner Auffassung unter den Bedingungen des beschleunigten technischen Fortschritts immer kürzer wird, 125. Für die Tendenzen der praktischen Patentgesetzgebung ist bemerkenswert, daß das neue europäische Patentrecht weder die in einzelnen Mitgliedstaaten vorhandenen Bereichsausnahmen (etwa für pharmazeutische Produkte in Italien) aufgegriffen, noch einzelnen Ländern eine Verkürzung der Patentfrist angesonnen hat. Das europäische Patentübereinkommen sieht eine Patentfrist von 20 Jahren vor. Trotz aller wissenschaftlichen Zweifel am Nutzen des Patentschutzes bringt das Patentabkommen im großen und ganzen

Preisstellungsklauseln, könnte man auch die Schutzfrist im Einzelfall von der wettbewerblichen Überlegenheit des Patents abhängig machen.

Ähnliche Einwände lassen sich dagegen ersinnen, daß Patente jedermann zu gleichen Bedingungen erteilt werden und daß sie, einmal erteilt, als Waren unverändert aus der Hand eines Besitzers in die eines anderen übergehen können. UNTERBURG hat gezeigt, daß die Abhängigkeit der Inventions- und Innovationstätigkeit vom Patentschutz in erheblichem Maße durch die Struktur der jeweiligen Industrie bedingt ist[169]. Während Patente für kleine Unternehmen oder gar für „newcomer" eine bedeutende Rolle spielen, haben sie in oligopolistisch strukturierten Industrien nurmehr marginale Bedeutung. Es entspräche der Einheitstheorie durchaus, wenn künftig derlei Gesichtspunkte bereits bei der Patenterteilung berücksichtigt würden.

Die Einheitstheorie öffnet das Patentrecht einer letztlich unbegrenzten wettbewerbspolitischen, ja allgemein wirtschaftspolitischen Operationalisierung. Tendenziell zielt sie auf die Fusion von Patentrecht und Wettbewerbsrecht, und sie erweist am Ende die Notwendigkeit, beide Institutionen, Wettbewerb und Patentsystem, den noch weiterreichenden Gesichtspunkten eines politischen technology assessment zu öffnen, nach denen sich bestimmen läßt, welche technischen Fortschritte den Anreiz und Schutz wert sind, den sie brauchen.

IV. Patentrecht und Geheimnisschutz

1. Öffentliche und private Patente

In Schriften, die den Wert oder Unwert des Patentsystems erörtern, findet man regelmäßig die Behauptung, trotz aller seiner Mängel führe das Patentrecht dazu, daß eine Vielzahl von Erfindungen, die sonst geheimgehalten würden, durch Anmeldung zum Patent der Allgemeinheit bekanntgemacht würden[170]. Daß technisches Wissen geheimgehalten werden könne, wird als ein

---

eine Rechtsvereinheitlichung auf der Basis des kleinsten, nämlich patent- und industriefreundlichsten Nenners.

[169] UNTERBURG, Die Bedeutung der Patente in der industriellen Entwicklung (1970): „Mit den ... zu einem Teil auf Patente zurückzuführenden oligopolistischen oder monopolistischen Großunternehmens-Marktstrukturen ... nimmt die Bedeutung der Patente als Mittel zur Verminderung oder Ausschaltung des Enteignungsrisikos bei Neuerungen ab, so daß sich mit zunehmender Bedeutung der Patente für die Differenzierungskomponente des marktwirtschaftlichen Industrialisierungsprozesses (Konzentration) ein abnehmender Einfluß der Patente auf die Wachstumskomponente (Neuerungen) feststellen läßt (181) ... Es ergibt sich daraus, daß Patente mit der Entstehung und Ausdehnung von wirtschaftlichen Machtpositionen und zunehmender Konzentration in der Wirtschaft in den überwiegenden Fällen nur insoweit Bedeutung haben, als sie die starke Marktstellung der Großunternehmen, die auf ihrer großenteils *unabhängig von den Patenten* erfolgenden hohen Forschungs-, Entwicklungs- und Neuerungstätigkeit beruht, zusätzlich festigen und fortdauern lassen" (183).

[170] Vgl. etwa MELMAN, The Impact of the Patent System on Research, U. S. Senate,

unwandelbares Datum dargestellt, von dem jede Patentrechtsreform auszugehen habe: Jede Abschwächung des Patentschutzes könne zu einer Verstärkung der Geheimhaltung führen[171].

Bereits die tatsächliche Grundlage dieser Behauptung ist in Zweifel zu ziehen. Es wird weithin zugegeben, daß der Offenlegungszweck des Patentsystems heutzutage durch die gängige Praxis, bei Patentanmeldungen bestimmte für die Ausführung der Erfindung notwendige Informationen zurückzuhalten, großenteils vereitelt wird[172]. Bei vielen Erfindungen, vor allem bei Produkterfindungen, kommt dazu die Geheimhaltung praktisch kaum einmal in Betracht. Wo sie möglich ist, vor allem bei gewissen Verfahrenserfindungen, darf man annehmen, daß schon jetzt geheimgehalten wird, was mit Sicherheit geheimzuhalten ist[173]. Die herrschende Argumentation krankt im übrigen auch daran, daß die Offenlegungsfunktion der Patentschriften immer mehr an Bedeutung verliert. Vor allem die zunehmende Komplexität neuer Technologien trägt ihr Teil dazu bei, daß die Vorstellung, wer eine Patentschrift zur Hand nehme, könne die Erfindung auch ausführen, immer mehr illusorisch wird[174]. In der Vertragspraxis spielen deshalb heute gemischte Patent- und Know-how-Lizenzen eine wachsende Rolle[175].

Hier kommt es aber darauf an, auch einen grundsätzlichen Trugschluß in der herrschenden Lehre vom Verhältnis des Patentschutzes zur Geheimhaltung aufzudecken: Die Geheimhaltung wird als bloßes vorrechtliches Faktum, nicht als ein Rechtsinstitut betrachtet. Das Verhältnis der Unternehmen zur Rechtsordnung wird dabei, wie man in einer nicht zu weit gespannten Analogie sagen kann, behandelt wie das Verhältnis des Souveräns zur Verfassung in der konstitutionellen Monarchie. Wie hier der Staatsapparat als für das Recht impermeabel gilt[176], stellt man sich auch die Innensphäre des Unternehmens rechtsfrei vor.

Subcommittee on Patents, Study No 11 (1958) 33; Börlin, Die volkswirtschaftliche Problematik der Patentgesetzgebung 232 m. w. N.; Prahl 83 m. w. N. Differenzierter Gather, Reform der Patentgesetzgebung 303.

[171] Die Auffassung von der reinen Faktizität der Geheimhaltung teilen auch die Autoren, die den Zusammenhang zwischen einer Abschwächung oder Beseitigung des Patentschutzes und der Geheimhaltung leugnen oder für geringfügig erklären. Vgl. etwa Gather, aaO; Kaufer 218; Polanyi, Patent Reform: RES 1944, 61, 75.

[172] Vgl. etwa Melman 34 f.; Kaufer 122.

[173] Gather 302; Prahl 85 f. m. w. N.

[174] Der Betritt der Sowjetunion zur Pariser Verbandsübereinkunft im Jahre 1965 dürfte vor allem damit zusammenhängen, daß es mit dem „Diebstahl" des in Patentschriften geoffenbarten Wissens heute nicht mehr getan ist, sondern daß es entscheidend auf eine umfassende und geordnete technische Kooperation ankommt, wenn ein wirksamer Technologietransfer stattfinden soll.

[175] Mit Linder, Die Notwendigkeit zur Ausbildung der Fabrikationslizenz als spezifische Rechtsform internationaler lizenzwirtschaftlicher Beziehungen (Jur. Diss. Halle/S., 1967) kann man die komplexe Fabrikationslizenz heute geradezu als den Standardtyp des Lizenzvertrags ansehen.

[176] Hierzu Rupp, Grundfragen der Verwaltungsrechtslehre (1965) 1, 17 ff. Negt/

Einer ähnlichen Umdeutung des Rechtlichen ins Faktische ist man bekanntlich beim Recht am eingerichteten und ausgeübten Gewerbebetrieb erlegen[177], den man sich wie das Betriebsgeheimnis als ein vorrechtlich Vohandenes, vom Recht nur Anzuerkennendes vorstellt. Die unkritische Übernahme des expansiven bürgerlichen Eigentumsdenkens – der wirtschaftlichen Logik, daß dem Eigentümer alles das gehöre, was unter Einsatz seines Eigentums zustandegekommen ist – und den Zusammenhang zwischen dem Geheimnisschutz und dem Schutz des Gewerbebetriebs zeigen besonders deutlich die folgenden Ausführungen von BERLE und MEANS[178]:

„We must note an enormous expansion of the scope of the term ‚private property‘. They do not mean merely the physical plant. They include access to all the facilities necessary to produce, transport, distribute and sell. They mean an entire organization of personnel without which the physical plant would be junk ... These relationships are increasingly protected, not merely by the law of contract, but by an increasing body of law imposing upon individuals a measure of loyalty to the central enterprise. For example, they may not aquire and sell to others, as part of their personal capacity or equipment, confidential technical information, data on sales or customer good will. Underlying this extension of the property concept to management relationships is recognition of the fact that the 'capital' has been projected far into the realm of intangibles.“

Die Folge dieser Methode der Rechtswissenschaft ist nicht nur, daß der institutionelle Rahmen des Geheimnisschutzes und der Unternehmensordnung – nämlich der Wettbewerb – aus dem Blickfeld gerät, sondern auch daß die Binnenstruktur des Unternehmens zu einem Geflecht besonderer Gewaltverhältnisse gemacht und damit tendenziell entrechtlicht wird.

Der Einsicht, daß die Aneignung des im Produktionsprozeß erarbeiteten Wissens Folge eines über den bloßen vertraglichen Tausch „Arbeitskraft gegen Kapital“ hinausgehenden institutionell gesicherten Gewaltverhältnisses[179] ist, entzieht sich die Rechtswissenschaft dadurch, daß sie vom Archetyp des Patentrechts ausgeht, vom genialen Individuum nämlich, das in der Tat die Wahl hat, seine Gedankenschöpfung für immer in seiner Brust zu begraben oder sie einer dankbaren Öffentlichkeit preiszugeben und in das Reich des Rechts damit

---

KLUGE, Öffentlichkeit und Erfahrung – Zur Organisationsanalyse von bürgerlicher und proletarischer Öffentlichkeit (2. Aufl., 1973) 100 schreiben: „Es ist verblüffend, wie stark die Nichtöffentlichkeit des Betriebs an die nicht-öffentliche Organisationsform der Staatsanstalt des 18. Jahrhunderts erinnert. Das System der Betriebsverfassung ist ... absolutistisch ...“.

177 Vgl. hierzu WIETHÖLTER, Zur politischen Funktion des Rechts am eingerichteten und ausgeübten Gewerbebetrieb: KJ 1970, 121 f.

178 BERLE/MEANS, The Modern Corporation and Private Property (rev. Ausgabe 1967) xii.

179 Was sich besonders an nachwirkenden Verschwiegenheitspflichten, Wettbewerbsverboten u. ä. zeigt. Vgl. BERND, Der Schutz des Betriebsgeheimnisses nach Vertragsende (Jur. Diss. Köln, 1961).

erst zu entlassen. Das Geheimnisrecht wird so nur im Außenverhältnis der Unternehmung, im Wettbewerbsverhältnis, problematisiert: Es gilt eine Art unternehmerischer Privatsphäre gegen unlautere Eingriffe von draußen zu schützen (§ 17 UWG). Die Problematik, wie komplexe Organisationen eine Privatsphäre überhaupt erst gewinnen können, wird verkürzt nur im Arbeitsvertragsrecht behandelt, das durch die Statuierung arbeitsvertraglicher Treupflichten und eines Inanspruchnahmerechts an Diensterfindungen, durch die Zulassung von Wettbewerbsverboten, vertraglichen Verschwiegenheitspflichten und anderen Verträgen, die die Weitergabe von Wissen verbieten, die Aneignung auch von sondergesetzlich nicht schutzfähigem Wissen ermöglicht. Die Materie wird so zerstückelt in die Konstituierung des Geheimnisses und in den anschließenden Drittschutz des geheimgehaltenen Wissens, und beide Fragenkreise werden nach durchaus zuammenhanglosen – einmal arbeitsrechtlichen, ein andermal delikts- und wettbewerbsrechtlichen – Kriterien beurteilt. Nur indem vermieden wird, den Geheimnisschutz als eine zusammenhängende Institution zu begreifen, wird es auch möglich, seine funktionale Äquivalenz mit dem Patentschutz zu verkennen: Abgesehen davon, daß nichts offengelegt werden muß[180], hat effektiver Geheimnisschutz grundsätzlich dieselben technologiepolitischen und wettbewerblichen Wirkungen wie das Patentsystem.

Wenn beide Rechtsinstitute, das Patentrecht und das Geheimnisrecht, sich aber wesentlich nur darin unterscheiden, daß das Patentrecht zu einer immerhin positiv ins Gewicht fallenden Offenlegung des geschützten Wissens führt, muß eine rationale Rechtsordnung Gründe dafür anführen können, daß sie die Konkurrenz des Geheimnisrechts mit dem Patentrecht duldet. Unter dem Gesichtspunkt des Vorrangs bundesstaatlicher vor einzelstaatlichen Rechtssetzungskompetenzen (federal preemption) ist dieses Konkurrenzproblem kürzlich in den Vereinigten Staaten erörtert worden; das Patentgesetz ist Bundesrecht, das Recht des Geheimnisschutzes dagegen ist – wie der Großteil des Rechts gegen den unlauteren Wettbewerb, das Recht der business torts – Bestandteil des den Einzelstaaten überlassenen Common Law[181]. In *Lear, Inc.* v. *Adkins* hatte der Supreme Court über folgenden Fall zu befinden[182]:

---

[180] Dies hat freilich zur Folge, daß eine wichtige Funktion privater Vermögensrechte nicht erfüllt wird: nämlich die, Informationen über die alternativen Verwendungen der Güter zu erzeugen. Vgl. DEMSETZ, Information and Efficiency – Another Viewpoint: JLE 1969, 1 f.

[181] Eine Vielzahl von Bundesstaaten hat Sondergesetze gegen den Diebstahl von Geschäfts- und Betriebsgeheimnissen (trade secrets) erlassen. Im Jahre 1971 gab es bereits 21 solcher Gesetze. Vgl. VANDEVOORT, Trade Secrets – Protecting a Very Special Property: Business Lawyer 1971, 681 ff.

Auf der Grundlage der s. 5 des Federal Trade Commission Act von 1914 hat die FTC zwar einen beträchtlichen bundesrechtlichen Normenbestand auf dem Gebiet des Rechts – wie wir sagen würden – gegen den unlauteren Wettbewerb entwickelt; zum Schutz von Betriebsgeheimnissen wurde s. 5 allerdings noch nicht herangezogen.

[182] 395 U. S. 653 (1969).

Adkins beantragte 1954 ein Patent für seine Erfindung. 1955 erteilte er *Lear* eine Lizenz, der sich verpflichtete, sowohl vor der Patenterteilung als auch danach Lizenzgebühren zu bezahlen. 1957 bestritt *Lear* seine Zahlungspflicht mit der Behauptung, die Erfindung sei mangels Neuheit nicht schutzfähig. 1960 wurde ein Patent erteilt, und *Adkins* verklagte *Lear* auf Zahlung. Unterdessen gelang es *Lear*, das Patent in einem besonderen Verfahren gerichtlich für nichtig erklären zu lassen.

Der Oberste Gerichtshof stellte sich die Frage, „whether federal patent policy bars a state from enforcing a contract regulating access to an unpatented secret idea“[183]. Die Mehrheit der Richter entschied, daß *Lear* selbst dann nicht für die Dauer der Patentlaufzeit zur Zahlung verpflichtet sei, wenn er sich dazu ausdrücklich verpflichtet habe, um die Kenntnis der Erfindung vor der Patenterteilung zu erlangen; ebenso wurde die Zahlungspflicht für die Zeit zwischen Patenterteilung und Nichtigerklärung des Patents verneint: Andernfalls gebe man dem Patentinhaber einen Anreiz, den Nichtigkeitsprozeß zu verschleppen. Die Frage, was für die Zeit vor der Erteilung des Patents gelte, wurde von der Mehrheit offengelassen. Der einzelstaatliche Richter, an den die Sache insoweit zurückverwiesen wurde, sollte zunächst die Frage nach seinem Recht beurteilen. Die drei liberalen Richter BLACK, WARREN und DOUGLAS dagegen vertraten die Auffassung, das Gericht habe die Frage nicht offen lassen dürfen. Unter Berufung auf die neueren Entscheidungen des Gerichts[184], die einen wettbewerbsrechtlichen Schutz ästhetisch-technischer Werke als mit der ratio des Patentrechts unvereinbar abgelehnt hatten, schienen sie Monopole an anderen als patentrechtlich geschützten Gegenständen generell für unzulässig zu erklären.

„No state has a right to authorize any kind of monopoly on what is claimed to be a new invention, except when a patent has been obtained from the Patent Office under the exacting standards of the patent laws. One who makes a discovery may, of course, keep it secret if he wishes, but private arrangements under which self-styled ‘inventors’ do not keep their discoveries secret, but rather disclose them, in return for contractual payments, run counter to the plan of our patent laws, which tightly regulate the kind of inventions that may be protected and the manner in which they may be protected. The national policy expressed in the patent laws, favoring free competition and narrowly limiting monopoly, cannot be frustrated by private agreements among individuals, with or without the approval of the State.“ [185]

---

[183] Zunächst wies der Supreme Court unter Preisgabe seiner bisherigen Rechtssprechung (*Automatic Manufacturing Co.* v. *Hazeltine Research, Inc.*, 339 U. S., 827, 836) den Einwand Adkins' zurück, Lear handele rechtsmißbräuchlich (estoppel), wenn er als Lizenznehmer die Gültigkeit des Patents angreife.

[184] *Sears, Roebuck & Co.* v. *Stiffel Co.*, 376 U. S. 225 (1964) *Compco Corp. v. Day-Brite Lighting, Inc.*, 376 U. S. 234 (1964).

[185] 676–677.

Obwohl diese Minderheitsmeinung die vertragliche Konstituierung von Geheimnissen und deren deliktsrechtlichen Schutz gegen „Diebstahl“ offensichtlich unangetastet ließ und bei korrekter Auslegung ihrer tragenden Gründe sogar auf den Fall beschränkt war, daß eine lizenzierte Erfindung von den Parteien als patentfähig angesehen worden war[186], antwortete die Presse mit einem Aufschrei: Sie sah darin einen Generalangriff auf das Recht des Geheimnisschutzes schlechthin[187]. Als wenig später ein Untergericht eine Geheimnislizenz kurzerhand für unwirksam erklärte, weil für Nicht-Erfindungen eine Entschädigung nicht bezahlt werden dürfe, schien für einen Augenblick die Abschaffung des Geheimnisrechts in greifbare Nähe gerückt[188]. Wenn diese Entscheidung auch nicht in das Recht der Unternehmen, mit rechtlichen Mitteln Geheimnisse erst zu schaffen, eingriff[189], so war doch nicht zu verkennen, daß die Beschneidung der Verwertungsmöglichkeiten den wirtschaftlichen Wert der Geheimnisse mindern und damit auch für die Zukunft die Bereitschaft der Unternehmen, tatsächliche und vertragliche Aufwendungen für die Geheimhaltung zu erbringen, verringern würde.

Welche Schwierigkeiten die Erklärung des Nebeneinander von Patentrecht und Geheimnisschutz bereitet, erweist sich daran, daß, oft genug von einem und demselben Autor, zwei entgegengesetzte Wege beschritten werden. Einerseits soll der Geheimnisschutz etwas ganz anderes sein als der Patentschutz – andererseits sollen beide demselben Grundgedanken entspringen. Wird, wie in der amerikanischen Lehre, das Patentrecht im Sinne der Anspornungstheorie des Patentschutzes instrumental, als Werkzeug staatlicher Technologiepolitik begriffen, so bietet es sich an, umgekehrt den überkommenen Normenbestand des Geheimnisrechts, in den technologiepolitische Erwägungen bisher kaum eingedrungen sind, als die Verwirklichung rechtsethischer Postulate darzustellen[190]. In den USA wird überwiegend gleich eine Vielzahl von Rechts-

---

[186] Areeda, Antitrust Analysis (1970 Supplement) 9, FN.

[187] Note, The viability of trade secret protection after Lear v. Adkins: Villanova L. Rev. 1971, 553; Sutton, Trade Secrets – Federal Preemption and Legislative Solutions: Institute on Patent Law Proceedings 1971, Nr. 9, 129 ff.; Adelman/Jaress, Inventions and the Law of Trade Secrets after Lear v. Adkins: Wayne L. Rev. 1969, 77 ff.; Milgrim, Sears to Lear to Painton – Of Whales and Other Matters: N. Y. U. L. Rev. 1971, 17 ff.; Hawkland, Some Recent American Developments in the Protection of Know-how: Buffalo L. Rev. 1970, 119 ff.

[188] *Painton & Co.* v. *Bourns, Inc.*, 309 F. Supp. 271 (S. D. N. Y. 1970); die Entscheidung wurde in zweiter Instanz aufgehoben: 442 F. 2d. 216 (2d Cir. 1971). Dazu Milgrim, aaO; Note, Harv. L. Rev. 1970, 477 ff.; Shelton, Note: Texas L. Rev. 1970, 1399 ff.

[189] Das Gericht versagte dem Kläger auch den deliktsrechtlichen Schutz gegen die Weiterbenutzung seines Geheimnisses durch den Beklagten, es entschied aber nicht – wie Milgrim, der die Entscheidung dramatisiert (26), behauptet –, daß der Geheimnisinhaber auch im Verhältnis zu seinen Arbeitnehmern schutzlos sei. In der Konsequenz der Entscheidung läge freilich auch ein solcher Schluß.

[190] So ausdrücklich etwa Stedman, Trade secrets: Ohio L. Rev. 1962, 4, 22.

gründen für den Schutz der Betriebsgeheimnisse angeführt. Die Gesichtspunkte des pacta sunt servanda, des Verbots der Verleitung zum Vertragsbruch, der Gedanke des Vertrauensbruchs (breach of confidence), der Gedanke der ungerechtfertigten Bereicherung, das Verbot der invasion of privacy und schließlich der Blankettbegriff des unlauteren Wettbewerbs werden bemüht, um dem Geheimnisberechtigten je nach Lage des Einzelfalls die alleinige Nutzung des geheimen Wissens zu sichern[191].

Diesem von der Frage des Rechtsschutzes ausgehenden, aktionenrechtlichen Denken steht aber eine sehr starke, materiellrechtlich argumentierende Schulrichtung gegenüber: Das Geheimnis wird als ein selbständiger Vermögenswert angesehen, der dem Berechtigten eigentumsähnlich zugeordnet ist. Das Geheimnis wird als „property" bezeichnet[192].

Die praktische Bedeutung der Kontroverse ist gering; allenfalls kann man sagen, daß es den Vertretern der Eigentumstheorie des Geheimnisschutzes leichter fällt zu begründen, daß auch für die Schutzfähigkeit des Geheimnisses gewisse normative Standards, etwa eine gewisse „Erfindungshöhe", erfüllt sein müssen[193].

---

[191] Vgl. außer STEDMAN die Handbücher von CALLMANN, Unfair Competition, Trade Marks, and Monopolies (3. Aufl.), 1971 Cumulative Supplement IV, 343 ff.; MILGRIM, Trade Secrets (1971), und ELLIS, Trade Secrets (1953). Auch in dem Werk von TURNER, The Law of Trade Secrets (1962) wird das amerikanische Recht behandelt.

[192] Vgl. bereits *Peabody* v. *Norfolk,* 98 Mass. 452 (1868): „If he invents or discovers and keeps secret a process of manufacture, whether a proper subject for a patent or not, he has not indeed an exclusive right to it against the public, or those who in good faith acquire knowledge of it; but he has a property in it, which a court of chancery will protect against one who in violation of contract and breach of confidence undertakes to apply it to his own use, or to disclose it to third parties". Ebenso CALLMANN, Unfair Competition and Trademarks (2. Aufl., 1950) § 51; WILLISTON/THOMPSON, Contracts (rev. Auflage 1937) § 1646.

Für die Gegenmeinung wird gemeinhin Justice HOLMES angeführt, der in *E. I. du Pont de Nemours Powder Co.* v. *Masland,* 244 U. S. 100, 102 (1917), gesagt hat: „The word ›property‹ as applied to ... trade secrets is an unanalyzed expression of certain secondary consequences of the primary fact that the law makes some rudimentary requirements of good faith. Whether the plaintiffs have any valuable secret or not the defendant knows the facts, whatever they are, through a special confidence that he accepted. The property may be denied but the confidence cannot be. Therefore the starting point for the present matter is not property ..., but that the defendant stood in confidential relations with the plaintiffs ... and the first thing to be made sure of is that the defendant shall not fraudulently abuse the trust reposed on him".

Das Restatement of Torts, § 757 (1939), hat diese Lehre aufgegriffen.

[193] HAWKLAND, Some Recent Developments 121. Rechtsprechung und Lehre sind uneinheitlich. Vgl. HAWKLAND 121 f., und KANE, Limitations on the Law of Trade Secrets: J. P. O. S. 1971, 164 ff.

Die naheliegende Folgerung aus der Eigentumstheorie, der Geheimnisschutz sei ebenso wie der Patentschutz territorial begrenzt, ist bisher noch nicht gezogen worden – übrigens auch noch nicht in Deutschland. Selbst die extremste subjektivrechtliche Überhöhung des Geheimnisschutzes, wie sie PFISTER, Das technische Geheimnis „Know How" als Vermö-

Auch in der deutschen Literatur schwelt ein entsprechender Streit um die Dogmatik des Geheimnisschutzes. Konnte man ursprünglich das Geheimnis als eine bloß wettbewerbliche Schutzposition begreifen, so hat nun die Aufnahme der Betriebsgeheimnisse in das GWB als ein patentähnliches Monopol, dem gewisse wettbewerbsbeschränkende Wirkungen von Natur aus innewohnen, die Tendenz gefördert, das geschützte Geheimnis zum Immaterialgüterrecht fortzuentwickeln[194]. Zwar dürfte bis heute die Auffassung herrschend sein, das Geheimnis sei eine bloß faktische Lage[195]. Aus dieser Lehre folgert man, daß etwa der Geheimnis(Know-how)-Lizenzvertrag konstruktiv nicht wie eine Patentlizenz behandelt werden dürfe: Etwa sollen Know-how-Lizenzen stets nur obligatorisch und mangels eines immaterialgüterrechtlichen Substrats niemals „dinglich" sein[196]. Allgemeine Lehre ist es aber bereits, daß das Geheimnis als ein Vermögenswert an sich anzusehen ist, der vor aller rechtlichen Zuordnung und „Anerkennung" existiert[197]. Im entscheidenden

---

gensrecht (1974), vertritt, legt offenbar diese Folgerung nicht nahe genug; PFISTER behandelt das Problem überhaupt nicht. Zum Ganzen vgl. RICE JR., Note: Trade Secrets – Rights of the Owner: Texas L. Rev. 1928, 502, 504.

Einige Gerichte haben die Regeln über den Fahrniserwerb kraft Rechtsscheins auf Betriebsgeheimnisse angewendet; vgl. *Chadwick* v. *Covell*, 151 Mass. 190, 23 N. E. 1068; *Stewart* v. *Hook*, 118 Ga. 445, 45 S. E. 369. Für das deutsche Recht vgl. dagegen PFISTER 136 f., der die analoge Anwendung der §§ 932 ff. BGB mit dem – unrichtigen – Argument ablehnt, Ausnahmevorschriften dürften nicht per analogiam ausgedehnt werden; zu diesem methodisch überholten Argument LARENZ, Methodenlehre der Rechtswissenschaft (1960) 259 f.

[194] So bisher schon mit weitreichenden praktischen Konsequenzen TROLLER, Das technische Geheimnis im System des Immaterialgüterrechts: GRUR/Int. 1958, 385 f. In der Sache ebenso PFISTER, passim, der allerdings den Begriff des Immaterialgüterrechts meidet und statt dessen von einem Vermögensrecht am technischen Geheimnis spricht: „Das technische Geheimnis ist ... ein Vermögensgegenstand. Es ist von der Rechtsordnung einer bestimmten Person, zunächst dem Erfinder, absolut zugeordnet; der Berechtigte hat daran ein subjektives Recht." Dementsprechend wendet PFISTER auf Betriebsgeheimnisse nicht die Vorschriften des Immaterialgüterrechts (also des Patent-, Gebrauchsmuster- ect. -Rechts), sondern die des Sachenrechts analog an. Hierzu skeptisch sogar HUBMANN, der sonst viel für eine subjektivrechtliche Verfestigung immaterieller Positionen übrig hat, Bespr. von PFISTER: AcP 1976, 95 f.

[195] Vgl. etwa MÖHRING, Betriebs- und Geschäftsgeheimnisse in wettbewerbs- und kartellrechtlicher Sicht: Festschrift Nipperdey II (1965) 417; STUMPF, Der Know-How-Vertrag (1970) 28, 29; aus der Rechtsprechung vgl. BGHZ 16, 172 f. – Dücko.

[196] Vgl. etwa STUMPF 67.

Einer völligen Loslösung der Know-how-Lizenz von patentrechtlichen Kategorien redet PFAFF, Der Know-How-Vertrag im bürgerlichen Recht: BB 1974, 565–570, das Wort. Zur Konstruktion des Know-how-Vertrags vgl. auch STUMPF 36 ff., der ebenfalls den Begriff der Lizenzierung vermeiden will.

[197] Typisch etwa MÖHRING 416: „Da das technische und kaufmännische Wissen Faktoren sind, die für den wirtschaftlichen Erfolg eine entscheidende Bedeutung haben, ist es nur allzu verständlich, wenn der Unternehmer dieses Wissen vor der Konkurrenz geheimhalten und sicherstellen will, daß kein Mitbewerber ohne seine Einwilligung davon Gebrauch machen kann".

Augenblick kommt auch in der Rechtsprechung das immaterialgüterrechtliche Denken hervor, wenn es gilt, diesem Wert voll zur Anerkennung zu verhelfen.

Die Halbheiten des gegenwärtigen Geheimnisrechts zeigt besonders deutlich die *Dücko*-Entscheidung des BGH[198], in der es um die Verwertung eines Geheimverfahrens im Konkurs des Berechtigten ging. Zwar, so führt der BGH aus, sei ein Geheimverfahren kein absolutes Recht auf ausschließliche Nutzung; dingliche Ausschlußwirkung verleihe dem Berechtigten erst das Patentrecht. Gleichwohl stehe ihm aufgrund der §§ 823 BGB und 17 UWG ein Ausschlußrecht zu, dessen Vermögenswert der Konkursverwalter im Konkurs des Berechtigten in vollem Umfang auf Dritte übertragen könne. Auch der Gemeinschuldner, so fährt der BGH fort, mache sich nach der Verwertung des Betriebsgeheimnisses durch den Konkursverwalter eines Eingriffs in die Rechtsstellung des Erwerbers schuldig, wenn er weiter nach dem Geheimverfahren arbeite: ein Ergebnis, das nur begreiflich ist, wenn das Betriebsgeheimnis doch ein ausschließliches Immaterialgüterrecht ist. Wäre es nur eine faktische Vermögensposition, so wäre nicht einzusehen, weshalb der Gemeinschuldner sein eigenes, rechtmäßig erworbenes Wissen nicht weiter sollte verwerten dürfen; schuldrechtlich kann ihn der Konkursverwalter ja nicht zur Unterlassung verpflichten. Hinter der Entscheidung steht die Erwägung, das Geheimnis sei oftmals einer der wesentlichen Wertfaktoren eines Betriebs[199],

---

Hiervon geht auch die strafrechtliche Diskussion aus, die naturgemäß von vorrechtlichen Schutzgütern her argumentiert und das Problem allein in der Schutzwürdigkeit und Schutzbedürftigkeit der Güter sucht. Vgl. etwa CALLMANN, Bedarf das Betriebsgeheimnis eines verstärkten Schutzes?: Verh. 36. DJT (1936) Bd. 2, 464 ff. Es blieb SINZHEIMER in seinem Diskussionsbeitrag (aaO, 518 ff.) vorbehalten, vom Arbeitsrecht her aufzuweisen, daß das Betriebsgeheimnis nicht ein Wert an sich, sondern ein Schnitt- und Kollisionspunkt entgegengesetzter Interessen ist.

Diese Diskussion erlebt gegenwärtig im Rahmen der gesetzgeberischen Vorarbeiten zur Verstärkung des Kampfes gegen die Wirtschaftskriminalität eine Neuauflage, ohne daß das Problem Geheimnisschutz in seiner wettbewerbs-, ordnungs- und weltwirtschaftspolitischen Dimension erörtert würde. Das Problem einer Erweiterung des strafrechtlichen Geheimnisschutzes ist Gegenstand der Erörterung in der vom BMJ eingesetzten Kommission unter Beteiligung von STUMPF, LAMPE, GRASSER und AMELUNXEN gewesen. Bereits in der Unterkommission der Großen Strafrechtskommission, Niederschrift, Bd. 5 (1958) war bemängelt worden, daß die – suggestiv – sog. Betriebsspionage strafrechtlich noch nicht erfaßt ist. Für die herrschende Sicht des Geheimnisschutzes charakteristisch ist es, daß aus den von der Industrie gelieferten Schadensangaben von rund 1 Mrd. DM jährlich (TIEDEMANN, Welche strafrechtlichen Mittel empfehlen sich für eine wirksamere Bekämpfung der Wirtschaftskriminalität?: Verh. 49. DJT (1972) Bd. 1, C 64), also aus rein einzelwirtschaftlichen Größen, die Notwendigkeit eines verstärkten Geheimnisschutzes gefolgert wird.

Die Bundesregierung sieht es „als wichtige Aufgabe an, ... das Sicherheitsdenken zu fördern" (Antwort des Bundesministers des Innern GENSCHER auf die Kleine Anfrage Dr. SCHNEIDER, Dr. WITTMANN und Genossen, BT-Drucks. VI/3209, 4).

[198] BGHZ 16, 172.

[199] AaO, 176.

von dem der Kredit eines Unternehmens maßgeblich abhängen könne. Mit diesem wirtschaftlichen Argument, mit dem das Gericht sein dogmatisches Gewissen beschwichtigen will, ist aber auch nicht weiter zu kommen; es beruht auf demselben Zirkelschluß wie die Lehre vom Immaterialgüterrecht oder vom geistigen Eigentum schlechthin. Das Geheimverfahren kann den Kredit eines Unternehmens nur dann maßgeblich bestimmen, wenn es vom Recht als Kreditunterlage ausgestaltet, etwa wie ein „Immaterialgut" der Konkursmasse zugeschlagen wird. Geheimnisse werden nicht geschützt, weil sie so wertvoll sind; sondern sie sind wertvoll, weil sie so gut geschützt werden.

Der Argumentenschatz der Lehre vom geistigen Eigentum oder von den Immaterialgüterrechten gibt, so sehen wir, jedenfalls keine tragfähige Begründung des Geheimnisschutzes ab. Wir müssen uns deshalb noch den anderen Gründen zuwenden, die zu seiner Verteidigung vorgebracht werden. Daß das rechtsethische Verbot, wirtschaftlich wertvolles Wissen, das ein anderer erarbeitet hat, sich anzueignen, einer weitverbreiteten Überzeugung entspricht, dürfte kaum zu leugnen sein. Die Ausdrücke, mit denen solches Verhalten belegt wird: Diebstahl von Geheimnissen, Vertrauensbruch, Werksspionage und „sklavische" Nachäffung fremder Leistung, sprechen eine deutliche Sprache. Offen muß freilich bleiben, wieweit das moralische Unwerturteil über derlei Vorgänge durch eben diese suggestiven Wendungen bedingt ist, mit denen die Apologeten des Geheimnisschutzes allzu freizügig umgehen. Mit dem Nachweis einer weithin verbreiteten Rechtsmoral haben aber weder die Rechtsprechung noch die Wissenschaft ihre Pflicht getan. Auch moralische Überzeugungen können kritisch überprüft, durch Aufklärung geläutert werden. Das Verbot wettbewerbsbeschränkender Absprachen ist schließlich auch nicht an der Überzeugungskraft der Werte der Vertragsfreiheit und der Vertragstreue gescheitert. Und auch in der Frage des Schutzes nicht geheimer technischer und ästhetischer Sonderleistungen hat sich die Rechtsprechung inzwischen von einer nur vordergründigen moralischen Argumentation freigemacht[200]. Der Behauptung, der Geheimnisschutz entspreche dem Gebot der Bekämpfung rechtsethisch verwerflicher Handlungen oder, wie in amerikanischen Schriften oft zu lesen ist, der Vermeidung ungerechtfertigter Bereicherung, muß somit die Frage entgegengesetzt werden, wieweit eine von solchen Vorstellungen ausgehende Rechtsbildung einer komplexen Wirtschaftsordnung gemäß ist. Sie ist noch kaum erörtert worden.

2. Geheimnisschutz in der Wettbewerbswirtschaft

Das Hauptübel des Geheimnisrechts ist, so sagten wir bereits, daß es die zwei zusammenhängenden Problemkomplexe – die Konstituierung von Geheimnissen einerseits und den Schutz bestehender Geheimnisse andererseits –

---

[200] Oben N. 55 f.

auseinanderreißt; eine angemessene Verarbeitung der institutionellen Problematik des Geheimnisschutzes ist ihm so von vornherein unmöglich[201]. Wir wollen im folgenden einen funktionalen Bezugsrahmen konstruieren, in den das Geheimnisrecht eingepaßt werden muß, wenn es, wie zu fordern ist, als ein einheitliches Rechtsinstitut konzipiert wird[202]. Die Gesichtspunkte, die sich dabei ergeben, liegen auf drei verschiedenen Ebenen[203]. Eine Problemebene ist gegeben mit der Frage nach der Einpassung des Geheimnisrechts in die rechtliche Organisation einer leistungsfähigen Marktwirtschaft[204]. Auf einer zweiten Ebene liegt die Frage nach der Verträglichkeit des Geheimnisschutzes mit den Erfordernissen einer qualitativen technologiepolitischen Wirtschaftslenkung. Schließlich sind diejenigen Grenzen der Operationalisierung des Geheimnisrechts zu bestimmen, die sich aus dem Gerechtigkeitsanspruch der Rechtsordnung und aus dem Konsensbedarf des Rechts überhaupt ergeben. Es ist klar, daß die hiermit angesprochene Problematik nur als Programm weiteren Nachdenkens vorgestellt werden kann; die Grundlagen konkreter Rechtspolitik müssen anderwärts erarbeitet werden.

Ausgangspunkt unserer Überlegungen ist die Tatsache, daß der Geheimnisschutz wie das Patentsystem – statisch betrachtet – zu einer suboptimalen Allokation des Wissens führt. Von den Vertretern dynamischer Wettbewerbstheorien ist hiergegen der Einwand zu erwarten, daß Betriebsgeheimnisse ebenso wie Patente nicht nur einen Anreiz zur Forschung und Entwicklung geben, sondern auch den Wettbewerb intensivieren, indem sie den technologischen Vorbereitungswettbewerb und die Produktdiversifizierung durch die Bereit-

---

[201] Wir folgen nachstehend der Auffassung, daß das Recht gegen den unlauteren Wettbewerb insgesamt, mithin also auch der wettbewerbsrechtliche Geheimnisschutz nach § 17 UWG, nicht nur der rechtlichen Transposition außerrechtlicher Normen (der lauteren Geschäftsmoral, der guten Sitten o. ä.) dient, sondern einen integralen Bestandteil des Rechts zum Schutz einer funktionsfähigen Wettbewerbswirtschaft darstellt und somit systematisch in unmittelbarem Zusammenhang mit dem GWB steht. Vgl. in diesem Sinne bereits SACK, Sittenwidrigkeit, Sozialwidrigkeit und Interessenabwägung: GRUR 1970, 493 ff., und RAISER, Marktbezogene Unlauterkeit: GRUR/Int. 1973, 443 ff.

Zum Ganzen neuerdings ausführlich OTT, Systemwandel im Wettbewerbsrecht, in: Festschrift L. Raiser (1974) 403 ff. (Leider macht die wirtschaftspolitische Analyse wettbewerbsrechtlicher Fallgruppen, die OTT vornimmt, vor dem § 17 UWG halt.)

Die wirtschafts- und insbesondere wettbewerbspolitische Operationalisierung des Geheimnisrechts muß aber radikalisiert werden, indem sie über die Schutzproblematik hinaus auf das Problem der rechtlichen Konstitution des Geheimnisses erstreckt wird.

[202] Dafür auch Note, The Technical Trade Secret Quagmire – a Proposed Federal Solution: Minn. L. Rev. 1966, 1049, 1057.

[203] Ansätze zu einer ähnlichen Sicht auch bei LADAS, Legal Protection of Know How, Patent, Trademark, and Copyright: Journal of Research and Education 1963, 397, 415 f., und KLEIN, The Technical Trade Secret Quadrangle – A Survey: N. W. U. L. Rev. 1960, 437, 459 f.

[204] *Ein* notwendiger Schritt in dieser Richtung ist die Anerkenunng der prinzipiellen Gleichartigkeit der Schutzzwecke von GWB und UWG. Dazu oben N. 201.

stellung reaktionsfreier Zeit beleben. Ehe man die auf das Patentrecht gemünzte Rechtfertigung der Wissensmonopole aber auf die Geheimnisse erstrekken kann, muß man Nutzen und Kosten des Geheimnisschutzes gegen Kosten und Nutzen des Patentrechts abwägen. Auf der Aktivseite wird man die Anreizwirkung der Geheimhaltung verbuchen können, die allerdings wegen der Instabilität des Geheimnisschutzes erheblich unter der eines Patentrechts liegen dürfte. Zu den Nachteilen der Geheimhaltung gehört, daß sie die Dissemination des Wissens verhindert. Zugleich mindert sie die Mobilität der Arbeitskraft und damit die Effizienz von deren Einsatz: Wer durch Vertrag beispielsweise verpflichtet ist, bestimmte Zeit auf einem bestimmten Forschungsgebiet nicht für einen anderen Arbeitgeber tätig zu sein, wird sich besonders gut überlegen, ob er seinen Arbeitsplatz verläßt. Anders als das Patentrecht, das die Offenlegung der Erfindungen vorschreibt, erzeugt der Geheimnisschutz auch keinen transparenten Markt für das geschützte Wissen. Es bleibt dem Zufall überlassen, ob ein potentieller Lizenznehmer genug über ein Geheimnis erfährt, um seinen Wert abschätzen und in nähere Verhandlungen mit dem Geheimnisbesitzer eintreten zu können. Geheimnislizenzen verursachen deshalb besonders hohe transaction costs. Außerdem macht die Geheimhaltung aufwendige Sicherheitsmaßnahmen zur Abwehr von „Werksspionage“[205] erforderlich, die gesamtwirtschaftlich vielleicht noch über den Verwaltungskosten eines Patentsystems liegen. Schließlich ist die kartellrechtliche Überwachung der Geheimnislizenzen schwieriger als die der Patentlizenzen; man muß damit rechnen, daß Lizenzen über triviale Neuerungen dann noch eher zur Verschleierung kartellähnlicher Absprachen verwendet werden, wenn sie geheim sind, als wenn sie patentgeschützt sind. Wenn also der Kosten-Nutzen-Saldo des Geheimnisschutzes ungünstiger zu beurteilen ist als der des Patentrechts, so ergeben sich zwei Möglichkeiten: eine Erweiterung des Patentschutzes[206] verbunden mit einer Einschränkung des Geheimnisschutzes oder die teilweise Beseitigung des Schutzes für bestimmte Kategorien von Wissen, die bisher geheimgehalten werden können.

Auf der zweiten Problemebene treffen alle Einwände, die gegen das Patentsystem vorgebracht werden können, auch auf das Geheimnisrecht zu. Auch die Möglichkeit der Geheimhaltung beeinflußt die Richtung und Verteilung des technischen Fortschritts in einer letztlich weder marktwirtschaftlich noch politisch legitimierten Weise. Die Hemmnisse, die für eine politische Steuerung

---

[205] Zu neuen Formen der „Industriespionage“ vgl. VON ZUR MÜHLEN, Der Computer als Werkzeug und Ziel deliktischer Handlungen im Betrieb: BB 1971, 1045 ff. Weitere Nachweise bei TIEDEMANN N. 18.

[206] Eine solche würde auch ohne ausdrückliche Einschränkung des Geheimnisschutzes bestimmte Formen bisher geheimgehaltenen Wissens an die Öffentlichkeit befördern. Der Autor der in Note 202 zitierten Anmerkung macht einen entsprechenden Vorschlag. Ebenso ADELMAN/JARESS, Inventions. Die USA kennen derzeit kein Gebrauchsmuster; die Schaffung eines „kleinen Patents“ bietet sich deshalb als ein gewisser Ausweg an.

der Technik vom Geheimnisschutz ausgehen, dürften sogar noch schwerwiegender sein als diejenigen, die ein Patentrecht mit sich bringt. In immer größerem Umfang werden nämlich auch patentrechtlich nicht schutzfähige Ergebnisse der Grundlagenforschung sowie der gesamten Entwicklungstätigkeit der Unternehmen geheimgehalten[207]. Das Geheimnisrecht bietet den Unternehmen deshalb noch mehr als das Patentrecht die Möglichkeit, technologische Weichen zu stellen, die ex post nur noch gegen Entschädigung, d. h. um den Preis erhöhter Kosten für das politische System, umgestellt werden können.

Eine wettbewerbspolitisch oder technologiepolitisch begründete Einschränkung des Geheimnisschutzes würde auf eine Reihe von Schwierigkeiten stoßen. Solange das Patentrecht überhaupt beibehalten wird, kann auf ein gewisses Maß von Geheimnisschutz nicht verzichtet werden[208]. Da es neuheitsschädlich ist, wenn eine Erfindung vor ihrer Anmeldung zum Patent allgemein zugänglich oder bekannt wird, müssen Unternehmen, die Erfindungen entwickeln, die Möglichkeit haben, die vor der Anmeldung liegenden Stadien des Forschungsprozesses geheimzuhalten. Man würde also vor der schwierigen Aufgabe stehen, im Rahmen eines Geheimnisrechts die Forschungen, die Vorarbeiten zu schutzfähigen Erfindungen darstellen, von solchen Forschungen zu scheiden, die schutzunfähige Entwicklungen zum Gegenstand haben. Wenn der Geheimnisschutz eingeschränkt würde, wäre ferner damit zu rechnen, daß private Unternehmen ihre Anstrengungen vermehren würden, das von ihnen erarbeitete Wissen mit anderen Mitteln geheimzuhalten[209]. Das Hausrecht (§ 123 StGB) und die aus dem militärischen Geheimnisschutz bekannte Methode, geheimzuhaltendes Wissen in immer kleinere Stücke zu zerlegen und die Zusammensetzung der Bruchstücke nur einem engen Kreis von Vertrauensleuten zu gestatten, würden zweifellos hier noch einige Möglichkeiten bieten. Sie dürfen aber nicht überschätzt werden, da die Kosten betrieblicher Sicherheitssysteme einerseits und Faktoren wie die Effizienz des Forschungsprozesses und die Notwendigkeit eines gewissen Vertrauensklimas auch in Forschungslaboratorien andererseits der Geheimhaltung Grenzen setzen. Jedenfalls, das kann man mit Sicherheit sagen, würde die Erschwerung der Geheimhaltung dazu führen, daß ein größerer Anteil des technischen Wissens entweder unmittelbar gemeinfrei wäre oder zum Patent angemeldet würde. Im übrigen würde auch die Geheimhaltung, die nach einer völligen oder teilweisen Beseitigung des § 17 UWG und einem Verbot von arbeitsrechtlichen Wettbewerbs- und Arbeitsverboten übrigbleiben würde, noch immer nicht auf

[207] Hierzu etwa MELMAN, The Impact of the Patent System on Research 31.

[208] Das zeigen die oben S. 183 erörterten Vorschriften des Sowjetrechts zur „Sicherung der staatlichen Priorität" besonders deutlich.

[209] TURNER vertrat in einer Vorlesung über Economic Regulation (Harvard Law School, Wintersemester 1972/73) die Auffassung, ein intensiver rechtlicher Geheimnisschutz sei geboten, um die noch höheren Sozial- (und natürlich auch Individual-)Kosten betrieblicher Sicherheitssysteme zu vermeiden.

reiner Faktizität beruhen. Das Hausrecht etwa, das die Arbeitsgrundlage der Betriebspolizei darstellt, ist ebenso ein Rechtsinstitut wie die sonstigen Mittel der Geheimhaltung. Und übrigens ebensowenig wie das Wettbewerbsrecht den Beweis antritt, weshalb das Auskundschaften innerbetrieblicher Forschungsarbeiten der Ausspähung einer Privatsphäre gleichzustellen ist, begründet das Strafrecht, welches den Hausfriedensbruch verbietet, weshalb das unerlaubte Betreten eines Forschungslaboratoriums dem Eindringen in eine Privatwohnung ähnlich ist. Nicht die Alternativkosten „faktischer“ Geheimhaltung setzen der Einschränkung des rechtlichen Geheimnisschutzes Grenzen, sondern allenfalls verfassungsrechtliche Institutionen.

Gewisse Probleme ergeben sich auch aus der Freiheit des Arbeitsmarktes. Wenn jedweder Arbeitslohn vereinbart werden kann, so werden die Konkurrenten eines Unternehmens, das neues Wissen erarbeitet hat, bereit sein, dem „Geheimnisverräter“ nahezu den vollen Wert, den dieses Wissen für sie hat, als Lohn zu bieten. Wenn das geheime Wissen nicht reibungslos, d. h. kostenlos, aus einem Unternehmen in ein anderes fließen kann, wenn faktische Monopolstellungen der Spezialisten vorhanden sind, so führte die Preisgabe der rechtlichen Zuweisung des Wissens an den Unternehmer nur dazu, daß ein Lizenzpreis künftig nicht an den Eigentümer des Laboratoriums, sondern – als Arbeitslohn oder dergleichen – an den Chefchemiker zu bezahlen wäre. Da der Abwerber nicht sicher sein könnte, daß ein Dritter den Chefchemiker oder dessen Nachfolger nicht seinerseits abwerben werde, wäre dieser „Lizenzpreis“ freilich niedriger als der Preis, den der erste Unternehmer erzielen könnte, wenn ihm das Geheimnis rechtlich zugewiesen wäre. Obgleich also ein gewisser Fortschritt in Richtung auf die optimale Allokation des Wissens erreicht wäre, erscheint das Mittel hierfür kaum angemessen. Weshalb soll der Chefchemiker kraft seines besseren Gehirns sich die Arbeit seiner Kollegen und den Ertrag des Aufwands für ein Laboratorium aneignen dürfen, wenn wir dem Unternehmer die Aneignung des Wissens versagen? Als Ausweg aus dem Dilemma gäbe es nur die Beschränkung der arbeitsrechtlichen Vertragsfreiheit: Man müßte dem Konkurrenzunternehmen verbieten, dem Chefchemiker mehr als einen „angemessenen“ Lohn für seine Dienste zu bezahlen[210].

Ein letztes und besonders gewichtiges Hindernis für eine wettbewerbs- und technologiepolitische Instrumentalisierung des Geheimnisschutzes ergibt sich aus der international ungleichen Verteilung des Wissens und der Forschungsanstrengungen[211]. Wenn man es nicht als eine wirklich selbstlose Politik der Entwicklungshilfe ansehen will, daß technisch weniger entwickelte Länder

---

[210] Außerdem könnte man natürlich versuchen, das Zusatzeinkommen für „Geheimnisverrat“ mit straf- oder steuerrechtlichen Mitteln einzuziehen.

[211] Milgrim, Sears to Lear – Of Whales and Other Matters: N. Y. U. L. Rev. 1971, 17, 26, hat geschätzt, daß die ersatzlose Abschaffung des Geheimnisschutzes die USA jährlich 1 Milliarde Dollars an Lizenzeinkünften kosten würde.

kostenlos Zugang zum Wissen der fortgeschrittenen Länder erhalten[212], so bietet sich als Lösung an, Geheimnisse, die innerstaatlich frei sind, nur international zu schützen. Zu diesem Zweck könnte eine Art staatliches Informations-Clearing-House eingerichtet werden, das technisches Wissen an die nationalen Unternehmen vermitteln würde, ohne das Ausschlußrecht der Geheimniseigentümer gegenüber ausländischen Unternehmen zu beeinträchtigen[213].

Unter den Nachwirkungen des Sputnik-Schocks wurde in den USA die Einrichtung eines derartigen Clearing-House ernsthaft in Erwägung gezogen[214]. Eine solche Verlagerung des Geheimnisschutzes von den Unternehmensgrenzen an die Staatsgrenzen ist freilich praktisch nur möglich, wenn ausländische oder von Ausländern beherrschte Unternehmen nicht in nennenswertem Umfang im Inland tätig sind oder wenn man sie zuvor nationalisiert, kurz, wenn es gelingt, den internationalen Technologietransfer durch multinational operierende Unternehmen zu unterbinden[215].

Eine dritte Problemebene ergibt sich aus der Notwendigkeit, auch den künftigen Geheimnisschutz mit rechtlichen Mitteln zu gestalten. Kein Rechtsinstitut – darauf hatten wir wiederholt Anlaß hinzuweisen – kann auf das Prinzip der größtmöglichen Effizienz allein gebaut werden; ja, von Effizienz läßt sich sinnvoll überhaupt nur sprechen, wenn man zugleich die den effizienten Abläufen vorausliegende ursprüngliche Verteilung der Güter billigt[216]. In unseren Baukasten für ein verbessertes Geheimnisrecht müssen deshalb auch normative Zuordnungs-Erwägungen aufgenommen werden. Wem soll das im Produktionsprozeß erarbeitete Wissen von Rechts wegen zustehen? Das Betriebsgeheimnis kann nicht bloß ein Vermögenswert sein, es ist immer auch ein Arbeitswert[217]. Man muß sich vor der Versuchung hüten, das Geheimnis zum Bestandteil einer sozialen Sinnsphäre oder eines Immaterialguts namens „Unternehmen an sich“[218] zu machen, an der Kapitaleigentümer und Arbeiter

---

[212] Die Entwicklung geht freilich in die entgegengesetzte Richtung. Im Rahmen der Überlegungen zur Revision der Pariser Verbandsübereinkunft verlangen einzelne Industrieländer eine Erweiterung des Patentschutzes durch sog. Entwicklungspatente in den Entwicklungsländern, die bisher nicht schutzfähige Technologien abdecken und damit komplexe Technologietransfers möglichst lückenlos gegen das „Enteignungsrisiko“ (Unterburg) versichern sollen.

[213] So Note, Nonpatentable and Noncopyrightable Trade Values: Col. L. Rev. 1959, 902.

[214] Siehe Clesner/Clesner, The Dissemination of Technical, Scientific, and Engineering Information as a Factor in Competitive Co-Existence: Federal Bar Journal, 1957, 236. Die Autoren raten zur Kopie des sowjetischen Allunionsinstituts für wissenschaftliche und technische Information; wieweit dieser Vorschlag eine Einschränkung des einzelwirtschaftlichen Geheimnisschutzes impliziert, bleibt unerörtert.

[215] Im internationalen Technologietransfer wird gemeinhin allerdings eine der positivsten Leistungen der multinationalen Unternehmen gesehen.

[216] Oben S. 48.

[217] Sinzheimer, Verh. 36. DJT (1936) Bd. 2, 482.

[218] So aber schon Callmann, Verh. 36. DJT (1936) Bd. 2, 464 ff. Richtig: Sinzheimer,

vielleicht sogar gleichberechtigt und gleichwertig gemeinsam teilhaben. Es ist stets Gegenstand eines Interessenantagonismus zwischen Arbeitgebern und Arbeitnehmern[219]. Die normative Problematik des Geheimnisschutzes wird daher von vornherein verzerrt, wenn man es so darstellt, als gehe es darum, ein an sich schutzwürdiges Interesse der Unternehmen an möglichst weitgehender

der der von CALLMANN konstatierten „Entpersönlichung des Unternehmens“ und dem Vorschlag EB. SCHMIDTS (aaO, 129 f., 135), „das Betriebsgeheimnis in eine objektive Sphäre (zu rücken) und seinen Kulturwert von der Einzelpersönlichkeit (loszulösen)“, entgegenhält (483): „Das Unternehmen ist kein Rechtssubjekt, sondern ein Rechtsobjekt. Als Rechtsobjekt gehört es nach geltendem Recht einer Person, nämlich dem Unternehmer, der ausschließlich über das Unternehmen als Ganzes und seine Teile verfügen darf. Dies gilt auch für das Betriebsgeheimnis, das ein Bestandteil des Unternehmens ist und darum ausschließlich der Vermögenssphäre des Unternehmers angehört ... das durch das Betriebsgeheimnis geschützte Rechtsgut ist daher nicht das Unternehmen als ein für sich bestehender Wert, sondernd ein dem Unternehmer zustehender Wert und seine Verletzung ist kein Angriff gegen eine objektive Sozialsphäre, sondern ein Eingriff in ein fremdes Vermögensrecht.“

[219] Für SINZHEIMER 482, „unterliegt es keinem Zweifel, daß die Grundlage für die gesetzliche Regelung des Betriebsgeheimnisschutzes ein Interessengegensatz zwischen Arbeitgeber und Arbeitnehmer ist. Der Arbeitgeber hat ein Interesse daran, daß das Betriebsgeheimnis seiner ausschließlichen Verwertung unterworfen bleibt .. Der Arbeitnehmer hat ein Interesse daran, an der Verwertung seiner Arbeitskraft nicht durch ein Verbot behindert zu sein, die besonderen Kenntnisse und Fähigkeiten, die er als Arbeitnehmer in einem Arbeitsverhältnis erlangt hat, zu benutzen.“

Dies ist nur ein Beispiel dafür, daß auch die gleichwertigste Mitbestimmung der Arbeiter auf Unternehmensebene nicht alle sozialen Antagonismen aufhebt.

Das unternehmensrechtliche Denken, das vor allen Dingen durch das aktienrechtlich organisierte Großunternehmen inspiriert wurde, ist sozialpolitisch von eigentümlicher Ambivalenz. Oft gilt der Kapitalismus schon mit der – zeitlos gültigen – Feststellung, daß die unternehmerische Wertschöpfung den Einsatz von Arbeitskraft *und* Kapital voraussetzt, und mit dem Nachweis der weitgehenden Anonymisierung der Unternehmerherrschaft oder der Umwandlung des Eigentümerunternehmers in einen bloßen Rentier als überwunden. Ideologisch wird das Unternehmensrecht dort, wo anstelle des subjektiven Rechts, insbesondere des Eigentums, das seine legitimatorische Glaubwürdigkeit eingebüßt hat, die unpersönliche Organisation (TH. RAISER), der „Kulturwert“, das Immaterialgut (HUBMANN), der soziale Verband oder wie es sonst heißen mag, zum Sinnintegral und Zentralbegriff des Privatwirtschaftsrechts werden soll (so ausdrücklich – der „dominierende Begriff bei dem Neubau der Privatrechtsordnung“ – HEDEMANN, Das Bürgerliche Recht und die Neue Zeit [Rede, 1919] 17). Beispiel einer solchen Verwendung unternehmensrechtlichen Denkens sind die Beiträge von EB. SCHMIDT und CALLMANN zur Frage der Ausweitung des Schutzes der Betriebsgeheimnisse auf dem 36. Deutschen Juristentag.

Seine sozialpolitisch fortschrittliche Rolle spielt der Gedanke des Unternehmensrechts in der Mitbestimmungsdiskussion, in der er der Anerkennung des sozialen Verbands Unternehmen Plausibilität verschafft. Bei KUNZE dient der unternehmensrechtliche Ansatz dazu, den gesellschaftspolitischen Spielraum des Gesetzgebers bei der Unternehmensverfassung von den Schranken des Art. 14 Grundgesetz zu befreien: vgl. Mitbestimmung in der Wirtschaft und Eigentumsordnung: RdA 1973, 257 ff.; Unternehmensrecht, paritätische Mitbestimmung und Grundgesetz: Arbeit und Recht 1976, 193 ff.

Geheimhaltung lediglich im Interesse des „Fortkommens und (der) beruflichen Weiterbildung" der Arbeitnehmer einzuschränken[220] – eine Sichtweise, die bis heute auch die der Rechtssprechung ist[221]. Es ist zuzugeben, daß sich auf dieser Grundlage durchaus plausible Lösungen für die Individualkonflikte zwischen dem einzelnen Unternehmer und dem einzelnen Arbeitnehmer finden lassen[222]. Für die Wertung ist es sicherlich ein wichtiger Unterschied, ob jemand sich nur anstellen läßt, um das Stück Papier abzulichten, auf dem die langgehütete Formel für Coca-Cola steht, und alsbald zur Konkurrenz überzulaufen[223], oder ob jemand durch langjährige Arbeit in einem Betrieb, an dessen Vervollkommnung er mitgewirkt hat, sich Fertigkeiten und Kenntnisse erworben hat, die sowohl seine „Arbeitspersönlichkeit"[224] prägen als auch für den Unternehmer wertvoll sind. Ein Geheimnisrecht, das sich nur um die Individualkonflikte kümmert, ist aber schon deshalb ungerecht, weil es die wirkliche Komplexität seines Gegenstands nicht wahrnimmt[225]. Das fertige Rezept, das der eine Arbeitnehmer stiehlt, ist geschützter Vermögenswert des Unternehmers in aller Regel[226] nur, weil es der bereits angeeignete Arbeitswert eines anderen, früheren Arbeitnehmers ist, und alle könnten billiger zu ihrem Coca-Cola kommen, wenn auch nur einer aus der Abfolge der Arbeitnehmer zur Konkurrenz überliefe.

Wenn sich aus dem Individualverhältnis von Arbeitgebern und Arbeitnehmern mithin keine normativen Gesichtspunkte für die institutionelle Anlage des Geheimnisrechts finden lassen, so muß man wohl den Satz zur Regel ma-

---

[220] So etwa Eb. Schmidt, 101 ff., 140.

[221] RGZ 65, 333 – Pomeril; BGH, GRUR 1955, 402 – Anreißgerät; BGH, GRUR 1960, 294 – Kaltfließpreßverfahren; BGH, GRUR 1961, 40 – Wurftaubenpresse; BGHZ 38, 391 – Industrieböden.

[222] Mehr strebt auch Sinzheimer nicht an; auch er faßt – vom Standpunkt des Arbeitsrechtlers aus – nur die Mobilität der Arbeitskraft und diese nur im individualrechtlichen Sinne –, nicht aber die Mobilität und Verfügbarkeit des geheimen technischen Wissens und deren wettbewerbliche Bedeutung ins Auge.

Diese Beschränkung kennzeichnet auch Dietz, Die Pflicht des ehemaligen Beschäftigten zur Verschwiegenheit über Betriebsgeheimnisse, in: Festschrift Hedemann (1938) 330 ff.

Zu der analogen Problemstellung hinsichtlich der arbeitsvertragsrechtlichen Konstituierung einer unternehmerischen Geheimsphäre vgl. von Kalinowski, Key Employees and Trade Secrets: Va. L. Rev. 1961, 583 ff.; Kopko, Protection of Trade Secrets in the Employer-Employee Relationship: Notre Dame Lawyer 1964, 200 ff.; Liebkofsky, Industrial Secrets and the Skilled Employee: N. Y. U. L. Rev. 1963, 324 ff.; Stedman, The Employed Inventor, the Public Interest, and Horse and Buggy Law in the Space Age: N. Y. U. L. Rev. 1970 (zit. nach Pat. L. Rev. 1970, 207 ff.).

[223] Vgl. die Entscheidungen des BGH in den Fällen Wurftaubenpresse und Kaltfließpreßverfahren (oben N. 221).

[224] Sinzheimer, aaO 487.

[225] Vgl. Luhmann, Rechtssystem und Rechtsdogmatik (1974) 21, der Gerechtigkeit – bescheiden – als „Gesamtausdruck für adäquate Komplexität des Rechtssystems" definiert.

[226] Ob Coca-Cola, das Schulbeispiel einer Geheimrezeptur, atypischerweise die Schöpfung eines Unternehmers selbst ist, wissen wir nicht.

chen, daß ein Gut, das jedermann zugute kommen könnte, auch jedermann zugute kommen soll. Grundsatz wäre dann, daß Geheimnisse gerade nicht zugeordnet, zu einzelwirtschaftlichen Werten gemacht werden, es sei denn, besondere Gründe rechtfertigten die Verknappung des Wissens. Die Argumentationslast wäre also gegenüber dem in Lehre und Rechtssprechung vorherrschenden besitzindividualistischen Denken umzukehren.

Bei diesem Ausgangspunkt ergeben sich Schwierigkeiten auf unserer dritten Problemebene. Es fragt sich, ob ein effektives Geheimnisrecht überhaupt noch geschaffen werden kann, wenn man die Wertungen, auf denen es bislang beruhte, erst einmal zersetzt hat. Kann der „Diebstahl" eines Geheimnisses oder die „Betriebsspionage" überhaupt noch verboten werden, wenn man sie nicht kategorisch verbietet? Kann man weiterhin auf außerrechtliche Moralvorstellungen, auf die Lauterkeit des Wettbewerbs usw. verweisen, wenn die Moral nur noch in den Fällen gelten soll, wo sie auch nützt[227]? Ich glaube nicht. Man steht somit vor dem Dilemma, daß sich Gerechtigkeit, nämlich Problemadäquität, und Geltungseffektivität nicht vereinen lassen. Effektiv ist das Geheimnisrecht nur, wenn mit allgemeinen Prinzipien operiert wird, die den Rechtsgenossen plausibel gemacht werden können, auch wenn sie den Rechtsanwender selbst nicht mehr überzeugen. Gerecht wäre das Geheimnisrecht umgekehrt nur, wenn auf solche vordergründig plausible Generalisierungen verzichtet werden könnte.

3. Geheimnislizenzen im Wettbewerbsrecht

Sowohl in den USA als auch in Deutschland werden Geheimnislizenzen im Wettbewerbsrecht den Patentlizenzen gleichgestellt[228]. Das effektiv geschützte Geheimnis ist wettbewerbsrechtlich im gleichen Umfang privilegiert wie das

[227] Dieses Problem stellt sich auch im Rahmen des § 1 UWG, wenn man vom Postulat der wirtschaftspolitischen Neutralität des Wettbewerbsrechts abgeht; vgl. OTT, Systemwandel im Wettbewerbsrecht, und die übrigen in N. 201 zit. Autoren. Zur Ausfüllung der Generalklausel fehlt es angesichts der Pluralisierung der Geschäftsmoral freilich schon derzeit an festen Maßstäben; die Berücksichtigung wirtschafts- und namentlich wettbewerbspolitischer Gesichtspunkte führt hier daher wohl weniger zu einer Einbuße an Rechtssicherheit als zu einer Komplizierung und Rationalisierung der richterlichen Entscheidungsfindung. Im Bereich des Geheimnisrechts dürfte es anders liegen. Es ist zu vermuten, daß das vorrechtliche Sittenbewußtsein hier noch einigermaßen homogen ist – vielleicht ein Grund dafür, daß das Geheimnisrecht auch bei den fortgeschrittensten Autoren noch nicht vom „Systemwandel des Wettbewerbsrechts" erfaßt worden ist.

[228] Vgl. etwa MACDONALD, Know-how Licensing and the Antitrust Laws: Michigan L. Rev. 1964, 352 ff.; BARTON, Limitations on Territory, Field of Use, Quantity, and Price in Know-how Agreements with Foreign Companies: U. of Pittsburgh L. Rev. 1966, 195 ff.; MÖHRING, Betriebs- und Geschäftsgeheimnisse 426; HENKELS, Die Betriebsgeheimnisse in § 21 des Gesetzes gegen Wettbewerbsbeschränkungen (Jur. Diss. Heidelberg 1967), passim. Vgl. außerdem die einschlägigen Kommentare zu § 21 GWB.

Patent[229]. Beide Male macht der Gesetzgeber auch den gleichen Fehler, dem zur Lösung von Individualkonflikten entwickelten gesetzlichen Schutzbereich der Ausschlußrechte ohne Abstriche auch für die institutionelle Wettbewerbsordnung Bedeutung zuzulegen. Sowenig überzeugende Gründe vorhanden sind, die Erschöpfungslehre und die Dinglichkeitsproblematik beim Patentschutz für die Bestimmung des wettbewerblichen Schutzbereichs heranzuziehen, läßt sich begründen, weshalb etwa die Reichweite nachwirkender Treupflichten im Arbeitsverhältnis oder die Abgrenzung des Gewinninteresses der Unternehmer vom Fortkommensinteresse der Arbeitnehmer[230] für das Wettbewerbsrecht etwas besagen soll, es sei denn man folge der Logik nicht nur der *Dücko*-Entscheidung[231], daß ein privater Wert, den *ein* Gesetz einmal ermöglicht hat, von allen anderen Gesetzen folgerichtig vermehrt werden müsse.

Auf der Ebene des Kartellrechts wiederholt sich so ein Vorgang, den wir auf der Ebene des Deliktsrechts schon kennengelernt haben: Wie die arbeitsvertraglich geschaffene Vermögensposition „Geheimnis“ als faktisch vorhandener Wert hypostasiert wird, der vom Recht nur noch zugeordnet und geschützt werden muß, so wird das damit geschaffene Ausschlußrecht für die Zwecke des Kartellrechts kurzerhand zum „faktischen“ Monopol gemacht, das bloß anerkannt zu werden braucht. Durch zweimalige Fetischierung eines Rechtsverhältnisses gelingt es, das Geheimnis praktisch zum vollwertigen „Immaterialgüterrecht“, zum privaten Patent zu machen.

Die Erkenntnis dieses Doppelschritts der herrschenden Lehre und Praxis ermöglicht eine doppelte Strategie zur Einschränkung des Geheimnisschutzes. Auch wer wegen der Komplexität der Problematik zögert, die Möglichkeit der Konstituierung von Betriebsgeheimnissen und deren deliktischen Drittschutz anzutasten, kann sich dazu verstehen, die kartellrechtliche Privilegierung der Geheimnisse zu beschneiden. Das Kartellrecht hat nicht bloß faktische Monopole vor sich, sondern ein Rechtsinstitut, dessen Legitimität auch von ihm notwendig bewertet werden muß: Die bloße Anerkennung der „Fakten“ führt unvermeidlich zu deren Aufwertung. Die Erörterung zeigte, daß Geheimnisse wettbewerbspolitisch fragwürdiger sind als Patente. Das Kartellrecht hat deshalb keinen Anlaß, mit dazu beizutragen, daß der Geheimnisschutz für die

---

229 Dies beweist übrigens die völlige Entbehrlichkeit der patentrechtlichen Lizenztypologie und namentlich der Unterscheidung dinglicher und schuldrechtlicher Lizenzen im wettbewerbsrechtlichen Zusammenhang. Bei der Know-how-Lizenz verzichtet die h. M. nämlich auf diese Typologie; vgl. etwa Stumpf, Der Know-how-Vertrag 67.

230 Dietz, Die Pflicht des ehemaligen Beschäftigten; Bernd, Der Schutz des Betriebsgeheimnisses. Es ist allgemeine Meinung, daß das GWB in § 21 den Begriff des Betriebsgeheimnisses nach § 17 UWG voraussetzt; freilich bezieht das GWB sich nur auf technische Geheimnisse – eine Beschränkung, die sich wohl nur aus der völligen Gleichstellung von Patent und Geheimnis erklären läßt. Vgl. Möhring 426 m. w. N. Das Erfordernis einer Bereicherung der Technik, das § 21 aufstellt, wird demgemäß sehr anspruchslos verstanden, Möhring 428 m. w. N.

231 Dazu oben S. 338.

Unternehmer eine gleichwertige Alternative zum Patent bleibt. Wenn erkannt ist, daß das Geheimnisrecht weithin der Politik des Patentrechts zuwiderläuft, ist es sachgerecht, Geheimnisse kartellrechtlich schlechter zu stellen als Patente[232].

Damit sind wir wieder am Ausgangspunkt dieses Kapitels angelangt. Anders als gemeinhin behauptet wird, so zeigte es sich, ist die Geheimhaltung kein unverrückbares Datum, von dem jede Patentrechtsform auszugehen hätte. Allenfalls kann man sagen, daß sich das Recht für eine Reform des Patentrechts selbst die Hände gebunden hat, indem es das Geheimnisrecht fortschreitend so stark aufgewertet hat, daß es zur Alternative für das Patentrecht hat werden können. Wird die Möglichkeit, diese Entwicklung umzukehren, ins Auge gefaßt, so gewinnt auch die Diskussion um das Patentrecht an Bewegungsspielraum.

---

[232] Ähnliche Erwägungen bei STERN, Antitrust Implications of *Lear* v. *Adkins:* Antitrust Bulletin 1970, 663 ff.

VIERTER TEIL

RECHTSVERGLEICHENDE BILANZ

I. Problemadäquate Komplexität der Rechtsinstitute als Maßstab der Rationalität und Gerechtigkeit

Die beiden Rechtsinstitute, aus denen kapitalistische Patentsysteme bestehen, Patentrecht und Geheimnisschutz, selektieren ihren Gegenstand aus einem höchst komplexen Problemfeld.

(1) Aus einem grundsätzlich unendlichen Kontinuum möglicher Strukturen von technischem Fortschritt haben sie eine durch Menge, Richtung und Verteilung der Fortschritte bestimmte Struktur auszuwählen. Jede im Interesse anderer Selektionsziele erfolgende Manipulation der Rechtsinstitute, etwa des Begriffs der schutzfähigen Erfindung, des geschützten Geheimnisses, oder des wettbewerblichen Schutzumfangs der Patentmonopole wirkt sich auf die Struktur des patentinduzierten technischen Forschritts aus, und zwar – da alles mit allem zusammenhängt, weil Forschungsmittel knapp sind und auch staatliche Intervention Kosten verursacht – in einer Weise, die mit anderen Mitteln (Subventionen, Vergabepolitik bei öffentlichen Aufträgen, steuerliche Anreize) nicht mehr vollständig auszugleichen ist.

(2) Als Prozeßregler bestimmt das Patentsystem (neben vielen anderen Prozeßreglern) die Intensität und Struktur des Wettbewerbsprozesses und damit, langfristig gesehen, auch die künftige industrielle Organisation einer Volkswirtschaft[1].

(3) In ihrem Verhältnis zueinander und in ihrem gemeinsamen Verhältnis zur Alternative der Gemeinfreiheit entscheiden Patentrecht und Geheimnisschutz ferner über die Publizität des Forschungsprozesses und der Forschungsergebnisse.

(4) Da das Patentsystem die Möglichkeiten der Internalisierung des Sozialnutzens von F & E-Aufwendungen reguliert, präjudiziert seine Ausgestaltung die Einkommensverteilung, und zwar nicht nur zwischen den verschiedenen Wirtschaftssubjekten und zwischen Produzenten und Verbrauchern, sondern dann auch zwischen Unternehmern und Arbeitnehmern, wenn der patentrecht-

[1] Vgl. die Problemstellung von UNTERBURG, Die Bedeutung der Patente in der industriellen Entwicklung (1970) 13 f. und passim.

liche standard of invention arbeitsrechtlich zur Kennzeichnung derjenigen Sonderleistungen verwendet wird, für die dem Arbeitnehmer eine Sondervergütung gebührt[2].

(5) Unter den international weithin geltenden Bedingungen der patentrechtlichen Inländerbehandlung bzw. des Schutzes auch ausländischer Geheimnisse beeinflußt das Patentsystem auch die internationale Technologiepolitik, Wettbewerbslage, Industriestruktur und Einkommensverteilung.

Die Vielfalt der Bezüge, in denen das Patentsystem selektiv wirkt, bedingt, daß es auf kein einzelnes Selektionsziel hin optimiert werden kann. Ähnlich wie die Konjunkturpolitik in ein magisches Viereck von Wirtschaftszielen eingespannt ist, muß die Patentpolitik in einem magischen Vieleck miteinander kollidierender Ziele lavieren. Wenn etwa der Gedanke der gerechten Entlohnung wissenschaftlicher und technischer Sonderleistungen folgerichtig durchgeführt werden sollte, so müßte der Schutz eines funktionsfähigen Wettbewerbs hintangestellt werden: Patentmonopole an wissenschaftlichen Theorien und Entdeckungen etwa wären wettbewerbspolitisch ganz untragbar. Würde umgekehrt, wie es etwa von Prahl[3] vorgeschlagen worden ist, der Begriff der schutzfähigen Erfindung entschlossen wettbewerbspolitisch durchdacht und durchformt, so wäre dem Gedanken gerechter Entlohnung von Sonderleistungen der Garaus gemacht, dem man – soweit er wie im Falle des seltenen, aber noch möglichen, unabhängigen Erfinders oder durch die Vermittlung des Arbeitnehmererfinderrechts (Monopolprinzip) den wirklich selbst geistig Schaffenden meint – ein erhebliches rechtsethisches Gewicht nicht absprechen sollte. Auch der technologiepolitischen oder einkommenspolitischen Operationalisierung des Patentschutzes setzt der Wettbewerb überaus enge Grenzen. Sind die binnenwirtschaftlichen Ziele einigermaßen in ein Gleichgewicht gebracht, so ist es unwahrscheinlich, daß eine ebenso glückliche Balance auch der außenwirtschaftlichen Zielsetzungen erreichbar ist. Selbst innerhalb der fünf hier aufgeführten Zielgruppen gibt es Konflikte. So ist etwa kaum anzunehmen, daß ein Patentsystem, das auf eine optimale Inventionstätigkeit (was immer man darunter verstehen mag) angelegt ist, zugleich auch optimale Innovationsanreize setzt. Oder ein Patentrecht, das kurzfristig optimale Wettbewerbsintensität zu garantieren verspricht, wird hinsichtlich seiner Folgen für eine langfristige Industriepolitik zu wünschen übrig lassen, weil es etwa die Kon-

---

[2] § 17 ANErfG erklärt die Schutzfähigkeit einer Erfindung für den Vergütungsanspruch des Arbeitnehmers sogar dann für maßgeblich, wenn der Arbeitgeber davon absieht, ein Schutzrecht zu erwirken. (Daneben gibt es freilich eine besondere Vergütung für technische Verbesserungsvorschläge, § 20 ANErfG.)

Außerdem beeinflußt das Patentsystem, wie wir oben (S. 184) sahen, die Verteilung zwischen den Unternehmern „als Klasse" und den Verbrauchern „als Klasse", weil es die durchschnittliche Profitrate anhebt.

[3] Prahl, Patentschutz und Wettbewerb (1969) 141 f.

zentration fördert[4]. Wir können die Aufzählung der möglichen Konflikte hier wohl abbrechen. Eines ist sicher sichtbar geworden: Die Ausbildung eines einheitlichen Patentsystems, die Schaffung eines „Sonderrechtsgebiets" ist nicht ohne Probleme.

Nun ist daran, daß ein Rechtsinstitut ein begrenztes Blickfeld hat, nichts Ungewöhnliches oder gar Anstößiges. Rechtssetzung, ja Normativität schlechthin: jede Generalisierung von Verhaltenserwartungen, ist stets nur möglich, wenn die unendliche amorphe Komplexität der Umwelt dadurch verringert wird, daß eine Selektion stattfindet[5]. Gesetzgebung ist, wie jedes andere zweckrationale Handeln, nur möglich, wenn bestimmte Wirkungen selektiv ins Auge gefaßt und alle anderen als „Nebenwirkungen" außer Betracht gelassen werden[6]. Durch das Raster des Tatbestands genereller Normen, der bestimmte Umweltstücke für relevant, andere für irrelevant erklärt, wird eine weitere Vereinfachung der Entscheidungsprobleme gebracht, die den richterlichen Entscheidungszwang dadurch ermöglicht, daß sie den Rechtsanwender von der Verantwortung für die Folgen der Entscheidung – jedenfalls prinzipiell – entlastet[7]. Auf den beiden Stufen des gesetzgeberischen Verfahrens, bei der Selektion der Regelungszwecke wie bei der begrifflichen Formulierung des rechtssätzlichen Konditionalprogramms[8] läßt sich indessen die Frage stellen, ob sachangemessene und rationale Selektionskriterien verwendet werden[9].

---

[4] Unterburg 179 f., kommt zu dem Ergebnis, daß die Anreizwirkung des Patentsystems sehr stark von der Unternehmensgröße und der Marktstruktur abhängig ist. Er stellt fest, daß „mit zunehmender Bedeutung der Patente für die Differenzierungskomponente des marktwirtschaftlichen Industrialisierungsprozesses (Konzentration) ein abnehmender Einfluß der Patente auf die Wachstumskomponente (Neuerungen)" vorliege, 180.

[5] Dazu Luhmann, Rechtssoziologie Bd. 1 (1972) 31 ff.

[6] Luhmann, Zweckbegriff und Systemrationalität (1968, Neudruck 1973) 18 ff.

[7] Luhmann, Legitimation durch Verfahren (1969) 129 f.

[8] Zur Unterscheidung von Zweck- und Konditionalprogrammen vgl. Luhmann, 130; ders., Lob der Routine: Verwaltungsarchiv 1964, 1 ff.

[9] Vielleicht kommen wir damit Luhmanns Forderung nach gesellschaftsadäquaten Rechtsbegriffen (Rechtssystem und Rechtsdogmatik [1974] 49 f.) nahe. Luhmann schreibt: „Soll es Aufgabe der Rechtsdogmatik bleiben, ‚Gerechtigkeitsfragen in ihren Einzelbereichen juristisch operational zu machen' (Formulierung von Esser, M. B.), müßte sie daher gesellschaftsadäquate Begriffe formulieren können. In solchen Begriffen kann die Rechtsdogmatik einen Rückhalt finden, den ihr Folgenrücksichten nicht zu geben vermögen ... ‚Gesellschaftsadäquat' heißt ... nicht, daß die Rechtsbegriffe letztlich soziologische Begriffe sein oder die Gesellschaft adäquat abbilden müssen ... Adäquat kann nur heißen, daß die begriffliche Problemtransformation ins Rechtssystem gelingt", 50.

Gegenüber Luhmann ist aber der Konsensbedarf des Rechts und damit auch der Dogmatik zu betonen, Esser, Vorverständnis und Methodenwahl in der Rechtsfindung (1970) 14 f. – ein Gesichtspunkt, der bei Luhmann entschieden zu kurz kommt und der sicherlich gewisse „soziologische" Rücksichten bei der dogmatischen Begriffsbildung und erst recht bei der Gesetzgebung verlangen dürfte.

Das kapitalistische Patentsystem beruht in seiner gedanklichen Anlage auf immaterialgüterrechtlichem Denken. Es tut dieser Feststellung keinen Abbruch, daß etwa in den USA der Begriff des Immaterialguts nicht so scharf konturiert worden ist wie in Deutschland, während der wettbewerbliche Aspekt des Patentmonopols viel stärker betont wird als bei uns, oder daß die herrschende Lehre im Bereich des Geheimnisschutzes der immaterialgüterrechtlichen Dogmatik in beiden Ländern geflissentlich aus dem Wege geht. Das Entscheidende des immaterialgüterrechtlichen Denkens, das wir dennoch allerorten finden, liegt darin, daß eine Erfindung oder ein sonstiges Stück Wissen als vorhandenes Privatrechtsgut, als ein privater Vermögenswert, dargestellt wird, den das Recht bloß zu schützen, d. h. gerecht zuzuordnen, habe. Auf diesem Wege werden aus Immaterialgütern Immaterialgüterrechte. Indem diese, mit welcher Begründung und Offenheit auch immer, zu privaten Vermögensrechten gemacht werden, ergibt sich für das Wettbewerbsrecht, soweit es sich als Ordnungsrecht für den Verkehr der Eigentümer untereinander begreift, beinahe von selbst, daß die immaterialgüterrechtliche Ausschlußmacht in ihrem Kern kartellrechtsimmun ist.

Die Logik dieses Zweischritts hängt von der Überzeugungskraft ab, die das Immaterialgut „Erfindung“ oder „Geheimwissen“ hat. Zweifel an diesem Begriff ergeben sich schon daraus, daß offenbar ganz heterogene Kriterien, einmal – im Falle des Patentrechts – angeblich immanent technologische Gesichtspunkte wie die Neuheit oder die Erfindungshöhe (non-obviousness), ein andermal – im Falle des Geheimnisrechts – rechtsethische Werte wie die Lauterkeit des Wettbewerbs oder das Gebot der Vertragstreue, in ihrer Eigenschaft, Immaterialgüter in die Welt zu setzen, funktional äquivalent sind. Letztlich, so haben wir gesehen, sind die Immaterialgüter nicht in der Lage, sich selbst zu rechtfertigen: Sie können nicht anders denn als Zweckschöpfungen im Hinblick auf die vielerlei funktionalen Bezüge des Immaterialgüterschutzes verstanden werden, deren Problematisierung sie gerade abschneiden sollen; also etwa als Instrumente gerechter Entlohnung für Sonderleistungen, als wettbewerbsfördernde Prozeßregler usw. Das „Wesen“ der technischen Schutzrechte ist somit ein nicht zur Ruhe kommender Zirkelschluß. Handliche Generalisierungen lassen sich nur finden, wenn die Problematisierung der Gesetzeszwecke an einem grundsätzlich stets willkürlichen Punkt abgebrochen wird. Ob dieser Punkt die „dem Patentmonopol innewohnenden Beschränkungen“, der „angemessene Lohn“ des Erfinders oder, wie es die „unitary theory“ will, der „hard core“ des Patentrechts heißt, ist dabei im Grunde nur eine Frage der jeweiligen institutionellen und gesellschaftlichen Machtverteilung. Würde einer der Gesetzeszwecke oder eine der sogenannten Patentrechtstheorien voll ernstgenommen, so würde die Eigengesetzlichkeit des Patentrechts, seine Eigenschaft als Sonderrechtsgebiet verloren gehen; wir sahen z. B., daß auf dem Boden der wettbewerbspolitischen Patenttheorie nicht mehr zu erklären ist, weshalb Patente schematischer erteilt werden als Kartellgenehmigungen. MACHLUPS agnostischer Ratschlag, ein verantwortlicher Gesetzgeber könne das Patentrecht nur beibehalten, da man nicht wisse, was ohne es wäre, dieser „Konservatismus aus Komplexität", gewinnt daraus auch für die Rechtsanwendung seine politische Brisanz: Der Anhänger anderer technologiepolitischer, wettbewerbspolitischer, einkommenspolitischer usw. Vorstellungen, als sie der Patentrechtsdogmatik zugrunde liegen, kann mit fachjuristischen Gründen nicht gehindert werden, die fortschreitende Demontage des Patentschutzes zu betreiben. Die Funktion allen Rechts, soziale Konflikte zu entpolitisieren und zu versachlichen, kann das Patentsystem sonach nur höchst unvollkommen erfüllen. Die Zirkelhaftigkeit des immaterialgüterrechtlichen Denkens bedeutet für den Rechtsanwender, daß er nur durch die Übernahme oder den manipulativen Einsatz problemverkürzender Ideologie seine Arbeit tun kann.

In dieser Schärfe stellte sich uns das theoretische Legitimationsdefizit des Patentsystems nur dar, weil wir rechtsvergleichend zugleich seine Konnexinstitute, das private Eigentum am Produktivvermögen und eine, freilich nicht mehr an den eigentumsneutralen normativen Maßstäben der klassischen Marktlogik zu messende, sondern nurmehr aus der Eigentumslogik des Besitzindividualismus erklärbare, vielfach monopolistisch verzerrte Wettbewerbsordnung, ins Auge gefaßt haben. Dort sind Strukturentscheidungen getroffen, die das Patentsystem normalerweise entlasten. Die wichtigste dieser Vorentscheidungen ist die Entqualifizierung des technischen Fortschritts und des Wirtschaftswachstums. Die mit dem privaten Eigentum als maßgeblich gesetzte Wertform der Arbeitsprodukte läßt es innerhalb des wirtschaftlichen Systems prinzipiell nicht zu, technische Fortschritte und Wachstumsprozesse nach ihrer Qualität, ihrem gesellschaftlichen Gebrauchswert, zu befragen. Die Forderung nach „Lebensqualität", nach selektivem und qualitativem Wachstum und nach einer dem gesellschaftlichen Bedürfnis folgenden Steuerung des technischen Fortschritts kann nur von außen, aus dem politischen Bereich an die Wirtschaft gestellt werden, und sie folgt dabei stets einem wesentlich antikapitalistischen Impetus. Nur weil bisher weithin Wachstum und technischer Fortschritt ohne Rücksicht auf ihre Verteilung und ihre Richtung für wünschenswert an sich angesehen wurden, war es möglich, die technologiepolitische Fragestellung vom Patentsystem fernzuhalten.

Die Struktur der Einkommensverteilung bei monopolistischem Wettbewerb ist eine weitere Schranke, hinter die in der Patentdiskussion normalerweise nicht zurückgegangen wird. Wenn die Wirkung des durch monopolistische Elemente erst funktionsfähigen Wettbewerbs als leistungsgerechte Einkommensverteilung definiert wird, so ist der Regress auf normative Regeln distributiver Gerechtigkeit auch in der Frage abgeblockt, ob das Patentmonopol eine gerechte Verteilung von Einkommen bewirke[10]. Freilich ist auch dann noch offen, welche Leistungen überhaupt auf dem Markte bewertet werden: Die Frage, welche Güter in den Austauschprozeß geraten sollen, läßt sich, wie wir sahen, nicht auf die instrumentale Logik eben dieses Austauschprozesses zurückführen. Dies Problem wird durch eine in das System des Privateigentums gleichsam eingebaute Kompetenzvermutung zugunsten der Privateigentümer gelöst: So erscheint es nur natürlich, daß auch öffentliche Güter grundsätzlich der privaten Aneignung unterliegen. Das wurde besonders bei der Erörterung des Geheimnisrechts deutlich. Hier liegt auch die ideologische Funktion der naturrechtlichen und persönlichkeitsrechtlichen Patenttheorien. Der patentrechtliche standard of invention mit seiner Verweisung auf angeblich autonom technologische Blankettbegriffe verwissenschaftlicht die Ideologie des Besitzindividualismus nur unzureichend, weil er die eigentliche Problematik der Güterkonstitution gar nicht zum Thema werden läßt. Daß diese von technischen Kriterien nicht bewältigt werden kann, zeigt sich in der Praxis besonders an der vor allem in den USA weit gediehenen Verwendung wirtschaftlicher Hilfskriterien: Der wirtschaftliche Erfolg einer „Erfindung" soll etwa die Vermutung ihrer Schutzfähigkeit begründen[11]. Dies ist ein beinahe klassisch zu nennendes Beispiel der expansiven besitzindividualistischen Eigentumslogik: Daß die auch ohne Patentschutz mögliche teilweise Aneignung einer Erfindung einzelwirtschaftliche Gewinne ermöglicht hat, wird als zureichender Grund dafür angesehen, eine weitergehende Aneignung zu ermöglichen. Nur die besitzindividualistische Ideologie vermag auch das Problem zuzudecken, weshalb den Eigentümern ein uneingeschränktes Wahlrecht zwischen dem Patentschutz und dem Geheimnisschutz eingeräumt wird, weshalb man also den Bewegungsraum der Patentpolitik durch die Bereitstellung des Geheimnisschutzes einengt und den Patentzweck der Offenlegung nur da verfolgt, wo ihm institutionell hochbewertete Privatintressen nicht entgegenstehen.

Schließlich sind der außenhandelspolitische Liberalismus, der durch die Pa-

---

[10] Ausdrücklich KRAFT, Patent und Wettbewerb in der Bundesrepublik Deutschland (1972), der sich auf CLARK, KANTZENBACH und GIERSCH beruft, 32: „Deshalb erscheint das Ausschließlichkeitsrecht ... als das unserer Markt- und Wettbewerbswirtschaft entsprechende Instrument, dem Erfinder die angemessene Belohnung zu sichern, soweit das in einer freien Wirtschaftsordnung überhaupt möglich ist, und damit dem Ziel einer gerechten Einkommensverteilung näherzukommen ... Daß auch das Ausschließlichkeitsrecht nicht in allen Fällen zu einer absolut gerechten Belohnung und Einkommensverteilung führt, ist sicher, beruht aber auf der unvermeidlichen Unvollkommenheit jeder typisierenden und generalisierenden rechtlichen Regelung; die Mangelhaftigkeit ergibt sich aus der bekannten Diskrepanz zwischen Rechtssicherheit und Einzelfallgerechtigkeit (!) ... Im übrigen führt auch der wirtschaftliche Wettbewerb nicht zu gerechter Einkommensverteilung im ethischen Sinn, sondern stellt nur das nach überwiegendem Urteil beste Primärverteilungsprinzip im Rahmen einer marktwirtschaftlichen Ordnung dar."

[11] Vgl. BOYER, Commercial Success as Evidence of Patentability: Pat. L. Rev. 1970, 1 ff.

riser Verbandsübereinkunft einen patentrechtlichen minimum standard und das Prinzip der Inländerbehandlung durchgesetzt hat, und die im kapitalistischen Lager selbstverständlich erscheinende Zuständigkeit der Privatwirtschaft auch im Bereich des Außenhandels die Ursache dafür, daß die Verschiedenheit der Funktionen des Patentrechts in der Binnenwirtschaft einerseits und der Außenwirtschaft andererseits nicht zum Problem wird[12].

Das sowjetische Erfinderrecht ist von den meisten der Funktionen entlastet, die dem westlichen Patentsystem zufallen und deren Antinomik der Patentpolitik kaum noch einen Spielraum läßt. In der sowjetischen Binnenwirtschaft ist das Erfinderrecht vor allem ein Bestandteil des umfassenden Rechts der materiellen Stimulierung der Werktätigen; der gesetzliche Standard der Erfindung oder des Rationalisierungsvorschlags wird ferner dazu verwendet, für die administrative Verbreitung besonders wichtige neue Entwicklungen zu selektieren sowie die technologischen Erfolgskennziffern der Unternehmen und Forschungseinrichtungen zu definieren. Im Bereich des Außenhandels dient das Erfinderrecht der geordneten Abwicklung internationaler Technologietransfers. Daß diese außenwirtschaftliche Funktion noch an die binnenwirtschaftiche Funktion des Erfinderrechts als eines Teilsystems der materiellen Stimulierung angekoppelt wird, ist, wie wir sahen, eine Folge der unglücklichen Konzeption der Pariser Verbandsübereinkunft, die auf der Inländerbehandlung des angeblich von ihr betroffenen Personenkreises der wirklichen Erfinder besteht. Daß darüber hinaus gegenwärtig der international übliche und auch von der Pariser Verbandsübereinkunft festgeschriebene standard of invention, insbesondere das formale Neuheitskriterium, auch im Wirtschaftsorganisationsrecht zur Selektion des zur Verbreitung und, in gewissem Umfange, auch des der Einführung würdigen neuen Wissens verwendet wird, ist dagegen Ausdruck einer allgemeinen technologiepolitischen Entscheidung der Sowjetführung, in ihrem weithin noch verhältnismäßig rückständigen Lande das technologische Weltniveau anzusteuern.

Unmittelbar hat das Erfinderrecht für die Technologiepolitik also praktisch keinerlei selektive und präjudizielle Wirkungen. Da es sich darauf beschränkt, Inventionsanreize für Individuen zu setzen, die nicht Eigentümer von Produktionsmitteln sein können, hat es eine primär – d. h. nicht nur über die Einkommensverteilung wirksame – kanalisierende Wirkung nur in dem Bereich der sicherlich nicht sehr ins Gewicht fallenden „Keller- und Dachstubenerfindungen", die nicht mehr als einen minimalen finanziellen Aufwand erfordern. Im übrigen dient das Erfinderrecht nur dazu, die den Unternehmen oder Forschungseinrichtungen gesetzten technologischen Planziele in individuelle Motivation für die Erfinder, Entdecker und Rationalisatoren umzusetzen. Da Unternehmen und Organisationen nicht Inhaber von Schutzrechten sein können,

[12] Die Entwicklungsländer bekämpfen deswegen im Rahmen der Revision der Pariser Verbandsübereinkunft den Grundsatz der Inländerbehandlung.

ist das Erfinderrecht als solches ohne Einfluß auf die betriebliche Inventions- und Innovationstätigkeit. Das Außenhandelsmonopol und die lückenlose Wirtschaftshoheit des Sowjetstaates verhindern, daß Ausländerpatente unkontrolliert in sowjetischen Unternehmen oder gar in ausländisch beherrschten Unternehmen[13] ausgeführt werden und damit in der Binnenwirtschaft technologiepolitisch relevante Folgewirkungen entfalten können. Auch auf den Ablauf der Produktions- und Marktprozesse sowie auf die industrielle Organisation der Sowjetwirtschaft hat das Erfinderrecht keine Auswirkungen. Keine patentrechtliche Ausschlußmacht kollidiert mit der Planungshoheit und obersten Organisationsgewalt des Staates. Sowjetbürger können, so sahen wir, praktisch nur den Urheberschein in Anspruch nehmen, der keine Ausschlußmacht gewährt; Ausländer können von ihrem Ausschlußrecht bloß einen negativen Gebrauch machen und nicht über Preis, Menge und Art der Erzeugnisse oder andere Umstände der Produktion entscheiden. Da es keinen Geheimnisschutz innerhalb der Sowjetwirtschaft gibt, ist das Erfinderrecht schließlich praktisch ganz von der Offenlegungsfunktion entlastet. Wenn alles kollektiv erarbeitete Wissen gemeinfrei ist, muß das Recht neues Wissen den Unternehmen nicht erst entlocken[14]. Der Privatmann, der im Schutze seiner vier Wände eine Erfindung gemacht hat, benötigt nur einen ganz geringen Anreiz, um die Erfindung zu veröffentlichen, da er kein Produktivvermögen besitzt und somit an eine selbständige Verwertung nicht denken kann.

Die Entlastung des Erfinderrechts von der Problematik der Technologiepolitik, des Wettbewerbs, der Industrieorganisation und der Offenlegung ermöglicht es, dem Gedanken der angemessenen Entlohnung von Sonderleistungen viel konsequenter nachzugehen als im Patentsystem. Entdeckungen, Erfindungen und Rationalisierungsvorschläge unterfallen einem in seinen Grundzügen einheitlichen Schutzsystem. Daß in dogmatischen und mehr technischen Einzelheiten nicht eine noch stärkere Vereinheitlichung des Rechts der wissenschaftlich-technischen Sonderleistungen erreicht ist, liegt vorwiegend daran, daß die Pariser Verbandsübereinkunft auf einem internationalen minimum standard des Erfindungsschutzes besteht, während das Recht der wissenschaftlichen Entdeckungen und der Rationalisierungsvorschläge nicht international beeinflußt ist und – wenigstens bisher – außenwirtschaftlich noch keine

---

[13] Die es – jedenfalls derzeit – bekanntlich nicht gibt.

[14] Freilich gibt es in der Sowjetunion ein gewisses – schamhaft bestrittenes – Maß faktischer Geheimhaltung technischen Wissens, das teils auf dem Phänomen der „subordinate secrecy“ (GROSSMAN), d. h. dem Verbergen der wahren Kapazitäten vor den Organen der Wirtschaftsverwaltung, teils auf dem durch die Wirtschaftsreformen installierten begrenzten Unternehmenswettbewerb beruht, in dem vor allem Verfahrensinnovationen (Rationalisierungsmaßnahmen) einen Vorsprung sichern können. Im übrigen hat die Praxis der Know-how-Lizenzierung zu gefährlichen Einbrüchen ins System der freiwilligen Kooperation geführt, die von der politischen Führung erkannt worden sind (oben S. 256).

Rolle spielt. Die Schwächen des Erfinderrechts, die aus internationalrechtlichen und handelspolitischen Rücksichten in Kauf genommen werden müssen, wiegen aber schon deshalb nicht besonders schwer, weil ein großzügig und flexibel angelegtes Recht der „neuen Technik" durch Prämienzahlungen dafür sorgt, daß Sonderleistungen bei der Durchführung des technischen Fortschritts auch dann belohnt werden, wenn sie nicht Entdeckungen, Erfindungen oder Rationalisierungsvorschläge im strengen erfinderrechtlichen Sinne sind.

In der Sowjetwirtschaft gibt es derzeit keine ausschließliche Zuweisung verwertungsfähigen Wissens an Unternehmen, Organisationen und andere Einzelwirtschaften: Innerhalb der Landesgrenzen ist alles wissenschaftliche und technische Wissen grundsätzlich gemeinfrei. Im Bereich der Erzeugung, Verbreitung und Verwertung neuen Wissens sind deshalb von den rechtlich verselbständigten Warenproduzenten, die in der materiellen Produktion erfolgreich eingesetzt werden, keine optimalen Leistungen zu erwarten. Die gewichtigeren Forschungs- und Entwicklungsarbeiten sowie die bedeutenderen Innovationen müssen daher administrativ geplant werden. Gegenstand der Planung des technischen Fortschritts sind nicht Erfindungen, sondern thematisch umschriebene, in technischen und gesellschaftlichen Kennziffern ausgedrückte Projekte („neue Technik"). Ein differenziertes System von Transferzahlungen, Prämien und an die einzelwirtschaftlichen Erfolgsindikatoren angekoppelten Anreizen steuert das Verhalten der Forschungseinrichtungen und Unternehmen. Die Verbreitung neuen Wissens nimmt der Staat durch ein weitverzweigtes öffentliches Informationssystem in seine Regie. Auch hier hat der Begriff der schutzfähigen Erfindung nur eine beschränkte Funktion: Er kennzeichnet Wissen, das durch besondere Kanäle verbreitet wird und das kraft seiner Weltneuheit und Abstraktheit einer besonders weiten Verbreitung würdig ist. Entgeltliche Tauschbeziehungen kommen hier nur insoweit vor, als einzelne Unternehmen oder Organisationen über besondere, auf administrativem Wege nicht ohne weiteres übertragbare Erfahrungen und Kenntnisse verfügen.

Das hier kurz skizzierte System der rechtlichen Steuerung des technischen Fortschritts spiegelt ebenso wesentliche Züge der sowjetischen Wirtschaftsverfassung wider, wie das Patentsystem die Muttermale der Privatwirtschaft trägt. Das sowjetische einheitliche Staatseigentum an den Produktionsmitteln, das als staatliche Kompetenz zur Organisation der Wirtschaft charakterisiert wurde, ermöglicht eine wesentlich differenziertere funktionale Eigentumsstruktur als das Privateigentum. Es dissoziiert binnenwirtschaftliche und außenwirtschaftliche Eigentumsfunktionen, es unterwirft die materielle Produktion anderen Regeln als die Produktion technischen Fortschritts und es trennt die Allokationsfunktion von der Einkommensfunktion. Anders als in einem System des Privateigentums tritt Tauschwert nicht naturwüchsig auf; Warenbeziehungen werden, wo sie vorkommen, in einem weiten Rahmen bewußt „veranstaltet"; sie sind Folge eines steuerbaren Prozesses der wirtschaftlichen Dezentralisierung. Da das sowjetische Staatseigentum es gestattet, den Differenzierungsprozeß ex ante zu planen, bietet es der Politik ein weitaus größeres Steuerungspotential als das System des Privateigentums[15]. So wie das sowjetische Eigentumssystem funktional stärker differenziert ist als das System des Privateigentums, so ist auch das sowjetische Recht des technischen Fortschritts differenzierter als sein westliches Gegenstück.

Eine Vielheit von Rechtsinsituten übernimmt die Funktionen, die bei uns dem Patentrecht obliegen. Dies ermöglicht dem sowjetischen Gesetzgeber im einzelnen eine größere Problemnähe. Die Sachfragen können offener und flexibler problematisiert werden. Es ist, um ein Beispiel zu nennen, bei der Ausgestaltung des Anreizsystems für unternehmerische Innovationen nicht zugleich Rücksicht auf die angemessene Entschädigung der Erfinder oder auf die Funktionsfähigkeit des Wettbewerbs zu nehmen. So kann mehr Komplexität verarbeitet werden; es gibt mehr Alternativen. Da die Folgen gesetzgeberischer Fehlentscheidungen infolge der größeren Differenzierung des Rechtssystems leichter eingegrenzt werden können, ist das sowjetische Recht des technischen Fortschritts insgesamt innovationsfähiger; es lernt leichter.

Die stärkere Differenzierung der Rechtsinstitute vereinfacht ferner die Rechtsanwendung. Bei der Bemessung der Prämien für Entwicklung und Einführung „neuer Technik“ kann man allein auf die Leistung des einzelnen Arbeitnehmers abstellen; man braucht nicht zugleich an die Belastung des Rechtsverkehrs oder des Wettbewerbs zu denken. Ähnlich verhält es sich beim Erfinderrecht; nur muß hier auch beachtet werden, daß Ausländern kraft der Pariser Verbandsübereinkunft für dieselben Klassen von Erfindungen Schutz gewährt werden muß wie Sowjetbürgern. Da das sowjetische Recht des technischen Fortschritts nicht so viele innere Antinomien überspielen muß wie das Patentrecht, kommt es mit weniger Patentrechtsideologien aus. Es braucht zum Beispiel nicht vorzugeben, Erfindungen seien infolge irgendwelcher Wesenseigenheiten etwas qualitativ anderes als Entdeckungen oder als Rationalisierungsvorschläge; und es braucht nicht die immaterialgüterrechtlichen oder persönlichkeitsrechtlichen Theorien zu bemühen, um das Problem zu unterdrücken, ob der Schutz, der als Inventionsanreiz benötigt wird, auch einen angemessenen Innovationsanreiz abgibt. Das sowjetische Recht des technischen Fortschritts erscheint deshalb nicht nur in einem verkürzten, formalen Sinne, sondern auch in einem materiellen Sinne rationaler als sein westlicher Widerpart, weil es mehr Konsens über Sachentscheidungen ermöglicht als das Patentsystem.

---

[15] Für die DDR vgl. Rotter, Dogmatische und soziologische Rechtsvergleichung: OER 1970, 81 ff.

II. Sozialstaatliche Gesichtspunkte

1. Entlohnung für Sonderleistungen

In der offiziell „Aufbau des Kommunismus" genannten Phase des Übergangs zum Sozialismus soll in der Sowjetunion jedermann nach seiner Arbeitsleistung entlohnt werden. Jedenfalls solange die Lebensgüter knapp sind, erscheint auch der westlichen Wirtschaftsethik die leistungsgerechte Einkommensverteilung[16] als ein Gebot der Gerechtigkeit. Um dieses Ideal der Verteilungsgerechtigkeit bemüht sich das sowjetische Recht des technischen Fortschritts mit größerer Folgerichtigkeit als das deutsche oder amerikanische Recht. Zunächst erweitert es gegenüber dem westlichen Recht den Kreis entlohnungspflichtiger wissenschaftlich-technischer Sonderleistungen. Weder das amerikanische noch das deutsche Recht kennen einen gesetzlichen Schutz wissenschaftlicher Entdeckungen. Anders als das amerikanische Recht sieht das deutsche Arbeitnehmererfindergesetz zwar immerhin eine Vergütung für technische Verbesserungsvorschläge vor. Aber auch hier geht das sowjetische Recht insofern weiter als das deutsche, als es die Vergütung nicht vom Bestehen eines Arbeitsverhältnisses abhängig macht. In vielen Fällen mögen staatliche Preise und Anerkennungen für die Entdecker und betriebliche Anreizsysteme für die Urheber von Verbesserungsvorschlägen funktional dem sowjetischen Recht der Entdeckungen und Rationalisierungsvorschläge gleichwertig sein. Dennoch ist es ein wesentlicher Unterschied, ob eine Vergütung kraft Gesetzes bezahlt werden muß oder ob sie von der Initiative privater oder öffentlicher Körperschaften, von dem Wohlwollen der Unternehmer oder der Durchsetzungskraft der Arbeitnehmer[17] abhängt. Zudem muß man sich klarmachen, daß das Erfinderrecht der Sowjetunion nur eine Mindestregelung darstellt; ebenso wie im Westen können die Unternehmen durch eine entsprechende Ausgestaltung ihrer Lohnskala oder ihres betrieblichen Prämiensystems weitergehende Vergütungen gewähren.

Die Vergütung für technische Sonderleistungen der Arbeitnehmer ist im Kapitalismus notwendig von der Höhe des Nutzens abhängig, den die Leistung dem Arbeitgeber bringt. Dieser Nutzen ist der wichtigste Faktor bei der Bestimmung der Angemessenheit der Vergütung nach dem Arbeitnehmererfindungsgesetz[18], und er ist auch dann entscheidend, wenn die Vergütung der

---

[16] Sie wird gemeinhin unter den normativen Zielen der Wirtschaftspolitik genannt. Vgl. SCHILLER, Wirtschaftspolitik, in: HdSW Bd. 12 (1965) 214; GIERSCH, Allgemeine Wirtschaftspolitik Bd. 1, Grundlagen (1960) 47 ff.

Allgemein zum principle of distribution according to contribution RAWLS, A Theory of Justice (1971) 303 ff.

[17] § 20 II ANErfG sieht Tarifverträge und Betriebsvereinbarungen über die Vergütung für technische Verbesserungsvorschläge vor.

[18] §§ 9, 10, 20 ANErfG. Vgl. dazu außerdem die vom Bundesminister für Arbeit und

Arbeitnehmererfinder nicht gesetzlich geregelt, sondern wie in den USA dem Arbeitsvertragsrecht vorbehalten ist. In der Sowjetunion erhält der Erfinder oder Urheber eines Rationalisierungsvorschlags dagegen einen normierten Anteil des gesamtwirtschaftlichen Nutzeffekts seiner Leistung. Es ist dabei ganz gleichgültig, ob dieser gesellschaftliche Nutzen in dem Unternehmen verwirklicht wird, dem der Erfinder angehört. Die Höhe der Vergütung wird also nicht von den einzelwirtschaftlichen Verwertungschancen bestimmt, die von der Marktstellung, dem technologischen Ausrüstungsstand, der Mentalität des Unternehmers und vielen anderen Umständen abhängen und allesamt von dem einzelnen Arbeitnehmer nicht zu beeinflussen sind. Während wohl einzusehen ist, daß der leistungsgerechte Unternehmerlohn von der Wettbewerbssituation und anderen unbeherrschbaren Umständen auf der Kapitalseite beeinflußt sein soll, leuchtet schwer ein, weshalb dasselbe auch für das Leistungsentgelt der Arbeitnehmer gelten sollte. Jedenfalls wird man es als einen sozialen Fortschritt ansehen müssen, wenn es einer Rechtsordnung gelingt, den Gedanken des gleichen Lohns für gleiche Arbeit auch überbetrieblich durchzusetzen[19].

Betrachten wir noch kurz das Los der freien Erfinder, die bei uns im Idealfall selber ein Patent erwerben und zu Markt tragen können. Sie werden in der Sowjetunion nicht anders behandelt als die Arbeitnehmererfinder. Diese Lösung ist jedenfalls unter dem Gesichtspunkt der gerechten Entlohnung geistiger Sonderleistungen überzeugend; denn deren Wert ist unabhängig davon, wo sie entstanden sind. Soweit das Patentrecht dem Erfinder im Westen mehr Einkommen verschafft, als die Vergütung nach dem Arbeitnehmererfindergesetz betragen würde, wird er nicht für sein erfinderisches, sondern für sein kaufmännisches Talent belohnt. Deshalb kann man auch kaum die Behauptung unterschreiben, die Sowjetunion enteigne den Erfinder. Der Unternehmer in

---

Sozialordnung erlassenen „Richtlinien für die Vergütung von Arbeitnehmererfindungen im privaten Dienst" v. 20. 7. 1959 (abgedruckt im Bundesanzeiger Nr. 156 vom 18. 8. 1959, sowie in GRUR 1959, 470).

Zwar stellen sowohl das ANErfG (§ 9) als auch die Richtlinien auf die Verwertbarkeit der Erfindung – und nicht auf ihre tatsächliche Verwertung – ab (Nr. 24 der Richtlinien).

Unausgenützte Verwertungsmöglichkeiten sind bei der Ermittlung des Erfindungswertes nach Nr. 24 der Richtlinien „nur im Rahmen der bei verständiger Würdigung bestehenden wirtschaftlichen Möglichkeiten zu berücksichtigen". Damit wird auch für die Bewertung der Verwertungsmöglichkeiten auf den Betrieb des Arbeitgebers verwiesen, vgl. dazu ausführlich REIMER/SCHADE/SCHIPPEL, Das Recht der Arbeitnehmererfindung, RL Nr. 24, Anm. 4 (S. 297 f.). Da der Arbeitgeber einen Informationsvorsprung sowohl vor dem Arbeitnehmer als auch vor der Schiedsstelle hat, was seine unternehmerische Politik anbelangt, wird der Nachweis, eine Erfindung könne durch Lizenzvergabe an einen Konkurrenten oder ins Ausland „vernünftig", vgl. REIMER/SCHADE/SCHIPPEL, aaO, verwertet werden, kaum je zu führen sein.

[19] Mangels geeigneter Daten bin ich nicht imstande, die Vergütungen, die den Arbeitnehmererfindern in der Sowjetunion und in der Bundesrepublik gezahlt werden, der Höhe nach zu vergleichen.

ihm ist schon immer enteignet, weil es kein Privateigentum an den Produktionsmitteln gibt. Die Tatsache, daß einer eine Erfindung gemacht hat, führt nicht dazu, daß ihm etwas genommen würde. Obwohl die Vergütungstarife für Erfindungen und Rationalisierungsvorschläge notwendig willkürlich sein müssen, erscheint eine Belohnung, die als Bruchteil des wirklichen, nämlich nicht monopolisierten, gesellschaftlichen Nutzens einer Erfindung definiert ist, noch immer gerechter als der Preis, den ein – wenn auch durch zufällige monopolistische Gegenkräfte vielleicht behinderter – Inhaber eines Monopolrechts erzielen kann.

2. Persönliche Rechte der Erfinder

Das sowjetische Recht gewährt dem Erfinder, Entdecker und Rationalisator eine Vielzahl von nichtvermögensrechtlichen Befugnissen, die hier nicht mehr im einzelnen aufgezählt werden brauchen. Sie gehen erheblich über das hinaus, was der deutsche oder amerikanische Erfinder selbst in dem für ihn günstigsten Fall, daß es zur Patentanmeldung kommt, zu erwarten hat. Besonders wichtig ist indessen, daß die persönliche Rechtsstellung des sowjetischen Erfinders nicht unter dem Vorbehalt der betrieblichen Geheimhaltung steht. Soweit eine Erfindung nicht aus Staatsschutzgründen geheimgehalten werden muß, hat der Erfinder in der Sowjetunion ein Recht darauf, daß seine Leistung öffentlich anerkannt wird. Anders als im Westen endet der Schutz des Erfinders auch nicht mit der Erteilung des Schutzdokuments. Der Erfinder hat ein Recht, zur Auswertung seiner Erfindung zugezogen zu werden und das weitere Schicksal seines Werks mit zu beeinflussen. Dazu wird er von seinem Unternehmen von der Arbeit freigestellt. Daß man darüber hinaus ernstlich erörtert, ob der Erfinder sogar ein subjektives Recht auf die Verwertung seines Werks habe, zeigt, in welch ungewöhnlichem Ausmaß das sowjetische Recht ein erfinderfreundliches Klima zu schaffen bemüht ist.

Schließlich genießt der sowjetische Erfinder und Rationalisator ein Maß an Fürsorge, das die verhältnismäßig bescheidenden Ansätze zur Erfinderförderung, die etwa in der Bundesrepublik gemacht werden, noch lange nicht erreichen. Betriebe und gesellschaftliche Organisationen leisten ihm kostenlos Hilfe bei der Ausarbeitung der Erfindung und bei deren Anmeldung. Das Patentamt erhebt von ihm keine Gebühren und bemüht sich um die beschleunigte Verwertung der Erfindung, die ihm die Vergütung beschafft.

3. Freizügigkeit der Arbeitskräfte

Ein überaus gewichtiger sozialpolitischer Vorzug des sowjetischen Rechts ergibt sich aus dem Fehlen des Geheimnisschutzes. Wer in seinem Beruf mit fortschrittlichem Wissen in Berührung kommt, braucht beim Wechsel seines Arbeitsplatzes nicht die Verkürzung seiner Arbeitspersönlichkeit (SINZHEIMER) in Kauf zu nehmen, die darin besteht, daß er einen Teil seiner Kenntnisse nicht mehr verwerten darf. Freilich findet die Freizügigkeit der Arbeitnehmer ihre Schranken an den Staatsgrenzen der Sowjetunion oder jedenfalls an den Grenzen des sozialistischen Lagers[20], eine Schranke freilich, die nicht alle Bevölkerungsschichten der riesigen Sowjetunion gleich hart trifft.

4. Reale Verteilung der technischen Fortschritte und Steuerbarkeit des technischen Wandels

Wir sahen, daß sich bei F & E das Problem der realen Verteilung oder der Investitionsstruktur unter sozialen Gesichtspunkten mit besonderer Schärfe stellt: Die sozialen Folgen verfehlter technischer Fortschritte lassen sich nur selten ex post durch Einkommensübertragungen beseitigen. Das sowjetische Recht verzichtet darauf, durch ein Patentsystem westlicher Art Chancen auf Monopolprofite als Anreiz zu unternehmerischer Inventions- und Innovationstätigkeit einzusetzen. Soweit es mit dem derzeitigen Dezentralisierungsgrad der Sowjetwirtschaft überhaupt vereinbar ist, ist die Monopolisierung technischen Wissens unmöglich gemacht. Das sowjetische System der Steuerung des technischen Fortschritts trägt die Züge eines Prämiensystems, wie es eingangs gekennzeichnet worden ist. Daher tendiert es eher zu einer egalitären realen Verteilung der technischen Fortschritte als ein Patentsystem: Es begünstigt nicht strukturell Luxusinnovationen gegenüber Sozialinnovationen.

Die politische Mehrheit ist stärker an den langfristigen Auswirkungen des technischen Fortschritts auf die soziale und natürliche Umwelt, ja auf das gesellschaftliche Wertgefüge im ganzen, interessiert als die relativ geringe Zahl der kaufkraftstarken Glücklichen, die es sich leisten können, in natürlichen und gesellschaftlichen Reservationen zu leben. Das Steuerungsdefizit der kapitalistischen Technologiepolitik ist so unmittelbar auch ein soziales Problem. Das sowjetische Wirtschaftsrecht gibt der Politik ein wirksameres Mittel zur Beherrschung des technischen Fortschritts und damit zur Bewältigung dieses Problems an die Hand als das Recht kapitalistischer Wirtschaftsordnungen, wobei freilich die gegenwärtigen politischen Institutionen der Sowjetunion keine Gewähr dafür bieten, daß über den Einsatz dieses Mittels mit demokratischer Legitimation oder im Sinne der politischen Mehrheit entschieden wird.

III. Konvergenz der Systeme?

Bestätigt sich aus dem Blickwinkel dieser Arbeit die These von der Konvergenz der Sowjetwirtschaft und der Wirtschaftsordnung westlicher Indu-

[20] Ganz sollte man solche Systemunterschiede bei der Diskussion über die Haltung sozialistischer Staaten zum Menschenrecht der Freizügigkeit nicht außer acht lassen.

striestaaten? Ich glaube nicht. Die funktionale Untersuchung des sowjetischen Erfinderrechts vor dem Hintergrund der sowjetischen Eigentumsordnung und Wirtschaftsorganisation hat gezeigt, daß die viel beschworenen Gemeinsamkeiten des Erfindungsschutzes in Ost und West nicht mehr als Oberflächenerscheinungen sind. Die Regelungsmaterien des westlichen Patentsystems und des sowjetischen Erfinderrechts überschneiden sich – funktional betrachtet – nur zu einem ganz geringen Teil. Daß Sowjetjuristen heute wieder ganz unbefangen auf die westliche Patentrechtsterminologie und -dogmatik zurückgreifen, liegt an der Schlüsselrolle, die das Erfinderrecht im Außenhandel der Sowjetunion spielt; innerstaatlich wäre dieser Rückgriff durchaus entbehrlich, wenn nicht die Pariser Verbandsübereinkunft gleichsam die weitgehende Homogenität des inneren und äußeren Erfindungsschutzes vorschriebe.

In der binnenwirtschaftlichen Organisation des technischen Fortschritts unterscheidet sich die Sowjetunion ganz wesentlich von den kapitalistischen Wirtschaftsordnungen. Dieser Unterschied ist unmittelbar durch die Verschiedenheit der Eigentumsformen bedingt. Die Reformen des Rechts des technischen Fortschritts, die in der letzten Zeit in der Sowjetunion stattgefunden haben, haben trotz mancher terminologischer Anleihen keine westlichen Vorbilder.

Diesen Feststellungen tut es keinen Abbruch, daß die Sowjetwirtschaft technologisch weithin ähnliche Ziele verfolgt wie die westlichen Wirtschaften oder daß etwa die Umweltzerstörung im Gefolge des technischen Fortschritts in der Sowjetunion ähnlich bedrohliche Formen angenommen hat wie im Westen[21]. Die Ursache dafür liegt in der Übernahme westlicher Wachstumsmuster und in der Fetischierung der Technik, der sich die Sowjetunion im wirtschaftlichen Wettbewerb der Systeme verschrieben hat. Es dürfte sich dabei nämlich nicht um strukturell festgelegte Auswirkungen der Eigentumsordnung, sondern um Grundentscheidungen des politischen Systems handeln, die durch andere Grundentscheidungen ersetzt werden können.

[21] Goldman, Umweltzerstörung und Umweltvergiftung in der Sowjetunion, in: Glagow, (ed.), Umweltgefährdung und Gesellschaftssystem (1972). Weitere Nachweise zum Systemvergleich bei Doran/Hinz/Mayer-Tasch, Umweltschutz – Politik des peripheren Eingriffs (1974) 14 f.

FÜNFTER TEIL

RECHTSTHEORETISCHE, RECHTSDOGMATISCHE UND RECHTSPOLITISCHE FOLGERUNGEN

Der Ertrag der Rechtsvergleichung soll nachstehend in aller hier gebotenen Kürze für ein Stufenprogramm zur Weiterentwicklung des Patentsystems fruchtbar gemacht werden. Es kann sich dabei nur darum handeln, auf dem Boden einer bereinigten Patentdogmatik Ansätze für die Reformen zu entwickeln, die in kurzfristiger, mittlerer und langfristiger Perspektive ausgeführt werden könnten. Es versteht sich von selbst, daß noch eine Menge rechtsdogmatischer und rechtstatsächlicher Forschung nötig sein wird, bevor aus den großen Zügen des hier vorgeschlagenen rechtspolitischen Programms konkrete Alternativen für den Gesetzgeber erarbeitet werden können.

Die erste Stufe eines solchen Programms ist der Versuch, die rechtstheoretischen Einsichten, zu denen die Ergebnisse der Arbeit nötigen, umzumünzen in eine richtigere: nämlich wirklichkeitshaltigere oder „gesellschaftsadäquatere", Dogmatik der technischen Schutzrechte. Da die bisherige Dogmatik des Patentrechts nicht mehr funktionsfähig ist, sondern unter ihrer Antinomik zu zerspringen droht und damit letztlich einer untragbaren Willkür Tür und Tor öffnet, kann es schon auf dieser ersten Stufe nicht unsere Aufgabe sein, die Lösungen, die sich in der Praxis vorfinden, bloß neu und schlüssiger zu begründen oder begrifflich zu synthetisieren. Der Versuch, die Dogmatik der Schutzrechte näher an deren wirkliche Problematik heranzubringen, wird vielmehr notwendig auch fühlbare Folgen für die Rechtspraxis haben.

ERSTER ABSCHNITT

RECHTSTHEORETISCHE UND RECHTSDOGMATISCHE ERGEBNISSE

I. Patentsystem und Eigentum

Das theoretische Grundproblem der Schutzrechte ist ihr Verhältnis zum Eigentum. Hier hat die traditionelle Lehre die Weichen gestellt, denen die dogmatische, verfassungsrechtliche und – wie man mit einem Blick auf die großen europäischen und internationalen Vereinheitlichungsbemühungen sagen muß – auch die rechtspolitische Behandlung des Patentschutzes noch auf lange Jahre hinaus folgen wird. Das immaterialgüterrechtliche Denken, das, wie wir sahen, in der Sache keinesfalls nur eine Eigenart der deutschen Juristen ist, zieht eine Parallele zum Eigentumsrecht: So wie ein Acker oder ein Hund vor allem Recht da sei und von Rechts wegen nur entweder herrenlos sein oder einen Herrn haben könne, soll auch eine Erfindung oder ein Geheimnis da sein und rechtlich nur entweder geschützt oder schutzlos sein können. Diese Parallele erwies sich als trügerisch. Während augenfällig ist, wo der eine Hund oder Acker aufhört und der andere anfängt, ist keineswegs evident, welche Stücke des verfügbaren Wissens Erfindungen oder welche Stücke Teile der „Arbeitspersönlichkeit" eines Angestellten oder aber des Kapitals eines Unternehmers seien. Das Eigentumsrecht konnte seit den Anfängen großzügig seinen Gegenstand der natürlichen Anschauung entnehmen. Ein Hund kann nur einen Herrn haben, und um den Besitz von Land hat man sich schon immer geschlagen. Sachen, die beherrschbar sind, sind meist auch knapp. Wissen dagegen kann jedermann gehören, und solange es jedermann gehört, kommt es auch nicht darauf an, wo meine Erfindung anfängt und dein Stand der Technik aufhört. Um Wissen, das einmal ans Licht gekommen war, haben sich die Rechtsgenossen vernünftigerweise nicht gestritten. Wissen ist nicht knapp. Statt sich um die Zuordnung angeblich vorfindlicher Wissens-Wesenheiten zu kümmern, hätte sich die Patent- und Geheimnisrechtsdoktrin die Frage stellen sollen, welche Rechtsgüter zu konstituieren sind, in welche Richtung die Entwicklung von Wissenschaft und Technik gelenkt werden soll und in was für einer Welt wir morgen leben wollen.

Eines der knappen Landgüter oder Autos zu „haben", gilt an sich schon als

Genuß; das Recht des Eigentums wird deshalb als Recht einer statischen Güterzuordnung verstanden. Wer ein Patent nur innehat, hat dagegen nicht mehr, als er sonst auch hätte. Es nützt ihm solange nichts, wie er es nicht veräußert oder selber im Produktionsprozeß für sich arbeiten läßt. Es hat keinen positiven Gehalt, wie man an dem nudum jus des sowjetischen Patents sehen kann. Wer nicht zugleich die mit dem Eigentum an knappen Produktionsmitteln verbundene Macht hat, Menschen und Maschinen in Bewegung zu setzen, dem erlaubt ein Patent nur, nein zu sagen.

Eine – freilich nie herrschend gewordene – Lehre hat aus der Verschiedenheit des Substrats von Eigentum und Immaterialgüterrechten eine grundsätzliche Verschiedenheit des Verhältnisses der rechtlichen Ausschlußmacht zum Tundürfen des Berechtigten hergeleitet[1]. Während beim Sacheigentum nicht mehrere das gleiche Recht ausüben könnten, ohne sich gegenseitig zu beschränken, die Entziehung der ausschließlichen Nutzung also eine Verneinung des dem Berechtigten zustehenden Verwertungsrechts sei, fehle es beim Patentrecht an dem „organischen" Bezug zwischen dem Verwertungsrecht und den dem Rechtsinhaber zugewiesenen negatorischen Rechtsbehelfen, da mehrere zugleich die Erfindung nutzen könnten, ohne daß der eine in die Herrschaftssphäre des anderen eingreife[2]. Damit scheint sich eine grundlegende Unterscheidung zwischen Eigentum und technischen Schutzrechten abzuzeichnen. Das Eigentum regelt die Zuordnung knapper Güter; das Patent- und Geheimnisrecht dagegen konstituiert die Güter erst, indem es Wissen durch private Zuordnung verknappt; Eigentum ordnet statische Beziehungen, das Patentsystem kanalisiert die Wirtschaftsdynamik; Eigentumsrecht ist Recht des „bürgerlichen Miteinander", Patentrecht ist Recht des „antagonistischen Allokationsprozesses"[3]; oder schließlich: Eigentum ist reines Privatrecht, Patentrecht ist Wirtschaftsrecht. Mit ähnlicher Argumentation hält es MACHLUP für ausgemacht, daß für einen Volkswirt das Eigentum an knappen Gütern mit dem Patentrecht nichts gemein habe[4].

Allein, diese Unterscheidung erweist sich bei näherem Zusehen als vordergründig, obwohl sie gegenüber dem üblichen immaterialgüterrechtlichen Denken zweifellos einen wichtigen Fortschritt bedeutet. Bei ihr stehenbleiben, hieße der Täuschung des universalistischen romanistischen Eigentumsbegriffs erliegen[5]. Ein Eigentumsbegriff, der schlechthin das umfassendste Recht an

---

[1] BREUER, Die rechtliche Natur der Patentlizenz: GRUR 1912, 44, 48; ADLER, Zur juristischen Konstruktion des Urheberrechts: Archiv für Bürgerliches Recht 1895, 104, 112. WALZ, Der Schutzinhalt des Patentrechts im Recht der Wettbewerbsbeschränkungen (1973) 224 f., folgt diesen Autoren.

[2] WALZ, 224.

[3] WALZ, 223.

[4] MACHLUP, The Political Economy of Monopoly (1956) 280 f.

[5] Zu diesem vgl. RAISER, Eigentum: Rechtsvergl. Handwörterbuch Bd. 2 (1929) 772.

Gegen diesen Eigentumsbegriff im Zusammenhang des gewerblichen Rechtsschutzes OSTERRIETH, Lehrbuch des gewerblichen Rechtsschutzes (1908) 6–7. Diesem Autor geht

Sachen meint, verbirgt, daß es auch hier nicht nur um die Zuordnung der Güter geht, sondern auch und zu allererst um deren Konstituierung als Rechtsgüter. Er unterschlägt die Historizität und Kontingenz der gesellschaftlichen Bedürfnis- und Güterstruktur. Alle Sachen, die intra commercium sind, sollen einem einheitlichen Eigentum unterliegen. Impliziert ist dabei, daß sie alle im selben Sinne knappe Güter sind. Vielleicht werden aber Zeiten kommen, da der ausschließliche Besitz von Seeufern nicht mehr als ein privates Gut angesehen werden wird. Seegrundstücke würden damit öffentliche Güter. Das Eigentumsrecht kann eine solche Entwicklung fördern oder bremsen. Der universalistische Eigentumsbegriff jedenfalls ermöglicht erst die private Aneignung der Seeufer; und den Bestrebungen, diese aus privaten in öffentliche Güter zu verwandeln, setzt er Hindernisse entgegen. Umgekehrt ist es eine unhistorische und einseitige Betrachtungsweise, wenn man Wissen kurzerhand als öffentliches Gut bezeichnet. Diese Auffassung entspricht dem Pathos der wissenschaftlichen Aufklärung, nicht aber der Mentalität einer Gesellschaft, die – faute de mieux – Besitzindividualismus und Konkurrenzprinzip nur zu oft absolut setzt. Allein die ausschließliche Beherrschung technischen Wissens verschafft dessen Besitzer einen Wettbewerbsvorsprung, und es läge in der Konsequenz der das Patentrecht verteidigenden dynamischen Wettbewerbstheorien zu erklären, nicht das Wissen an sich sei das Gut, das zugeordnet werde, sondern dessen wettbewerblicher Wert[6]. Dieses Rechtsgut, mit dem der Inhaber –

es allerdings gerade darum, den Naturalismus des Eigentumsdenkens (Eigentum als umfassendstes Recht an einem *vorfindlichen* Gegenstand) auch auf die immateriellen Werte zu erstrecken; er bekämpft allein die Beschränkung des Eigentumsbegriffs auf körperliche Sachen. Zum Ganzen auch Walz 152.

[6] Elster, Urheber- und Erfinder-, Warenzeichen- und Wettbewerbsrecht (2. Aufl., 1928) 24 f. kam dieser Auffassung immerhin nahe, allerdings nicht vom Boden eines funktionalen, sondern eines moralischen Wettbewerbskonzepts aus. Vgl. Walz 165: „Dieser durch das Wettbewerbsmoment gestiftete Bezug auf die Gemeinschaft der Wirtschaftenden ist nicht institutionell auf marktimmanente Preissteuerung und Hemmung wirtschaftlicher Macht gerichtet, sondern auf das moralische Recht des Tüchtigen zum Behaltendürfen dessen, was er durch redliches Marktverhalten erlangt hat."

Neben der wettbewerblichen vindiziert Elster 24, dem Patentrecht auch noch eine persönlichkeitsrechtliche und eine immaterialgüterrechtliche Komponente.

Der Wettbewerbsbezug steht nach h. M. beim Warenzeichenrecht, das gemeinhin als ein Bestandteil des Wettbewerbsrechts im weiteren Sinne angesehen wird, ganz im Vordergrund, Ulmer, Sinnzusammenhänge im modernen Wettbewerbsrecht (1932); ders., Warenzeichen und unlauterer Wettbewerb (1929); Baumbach/Hefermehl, Warenzeichen- und Wettbewerbsrecht Bd. I (11. Aufl., 1974), Allg., Rn. 101.

Dementsprechend hat das Warenzeichenrecht nach h. L. keinen vermögensrechtlichen Zuweisungsgehalt. Vgl. etwa Mestmäcker, Eingriffserwerb und Rechtsverletzung in der ungerechtfertigten Bereicherung: JZ 1958, 525.

Kritisch hierzu Haines, Bereicherungsansprüche bei Warenzeichenverletzung und bei unlauterem Wettbewerb (1970), der die Doktrin der Eingriffskondiktion insgesamt von der Zuweisungslehre lösen will, sowie v. Caemmerer, Bereicherung und unerlaubte Handlung, in: Festschrift Rabel (1954), zit. nach Gesammelte Schriften (1968) 275.

nicht anders als ein Eigentümer mit seiner Sache – machen kann, was er will, wird beeinträchtigt, wenn auch andere die Erfindung nutzen.

Der Naturalismus des sachenrechtlichen Eigentumsbegriffs ist also nur Schein[7]. Auch die Rechtsgüter des Sachenrechts werden erst normativ konstituiert. Der universalistische Eigentumsbegriff enthält ein Vorurteil zugunsten einer – funktional gesehen – privaten Güterstruktur, und die notwendige Reflexion über die gesellschaftlich wünschenswerte Struktur der Güterwelt wird zumal dann kurzgeschlossen, wenn dieser Eigentumsbegriff auch noch als Ordnungsprinzip der Wirtschaft verfassungsrechtlich überhöht wird[8]. Die prinzipielle Unterscheidung der Monopolrechte an dem öffentlichen Gut „Wissen" und des Eigentums an den knappen Sachgütern läßt sich rein theoretisch also schwerlich aufrecht erhalten. An die vom Immaterialgüterrecht bewirkte Güterstruktur wird dabei nämlich ein normativer Maßstab angelegt, den auch an die sachenrechtliche Güterstruktur anzulegen man versäumt hat. Darin liegt die Halbherzigkeit der Wohlfahrtsökonomik, die wir als ein Quasinaturrecht nur für Privateigentümer bezeichnet haben; ihre Problemstrategie zielt auf periphere Anpassungen der Güterzuordnung, ohne die grundsätzliche Privatheit der Güterstruktur in Frage zu stellen, aus der ihr normatives Ideal, die Effizienz, ja abgeleitet ist. Es läuft deshalb letztlich auf eine petitio principii hinaus, wenn ein grundsätzlicher Unterschied des Verhältnisses von Ausschlußmacht und Nutzungsrecht bei Eigentum und Patentrecht postuliert wird. Daß der Genuß der Exklusivität bei Sachen pauschal zum geschützten Wert der Güternutzung geschlagen wird, ist nur Ausdruck der begrifflichen Rezeption eben des besitzindividualistischen Konkurrenzdenkens, das sich nicht nur hinsichtlich der Geistesgüter sondern auch hinsichtlich mancher Sachen (Wälder und Seeufer) mit guten Gründen in Frage stellen läßt. Die Wohlfahrtsökonomen erklären das Wissen gleichsam zu einem geborenen öffentlichen Gut, während sie nicht angeben können, welche Sachgüter (Brücken, Seegrundstücke, usw.) gekorene öffentliche Güter sein sollten. Freilich ist richtig, daß Wissen zu Grenzkosten von Null verwertet werden kann gleichgültig, wie schlecht sich die Verwerter auch benehmen mögen, während die Erhaltungskosten eines Parks von der Zahl der Benutzer abhängig sind, solange diese öffentliche Güter behandeln wie die Privatsachen ihres Nachbarn. Wenn wir aber die Möglichkeit ins Auge fassen, daß nicht mehr besitzindividualistisch gesonnene Menschen auch öffentliche Güter rücksichtsvoll behandeln könnten, ist daraus jedenfalls eine theoretisch tragfähige Unterscheidung zwischen einer Erfindung und dem Bodenseeufer nicht herzuleiten. Betrachtet man die Normenordnung einerseits und die gesellschaftliche Bedürfnis- und

---

[7] Oben S. 68.

[8] Maunz, in: Maunz/Dürig/Herzog, Grundgesetz, Art. 15, Rn. 20 kann sich unter Sozialisierung nichts anderes vorstellen als die Überführung privater Rechte auf einen öffentlichen „Sozialisierungsträger".

Güterstruktur andererseits in ihrer Dialektik, so löst sich der Gegensatz von Patentsystem und Sacheigentum auf[9].

Die Rechtstheorie braucht sich indessen weder den auf eine bestimmte Problemstrategie bezogenen Ansatz der Wohlfahrtökonomik noch dessen hier angedeutete Kritik zu eigen zu machen. Sie kann sich auch einen positiv-verfassungsrechtlichen Bezugspunkt suchen. Damit hört sie freilich auf, wertfrei oder „rein" zu sein. Die Verfassung unterscheidet nicht zwischen öffentlichen und privaten oder knappen und freien Gütern. Obwohl etwa Marktmacht für Unternehmer ein knappes Gut ist, streitet man unter dem Grundgesetz bis heute darüber, wieweit die Elemente dieser Macht als Recht am ausgeübten und eingerichteten Gewerbebetrieb zum privaten Besitzstand zu erklären seien[10]. Umgekehrt ist zweifelsfrei, daß jedenfalls die gemeinschaftsverträgliche freie Verfügung über Gegenstände des persönlichen Gebrauchs als Privateigentum institutionell gesichert ist. Die oben als Privatrechtsideologie gekennzeichnete Scheidung von Eigentumsstatik und Eigentumsdynamik, von bürgerlicher Friedensordnung und antagonistischer Kampfordnung[11], die der

[9] Auf methodisch ähnlichem Wege kommt BRECHER, Das Unternehmen als Rechtsgegenstand (1953), zu einer Relativierung der Körperlichkeit und der Beherrschbarkeit als Wesenselemente des Sachbegriffs: „So haben sich ... alle Elemente des Sachbegriffs als relativ erwiesen und dieser hat damit seine dogmatisch verhärtete Starrheit verloren. Sein Grundmerkmal der „Körperlichkeit" ist nicht exempt von dem allgemeinen Gesetz der Verbindung von Materie und geistigen Formprinzip, wie umgekehrt Verkörperung kein privilegium odiosum der Sache ist. Gesonderte Existenz im Raum bzw. physikalische Kohärenz (die Außenseite der naturwissenschaftlich aufgefaßten Sacheinheit) lassen sich selbst vom Objekt her nur durch graduelle Unterschiede in der Strukturdichte bestimmen, die von uns (!) ohne Hilfsmittel nur ganz im groben wahrgenommen wird. Vor allem aber werden diese Kriterien von Gesetz und Lehre selbst nur als regelmäßige, nicht als zwingende behandelt; – es sei nur auf „Scheinbestandteile" und Mengesachen verwiesen, bei denen offen personalbestimmte Gesichtspunkte (Wertung, Zweck, Verkehrsauffassung) herangezogen werden. Das Merkmal der Beherrschbarkeit schließlich – das übrigens versteckt schon bei der Frage des Zusammenhangs mitspielt –, ist als einziges nicht korrekturbedürftig, da es nicht aus der Abgeschlossenheit des Objekts, sondern aus dessen Gegenstandsverhältnis zum Menschen bestimmt ist" (44–45). – Die methodische Ähnlichkeit liegt in der Dialektik.

[10] BÖHM, Wettbewerb und Monopolkampf (1933); DERS., Der Zusammenhang zwischen Eigentum, Arbeitskraft und dem Betreiben eines Unternehmens, in: Festgabe Kronstein (1967); E. WOLF, Das Recht am eingerichteten und ausgeübten Gewerbebetrieb, in: Festschrift F. v. Hippel (1967); KATZENBERGER, Recht am Unternehmen und unlauterer Wettbewerb (1967); KÖRNER, Der Rechtsschutz des Unternehmens nach § 823 Abs. 1 BGB (Jur. Diss. Frankfurt/M., 1959); FIKENTSCHER, Das Recht am Gewerbebetrieb (Unternehmen) als „sonstiges Recht" i. S. des § 823 BGB in der Rechtsprechung des RG und des BGH, in: Festgabe Kronstein (1967); HUBMANN, Das Recht am Unternehmen: ZHR 1955, 41 f.; RAISER, Der Stand der Lehre vom subjektiven Recht im deutschen Zivilrecht: JZ 1961, 465 f.; v. CAEMMERER, Wandlungen des Deliktsrechts, in: Festschrift zum 100-jährigen Bestehen des DJT (1960); WIETHÖLTER, Zur politischen Funktion des Rechts am eingerichteten und ausgeübten Gewerbebetrieb: KJ 1970, 121.

[11] Oben S. 66.

verfassungsfreien Untersuchung nicht standhielt, gehört sicherlich zum vorverfassungsmäßigen Gesamtbild des Grundgesetzes. Und ganz sicher gehört sie auch zu dem allen gemeinsamen Bestand der deutschen Wirtschaftsrechtstheorie. FIKENTSCHER[12] etwa spricht von zwei Seiten des allgemeinen Persönlichkeitsschutzes im wirtschaftlichen Bereich, nämlich einerseits dem Recht zur Teilnahme an Handel und Wandel, dem Recht zum Zuerwerb von Gütern, und andererseits dem Recht auf Schutz der erworbenen Güter. RAISER[13], dessen Auffassung im Rahmen der wirtschaftsrechtlichen Diskussion den theoretischen Gegenpol zu FIKENTSCHERS Lehre bildet, unterscheidet die beiden Systemgedanken des Schutzes subjektiver Rechte, die dem Einzelnen knappe und beherrschbare Lebensgüter zum Nutzen und Haben zuweisen[14], und des Schutzes überindividueller Institutionen, die der Interaktion der Subjekte sozialen Sinn verleihen.

Das Grundgesetz sichert dem Einzelnen einen Bereich eigenverantwortlicher persönlicher Entfaltung nicht nur nach innen – im Bereich des geistigen Schaffens, in der Kultur, der Ehe und dem Intimbereich –, sondern auch nach außen durch die Gewährleistung von persönlichem Eigentum und Erbrecht. In diesem Bereich ist der Rückgriff auf die endlose dialektische Wechselbeziehung von Normativität und gesellschaftlicher Bedürfnis- und Güterstruktur verwehrt. Das Menschenbild der Verfassung setzt eine bestimmte private Güterwelt voraus, und schreibt damit auch deren ständige Reproduktion fest. So konstituiert sie eine eigenständige Handlungssphäre des Privaten. Außer diesem Bereich unantastbarer Subjektivität und Selbstentfaltung gibt es die Sphäre des solidarischen kollektiven Handelns, in der politisch, durch die Bildung von Konsens, über die dem Gemeinwohl gemäße Struktur der gesellschaftlichen Güterwelt entschieden wird[15]. Zwischen den Polen des Kernbereichs der verfassungsrechtlich abgesicherten Privatrechtsordnung und des tagespolitisch motivierten Maßnahmegesetzes[16] findet sich eine Vielfalt von Ordnungen, in denen Privates und Politisches sich unauflösbar verschränken[17]. Dazu gehört etwa die Wettbewerbsordnung.

---

[12] Wettbewerb und gewerblicher Rechtsschutz (1958) 306 und passim.

[13] RAISER, Individualgerechtigkeit und Schutz allgemeiner Werte im Rechtsleben, in: Summum jus – summa iniuria (1963); DERS., Antinomien im Wettbewerbsrecht, in: Festschrift Fechner (1973).

[14] Vgl. auch JZ 1961, 465 f.

[15] WALZ, 218 m. w. N.

[16] Zu der auf CARL SCHMITT zurückgehenden Unterscheidung von Gesetz und Maßnahme vgl. MAUNZ/DÜRIG/HERZOG, Art. 20, Rn. 96 f., und HUBER, Maßnahmegesetz und Rechtsgesetz (1963). Idealtypisch ist die Unterscheidung brauchbar, obwohl sie gerne dezisionistisch und rechtskulturpessimistisch überzeichnet wird; insoweit richtig ZEIDLER, Maßnahmegesetz und „klassisches" Gesetz – Eine Kritik (1961).

[17] RAISER, Wirtschaftsverfassung als Rechtsproblem, in: Festschrift J. v. Gierke (1950) 181 f.; DERS., Die Zukunft des Privatrechts (1971) 22, wo das Bild „einer Ellipse mit zwei Brennpunkten als Strahlungszentren" verwendet wird, und passim. Entsprechend schlägt RAISER vor, „das Privatrecht nach Funktionsbereichen zu gliedern, die typischen

Eine schlüssige und verfassungstransparente[18] Abgrenzung des Privatrechts vom Wirtschaftsrecht gewinnen wir, wenn wir diejenigen Regelungsmaterien privatrechtlich nennen, in denen es primär um den Schutz personaler Selbstentfaltung geht. Gegenstand des Wirtschaftsrechts sind dann diejenigen Ordnungen, die der Durchsetzung durch Mehrheitsentscheidungen oder durch ordnungspolitische Grundentscheidungen der Verfassung[19] legitimierter wirtschaftlicher Strategien[20] dienen[21]. Da Staat und Gesellschaft nicht mehr nach dem liberalen Schema eindeutig voneinander differenziert sind, ist die Annahme, es gebe unmittelbar jenseits der verfassungsrechtlich garantierten Privatsphäre eine klar und unwandelbar umschriebene Substanz des Öffentlichen, hinfällig geworden[22]. Im Bereich eines so komplizierten Wirtschaftsrechts ist

---

Lebensbereichen unserer Gesellschaft entsprechen, und als Kriterium der Unterscheidung den Grad der Privatheit oder Öffentlichkeit dieser Bereiche zu verwenden", 29.

Für eine Trennung der privaten und öffentlichen Elemente des „Wirtschaftsrechts" dagegen Wiethölter, Die Position des Wirtschaftsrechts im sozialen Rechtsstaat, in: Festschrift Böhm (1965) 41, 61.

[18] Zur Transparenz von Rechtsbegriffen vgl. Larenz, Methodenlehre der Rechtswissenschaft (2. Aufl., 1960) 368.

[19] Wieweit das Grundgesetz der politischen Gestaltung der Wirtschaftsordnung Grenzen setzt, braucht hier nicht erörtert zu werden. Dazu jüngst Kriele, Wirtschaftsfreiheit und Grundgesetz: ZRP 1974, 105 ff., der allerdings – was die Planwirtschaft angeht – einen irrealen, nämlich idealtypischen, Begriff der Zentralverwaltungswirtschaft zugrundelegt, der auch auf die UdSSR nicht zutrifft.

[20] Diese können sich selbstverständlich nicht nur auf dirigistische Eingriffe in Wirtschaftsabläufe, sondern auch auf die Herstellung sich selbst regulierender Wirtschaftsstrukturen richten.

[21] Im Bereich der wirtschaftsrechtlichen Ordnungsmaterialien dürften wir damit Raisers Lehre vom Institutionenschutz nahekommen. Den Begriff der Institution, der häufig einen konservativen Beiklang hat (etwa bei C. Schmitt, Forsthoff, Hauriou und Gehlen) und die Kontinuität gewachsener Sinngebilde suggeriert, möchten wir meiden. Denn hier soll der Gegensatz einer unantastbaren Privatsphäre und des Spielraums freien – freilich an die Verfassung gebundenen – kollektiven Handelns betont werden.

Fikentschers Dichotomie von Statik und Dynamik wird dagegen einheitlich auf den Gedanken eines auch in das Wirtschaftsrecht übergreifenden Persönlichkeitsrechts gedeutet. Das erscheint mir unrichtig. Eine funktionsfähige Wirtschaftsordnung läßt sich zu Zeiten eines permanenten staatlichen Krisenmanagements nicht monistisch aus dem Grundsatz der Persönlichkeitsentfaltung konstruieren.

Mit der Entgegensetzung von Privatrecht und Wirtschaftsrecht als den Sphären des „bürgerlichen Miteinander" (Walz) und der wirtschaftlichen Kampfordnung verlassen wir freilich die von Raiser entwickelte Theorie des heutigen Privatrechts. Der hier verwendete emphatische und verfassungstransparente Begriff des Privatrechts ist nicht zu verwechseln mit der privatrechtlichen Regelungstechnik (Zuweisung von Verhandlungspositionen, Vertragsfreiheit, Koordination auf einem Alternativen zulassenden Markt usw.), die etwa in Form des öffentlichrechtlichen Vertrags auch im Verwaltungsrecht vorkommt und jederzeit instrumental eingesetzt werden kann.

[22] Walz 222, erkennt das. Deshalb erscheint es mir widersprüchlich, daß er dennoch einen subtantiellen Unterschied zwischen der „Beleihung Privater mit öffentlich-rechtlichen Funktionen" und einem „Privatrecht, das sich seiner wirtschafts- und gesellschaftspolitischen Implikationen bewußt geworden ist", konstruiert.

es nurmehr eine Frage der Regelungstechnik, ob privatrechtliche oder öffentlichrechtliche Formen – eine Unterscheidung, an der unser positives Recht festhält – verwendet werden. Diese Einsicht erlaubt es etwa, die sachliche Nähe des auf privatrechtliche Sanktionen vertrauenden Rechts gegen unlauteren Wettbewerb und des mit überwiegend administrativen Mitteln durchgesetzten Kartellrechts herauszustellen: Beide Rechtsgebiete dienen dem Schutz der Wettbewerbsordnung gegen selbstzerstörerische Tendenzen[23]; das Ordnungsziel einer funktionsfähigen Konkurrenz muß für beide Rechtsgebiete normativ – und nicht nur nach den Einsichten der Wirtschaftswissenschaften – festgelegt werden[24].

Das Patentrecht ist Wirtschaftsrecht in diesem Sinne und nicht – wie das Eigentum[25] – Privatrecht. Die Versuche, dem Patentrecht ein eigenständig privates Ordnungsziel zu vindizieren, die individualrechtlichen Patenttheorien, haben jedenfalls unter den heutigen Bedingungen wissenschaftlicher und technischer Forschung und Entwicklung keine Überzeugungskraft mehr. Wirklichkeitsadäquat läßt sich der Patentschutz nurmehr als Instrument einer – freilich inhaltlich unspezifischen – Wettbewerbs- und Technologiepolitik begreifen. Das Patentrecht ist eine staatliche Zweckschöpfung oder, wie PIETZCKER[26] 1929 schrieb, eine Schöpfung der „Staatsraison". Die Empörung, die durch diese Feststellung schon immer hervorgerufen worden ist, erscheint unbegründet, wenn man sich vergegenwärtigt, daß die Staatsraison im demokratischen Rechts- und Sozialstaat nichts anderes sein kann als politisch verantwortete Verwirklichung der Verfassung. Patentrecht ist Maßnahmerecht in der Form des Rechtsgesetzes. Aus dieser Diskrepanz von Form und Inhalt rühren die Spannungen und die Rechtsunsicherheit im Patentwettbewerbsrecht her.

Nicht anders liegt es beim Geheimnisschutz. Das positive Recht hat zwar den Schutz der Geheimnisse als ein auf der lauteren Geschäftsmoral beruhendes Gebot der Individualgerechtigkeit konzipiert. Im regelungstypischen Falle des industriellen Geheimnisschutzes geht es indessen ebenso wenig wie beim Patentrecht um den Schutz einer personalen Privatsphäre. Die individual-

---

[23] Oben Note 201 (3. Teil).

[24] Zum Kartellrecht RAISER, Antinomien. Es ist aufschlußreich, daß das amerikanische Recht einerseits bestimmte Formen unlauteren Wettbewerbs administrativ bekämpft (auf der Grundlage von s. 5 des Federal Trade Commission Act), andererseits aber im Bereich des Kartellrechts erheblich stärker als das deutsche GWB auf private Sanktionen rekurriert (die sog. treble damage suits des § 4 Clayton Act).

[25] Jedenfalls das persönliche (Konsumptiv-)Eigentum. Ich kann hier der Frage nicht nachgehen, ob das Produktiveigentum angesichts der wirtschaftspolitischen Neutralität des Grundgesetzes und der durch Art. 15 eröffneten Möglichkeit der Sozialisierung als Teil der bürgerlichen Friedensordnung anzusehen ist. Zweifel erscheinen immerhin angebracht.

[26] PIETZCKER, Patentgesetz und Gebrauchsmustergesetz, 1. Halbbd. (1929) 33; freilich fügt der Autor wenig später hinzu (34), daß die „Bedeutsamkeit urheberrechtlicher Gesichtspunkte in keiner Weise" geleugnet werde.

rechtliche Argumentatorik behindert hier eine sachlogische Rechtsanwendung sogar noch stärker als im Patentrecht. In der Sache ist das Geheimnisrecht weithin ein funktionales Äquivalent des Patentschutzes. Ein der gesellschaftlichen Wirklichkeit adäquates Begriffsmodell des Geheimnisschutzes sollte diesem Zusammenhang gerecht werden und auch das Geheimnisrecht, soweit es sich nicht um den Schutz einer personalen Privatsphäre handelt, als Teil des wirtschaftsrechtlichen Instrumentariums der Forschungs- und Wettbewerbspolitik verstehen.

II. Patentsystem und Schutz subjektiver Rechte

Ist es dann noch sinnvoll, die Rechtsposition des Patentinhabers oder des Geheimnisberechtigten als ein subjektives Recht zu bezeichnen? Diese Frage wird für das Patentrecht, dem wir uns zuerst zuwenden, bekanntlich von der ganz herrschenden Lehre bejaht[27]. Wir könnten den die Lehre beherrschenden Autoritäten, die mit dieser Auffassung zu für sie befriedigenden Ergebnisse kommen, ohne weiteres folgen, wenn es bloß darum ginge, die positiven Lösungen der schadensrechtlichen, bereicherungsrechtlichen usw. Problematik des Patentschutzes begrifflich zusammenzufassen[28]. Aber der Begriff des subjektiven Rechts ist nicht bloß ein theoretisch fungibles Element des „äußeren Systems". Er gehört zur vorpositiven Infrastruktur unseres Rechtsdenkens und kann deswegen nicht induktiv aus dem positiven Recht gewonnen werden. Zudem ist er von einer verwirrenden Bedeutungsvielfalt[29] und eignet sich deshalb vorzüglich dazu, mittels der unvermeidlichen Äquivokationen partikuläre Interessentenstandpunkte in die Rechtswissenschaft einzuschleusen.

Subjektives Recht ist immer auch zugleich objektives Recht[30]. Die Frage ist nur, ob es ertragreich ist, stets oder unter gewissen einschränkenden Bedingungen den Sachverhalt, daß das objektive Recht an Einzelne Normsetzungsbefugnisse delegiert[31] oder ihnen anheimstellt, die Organe der staatlichen Macht in Bewegung zu setzen[32], mit dem Namen des subjektiven Rechts zu belegen. Dazu muß man sich vergegenwärtigen, was der Begriff des subjektiven Rechts leistet.

---

[27] Die wohl letzte gründliche und differenzierte Darstellung findet sich bei WALZ 228 ff. m. w. N.

[28] Zur „mnemotechnischen" Leistung des subjektiven Rechts KASPER, Das subjektive Recht – Begriffsbildung und Bedeutungsmehrheit (1967) 44.

[29] Vollständige Zusammenstellung der Bedeutungen bei KASPER.

[30] Für die reine Rechtslehre gibt es überhaupt nur objektives Recht: KELSEN, Reine Rechtslehre (1934) 39 ff.; vgl. aber auch KASPER 47; BUCHER, Das subjektive Recht als Normsetzungsbefugnis (1965) 14; LUHMANN, Funktionale Methode und juristische Entscheidung: AöR 1969, 1, 25.

[31] So BUCHER, passim; zum Eigentum vgl. 164, zum Patent 157.

[32] Vgl. KELSEN, aaO.

LUHMANN sieht die Funktion des subjektiven Rechts, einer in sich „ungerechten“, asymmetrischen Beziehung, darin, daß es gegenüber den vorneuzeitlichen in sich ausbalancierten und gleichsam „lokal“ gerechten Statusverhältnissen einen Fortschritt der gesellschaftlichen Differenzierung, gesteigerte Rollendifferenzierung und stärkere Kontaktmobilität ermögliche[33]. Es entspreche einer Gesellschaft, in der Leistungen nicht mehr unmittelbar getauscht, sondern durch ein abstraktes Motivationsmittel – etwa das Geld – koordiniert würden; es fixiere nicht mehr die Reziprozität der Leistungen, sondern nurmehr die Komplementarität der Erwartungen. Wegen ihrer Asymmetrie bedürfe die subjektivrechtliche Beziehung der Ergänzung durch eine den Ausgleich sichernde Systemstruktur[34]. Sieht man davon ab, daß das subjektive Recht in diesem Sinne nicht eine kühne und „riskierte“[35] dogmatische Erfindung, sondern die reale und naturwüchsige Voraussetzung jeder Geldwirtschaft ist, so kann man diesen Feststellungen nur zustimmen. Subjektive Rechte in LUHMANNS Sinne wären alle Rechtsbefugnisse, die nicht Folge einer Statusbeziehung (etwa der Ehe oder der Kindschaft sind), mithin also auch das geltende Patentrecht.

Eine weitere Funktion der subjektiven Rechte zeigen folgende Überlegungen. Jede rechtsstaatliche Rechtsordnung muß in allen Problemlagen Recht von Unrecht scheiden können. Jedenfalls eine Gesellschaft, die nicht zur Stagnation verdammt sein soll, muß in ihr Rechtssystem eine Freiheitsvermutung einbauen: Was nicht verboten wird, ist erlaubt[36]. Nur wenn eine solche Unklarheitenregel eingeführt ist, kann dem Richter der Entscheidungszwang zugemutet werden. Das Recht muß mit endlichen Mitteln – mit den Worten der Gesetzessprache – unendlich viele Sachverhalte regeln; es ist in die Zukunft gewandt. Wenn unvorhergesehene Verhaltensmöglichkeiten, etwa eine neuartige Nutzung von Grundstücken, auftauchen, muß das Recht sie durch eine Art allgemeiner Kompetenzvermutung dem einen oder anderen Rechtssubjekt zuweisen. Es ist die Funktion einer bestimmten Klasse subjektiver Rechte in einer Rechtsordnung, die auf der Vermutung privater Handlungsfreiheit beruht, diese Kompetenz einer Person zuzuweisen, die nicht mit dem Erzeuger des objektiven Rechts – dem Staat – identisch ist. Es ist dabei gleichgültig, wie große bestimmte Beschränkungen dem Inhaber des subjektiven Rechts auferlegt sind; entscheidend ist, daß er „im Zweifelsfalle“ zur „Normsetzung

[33] LUHMANN 26–27.

[34] AaO.

[35] AaO.

[36] Insoweit kann man vielleicht mit BUCHER 153, N. 6, von einer logischen Voraussetzung des Rechtssprechen. – Dem ersten sowjetrussischen Zivilgesetzbuch imputierte man zunächst nicht nur einen numerus clausus der Sachenrechte, sondern auch einen numerus clausus der Schuldvertragstypen. Die Erfahrung nötigte alsbald dazu, diesen Typenzwang wieder preiszugeben.

[37] Zum Stand der Lehre JAKOBS, Der Grundinhalt der subjektiven Rechte im deutschen und sowjetischen Rechtssystem: OER 1964, 258 ff.; BILINSKY, Zur Problematik des subjektiven Rechts in der Sowjetunion: Jb. f. OstR 1960, I/2.

befugt“ ist. Jedenfalls alle Rechte, die einer Person ∞ – n Befugnisse zuweisen, sind subjektive Rechte, gleichgültig welchen Wert n hat. Sie sind derzeit auch in der Sowjetwirtschaft unentbehrlich[37]. Staatsunternehmen dürfen im Rahmen der Plankennziffern und des allgemeinen Wirtschaftsrechts zur Erfüllung ihrer Aufgaben „alles“ tun[38].

Es erweist sich sehr bald, daß die beiden dargestellten Funktionen der subjektiven Rechte als alleinige Kriterien eines juristisch brauchbaren Begriffs des subjektiven Rechts nicht geeignet sind. Luhmanns Analyse der Bedeutung des subjektiven Rechts für das Funktionieren einer Verkehrswirtschaft ist rein deskriptiv[39]. Sie sagt nicht, welche Materien als subjektivrechtlich geregelt interpretiert werden müssen und welche nur Teil der die immanente Ungerechtigkeit der subjektiven Rechte korrigierenden Systemstruktur sein sollen. Gerade hierum geht es aber bei der Einordnung beispielsweise des Patentrechts oder des Rechts am Gewerbebetrieb. Ebenso ermöglicht die Beschreibung der Systemleistung bestimmter subjektiver Rechte, deren Paradigma das Eigentum ist, als Sicherung der Zukunftsoffenheit der Rechtsordnung uns nur, die bekannte Frage, ob beispielsweise das Patentrecht eine eigentumsähnliche Struktur habe, neu zu stellen. Auf dem Boden der herrschenden Lehre, die das Patentrecht als Herrschaftsrecht an einem Immaterialgut charakterisiert, wäre die Frage zu bejahen. Sie wäre zu verneinen, wenn das Patentrecht seinem Inhaber wie das „sowjetische Patent für Sowjetbürger“[40] nur das Recht gäbe, seine Erfindung entweder brach liegen zu lassen oder sie gegen eine einmalige Zahlung an den Staat zu übertragen oder ihm zur Nutzung zu überlassen. Die Rechtsfrage, wessen Freiheit beim Patentrecht im Zweifel zu vermuten ist, die des Patentinhabers oder die der Allgemeinheit, läßt sich auf Grund allgemeiner Erkenntnisse über die Funktion eigentumsähnlicher subjektiver Rechte nicht beantworten.

Die üblichen juristischen Definitionen des subjektiven Rechts haben freilich noch weniger Unterscheidungskraft[41]. Savignys Begriff der Willensmacht ist nurmehr eine „leere Hülse“[42], nachdem die individualistische Anthropologie der Aufklärungszeit, der er entlehnt ist[43], verrauchte. Um Interessenschutz, den Ihering in den Mittelpunkt seiner Bestimmung stellt, „geht es im Recht immer“[44]; ob ein Gesetz den Schutz von Individualinteressen bezwecke oder

---

[38] Luhmann, hat die Funktion des mit dem Eigentum institutionalisierten binären Recht-Unrecht-Schemas jüngst in einem anderen Zusammenhang ausführlich analysiert, Rechtssystem und Rechtsdogmatik 60 f.

[39] Obwohl die Systemtheorie ihrer biologistischen Vitallogik gemäß Komplexitätszuwachs und Strukturgewinn prinzipiell positiv bewertet und im Übergang „from status to contract“ (Maine) deswegen einen realen Fortschritt sieht.

[40] Vgl. oben S. 158 f.

[41] Vgl. Raiser, Zum Stand der Lehre 467.

[42] H. Lange, BGB – Allgemeiner Teil (15. Aufl., 1974) 80.

[43] Luhmann, Funktionale Methode 25, N. 50.

[44] Luhmann 25.

diesen als bloße angenehme Nebenfolge billigend in Kauf nehme, sollte man nicht von einem Begriff der allgemeinen Rechtslehre abhängen lassen[45]. Auch die Merkmale des „lien d'appartenance", des „pouvoir de maîtrise" oder der Zuweisung eines Gutes zum „Haben und Nutzen", die DABIN[46] und RAISER[47] für entscheidend halten, sind für sich genommen eher metaphorische Ausmalungen eines Unbegriffenen als Merkmale eines Rechtsbegriffs. Wenn der Begriff des Rechtsgegenstands, wie ich es befürwortet habe, erst einmal von den Resten des res-Naturalismus gereinigt ist, dann verliert auch das „Beherrschen" und „Haben" seine anschauliche Unmittelbarkeit[48]. Ob das Patent seinem Inhaber die Erfindung zum „Haben" und zur „Beherrschung" zuweist, hängt allein von der Definition des Rechtsgegenstandes[49] ab und kann nicht im Rückgriff auf angeblich natürliche Unterschiede zwischen freiem Wissen und knappem Sachgut entschieden werden.

Weder die rechtssoziologische Analyse noch die aus Juristenaugen angeschaute Natur der Sache scheinen mehr ans Licht zu fördern als einzelne Momente des subjektiven Rechts, deren Gewicht wohl zu ahnen ist, die sich aber nicht zu einem Ganzen zusammenfügen lassen. Angesichts dieser Schwierigkeiten könnte man versucht sein, einer Preisgabe des einheitlichen Begriffs des subjektiven Rechts das Wort zu reden. Will man das nicht, so muß man, scheint es, nur den Knoten durchhauen und den „normlogisch" entbehrlichen Begriff nicht durch die Kombination dogmengeschichtlich heterogener Elemente entzeitlichen oder auf einer vornormativen Wirklichkeitsanschauung oder -wissenschaft begründen wollen, sondern auch ihn entschlossen als Bestandteil einer geschichtlich relativen, verfassungstransparenten juristischen Pragmatik begreifen.

Das Privatrecht, seiner selbst unsicher geworden, muß seine Systematik an die – ebenfalls in ihrer Geschichtlichkeit erkannten – Wertentscheidungen der Verfassung anlehnen. Dafür ist ein emphatischer, wertgeladener Begriff

---

[45] A. A. WALZ, der trotz der Differenzierung der Sozialstruktur um jeden Preis an der Einheit des Privatrechts und an dessen Zentralbegriff – dem subjektiven Recht – festhalten möchte und um dessentwillen eine Entleerung des Begriffs hinzunehmen gewillt ist. Daß das Patentrecht, von WALZ als Bereich der antagonistischen Allokationsordnung und integraler Bestandteil des Wettbewerbsrechts verstanden, Individuen Vermögenspositionen nicht nur als „Zufallsergebenis einer auf andere Zwecke gerichteten Politik", sondern „zielbewußt" einräume, kann man nur entweder glauben oder auch nicht, 233–234.

[46] DABIN, Le droit subjectif (1952) 80 ff.

[47] RAISER, Der Stand der Lehre 467. Ähnlich mit ausführlicher Begründung VONLANTHEN, Zum rechtsphilosophischen Streit um das Wesen des subjektiven Rechts (1964), und SCHLUEP, Das Markenrecht als subjektives Recht (1964) 222 ff., 305 f.

[48] RAISER meint, auch beim Patent lasse sich vom „pauvoir de maîtrise" sprechen; WALZ 228, betont den Unterschied von Sachen und Immaterialgütern und kommt zum gegenteiligen Ergebnis.

[49] Erfindung als vorfindliches Immaterialgut oder Wert der Erfindungsnutzung im Wettbewerb?

des subjektiven Rechts unentbehrlich. Er steht als Merkzeichen für das Verfassungsbekenntnis, daß der Einzelne nicht in der Gemeinschaft aufgeht, daß ihm die Rechtsordnung einen Lebensraum schuldet[50]. Ein solcher der Kritik der Normlogik offen ausgesetzter Begriff hat nicht weniger seinen guten Sinn als die normlogisch gleichfalls unhaltbare Unterscheidung von bürgerlicher Friedensordnung und wirtschaftlicher Kampfordnung, auf die er bezogen ist. Freilich darf man von diesem Begriff nicht erwarten, daß aus ihm Antworten auf die Dinglichkeitsproblematik, die Frage des Drittschutzes oder des Eingriffschutzes usf. sich einfach ableiten ließen. Gerade wer den Begriff des subjektiven Rechts als Sinnbegriff erhalten will, darf ihn nicht begriffsrealistisch überfordern.

Die Antwort auf die eingangs gestellte Frage nach der Einordnung des Patentrechts ergibt sich nun beinahe von selbst. Obwohl mit allerlei Attributen subjektiver Rechte versehen, ist das Patentrecht kein subjektives Recht. Es sichert nicht dem Einzelnen Lebensraum, sondern der Volkswirtschaft Innovations- und Investitionschancen.

Die Dogmatik des Ausschlußrechts des Geheimnisinhabers ist von vornherein auf ein falsches Gleis geschoben, weil man verkannt hat, daß sein Substrat ganz ebenso gut oder ebenso wenig ein „Immaterialgut" ist wie das des Patentrechts. Die herrschende Lehre lehnt den subjektivrechtlichen Charakter des Geheimnisschutzes bekanntlich mit der Begründung ab, daß hier bloß eine faktische – freilich wirtschaftlich wertvolle – Lage gegen unlautere Handlungen geschützt werde. Für uns ist es dagegen ausgemacht, daß der Geheimnisschutz nicht grundsätzlich anders begriffen werden kann als der Patentschutz[51]. Auch der industrielle[52] Geheimnisschutz ist nicht Schutz subjektiver Rechte, sondern bloß ein Institut des Ordnungsrechts der Wirtschaft.

III. Die Angemessenheit sachenrechtlicher Analogien im Patentrecht

Daraus, daß das Patentrecht anders als das Eigentum nicht ein subjektives Recht ist, ergibt sich ebensowenig wie aus dem scheinbar natürlichen Unter-

[50] Vgl. Raiser 467; Kasper 176–177.

[51] Der unvermeidlichen Instabilität des Geheimnisses (das aufgedeckt oder verraten werden kann) kommt insoweit kein Gewicht zu; auch eine Erfindung kann faktisch völlig entwertet werden. Die „gewisse Stabilität", die Raiser für die Anerkennung eines subjektiven Rechts fordert, hätten somit wohl Patent und Betriebsgeheimnis gemein.

[52] Gemeint ist der Schutz derjenigen Geheimnisse, die nur durch rechtliche Vorkehrungen oder Vorschriften Bestand haben und einer Mehrheit im Produktionsprozeß zusammenwirkender Personen bekannt sind. Geheimnisse eines Einzelunternehmers (etwa eines Handwerkers) oder gar wirtschaftlich verwertbare Geheimnisse, die der Geheimnisträger gerade nicht verwertet sehen will, haben einen starken persönlichkeitsrechtlichen Einschlag und sind insoweit sicherlich atypisch.

schied zwischen ubiquitärem technischem Wissen und knappen körperlichen Sachen, daß die Anlehnung der Patentrechtsdogmatik an die Dogmatik des Eigentums stets und notwendig verfehlt sei. Die Arbeit, die noch zu leisten ist und der hier anhand einiger Beispiele nur die Richtung gewiesen werden kann, besteht darin, die dogmatischen Kürzel, die im Eigentumsrecht (Sachenrecht) erfolgreich zur Ordnung und Aufbereitung der Problemzusammenhänge verwendet werden, darauf hin zu untersuchen, ob sie auch im Patentrecht sachhaltig sind[53].

1. Der numerus clausus der dinglichen Rechte

Ein eigentumsrechtliches Ordnungsprinzip, das bisher zu Unrecht ins Patentrecht übertragen worden ist, ist der numerus clausus der Sachenrechte[54]. STROHM, der sich zuletzt um eine ausführliche Begründung dieser Übertragung bemüht hat, nennt zwei Gesichtspunkte, die für das Eigentum und das Patentrecht gleichermaßen zutreffen sollen. Einmal sei der Typenzwang erforderlich, weil im Interesse des Verkehrsschutzes drittgerichtete Rechtspositionen klar umrissene Konturen haben müßten. Zum andern müßten dinglich wirkende Zuordnungspositionen einen unmittelbaren inhaltlichen Zusammenhang mit den durch das Vollrecht selbst eingeräumten Nutzungsbefugnissen aufweisen[55].

Richtig ist, daß es im Patentrecht nach heute ganz herrschender Lehre und Praxis Rechtspositionen gibt, die wie Sachenrechte ihrem Inhaber selbständigen Drittschutz gegen Verletzer oder Störer, Sukzessionsschutz gegenüber Zuständigkeitsänderungen auf der Passivseite und selbständige Verfügungsbefugnisse verleihen. Richtig ist auch, daß der Typenzwang dem Interesse des Verkehrs an der Erkennbarkeit der Sachenrechte dient. Diese Funktion kann der numerus clausus indessen nur da erfüllen, wo die dinglichen Rechte sich als Abspaltung rechtlicher Befugnisse über einen invarianten Rechtsgegenstand darstellen lassen und wo ferner ihre Publizität gewährleistet ist. Das Eigentum des BGB ist das „ewige" Recht an einer eindeutig durch ihre Grundbucheintragung oder raum-körperliche Gestalt definierten Sache. Wird wie im deutschen Zivilrecht bei den beschränkten dinglichen Rechten – außer beim Erbbaurecht[56] und beim Grundeigentum[57] – die Aufteilung des Rechtsinhalts in seiner zeitlichen Dimension durch Bedingung oder Befristung zugelassen oder durch die Ankoppelung des Rechts an zielgerichtete Schuldrechte (Ak-

---

[53] Richtig HERBST, Die rechtliche Ausgestaltung der Lizenz und ihre Einordnung in das System des bürgerlichen Rechts (Jur. Diss. Göttingen, 1968) 70 und passim. Zur dogmatischen Arbeit im allgemeinen Esser, Vorverständnis 99 ff.

[54] Vgl. hierzu HERBST 139 ff.; STROHM, Wettbewerbsbeschränkungen in Patentlizenzverträgen (1971) 147 ff., jeweils m. w. N.

[55] AaO, 147.

[56] § 1 ErbBVO.

[57] § 925 II BGB.

zessorietät) vorgesehen, so kann die Verkehrsschutzfunktion des numerus clausus nur durch die Ausdehnung der Publizität auf die zeitliche Aufteilung oder aber durch die Einrichtung des Gutglaubensschutzes[58] erhalten werden.

Das Patentrecht gestattet die unbeschränkte Aufteilung des Rechtsgegenstandes – des Monopolwertes der Erfindung – nicht nur in zeitlicher, sondern auch in gegenständlicher und territorialer Hinsicht. In Wirklichkeit kann man von einer Aufteilung gar nicht sprechen, da die Vorstellung einer Machtsummenkonstanz[59], die im bürgerlichen Sachenrecht eine gewisse Plausibilität beanspruchen kann, hier offenbar unhaltbar ist: Die „Teilungsbefugnisse" des Patentinhabers bestimmen selber den Wert des zu Teilenden[60]. Da der Inhalt der „dinglichen" Lizenzen gleich in mehreren Dimensionen – etwa in zeitlicher, gegenständlicher oder territorialer Hinsicht – unendlich variiert werden kann[61], sollte man anders als im Sachenrecht, in dem die – allein mögliche – Unbestimmtheit der Zeitdimension durch das Rechtsscheinprinzip überspielt wird, im Patentrecht deshalb nicht von einem numerus clausus sprechen[62]. Der Verkehr sieht sich einer unendlichen Vielzahl möglicher Gestaltungen gegenüber, und anders als im Sachenrecht darf er sich nicht gutgläubig auf das Vorliegen eines bestimmten Normaltypus verlassen.

Selbst wenn es – was rechtspolitisch immerhin zu überlegen wäre – einen wirklichen numerus clausus „dinglicher" Lizenzen gäbe und gegenständliche, territoriale und vielleicht sogar zeitliche Beschränkungen sowie Preisstellungsklauseln verboten wären, hätte er im Patentrecht nicht die Verkehrsschutzfunktion, die ihm im Sachenrecht zukommt. Wer auf einem fremden Grundstück erntet, soll wissen, was er vom Eigentümer, Nießbraucher oder Grundpfandgläubiger zu gewärtigen hat. Wer ein Grundstück erwirbt, soll sich durch einen Blick ins Grundbuch vergewissern können, welchen Beschränkungen sein Recht unterliegt. Da es de lege lata im Patentrecht keine zwingende Publizität[63] gibt,

[58] Vgl. etwa §§ 892, 1138 BGB.

[59] Vgl. oben S. 70.

[60] Ein Patent wäre weniger wert, wenn Lizenzbeschränkungen aller Art verboten wären; die Zulässigkeit solcher Beschränkungen erhöht – wie gezeigt wurde (oben S. 317 f.) – die Anreizwirkungen des Patentsystems.

[61] Territorial beschränkte Lizenzen etwa können für beliebig bemessene Territorien vergeben werden.

[62] Richtig KRASSER, Verpflichtung und Verfügung im Immaterialgüterrecht, in: Festschrift E. Ulmer: GRUR/Int. 1973, 230, 231–232; vgl. zum Urheberrecht auch ULMER, Urheber- und Verlagsrecht (1960) 288.

HERBST 139–140, will dagegen am numerus clausus „dinglich" wirkender Lizenzen festhalten, obwohl er den Zusammenhang zwischen Publizität und Typenzwang zu erkennen scheint. Er will den numerus clausus – ähnlich wie RAISER, Dingliche Anwartschaften (1961) 19 – „nicht blockierend, sondern ... als lebendiges Ausleseprinzip" (144) verstanden wissen.

[63] RASCH, Der Lizenzvertrag in rechtsvergleichender Darstellung (1933) 60 f., und FISCHER, Der dingliche Charakter des Patentrechts und der Lizenzvertrag: GRUR 1927, 738 f., 743 ff., verlangen – konsequent -, daß Lizenzen, die über die Lizenzparteien hinaus, also „dinglich" wirken sollen, in das Patentregister eingetragen werden müssen.

müssen die Dritten hier immer mit dem Schlimmsten rechnen. An diesem Risiko würde auch der Typenzwang nichts ändern. Auch die Lage dessen, der von einem Lizenznehmer Waren erwirbt, die dieser unter Verstoß gegen den Lizenzvertrag gefertigt hat, und nun vom Patentinhaber auf Schadensersatz oder Herausgabe in Anspruch genommen werden kann, würde sich nicht bessern. Will man den Verkehr gegen diese ungeheure Belastung schützen, so ist nicht der Typenzwang, sondern die Einführung des für die Anreizwirkung des Patentrechts ganz belanglosen Gutglaubensschutzes[64] das Mittel der Wahl.

Das zweite, begriffliche Argument STROHMS ist nicht überzeugender. Der BGH, auf den STROHM sich beruft, entschied in dem Fall „Motorentreibstoffe"[65] das Verbot, auf einem Tankstellengrundstück andere Treibstoffe als die einer bestimmten Marke zu vertreiben, könne nicht als Grunddienstbarkeit verdinglicht werden, da nicht die spezifisch eigentumsrechtliche Handlungsfreiheit, sondern die Gewerbefreiheit des Eigentümers eingeschränkt werde. Dabei ging es aber nicht um die Frage, ob ein neuer Typ dinglicher Rechte zugelassen werden sollte, sondern um die Umschreibung des Eigentumsinhalts, aus dem die zu dinglichen Rechten verdichteten Teilbefugnisse herausgeschnitten sind. Dem BGH war die Aufgabe gestellt, die Scheidung der statischen Eigentumsordnung von der dynamischen Wettbewerbsordnung intakt zu halten. Es mußte verhindert werden, daß aus einer vertraglich zwar gesicherten, aber kündbaren und nicht kartellrechtsimmunen, instabilen Wettbewerbsposition ein ewiger Besitzstand werde. Beim Patentrecht dagegen, das nicht als Teil einer statischen Friedensordnung zu begreifen ist, stellt sich die ordnungsrechtliche Problematik der Verfestigung wettbewerblicher Vorzugspositionen gar nicht erst unspezifisch unter der Dichotomie „Statik-Dynamik", sondern unmittelbar in kartellrechtlichen Bezügen. Sie sollte deshalb auch unmittelbar wettbewerbsrechtlich und nicht zirkulär durch den Rückgriff auf den angeblichen Inhalt des Vollrechts gelöst werden[66].

2. Die „Dinglichkeit" lizenzrechtlicher Positionen

Ähnlich zweifelhaft wie der numerus clausus dinglich wirkender Nutzungsübertragungen ist im patentrechtlichen Zusammenhang die Vorstellung der *Dinglichkeit* selber. Das nicht deshalb, weil das Patentrecht anders als das Eigentum etwa keine positiven Nutzungsbefugnisse gewährte. Die Unterschei-

---

Eine Rechtfertigung des Publizitätsmangels im Patentlizenzrecht versucht HERBST 148. Zur schweizerischen Diskussion und Rechtslage vgl. ebendort 45 f.

[64] So bereits de lege lata STUMPF, Der Lizenzvertrag (1956) 105 f. Hiergegen überzeugend HERBST 48 f. De lege ferenda vgl. TETZNER, Kommentar z. Patentgesetz und z. Gebrauchsmustergesetz (2. Aufl., 1951) § 9 Anm. 54; DERS., Die Erschöpfung des Patentrechts: NJW 1962, 2033 f.; REIMER, Patentgesetz und Gebrauchsmustergesetz (2. Aufl., 1958) § 9 Rn. 79.

[65] WuW/E BGH 309, 311; dazu STROHM 149.

[66] Das ist die Hauptthese von WALZ 344 f. und passim.

dung von Rechten mit positivem und solchen mit nur negativem Gehalt[67] ist eine metaphorische Sprechweise, die in einer wertfreien Normlogik keinen Platz hätte[68]. Rechtsverhältnisse gibt es normlogisch weder zwischen Menschen und Sachen noch zwischen Menschen und Erfindungen[69]. Man darf die Unterscheidung von Rechten mit positivem und solchen mit negativem Gehalt deshalb nicht „naturwissenschaftlich" mißverstehen.

Wenn richtig ist, daß das sowjetische Patent nur negative Befugnisse verleiht, so braucht dasselbe nicht auch vom kapitalistischen Patent zu gelten: Der Inhalt des Patentrechts ist jeweils in seinem institutionellen Kontext zu bestimmen. Daher gestattet die sowjetische Situation auch nicht die Folgerung, daß das Eigentum an materiellen Gütern stets und überall positiven Gehalt habe. Die positive Ausgestaltung des Verhältnisses von Sacheigentum und geistigem Eigentum im Sowjetrecht könnte in einem anderen Land theoretisch genau umgekehrt werden. Die vollständige Monopolisierung des Wissens in der Hand des Staates würde diesem das gleiche Planungspotential verleihen wie die vollständige Monopolisierung der sächlichen Produktionsmittel. So wie der Inhalt des sowjetischen Patents durch die Verstaatlichung aller sächlichen Produktionsmittel verkürzt ist, könnte auch das private Sacheigentum verstümmelt werden, wenn alles produktive Wissen staatlich monopolisiert wäre. Bestimmte Kulturen – etwa die Hierokratien des alten Ägypten oder der Inkas – beruhten bekanntlich auf einer solchen Monopolisierung des Wissens durch eine Priesterkaste. Ohne Zugang zur Kunst des Ackerbaus, der Jagd usw. verbliebe dem Eigentümer eines Ackers nicht mehr als dem sowjetischen Patentinhaber: die Freude an der Exklusivität seiner Rechtsstellung oder die Chance der Veräußerung. Die „positive unmittelbare Sachbeziehung" ist mithin nur legitim als eine bewußt mit Verfassungswerten aufgeladene und auf allgemeine Ordnungsprinzipien des positiven Rechts bezogene dogmatische Figur. In diesem begrenzten Sinne erscheint es angemessen, in der Bundesrepublik dem subjektiven Eigentumsrecht positive Befugnisse zuzusprechen, nicht aber dem Patentrecht.

Damit ist aber die Sachproblematik des Dinglichkeitsbegriffs nicht erledigt[70]. Diese läßt sich nur im Zusammenhang des Typenzwangs begreifen. Beim Eigentum hat es sich als sachgerecht erwiesen, den deliktischen Drittschutz und den Sukzessionsschutz (die Geltung des Prioritäts- oder Rang-

---

[67] Herbst nennt sie mit Recht fragwürdig, 10, vgl. auch 2.

[68] Vgl. Thon, Rechtsnorm und subjektives Recht (1878) 3. Windscheid, Pandekten Bd. 1 (7. Aufl., 1895) N. 3; 99; Kelsen, Reine Rechtslehre 25.

[69] Dies ist auch der Tenor der marxistischen Kritik am Dinglichkeitsbegriff. Vgl. Jakobs, Eigentumsbegriff.

[70] Richtig Herbst 6, 165. Auch Walz 233, bejaht den positiven Gehalt des Patentrechts, den er in der ausschließlichen Zuordnung einer vermögenswerten Profitchance sieht, leugnet jedoch die angeblich beim Eigentum durchhaltbare Unmittelbarkeit der Person-Gegenstandsbeziehung, in der er offenbar das Wesen der Dinglichkeit erblickt, 236.

prinzips), also den Schutz des Erwerbers gegen anderweitige Dispositionen des Veräußerers, und das selbständige Verfügungsrecht sowie vielleicht auch den bereicherungsrechtlichen Eingriffsschutz[71] in bestimmten Typen zwingend[72] miteinander zu verbinden, oder möglicherweise auch umgekehrt nur solche Typen zuzulassen, bei denen diese Verbindung möglich ist.

Jedenfalls solange es keine zwingende Publizität für Patentlizenzen gibt, hat der numerus clausus aber, wie wir sahen, im Patentrecht keinen rechten Sinn. Damit entfällt auch der Grund, die Probleme des Sukzessionsschutzes, des Drittschutzes, des Rangprinzips, der Abgrenzung von Patent- und bloßer Vertragsverletzung und etwa auch der Berechtigung zur Weiterverfügung (Unterlizenzierung) wie bisher durch den Dinglichkeitsbegriff miteinander zu verketten[73]. Die Verknüpfung der einzelnen Elemente der „Dinglichkeit" kann vielmehr der privatautonomen Vertragsgestaltung überlassen bleiben. Natürlich darf dabei der räumliche, zeitliche und gegenständliche Schutzbereich des Patents nicht überschritten werden. Ob die Berechtigung zur gerichtlichen und außergerichtlichen Geltendmachung von patentrechtlichen Abwehransprüchen wegen eines und desselben Sachverhalts mehreren Personen zugleich zustehen kann, ist von denselben Erwägungen abhängig zu machen wie die Zulassung der schuldrechtlichen Einziehungsermächtigung bzw. der gewillkürten Prozeßstandschaft im allgemeinen Recht.

KRASSER[74] erkennt das, wenn er schreibt, daß schon im bürgerlichen Recht das Bestehen einer Befugnis zur unmittelbaren Einwirkung auf eine Sache nichts über ihren dinglichen oder obligatorischen Charakter besage. Klarheit schaffe erst der Typenkatalog. KRASSER versucht aber, den Dinglichkeitsbegriff zu retten, indem er auf den Begriff der Verfügung zurückgeht. Dinglich soll eine Rechtsstellung sein, die durch eine Verfügung erlangt worden ist[75]. Indessen hat auch der Verfügungsbegriff nur dann einen dogmatischen, d. h. heuristischen Sinn, wenn es einen Typenkatalog gibt. Andernfalls beschreibt er nur den – wie KRASSER zu Recht bemerkt, auch in Rechtsordnungen, die wie die französische den Abstraktionsgrundsatz nicht kennen, vorkommenden – Sachverhalt, daß bestimmte Rechtspositionen gegen spätere Rechtsgeschäfte des bisher Verfügungsberechtigten in ihrem Bestand geschützt sind[76]. Wenn kein Typenkatalog besteht, weiß man aber nicht mehr, *welche* Geschäftstypen „Verfügungen" sind, d. h. das Prioritätsprinzip durchsetzen. Damit wird auch

---

[71] Vgl. die Nachweise in N. 6 zur Lehre vom Zuweisungsgehalt, um die die Lehre von der Eingriffskondiktion kreist.

[72] § 137 BGB.

[73] Kritisch zu der Verknüpfung der Elemente der „Dinglichkeit" in der Praxis auch WALZ, 70.

[74] Oben N. 61, 235.

[75] AaO, 234.

[76] AaO, 232.

der Verfügungsbegriff dogmatisch unnütz. Man kann sehr wohl, wie Krasser[77], durch „Verfügung“ erlangte, d. h. gegen spätere Verfügung geschützte, und mit Drittschutz ausgestattete Positionen „dinglich“ nennen. Gewonnen ist damit aber auch nichts, weil man keinen sachlogischen Grund für diese Verknüpfung von Dinglichkeitselementen angeben kann, aus dem Vorliegen einer „dinglichen“ Position mithin auch keine Folgerungen ziehen darf, die man nicht zuvor ausdrücklich in den Dinglichkeitsbegriff hineingelegt hat.

Wie weit die Privatautonomie bei der Gestaltung von Lizenzbeziehungen reicht, kann nur im Einzelfall nach wettbewerbsrechtlichen Gesichtspunkten entschieden werden. Das schließt nicht aus, daß auch hier wie sonst im Geltungsbereich der Vertragsfreiheit durch Richterrecht gewisse Ordnungstypen ausgebildet werden, die als ergänzendes Recht anzuwenden sind, wenn die Parteien nicht – wie es schon jetzt häufig sein dürfte – ausdrücklich über die einzelnen Attribute der Dinglichkeit bestimmt haben. Ferner muß das Richterrecht Kriterien entwickeln, nach denen zu entscheiden ist, wann die Verletzung des Lizenzvertrags durch den einen oder anderen Teil dem Geschädigten Ansprüche wegen Patentverletzung gibt, die ja vor besonderen Patentstreitgerichten geltend zu machen sind und einer besonderen Verjährung unterliegen. Die Frage, ob für alle Elemente der „Dinglichkeit“, deren Zulässigkeit man bisher aus dem Dinglichkeitsdogma und aus der Abspaltungstheorie des Lizenzrechts bloß begriffsjuristisch abgeleitet, aber nie aus der Typik der Interessenkonstellationen entwickelt hat, in einer nach Art der Schuldvertragstypen konzipierten Lizenztypologie noch Platz sein wird, kann an dieser Stelle nur gestellt, aber nicht beantwortet werden[78].

3. Der Abstraktionsgrundsatz im Patentrecht

Auch den Abstraktionsgrundsatz will man auf „dinglich“ wirkende Verfügungen über das Patentrecht anwenden[79]. Er dient, wie der Typenzwang, dem Verkehrsschutz. Wer von einem Eigentümer erwirbt, soll auf den Bestand von dessen Recht vertrauen dürfen. Wer an einen Eigentümer Schadensersatz leistet oder etwas durch rechtswidrigen Eingriff Erlangtes herausgibt, soll nicht Gefahr laufen, erneut leisten zu müssen, wenn der Eigentümer sein Recht ohne rechtlichen Grund erworben hatte[80]. Wirklich sinnvoll erscheint dieser

---

77 AaO, 235.

78 Die konstruktiven Unterschiede zwischen dem nach h. L. auf der Abspaltungstheorie beruhenden deutschen Lizenzrecht und etwa dem amerikanischen Recht, das nur die Verzichtstheorie kennt, vgl. Henn, Probleme und Systematik des internationalen Patentlizenzvertrags (1967) 17, und Lichtenstein, Die Patentlizenz nach amerikanischem Recht (1965) 5, haben jedenfalls die Ausbildung eines im Großen und Ganzen einheitlichen Weltrechts der Patentlizenz nicht verhindert, Henn, aaO.

79 Benkard, Patentgesetz, Gebrauchsmustergesetz (5. Aufl., 1969) § 9, Rn. 9; Lichtenstein, Der Lizenzvertrag im engeren Sinne: NJW 1965, 1839, 1843.

80 Vgl. etwa Larenz, Schuldrecht AT (2. Aufl., 1972) 267. Flume, Allgemeiner Teil

Schutz nur, wenn der Zweiterwerber oder Leistende einen Anlaß hat, an das Recht seines Vertragspartners bzw. Leistungsempfängers zu glauben[81]. Den hat er nur, wenn der Rechtsschein (Besitz oder Grundbucheintragung)[82] für diesen spricht. Insofern vervollkommnet[83] oder übertreibt[84] der Abstraktionsgrundsatz – wie jeder je nach seinem Standpunkt sagen mag – den Verkehrsschutz der §§ 892, 893, 932, 851 BGB.

Aufgrund dieser Überlegungen könnte man die Anwendung des Abstraktionsgrundsatzes auf Lizenzen schon mit der Begründung ablehnen, daß es hier stets an einem Rechtsschein der Berechtigung des Lizenznehmers fehle, Dritte in Anspruch zu nehmen, von ihnen Leistungen zu empfangen oder ihnen Unterlizenzen zu gewähren.

Nun hat das BGB den Abstraktionsgrundsatz aber über seine Teleologie hinaus zu einem Grundsatz des gesamten Vermögensrechts gemacht; er wird auf alle Zuwendungen[85], etwa auch auf die Abtretung einer Forderung, angewendet. Damit muß man sich abfinden, obwohl es nicht recht einzusehen ist, daß der Dritte stärker geschützt wird, der an einen Zessionar leistet, welcher zu Unrecht die Forderung erworben hat, als derjenige, der von einem zur Einziehung Ermächtigten[86] oder Bevollmächtigten an Anspruch genommen wird. Man muß den Abstraktionsgrundsatz deshalb auch auf die unbeschränkte und die auf Bruchteile beschränkte Übertragung eines Patents anwenden, ebenso auf die Verpfändung und Nießbrauchsbestellung[87]. Wie steht es aber mit bloßen Lizenzpositionen?

Man kann, wie es die Vertreter der wohl h. L. tun, jedenfalls die ausschließliche Lizenz oder sonst „dinglich" wirkende Lizenzpositionen als teilweise Übertragung[88] des Patents kennzeichnen und die Anwendbarkeit des Abstraktionsgrundsatzes gesetzesgläubig aus § 413 BGB und § 9 PatG herleiten[89].

---

des bürgerlichen Rechts, Bd. 2: Das Rechtsgeschäft (1965) erwähnt daneben noch den Schutz der Gläubiger des Erwerbers, 176, § 12 III.

[81] WESTERMANN, Sachenrecht (5. Aufl., 1973) 24, hält umgekehrt den Abstraktionsgrundsatz da für besonders wichtig, wo es keinen Rechtsschein und mithin auch keinen Rechtsscheinerwerb gibt.

[82] Bei Leistungen an einen Scheinberechtigten ist der Rechtsscheingedanke in § 851 BGB nur halbherzig (bei beweglichen Sachen, aber nicht bei Grundstücken) durchgeführt.

[83] So FLUME, aaO.

[84] So BOEHMER, Einführung in das bürgerliche Recht (2. Aufl., 1965) 298 f.

[85] FLUME, aaO; LARENZ, aaO.

[86] Zur Ermächtigung vgl. FLUME 57, der ihre Nähe zur Vollmacht betont und die Auffassung ablehnt, es handele sich um eine teilweise Rechtsübertragung.

[87] § 413 BGB; KRASSER 258.

[88] KISCH, Handbuch des deutschen Patentrechts (1923) 213, wollte nur die quotenweise Übertragung unter § 9 PatG fallen lassen. Ebenso KRAUSSE/KATLUHN/LINDENMAIER, Das Patentgesetz, Kommentar (1971) § 9, Anm. 4.

[89] HUBMANN, Gewerblicher Rechtsschutz und Urheberrecht 147 ff. Dagegen etwa LICHTENSTEIN 1842–1843.

Das hieße jedoch eine dogmatische Bildung der Rechtsprechung[90] und Lehre, die für andere Problemkomplexe angemessene Lösungen resümieren mag, begriffsjuristisch verselbständigen. Die Frage ist gerade, ob die Lehre von der Teilübertragung insoweit angemessen ist, als sie die Anwendung des Abstraktionsgrundsatzes auf Lizenzverträge suggeriert.

LICHTENSTEIN will in allen Lizenzverhältnissen einen Lizenzvertrag im engeren Sinne von dem Lizenzvertrag im weiteren Sinne scheiden; der Lizenzvertrag im weiteren Sinne soll dabei zum Lizenzvertrag im engeren Sinne im Verhältnis des Erfüllungsgeschäfts zum Grundgeschäft stehen[91]. Die Wirkung des Lizenzvertrags im engeren Sinne soll darin bestehen, daß vertragsgemäße Nutzungshandlungen nicht Verletzungen des Patentrechts sind. Auch diese Lehre ist unschwer zu widerlegen. Es ist nicht notwendig, den Ausschluß der Patentverletzung als Folge eines abstrakten Verfügungstatbestandes zu konstruieren; auch die Warenzeichenlizenz, die man wegen § 8 WZG allgemein als rein schuldrechtliches Geschäft ansieht, bewirkt, daß vertraglich gestattete Nutzungshandlungen des Lizenznehmers das Warenzeichen erga omnes erschöpfen[92]. Daß auch vertraglich gerechtfertigte Nutzungshandlungen des Patentlizenznehmers keine Schutzrechtsverletzung sind, läßt sich als bloße Folge einer Fremdzurechnung dieser Handlungen erklären: Der Patentinhaber wird behandelt, als habe er sie selber vorgenommen. In der Allgemeinheit, mit der LICHTENSTEIN seine Lehre vom Lizenzvertrag im engeren Sinne formuliert hat, erscheint sie sogar eindeutig unrichtig. Ein Eigentümer, der einem anderen die Sachnutzung schuldrechtlich gestattet, hat für die Dauer der Nutzung keinen Herausgabeanspruch, und die Nutzungshandlungen sind solange keine Eigentumsstörung im Sinne des § 1004 BGB[93]. Niemand folgert daraus, daß auf den Schuldvertrag deshalb der Abstraktionsgrundsatz anzuwenden sei. Plausibel erschiene LICHTENSTEINS Auffassung allenfalls, wenn er dartun könnte, daß der Lizenzvertrag im engeren Sinne ein vertyptes[94] dingliches Verfügungsgeschäft wäre, das weitergehende Zustandsänderungen bewirkte als bloß den Ausschluß der Rechtsverletzung. Das will LICHTENSTEIN aber gerade nicht: Der Lizenzvertrag im engeren Sinne soll *nur* darin bewirken, daß Abwehransprüche überhaupt nicht entstehen[95]. Der Schutz Dritter – etwa der Abnehmer des Lizenznehmers –, an dem LICHTENSTEIN gelegen ist, wäre gerechter und vor allem

---

[89] Das RG hatte ursprünglich die Verzichtstheorie vertreten, RGZ 33, 103. Erst RGZ 57, 38 ging für die ausschließliche Lizenz zur Abspaltungstheorie über.

[91] LICHTENSTEIN 1839 ff.

[92] Vgl. DEUTSCH, in: BEIER/DEUTSCH/FIKENTSCHER, Die Warenzeichenlizenz (2. Aufl., 1966) 405 ff.; HUBMANN, Gewerblicher Rechtsschutz und Urheberrecht 218. Vgl. auch RGZ 99, 92; RGZ 102, 24; BGH, NJW 1966, 824 zur Konstruktion der Zeichenlizenz.

[93] Daß eine Duldungspflicht (§ 1004 Abs. 2 BGB) besteht, ist nämlich keine Einrede, sondern eine Einwendung; BAUR, Lehrbuch des Sachenrechts (8. Aufl., 1975) 102; WESTERMANN, Sachenrecht 177. Zum Einwendungscharakter der Lizenz HERBST 28 f.

[94] Richtig KRASSER 235.

[95] LICHTENSTEIN 1840, 1841–1842.

systemgerechter durch die Einführung des Gutglaubenschutzes[96] als durch den Schematismus des Abstraktionsprinzips zu bewerkstelligen.

Man könnte immerhin daran denken, den Abstraktionsgrundsatz auf solche Lizenzpositionen anzuwenden, die mit dem einen oder anderen Attribut der Dinglichkeit – mit dem Sukzessionsschutz, mit Drittschutz oder mit dem Recht zur Vergabe von Unterlizenzen – verbunden sind. Was den Sukzessionsschutz angeht, so hält indessen schon die herrschende Lehre den Abstraktionsgrundsatz für entbehrlich; sie wendet nämlich die § 571, 577 BGB analog auf einfache, bloß obligatorisch wirkende Lizenzverträge an[97]. Das Recht zur Abwehr von Patentverletzungen und den Anspruch auf Schadensersatz könnte man immerhin dann als rechtsgrundunabhängig ansehen, wenn sie dem Lizenznehmer ausschließlich zustehen, wenn also der Patentinhaber insoweit verdrängt ist. So ließe sich aber bei der für den Verkehr besonders wichtigen Befugnis zur Unterlizenzierung nicht verfahren. Man müßte zugleich klären, welche weiteren Befugnisse dem Lizenznehmer abstrakt zustehen und somit an den Dritten übertragen werden können. Ebenso verhielte es sich mit dem Sukzessionsschutz und mit dem Rangprinzip: Man müßte klarstellen, hinsichtlich welcher Bestandteile seiner Rechtsstellung der Lizenznehmer gegen Zuständigkeitsänderungen auf der Passivseite oder gegen anderweitige Dispositionen des Patentinhabers geschützt sein soll. Es wäre also ein Typenzwang, ein eindeutiger Katalog dinglicher Lizenzpositionen auszubilden, der aber, wie wir sahen, keine andere Funktion hätte, als eben die Anwendung des Abstraktionsgrundsatzes zu ermöglichen. Statt diese Konsequenz zu ziehen, sollte man lieber[98] auch die in einzelnen oder mehreren Beziehungen „verdinglichten" Lizenzen ebenso wie das Verlagsrecht generell rechtsgrundabhängig ausgestalten[99]. Wenn

---

[96] Oben N. 63.

[97] Reimer, Patentgesetz und Gebrauchsmustergesetz, Kommentar (2. Aufl., 1958) § 9, Anm. 95; Pietzcker, Patentgesetz und Gebrauchsmustergesetz, Kommentar, 1. Halbbd. (1929) § 6, Anm. 18.

[98] Herbst 128 f., und Hubmann, Gewerblicher Rechtsschutz und Urheberrecht 147, wollen die Wirkung des Abstraktionsgrundsatzes durch großzügige Anwendung des § 139 BGB „mildern". Gegen diese methodenunehrliche Ausflucht zu Recht Flume 178. Dagegen auch Krasser 237.

[99] Vgl. § 9 VerlG; dazu BGHZ 27, 90, 94; Ulmer, Urheber- und Verlagsrecht (1960) 312; de Boor, Vom Wesen des Urheberrechts (1933) 58 f., 61 ff.

Die Rechtsstellung eines Unterlizenznehmers ist dann wie die eines Untermieters von zwei causae abhängig.

Zu § 9 VerlG vgl. auch Krasser 237 f. (auch für ausschließliche Lizenzen). Krasser lehnt die analoge Anwendung des § 9 VerlG zwar nicht mit der methodisch überholten Begründung ab, daß es sich hierbei um eine eng auszulegende Ausnahmevorschrift handle, sondern mit der Behauptung, der Patentinhaber sei weniger schutzwürdig als der Inhaber eines Urheberrechts. Das mag richtig sein, präjudiziert aber nicht die Antwort, solange unbewiesen ist, daß der Abstraktionsgrundsatz überhaupt geeignet wäre, den Verkehr zu Lasten des Rechtsinhabers zu schützen. Das ist er aber nicht, wenn man wie Krasser annimmt, daß es im Patentlizenzrecht keinen Typenzwang gibt.

Krasser schreibt richtig, daß der schuldrechtliche Vertrag im Immaterialgüterrecht man die Dritten, die wegen des Fehlens einer Publizität dabei wenig verlieren, wirksam schützen will, sollte man zwingend die Eintragung der Lizenzen in die Patentrolle als vollständig und richtig fingieren.

4. Internationales Privatrecht

Auch im internationalen Privatrecht stiften sachen- und eigentumsrechtliche Analogien Verwirrung. Im Patentrecht gilt das Territorialprinzip; „das Patent genießt nur innerhalb des Gebietes Schutz, das zu dem Erteilungsstaat gehört"[100]. Dieser Grundsatz ist praktisch weltweit anerkannt[101]. Die Pariser Verbandsübereinkunft überwindet die Territorialität des Patentschutzes nicht, sondern setzt sie voraus. Sie enthält nicht Kollisionsprivatrecht, sondern Fremdenrecht (namentlich den Grundsatz der Inländerbehandlung ausländischer Anmelder)[102].

Für das Territorialitätsprinzip werden gleich zwei verschiedene Erklärungen vorgetragen, die miteinander schwerlich vereinbar sind. Einmal wird gesagt, das Patentrecht entstehe unter staatlicher Mitwirkung, und kein Staat könne Rechte verleihen, die über sein Hoheitsgebiet hinaus wirkten[103]. Die Territorialität des Patentschutzes wird also aus einer völkerrechtlichen Schranke der staatlichen Regelungskompetenz hergeleitet. Solange man solcherlei Schranken für heilsam und vor allem für kleineren Mächten förderlich hält, sollte man den Territorialitätsgrundsatz nicht – wie BERNHARDT es tut – zusammen mit dem „Gedanken des souveränen Nationalstaats" für „antiquiert" erklären[104].

Ein andermal finden wir dagegen die Erklärung, daß das Patent oder das ihm zugrundeliegende Immaterialgut im Schutzland belegen sei, dort seinen situs habe[105]. Das Territorialitätsprinzip soll also eine Kollisionsnorm des

---

die Funktion habe, mangels eines Typenzwangs die Rechtspositionen inhaltlich „auszuformen". Ist das so, dann bedarf es für die Ablehnung des Abstraktionsgrundsatzes keines Abwägens von Wertungsgesichtspunkten, so KRASSER, 238; wenn man nicht weiß, was abstrakt übertragen werden kann, dann macht die Anwendung des Abstraktionprinzips keinen Sinn. Es ist funktional an den Typenzwang gebunden.

[100] BERNHARDT, Lehrbuch des deutschen Patentrechts 167; RGZ 84, 370; 149, 103.

[101] Umfangreiche Nachweise bei NIRK, Zum Anwendungsbereich des Territorialitätsprinzips und der lex rei (sitae) im internationalen Patent- und Lizenzrecht, in: Ehrengabe Heusinger (1968) 217, 221, N. 14.

[102] Vgl. etwa DROBNIG, Originärer Erwerb und Übertragung von Immaterialgüterrechten im Kollisionsrecht: RabelsZ 40 (1976) 195, 205; NEUHAUS, Freiheit und Gleichheit im internationalen Immaterialgüterrecht: RabelsZ 40 (1976) 191, 193; NIRK, 222.

[103] Vgl. etwa NIRK 224–225; DROBNIG 205; allgemein zum Territorialitätsprinzip und der Vielfalt seiner Bedeutungen NEUHAUS, Die Grundbegriffe des internationalen Privatrechts (2. Aufl., 1976) 179 ff.; RIEZLER, Internationales Zivilprozeßrecht und prozessuales Fremdenrecht (1949) 79 f.; NUSSBAUM, Grundzüge des internationalen Privatrechts (1952) 36 f.

[104] BERNHARDT 19; dagegen mit Recht auch NIRK 222.

[105] LICHTENSTEIN, 1844: „Das Patent ist – wie ein Grundstück – auf das Schutzland territorial begrenzt, in diesem ‚belegen'". DERS., Der gewerbliche Rechtsschutz im inter-

internationalen *Privat*rechts[106] sein. Teilweise, vor allem in französischen Quellen[107], finden wir das Territorialitätsprinzip und die Anknüpfung an den situs nebeneinander verwendet.

In der unklaren Herleitung des Territorialitätsprinzips kommt sonach wieder die unausgestandene Problematik zum Vorschein, ob das Patentrecht ein privatrechtliches Immaterialgüterrecht oder aber Teil eines öffentlichen[108] Ordnungsrechts der Wirtschaft sei. Im internationalen Recht tut sich die privatrechtliche Auffassung des Patentrechts freilich besonders schwer. Das zeigt nicht nur der Versuch TROLLERS[109], eines der konsequentesten Verfechter des hier sogenannten immaterialgüterrechtlichen Denkens, dem ubiquitären „Immaterialgut Erfindung" selber – also nicht etwa dem Schutzrecht – eine Belegenheit im Raum zuzuweisen. Es zeigt sich vor allem daran, daß die Territorialität im Privatrecht ein Fremdkörper ist[110]. Auf dem Boden einer extrem privatrechtlichen Auffassung des Patentrechts als eines mit dem Urheberrecht

---

nationalen Privatrecht: NJW 1964, 1209; MARTIN WOLFF, Internationales Privatrecht (3. Aufl., 1954) 183 f.; DERS., Private International Law (2. Aufl., 1950) 547; RAAPE, Internationales Privatrecht (5. Aufl., 1961) 634 f.

[106] So spricht LICHTENSTEIN, Der Lizenzvertrag i. e. S. 1844, davon, daß der „Lizenzvertrag gemäß dem Territorialitätsprinzip dem Recht des Schutzlandes" unterliege; ähnlich TROLLER, Das internationale Privat- und Zivilprozeßrecht im gewerblichen Rechtsschutz und Urheberrecht (1952) 48. Hiergegen mit Recht NIRK 229, N. 38.

[107] Etwa BATTIFOL, Traité élémentaire de droit international privé (3. Aufl., 1959) 326, 579, m. w. N. Zum deutschen Recht vgl. vor allem LICHTENSTEIN, Der gewerbliche Rechtsschutz, der nicht nur die beiden Begründungen des Territorialprinzips, sondern auch die kollisionsrechtliche Funktion der lex rei sitae ständig mit der Funktion des Territorialprinzips vermengt (richtig insoweit NIRK, 229, N. 38).

[108] Vgl. NIRK 224: „Zu dieser sog. Territorialität des öffentlichen Rechts zählen die Enteignungsmaßnahmen oder Embargovorschriften ebenso wie die Schutzrechte am geistigen und gewerblichen Eigentum". Wenige Seiten weiter wird dann allerdings gesagt, das Patentrecht weise „alle wesentlichen Merkmale eines Eigentumsrechts" auf, 228.

[109] TROLLER, Internationale Zwangsverwertung und Expropriation von Immaterialgütern (1955) 88 f. Hiergegen ausführlich WENGLER, Die Belegenheit von Rechten, in: Festschrift der juristischen Fakultät der FU Berlin zum 41. DJT (1955) 285, 290, N. 18; hiergegen wiederum TROLLER, Immaterialgüterrecht 50, N. 2.

WENGLER vertritt die These, daß es stets nur auf die Belegenheit der Rechte und nie auf die der Rechtsgegenstände ankomme. So wünschenswert die damit erreichte Auflösung der Polyvalenz des Belegenheitsbegriffs ist, glaube ich, daß im Sachenrecht an einem naturalistischen, die Körperlichkeit der Sachen ins Auge fassenden Begriff der Belegenheit festgehalten werden muß, wenn die Anknüpfung an den situs ihre Funktion (dazu unten S. 393) erfüllen soll, hinkende Rechtsverhältnisse zu vermeiden und ein Maximum an Mobilisierung namentlich des Fahrniseigentums zu ermöglichen. Die von WENGLER vorgeschlagene Bestimmung der Belegenheit nach der Intensität des Rechtsschutzes (315, 322) kann zu einer Mehrheit von Belegenheiten führen (nach WENGLER, 314, sogar bei Patentrechten) und ermöglicht daher wohl nicht das wünschenswerte Maß an internationaler Rechtsklarheit.

[110] Im Privatrecht ist Universalität der Rechte die Regel; vgl. NEUHAUS, Die Grundbegriffe 185 f.

gleichberechtigten Teils des geistigen Eigentumsrechts fordert NEUHAUS[111], daß derjenige „Ausgleich von Freiheit und Gleichheit" endlich auch im internationalen Immaterialgüterrecht angestrebt werde, „der das europäische IPR seit über hundert Jahren auszeichnet". Aus Gründen der Freiheit und des Respekts vor dem geistigen Eigentum verlangt er, „daß ein im Ursprungsland einmal begründetes subjektives Recht – als der Bereich der Freiheit des einzelnen – auch in anderen Ländern anerkannt"[112] werde. Das heißt aber nichts anderes als die Abschaffung des Territorialitätsprinzips, in dem NEUHAUS nur den Ausdruck eines überholten Protektionismus zu erkennen vermag. Durch ein echtes Kollisionsrecht der Immaterialgüter soll die „materielle Wertentscheidung gegen die Privilegientheorie und für die Anerkennung geistigen Eigentums" auch im internationalen Recht durchgesetzt werden.

Der Territorialitätsgrundsatz macht ein besonderes Patentkollisionsrecht nicht entbehrlich[113]. Das zeigt sich etwa im Recht der Patentverwertungsverträge. Lizenzverträge sind – nach h. M. zumindest in einzelnen Bestandteilen – private Schuldverträge. Welches ist die anwendbare Rechtsordnung? Nach älterer Auffassung sind alle mit einem Patent zusammenhängenden Fragen, also auch Verträge über die Patentnutzung, nach dem Recht des Patenterteilerstaates zu beurteilen[114]. Da es sich hier um eine echte kollisionsrechtliche Frage und nicht um die Frage nach der territorialen Reichweite eines staatlichen Hoheitsaktes handelt, kann man von einer Anknüpfung an den situs der Schutzrechte sprechen[115].

Diese Auffassung, die sicherlich auf einer noch unverstellten Einsicht in die öffentliche Funktion des Patentschutzes beruht, führt zu mancherlei Schwierigkeiten; das gibt vor allem dann, wenn ein Lizenzvertrag sich auf eine in mehreren Staaten geschützte Erfindung und auf mehrere Schutzrechte zugleich bezieht[116], oder wenn – wie es in der Praxis schon fast die Regel ist – ein Lizenzvertrag sich nicht nur auf ein Schutzrecht, sondern auch auf den begleitenden Know-how erstreckt[117], ohne den das Recht zur Erfindungsnutzung

---

[111] NEUHAUS, Freiheit und Gleichheit 191 f.

[112] Im Urheberrecht wird häufig dem angeblich „natürlichen Recht an der Geistesschöpfung" universelle Geltung zugesprochen, während die positivrechtlichen Urheberrechte nach allgemeiner Auffassung nur territorial beschränkte Wirkung haben. So v. GAMM, Urheberrechtsgesetz (1968) Einführung, Rn. 29; vgl. auch ULMER, Urheber- und Verlagsrecht 90 f.; DROBNIG 196 f.

Entsprechend soll auch das allgemeine Erfinderrecht universellen Charakter haben. Vgl. BERNHARDT 78.

[113] Vgl. vor allem die ausführliche Begründung von NIRK.

[114] Nachweise bei NIRK 230, N. 40.

[115] WOLFF, Private International Law 547–548; dazu NIRK 230.

[116] RABEL, The Conflict of Laws, Bd. 3 (1950) 73 f.; NIRK 233; v. HOFFMANN, Verträge über gewerbliche Schutzrechte im IPR: RabelsZ 40 (1976) 208, 214, m. w. N.

[117] v. HOFFMANN, aaO.

oft ein „kostspieliger Torso“ (HENN)[118] wäre. Vor allem aus diesen Gründen ist die Anknüpfung an den Parteiwillen, wie sie im Schuldrecht allgemein üblich ist, auch im Patentlizenzrecht immer mehr im Vordringen begriffen[119].

Die Reichweite der Parteiautonomie ist allerdings bis heute ungeklärt. Nach der herrschenden Lehre in Deutschland sind bekanntlich bestimmte Lizenztypen als teilweise Übertragung von Befugnissen anzusehen, die einem als eigentumsähnliches Immaterialgüterrecht begriffenen Patentrecht innewohnen, und mithin dingliche Wirkung besitzen sollen; sie will auf solche Lizenzen den Abstraktionsgrundsatz anwenden und sie postuliert einen numerus clausus dinglich wirkender Lizenztypen. Was läge näher, als alle diese quasi-sachenrechtlichen Fragen und Beziehungen der lex rei sitae, also dem Recht des Schutzlandes, zu unterwerfen? Im internationalen Sachenrecht der Bundesrepublik zweifelt niemand daran, daß über die dinglichen Rechte und Pflichten nur die lex rei sitae zu befinden hat und daß sich nach ihr auch die Frage richtet, ob ein Rechtsgeschäft abstrakt oder kausal ist[120]. Auch der Vorentwurf der Kommission der Europäischen Gemeinschaften für ein „Übereinkommen über das auf vertragliche und außervertragliche Schuldverhältnisse anwendbare Recht“ klammert in seinem Art. 9 den „Eigentumsübergang und die dinglichen Wirkungen eines Vertrags“ von der lex contractus aus[121].

Um so erstaunlicher ist es, daß die im Sachenrecht so einleuchtende Grenzlinie zwischen lex rei sitae und lex contractus im Lizenzrecht kaum einmal gezogen worden ist. Zwar hat der BGH[122] in einer Markenrechtssache einmal ausgesprochen, die Übertragung einer Marke sei nach dem Recht des Schutzlandes, der der Übertragung zugrunde liegende Schuldvertrag dagegen nach dem wirklichen oder hypothetischen Parteiwillen zu beurteilen. Auch LICHTENSTEIN[123] und PFAFF[124] wollen Verpflichtungs- und Erfüllungsgeschäft im Lizenzrecht verschieden anknüpfen. LICHTENSTEIN will bloß den von ihm sogenannten Lizenzvertrag im engeren Sinne nach der lex rei sitae behandelt wissen, den Lizenzvertrag im weiteren Sinne im übrigen dagegen insgesamt nach

---

118 HENN 59.

119 Vgl. NIRK 230 ff.; v. HOFFMANN 209 ff., der auch auf die Bestrebungen der Entwicklungsländer hinweist, zwingend die Anknüpfung an das Recht des Technologie-Empfängerlandes vorzuschreiben.

120 Vgl. etwa KEGEL, Internationales Privatrecht (3. Aufl., 1971) 283. Qualifikationsstatut ist also die lex rei sitae; vgl. auch NIRK, 228.

121 Abgedruckt bei ULMER, Die Immaterialgüterrechte im internationalen Privatrecht (1975) 115 ff.

122 BGH, GRUR/Int. 1965, 504; dazu ULMER 95, N. 21. Auch bei HENN 91 heißt es: „Von diesen schuldrechtlichen Beziehungen ist die Beurteilung sachenrechtlicher Vorgänge zu scheiden, die sich allgemein nach dem Grundsatz der lex rei sitae ... richtet.“ HENN führt diesen Grundsatz aber, wie seine Anlehnung an LICHTENSTEIN zeigt, nicht konsequent durch.

123 LICHTENSTEIN, Der Lizenzvertrag i. e. S. 1844.

124 PFAFF, Internationale Lizenzverträge im europäischen IPR: AWD 1974, 241 f., 245.

dem Schuldstatut. Der Lizenzvertrag i. e. S. hat aber nach LICHTENSTEIN mit der Dinglichkeit einer durch den Vertrag eingeräumten Nutzungsposition durchaus nichts zu tun! Der Lizenzvertrag i. e. S. soll ja weder ein „Erlaß" noch ein „Verzicht" noch gar eine „Übertragung von Verfügungsrechten" sein[125]. ULMER schließlich erklärt in einem jüngst für den Bundesminister der Justiz erstellten Gutachten die Unterscheidung obligatorischer und dinglicher Lizenzbestandteile kollisonsrechtlich kurzerhand für unbrauchbar[126]. Er möchte allein die „Zulässigkeit der Übertragung, der Teilübertragung und der Lizenzierung gewerblicher Schutzrechte" nach dem Recht des Schutzlandes beurteilen und im übrigen das Schuldstatut anwenden[127]. Damit wäre im internationalen Lizenzrecht nicht nur die Trennung von Verpflichtungs- und Verfügungsgeschäft, die ULMER ebenso wie die h. L. im Hinblick auf die verkehrstypische Einheit beider Geschäfte im Sinne des § 139 BGB nicht recht ernst nimmt[128], sondern mit der Dinglichkeit auch die für die herrschende Lizenztypologie zentrale Kategorie über Bord geworfen.

Das Kollisionsrecht wird so zum Test- und Krisengebiet der gesamten herkömmlichen Lizenztypologie. Diese wird zur Makulatur, wenn ULMERS Vorschlag Gesetz wird[129]. Man kann nicht im Sachrecht dingliche Lizenzen konstruieren und mit dem Abstraktionsgrundsatz operieren wollen, wenn sich

---

[125] LICHTENSTEIN 1841–1842.

[126] ULMER 95–96.

[127] Vgl. ULMERS Vorschlag für Regeln über Immaterialgüterrechte in einem Übereinkommen über das internationale Privatrecht in den Mitgliedstaaten der Europäischen Wirtschaftsgemeinschaft, 108 f., Art. K., Abs. 1, a. Hierzu die Beiträge von NEUHAUS, DROBNIG, MARTINY, Verletzung von Immaterialgüterrechten im IPR, und v. HOFFMANN, RabelsZ 40 (1976) 191 ff.

[128] ULMER, 95, N. 21. Ein enger Sachzusammenhang zwischen Verpflichtungs- und Erfüllungsgeschäft, wie er nach ULMER eine kollisionsrechtliche Scheidung untunlich macht, besteht freilich auch beim typischen Fahrniskauf; trotzdem hält man hier allgemein an der besonderen Anknüpfung von Verpflichtungs- und Erfüllungsgeschäft fest.

LICHTENSTEIN, aaO, dem es ähnlich wie ULMER um eine kollisionsrechtliche Zurückdrängung des deutschrechtlichen dogmatischen Ballasts geht, vermeidet mit seiner Unterscheidung von Lizenzvertrag i. e. S. und Lizenzvertrag i. w. S. nicht die Notwendigkeit, daß einzelne Fragen nach zwei Rechtsordnungen beurteilt werden müssen (so ULMER, aaO); er bleibt auf halbem Wege stehen.

Auch ULMERS – gründlich rechtsvergleichend fundierter – Vorschlag läßt noch einige Fragen offen, insbesondere die Frage, was zu geschehen hat, wenn das Schutzlandrecht, soweit es zur Anwendung kommt wie etwa in der Frage der Zulässigkeit der Lizenzierung, mit dem schuldrechtlichen Vertragsprogramm im Widerspruch steht. Vgl. v. HOFFMANN, 217, der hinsichtlich der Rechtsfolgen der Unzulässigkeit von Übertragung und Lizenzierung die kollisionsrechtliche Unterscheidung zwischen dinglichen und obligatorischen Lizenzwirkungen beibehalten möchte.

[129] ULMER äußert sich hierzu nicht. Es ist aber zu erwarten, daß die Einführung einer ULMERS Vorschlag entsprechenden Kollisionsnorm die Tendenz zur Abkehr von den unnötigen Sachenrechtsanalogien beschleunigen würde. Das IPR würde dann, wie schon im Ansatz bei LICHTENSTEIN, aaO, zum Vehikel einer Bereinigung des deutschen Sachrechts.

diese fragwürdigen dogmatischen Überfeinerungen im internationalen Verkehr als vollkommen entbehrlich erweisen. Entweder muß man das Sachrecht dem Kollisionsrecht oder dieses jenem anpassen. Ein Drittes gibt es nicht. Auf den ersten Weg wird man verwiesen, wenn man sich die Voraussetzungen und Folgen einer Anwendung der lex rei sitae auf alle die Fragen vergegenwärtigt, die nach der derzeit h. M. quasisachenrechtlich zu beantworten sind.

Im bürgerlichen Sachenrecht hat die Anknüpfung an die Belegenheit der Sachen verschiedene Funktionen. Im Immobiliarsachenrecht geht es darum, durch den Ausschluß fremden Rechts die durch Typenzwang und Publizität gewährleistete Sicherheit und Übersichtlichkeit der dinglichen Rechtsverhältnisse im Innern des Staates zu erhalten. Im Fahrnisrecht dagegen ist die Anknüpfung an die Belegenheit eines der Mittel zur verkehrsrechtlichen Mobilisierung des Sachvermögens über die Grenzen hinweg. Hier erleichtert die Anknüpfung an die jeweilige Belegenheit der Sachen den Statutenwechsel, den Übertritt der Sachen aus einer Rechtsordnung in eine andere: Die Belegenheit ist das klarste und einfachste Anknüpfungsmerkmal, das man sich bei körperlichen Gegenständen denken kann[130]. Ein anderer, mit diesem Mittel funktional verknüpfter Behelf zur internationalen Mobilisierung der Sachen ist die Anerkennung der Sachenrechte als wohlerworbene Rechte (vested rights, droits acquis)[131], die ihrem Inhaber grundsätzlich inhaltsgleich überallhin folgen[132]. Sie ist nur möglich, weil der Inhalt des Eigentums in allen Gesellschaften, die den internationalen Privathandel gestatten, im wesentlichen gleich ist; Qualifikationskonflikte lassen sich so weithin vermeiden, und der Verkehr wird nicht durch „hinkende", d. h. nur in bestimmten Staaten anerkannte, Sachenrechtsverhältnisse belastet[133]. Lex rei sitae und Anerkennung der Sachenrechte als wohlerworbene Rechte sind so die Bauelemente einer internationalen, in sich weitgehend widerspruchslosen Sachenrechtsordnung; sie gewährleisten die Klarheit und Sicherheit der Güterzuordnung im internationalen Raum[134].

---

130 Diese Rolle kann der situs nur dann spielen, wenn man nach der Belegenheit der Sachen fragt – und nicht nach der Belegenheit des Eigentums. Zur Auffassung WENGLERS vgl. Die Belegenheit von Rechten.

131 NEUHAUS, Die Grundbegriffe 184 f., spricht hier von Universalität (als Gegensatz zur Territorialität im prozessualen Sinne). Zum Begriff der wohlerworbenen Rechte NEUHAUS 170 f.; KEGEL, Internationales Privatrecht 79.

132 Im Ergebnis werden also die Frage des Schutzes subjektiver Rechte und die Frage des Bestehens solcher Rechte kollisionsrechtlich verschieden behandelt: „Der Schutz der Rechte mag in seiner Ausgestaltung von Land zu Land verschieden sein. Aber das Bestehen des Eigentums ... wird unabhängig vom Ort der jeweiligen Verletzung oder Rechtsverfolgung und überhaupt unabhängig vom Anlaß der Prüfung stets nach demselben Recht beurteilt", NEUHAUS, Freiheit und Gleichheit 192.

133 NEUHAUS, aaO.

134 Die Grenze ist der internationale sachenrechtliche ordre public, wie er durch die Grundsätze des Typenzwangs und der Publizität definiert wird. So bleibt ein Eigentumsvorbehalt nach deutschem Recht beim Grenzübertritt nach Frankreich nicht erhalten,

Das Patentrecht ist in allen Ländern verschieden ausgestaltet. Außerdem wird es gerade nicht als wohlerworbenes Recht angesehen: Ein deutsches Patent hat im Ausland jedenfalls keine primären Wirkungen, gewährt seinem Inhaber dort keine Verbietungsrechte. Der Gedanke einer Erleichterung des Statutenwechsels zum Zwecke der Mobilisierung der Rechte als Gegenstand des internationalen Austauschs kann für das Patentrecht also keine Rolle spielen. Wenn die Anknüpfung an die Belegenheit des Patents einen Sinn haben soll, muß sich mithin eine Analogie zum Immobiliareigentum finden lassen. Die Klarheit der innerstaatlich durch Typenzwang und Publizität verbürgten Rechtsverhältnisse an den Rechtsgegenständen, die im Immobiliarsachenrecht die lex rei sitae rechtfertigt, kann indessen nicht die Grundlage des Analogieschlusses sein. Denn im Patentrecht gibt es weder eine Publizität der dinglichen Rechtsverhältnisse noch einen wirklichen Typenzwang.

Die Überzeugungskraft der Anknüpfung an den situs scheint somit an die strukturellen Besonderheiten des Sachenrechts gebunden zu sein. Bevor wir ihre analoge Anwendung auf das Patentrecht verfehlt nennen, wollen wir indessen noch ihre Leistungsfähigkeit im entscheidenden Bezugsrahmen des Patentrechts: im wettbewerbsrechtlichen, untersuchen. Nehmen wir zwei hypothetische Beispiele.

1. Gesetzt, Koppelungsbindungen (tying clauses), die in Deutschland bloß obligatorische Lizenzbeschränkungen sind, gälten im Lande X als dem Patentrecht innewohnende Beschränkungen und könnten dort mit „dinglicher" Wirkung vereinbart werden. Der Inhaber eines ausländischen Patents verpflichte den deutschen Lizenznehmer mit „dinglicher Wirkung", bestimmtes Zubehör nur von ihm zu beziehen, und dadurch werde der Wettbewerb im Geltungsbereich des GWB fühlbar und „konkret" beeinträchtigt[135].

2. Eine Lizenz über ein Patent des Landes X enthalte eine territoriale Lizenzbeschränkung, die in X nur mit schuldrechtlicher Wirkung vereinbart werden kann, in Deutschland dagegen mit dinglicher Wirkung. Nehmen wir an, durch die Lizenzbeschränkung werde der Export der patentgeschützten Erzeugnisse von X nach Deutschland behindert, und der Wettbewerb in Deutschland leide darunter nicht nur unwesentlich[136].

Gälte die lex rei sitae wie im Sachenrecht, so müßte die Lizenzbeschränkung im ersten Beispiel als „dingliche", im zweiten Beispiel als bloß schuldrechtliche angesehen werden. Da § 20 die Unterscheidung dinglicher und schuldrecht-

---

da besitzlose Pfandrechte (warrants) dort in ein Register eingetragen werden müssen. Vgl. Trib. civ. Strasbourg, Rev. crit. dr. int. privé 1959, 95; dazu KEGEL 285.

[135] Zur Anwendbarkeit des § 20 GWB auf solche Fälle SCHWARTZ, Deutsches Internationales Kartellrecht (1968) 82.

[136] Es dürfte nach h. M. allerdings am Erfordernis der Inlandsbezogenheit der Wettbewerbsbeschränkungen fehlen; vgl. SCHWARTZ 76, 91, aber auch REHBINDER, Extraterritoriale Wirkungen des deutschen Kartellrechts (1965) 223–224. Als Hypothese gelte, daß § 20 einschlage.

licher Beschränkungen nach ganz h. M. für entscheidend ansieht, sollte man folgern, daß die Koppelungsklausel im ersten Beispiel dem Zugriff des Kartellrechts entzogen, die örtliche Lizenzbeschränkung im zweiten Beispiel ihm dagegen ausgesetzt sei.

Dem entspricht die Entscheidungspraxis des BGH und des BKartA aber nicht. Wenn einmal die Schwelle des § 20 Abs. 2 Nr. 5[137] GWB überschritten ist, wendet die Praxis § 20 Abs. 1 GWB an. Auch für die Wirksamkeit von Lizenzverträgen über ausländische Patente kommt es somit darauf an, ob der Inhalt des Schutzrechts überschritten wird oder nicht. Dieser wird in § 20 aber nicht durch Verweisung auf die lex rei sitae bestimmt, sondern durch Rückgriff auf die für das deutsche Patentrecht entwickelte Lizenztypologie[138, 139].

Dies ist eine durchaus unbefriedigende Lösung. Die Privilegierung wettbewerbsbeschränkender Klauseln in Lizenzverträgen über ausländische Patente läßt sich nicht pauschal mit immaterialgüterrechtlichen Erwägungen – von der Vorstellung immanenter Wettbewerbsbeschränkungen her – legitimieren, wenn man das Patentrecht nicht doch entgegen dem Territorialitätsgrundsatz als wohlerworbenes Privatrecht ansehen will. Die Immunisierung bestimmter Wettbewerbsbeschränkungen im Zusammenhang mit der Lizenzvergabe erhöht den einzelwirtschaftlichen Wert der Patente und damit – jedenfalls einzelwirtschaftlich gesehen – die Anreizwirkung des Patentsystems. Dieser Gesichtspunkt ist bei ausländischen Patenten unbeachtlich: Wir haben keinen Anlaß, uns um die Anreizwirkung ausländischer Patentsysteme zu kümmern und ihretwillen Beschränkungen unseres Wettbewerbs in Kauf zu nehmen. Bei Lizenzen über ausländische Patente geht es für das Wettbewerbsrecht allein darum, in geeigneten Fällen so attraktive Lizenzbedingungen zu ermöglichen, daß es zur Lizenzvergabe an Inländer überhaupt erst kommt. Diese Entscheidung erfordert aber wesentlich differenziertere Überlegungen, als sie § 20 GWB zuläßt.

---

[137] § 20 II Nr. 5 soll nach SCHWARTZ gleichbedeutend mit § 98 II GWB sein, 76–77; vgl. aber auch REHBINDER 209, und BARUCH, Zum Anwendungsbereich des GWB: WuW 1961, 530.

[138] Fälle, die wie unsere beiden Beispiele das kollisionsrechtliche Qualifikationsproblem der Lizenzbeschränkungen aufgeworfen hätten, wurden, soweit ersichtlich, in der Bundesrepublik noch nicht entschieden. In BGH LM Nr. 6 zu § 20 GWB – Fischbearbeitungsmaschine hatte der ausländische Patentinhaber dem Lizenznehmer aufgegeben, die Herstellung bestimmter patentgeschützter Gegenstände nach Vertragsende innerhalb des Geltungsbereichs des GWB einzustellen. Da der Patentinhaber kein deutsches Parallelpatent besaß, folgerte der BGH, die Beschränkung gehe klar über den Inhalt seines Schutzrechts hinaus. – Die Frage wird auch in der Literatur, soweit ich sehe, nicht erörtert.

[139] Für die wettbewerbsrechtliche Privilegierung von Lizenzen über ausländische Patente ist somit entscheidend, ob die in ihnen enthaltenen Wettbewerbsbeschränkungen dann mit dinglicher Wirkung hätten vereinbart werden können, wenn es sich um *deutsche* Patente gehandelt hätte.

§ 20 Abs. 2 Nr. 5 GWB wurde eingefügt, um deutschen Interessenten den Erwerb ausländischer Lizenzen zu ermöglichen[140]. SCHWARTZ[141] weist richtig darauf hin, daß diese Ausnahmevorschrift dazu nicht stets ausreiche. Im Einzelfall könne es geboten sein, dem Lizenzgeber weitergehende Bindungen zu gestatten als dem inländischen Lizenzgeber. Das ist richtig; aber in vielen Fällen sind auch die Wettbewerbsbeschränkungen, die § 20 gestattet, mehr als nötig wäre, um den ausländischen Patentinhaber zur Lizenzvergabe zu veranlassen. Die h. L. behandelt insoweit ausländische Patente halbherzig so, als wären sie doch wohlerworbene Privatrechte, und die Wettbewerbsordnung, als wäre sie die „sachenrechtliche Ordnung" des Zivilrechts, in die sie sich einzufügen hätten. Betrachtet man das Patentrecht dagegen als Teil des Wettbewerbsrechts, so wird klar, daß Lizenzen über Auslandspatente und Lizenzen über Inlandspatente zwei völlig verschiedene Ordnungsmaterien sind.

§ 20 sollte deshalb auf Lizenzen über ausländische Patente gar nicht angewendet werden[142]. Noch unbefriedigender als die h. L. wäre es freilich, wenn die lex rei sitae über die Zulässigkeit wettbewerbsbeschränkender Lizenzbestimmungen entscheiden könnte und Lizenzpositionen damit nicht nur halbherzig, wie nach herrschender Lehre im Rahmen des § 20 GWB, sondern vollständig wie wohlerworbene Privatrechte behandelt würden. Die herrschende Praxis zeigt immerhin, daß sich der Schutzinhalt der ausländischen Patente nicht aus der Anwendung einer allseitigen privatrechtlichen Kollisionsnorm – welche die Anknüpfung an die Belegenheit der Patente vorschriebe – ergibt, sondern aus der Auslegung des nationalen Wettbewerbsrechts, das als loi politique nicht kraft kollisionsrechtlicher Berufenheit[143], sondern unmittelbar kraft seines eigenen Geltungsanspruchs[144] angewendet wird.

Die kollisionsrechtliche Analogie zum Sachenrecht verschleiert mithin bloß die entscheidende wettbewerbsrechtliche Problematik. Tragender Grund des Territorialitätsgrundsatzes ist nicht die Sachnähe der lex rei sitae, sondern der rein wirtschaftsrechtliche Gesichtspunkt, daß das Wettbewerbsrecht im weiteren Sinne, zu dem auch das Patentrecht gehört, sich nur um die Aufrecht-

---

[140] Nachweis bei SCHWARTZ 88, N. 32.

[141] AaO.

[142] So auch GLEISS/HOOTZ, BKA ändert Verwaltungspraxis zu Lizenzverträgen über Auslandspatente: BB 1962, 1060, die aber mit umgekehrter Tendenz solche Lizenzverträge noch weitergehend immunisieren wollen.

Ausführlich zur Vorgeschichte des § 20 GWB, soweit sie die Behandlung von Lizenzen über Auslandspatente betrifft, REHBINDER 211.

[143] Vgl. allerdings SCHWARTZ, der § 98 II und § 20 II Nr. 5 GWB als Kollisionsnormen betrachtet, 27, 77, 94 f. und KEGEL 467. Es ist eine rein terminologische Frage, ob man „einseitige Kollisionsnormen" überhaupt als Kollisionsnormen oder aber als sachrechtliche Umschreibungen des Geltungsbereichs ansehen will. Zum Begriff der einseitigen Kollisionsnorm KEGEL 104, auf den sich SCHWARTZ beruft.

[144] FRANCESKAKIS, Lois d'application immédiate et règles de conflit: Rivista di diritto internazionale 1967, 691 ff.

erhaltung des funktionsfähigen Wettbewerbs im deutschen Wirtschaftsgebiet kümmert[145].

Die zweite, ebenfalls häufig vorgetragene Begründung für das Territorialitätsprinzip, daß es sich bei der Erteilung des Patents um einen staatlichen Hoheitsakt handele, kommt der Sache deshalb näher als die Lehre von der lex rei sitae. Freilich ist es nicht richtig, daß Äußerungen der staatlichen Hoheitsgewalt stets nur territoriale Wirkung hätten. Der Zuschlag in der Zwangsversteigerung ist auch ein Hoheitsakt und doch dürfte in aller Regel dieser Eigentumstitel auch im Ausland anerkannt werden. Entsprechendes gilt für die staatliche Eheschließung. Der Territorialitätsgrundsatz hat sich mit einiger Festigkeit allein bei rechtsverkürzenden Hoheitsakten, vor allem bei der Enteignung durchgesetzt[146]. Das deutsche Patentrecht könnte theoretisch einem Patent durchaus auch im Ausland Wirkungen beimessen[147]. Eine ganz andere Frage ist, ob diese Wirkung auch gegenüber Ausländern gerichtlich durchzusetzen wäre. Der Grundsatz der Territorialität der Gesetzgebung und der Hoheitsakte ist völkerrechtlich jedenfalls noch keineswegs abgesichert. Amerikanische Gerichte haben wiederholt Auslandssachverhalte, die nur einen minimalen Inlandskontakt aufwiesen, der Antitrustgesetzgebung unterworfen[148].

Da mithin weder privatrechtliche Ordnungsgesichtspunkte noch das positive Wettbewerbsrecht der Bundesrepublik für die Anwendung der lex rei sitae sprechen, braucht man sich auch aus kollisionsrechtlichen Gründen nicht die Mühe zu machen, schuldrechtlich wirkende und dingliche Lizenzbestimmungen voneinander zu unterscheiden. Der Dreischritt bei der Bestimmung der Lizenzwirkungen: Bestimmung des Schuldstatuts, Bestimmung der lex rei sitae und, drittens, Bestimmung der Reichweite des nationalen Wettbewerbsrechts, verkürzt sich so zu einem Zweischritt; es ist nur zu prüfen, wieweit der insgesamt der Parteiautonomie zu unterstellende Lizenzvertrag durch das Pa-

---

[145] Das kommt in § 98 II GWB zum Ausdruck. Eine „Überwindung" des patentrechtlichen Territorialitätsprinzips, die nicht von einer Integration der nationalen Märkte und einer einheitlichen Marktpolitik begleitet wäre – wie sie NEUHAUS, Freiheit und Gleichheit, passim, aus Respekt vor dem geistigen Eigentum fordert – erscheint deshalb verfehlt.

[146] Vgl. etwa KEGEL 442 f. Aus völkerrechtlicher Sicht vgl. SCHLOCHAUER, Die extraterritoriale Wirkung von Hoheitsakten (1962) passim m. w. N.; REHBINDER, passim. Eine gesicherte Ausnahme vom Territorialprinzip ist etwa das strafrechtliche Personalprinzip (vgl. § 3 StGB). Vgl. die Rechtssache „Lotus", die 1927 vom Ständigen Internationalen Gerichtshof entschieden worden ist, P. C. I. J. Ser. A, No 10.

[147] Im internationalen Recht des unlauteren Wettbewerbs wird darauf abgestellt, ob in der Bundesrepublik „wettbewerbliche Interessen der Mitbewerber aufeinanderstoßen", BGHZ 35, 329, 334. Vgl. dazu und zum Wettbewerb Deutscher im Ausland KEGEL, 269, und vor allem NUSSBAUM, Deutsches internationales Privatrecht (1932) 339 f., ferner ULMER, 20 f. m. w. N.

[148] *U. S. v. Aluminium Co. of America (ALCOA)*, 148, F2d 416 (App. 2d Cir.); weitere Nachweise bei STEINER/VAGTS, Transnational Legal Problems (1968) 913 ff. § 98 II beruht weitgehend auf amerikanischen Vorbildern.

tentwettbewerbsrecht[149] betroffen ist. Es ist dabei eine rein wettbewerbsrechtlich zu entscheidende Frage, ob im Inland auch tatsächlich durchgeführte Lizenzverträge anerkannt werden sollten, die in dem Staat, der das Patent erteilt hat – etwa mangels Eintragung im Register – wirkungslos sind[150].

Der Rückgriff auf das Recht des Patenterteilerstaats ist bei Auslandspatenten nur dann erforderlich, wenn im Inland über Folgen einer Patentverletzung entschieden[151] werden soll. Hier handelt es sich dann aber nicht um die Anwendung einer lex rei sitae[152], ja überhaupt nicht um ein Problem des internationalen Privatrechts[153]. Das deutsche Gericht beurteilt den Verletzungssachverhalt in toto nach dem Recht des Patenterteilerstaats, ohne etwa, wie im internationalen Privatrecht üblich, nach der lex fori das Qualifikationsproblem[154] aufzuwerfen, ob es sich überhaupt um einen deliktischen Sachverhalt – und nicht etwa um einen schuldrechtlichen – handelt. Abweichend vom internationalen Privatrecht würde das Recht des Patenterteilerstaates außer-

---

[149] Das hier sog. Patentwettbewerbsrecht umfaßt auch die Fragen der Übertragung, Teilübertragung und Lizenzierung, die ULMER in seinem Formulierungsvorschlag (111) dem Recht des Schutzlandes unterwerfen will. Nach der hier vertretenen Auffassung handelt es sich hier jedoch um Fragen, die von vornherein keinen speziell immaterialgüterrechtlichen Gehalt, sondern ausschließlich einen wettbewerbsrechtlichen Bezug haben. Dem internationalen Kartellrecht entsprechend geht es hier demnach m. E. nicht um die Schaffung allseitiger Kollisionsnormen des internationalen Privatrechts, wie sie von ULMER vorgeschlagen werden (und zu denen nach der Auffassung von DROBNIG und NEUHAUS das internationale „Immaterialgüterrecht" fortentwickelt werden sollte), sondern um die Abgrenzung des räumlichen Geltungsbereichs des nationalen oder auch supranationalen Wirtschaftsordnungsrechts.

[150] Vom Boden eines internationalen Privatrechts der Immaterialgüter, wie es ULMER, 111, vorschlägt (Schutzland bestimmt über Registrierungspflichtigkeit der Lizenz), aus kommt man zu einer weitergehenden Berücksichtigung ausländischen Rechts, als sie die innerstaatliche Wettbewerbsordnung erfordert.

[151] Nach h. L. sind deutsche Gerichte befugt, über solche Ansprüche zu entscheiden. Vgl. HUBMANN, Gewerblicher Rechtsschutz und Urheberrecht, 64; LICHTENSTEIN, Der gewerblicher Rechtsschutz im IPR: NJW 1964, 1208, 1211; RIEZLER 86; REIMER, Patentgesetz und Gebrauchsmustergesetz, 265; NIRK 224 f. Vgl. auch OLG Düsseldorf, GRUR/Int. 1958, 430; GRUR/Int. 1968, 100.

[152] Insoweit unpräzis LICHTENSTEIN, aaO.

[153] Wohl aber kann man von privatrechtlichen Reflexwirkungen ausländischen öffentlichen Rechts sprechen; vgl. NIRK, aaO.

Im allgemeinen wird allerdings die Anknüpfung der Patentverletzungsansprüche als internationalprivatrechtliches Problem behandelt, das nach einem durch das Territorialitätsprinzip modifizierten Deliktsstatut behandelt wird. Ausführlich MARTINY, Verletzung von Immaterialgüterrechten im IPR: RabelsZ 40 (1976) 218 ff. ULMERS Vorschlag, 111, (Art. K I b) würde insoweit lediglich die bestehende Rechtslage festschreiben (Recht des Schutzlandes soll über Ansprüche bestimmen, die ein Lizenznehmer im Falle der Verletzung seiner Berechtigung geltend machen kann); dasselbe gilt für Art. H (Wirkung des gewerblichen Schutzrechts bestimmt sich nach Recht des Schutzlands); „Wirkung" i. S. des Vorschlags sind auch Ansprüche, die im Falle von Eingriffshandlungen geltend gemacht werden können, ULMER 76.

[154] Allgemein zum Qualifikationsstatut KEGEL 114 ff.

dem etwa auch dann angewendet, wenn Patentinhaber und Verletzer dieselbe Staatsangehörigkeit besäßen[155]. Wenn es sekundäre Ansprüche aus ausländischen Patenten durchsetzt, verwirklicht das deutsche Gericht mithin nicht deutschrechtliche Vorstellungen von internationalprivatrechtlicher Gerechtigkeit, sondern es macht sich pauschal zum Substituten der ausländischen Gerichte. Ob es das tun sollte, ist allein eine Frage wettbewerbspolitischer und vielleicht auch außenpolitischer Opportunität; das deutsche Gericht kann sich etwa von der Hoffnung auf Gegenseitigkeit leiten lassen, wenn es nach dem Recht eines Landes deliktisch entstandene Ansprüche an sich regelwidrig[156] pauschal als wohlerworbene Rechte anerkennt. Das Problem stellt sich nicht grundsätzlich anders als bei zivilrechtlichen Sanktionen von Kartellrechtsverstößen, etwa bei den treble damage suits des amerikanischen Antitrustrechts.

IV. Das Patentsystem als Teil des Wettbewerbsrechts im weiteren Sinne

Die Einsicht, daß das Patent- und Geheimnisrecht nicht Teil des privaten statischen Güterzuordnungsrechts, sondern ein Instrument staatlicher Wettbewerbs- und Technologiepolitik ist, erfordert eine Umstellung der juristischen Argumentatorik bei der wettbewerbsrechtlichen Bewertung seiner Wirkungen. Es handelt sich nicht mehr darum, einen nach eigenständig privatrechtlichen Kriterien zu bemessenden Schutzbereich der Wissensmonopole gegenüber einem von außen eingreifenden wirtschaftlichen Ordnungsrecht abzugrenzen, sondern darum, zwei regelungstechnisch höchst verschiedene, aber demselben Ordnungsziel – der Aufrechterhaltung funktionsfähigen Wettbewerbs – dienende Rechtsinstitute nach Möglichkeit konfliktfrei miteinander zu verbinden. Solange das Patent- und Geheimnisrecht formal als Sonderrechtsgebiete erhalten bleiben, setzen allerdings Gesichtspunkte der Effektivität des vom Gesetzgeber einmal gewählten Regelungstypus, der Rechtssicherheit und der Rechtsdurchsetzungskosten einer Auflösung des Patentsystems im Wettbewerbsrecht (im engeren, herkömmlichen Sinne) gewisse Schranken.

Wenn auf dem Boden eines gewandelten Wettbewerbsverständnisses ein Neuansatz für die Bewertung der patentrechtlichen Ausschlußmacht und der Patentverwertungsverträge gefunden werden soll, muß man sich deshalb zu-

[155] Im allgemeinen IPR des Deliktsrechts wendet man sonst häufig das gemeinsame Personalstatut der Parteien an; vgl. KEGEL 271 ff.; speziell zum Wettbewerbsrecht, 269, und BGHZ 40, 391.

[156] Ausländisches Kartellrecht wird praktisch nie und nirgends angewandt. Vgl. KEGEL, 462 f., und SCHWARTZ 221 f. mit w. N. SCHWARTZ befürwortet weitgehend die Schaffung kartellprivatrechtlicher Kollisionsnormen und die Anwendung auch ausländischen Kartellrechts. Eine solche hält auch KEGEL, aaO, für möglich.

nächst über die Grenzen verständigen, jenseits derer eine wettbewerbspolitische Problematisierung des patentrechtlichen Schematismus unzulässig sein soll. Diese Frage kann uns die Wettbewerbstheorie nicht beantworten: Denn der Schematismus des Patent- oder Geheimnisschutzes ist wettbewerbstheoretisch gerade nicht mehr begründbar. Wenn wir mit dem positiven Patentrecht einstweilen weiterleben wollen, müssen bestimmte dogmatische Prämissen des Patentsystems der Diskussion entzogen bleiben. Das wichtigste Dogma, das unangetastet bleiben muß, ist, daß das Patentmonopol eine Belastung für den Wettbewerb darstellt, die nur hingenommen werden kann, wenn eine technisch wertvolle Erfindung vorliegt. Die dynamische Theorie des optimalen Wettbewerbs stellt – wie wir sahen – die Allgemeingültigkeit dieses Satzes in Frage. Ebenso wie ein durch exzessive Werbungsaufwendungen erzielter, sozial an sich ganz nutzloser, zeitweiliger Vorsprung eines Marktteilnehmers im Einzelfall wohltuend sein, etwa auf einem erstarrten eng oligopolistischen Markt die Preisfront in Bewegung bringen kann, könnte gelegentlich auch ein zu Unrecht erteiltes Patent Nutzen stiften. Das Patentrecht kann sich, wenn es justitiabel bleiben will, gegen diese Einsicht nur sperren. Der Rechtsanwender muß – gegen sein besseres Wissen – so tun, als wäre die statische Wettbewerbstheorie das letzte Wort der Wissenschaft. Daraus folgt, daß alle Versuche, den zeitlichen[157] oder gegenständlichen Schutzbereich der Patente durch Manipulationen auszuweiten, per se unzulässig sind. Entsprechend muß die Lizenzvergabe per se als ein Gut angesehen werden, da sie die durch das Patentmonopol geschaffene Wettbewerbsbelastung mildert – auch dies ein Satz, der, wie wir sahen, nicht mehr pauschal richtig ist.

Jenseits dieses „hard core" (TURNER) dogmatisierter Topoi dürfte es möglich sein, die bisher verwendete immaterialgüterrechtliche Argumentation durch wettbewerbsrechtliche Begründungszusammenhänge zu ersetzen, die den jeweiligen Stand der Wettbewerbstheorie vollständiger rezipieren. Beispielsweise ist es sinnvoll und geboten, den wettbewerblichen Schutzbereich des Patents nach dem wirtschaftlichen Wert der ihm zugrundeliegenden Erfindung zu bemessen, insoweit also den Schematismus des Patentsystems zu durchstoßen. Die Zwangslizenz wird man nicht, wie es in der Konsequenz der statischen Wettbewerbsbetrachtung lag, generell, gleichsam als ein Institut des Patentrechts, sondern nur in bestimmten Wettbewerbskonstellationen fordern, etwa dann, wenn der Patentinhaber eine Lizenz bereits erteilt hat. Bestimmte Lizenzbeschränkungen, vielleicht Preisstellungsklauseln, dürften sich per se als schutzunwürdig erweisen, andere, wie etwa territoriale oder Gebrauchsbeschränkungen, wohl nur in bestimmten Situationen. Differenzierte Lösungen werden auch für die Beurteilung der verschiedenen Modalitäten der Lizenz-

---

[157] Zu den Möglichkeiten, die das deutsche und das europäische Patentrecht hierfür bieten, neuerdings GREIF, Die zeitliche Begrenzung des Patentmonopols und ihre Umgehung: WuW 1974, 303 ff.

gebührenfestsetzung erforderlich sein. Hier konkrete Ergebnisse zu entwickeln, kann nicht Aufgabe dieser Arbeit sein.

Eine Rezeption der in den USA entwickelten unitary theory des Patentwettbewerbsrechts in diesen Bahnen ist weitgehend bereits im Rahmen des geltenden Rechts (§ 20 GWB) möglich, wenn das Gesetz gegen Wettbewerbsbeschränkungen als „Grundgesetz der Wirtschaft“ mit der nötigen Flexibilität interpretiert und nicht auf wissenschaftlich überholte Theorien des Wettbewerbs und des Patentschutzes festgelegt wird[158]. Offene und zwanglose Begründungen werden allerdings erst möglich sein, wenn ein neuer § 20 geschaffen ist, der die dem bisherigen Recht zugrundeliegende Antinomie von „Innen“ und „Außen“ beseitigt.

V. Folgerungen für das Geheimnisrecht

Die „unitary theory“ gilt ebenso wie für das Patentrecht auch für das Geheimnisrecht; auch es ist – jedenfalls in dem regelungstypischen Falle des im Betrieb erarbeiteten Geheimwissens – ein Teil des Wettbewerbsrechts im weiteren Sinne. Ein erster Schritt der Rechtsfortbildung hätte darin zu bestehen, innerhalb derselben Grenzen wie beim Patentrecht Lizenzverträge über das geschützte[159] und damit einzelwirtschaftlich zugeordnete Wissen nach fallbezogenen wettbewerbsrechtlichen Kriterien zu beurteilen. Dieser Schritt wird um so leichter fallen, als die Unterscheidung von „Innen“ und „Außen“, die § 20 GWB zugrundeliegt, hier überwiegend nicht, wie im Patentrecht, durch offen immaterialgüterrechtliche Begründungen abgestützt wird. Die ganz h. L. nennt die Wissenskategorien des § 21 bekanntlich bloß faktische Vermögenspositionen. Bei „gesetzlich nicht geschütztem“ Wissen kann aber nicht von einem „Inhalt des Schutzrechts“ die Rede sein, und entsprechend wird die Übertragung der patentrechtlichen Lizenztypologie mit ihrer Scheidung von bloß obligatorischen und dinglichen Wirkungen fast allgemein abgelehnt.

Bei der bloßen Gleichbehandlung von Patent- und Geheimnislizenzen wird man aber nicht stehenbleiben. Das geschützte Geheimnis verdient nicht das gleiche Maß wettbewerbsrechtlicher Anerkennung wie das Patent. Das Geheimnisrecht verzerrt die Allokation des Wissens stärker als das Patentrecht; dieses ermöglicht immerhin die nichtkommerzielle Verwertung der Erfindungen, vor allem ihre Verwertung im Prozeß der Forschung und Entwicklung. Die daraus sich ergebende technologische Inseminationswirkung fehlt dem geheimen Wissen. Wenn, wie sich uns bestätigt hat, keine individualrechtlichen Gesichtspunkte für die juristische Überhöhung des Betriebsgeheimnisses

[158] Dazu ausführlich Walz 238 ff.

[159] § 21 GWB spricht zu Unrecht von „gesetzlich nicht geschütztem“ Wissen.

[160] Vgl. etwa Kaufer 189 ff.

zum Privatpatent sprechen, liegt nichts näher, als das Betriebsgeheimnis wettbewerbsrechtlich jedenfalls dann zu diskriminieren, wenn eine nicht a limine aussichtslose Anmeldung zum Schutzrecht unterlassen worden ist. Wettbewerbsrechtlich ließe sich das in die Vermutung kleiden, daß eine potentiell patentfähige Erfindung, die nicht angemeldet worden ist, eine so triviale Bereicherung der Technik darstellt, daß sich hinter Lizenzbeschränkungen hinsichtlich der Art oder des Gebiets der Nutzung oder hinter einer Preisstellungsklausel für den geschützten Gegenstand ein Versuch der Marktsegmentierung bzw. der Kartellierung und nicht die legitime Realisierung des wettbewerblichen Werts des Geheimwissens verbirgt. Wenn auf diese Weise erreicht würde, daß mehr patentfähige Erfindungen zum Patent angemeldet würden, wäre zugleich ein weiterer Erfolg gewährleistet. Die geschützten Technologien würden in rechtlich vertypte Einzelbestandteile – Patente, Gebrauchsmuster, usw. – zerlegt. Damit würde dem Eigentümer solcher Technologien zugleich das „Paketprivileg" genommen, das er hat, solange die Technologie geheimgehalten werden kann. Bei Know-how-Lizenzen ist praktisch kaum nachzuprüfen, ob Gegenstand der Lizenz nur eine die Technik bereichernde Leistung ist oder ein ganzes Paket solcher Leistungen; der Geheimnisinhaber kann sich somit den wettbewerbsrechtlichen Einschränkungen entziehen, die für patentrechtliche Paketlizenzen (package licenses) entwickelt worden sind[160].

Schließlich ergeben sich aus der Einordnung des Geheimnisrechts in das Wettbewerbsrecht aber auch neue Maßstäbe für das Recht zur Konstituierung geschützter Geheimnisse. Da Patentrecht und Geheimnisrecht systematisch an denselben Ort gehören, nämlich ins Wettbewerbsrecht, das Geheimnisrecht jedoch von geringerer wettbewerbspolitischer Dignität ist als das Patentrecht, kann die Wahl zwischen Geheimnisschutz und Patentschutz den Unternehmen nicht wie bisher im Rahmen des § 17 ANErfG praktisch schrankenlos offengestellt werden. § 17 ANErfG ist überhaupt nicht mehr bloß als Ausgleich privater Interessen – des unternehmerischen Gewinninteresses einerseits und der Erfinderinteressen andererseits – zu begreifen. Wann die „Belange des Betriebs" die Geheimhaltung einer schutzwürdigen Erfindung erfordern, kann nicht mehr bloß von einem Vergleich alternativer einzelwirtschaftlicher Ertragsentwicklungen abhängig gemacht werden, sondern ist nach wettbewerbs- und technologiepolitischen Gesichtspunkten zu entscheiden. Dabei ist ein strenger Maßstab anzulegen. Die Belange des Betriebs – richtig müßte es freilich nicht „Betrieb" sondern „Unternehmen" heißen[161] –, wären etwa dann berechtigt, wenn die vorzeitige Veröffentlichung von Einzelergebnissen eines kostspieligen und langwierigen Forschungsprogramms ein mittelständisches Unternehmen der vernichtenden Forschungskonkurrenz eines ausländischen oder

---

[161] Der „Betrieb" wird herkömmlich als Gegenstand der Sozialpolitik, das „Unternehmen" als Gegenstand der Wirtschaftspolitik dargestellt. Vgl. dazu die Kritik von Th. Raiser, Das Unternehmen als Organisation (1969) 124 m. w. N.

eines an Kapitalkraft und Marktstellung weit überlegenen inländischen Unternehmens aussetzen würde.

Umgekehrt dürfte die Berechtigung der unternehmerischen Belange dann eindeutig zu verneinen sein, wenn eine Erfindung nicht Teil einer für die Konkurrenzfähigkeit der nationalen Industrie oder für die Funktionsfähigkeit des inländischen Wettbewerbs wichtigen Strategie der Vorbereitungskonkurrenz, sondern das nebenbei anfallende Produkt des „learning by doing" in einer technologisch reifen und durch polypolistische Markstruktur gekennzeichneten Industrie ist. Unschwer lassen sich einige Gesichtspunkte finden, die für die Berechtigung der Geheimhaltung schutzfähiger Erfindungen eine Rolle spielen, etwa:

Die *Struktur* einer Industrie und der Märkte, auf denen sie ihre Produkte anbietet. In einem engen Oligopol ohne wesentlichen Preiswettbewerb und mit nur trägem Forschungswettbewerb kann die Verlängerung der reaktionsfreien Zeit durch Geheimhaltung von Erfindungen die Intensität der Forschungskonkurrenz beleben und dadurch langfristig auch Preiswettbewerb auslösen. In einem funktionsfähigen Polypol mit intaktem Preiswettbewerb wird dagegen der Aktionsparameter der Forschung und Entwicklung in der Regel wettbewerblich eine untergeordnete Rolle spielen; die durch eine Patentanmeldung erreichte Verbesserung der Wissensallokation und Verkürzung der reaktionsfreien Zeit kann jedoch zur Erhaltung eines leistungsfähigen strukturellen Gleichgewichts beitragen.

Der *technologische Reifegrad* einer Industrie. Er entscheidet über die Rolle, die der Forschungswettbewerb überhaupt spielen kann. In technologisch reifen Industrien mit geringer Innovationstätigkeit führt der Geheimnisschutz zwar nicht zu einer relevanten Intensivierung der technologischen Konkurrenz; durch substitutive Forschung ließen sich kaum mehr neue Lösungen erfinden. Unter dem Gesichtspunkt des Forschungswettbewerbs wären Geheimnisschutz und Patentschutz also weitgehend gleichwertig. Für die Anmeldung der Erfindung zum Patent spricht aber, daß die Offenlegung des Wissens zur Herstellung eines transparenten Marktes für neue Technologien führt und damit die Verbreitung des gerade in technologisch ausgereiften Industrien für die Ertragslage und die internationale Konkurrenzfähigkeit wichtigen neuesten Standes der Technik fördern kann.

Der *Empiriegrad der Forschung*. In Industrien, deren technischer Fortschritt weniger durch die planmäßige Forschung und Umsetzung der Forschungsergebnisse in produktionsreife Technologien, sondern durch mehr oder weniger blindes „trial and error" zustandekommt, hat die Veröffentlichung der Erfindung in einer Patentschrift kaum eine Inseminationswirkung; die Wettbewerbsintensität wird also von der Wahl zwischen Patent- und Geheimnisschutz kaum berührt. Hier spricht wiederum der Umstand, daß Schutzrechte Markt-

[162] Vgl. § 30 ANErfG.

transparenz schaffen und geordnete Lizenzbeziehungen ermöglichen, gegen die Geheimhaltung.

Die *internationale technologische Wettbewerbsfähigkeit* einer Industrie. Wenn eine inländische Industrie im Verhältnis zu ausländischen Industrien stark unter dem Druck durch technologische Rückständigkeit bedingter hoher Produktionskosten leidet, kann unter Umständen der Geheimnisschutz am Platze sein, weil er den ausländischen technologischen Substitutionswettbewerb aufhält. Im Einzelfall kann auch einmal die Geheimhaltung wirtschaftlich wenig wertvoller Erfindungen gerechtfertigt sein, wenn es dem Unternehmen nicht zuzumuten ist, zwecks Absicherung gegen Imitationen im Ausland die Kosten ausländischer Patentanmeldungen zu tragen.

Sicher führt die Berücksichtigung dieser wettbewerbspolitischen Gesichtspunkte zu recht komplizierten Entscheidungsanweisungen. Die als Instrument „sozialen" Ausgleiches konzipierten, mit Richtern und Technikern, allenfalls noch mit Arbeitgebern und Arbeitnehmern[162], besetzten Schiedsstellen sind damit vielleicht überfordert. Das sind sie aber sowieso: Die Problematik der „berechtigten Belange" wird objektiv auch dadurch nicht leichter, daß man sie als eine bloß „soziale Frage" mißversteht. Eine erhebliche Entscheidungshilfe stünde bereit, wenn man das in der bisherigen Praxis übliche Regel-Ausnahmeverhältnis umkehren würde: wenn also schutzfähige Erfindungen im Zweifel nicht geheimgehalten werden dürften.

ZWEITER ABSCHNITT

UMRISSE EINES RECHTSPOLITISCHEN LANGZEITPROGRAMMS

Die Rechtspolitik der Zukunft wird sich mit drei schwerwiegenden Mängeln des gegenwärtigen Patentsystems auseinanderzusetzen haben:

Erstens mit der unzulänglichen Überwachung des technologischen Austausches, vor allem in kartellrechtlicher Hinsicht. Da Wissen ein immaterieller Gegenstand ist, sind auch Austauschverträge über Wissen nicht so leicht an ihren Folgen zu erkennen wie Verträge über körperliche Güter oder physische Dienstleistungen.

Zweitens mit dem politischen Steuerungsdefizit hinsichtlich der Erzeugung, Verwertung und Verbreitung neuen Wissens, das der Schematismus des Patentsystems verursacht.

Drittens mit dem Allokationsdefizit, der vermeidbaren, „künstlichen" Verknappung und Verteuerung des Wissens, die den Kern des Patentsystems ausmachen.

I. Kurzfristig mögliche Reformen

1. Registerzwang für Lizenzverträge

Ein Mittel zur Erleichterung der Überwachung technologiebezogener Verträge, das jedenfalls für Patentlizenzen schon häufig gefordert[1] worden ist, wäre die Einführung einer Registrierungspflicht für Lizenzverträge aller Art. Die Eintragungspflicht sollte sich auch bei förmlichen Schutzrechten (Patenten und Gebrauchsmustern) nicht bloß auf die „dinglich" wirkenden Lizenzbestandteile erstrecken, sondern den gesamten Vertrag umfassen. Grundsätzlich sollte der Öffentlichkeit die Einsicht in die registrierten und hinterlegten Verträge gestattet sein. Sofern das Register beim Patentamt geführt würde, sollten die Anmeldungen automatisch auch dem Bundeskartellamt zur Überwachung zugeleitet werden.

Bei schutzrechtlosen Lizenzen (Know-how-Lizenzen) hätte die Offenlegung der Verträge zusätzlich die günstige Wirkung, daß Information über die Ver-

[1] Besonders nachdrücklich von Rasch, Der Lizenzvertrag in rechtsvergleichender Darstellung (1933) 60 f.

wertungsmöglichkeiten für Geheimwissen erzeugt würde. Der Markt für solches Wissen würde somit funktionsfähiger; es könnte vollständiger ausgenützt werden.

Schließlich würde die Publizität der Lizenzverträge zu einer Entschärfung mancher Individualkonflikte führen, für deren Lösung sich die Unterscheidung dinglicher und bloß schuldrechtlicher Lizenzbestandteile und der Typenzwang als ungeeignet erwiesen haben. Jedermann könnte sich durch Registereinsicht vergewissern, ob eine Lizenz Sukzessionsschutz genießt oder dem Lizenznehmer ein selbständiges Klagerecht gewährt[2].

2. *Einschränkung des Geheimnisschutzes für schutzrechtsfähige Erfindungen*

Ebenfalls und in erster Linie der Erleichterung der Überwachung von Lizenzbeziehungen, in zweiter Linie aber auch der Verbesserung der Wissensallokation würde es dienen, wenn der Geheimnisschutz für schutzrechtsfähige Erfindungen entfiele. Der relativ seltene Fall, daß der Erfinder zugleich wirtschaftlich als Verwerter der Erfindung auftritt, kann hierbei vernachlässigt werden. Es würde daher wohl ausreichen, wenn § 17 ANErfG beseitigt würde. Der wesentlich schwierigere Eingriff in die Arbeitsverträge des Erfinder-Unternehmers mit denjenigen Angestellten, denen er im Laufe der Verwertung der Erfindung diese nur mitgeteilt hat, wäre so entbehrlich. Um dem Unternehmer keinen Anreiz zu geben, seinen Arbeitnehmern das Recht auf Patentanmeldung „abzukaufen", sollten Verwertungsverträge über schutzrechtsfähige Erfindungen, deren Anmeldung unterlassen worden ist, unwirksam sein[3]. Unter Umständen könnte man in diesem Falle auch den Schutz nach § 17 UWG und die Wirksamkeit arbeitsvertraglicher Schweigepflichten und Verwertungsverbote einschränken.

Diese – mittelbar – zwangsweise Anmeldung aller schutzrechtsfähigen von Arbeitnehmern erarbeiteten und vom Arbeitgeber nicht freigegebenen Erfindungen braucht nicht stets auch deren zwangsweise Offenlegung zur Folge zu haben. In manchen Fällen, in denen nach geltendem Recht berechtigte Belange des Arbeitnehmers die Nichtanmeldung von Arbeitnehmererfindungen rechtfertigen können, sprechen wettbewerbs- und technologiepolitische Gründe für die Geheimhaltung der Erfindungen. Diese wäre auch im Rahmen eines Systems des Anmeldungszwangs möglich, wenn es künftig Geheimpatente nicht nur im öffentlichen[4], sondern auch im privaten Interesse gäbe. Anders

---

[2] Der Rat der OECD hat den Mitgliedstaaten jüngst die Registrierung wenigstens der internationalen Lizenzen empfohlen; vgl. Dok. C (73) 238 Final v. 22. 1. 1974; vgl. auch den Tätigkeitsbericht des BKA 1973, BT-Drucks. 7/2250, S. 20.

[3] Vgl. die Ansätze hierzu in den amerikanischen Entscheidungen *Lear* v. *Adkins* und *Painton v. Bourns* (oben S. 333 f.).

[4] Vgl. § 30 a – g PatG.

als im Rahmen des geltenden § 17 ANErfG brauchte man sich dann jeweils nicht nur zwischen „allem oder nichts" zu entscheiden. Die Offenlegung einer Erfindung könnte auch nur so lange aufgeschoben werden, wie es die – freilich nicht besitzindividualistisch, sondern technologie- und wettbewerbspolitisch verstandenen – berechtigten Belange des Unternehmens erfordern. Die Geheimhaltung einer angemeldeten Erfindung kann im Einzelfall auch dann geboten sein, wenn die Erfindung nicht sehr wertvoll ist, das Unternehmen jedoch ein schutzwürdiges Interesse daran hat, die Verwertung im Ausland zu verhindern, und wenn ihm nicht zuzumuten ist, die Kosten ausländischer Patentanmeldungen zu übernehmen.

3. Mitwirkung des Patentamts bei der Verbreitung neuer Technologien

Kurzfristig ließe sich einiges zur Verbesserung der Allokation des allgemein zugänglichen, insbesondere des in den Patentschriften offengelegten technischen Wissens unternehmen. Das Bundespatentamt könnte verpflichtet werden, gegen eine Verwaltungsgebühr jedem Interessenten auf Antrag ein Gutachten zum Stand der Technik auf einem bestimmten Gebiet abzugeben. Damit würde manche unnötige duplikative Forschungsarbeit vermieden. Vor allem technologisch schwächeren Unternehmen würde so die Konzentration ihrer Anstrengungen auf erfolgverheißende Projekte erleichtert. Zudem gewänne der Markt für Lizenzen an Transparenz. Ferner könnte das Bundespatentamt in regelmäßigen Abständen von sich aus Zusammenfassungen der für die einzelnen Industriezweige wichtigen neuen Technologien veröffentlichen. Auch wäre zu überlegen, ob das Patentamt – vielleicht im Einvernehmen mit dem Bundesministerium für Forschung und Technologie – ermächtigt werden sollte, aus seiner Kenntnis der Welttechnik heraus unverbindliche Innovationsempfehlungen auszusprechen. Damit ließe sich die Gefahr langfristiger Fehlplanungen, die vor allem im Hinblick auf die internationale Konkurrenz verhängnisvoll sein können, insbesondere in den aus mittleren und kleinen Unternehmen bestehenden Industrien vermeiden. Schließlich sollte das Patentamt seinen Informationsvorsprung dazu ausnützen, den Unternehmen geeignete Lizenzen zu vermitteln[5]. Alle diese Möglichkeiten gewinnen erheblich an Be-

---

[5] Beim Bundespatentamt werden zur Zeit erste Untersuchungen darüber angestellt, auf welche Weise der interessierten Öffentlichkeit die technische Information des DPA zur Verfügung gestellt werden kann. Vgl. BT-Drucks 7/1429; Bundesregierung zur Patent- und Lizenzpolitik: DB 1974, 568, 569.

In den USA liefert die Armed Services Technical Information Agency (ASTIA) auf Anfrage jedem interessierten Unternehmen für die Veröffentlichung freigegebene Forschungsberichte. Rödel, Forschungsprioritäten und technologische Entwicklung (1972) 150, berichtet, daß die Leistungen dieser Anstalt allerdings nur von etwa 1700 Unternehmen vornehmlich des militärischen Sektors in Anspruch genommen würden; nur sie seien informiert genug, um gezielt fragen zu können.

Eine weitere Verbreitung erreichen die vom Office of Technical Services des Departdeutung, wenn durch die Einschränkung des Geheimnisschutzes ein größerer Teil des Wissens beim Patentamt konzentriert wird.

4. Eine staatliche Technologiebank als Instrument der Wirtschaftspolitik

Zur Erweiterung des technologiepolitischen und wirtschaftspolitischen Steuerungspotentials der politischen Institutionen ist kurzfristig eine Reform der staatlichen Patentpolitik bei der öffentlichen Auftragsforschung und bei staatlich subventionierten Vorhaben das geeignetste Mittel. Hier fehlt der Raum, um die schwer zu überblickende Praxis der staatlichen Forschungsförderung im einzelnen darzustellen, zumal sie – vor allem gemessen an den amerikanischen Verhältnissen – noch an einem gewissen Publizitätsdefizit krankt.

Die Bundesregierung[6] hat ihre Patentpolitik inzwischen weitgehend an die von der amerikanischen Regierung[7] entwickelten Grundsätze angepaßt. Nach den vom Bundesminister für Forschung und Technologie veröffentlichten „Bewirtschaftungsgrundsätzen für Zuwendungen auf Kostenbasis an Unternehmen der gewerblichen Wirtschaft für Forschungs- und Entwicklungsvorhaben (BKFT 75)" werden in der Regel nur 50 Prozent der Gesamtaufwendungen für geförderte Vorhaben von der öffentlichen Hand getragen. Diese Zuwendungen werden anders als die Aufwendungen des Bundesverteidigungsministers oder des Bundesinnenministers oder die Zuwendungen des Bundesministers für Wirtschaft für marktnahe Erstinnovationen in der Regel ohne Rückzahlungsverpflichtung oder finanzielle Erfolgsbeteiligung des Staates geleistet[8]. Grundsätzlich wird also schon optisch Wert darauf gelegt, daß der privatwirtschaftliche Charakter der Forschungsvorhaben nicht in Frage gestellt wird. Der Regelsatz von 50 Prozent wird nur überschritten, wenn es sich um Vorhaben besonders hohen öffentlichen Interesses handelt, und ausnahmsweise

---

ment of Commerce verteilten Informationen über technische Veröffentlichungen aller Behörden; sie sollen aber – gegen den Stand der Rüstungstechnologie gehalten – regelmäßig bereits überholt sein; Rödel m. w. N.

[6] Vgl. die Mitteilung in DB 1974, 568 sowie die vom Bundesminister für Forschung und Technologie veröffentlichte „Förderfibel" (4. Aufl., 1979) 86 f.

[7] Zu der amerikanischen Praxis vgl. Goetze, Die Regelung von Patent- und Lizenzfragen in Forschungs- und Entwicklungsverträgen der amerikanischen Regierung (1968); Rödel, 146 ff.; Preston, Patent Rights under Federal R & D Contracts: Harvard Business Review 1963, 10 f.; Whale, Government Rights to Technical Information Received under Contract: Geo. Washington L. Rev. 1957, 289 ff.; Beach, A Question of Property Rights: The Government and Industrial Know-how: American Bar Association Journal 1955, 1024 ff.; Harris, Trade Secrets as they Affect the Government: The Business Lawyer 1963, 613 ff.

[8] Vgl. Förderfibel aaO. Das gleiche galt bereits nach den „Bedingungen für Zuwendungen an Unternehmen der gewerblichen Wirtschaft" aus dem Jahre 1969 (BUwf 1969); vgl. dazu Bundesbericht Forschung V (1975), BT-Drucks. 7/3574, 15; vgl. außerdem BT-Drucks. 7/3740.

auch dann, wenn das Vorhaben sonst an der begrenzten Finanzkraft der Unternehmen scheitern würde[9].

Die Zuwendungsempfänger unterliegen nach den BKFT 75 gegenüber dritten Unternehmen einer Lizenzpflicht („Weitergabepflicht") zur kommerziellen Nutzung der Forschungs- und Entwicklungsergebnisse im Inland. Der Umfang dieser Weitergabepflicht hängt von der Höhe der Förderquote ab. Bei einer Förderquote bis einschließlich 50 Prozent können Drittunternehmen eine einfache Lizenz an den entstandenen Schutzrechten zu branchenüblichen Bedingungen verlangen, bei einer Förderquote von mehr als 50 bis einschließlich 75 Prozent darüber hinaus ein Nutzungsrecht an den sonstigen F&E-Ergebnissen und schließlich bei noch höherer Förderquote auch das Recht zur Nutzung des vom Zuwendungsempfänger in das Vorhaben eingebrachten eigenen technischen Wissens („background know-how"). Bei hundertprozentiger Förderung muß der Zuwendungsempfänger außerdem gegen Entgelt förderungstechnische Hilfe leisten[10]. Kommt eine Einigung über die Weitergabebedingungen nicht in angemessener Zeit zustande, so kann der Bundesminister für Forschung und Technologie das F&E-Ergebnis von sich aus weitergeben („Weitergaberecht")[11].

Nach den BKFT 75 hat der Bund ein unentgeltliches, nicht ausschließliches Nutzungsrecht an den Neuerungen, Erfindungen, gewerblichen Schutzrechten und Schutzrechtsanmeldungen, die bei der Durchführung eines geförderten Vorhabens entstehen. Bei einer Förderquote von über 50 Prozent hat der Bund ferner ein Zugriffsrecht auf vorbestehende Schutzrechte und sonstige eigene Kenntnisse des Zuwendungsempfängers, sofern dies zur Ausübung seines Nutzungsrechts aus einem geförderten Vorhaben erforderlich ist. Unter denselben Voraussetzungen kann der Bund gegen Entgelt fertigungstechnische Hilfe verlangen. An Arbeitsergebnissen, die urheberrechtlich geschützt sind, besteht ebenfalls ein staatliches Nutzungsrecht.

Von seinem Nutzungsrecht und den akzessorischen Rechten kann der Bund für den eigenen Bedarf, für öffentliche Aufträge sowie für staatliche Maßnahmen zur Förderung gemeinsamer Programme mit anderen Staaten oder internationalen Organisationen Gebrauch machen. Soweit erforderlich, kann er hierzu Dritten nicht übertragbare Nutzungsrechte erteilen[12].

Offenbar führt die derzeitige Regelung noch nicht zu einer befriedigenden Dissemination der geförderten Technologien. Es fehlt noch an einer zentralen Verwaltung für die Schutzrechte aus staatlich geförderten Vorhaben. Allein bestimmte staatliche und halbstaatliche Forschungseinrichtungen verfügen über zentrale Verwertungsstellen. Die Max-Planck-Gesellschaft unterhält für die Mehrzahl ihrer Institute die Garching Instrumente GmbH; die Patente der Fraunhofer-Gesellschaft werden durch die Patentstelle für die Deutsche For-

---

9 AaO.

10 Förderfibel 90; vgl. bereits BT-Drucks. 7/3740.

11 Vgl. BT-Drucks. 7/3740.

12 Förderfibel 89; vgl. bereits BT-Drucks. 7/3740.

schung verwaltet. Die Bundesregierung fördert zur Zeit den Aufbau einer Arbeitsgruppe Patentverwertung (ARPAT) beim Institut für Systemtechnik und Innovationsforschung der Fraunhofer-Gesellschaft, die die Nutzungs- und Weitergaberechte des Bundes verwalten und insbesondere Lizenzverträge zwischen geförderten Unternehmen und interessierten Dritten vermitteln soll[13]. Einen beschleunigten Transfer der geförderten Technologien verspricht man sich paradoxerweise auch davon, daß sich die öffentliche Hand aus der Verwertung geförderter Technologien ganz zurückzieht und den Unternehmen ausschließliche Nutzungsrechte überläßt[14]. Darin sieht die Bundesregierung auch eine Maßnahme zur Stützung kleiner und mittlerer Unternehmen, die bei der Vergabe von Forschungsmitteln eher zu kurz kommen[15].

Der Bund erwirbt die vollen Schutzrechte an geförderten Technologien also praktisch nie. Ausnahmen kommen höchstens im militärischen Sektor vor. Bei derjenigen Forschung, die unspezifisch, also etwa durch allgemeine Investitionsbeihilfen usw. gefördert wird, stehen die Schutzrechte den Privatunternehmen selbstverständlich ganz ungeschmälert zu; der Staat erwirbt nicht einmal ein einfaches Nutzungsrecht. Die Kriterien der staatlichen Patentpolitik sind außer einem nicht weiter begründeten „Subsidiaritätsprinzip" vor allem Erwägungen darüber, wie die neuen Technologien am raschesten und umfassendsten verwertet werden können[16].

Die staatliche Patentpolitik könnte und sollte jedoch nicht nur den Gesichtspunkt kurzfristig optimaler Verbreitung berücksichtigen, sondern auch technologiepolitische, strukturpolitische, wettbewerbspolitische und vielleicht sogar konjunktur- und beschäftigungspolitische Gesichtspunkte. Unter technologiepolitischem Aspekt kann die Nichtverbreitung etwa im militärischen Sektor entwickelter, aber auch zivil einsatzfähiger Technologien im Einzelfall durchaus sinnvoll sein. Das staatliche Ausschlußrecht sollte in solchen Fällen auch durchgesetzt werden. Die Vielzahl der bei der öffentlichen Lizenzvergabe zu berücksichtigenden Gesichtspunkte dürfte eine Zentralisierung der staatlichen Patentverwaltung erforderlich machen[17]. Effektiv kann wohl bereits der mittelstands- und strukturpolitische Aspekt der Patentpolitik, den die Bundesregierung mit der Überlassung ausschließlicher Nutzungsrechte an mittelständische Unternehmen verfolgt, erst entwickelt – und vor allem auch politisch

---

[13] Förderfibel 140 f. und Forschungsbericht V, 18.

[14] Forschungsbericht V, 18; BT-Drucks. 7/2343, S. 6.

[15] AaO.

[16] Die amerikanische Regierung hat dann, wenn sie sich einmal die Schutzrechte gesichert hat, offenbar „ordnungspolitisch" ein so schlechtes Gewissen, daß sie Patentverletzungen seitens der Privatwirtschaft regelmäßig nicht verfolgt. Vgl. Goetze, 7.

[17] Zu der in den USA erhobenen Forderung nach einer „single administering agency" vgl. Davis/Davidson, Government Patent Policy – Another Look at an Old Problem: Federal Bar Journal 1961, 85 f.; Goetze 7.

verantwortet – werden, wenn eine einheitliche Behörde nach einheitlichen Gesichtspunkten entscheidet.

Um einen steuerungspolitisch brauchbaren Fundus von Technologien in einer künftigen staatlichen Technologiebank zu versammeln, in der die Wettbewerbspolitik, Technologiepolitik, Strukturpolitik, Konjunkturpolitik und Entwicklungspolitik des Bundes bei der Lizenzvergabe koordiniert werden können, muß die Reichweite der „government title policy" ausgedehnt werden. Dem Staat sollten alle Schutzrechte zustehen, die durch eine spezifische, d. h. projektbezogene, staatliche Förderung hervorgebracht worden sind. Allmählich wäre der Bereich der direkten Projektförderung in Bereiche hinein auszudehnen, in denen bisher mit unspezifischen Beihilfen gearbeitet wird.

Die Leistungsfähigkeit der staatlichen Wirtschaftssteuerung durch eine Technologieverwaltung würde erheblich erhöht, wenn – wie oben vorgeschlagen – die Zwangsanmeldung der in den geförderten Betrieben erarbeiteten Erfindungen vorgesehen würde. In Amerika hat die Erfahrung gezeigt, daß sich die Unternehmen dem staatlichen Zugriff auf öffentlich geförderte Technologien dadurch entziehen, daß sie Schutzrechtsanmeldungen vermeiden und ihr Wissen – auch vor dem Auftraggeber – geheimgehalten[18].

Schließlich sollte auch der Übergang des nicht schutzfähigen Wissens (Knowhow), das durch staatliche Förderungsmaßnahmen zustande gekommen ist, auf den Staat vorgesehen werden, soweit es aus dem Gesamtbestand des in den Unternehmen konzentrierten Wissens aussonderbar und zudem symbolisch und damit relativ reibungslos – also nicht etwa nur durch die Entsendung von Spezialisten – übertragbar ist[19].

Eine Ausdehnung der „government title policy" wäre kaum mit erheblichen volkswirtschaftlichen Kosten verbunden. Die Unternehmen, die staatlich geförderte Forschungs- und Entwicklungsvorhaben durchführen, sind auf die Förderung durchweg auch angewiesen. Da ihnen ausreichende Investitionsalternativen nicht zur Verfügung stehen, können sie auf eine Minderung der angebotenen Anreize nur recht unelastisch reagieren. Die staatliche Technologieverwaltung sollte mit der Lizenzvergabe nicht Einkünfte erwirtschaften; daher hätte die Erweiterung des staatlichen Sektors auf technologischem Gebiet gesamtwirtschaftlich nicht die Wirkung einer Steuererhöhung, d. h. einer globalen Umverteilung von Einkommen zwischen dem Staat und der Privatwirtschaft. Daß die Zentralisierung der Patentverwaltung höhere Verwaltungskosten verursachen würde als die private Patentverwaltung, muß immerhin in Zweifel gezogen werden.

---

[18] NIEBURG, In the Name of Science (1966) 299 ff. (zit. nach RÖDEL 149, N. 263).

[19] Zum status der „proprietary data" SCHERER, The Weapons Acquisition Process-Economic Incentives (1964) 114 f.; GOETZE 27 f.; RÖDEL 149.

5. Technologiebewertung als Verwaltungsaufgabe

Schließlich ist zu erwägen, ob die Recherchentätigkeit des Patentamts auf technologische Trendanalysen ausgedehnt werden kann, die dann als Daten in den Prozeß der staatlichen Forschungs- und Innovationsplanung eingehen können. Dem amerikanischen Patent Office wurde jüngst ein Office of Technology Assessment and Forecast[20] angegliedert, das langfristige Prognosen der technologischen Entwicklung erarbeitet. Das Deutsche Patentamt untersucht gegenwärtig in Verbindung mit dem Institut für Systemtechnik und Innovationsforschung, inwieweit das vom Patentamt gesammelte Wissen für solche Zwecke geeignet ist[21]. Auch insoweit, wie allgemein für die Treffsicherheit staatlicher Innovationsplanung und die Effektivität technologischer Frühwarnsysteme, ist es von außerordentlicher Bedeutung, daß der Umfang der unternehmerischen Geheimhaltung eingeschränkt wird.

II. Perspektiven einer mittelfristigen Reformpolitik

1. Bereichsausnahmen aus dem Patentschutz

Auf längere Sicht bietet auch die konsequenteste Durchführung einer government title policy – die Sammlung aller für staatlich geförderte Technologien erteilten Schutzrechte in einem staatlichen Technologiefonds – allein noch keine befriedigende Handhabe für eine politische Steuerung des Inventions- und Innovationsprozesses. Das Patentsystem zerlegt ganzheitliche Technologien in verkehrsfähige Bruchstücke nach Kriterien, die einer wettbewerblich sich selbst organisierenden Privatwirtschaft gemäß sind, insbesondere die Notwendigkeit widerspiegeln, keine allzu umfangreichen Monopolstellungen

---

[20] Rechtsgrundlage ist der Technology Assessment Act 1972, Public Law 92–484; 86 Stat. 797.

Das Gesetz wurde unter umfangreicher Beteiligung der Wissenschaft sorgfältig vorbereitet. Vgl. den Report of the National Academy of Sciences „Technology: Processes of Assessment and Choice, Committee on Science and Astronautics, U. S. House of Representatives (Juli 1969) (zu beziehen über Government Printing Office, Wash., D. C.), sowie die Beiträge von HARVEY BROOKS, R. BOWERS, H. FOLK und K. E. BOULDING, in: TEICH (ed.), Technology and Man's Future (1972). OTAF geht bei seinen Analysen in erster Linie von der Patentstatistik aus (Initial Publication of the Office of Technology Assessment and Forecast, Mai 1973). Es werden periodisch Berichte veröffentlicht, die über ALFRED C. MARMOR, Director OTAF, U. S. Patent Office, Washington, D. C. 20231, bezogen werden können. Die zweite Veröffentlichung (Early Warning Report of the OTAF, Dezember 1973) enthält Trendanalysen aus dem Bereich der Energiegewinnung.

Zur Vorgeschichte des OTAF vgl. TRIBE, Channeling Technology through Law (1973) 4 ff.; DADDARIO, Technology Assessment – A Legislative View: Geo. Washington L. Rev. 1968, 1044: DERS., Technology Assessment, in: TEICH (ed.), Technology 201.

[21] Vgl. die Mitteilung in DB 1974, 509; BT-Drucks. 7/1429.

zu schaffen, die jedoch keinen geeigneten Gegenstand hoheitlich-planerischer Verfügung konstituieren. Die sowjetische Planungsbürokratie hat nach kostspieligen Fehlentwicklungen erkennen müssen, daß „Erfindungen" nicht zum Gegenstand der Inventions- und Innovationsplanung taugen; mit dem Begriff der „neuen Technik" (novaja technika) wird nun versucht, Kriterien für eine planungsgerechte Typisierung technologischer Projekte zu erarbeiten.

Auch der vollständigste staatliche Patentfonds würde der Politik die Verfügung über ganze Technologien nicht einräumen. Die Einsatzfähigkeit des in ihm konzentrierten Wissens wäre immer noch von der freiwilligen Kooperation derjenigen Unternehmen abhängig, die von der Thematik der staatlichen Forschungsaufträge oder Subventionsrichtlinien nicht erfaßte, für die Ausführung der Technologien aber notwendige weitere Patente und vor allem das erforderliche Know-how besitzen.

Zur Behebung dieser Schwierigkeiten könnte man daran denken, in technologiepolitisch besonders wichtigen Bereichen das Patentsystem zu suspendieren und durch ein System direkter staatlicher Transferzahlungen zu ersetzen, die nicht für einzelne Erfindungen, sondern für ganze Technologien bereitgestellt würden. Solche Bereichsausnahmen aus dem Patentschutz sind an sich nichts Neues. Manche von ihnen werden mit neben der Sache liegenden ontologischen Argumenten begründet. Die sogenannten Anweisungen an den menschlichen Geist, die angeblich „nicht zu einer Einwirkung auf die" – naiv unhistorisch-positivistisch begriffene – „Natur", sondern „nur zu einer bestimmten menschlichen Geistestätigkeit"[22] anleiten sollen, werden nicht geschützt, obwohl solche Anweisungen oder „mental steps"[23] in Zeiten, da technischer Fortschritt sich am allgemeinsten als immaterieller Strukturgewinn[24] beschreiben läßt, etwa mit der elektronischen Rechentechnik die entscheidensten Innovationen der Gegenwart hervorgebracht haben[25]. Andere Bereichsausnahmen begründet man mit mehr oder weniger vagen Vermutungen über die gesellschaftlichen Kosten des Patentschutzes. Medizinische Verfahren etwa dürfen, wie es heißt, „um der Volksgesundheit willen nicht monopoli-

---

[22] Hubmann, Gewerblicher Rechtsschutz und Urheberrecht 75; vgl. auch Bernhardt, Lehrbuch 26 ff.

[23] Vgl. zur entsprechenden Problematik des amerikanischen Rechts Choate, Patent Law 296.

[24] Vgl. oben S. 22.

[25] Zur Schutzfähigkeit von Computerprogrammen vgl. die Entscheidung des U. S. Supreme Court in *Gottschalk* v. *Benson,* 175 USPQ 673 (1972), dtsch. in GRUR/Int. 1973, 75. Zur europäischen Diskussion vgl. Krieger, Urheberrecht und gewerblicher Rechtsschutz im Zeichen der internationalen Entwicklung, in: Festschrift Ulmer, GRUR/Int. 1973, 213 f.; sehr kritisch gegen die h. L. Zipse, Sind Computerprogramme Anweisungen an den menschlichen Geist?: GRUR 1973, 123; ders., Wird das künftige europäische Patenterteilungsverfahren den modernen zukunftsintensiven Technologien gerecht?: GRUR/Int. 1973, 182 f.

siert werden"[26]. Weitergehend verweigert etwa das – nationale – italienische Patentrecht auch den pharmazeutischen Erfindungen den Schutz.

Es geht also nur darum, neue Bereichsausnahmen ökonomisch zu fundieren und zugleich einer bewußten technologiepolitischen Zwecksetzung untergeordnete alternative Anreizsysteme zu entwickeln. In einer wirtschaftlich durchdachten Sonderregelung für einzelne Bereiche wird man im Regelfall den Patentschutz für die Zwecke der Außenwirtschaft beibehalten. Ausländische Schutzrechte können weiterhin erworben werden[27], wobei es den Vergaberichtlinien der Regierung überlassen bleiben kann, ob die ausländischen Verwertungsrechte dem Staat oder der Industrie zustehen sollen. Ebenso wird es erforderlich sein, Ausländern auch in den Ausnahmebereichen Patente zu gewähren, wenn diese erforderlich sind, um bestimmte Technologien ins Land zu ziehen.

Das schließt nicht aus, daß neue Technologien aus dem Ausland vor ihrer Einführung in die Binnenwirtschaft einem präventiven politischen technology assessment unterworfen werden[28]. Ebensowenig ist ausgeschlossen, daß ausländischen Patentinhabern Mengenbeschränkungen, Preisbindungen oder sonstige wettbewerbsbeschränkende Maßnahmen verwehrt werden[29].

Bereichsausnahmen wird man in der Regel vorsehen, um die technologischen Anstrengungen einer Industrie besser zu konzentrieren und zu steuern, nicht aber um sie zu bremsen. Um zu verhindern, daß die für F & E verfügbaren Ressourcen in diejenigen Industrien abfließen, in denen das Patentsystem erhalten bleibt, muß man darauf achten, daß die Beseitigung des Patentschutzes nicht zu einer Verminderung der Anreizintensität führt. Dies setzt entsprechend höhere Staatseinnahmen voraus.

Es wird nicht zu vermeiden sein, daß die industrieweite Beseitigung des Patentsystems einzelnen Unternehmen selbst dann Nachteile bringt, wenn global der gleiche Betrag für Anreize aufgewendet wird, der bisher einer Industrie infolge des Patentmonopols als Gewinn zufloß. Daraus ergibt sich

---

[26] Hubmann 74; vgl. auch DPA GRUR 1953, 172.

[27] Was sich selbstverständlich nach dem Patenterteilerstaat richtet.

[28] So die Empfehlung der von den Vereinten Nationen eingesetzten Group of Eminent Persons zum Studium der multinationalen Unternehmen in den Entwicklungsländern (der auch der spätere Bundesminister für Forschung und Technologie, Hans Matthöfer, angehörte). Vgl. The Impact of multinational corporations on the development process and on international relations, UN Doc. E/5500/Add. 1 (Part 1) vom 24. 5. 1974, S. 53 (veröffentlichte Fassung Doc. E/5500/Add. 1/Rev. 1 – ST/ESA/6).

[29] So die Empfehlung der Group of Eminent Persons (aaO, 56–57) und die Praxis der Länder der sog. Andean Group. Allgemein zur Rolle der VN und der UNCTAD bei der Erarbeitung von Grundsätzen des internationalen Technologietransfers Anderfeldt, International Patent Legislation and Developing Countries (1971) 172 ff. Kunz/Hallstein, Patentschutz, Technologietransfer und Entwicklungsländer – Eine Bestandsaufnahme: GRUR/Int. 1975, 261 ff.; Note, UNCTAD, The Transfer of Technology: Journal of World Trade Law 1970, 692 ff.

unter verfassungsrechtlichen Gesichtspunkten ein gewisses Übergangsproblem. Bereits gemachte private Forschungsaufwendungen dürfen durch die Rechtsänderung jedenfalls nicht völlig entwertet werden. Das Rechtsstaatsgebot verbietet auch eine solche nur „retrospektive Rückwirkung“ von Rechtsänderungen[30]. Äußerstenfalls müßte die Beseitigung des Patentschutzes 18 Jahre – solange wie ein im Zeitpunkt der Rechtsänderung angemeldetes Patent längstens wirksam wäre – im voraus angekündigt werden. Soviel verlangen hieße indessen in der pluralistischen parlamentarischen Demokratie mit einiger Sicherheit jede Reform ad calendas Graecas vertagen. Welches geringere Maß an Vertrauensschutz vertretbar ist, kann hier nicht entschieden werden. Jedenfalls wird zu beachten sein, daß die Geschichte des Patentschutzes bisher nur in einer Richtung verlaufen ist – in der Richtung einer Ausweitung des Schutzgegenstandes[31]. Immer kann es in dieser Richtung nicht weitergehen. Ferner ist die auch unter den Bedingungen der Großforschung verbleibende Unsicherheit der Patenterwartungen der Industrie, der aleatorische Charakter von Forschung zu beachten. Schließlich wird man sich der Leichtigkeit entsinnen müssen, mit der seinerzeit am Ende der sogenannten „patentamtslosen Zeit“ der von der Rechtsprechung entwickelte – in mancher Hinsicht ja über den Patentschutz hinausgehende – wettbewerbliche Schutz der Sonderleistungen wieder eingeschränkt worden ist.

Die Technologien, die im Rahmen der unmittelbaren staatlichen Projektförderung in die staatliche Verfügungsgewalt gelangen, umfassen auch Wissen von geringerem Generalisierungsgrad, als ihn Erfindungen und Entdeckungen aufweisen, also Know-how und betriebliche Erfahrungen aller Art. Eine Grenze findet der Erwerb solchen Wissens an den Schranken der symbolischen Vermittlung von Wissen. Wollte der Staat sich *alles* produktive Wissen einer Industrie aneignen, müßte er die Unternehmen selbst enteignen. Im Einzelfall bietet sich aber auch ein anderer Weg. Der Staat kann sich bei der Vergabe von Forschungsaufträgen Optionen zum Abschluß entgeltlicher oder unentgeltlicher komplexer Know-how-Lizenzen und technischer Kooperationsverträge zugunsten noch zu benennender dritter Unternehmen an die Hand geben lassen. In diesem Falle kann er die Verwertung der Technologien auch innerhalb der vom Patentschutz ausgenommenen Industrien unmittelbar steuern.

Eine weitere Möglichkeit der Innovationssteuerung bietet der staatliche Geheimnisschutz, der etwa im militärischen Sektor unvermeidlich bleiben wird. Im übrigen hätte der Staat keine Kontrolle über die binnenwirtschaftliche Verwertung der Technologien, wenn die in den Ausnahmebereichen erarbeite-

---

[30] BVerfG 18, 81, 94 ff.; zum Ganzen MAUNZ/DÜRIG/HERZOG, Art. 2 I, Rn. 47; Art. 20, Rn. 71, 87.

[31] Das europäische Patentrecht, auf das im Rahmen dieser Arbeit nicht näher eingegangen werden konnte, macht da keine Ausnahme. Es hat die Schutzfrist in dem Sinne verändert, der keinem der Industriestaaten weh tut, nämlich auf 20 Jahre verlängert, und die in einzelnen Staaten vorgesehenen Bereichsausnahmen für Pharmazeutika beseitigt.

ten Technologien im Inland gemeinfrei wären. Im Regelfall wäre dieser Zustand wünschenswert, da er zur optimalen Allokation des Wissens führt.

Wenn der technologische Aktionsparameter des unternehmerischen Marktverhaltens in einzelnen Industrien beseitigt wäre, könnte es in gewachsenen Marktformen zunächst zu einem Nachlassen des Wettbewerbs kommen. Ziel der Wettbewerbspolitik müßte es daher sein, auf längere Sicht diejenige *Struktur* herzustellen, die zur Optimierung der verbleibenden Wettbewerbsfunktionen, insbesondere zur Wiederherstellung des Preiswettbewerbs führt. In einzelnen Bereichen mögen solche strukturpolitischen Maßnahmen nicht ausreichen. In anderen Bereichen sind vielleicht unkontrollierbare spin-off-Prozesse, die der freie Zugang zu bestimmten Technologien auslöst, technologiepolitisch unerwünscht. In diesen Fällen liegt es nahe, bestimmte Schlüsselsegmente der Technologien, die für eine Verwertung erforderlich sind, staatlich zu monopolisieren[32]. Der Staat könnte dann durch Verfügung über sein Ausschlußrecht planerisch unmittelbar in Wirtschaftsabläufe eingreifen[33].

2. *Stärkere Differenzierung des verbleibenden Patentschutzes*

Auch in den Bereichen, in denen das Patentsystem weiterhin als Inventions- und Innovationsanreiz eingesetzt wird, bieten sich Möglichkeiten zu einer stärkeren Individualisierung des Patentschutzes unter wettbewerbs- und technologiepolitischen Gesichtspunkten. Grundsätzliche rechtstheoretische Schranken für eine Individualisierung und Differenzierung[34] gibt es nicht, nachdem einmal erkannt ist, daß das Patentsystem nurmehr als Instrument der Wirtschaftspolitik begründet werden kann. Wie weit man die Auflösung des patent- und geheimnisrechtlichen Schematismus im Wettbewerbsrecht treiben wird, hängt auf der einen Seite von der Präzision ab, mit der technologie- und wettbewerbspolitische Ziele angesteuert werden sollen; auf der anderen Seite sind die gesellschaftlichen Kosten einer weiteren Komplizierung des Patentsystems – insbesondere die vermehrten Verwaltungskosten – in die Waagschale zu werfen. Es ist klar, daß die Bilanz weitgehend davon abhängen wird, inwieweit weltwirtschaftliche Zwänge – etwa ökologische Probleme oder eine weltweite Verknappung bestimmter Rohstoffe – die Ausbildung eines auf selektives Wachstum gerichteten wirtschaftspolitischen Instrumentariums unabweislich machen werden.

[32] Vgl. oben S. 79 zur Rolle der Erfindungen als Schlüsselsegmente für die Monopolisierung von F & E insgesamt.

[33] Das war die Situation in der Sowjetunion nach der Einführung des Urheberscheins im Jahre 1931, als es noch einen privaten Sektor gab. Seit der Vollsozialisierung steuert der Sowjetstaat die gesamte Wirtschaft nicht mehr durch die Zuweisung von Technologien, sondern durch eine allgemeine Investitionsplanung auf der Grundlage des Staatseigentums an den sächlichen Produktionsmitteln.

[34] Sie bedeutet zugleich die „Entdifferenzierung" des Patentrechts als eines „Sonderrechtsgebiets".

Ein erster Schritt könnte darin bestehen, den Umfang des Patentanspruchs für einzelne Bereiche im Hinblick auf deren technisches und wirtschaftliches Entwicklungspotential zu differenzieren. PRAHL[35] hat hierfür wertvolle Vorarbeiten geleistet. Er verweist zu Recht auf die Einführung des Stoffschutzes als ein historisches Beispiel für eine wirtschaftlich motivierte Erweiterung des Schutzbereichs. Das frühere Recht, das nur Verfahrensschutz gewährte, war davon ausgegangen, daß zwischen neuen Stoffen kaum Substitutionsbeziehungen möglich wären[36]. Der Fortschritt vor allem der Chemie erzeugte indessen immer mehr substitutive, d. h. zur gleichen Substanz führende, neue Verfahren. Der Stoffschutz läßt sich nun damit rechtfertigen, daß eine breitere Abdeckung des wissenschaftlichen Entwicklungspotentials erforderlich wurde, um den Unternehmen hinreichende „reaktionsfreie Zeit" für die Entwicklung neuer Stoffe zu gewähren[37]. Mit ähnlichen Erwägungen läßt sich umgekehrt eine Verengung des Patentanspruchs für die Erfindungen technologisch ausgereifter Industrien begründen.

In einem zweiten Schritt ließe sich der Schutzumfang der Patente weitergehend nicht nur nach den Bedingungen ganzer Industrien differenzieren, sondern auch nach der Marktstellung der einzelnen Unternehmen. Bekanntlich hat der Patentschutz ganz unterschiedliche Wirkungen für freie Erfinder und für kleine, mittlere und große Unternehmen[38]. Als Parameter dieser Differenzierung ließe sich nicht nur der gegenständliche, sondern auch der zeitliche Schutzumfang der Patente einsetzen. Die Folge müßte sein, daß die freie Übertragbarkeit der Patente eingeschränkt würde. Aus dem bisherigen subjektiven Quasiprivatrecht würde damit wieder ein bewußt wettbewerbspolitisch eingesetztes Gewerbeprivileg. Rechtstechnisch ließe sich dieses Ergebnis durch die Genehmigungspflichtigkeit der Patentveräußerung und der Lizenzierung erreichen[39]. Eine Voraussetzung für die effektive Kontrolle dieser Rechtsgeschäfte wäre die Registrierungspflicht. Organisatorisch müßten Patentbehörden und Kartellbehörden weitgehend fusioniert werden.

Der Geheimnisschutz läßt sich nicht ebenso flexibel gestalten. Differenzierungen sind aber, wie wir sahen, bei der Entscheidung darüber möglich, ob eine schutzfähige Arbeitnehmererfindung angemeldet werden muß[40]. Ferner ist eine wettbewerbspolitische Individualisierung der Verwertungsverträge über ungeschütztes Know-how möglich. Die Know-how-Lizenz, die ein freier Erfinder einem Monopolunternehmen gewährt, kann von der Patentwettbewerbsbehörde etwa mit bestimmten Auflagen verbunden werden.

[35] Patentschutz und Wettbewerb 141 ff.

[36] AaO, 146; BÖRLIN 182.

[37] PRAHL 146.

[38] AaO, 150; UNTERBURG, passim.

[39] Wieweit eine solche wettbewerbsrechtliche Instrumentalisierung des Patentrechts mit der Pariser Verbandsübereinkunft vereinbar wäre, kann hier nicht untersucht werden.

[40] Bzw. ob für eine solche Erfindung ein offenes oder ein „Geheimpatent" (dazu oben S. 406) erteilt werden sollte.

III. Eine nur langfristig realisierbare Alternative zum Patentsystem

Die bloße Existenz eines Patentsystems beeinträchtigt die Effizienz der staatlichen Technologiepolitik, indem sie die Kosten staatlicher Lenkungsmaßnahmen erhöht. Das gilt wegen der Mobilität des Kapitals auch dann, wenn der Patentschutz nurmehr in einzelnen Bereichen erhalten bleibt.

In diesen Bereichen hat das Patentsystem unter Umständen selbst dann weitere technologiepolitisch ungünstige Nebenwirkungen, wenn es voll in den Dienst der Wettbewerbspolitik genommen wird. Dazu gehören etwa unnütze Aufwendungen für entbehrliche substitutive Forschungen, eine unerwünschte Produktinflation, stets aber das patenttypische Steuerungsdefizit, das sich daraus ergibt, daß die politische Lenkung und Überwachung der F & E erst dann einsetzen kann, wenn eine Erfindung durch Anmeldung zum Patent offengelegt wird und somit eine unentziehbare private Vermögensposition entstanden ist.

Auf die Dauer ist das Patentsystem mit den Erfordernissen eines politischen technology assessment und einer von diesem angeleiteten Technologiepolitik nicht vereinbar[41]. Die volle gesellschaftliche Beherrschung der Technik ermöglicht erst der grundsätzliche Übergang vom Patentsystem zu einem System direkter politischer Projektförderung. Die gefördeten Projekte können so ex ante und während ihrer ganzen Durchführung einer lückenlosen politischen Überwachung und Steuerung unterworfen werden. Wo diese nicht erforderlich erscheint, kann in einem solchen Prämiensystem – ähnlich wie im sowjetischen Erfinderrecht – für rechtlich typisierte Einzelleistungen (etwa Erfindungen) normativ die Höhe der staatlichen Transferzahlungen festgesetzt werden. Da insoweit die Anreize wohl geringer bemessen werden können als in einem Patentsystem, sind die Kosten der Direktförderung geringer als bei der Existenz eines auch nur partiellen Patentsystems. Ferner ist jederzeit ein flexibler Übergang von der generell normativen zur maßnahmerechtlichen Regelung möglich, da das Prämiensystem den Unternehmen kein Ausschlußrecht gewährt. Es muß lediglich auf die Prämienerwartung der Unternehmen Rücksicht genommen werden, die laufende Vorhaben durchführen, nicht aber auf ihre Erwartung, ein in die Zukunft wirkendes Monopolrecht zu erhalten.

Für außenwirtschaftliche Zwecke sollte nach dem Vorbild des sowjetischen Erfinderrechts der Patentschutz beibehalten werden. Die volle Publizität der

---

[41] So auch Tribe, Channeling Technology through Law 56, N. 6. Tribe, Naturwissenschaftler und Jurist, ist Professor an der Harvard Law School, Mitglied des Panel on Technology Assessment der National Academy of Sciences und Verfasser von deren Bericht „Technology: Processes of Assessment and Choice", Committee on Science and Astronautics, U. S. House of Representatives, Juli 1969.

laufenden Vorhaben ist dann nicht möglich, da anderenfalls die staatliche Priorität für die inländischen Erfindungen verloren ginge[42]. Das schließt nicht aus, daß die laufenden Vorhaben den staatlichen Stellen offengelegt werden. Ebenfalls nach dem Vorbild des sowjetischen Rechts könnte an bestimmten Schlüsselsegmenten der neuen Technologien ein ausschließliches staatliches Verwertungsrecht begründet werden. Um die Gleichstellung inländischer mit ausländischen Anmeldungen im Rahmen der derzeitigen PVÜ zu wahren, wird man die Erfindungen in der Hand des Staates monopolisieren. Im Regelfall wird zwar die möglichst unbeschränkte Verwertung der Technologien im Inland erwünscht sein; insoweit wird das staatliche Monopolrecht nicht durchgesetzt. Seine Wirkung besteht nur in einem Verbotsvorbehalt, der im Einzelfall zum Tragen kommen muß, um technologiepolitisch unerwünschte spin-off-Effekte – etwa aus dem militärischen in den zivilen Sektor – zu verhindern. Ferner kann es in geeigneten Fällen zur Lenkung der Investitionstätigkeit im Sinne allgemeiner wirtschaftspolitischer Zielsetzungen, etwa der Wettbewerbspolitik oder der Konjunkturpolitik, eingesetzt werden.

Effektiv wird der staatliche Zugriff auf die im Inland erarbeiteten Technologien nur, wenn zugleich der private Geheimnisschutz beseitigt wird. Wegen der bestehenden internationalen Verflechtung der Bundesrepublik ist es nicht möglich, auch auf die arbeitsvertraglichen Mittel zu verzichten, mit denen sich unternehmerische Geheimnissphären konstituieren lassen. Sonst ließe sich der Abfluß des Know-how ins Ausland nicht vermeiden. Möglich wäre aber die Schaffung einer staatlichen Technologiebank, die innerstaatlich den – wiederum durch Eingriffsvorbehalt beschränkten – freien Zugang zu ungeschütztem Know-how eröffnen, dessen kostenloses Abfließen in ausländische Volkswirtschaften aber vermeiden würde.

Die Beseitigung des Patentsystems würde eine Verstärkung der persönlichen Rechtsstellung der Erfinder ermöglichen. Ihnen könnten Urheberscheine erteilt werden, die vermögensrechtliche und persönlichkeitsrechtliche Ansprüche gewähren. Die Unterscheidung von Arbeitnehmererfindungen und freien Erfindungen könnte entfallen. Analoge Systeme des Schutzes individueller Sonderleistungen könnten für mindere technische Sonderleistungen (Rationalisierungsvorschläge), organisatorische und sonstige wirtschaftlich wertvolle Neuerungen, aber auch für wissenschaftliche Entdeckungen vorgesehen werden.

IV. Schlußbemerkung

In notwendig groben und knappen Zügen ist vorstehend ein Weg zur Erweiterung des wirtschaftspolitischen Handlungsspielraums skizziert worden. Das

[42] Vgl. die oben S. 183 erörterten sowjetischen Vorschriften zur Wahrung der staatlichen Priorität.

derzeitige Patentsystem ist, wenn es überhaupt wirtschaftlich verstanden wird, nur als Ausdruck einer Philosophie des quantitativen Wachstums zu begreifen. Heute wird aber weithin erkannt, daß ein grenzenloses inhaltlich unbestimmtes Wachstum angesichts der Knappheit lebenswichtiger Rohstoffe, vor allem der Energieträger, und der schon kritischen Umweltbelastung nicht möglich sein wird[43]. Wenn es Wachstum auf lange Sicht noch geben soll, so muß das verbleibende Wachstumspotential selektiv entfaltet werden. Qualitatives Wachstum läßt sich indessen mit den Mitteln staatlich veranstalteter monopolistischer Konkurrenz und einer konjunkturpolitischen Globalsteuerung nur in sehr begrenztem Umfang ansteuern. Auf lange Sicht dürfte es unabweisbar sein, das wirtschaftspolitische Instrumentarium für die qualitative Steuerung von Wirtschaftsabläufen zu erweitern.

Der Übergang zu einer qualitativen Wirtschaftsplanung muß sich unter den gegebenen politischen Verhältnissen der rechtsstaatlich verfaßten Konkurrenzdemokratie und eines offenen Systems gesellschaftlicher Kommunikation vollziehen. Bis heute kennen wir kein politisches System, das „die Gesamtverantwortung für den Wirtschaftsablauf innerhalb der Strukturen einer Konkurrenzdemokratie verarbeiten könnte"[44]. Der Übergang zu einer lückenlosen qualitativen Planung könnte allenfalls durch massive Politisierungs- und Mobilisierungsprozesse bewältigt werden, die sich nicht einfach nach Bedarf anstellen und dann wieder abstellen lassen. Auch das Wirtschaftsmodell der osteuropäischen sozialistischen Länder kann man sich – obwohl es keinesfalls ein lückenloses Planungssystem ist – nicht zum Vorbild nehmen. Es hat sich weder in der Lage gezeigt, Versorgungsschwierigkeiten zu meistern, noch hat es die qualitativen Probleme der Selbstbestimmung in der Arbeitswelt gelöst[45]. Unter unseren politischen Verhältnissen ist auch das Potential für die unmittelbare wirtschaftliche Ablaufsteuerung ein knappes Gut. Es müssen also Lösungen gesucht werden, die einerseits möglichst großen planerischen Effekt haben, andererseits das System der politischen Konfliktlösung durch Konsensbildung möglichst wenig belasten. Die Steuerungsansprüche der Politik können deswegen nicht von vornherein maximiert werden. Sie müssen vielmehr vorsichtig, „von den Rändern her" in das wirtschaftliche System vorgeschoben werden[46].

Unter diesen Gesichtspunkten spricht viel dafür, vorrangig die politische Beherrschung des Inventions- und Innovationsprozesses – und nicht etwa der Allokation der materiellen Ressourcen – anzustreben:

(1) Forschung und Entwicklung sind faktisch die bereits am weitesten vergesellschafteten Bereiche der wirtschaftlichen Produktion. Erinnern wir uns,

---

[43] Im politischen Raum besonders profiliert EPPLER, Ende oder Wende (1975); JOCHEN STEFFEN, Strukturelle Revolution (1974).

[44] SCHARPF, Planung als politischer Prozeß (1973) 175.

[45] Ausführlich v. BEYME, Ökonomie und Politik im Sozialismus (1975) 275 ff. (zur Partizipation).

[46] SCHARPF 177.

daß der Staat in den USA 70 bis 90 Prozent der Forschungsausgaben trägt. Hinzu kommt in der Bundesrepublik die fast vollständige staatliche Regie über die Infrastruktur des technischen Fortschritts, das Bildungswesen. Zudem hat der Staat auf vielen der technologisch fortgeschrittensten Gebiete nahezu ein Nachfragemonopol, das flexibel zur Kontrolle der Technologien eingesetzt werden kann.

(2) Die Privatwirtschaft ist zu nennenswerten technischen Fortschritten nur um den Preis eines Allokationsdefizits – der „künstlichen" Verknappung der Technologie durch das Patentsystem und andere monopolistische Marktverzerrungen – in der Lage, dessen nachteilige Folgen jedermann plausibel zu machen sind und für dessen Beseitigung ein breiter Konsens zu finden sein dürfte.

(3) Das Patentsystem, das der Privatwirtschaft den Aktionsparameter der Forschungs- und Innovationskonkurrenz zur Verfügung stellt, beeinträchtigt die Leistungsfähigkeit des Wettbewerbs bei der Allokation der sächlichen Ressourcen. Der privaten F & E zuliebe muß sich die Wettbewerbspolitik mit Marktstrukturen abfinden, die nach allem Anschein weder optimalen Preiswettbewerb noch die optimale Ausbringung von Industrieerzeugnissen zeitigen.

(4) Die politische Steuerung des technischen Fortschritts würde der Bevölkerung nichts nehmen, was sie schon besitzt. Vor allem würde sie nicht zu Störungen der materiellen Versorgung führen, wie sie in den Planwirtschaften Osteuropas, die auf der planerischen Allokation der sächlichen Produktionsmittel beruhen, immer wieder Loyalitätskrisen verursachen.

(5) Forschung und Entwicklung gestalten nicht die Gegenwart, sondern die Zukunft. Sie befriedigen nicht bloß vorhandene oder latente Bedürfnisse, sondern sie wirken unmittelbar folgenreich auf die Bedürfnisstruktur, ja auf das gesamte gesellschaftliche Wertmilieu ein. Zu solchen Einwirkungen ist die Marktwirtschaft prinzipiell nicht legitimiert[47].

(6) Der technische Fortschritt ist der Motor des Wachstums. Wer ihn beherrscht, kann auch das Wachstum selektiv steuern. Ohne die Sozialisierung der sächlichen Produktionsmittel erforderlich zu machen, bietet die politische

---

[47] Diese Einsicht hat bereits erhebliche politische Resonanz. Im ökonomisch-politischen Orientierungsrahmen, den die SPD 1975 auf ihrem Mannheimer Parteitag beschlossen hat, heißt es (unter 2.6.1): „Der Markt kann nur Bedürfnisse befriedigen, die sich in kaufkräftiger Nachfrage ausdrücken ... Der Markt ist ein gegenwartsbezogenes Instrument der Produktionsabstimmung; auf zukünftige Entwicklungen stellt er sich nur insofern ein, als sich diese schon in der absehbaren Nachfrageentwicklung niederschlagen." 2.6.5: „Wir müssen uns bemühen, die Steuerungsmechanismen schrittweise weiter zu entwickeln."

Die „Chancen staatlicher Innovationslenkung", so der Titel des Werks von LITTMANN (1975) werden steigen, wenn man – anders als es bei LITTMANN geschieht – auch das Patentsystem (einschließlich des Geheimnisrechts) in den Kranz der manipulierbaren Daten einflicht.

Beherrschung der Technologie deshalb weitgehende Handhaben für eine qualitative Wirtschaftssteuerung.

(7) Hinsichtlich der den Unternehmen verbleibenden wirtschaftlichen Funktionen bleibt die Dezentralisierung der Entscheidungsprozesse erhalten. Sie kann mit Hilfe einer nun zielgenauer operierenden Wettbewerbspolitik sogar noch gesteigert werden. Die politischen Ziele der Mitbestimmung und Demokratisierung im Betrieb und Unternehmen behalten sonach ihren Sinn.

(8) Schließlich ist die politische Steuerung des technischen Fortschritts leicht zu dosieren. Sie läßt sich auf einzelne Bereiche isolieren, etwa auf den Bereich der Umwelt- oder Verkehrstechnologie, wo die Politik bereits mit einem breiten Konsens rechnen kann. Die Grenze zwischen staatlichen und privatwirtschaftlichen Funktionen kann flexibel gehalten werden. Irrtümer lassen sich ohne Schwierigkeit berichtigen.

LITERATURVERZEICHNIS

Schrifttum in russischer Sprache

AGARKOV, M., Predmet i sistema Sovetskogo prava: SGiP 1940, Nr. 8/9, 52.

AGRONSKIJ, V. I., Vsegda li novaja technika – novaja?: V. I. 1973, Nr. 12, 5.

ALEKSEEV, Osnovnye položenija proekta t. Bernštejna, in: K novomu zakonu ob izobretenijach (Leningrad 1930).

ALEKSEEV, G., Partija i massovoe techničeskoe tvorčestvo v SSSR (Moskau 1969).

ALEKSEEV, N., Problemy naučnogo i techničeskogo tvorčestva: Voprosy Filosofii 1968, Nr. 3, 137.

ALEKSEEV, S. S., Obščie teoretičeskie problemy sistemy Sovetskogo prava (Moskau 1961).

– u. a., Osnovy teorii gosudarstva i prava (Moskau 1971).

– Predmet Sovetskogo socialističeskogo graždanskogo prava, Učenye trudy Sverdlovskogo Jurid. Instituta, serija „Graždanskoe pravo" I (Sverdlovsk 1959).

– und DJURJAGIN, I. JA., Besprechung von Jampol'skaja, Obščestvennye organizacii v SSSR (1972): SGiP 1973, Nr. 7, 135.

ALIMATAEV, Otkrytija, izobretenija i gosudarstvennyj prioritet: Narodnoe Chozjajstvo Srednej Azii 1964, Nr. 4, 67.

AL'TŠULER und ŠAPIRO, Izgnanie „šestikrylogo" serafima: Izobretatel' i Racionalizator 1959, Nr. 10, 1.

AMFITEATROV, G. N., K voprosu o ponjatii Sovetskogo graždanskogo prava: SGiP 1940, Nr. 11, 85.

ANAN'EV, F. T., Ėffektivno primenjat' zakonodatel'stvo po izobretatel'stvu: SGiP 1955, Nr. 8, 55.

– und LUR'E, I. M., Zaščita gosudarstvennych interesov v oblasti otkrytij: Informacija po Izobretatel'stvu 1965, Nr. 4, 3.

ANDREEV, V. S. u. a., Sovetskoe trudovoe pravo (Moskau 1971).

ANISIMOV, G. D., Material'noe stimulirovanie novoj techniki (Moskau 1966).

ANISIMOV, G. N., Ob"ekty, otnosjaščiesja k kategorii izobretenie: V. I. 1965, Nr. 12.

ANISOV, Ponjatie i suščnost' izobretenija (Thesen), in: Naučno-praktičeskaja konferencija na temu „Ochrana prav izobretatelej i racionalizatorov" (Moskau 1969) 11.

– Priznaki ob"ekta izobretenija: V. I. 1968, Nr. 4, 17.

– KOMOV, LARINOVA, MILOCHIN, GAŠČIN, K voprosu o patentosposobnosti algoritmov, programm, kodov (Moskau 1969).

ANOSOV, A., Nacionalizacija izobretenij: Izobretatel' 1930, Nr. 5, 4.

ANTIMONOV, B. S. und FLEJŠIC, E. A., Avtorskoe pravo (Moskau 1957).

– Avtorstvo i trudovoe pravootnošenie: SGiP 1956, Nr. 5, 48.

– Izobretatel'skoe pravo (Moskau 1960).

– Zadači Sovetskogo izobretatel'skogo prava: SGiP 1957, Nr. 2, 13.

ANTONOV, V. N. und MEERZON, S. I., Obščestvennost' i izobretatel'stvo: SGiP 1961, Nr. 9, 66.

ARCHANGEL'SKIJ, Psichologičeskie osobennosti trudovoj dejatel'nosti peredovikov i novatorov proizvodstva (Moskau 1957).

ARTEM'EV, E. I., K novomu pod"emu techničeskogo tvorčestva mass: V. I. 1973, Nr. 7, 3.
– Sistema organizacii patentnoj informacii v SSSR i programma ee razvitija: V. I. 1974, Nr. 11, 8.
– Važnyj ryčag techničeskogo progressa: V. I. 1974, Nr. 1, 8.
ASINOVSKIJ, M. L., Nekotorye voprosy regulirovanija prav izobretatelej i racionalizatorov: SGiP 1964, Nr. 4, 118.
– Ochrana prav avtorov izobretenij i racionalizatorskich predloženij po Sovetskomu pravu (Jur. Kand. Diss. Leningrad 1965).
– Pravo gosudarstvennych služaščich na sozdannye imi izobretenija: Sbornik „Pravovedenie" (Taschkent 1963) Nr. 3, 143.
– Služebnoe izobretenie, Vestnik LGU: Serija Pravo Nr. 23 (1963).
– Soderžanie racionalizatorskogo predloženija: V. I. 1975, Nr. 11, 19.
ASKNAZIJ, S. I., Osnovy chozjajstvennogo prava SSSR (Leningrad 1926).
AZIMOV, Č. N., Pravo na izobretenie sozdannoe na predprijatii ili v organizacii: V. I. 1970, Nr. 10, 12.
– Pravovoe regulirovanie služebnych izobretenij naučno-issledovatel'skich i konstruktorskich organizacij (Jur. Kand. Diss. Char'kov 1971).

BACHTAMOV, R., und VOLIN, P., Otkuda berutsja konservatory?: Literaturnaja Gazeta No. 36 vom 6. 9. 1967.
BAKASTOV, V. N., Opredelenie avtorskogo voznagraždenija po predloženijam, ne sozdajuščim ėkonomii: V. I. 1965, Nr. 8, 1; Nr. 9, 1.
– Planirovanie izobretatel'skoj i racionalizatorskoj raboty na predprijatii: V. I. 1969, Nr. 6, 48.
– Planirovanie izobretatel'skoj i racionalizatorskoj raboty na predprijatijach (Moskau 1967).
– und KONJUŠAJA, Ponjatie „naučnoe otkrytie": V. I. 1971, Nr. 2.
BAKŠUTOV, E. u. BONDAREV, G., Techničeskoe tvorčestvo rabočich i prevraščenie nauki v neposredstvennuju proizvoditel'nuju silu: Voprosy Filosofii 1965, Nr. 8, 45.
BARAŠ, JA. B., Dogovory na naučno-issledovatel'skie i konstruktorskie raboty: SGiP 1973, Nr. 6, 134.
BAŠIN, M. L., Planirovanie naučno-issledovatel'skich i opytno-konstruktorskich rabot (Moskau 1969).
BELILOVSKIJ, Sootnošenie avtorskich i izobretatel'skich prav naučnych rabotnikov: Pravovedenie 1966, Nr. 2, 76.
BELJAEV, S. I., NPO – Kurs na ėffektivnost': V. I. 1976, Nr. 6, 2.
BELJAVSKIJ, A. V., und PRIDVOROV, N. A., Ochrana česti i dostoinstva ličnosti v SSSR (Moskau 1971).
BELOZERCEV, V. I., Problemy techničeskogo tvorčestva kak vida duchovnogo proizvodstva (Ul'janovsk 1970).
BEZRUK, N. A., Racionalizatorskoe predloženie kak ob"ekt izobretatel'skogo prava, Trudy V. Ju. Z. I., Voprosy graždanskogo prava i polit. ėkonomii I (Moskau 1961).
BODENCHAUZEN, G. (Bodenhausen), SSSR i Parižskaja Konvencija po ochrane promyšlennoj sobstvennosti: SGiP 1965, Nr. 5, 72.
BOGUSLAVSKIJ, M. M., Buržuaznoe patentnoe pravo i Sovetskoe patentnoe pravo (Moskau 1961).
– Imperialističeskoe gosudarstvo i izobretenija gosudarstvennych služaščich: V. I. 1968, Nr. 2.
– Osnovnye voprosy izobretatel'stva v meždunarodnom častnom prave (Moskau 1960).
– Patentnaja sistema sovremennogo kapitalizma (Moskau 1960).
– Patentnye voprosy v meždunarodnych otnošenijach (Moskau 1962).
– Pokupka i prodaža licenzij v SSSR: SGiP 1968, Nr. 5, 53.

– Pravovoe regulirovanie meždunarodnych chozjajstvennych otnošenij (Moskau 1970).
– Pravovye voprosy techničeskoj pomošči SSSR inostrannym gosudarstvam i licenzionnye dogovory (Moskau 1963).
– Vključenie avtorskogo svideteľstva v tekst Parižskoj konvencii po ochrane promyšlennoj sobstvennosti: V. I. 1967, Nr. 12.
– Voprosy izobretateľstva pri osuščestvlenii naučno-techničeskogo sotrudničestva SSSR c zapadnymi stranami (Moskau 1969).
– Zaščita Sovetskogo prioriteta na naučno-techničeskie dostiženija i patentovanie Sovetskich izobretenij za granicej (Leningrad 1963).
– und Gorodisskij, M. L., O vključenii avtorskogo svideteľstva v tektst Parižskoj konvencii: V. I. 1966, Nr. 9, 20.
Boguslavskij und Červjakov, Prisoedinenie Sovetskogo Sojuza k Parižskoj konvencii po ochrane promyšlennoj sobstvennosti: V. I. 1965, Nr. 6, 2.
Boguslavskij, M. M., u. a., Pravovye voprosy naučno-techničeskogo progressa v SSSR (Moskau 1967).
Boguslavskij, M. M., und Ivanov, V. D., Uslovija Sovetskich licenzionnych soglašenij: V. I. 1966, Nr. 10, 20.
Boguslavskij, M. M., und Rubanov, A. A., Pravovoe položenie inostrancev v SSSR (Moskau 1962).
– Pravovoe položenie Sovetskich graždan za granicej (Moskau 1961).
Borjaev, Ju. A., Ėkonomičeskaja priroda izobretenij i racionalizatorskich predloženij, in: Glebova, A. I. (ed.), Nekotorye voprosy razvitija ėkonomiki na sovremennom ėtape (Saratov/Penza 1966).
– Materiaľnaja zainteresovannost' v racionalizacii i izobretateľstva v promyšlennosti SSSR (Wirtschaftswiss. Kand. Diss. Moskau 1966).
– O predmete Sovetskogo graždanskogo prava: SGiP 1940, Nr. 1, 8.
Bratus', S. N., Chozjajstvennaja reforma i Sovetskoe pravo, Učenye Zapiski V. N. I. I. S. Z., Bd. X (Moskau 1967).
– Juridičeskaja priroda sudebnoj praktiki v SSSR: SGiP 1975, Nr. 6, 13.
– Predmet i sistema Sovetskogo graždanskogo prava (Moskau 1963).
– u. a., Sudebnaja praktika v Sovetskoj pravovoj sisteme (Moskau 1975).
Buločnikova, L. A., Gržegorževskij, A. N., Novožilova, R. M., Frolov, G. Ja., Naučno-techničeskij progress i proizvoditeľnost' truda (Moskau 1972).
Burmistrov, V. L., Planovaja suščnost' dogovorov na vypolnenie naučno-issledovateľskich i konstruktorskich rabot: Pravovedenie 1964, Nr. 1, 86.
– Planavaja suščost' dogovorov na vypolnenie naučno-issledovateľskich i konstruktorskich rabot (Jur. Kand. Diss. Sverdlovsk 1965).
– Pravovaja priroda dogovora na vypolnenie naučno-issledovateľskich i konstruktorskich rabot, in: Sbornik aspirantskich rabot po voprosam gosudarstva i prava (Sverdlovsk 1963) 175.

Cagolov, N. A., Zakon stoimosti i ego rol' pri socializme (Moskau 1959).
Chalfina, R. O., Chozjajstvennaja reforma i graždanskoe pravo (Moskau 1971).
– Obščee učenie o pravootnošenii (Moskau 1974).
Chejfec, I. Ja., Dogovor o perechode buduščich izobretenij rabočego ili služaščego k predprijatiju: V. K. 1925, Nr. 6, 57.
– Gosudarstvennaja promyšlennost' i patentoderžatel': V. K. 1924, Nr. 1, 67.
– Izobretenie i ego pravovaja ochrana (Leningrad 1926).
– Novyj proekt patentnogo zakona: V. K. 1930, Nr. 2, 18.
– Ochrana naučnogo otkrytija: V. K. 1924, Nr. 2, 59.
– Osnovnye problemy izobretateľstva (Moskau und Leningrad 1935).
– Osnovy patentnogo prava (Leningrad 1925).

– Patentnaja politika rekonstruktivnogo perioda, in: K proektu novogo zakona ob izobretenijach (Leningrad 1930) 27.
– Prava inostrancev po proektu „Položenija ob izobretenijach“: V. K. 1930, Nr. 10, 13.
– Promyšlennye prava i ich chozjajstvennoe značenie v Sojuze SSR i na zapade (Moskau 1930).
Cyrlin, Novye tečenija v proektach Sovetskogo zakona ob izobretenijach, in: K proektu novogo zakona ob izobretenijach (Leningrad 1930) 21.
Čchikvadze, V. M., Pravo i naučno-techničeskij progress: SGiP 1968, Nr. 8, 111.
– u. a., Gosudarstvo, pravo, ėkonomika (Moskau 1970).
Čepeleveckij, A. I., Organizacija izobretateľskoj raboty v SSSR (Moskau 1971).
– Prodaža i pokupka licenzij (Moskau 1967).
Čeremisina, L. N., und Šatova, M. L., Materiaľnoe stimulirovanie izobretatelej i racionalizatorov: SGiP 1965, Nr. 2, 112.
Čerepachin, B. B., Pravopreemstvo po Sovetskomu pravu (Moskau 1962).
Čistjakov, M. I., und Morozov, R. T., Planivoranie v SSSR (Moskau 1971).
Čižov, E. A., Formy pooščrenija racionalizatorov i izobretatelej (Moskau 1965).

Dement'ev, V. N., O pravovoj zaščite mikrobiologičeskich ob"ektov: V. I. 1970, Nr. 3, 19.
– und Slivkina, O. I., O vozmožnosti pravovoj zaščity veščestv polučennych mikrobiologičeskim putem: V. I. 1975, Nr. 5, 11.
Deševoj, M., K voprosu o celesoobraznosti vvedenija v uslovijach SSSR javočnoj sistemy dlja registracii izobretenij: V. K. 1928, Nr. 9, 1272.
Dmitriev, N. M., Tematičeskoe planirovanie – na uroven' novych zadač: V. I. 1969, Nr. 11, 33.
Dolgich, L. und L'vov, D., Organizacija i ėffektivnost vnedrenija naučno-techničeskich dostiženij, in: Sbornik „Problemy ėkonomičeskogo stimulirovanija naučno-techničeskogo progressa“ (Moskau 1968).
Dorkin, A. I., Leninskij dekret ob izobretenijach, ego vlijanie na vosniknovenie kačestvenno novych otnošenij v oblasti izobretateľstva: V. I. 1975, Nr. 8, 3.
– Osnovnye ponjatija Sovetskogo izobretateľskogo prava (Moskau 1965).
– Novoe zakonodateľstvo po izobretateľstvu: V. I. 1974, Nr. 1, 13.
– Soglašenie stran-členov SĖV o pravovoj ochrane izobretenij: V. I. 1973, Nr. 10, 11.
– Važnyj instrument upravlenija izobretateľstvom: V. I. 1976, Nr. 2, 26.
– Zadači organov po izobretateľstvu i racionalizacii v sovremennych uslovijach: V. I. 1968, Nr. 7, 6.
– und Matveev, G. A., Ėkonomičeskaja integracija stran SĖV i nekotorye problemy izobretateľskogo prava: V. I. 1970, Nr. 10, 6.
– und Tkač, Z. A., Novoe o pravovom regulirovanii izobretateľstva v SSSR: SGiP 1964, Nr. 1, 73.
Dozorcev, V. A., Akademija Nauk SSSR: pravovoj status, organy upravlenija i funkcii: SGiP 1974, Nr. 11, 19.
– Avtorskoe svideteľstvo – socialističeskaja forma ochrany izobretenij, in: Naučno-praktičeskaja konferencija na temu „Ochrana prav izobretatelej i racionalizatorov v SSSR“ v. 7.–8. 4. 1969, Tezisy dokladov i naučnych soveščanij (Moskau 1969).
– Buduščee pravovoj ochrany izobretenij: SGiP 1971, Nr. 9, 116.
– Ėkonomičeskaja reforma i pravovye voprosy izobretateľstva, in: Učenye Zapiski V. N. I. I. S. Z., Bd. X (Moskau 1967) 114.
– Ėkonomičeskoe stimulirovanie techničeskogo progressa: Kommunist 1966, Nr. 4.
– Izobretenie beret gosudarstvo: Izobretatel' i Racionalizator 1968, Nr. 6, 12.
– Nekotorye teoretičeskie voprosy Sovetskogo izobretateľskogo prava i razrabotka novogo zakonodateľstva, Učenye Zapiski V. I. Ju. N., Bd. IX (Moskau 1959) 125.

– O ponjatii „vnedrenija" izobretenija, in: Materialy III. Pribaltijskoj konferencii (Riga 1968) Bd. I, 14.
– Ochrana izobretenij v SSSR (Moskau 1967).
– Ochrana selekcionnych dostiženij v SSSR (Moskau 1969).
– Pravovoe regulirovanie voznagraždenija za izobretenija v SSSR v 20–e gody: V. I. 1968, Nr. 2.
– Pravovoe regulirovanie voznagraždenija za izobretenija v SSSR v 30–e gody: V. I. 1968, Nr. 9, 30.
– Pravovoj režim avtorskogo svidel'stva v uslovijach novoj sistemy planirovanija i ėkonomičeskogo stimulirovanija (Moskau 1969).
– Pravovoj režim izobretenij i ėkonomičeskie osnový ich ispol'zovanija, in: „Ėkonomika izobretatel'stva", Materialy naučnoj konferencij (Kiev 1968).
– Pravovoj režim naučno-techničeskich znanij: SGiP 1973, Nr. 6, 52.
– Pravovye problemy ėkonomičeskogo stimulirovanija izobretatel'stva i zakonodatel'stvo o naučno-techničeskom progresse (Jur. Doktordiss. Moskau 1969).
– Priroda voznagraždenija za izobretatel'skie predloženija, Učenye Zapiski V. N. I. I. S. Z., Bd. XIII (Moskau 1968) 156.
– Puti soveršenstvovanija sistemy voznagraždenija za izobretatel'skie predloženija, in: Problemy ochrany izobretenij v oblasti chimii, Materialy soveščanija, Juli 1968, (Riga).
– Za čto platit' izobretatelju: Izobretatel' i Racionalizator 1964, Nr. 8, 13.
Drogčinskij, N. E., und Careva, D. I., Chozjajstvennaja reforma – opyt, perspektivy (Moskau 1970).
Dul'čevskij,, Talant i trud v techničeskom tvorčestve: Izobretatel' i Racionalizator 1960, Nr. 6, 30.
Dumeš, L. I., Dogovor – put' dlja širokogo vnedrenija izobretenij: V. I. 1969, Nr. 5, 39.
Dvorkin, I. N. u. a., Kritika sovremennych buržuaznych ėkonomistov (Moskau 1971).

Efimov, E. N., Aktual'nye voprosy sozdanija i ispol'zovanija otkrytij v SSSR: V. I. 1974, Nr. 6, 32.
– Juridičeskie fakty v Sovetskom izobretatel'skom prave: V. I. 1975, Nr. 7, 17.
– Nasledovanie prav avtorov otkrytij, izobretenij i racionalizatorskich predloženij: V. I. 1975, Nr. 1, 13.
– Naučnoe otkrytie i ego pravovaja ochrana (Moskau 1971).
– O soveršenstvovanii pravovoj ochrany otkrytij: V. I. 1973, Nr. 5 ,13.
– Važnye istočniki informacii ob otkrytijach i izobretenijach: V. I. 1974, Nr. 9, 20.
– Voznagraždenie za otkrytie mestoroždenij poleznych iskopaemych: V. I. 1973, Nr. 9, 58.
Ejnštejn, A. (Einstein, A.), Massy vmesto edinic: Izobretatel' 1929, Nr. 1, 4.
Elizarjan, G., Material'noe stimulirovanie za novuju techniku (Moskau 1964).
Emel'janova, M. V., Standarty i kačestvo produkcii (Moskau 1971).
Eremeev, B. I., Social'no-ėkonomičeskie problemy techničeskogo tvorčestva v SSSR (Moskau 1967).
Ežov, A. P., Organizacija techničeskogo tvorčestva v vuze: V. I. 1976, Nr. 7, 50.

Faddeeva, T. A., Pravo avtorstva po Sovetskomu graždanskomu pravu (Jur. Kand. Diss. Leningrad 1958).
Fatuev, A. A., Pravovaja priroda premirovanija: Pravovedenie 1969, Nr. 5, 73.
Fed'kin, G. I., Pravovye voprosy organizacii naučnoj raboty v SSSR (Moskau 1958).
Fel'd, S. D., Planirovanie naučno-techničeskogo progressa, in: M. V. Breev, Planirovanie narodnogo chozjajstva (Moskau 1970).
Fel'dman, Ja. D., Rotberg, G. Ch., Telyševa, Ė. M., Nekotorye voprosy ochrany ot-

krytij, in: Problemy ochrany izobretenij v oblasti chimii, Materialy soveščanija, Juli 1968 (Riga).
Filippovskij, E. E., Patentnaja sistema i naučno-techničeskij progress v kapitalističeskich stranach (Moskau 1972).
Finger, A. A., Patentno-licenzionnaja rabota predprijatii (Moskau 1968).
Fišman, L. I., Proekt novogo zakona o patentnach na izobretenija: V. K. 1928, Nr. 8, 1116.
Flejšic, E. A., Ličnye prava v graždanskom prave SSSR i kapitalističeskich stran: SGiP 1940, Nr. 7, 57.
– Ličnye prava v graždanskom prave SSSR i kapitalističeskich stran (Moskau 1941).
Fogel', A. Ja., Pravovaja ochrana izobretenij v oblasti chimii (Jur. Kand. Diss. Tartu 1969).
– Kriterii ochranosposobnosti chimičeskogo soedinenija v SSSR: V. I. 1974, Nr. 4, 13.
Frolov, K. I., Pravovoe regulirovanie optovych cen: SGiP 1974, Nr. 7, 19.
Furmakov, E. F., und Baraševic, V. R., Koėfficienty dlja opredelenija voznagraždenija po izobretenijam ne sozdajuščim ėkonomii: V. I. 1966, Nr. 11, 3.

Gak, D. V., Rol' izobretatel'stva, racionalizacii i peredovogo opyta v novych chozjajstvennych uslovijach, in: Ėkonomika izobretatel'stva, Materialy naučnoj konferencij (Kiev 1968) 3.
Garmašev, A. F., Sovetskoe zakonodatel'stvo ob izobretatel'stve na službe techničeskogo progressa: SGiP 1959, Nr. 8, 27.
Gatovskij, L. M., Ėkonomičeskie problemy naučno-techničeskogo progressa (Moskau 1971).
Gavrilov, Ė. P., Nekotorye voprosy ochrany racionalizatorskich predloženij v SSSR, in: Naučno-praktičeskaja konferencija na temu „Ochrana prav izobretatelej i racionalizatorov“ (Moskau 1969) 22.
– O vnedrenii techničeskich dostiženij, in: Materialy III. Pribaltijskoj konferencii po patentnym i licenzionnym voprosam I (Riga 1968) 8.
– Ponjatie racionalizatorskogo predloženija: V. I. 1969, Nr. 1, 21.
Genkin, D. M., K voprosu o sisteme Sovetskogo socialističeskogo prava: SGiP 1959, Nr. 9, 87.
– Predmet i sistema Sovetskogo trudovogo prava: SGiP 1940, Nr. 2, 55.
Gincburg, L. und Pašukanis, E., Kurs Sovetskogo chozjajstvennogo prava (Moskau 1935).
Gincburg, L. Ja., Zakonodatel'stvo o trestach i sindikatach (Moskau und Leningrad 1926).
Gojchbarg, A. G., Chozjajstvennoe pravo RSFSR (Moskau 1924).
– Očerki chozjajstvennogo prava (Moskau 1927).
Gol'dfarb, L. M., Ob otraslevoj sisteme patentnoj informacii: V. I. 1973, Nr. 6, 36.
Gordon, M. V., Lekcii po Sovetskomu graždanskomu pravu (Char'kov 1960).
– Ponjatie Sovetskogo avtorskogo prava, Učenye Zapiski Char'kovskogo juridičeskogo instituta, Bd. 1 (Char'kov 1939).
– Sistema torgovogo prava SSSR (2. Aufl., Char'kov 1927).
Gorodisskij, M. L., Licenzionnyj dogovor vo vnešnej torgovle SSSR (Jur. Doktordiss. Moskau 1971).
– Patentnye voprosy v meždunarodnom torgovle: Vnešnaja Torgovlja 1963, Nr. 10.
– Podgotovka predprijatijami materialov po prodaže licenzii (Leningrad 1963).
– und Ivanov, I. D., Licenzionnyj dogovor (Moskau 1961).
– Pokupka i prodaža licenzii (Leningrad 1963).
Gorski, A., Patentnaja informacija i ee mesto v informacionnom obespečenii specialistov nauki i techniki: V. I. 1973, Nr. 1, 30.

Griško, I. N., und Starovojtov, S. S., Opredelenie edinovremennogo poošritel'nogo voznagraždenija: V. I. 1973, Nr. 3, 40.
Gringol'c, I. A., O teorii avtorskogo voznagraždenija za proizvedenija literatury, nauki i iskusstva, Učenye Zapiski V. N. I. I. S. Z., Bd. XIV (Moskau 1968).
Gurevič, I., Čest' i drugie neimuščestvennye prava graždan i ochrana ich v Sovetskom graždanskom prave: Sovetskaja Justicija 1939, Nr. 3, 15.
Gutenmacher, L. I., Kibernetika i izobretatel'stvo: Izobretatel'stvo v SSSR 1957, Nr. 1, 7.
Guzin, V. V., Nekotorye voprosy ėffektivnogo ispol'zovanija izobretenij: V. I. 1970, Nr. 6, 7.

Inozemcev, L. A., und Ivanov, V. D., Sovetskie patenty i licenzii za rubežom: V. I. 1969, Nr. 6, 59.
Ioffe, O. S., Pravootnošenie po Sovetskomu graždanskomu pravu (Leningrad 1949).
– Pravovoe regulirovanie chozjajstvennoj dejatel'nosti v SSSR (Leningrad 1959).
– Sovetskoe graždanskoe pravo, Bd. III (Leingrad 1965).
– u. a., Sovetskoe graždanskoe pravo, 2 Bde. (Leningrad 1971).
– und Šargorodskij, M. D., Voprosy teorii prava (Moskau 1961).
– und Tolstoj, Ju. K., Osnovy Sovetskogo graždanskogo zakonodatel'stva (Leningrad 1962).
Ionas, V. Ja., Izobretatel'skoe pravootnošenie v Sovetskom graždanskom prave (Jur. Kand. Diss. Leningrad 1955).
– Kriterij tvorčestva v avtorskom prave i sudebnoj praktike (Moskau 1963).
– O želatel'nych izmenenijach Položenija ob izobretenijach i techničeskich usoveršenstvovanijach: SGiP 1956, Nr. 5, 32.
– Ob"ekt izobretenija: V. I. 1969, Nr. 7, 3.
– Proizvedenie tvorčestva v sisteme Sovetskogo graždanskogo prava (Jur. Doktordiss. Moskau 1966).
– Techničeskoe usoveršenstvovanie i racionalizatorskoe predloženie: SGiP 1954, Nr. 2, 104.
– Kljuev, A., und Mavrin, A., Prava izobretatelej i racionalizatorov (Moskau 1959).
– Mamiofa, I. Ė., Zagnaev, L., und Dmitriev, N. G., V pomošč' izobretatelju i racionalizatoru (Leningrad 1961).
Ivanov, I. D., Patentnaja sistema i ėkonomika sovremennogo kapitalizma: MEMO 1968, Nr. 2, 54.
– Patentnaja sistema sovremennogo kapitalizma (Moskau 1966).

Jaičkov, K. K., Izobretenie i ego pravovaja ochrana v SSSR (Moskau 1961).
– Novoe položenie ob izobretenijach i techničeskich usoveršenstvovanijach: Socialističeskaja Zakonnost' 1942, Nr. 7, 12.
– Pravovye sredstva sposobstvujuščie techničeskomu progressu (Vortrag), in: Social'no-ėkonomičeskie problemy techničeskogo progressa (Moskau 1961).
Jakobson, Process tvorčeskoj raboty izobretatelja (Moskau 1935).
Jampol'skaja, I. A., Obščestvennye organizacii (Moskau 1972).
Jaroševic, V., Čto daet proekt t. Bernštejna izobretatelju-trudjaščemusja, in: K proektu novogo zakona ob izobretenijach (Leningrad 1930).
– K voprosu o sisteme patentovanija: V. K. 1928, Nr. 10, 1459.
– Smysl' patentovanija izobretenij v uslovijach Sovetskogo gosudarstva: V. K. 1928, Nr. 11, 1657.
Jašenskij, Planirovanie izobretatel'skoj i racionalizatorskoj raboty na sovremennych uslovijach: V. I. 1969, Nr. 10, 6.
Joryš, A., Atom i pravo (Moskau 1969).

JUDEL'SON, K. S., u. a., Graždanskij process (Moskau 1972).
JURČENKO, A. K., Ob"ekt izobretateľskogo prava, Očerki po Graždanskomu Pravu (LGU, Leningrad 1957) 225.
– Ponjatie i suščnost' racionalizatorskogo predloženija, in: Naučno-praktičeskaja konferencija na temu „Ochrana prav izobretatelej i racionalizatorov" (Moskau 1969) 13.
– Problemy Sovetskogo izobretateľskogo prava (Leningrad 1963).
– Problemy Sovetskogo izobretateľskogo prava (Jur. Doktordiss. Leningrad 1966).

KALMYKOV, JU. CH., Chozrasčet promyšlennogo predprijatija: Pravovye voprosy (Moskau 1972).
KARPENKO, O, M., Organizacionno-pravovye voprosy planirovanija i koordinacii naučnych issledovanij, in: BOGUSLAVSKIJ u. a., Pravovye voprosy naučno-techničeskogo progressa v SSSR (Moskau 1967) 81.
KEČEKJAN, S. F., Normy prava i pravootnošenija: SGiP 1955, Nr. 2, 24.
KEDROV, B., Izmenenie svjazi meždu estestvoznaniem i technikoj, in: Čelovek i Obščestvo v Naučno-techničeskoj Revoljucii, Konferenzmaterialien (Moskau 1968).
KIRZNER, A. M. und PETROVSKIJ, V. V., Patentnoe i avtorskoe pravo (Leningrad 1927).
KIRZNER, A. M., Spornye voprosy patentnogo prava v svjazi s proektom novogo zakona o patentach na izobretenija: V. K. 1928, Nr. 4, 1.
KISELEV, O. M., Organizacija techničeskoj informacii v konstruktorskich bjuro promyšlennych predprijatij (Leningrad 1962).
KLEBANER, V. S., Važnye rešenija po stimulirovaniju rasprostraneniju peredovogo opyta: V. I. 1972, Nr. 9, 11.
KLIMENKO, K. I., O nekotorych aktuaľnych problemach vnedrenija izobretenij v uslovijach chozjajstvennoj reformy, in: Materialy III, Pribaltijskoj konferencii po patentnym i licenzionnym voprosam, Bd. IV (Riga 1968) 55.
– und FEJTEL'MAN, K. I., u. a., Ėkonomičeskaja ėffektivnost' kapital'nych vloženij i novoj techniki v promyšlennosti SSSR (Moskau 1966).
KLIMENKO, K. I., PAVLJUČENKO, V. I., PRIROGOV, S. V. und RING, M. P., Ėkonomiceskie problemy naučno-techničeskogo progressa (Moskau 1970).
KNAPP, V., Po povodu diskussii o sisteme prava: SGiP 1957, Nr. 5, 120.
KOČETKOV, B. S., Novyj ėtap patentnoj raboty v vuzach: V. I. 1973, Nr. 2, 3.
KOJTEL', CH., und GAVRILOV, E. P., Ešče raz o sud'be izobretenij: Kommunist Ėstonii 1968, Nr. 7, 49.
KOLGANOV, Zakon stoimosti i ego rol' pri socializme (Moskau 1959).
KOMISSAROV, A. A., Nekotorye voprosy ochrany selekcionnych dostiženij: V. I. 1975, Nr. 12, 8.
KONJAEV, N. I., und TORKANOVSKIJ, E. P., Aktual'nye voprosy vnedrenija racionalizatorskich predloženij: V. I. 1967, Nr. 7.
KORECKIJ, V. I., Avtorskoe pravo na planovye naučnye raboty (Dušanbė 1962).
– Avtorskie pravootnošenija v SSSR (Stalinabad 1959).
– Izobretateľskoe pravo na novom ėtape (Dušanbė 1962).
KOSAREV, A. A., und JANUŠKEVIČ, I. P., Ponjatie i priznaki ochranosposobnogo racionalizatorskogo predloženija: V. I. 1975, Nr. 6, 15.
KOSTIKOVA, T. A., TICHOMIROV, E. M., FROLOV, G. D., Opredelenie razmera voznagraždenija za izobretenija i racionalizatorskie predloženija, ne sozdajuščie ėkonomii: V. I. 1973, Nr. 2, 7.
KOSTIN, L. A., Ėkonomičeskoe stimulirovanie naučno-techničeskogo progressa (Moskau 1971).
KOSYGIN, A. N., Ob uluščenii upravlenija promyšlennostju, soveršenstvovanii planirovanija i usilenii ėkonomiceskogo stimulirovanija promyšlennogo proizvodstva (Moskau 1965).

Kovalev, V. I., Put' k izobreteniju (Moskau 1967).
Kovalevskij, G. T., Lutochina, Ė. A., u. a., Stoimost' v uslovijach socializma (Minsk 1971).
Kozlov, Ju. K., Organizacionnye problemy naučno-techničeskogo progressa (Moskau 1972).
Kozlov, Ju. M., Chozjajstvennaja reforma i apparat upravlenija (Moskau 1971).
– u. a., Chozjajstvennaja reforma, upravlenie i pravo (Moskau 1973).
Kozlova, O. V., Trud, technika, ėkonomika (Moskau 1970).
Kožina, E. A., Izmenenija v zakonodateľstve SSSR v oblasti pravovoj ochrany otkrytij: V. I. 1974, Nr. 1, 40.
– Pravovaja ochrana naučnych otkrytij: V. I. 1968, Nr. 1, 17.
– Pravovye voprosy ochrany naučnych otkrytij (Moskau 1971).
Krasavčikov, O. A., Juridičeskie fakty v Sovetskom graždanskom prave (Moskau 1959).
Krasnopol'skij, A. S., Formy stimulirovanija rabotnikov, učastvujuščich v razrabotke i vnedrenii novoj techniki, in: Boguslavskij u. a., Pravovye voprosy naučno-techničeskogo progressa v SSSR (Moskau 1967).
Kravcova, L. N., Naučnoe otkrytie kak osobyj ob"ekt prava, in: Materialy VI naučnoj konferencii aspirantov, Serija gumanitarnych nauk (Rostov-na-Donu 1967).
– Pravovoe regulirovanie otnošenij po povodu otkrytij v SSSR (Jur. Kand. Diss. Rostov-na-Donu 1968).
Ksenofontov, N. V. und Maevskij, S. A., Kommentarij k obščemu položeniju o naučno-issledovateľskich, konstruktorskich, proektno-konstruktorskich i technologičeskich organizacijach (Moskau 1973).
Kučma, M., Premirovanie za vypolnenie rabot po novoj technike: Sovetskaja Justicija 1968, Nr. 14, 5.
Kukrus, A. Ju., Voprosy organizacii patentno-licenzionnoj raboty v vuzach: V. I. 1974, Nr. 4, 8.
Lagutkin, V. M., Proizvodstvennye ob"edinenija, Problemy i perspektivy (Moskau 1971).
Landkof, S. N., Istorija Sovetskogo izobretateľskogo prava, Naučnye Zapiski Kievskogo Gos. Universita im T.T. Ševčenko, Bd. VII, Nr. 2: Sbornik jur. fakuľteta (1948) Nr. 2, 71.
– Osnovnye problemy Sovetskogo izobretatelskogo prava: SGiP 1950, Nr. 2, 66.
– Osnovy izobretateľskogo prava (Kiev 1961).
– Pravovoe osnovanie avtorskogo voznagraždenija za izobretenija, Učenye Zapiski Kievskogo Gos. Universiteta im. T. T. Ševčenko, Bd. XIII, Nr. 5: Sbornik jurid. fakuľteta (1954) Nr. 7, 78.
Lange, K. A., Organizacija upravlenija naučnymi issledovanijami (Leningrad 1971).
Laptev, V. V. u. a., Chozjajstvennoe pravo (Moskau 1970).
Laptev, V. V., Kommentarij k položenij o socialističeskom gosudarstvennom proizvodstvennom predprijatij (Moskau 1971).
– O Sovetskom chozjajstvennom prave: SGiP 1959, N. 4, 77.
– Pravovoe položenie ob"edinenij v promyšlennosti: SGiP 1973, Nr. 8, 13.
– Pravovoe položenie gosudarstvennych promyšlennych predprijatij v SSSR (Moskau 1963).
Latynin, A. V., Peresmotret' porjadok ėkspertizy na noviznu i poleznost': Izobretateľstvo v SSSR 1957, Nr. 6, 31.
Lazarev, M. I., Techničeskij progress i meždunarodnoe pravo (Moskau 1963).
Lazarev, V. V., Probely v prave i puti ich ustranenija (Moskau 1974).
– Ustanovlenie probelov v prave v processe ego primenenija: SGiP 1973, Nr. 2, 20.

LEPEŠKIN, D. D., Organizacija izobretatel'skoj i racionalizatorskoj raboty na predprijatii (Moskau 1962).
LEVITOV, N. D., Psichologija truda (Moskau 1963).
LIBERMAN, E. G., Interview: „Reforma i vnedrenie“: V. I. 1967, Nr. 7, 12.
LIPECKER, M. S., Reforma zakonodatel'stva ob izobretenijach: Sovetskoe Gosudarstvo i Revoljucija Prava 1931, Nr. 4, 118.
LITVAK, B. T., Izobretatel'stvo i chozjajstvennyj rasčet: V. I. 1966, Nr. 6, 34.
– Planirovanie patentnoj raboty na sovremennom ėtape: V. I. 1975, Nr. 10, 7.
– Podsčet ėkonomii ot vnedrenija izobretenij: V. I. 1973, Nr. 7, 8.
– und BESSONNOV, N. B., Polnoe ispol'zovanie vozmožnostej dlja sozdanija i vnedrenija izobretenij: V. I. 1968, Nr. 11.
LUNINSKIJ, M., Ešče o pravach naučnych sotrudnikov: Front Nauki i Techniki 1935, Nr. 1, 81.
LYNNIK, N. V. und KUZNECOVA, G. S., Soveršenstvovanie patentnoj raboty v otrasli: V. I. 1975, Nr. 11, 7.
LYSENKO, Ob"ekt vypolnen na urovne izobretenija: V. I. 1970, Nr. 10, 3.

MAEVSKIJ, S. A., Sistema organov osuščestvljajuščich v SSSR rukovodstvo razvitiem nauki i techniki, in: BOGUSLAVSKIJ u. a., Pravovye voprosy naučno-techničeskogo progressa v SSSR (Moskau 1967) 18.
MAGACINER, JA. M., Sovetskoe chozjajstvennoe pravo (Leningrad 1928).
MAJKAPAR, E. A., Izobretenie i patent (Moskau 1968).
MAKSAREV, JU. E., Izobretatel'stvo i aktual'nye zadači techničeskogo progressa: V. I. 1969, Nr. 1, 3.
– Leninskij dekret 1919 g. ob izobretenijach i ego značenie dlja razvitija izobretatel'stva v SSSR, Vortrag gehalten auf dem wissenschaftlichen Symposion „Izobretatel'stvo i naučno-techničeskij progress: Problemy patentnogo poiska“, in Moskau (Juli 1968) (Moskau 1968).
– Sotrudničestvo stran-členov SEV v oblasti izobretatel'stva: V. I. 1974, Nr. 6, 3.
– Toržestvo Leninskich principov: V. I. 1974, Nr. 1, 3.
MAKSIMOV, A. und ČUGREEVA, M., Techničeskij progress i material'naja zainteresovannost' (Moskau 1962).
MALAFEEV, A., Istorija cenoobrazovanija v SSSR (Moskau 1964).
MAMIOFA, I. E., Avtorskoe svidetel'stvo kak instrument pravovoj sistemy, roždennoj Velikoj Oktjabrskoj Revoljucii, in: Sbornik „Izobretenie – rezul'tat vysokogo techničeskogo urovnja vypolnjaemych razrabotok“, Materialy k kratkosročnomu seminaru 26–27 dekabrja (Leningrad 1967).
– Izobretatel'skoe pravootnošenie: V. I. 1969, Nr. 10, 16.
– Izobretenie ochranjaemoe zakonom: Optiko-mechaničeskaja Promyšlennost' 1964, Nr. 11, 36.
– Novoe v prave na izobretenie: V. I. 1974, Nr. 3, 13.
– O pravovoj ochrane selekcionnych dostiženij: V. I. 1969, Nr. 1, 14.
– O vlijanii techničeskogo progressa na ponjatie juridičeski značimogo izobretenija: SGiP 1966, Nr. 1, 126.
– Ob ochranosposobnosti matematičeskich rešenij techničeskich zadač: V. I. 1973, Nr. 5, 21.
– Ochrana izobretenij i techničeskij progress (Moskau 1974).
– Otkrytie i ego ob"ekt: V. I. 1976, Nr. 7, 6.
– Praktika ochrany izobretenij, otnosjaščichsja k sposobam polučenija, preobrazovanija i peredači informacii (Leningrad 1970).
– Pravo na izobretenie v SSSR: Optiko-mechaničeskaja Promyšlennost' 1964, Nr. 9, 38.

– Pravovaja zaščita avtorstva i uspechi kibernetiki: Pravovedenie 1965, Nr. 4, 134.
– Pravovye voprosy izobretatel'stva (Leningrad 1968).
– Pravovye voprosy zaščity izobretenij v oblasti chimii: SGiP 1964, Nr. 3, 45.
– Priroda i suščnost' avtorskogo svidetel'stva na izobretenie, in: Problemy pravovoj ochrany izobretenij, Materialy naučnoj sessii (Riga Dezember 1967).
– Soderžanie i ėlementy izobretatel'skogo pravootnošenija, in: Ochrana prav izobretatelej v SSSR, Materialy naučno-praktičeskoj konferencii (Moskau 1969) 43.
– Sovremennaja naučno-techničeskaja revoljucija i pravovye problemy ochrany izobretenij (Jur. Doktordiss. Char'kov 1970).
– Stimulirovanie massovogo izobretatel'stva (Leningrad 1964).
– Vlijanie naučno-techničeskogo progressa na teoriju i praktiku pravovoj zaščity izobretennogo chimičeskogo veščestva, in: Problemy ochrany izobretenij v oblasti chimii, Materialy soveščanija (Riga Juli 1968) 5.
– Voznagraždenie za izobretenija i racionalizatorskie predloženija (Minsk 1963).
– Zavtrašnij den' nauki izobretatel'skogo prava i praktika ochrany izobretenij, in: Materialy III. Pribaltijskoj konferencii po patentnym i licenzionnym voprosam, Bd. I (Riga 1968) 48.
Mamutov, B. K., Predprijatie i vyšestojaščij chozjajstvennyj organ (Moskau 1969).
– und Cimerman, Prava promyšlennych predprijatij, ob"edinenij i ministerstv v rešenii chozjajstvennych voprosov (Moskau 1969).
Markov, Na novom puti: V. K. 1924, Nr. 1, 56.
– Patentovanie izobretenij v SSSR: Revoljucija Prava 1929, Nr. 4, 114.
Martynov, B. S., Avtorskie prava naučnych rabotnikov: Socialističeskaja Zakonnost' 1938, Nr. 1, 72.
– Gosudarstvennoe predprijatie, patentovladelec i novyj zakon ob izobretenijach: V. K. 1931, Nr. 6, 1.
– Pravo avtorstva v SSSR: Učenye Trudy V. I. Ju. N. 9 (1947) 132.
– Prinuditel'naja licenzija po dejstvujuščemu patentnomu zakonodatel'stvu SSSR: V. K. 1928, Nr. 1, 2.
Maslevič, M. G., Pravovye voprosy vnedrenija izobretenij, in: Ochrana prav izobretatelej v SSSR, Materialy naučno-praktičeskoj konferencii (Moskau 1969) 55.
Matveev, G. A., Suščnost' prava na izobretenie v socialističeskom gosudarstve: V. I. 1975, Nr. 8, 11.
Medvedev, V. A., Zakon stoimosti i material'nye stimuly socialističeskogo proizvodstva (Moskau 1966).
Meerzon, S. I., V. I. Lenin i Sovetskoe izobretatel'stvo (Alma-Ata 1969).
– Zaščita Sovetskich izobretenij za granicej (Moskau 1965).
Mel'nik, E. F., Prava izobretatelej i racionalizatorov v processe vnedrenija ich predloženij, in: Ochrana prav izobretatelej v SSSR, Materialy naučno-praktičeskoj konferencii (Moskau 1969).
Michajlov, Z. N., Oformlenie prav na izobretenie po Položeniju 1973 g.: V. I. 1974, Nr. 2, 11.
Michajlovskij, I. O., Patentno-pravovye otnošenija v uslovijach gosudarstvennogo kapitalizma: V. K. 1924, Nr. 1, 61.
Mickevič, A. V., u. a., Pravotvorčestvo v SSSR (Moskau 1974).
Misunin, P. G., und Il'in, I. K., Porjadok obrazovanija i dejatel'nosti proizvodstvennych ob"edinenij (kombinatov): SGiP 1975, Nr. 1, 12.
Mitrakov, I. L., Voprosy stimulirovanija razrabotki i vnedrenija izobretenij: V. I. 1967, Nr. 6, 8.
Mozolin, V. P., Prava izobretatelej i racionalizatorov (Moskau 1960).
Muchačev, V. M., Kak roždajutsja izobretenija (Moskau 1968).

Muchin, B. N., Novizna racionalizatorskogo predloženija: V. I. 1966, Nr. 1, 13.
– Pugovica vygodnee rotornoj linii?: Izobretatel' i Racionalizator 1963, Nr. 2, 20.

Naryškina, Ob"ekt prav izobretatelja (Jur. Kand. Diss. Moskau 1951).
Nazarov, B. P., Izobretateljam – širokuju dorogu: V. I. 1974, Nr. 1, 20.
– Vnedrenie – uspechi i problemy: V. I. 1976, Nr. 2, 33.
Nechorošev, Ju. S., Ėkonomičeskaja priroda voznagraždenija za izobretenija i racionalizatorskie predloženija: Vestnik LGU 1960, Nr. 17.
– Izobretatel'skij trud i ego material'noe stimulirovanie v SSSR (Jur. Kand. Diss. Leningrad 1960).
– Osobennosti izobretatel'skogo truda, in: Izdanija Tomskogo Universiteta (Tomsk 1966) 84.
– Planirovanie nauki: obščie predposylki i osnovnoe soderžanie, in: Izdanija Tomskogo Političeskogo Instituta, Bd. 219 (Tomsk 1969).
Nemčinov, V. S., Obščestvennaja stoimost' i planovaja cena (Moskau 1970).
Nemirovskaja, R. I., Pravovoye formy material'nogo stimulirovanija izobretatel'stva i racionalizacii (Jur. Kand. Diss. Alma-Ata 1970).
– Premirovanie za sodejstvie vnedreniju izobretenij i racionalizatorskich predloženij, in: Ochrana prav izobretatelej v SSSR, Materialy naučno-praktičeskoj konferencii (Moskau 1969) 57.
Nevskij, V. A., Problemy soveršenstvovanija informacii ob izobretenijach: V. I. 1975, Nr. 3, 31.
– Sotrudničestvo stran-členov SEV v oblasti patentnoj informacii: V. I. 1974, Nr. 9, 26.
– Territorial'nye patentnye fondy – sostojanie, problemy: V. I. 1972, Nr. 1, 32.
– Territorial'nye patentnye fondy – tendencija razvitija: V. I. 1972, Nr. 8, 28.
– Territorial'nye patentnye fondy – učet ėffektivnosti: V. I. 1974, Nr. 7, 34.
Nikolaev, A. B., Nauka v sisteme obščestvennych otnošenij: Voprosy Filosofii 1967, Nr. 2, 15.
– Produkt naučnych issledovanij kak tovar: MEMO 1969, Nr. 2, 26.
– Social'no-ėkonomičeskaja suščnost' naučnych issledovanij: MEMO 1967, Nr. 12, 39.
– Social'no-ėkonomičeskie protivorečija naučnogo progressa v SŠA: Vestnik MGU, Serija Ėkonomika, 1966, Nr. 2.
Nosov, V. A., O priznakach racionalizatorskogo predloženija: Pravovedenie 1966, Nr. 2.
– Racionalizatorskoe predloženie po Sovetskomu izobretatel'skomu pravu (Jur. Kand. Diss. Leningrad 1966).
– Tvorčestvo kak priznak racionalizatorskogo predloženija, in Sbornik „Voprosy ochrany prav ličnosti i ukreplenija socialističeskoj zakonnosti" (Saratov 1966).
Novožilov, A. G., Voprosy ispol'zovanija patentnoj informacii: V. I. 1972, Nr. 8, 24.

Ogryzkov, V. M., Pravovoe regulirovanie kačestva produkcii (Moskau 1973).
– Pravovoe regulirovanie upravlenija kačestvom produkcii: SGiP 1974, Nr. 5, 72.
Omarov, A. M., u. a., Naučno-techničeskij progress i chozjajstvennaja reforma (Moskau 1969).
– Besedy ob ėkonomičeskoj reforme (Moskau 1972).
Omel'čenko, A. I., Čto mešaet razvitiju izobretatel'stva?: Kommunist 1956, Nr. 14, 123.
– O nekotorych voprosach Sovetskogo izobretatel'skogo prava, Izdanija MGU (Moskau 1955).
Orlov, A. I., Pravovye voprosy premirovanija za sozdanie i vnedrenie novoj techniki, in: N. G. Aleksandrov u. a., Pravovye voprosy premirovanija za sozdanie i vnedrenie novoj techniki (Moskau 1964) 131.
– Zakonodatel'stvo o trude i techničeskij progress (Moskau 1965).

Ovčinnikov, V. N., Koėffizient tvorčestva: Izobretateľ i Racionalizator 1963, Nr. 2, 20.
– Ob uporjadočenii sistemy avtorskogo voznagraždenija: V. I. 1966, Nr. 9, 3.
– Opredeleniju avtorskogo voznagraždenija – racionaľnuju osnovu: V. I. 1965, Nr. 11, 9.
– Trud izobretatelja i avtorskoe voznagraždenie: V. I. 1966, Nr. 5, 37.

Pašerstnik, A. E., K voprosu o ponjatii voznagraždenija za trud rabočich i služaščich, in: Sbornik „Voprosy trudovogo prava", Bd. I (Moskau und Leningrad 1948).
– Pravovye voprosy voznagraždenija za trud rabočich i služaščich (Moskau und Leningrad 1949).
Paškov, A. I., Ėkonomiceskie problemy socializma (Moskau 1970).
Pečatnikov, Ju. T. und Krajtman, V. P., Otraženie patentno-pravovych pokazatelej v optovoj cene izdelij: V. I. 1973, Nr. 12, 9.
Pereterskij, I. S., und Krylov, S. B., Meždunarodnoe častnoe pravo (Moskau 1940; 5. Aufl. Moskau 1959).
Pergament, M. Ja., Neskoľko slov o proekte patentnogo zakona, razrabotannom C.B.R.I.Z. VCNCh SSSR: V. K. 1928, Nr. 10, 1466.
– Novejšij trud o promyšlennych pravach: V. K. 1930, Nr. 2, 18.
– Ob odnoj novoj teorii isključiteľnych prav: V. K. 1928, Nr. 12, 1828.
– Proekt novogo zakona o patentach na izobretenija: V. K. 1928, Nr. 6, 785.
Petrakov, N. Ja., Chozjajstvennaja reforma: plan i ėkonomičeskaja samostojateľnost' (Moskau 1971).
Petrov, G. I., K voprosu ob ochranosposonobnosti perenosa izvestnych techničeskich rešenij: V. I. 1976, Nr. 6, 26 ff.
– Sovetskoe administrativnoe pravo, Čast' obščaja (Leningrad 1970).
Petrovskij, V. V., Porjadok priobretenija patentov na izobretenija gosorganami: Predprijatie 1926, Nr. 3, 26.
Pigolkin, Obnaruženie i preodolenie probelov prava: SGiP, 1970, Nr. 3, 49.
Piskotin, M. I., Rassudovskij, V. A., Ring, M. P. u. a., Organozacionno-pravovye voprosy rukovodstva naukoj v SSSR (Moskau 1973).
Podoprigora, A. A., Patentnoe pravo kapitalističeskich stran (Kiev 1968).
Poklonskij, B. V., Ochrana prav novatora proizvodstva v SSSR (Jur. Kand. Diss. Char'kov 1952).
– Opredelenie razmera avtorskogo voznagraždenija: V. I. 1966, Nr. 2, 3.
Poklonskij, Dva proekta zakona ob izobretenijach, in: K proektu novogo zakona ob izobretenijach (Leningrad 1930).
Poležaj, P. T., Šelestov, V. S., O sootnošenij juridičeskich i techničeskich norm v socialističeskom obščestve: SGiP 1960, Nr. 10, 13.
Poljakov, G. K., Izobretenie kak ob"ekt pravovogo regulirovanija v uslovijach chozjajstevnnoj reformy: V. I. 1968, Nr. 6, 14.
– Nekotorye voprosy ispoľzovanija izobretenij v SSSR, in: Problemy pravavoj ochrany izobretenij, VI naučnaja jubilejnaja sessija R.O.I.P. (Riga 1967) 12.
Ponomarev, Ja. A., Psichologija tvorčeskogo myšlenija (Moskau 1960).
Popov, V. A., Izobretateľstvo i racionalizacija v SSSR (Moskau 1962).
– Pravovye formy realizacii izobretenij i razionalizatorskich predloženij, in: Ochrana prav izobretatelej v SSSR, Materialy naučno-praktičeskoj konferencii (Moskau 1969) 51.
Poraj-Košic, Poleznost' i novizna, in: K proektu novogo zakona ob izobretenijach (Leningrad 1930) 15.
Povolockij, L. I., Avtorskoe svideteľstvo i patent na izobretenie: V. K. 1930, Nr. 10, 8.
– Dva proekta zakona ob izobretenijach, in: K proektu novogo zakona ob izobretenijach (Leningrad 1930) 9.

– Izobretenija služaščich po proektu novogo zakona o patentach: V. K. 1928, Nr. 6, 796.
– Lenin ob izobretateľstve: SGiP 1940, Nr. 7, 75.
– Ochrana naučnych otkrytij: Sovetskaja Justicija 1931, Nr. 6.
– Patentovanie izobretenij po zakonoproektu v redakcii C.B.R.I.Z.: V. K. 1928, Nr. 11, 1649.
– Pravo preždepoľzovanija: V. K. 1930, Nr. 9, 26.
– Priobretenie patentov gospredprijatiem: V. K. 1928, Nr. 8, 1109.
– Spornye voprosy proekta novogo patentnogo zakona: V. K. 1928, Nr. 7, 946.
Pozdnjakov, V. S., Gosudarstvennaja monopolija vnešnej torgovli v SSSR (Moskau 1969).
– Sovetskoe Gosudarstvo i vnešnjaja torgovlja (Moskau 1976).
– u. a., Ėksportno-importnye operacii – pravovoe regulirovanie (Moskau 1970).
Poznanskij, V. S., O razvitii massovogo rabočego izobretateľstva i racionalizacii: Voprosy Istorii 1960, Nr. 3, 138.
– V. I. Lenin i Sovetskoe izobretateľstvo: Voprosy Istorii 1962, Nr. 4, 3.
Preobraženskij, E., Novaja ėkonomija (Moskau 1926).
Prostjakov, I. I., Uskorenie techničeskogo progressa v uslovijach chozjajstvennoj reformy (Moskau 1973).

Rachmilovič, V. A., Pravovoe položenie proizvodstvennych edinic ob"edinenija (kombinata): SGiP 1975, Nr. 2, 85.
Raevič, S. I., Isključiteľnye prava: Pravo na tovarnye znaki, promyšlennye obrascy, izobretenija; avtorskoe pravo (Leningrad 1926).
– Politika izobretateľstva i patentnoe pravo dvuch sistem v period obščego krizisa kapitalizma (Moskau und Leningrad 1934).
Rajcher, V. K., Absoljutnye i otnositeľnye prava (k probleme delenija chozjajstvennych prav), Izvestija ėkon. fakuľteta Leningradskogo politechničeskogo Instituta, Bd. I (Leningrad 1928).
Rajgorodskij, N. A., Imperializm i učenye (Moskau 1931).
– Izobretateľskoe i avtorskoe pravo v sisteme graždanskogo prava: Pravovedenie 1958, Nr. 1, 56.
– Izobretateľskoe pravo SSSR (Moskau 1949).
– Juridičeskoe lico kak sub"ekt avtorskogo prava, in: Očerki po Graždanskomu Pravu (Leningrad 1957) 199.
– Osnovnye problemy izobretateľskogo prava: Socialističeskaja Zakonnost' 1938, Nr. 8, 66.
– Otkrytie i ego ochrana v Sovetskom graždanskom prave. Učenye Zapiski LGU, Nr. 201, Serija jurid. nauk, Bd. VII (Leningrad 1955) 121.
– Roľ prava v uskorenii techničeskogo progressa: Pravovedenie 1961, Nr. 2, 39.
Rassochin, V. P., Čto tormozit vnedrenie izobretenij?: Kommunist Ėstonii 1967, Nr. 12, 40.
– Istoričeskij opyt organizacii ispoľzovanija izobretenij v narodnom chozjajstve SSSR: V. I. 1967, Nr. 7, 4.
– Mežotraslevye svjazi i techničeskij progress: V. I. 1972, Nr. 5, 12.
– O dogovore vozmezdnoj peredači techničeskogo opyta: V. I. 1970, Nr. 9, 11.
– O edinoj sisteme vnedrenija techničeskich dostiženij: V. I. 1971, Nr. 3, 48.
– O normativnych kriterijach patentosposobnosti, in: Ochrana prav izobretatelej v SSSR, Materialy naučno-praktičeskoj konferencii (Moskau 1969).
– O probleme povyšenija urovnja novych techničeskich izdelij: V. I. 1968, Nr. 12, 3.
– Ob isključiteľnom prave Sovetskogo gosudarstva na izobretenie: V. I. 1969, Nr. 5, 16.
– Pravovye problemy ispoľzovanija izobretenij v narodnom chozjajstve (Jur. Kand. Diss. Moskau 1970).
– und Ring, M. P., Pravo i vnedrenie dostiženij nauki i techniki: SGiP 1973, Nr. 3, 55.

RASSUDOVSKIJ, V. A., Gosudarstvennaja organizacija nauki v SSSR (Moskau 1971).
– Naučno-issledovatel'skie organizacii i ich dogovornye pravootnošenija po sozdaniju i vnedreniju novoj techniki, in: BOGUSLAVSKIJ u. a., Pravovye voprosy naučno-techničeskogo progressa v SSSR (Moskau 1967).
– Pravovoe položenie naučno-issledovatel'skich i proektno-konstruktorskich organizacij v sfere techničeskogo progressa: SGiP 1964, Nr. 11, 39.
RAVINSKIJ, E. A., u. a., Finansovoe pravo (Moskau 1971).
REJCHEL', M. O., Voprosy avtorskogo i izobretatel'skogo prava i proekt GK SSSR: Socialističeskaja Zakonnost' 1939, Nr. 12, 51.
REŠETNJAK, V. Z., und SOLOV'EVA, L. I., Novuju techniku – na uroven' izobretenij: V. I. 1973, Nr. 9, 46.
RING, M. P., Dogovory na naučno-issledovatel'skie i konstruktorskie raboty (Moskau 1967).
– Pravovoe regulirovanie naučno-techničeskogo progressa: SGiP 1972, Nr. 2, 113.
RJABČINSKIJ, N., Dejstvujuščij patentnyj zakon i ego nedostatki: V. K. 1927, Nr. 10, 10.
– K istorii zakonoproekta, in: K proektu novogo zakona ob izobretenijach (Leningrad 1930).
RJASENCEV, V. A., Ličnye prava izobretatelej, in: Ochrana prav izobretatelej v SSSR, Materialy naučno-praktičeskoj konferencii (Moskau 1969).
– Neimuščestvennye prava izobretatelej: V. I. 1969, Nr. 10, 11.
– Sovetskoe graždanskoe pravo (Moskau 1965).
– Sovetskoe izobretatel'skoe pravo (Moskau 1961).
– u. a., Patentovedenie (Moskau 1976).
ROGOVCEV, S. E., Planirovanie i finansirovanie naučno-techničeskogo progressa na predprijatii (Moskau 1965).
ROMAŠKIN, P. S., Techničeskij progress i Sovetskoe pravo: SGiP 1960, Nr. 1, 14.
ROVINSKIJ, E. A., u. a., Finansovoe pravo (Moskau 1971).
RUBINŠTEJN, S. L., Osnovy obščej psichologii (Moskau 1946).
RUDAKOV, Sovetskaja racionalizacija (Moskau 1935).
RUMJANCEV, A. F., u. a., Političeskaja ėkonomija socializma (Moskau 1972).
RUMJANCEV, M. A., und BUNIČ, P. G., Ėkonomičeskaja reforma: ee osuščestvlenie i problemy (Moskau 1969).
RUMJANCEV, G. A., Patentnaja sistema SŠA (Moskau 1968).
RUTMAN, L. M., Pravovoe položenie predprijatija vchodjaščego v sostav ob"edinenija: SGiP 1974, Nr. 2, 55.
RYNDZJUNSKIJ, K proektu novogo zakona o patentach na izobretenija: V. K. 1928, Nr. 9, 1292.

SALIMOVSKIJ, V. und GORODISSKIJ, M., Licenzintorg – novoe vnešnetorgovoe ob"edinenie: Vnešnjaja Torgovlja 1963, Nr. 1, 13.
SAPELKIN, V. V., K voprosu pravovoj ochrany naučnych otkrytij: V. I. 1972, Nr. 1, 17.
– Novy šag v oblasti pravovoj ochrany naučnych otkrytij: V. I. 1974, Nr. 8, 8.
SARUCHANJAN, L. F., AKOPJAN, I. S., und DAVIDOVA, D. G., Organizacija patentnoj informacii v Armjanskoj SSSR: V. I. 1976, Nr. 7, 38.
SAVIČEV, G. P., Pravovye problemy techničeskogo progressa (Vestnik Moskovskogo Universiteta, Serija pravo; 1967, Nr. 1).
– Techničeskij progress i voprosy izobretatel'skogo prava (Moskau 1972).
SEDEL'NIKOV, T., Puti Sovetskogo izobretatel'stva (Moskau und Leningrad 1929).
SEDLOV, P. A., Stimulirovanie techničeskogo progressa – ryčag povyšenija ėffektivnosti obščestvennogo proizvodstava: V. I. 1973, Nr. 10, 4.
– Material'noe stimulirovanie peredači naučno-techničeskich dostiženij i peredovogo opyta: V. I. 1974, Nr. 7, 9.

SEREBROVSKIJ, V. I., Naučnoe otkrytie kak ob"ekt poznanija: SGiP 1959, Nr. 3, 48.
– SSSR (Moskau 1960).
– Pravovaja ochrana naučnych otkrytij v SSSR (Moskau 1960).
– Voprosy Sovetskogo avtorskogo prava (Moskau 1956).
– und MOZOLIN, V. P., Avtorskoe pravo na otkrytie, izobretenie i racionalizatorskoe predloženie (Moskau 1961).
SERGEEV, JU. D., K voprosu o prave na imja: V. I. 1968, Nr. 8.
– und GRINGOL'C, I. A., Voprosy stimulirovanija techničeskogo tvorčestva: V. I. 1967, Nr. 1, 55.
– und TEREŠČENKO, O., Novaja technika i patenty: Kommunist 1965, Nr. 8, 65.
SIMONOV u. KLIMENKO, Voprosy soveršenstvovanija vnedrenija novoj techniki: V. I. 1969, Nr. 4, 8.
SIMONOV, Talant i trud v techničeskom tvorčestve: Izobretatel' i Racionalizator 1960, Nr. 1, 24.
SKRIPKO, V. P., Administrativnaja ochrana prav izobretatelej i racionalizatorov: SGiP 1972, Nr. 4, 57.
– Novoe v Sovetskom izobretatel'skom prave: SGiP 1974, Nr. 4, 26.
– Ochrana prav izobretatelej i racionalizatorov (Moskau 1972).
SKVORCOV, L. I., Ceny i cenoobrazovanie v SSSR (Moskau 1972).
SMELJAKOV, N. N., Patenty i licenzii: V. I. 1966, Nr. 10, 4.
SMIRNOV, G. I., Izobretatel'skoe pravo i problemy standartizacii: V. I. 1975, Nr. 9, 14.
– Nekotorye voprosy pravovoj ochrany matematičeskogo obespečenija ĖVM: V. I. 1974, Nr. 12, 13.
– Nekotorye voprosy pravovogo regulirovanija organizacionnych predloženij: V. I. 1973, Nr. 1, 19.
– O centralizovannoj vyplate voznagraždenija: V. I. 1975, Nr. 11, 42.
– Pravovoe značenie udostoverenija na racionalizatorskoe predloženie: V. I. 1975, Nr. 3, 3.
– Racionalizatorskoe predloženie po Položeniju 1973 g.: V. I. 1974, Nr. 1, 53.
SOFONOV, G. P., Socialističeskoe sorevnovanie i izobretatel'stvo: V. I. 1975, Nr. 6, 3.
SOJFER, V. G., Stimulirovanie rabotnikov za razvitie novoj techniki (Moskau 1971).
SOLODENIN, V. A., Spornye voprosy, svjazannye s sozdaniem služebnych izobretenij: V. I. 1970, Nr. 6, 10.
STUČKA, I. JA., Kurs Sovetskogo graždanskogo prava III (Osobaja čast' graždanskogo prava) (Moskau 1931).
SVJADOSC, JU. I., Avtorskoe svidetel'stvo – osnovnaja forma ochrany izobretenij v SSSR (Moskau 1961).
– Avtorskoe svidetel'stvo – osnovnaja forma ochrany izobretenij v SSSR: V. I. 1969, Nr. 6, 40.
– Buržuaznoe patentnoe pravo (Moskau 1967).
– O sistematizacii izobretatel'skogo prava: V. I. 1970, Nr. 7, 10.
ŠACHNAZAROV, A. M., K proektu zakona o patentach na izobretenija: V. K. 1928, Nr. 6, 790.
– Porjadok priobretenija patentov na izobretenija gosučreždenijami i predprijatijami: V. K. 1925, Nr. 3, 33.
ŠAFIR, M. A., Kompetencija SSSR i sojuznoj respubliki: konstitucionnye voprosy (Moskau 1958).
ŠALITO, N. V., O pravovoj ochrane organizacionnych predloženij: V. I. 1966, Nr. 6, 3.
– O trebovanijach k novizne izobretenija po Sovetskomu zakonodatel'stvu: V. I. 1975, Nr. 10, 12.
ŠATROV, V. P., Ispol'zovanie izobretenij v narodnom chozjajstve: SGiP 1974, Nr. 7, 48.

– Ochrana inostrannych izobretenij v SSSR i Sovetskich izobretenij za rubežom: V. I. 1975, Nr. 2, 9.
– und Jakovleva, E. M., Sootnošenie pravovogo regulirovanija izobretenij i novoj techniki: SGiP 1976, Nr. 7, 66.
Šelestov, V. S., Povyšenie kačestva produkcii promyšlennych predprijatij: SGiP 1972, Nr. 5, 78.
Šipov, M. O., Problema novogo patentnogo zakona: V. K. 1928, Nr. 8, 1106.
Šuchardin, S. V., u. a., Sovremennaja naučno-techničeskaja revoljucija (Moskau 1967).

Tadevosjan, V. S., Nekotorye voprosy sistemy Sovetskogo prava: SGiP 1956, Nr. 8, 99.
Taksir, K. I., Specializirovannye organizacii po vnedreniju novoj techniki: V. I. 1976, Nr. 2, 39.
Tarasenko, Stoljarov und Dimitrenko, Tovarnoe proizvodstvo, zakon stoimosti i den'gi pri socializme (Moskau 1959).
Tarasov, V. I., Sorevnujutsja novatory Moskvy: V. I. 1973, Nr. 6, 3.
Tel'nichin, V. F., Material'noe stimulirovanie izobretatel'stva i racionalizacii v promyšlennosti SSSR (Jur. Kand. Diss. Leningrad 1958).
– Ob ėkonomičeskoj prirode voznagraždenija za izobretenija: Izobretatel'stvo v SSSR 1957, Nr. 6, 23.
Teplov, L., Stimuly konservatizma: Izobretatel' i Racionalizator 1967, Nr. 12, 20.
Tichomorov, Ja. A., Sovetskoe gosudarstvo i naučno-techničeskaja revoljucija: SGiP 1973, Nr. 5, 3.
Tiskevič, Javljajutsja li rukovodjaščie ukazanija plenuma Verchovnogo Suda SSSR istočnikom prava: SGiP 1956, Nr. 6, 31.
Tolstoj, G. K., K teorii pravootnošenija (Leningrad 1959).
Torkanovskij, E. P., Material'noe stimulirovanie izobretatelej i racionalizatorov, in: Boguslavskij u. a., Pravovye voprosy naučno-techničeskogo progressa v SSSR (Moskau 1967).
– Ob osnovnych principach sistemy material'nogo stimulirovanija izobretatelej i racionalizatorov: V. I. 1966, Nr. 1, 8.
– Planirovanie i material'noe stimulirovanie izobretatel'stva i racionalizacii na predprijatii (Kujbyšev 1968).
– Ponjatie racionalizatorskogo predloženija: SGiP 1960, Nr. 6, 47.
– Ponjatie novoj techniki v Sovetskom prave: SGiP 1973, Nr. 5, 50.
– Problemy pravovogo regulirovanija izobretatel'stva i racionalizacii v SSSR (Jur. Doktordiss. Kujbyšev 1965).
– Pravovye voprosy vnedrenija izobretenij i racionalizatorskich predloženij, in: Ochrana prav izobretatelej v SSSR, Materialy naučno-praktičeskoj konferencii (Moskau 1969) 47.
– Sovetskoe zakonodatel'stvo ob izobretatel'stve i racionalizacii (Kujbyšev 1964).
Trachtengerc, L. A., Dogovory o peredače naučno-techničeskich dostiženij v ramkach SĖV: V. I. 1975, Nr. 10, 44.
– Izobretatel'skoe pravo socialističeskich stran i pravo na otkrytie (Moskau 1968).

Usenko, E. T., Suščnost' i formy socialističeskoj monopolii vnešnej torgovli: Vnešnjaja Torgovlja 1967, Nr. 6, 39.

Vajsberg, P., u. a., Ėtapy ėkonomičeskoj istorij SSSR (Moskau 1934).
Vasilejskij, Psichologija techničeskogo izobretatel'stva (Psychol. Doktordiss. Gor'kij 1952).
Vasil'ev, V. D., Patentnye služby i razrabotka techničeskoj politiki podotrasli: V. I. 1974, Nr. 3, 10.

VAGANOV, B. S., Gosudarstvennaja monopolija vnešnej torgovli v socstranach, in: Sbornik „Vnešnjaja torgovlja socialističeskich stran: Voprosy teorii“ (Moskau 1966).
VČERAŠNIJ, R. P., O dal'nejšem razvitii sistemy patentnoj informacii v SSSR: V. I. 1972, Nr. 7, 6.
VENEDIKTOV, A. V., Gosudarstvennaja socialističeskaja sobstvennost' (Moskau und Leningrad 1948).
– O sub"ektach socialističeskich pravootnošenij: SGiP 1955, Nr. 6.
– Organizacija gosudarstvennoj promyšlennosti v SSSR, Bd. I (Leningrad 1957).
VENECIANOV, M. S., O porjadke priobretenija patentov gosorganami: Predprijatie 1926, Nr. 3, 96.
– O porjadke priobretenija prav na izobretenie (patentnych licenzij) gosudarstvennymi učreždenijami i predprijatijami: V. K. 1925, Nr. 8, 44.
VENECKIJ, V. S., Dogovory o sozdanii i ispol'zovanij novych techničeskich rešenij: V. I. 1970, Nr. 12.
VIKTOROV, V. M., Patentno-pravovye pokazateli pri ocenke techničeskogo urovnja i kačestva produkcii: V. I. 1972, Nr. 3, 3; V. I. 1973, Nr. 6, 59; Nr. 8, 55.
VILEJTA, A. P., O suščnosti ličnych neimuščestvennych prav, reguliruemych Sovetskim graždanskim pravom, in: Trudy Akad. Nauk Litovskoj SSSR, Serija A, 1962, Nr. 1, 17.
VINOGRADOV, V. N., Vuz i proizvodstvo – tesnyj kontakt: V. I. 1973, Nr. 10, 44.
VIRSKIJ, E. A. und FEDJUK, V. I., Voprosy i otvety po ėkonomičeskoj reforme (Minsk 1972).
VOLKOV, G. N., Vzaimosvjaz' nauki i proizvodstva: Voprosy Filosofii 1967, Nr. 2, 27.
VOLYNEC-RUSSET, E. JA., Planirovanie i rasčet ėffektivnosti priobretenija licenzii (Moskau 1973).
VOL'F, V. JU., Osnovy chozjajstvennogo prava (Moskau 1928).

ZABIGAJLO, Problema „probelov v prave“: Kritika buržuaznoj teorii (Jur. Kand. Diss. Kiev 1972).
ZAJCEV, B. F., und LAPIN, B. A., Organizacija planirovanija naučno-techničeskogo progressa (Moskau 1970).
ZAPOL'SKIJ, A., Organizacija izobretatel'skogo dela, patentnyj zakon, komitet po delam izobretenij i C. B. R. I. Z.: V. K. 1928, Nr. 9, 1288.
ZARUBIN, M. N., Prava avtorov otkrytij, izobretenij i racionalizatorskich predloženij po Položeniju 1973 g.: V. I. 1974, Nr. 3, 19.
ZEK, I., Realizacija izobretenij v gospromyšlennosti: V. K. 1928, Nr. 9, 1319.
– Reforma organov po realizacii izobretenij: V. K. 1930, Nr. 5, 18.
ZENIN, I. A., Pravovye kriterii dlja ustanovlenija voznagraždenija za izobretenija, ne sozdajuščie ėkonomii: V. I. 1970, Nr. 11, 6.
– Voznagraždenie za izobretenija v uslovijach chozjajstvennoj reformy, in: Ochrana prav izobretatelej v SSSR, Materialy naučno-praktičeskoj konferencii (Moskau 1969) 36.
ZENKIN, N. M., Inženeru ob izobretenii (Moskau 1976).
– O sootnošenii izobretenija i otkrytija: V. I. 1973, Nr. 7, 20.
– Ponjatie izobretenija po novomu Položeniju ob otkrytijach, izobretenijach i racionalizatorskich predloženijach: V. I. 1974, Nr. 1, 46.
ZIVS, S. L., O metode sravnitel'nogo issledovanija v nauke o gosudarstve i prave: SGiP 1964, Nr. 3, 23.
– Reakcionno-utopičeskaja koncepcija „sinteza“ socialističeskoj i buržuaznoj pravovych sistem: SGiP 1960, Nr. 6, 53.
ŽALKOVSKIJ, V. G., und ŠUL'MAN, L. S., O peredače peredovogo opyta na chozrasčetnych načalach: V. I. 1974 Nr. 2, 45.

ŽUDRA, K. V., Pravovye sredstva ochrany i realizacii Sovetskich izobretenij (Jur. Kand. Diss. Kiev 1968).

ŽUKOVSKIJ, JA. M., u. a., Političeskaja ėkonomija, Bd. IV: Socialističeskoe vozproizvodstvo, pererastanie socializma v kommunizm, zakonomernosti razvitij mirovoj socialističeskoj sistemy chozjajstva (Moskau 1971).

LITERATURVERZEICHNIS

Schrifttum in westlichen Sprachen

ADELMAN und JARESS, Inventions and the Law of Trade Secrets After Lear v. Adkins: Wayne L. Rev. 1969, 77.

– Patent-Antitrust Law – A New Theory: Wayne L. Rev. 1971, 1.

ADLER, Zur juristischen Konstruktion des Urheberrechts: ArchBürgR 1895, 104.

ALBERT, Marktsoziologie und Entscheidungslogik – Objektbereich und Problemstellung der theoretischen Nationalökonomie: ZfSt 1958, 169.

– Die Problematik der ökonomischen Perspektive: ZfSt 1961, 438.

– Der Trugschluß der Lehre vom Gütermaximum: ZfN 1953, 169.

ALDERSON, A Marketing View of the Patent System, in: ALDERSON/TERPSTRA/SHAPIRO/ (eds.), Patents and Progress – The Sources and Impact of Advancing Technology (Homewood, Ill., 1965).

ANDERFELDT, International Patent Legislation and Developing Countries (Den Haag 1971).

AREEDA, Antitrust Analysis (Boston und Toronto 1967; mit Supplement 1970).

ARROW, Economic Welfare and the Allocation of Resources for Invention, in: The Rate and Direction of Inventive Activity – Economic and Social Factors (NBER) 1962, 609.

– The Economic Implications of Learning by Doing: RES 1962, 155.

BAIER und RESCHER (eds.), Values and the Future – The Impact of Technological Change on American Values (New York 1969).

BAIN, Barriers to New Competition (Cambridge, Mass., 1956).

BALASSA, The Economic Reform in Hungary: Econ. 1970, Nr. 37, 1.

– Success Criteria for Economic Systems, in: BORNSTEIN (ed.), Comparative Economics, Models and Cases (Homewood, Ill., 1965).

BALINKY (ed.), Planning and the Market in the U. S. S. R. in the 1960's (New Brunswick, N. J., 1967).

BALZ, Invention and Innovation under Soviet Law (Lexington, Mass., 1975).

– Inventions and the Organization of Technical Progress in the Soviet Union (Unveröffentl. LL. M. – Dissertation, Harvard Law School 1973).

BARAN und SWEEZY, Monopoly Capital, An Essay on the American Economic and Social Order (New York und London 1966).

BARTON, Limitations on Territory, Field of Use, Quantity, and Price in Know-how Agreements with Foreign Companies: U. Pittsburgh L. Rev. 1966, 195.

BARUCH, Zum Anwendungsbereich des GWB: WuW 1961, 530.

BATOR, The Anatomy of Market Failures: QJE 1958, 351.

BATTIFOL, Traité élémentaire de droit international privé (3. Aufl., Paris 1959).

BAUMBACH/HEFERMEHL, Wettbewerbs- und Warenzeichenrecht (9. Aufl., München 1964).

BAUMOL, Welfare Economics and the Theory of the State (Cambridge, Mass., 1952).

BAUR, Lehrbuch des Sachenrechts (8. Aufl., München 1975).

BAXTER, Legal Restrictions on Exploitation of the Patent Monopoly: Yale L. J. 1966, 267.

BEACH, A Question of Property Rights – The Government and Industrial Know-how: Am. Bar.Ass. J. 1955, 1024.

BEIER, Die herkömmlichen Patenttheorien und die sozialistische Konzeption des Erfinderrechts: GRUR/Int. 1970, 1.

BENJAMIN, Schutz vor dem Erfinder: GRUR 1925, 369.

BENTHAM, The Theory of Legislation – Principles of the Civil Code (1802; neu hrsg. von OGDEN, London 1950).

BERGSON, The Economics of Soviet Planning (New Haven, Conn., und London 1964, Neudruck 1968).

BERLE und MEANS, The Modern Corporation and Private Property (1932; rev. Ausg. New York 1967).

BERLINER, Factory and Manager in the U. S. S. R. (Cambridge, Mass., 1957).

BERMAN, The Comparison of Soviet and American Law: Indiana L. J. 1959, 563.

– Protection of Rights Arising out of Economic Contracts Under Socialist Legal Systems – A Comparative Approach: OER 1968, 213.

– What Makes „Socialist Law" Socialist?: Problems of Communism 1971, Nr. 5, 24.

– und QUIGLEY, JR., Basic Laws on the Structure of the Soviet State (Cambridge, Mass., 1969).

BERND, Der Schutz des Betriebsgeheimnisses nach Vertragsende (Jur. Diss. Köln 1961).

BERNHARDT, Lehrbuch des deutschen Patentrechts (3. Aufl., München 1973).

– Die Problematik des Patentschutzes in der Industriegesellschaft (Köln, Berlin, Bonn und München 1974).

BETTELHEIM, Ökonomischer Kalkül und Eigentumsformen – Zur Theorie der Übergangsgesellschaft (Berlin 1970).

– La transition vers l'économie socialiste (Paris 1968).

– DOBB, FOA, HUBERMANN, ROBINSON, MANDEL, SWEEZY u. a., Zur Kritik der Sowjetökonomie (Berlin 1971).

VON BEYME, Ökonomie und Politik im Sozialismus (München und Zürich 1975).

BILINSKY, Zur Problematik des subjektiven Rechts in der Sowjetunion: Jb. f. OstR 1960, I/2.

– Ringen um das Zivilrecht im Ostblock: OER 1961, 174.

BLACK, Employee Agreements Not to Compete: Harv. L. Rev. 1960, 625.

BLOMEYER, Zur Frage der Abgrenzung von vergleichender Rechtswissenschaft und Rechtsphilosophie: RabelsZ 8 (1934) 1.

BÖHM, Wettbewerb und Monopolkampf (Berlin 1933).

– Der Zusammenhang zwischen Arbeitskraft und dem Betreiben eines Unternehmens, in: Festgabe Kronstein (Karlsruhe 1967) 11.

BOEHMER, Einführung in das bürgerliche Recht (2. Aufl., Tübingen 1965).

BÖRLIN, Die volkswirtschaftliche Problematik der Patentgesetzgebung (St. Gallen 1954).

BOMBACH, Quantitative und monetäre Aspekte des Wirtschaftswachstums, Sonderdruck aus: Schriften des Vereins für Socialpolitik, N. F. 15 (1959) 181.

DE BOOR, Vom Wesen des Urheberrechts (Marburg 1933).

BOULDING, The Economics of Knowledge and the Knowledge of Economics: AER 1966, 1.

BOWMAN, Patent and Antitrust Law – A Legal and Economic Appraisal (Chicago und London 1973).

BOYER, Commercial Success as Evidence of Patentability: Pat. L. Rev. 1970, 1.

BRECHER, Das Unternehmen als Rechtsgegenstand (Bonn 1953).

BREUER, Die rechtliche Natur der Patentlizenz: GRUR 1912, 44.

BROOKS und BOWERS, Technology – Processes of Assessment and Choice, in: TEICH (ed.), Technology and Man's Future (New York 1972).

BRUNNER, Die Methode des Ostrechts im Widerspruch von Recht und Politik: OER 1975, 89.

BRUS, Funktionsprobleme der sozialistischen Wirtschaft (Frankfurt/M. 1971).
BUCHANAN, Politics, Policy, and the Pigovian Margins: Econ. 1962, 17.
– Public Goods in Theory and Practice – A Note on the Minasian-Samuelson Discussion: JLE 1967, 193.
– und STUBBLEBINE, Externality: Econ. 1962, 371.
– und TULLOCK, The Calculus of Consent (Ann Arbor, Mich., 1965).
BUCHER, Das subjektive Rechts als Normsetzungsbefugnis (Tübingen 1965).
BURNHAM, The Managerial Revolution (1941; 4. Neudruck Bloomington, Ind., und London 1966).
BURRUS, The Soviet Law of Invention and Copyright: Fordham L. Rev. 1961/62, 693.
BUXBAUM, Restrictions Inherent in the Patent Monopoly – A Comparative Critique: U. Pa. L. Rev. 1965, 633 (dtsch.: Die dem Patentmonopol innewohnenden Beschränkungen: WuW 1966, 193).

VON CAEMMERER, Bereicherung und unerlaubte Handlung, in: Festschrift Rabel (1954) 209, zit. nach Gesammelte Schriften I (Tübingen 1968).
– Wandlungen des Deliktsrechts, in: Festschrift zum 100jährigen Bestehen des DJT (1960) 49, zit. nach Gesammelte Schriften I (Tübingen 1968) 452.
CAGOLOV u. a., Lehrbuch Politische Ökonomie – Sozialismus (Berlin 1972).
CALABRESI, The Cost of Accidents – A Legal and Economic Analysis (New Haven, Conn., und London 1971).
– Optimal Deterrence and Accidents: Yale L. J. 1975, 656.
CALLMANN, Bedarf das Betriebsgeheimnis eines verstärkten Schutzes?, in: Verh. 36. DJT II (1936) 464.
– Unfair Competition, Trade Marks, and Monopolies (3. Aufl., Cumulative Supp., Mundelein, Ill., 1971).
CHOATE, Patent Law, Cases and Materials (St. Paul, Minn., 1973).
CLARK, Competition as a Dynamic Process (Washington, D. C., 1961).
– Towards a Theory of Workable Competition: AER 1940, 241.
CLESNER und CLESNER, The Dissemination of Technical, Scientific, and Engineering Information as a Factor in Competitive Co-Existence: Federal Bar Journal 1957, 236.
COASE, The Nature of the Firm: Econ., N. S. 1937, 386.
– The Problem of Social Cost: JLE 1960, 1.
CRESPI REGHIZZI, L'impresa nel diritto Sovietico (Padova 1969).

DABIN, Le droit subjectif (Paris 1952).
DADDARIO, Technology Assessment – A Legislative View: Geo. Washington L. Rev. 1968, 1044.
– Technology Assessment, in: TEICH (ed.), Technology and Man's Future (New York 1972).
DALIMIER und GALLIE, La propriété scientifique, Le Projet C. T. I. (Paris 1923).
DAVIES und DAVIDSON, Government Patent Policy – Another Look at an Old Problem: Federal Bar Journal 1961, 85.
DAVIS und WHINSTON, Externalities, Welfare, and the Theory of Games: JPE 1962, 241.
DEBORIN und BUCHARIN, Kontroversen über dialektischen und mechanistischen Materialismus (Frankfurt/M 1969).
DEL VECCHIO, Les bases du droit comparé et les principes du droit: Rev. int. dr. comp. 1960, 499.
DEMSETZ, The Exchange and Enforcement of Property Rights: JLE 1964, 11.
– Information and Efficiency – Another Viewpoint: JLE 1969, 1.
– The Private Production of Public Goods: JLE 1970, 293.
– Some Aspects of Property Rights: JLE 1966, 61.
– Toward a Theory of Property Rights: AER 1967, 347.

DEUTSCH, Die Warenzeichenlizenz im Kollisionsrecht, in: Die Warenzeichenlizenz, Festschrift E. Ulmer (Köln, Bonn, Berlin und München 1963) 405.
DIETZ, A., Trends Toward Exclusive Patent Rights in Socialist Countries: International Review of Industrial Property and Copyright Law 1971, 155.
DIETZ, R., Die Pflicht des ehemaligen Beschäftigten zur Verschwiegenheit über Betriebsgeheimnisse, in: Festschrift Hedemann (Jena 1938) 330.
DOBB, Russian Economic Development Since the Revolution (London 1928).
– Welfare Economics and the Economics of Socialism – Towards a Commonsense Critique (Cambridge 1969).
DONNEM, The Antitrust Attack on Restrictive Patent License Provisions: Antitrust Bulletin 1969, 749.
DORAN, HINZ und MAYER-TASCH, Umweltschutz-Politik des peripheren Eingriffs (Darmstadt und Neuwied 1974).
DORFMAN, The Price System (Englewood Cliffs, N. J., 1964).
DROBNIG, Originärer Erwerb und Übertragung von Immaterialgüterrechten im Kollisionsrecht: RabelsZ 40 (1976) 195.
– Rechtsvergleichung und Rechtssoziologie: RabelsZ 17 (1953) 295.
DÜRIG, Das Eigentum als Menschenrecht: ZfSt 1953, 326.

EDWARDS, Technological Progress and the Patent Laws: IDEA 1971, 19.
EICHHORN u. a., Wörterbuch der marxistisch-leninistischen Soziologie (Berlin 1969).
EICHLER, Institutionen des Sachenrechts I (Berlin 1954).
ELLIS, Trade Secrets (New York 1951).
ELLUL, La technique ou l'enjeu du siècle (Paris 1954).
ELSTER, Schöpferische technische Leistung und wissenschaftliches Eigentum: GRUR 1929, 1138.
– Urheber- und Erfinder-, Warenzeichen- und Wettbewerbsrecht (Gewerblicher Rechtsschutz) (2. Aufl., Berlin und Leipzig 1928).
ENGELS, zit. nach Marx/Engels, Werke (MEW) (Berlin).
ENNECCERUS/NIPPERDEY, Allgemeiner Teil des bürgerlichen Rechts (15. Aufl., Tübingen 1959).
EÖRSI, Law and Economic Reform in Hungary, in: EÖRSI und HAMATHY (eds.), Law and Social Reform in Socialist Countries (Budapest 1971).
EPPLER, Ende oder Wende, Von der Machbarkeit des Notwendigen (3. Aufl., Stuttgart 1975).
ERMAN, Wissenschaftliches Eigentum (Marburg 1929).
ESSER, Grundsatz und Norm in der richterlichen Fortbildung des Privatrechts (Tübingen 1964).
– Vorverständnis und Methodenwahl in der Rechtsfindung (Frankfurt/M 1970).
EUCKEN, Die Grundlagen der Nationalökonomie (7. Aufl., Berlin, Göttingen und Heidelberg 1959).
– Grundsätze der Wirtschaftspolitik (3. Aufl., Tübingen und Zürich 1960).
EWING (ed.), Technological Change and Management (Boston, Mass., 1970).

FEDERICO, Distribution of Patents Issued to Corporations 1939–1955, Study No. 3, Subcommittee on Patents, Trademarks, and Copyrights, U. S. Senate, 84th Congress, 2nd session, 1957.
– Soviet Law on Inventions and Patent: J. P. O. S. 1961, 78.
FIKENTSCHER, Wettbewerb und gewerblicher Rechtsschutz (München und Berlin 1958).
FISCHER, Der dingliche Charakter des Patents und der Lizenzverträge: GRUR 1927, 738.

FISHER, GRILICHES und KAYSEN, The Cost of Automobile Style Changes Since 1949: AER 1962, 259.
FLECK, Untersuchungen zur ökonomischen Theorie vom technischen Fortschritt (Fribourg 1957).
FLETCHER, GEORGE P., Fairness and Utility in Tort Theory: Harv. L. Rev. 1972, 537.
FLETCHER, GRANT, Ethical Aspects of Genetic Controls: New England Journal of Medicine 1971, 776.
FLUME, Allgemeiner Teil des bürgerlichen Rechts II: Das Rechtsgeschäft (Berlin, Göttingen, Heidelberg und New York 1965).
FOX, Monopolies and Patents – A Study of the History and the Future of the Patent Monopoly (Toronto 1947).
FRANCESCHELLI, Beni immateriali, Saggio di una critica del concetto: Revista dir. industriale 1956, I, 381.
FRANCESKAKIS, Lois d'application immédiate et règles de conflit: Rivista di diritto internazionale 1967, 691.
FRIEDMAN, Capitalism and Freedom (1962; Neudruck Chicago und London 1972).
FROST, Patent Rights and the Stimulation of Technical Progress, in: ALDERSON/TERPSTRA/SHAPIRO (eds.), Patents and Progress – The Sources and Impact of Advancing Technology (Homewood, Ill., 1965).
VON FÜNER, Der Beitritt der Sowjetunion zur Pariser Verbandsübereinkunft und seine Folgen: OER 1966, 61.
– Der Neuheitsbegriff im sowjetischen Erfinderrecht: GRUR/Int. 1965, 120.
FURTH, Price-Restrictive Patent Licenses under the Sherman Act: Harv. L. Rev. 1958, 815.

GADAMER, Wahrheit und Methode – Grundzüge einer philosophischen Hermeneutik (2. Aufl., Tübingen 1965).
GALBRAITH, The Affluent Society (1958; Neudruck New York 1969).
– American Capitalism – The Concept of Countervailing Power (1952; 12. Neudruck o. J., Boston, Mass.).
– Die moderne Industriegesellschaft (1967; deutsch München und Zürich 1970).
VON GAMM, Urheberrechtsgesetz (München 1968).
GARIEL, La question de la propriété scientifique (Paris 1924).
– Etat actuel de la question de propriété scientifique: Propriété Industrielle 1923, 113, 131, 146, 169; 1925, 209.
GATHER, Reform der Patentgesetzgebung: ORDO II (1949) 270.
GESCHKA, Forschung und Entwicklung als Gegenstand betrieblicher Entscheidungen (Meisenheim am Glan 1970).
GIBBONS, Domestic Territorial Restrictions in Patent Transactions and the Antitrust Law: Geo. Washington L. Rev. 1966, 893.
– Field Restrictions in Patent Transactions: Col. L. Rev. 1966, 423.
– Price Fixing in Patent Licenses and the Antitrust Laws: U. of Va. L. Rev. 1965, 275.
VON GIERKE, Handbuch des deutschen Privatrechts I (Leipzig 1895).
GIERSCH, Allgemeine Wirtschaftspolitik I: Grundlagen (Wiesbaden 1960).
GLEISS und HOOTZ, Bundeskartellamt ändert Verwaltungspraxis zu Lizenzverträgen über Auslandspatente: BB 1962, 1060.
GOETZE, Die Regelung von Patent- und Lizenzfragen in Forschungs- und Entwicklungsverträgen der amerikanischen Regierung (GRUR-Abhandlungen Nr. 3, 1968).
GOLDMAN, Umweltzerstörung und Umweltvergiftung in der Sowjetunion, in: GLAGOW (ed.), Umweltgefährdung und Gesellschaftssystem (München 1972).
GRAAF, J. DE V., Theoretical Welfare Economics (London 1967).
GRAVE, Sowjetisches Patentrecht (Düsseldorf 1967).

GRECO, Beni immateriali, Estratto del Novissimo Digesto (Torino 1956).
GREIF, Die zeitliche Begrenzung des Patentmonopols und ihre Umgehung: WuW 1974, 303.
GROSSMAN, Knowledge, Information, and Innovation in the Soviet Economy: AER 1966, 118.
– Economic Systems (Englewood Cliffs, N. J., 1967).
– (ed.), Value and Plan – Economic Calculation and Organization in Eastern Europe (Berkeley, Cal., 1967).

HABERMAS, Erkenntnis und Interesse (Frankfurt/M. 1968).
– Legitimationsprobleme im Spätkapitalismus (Frankfurt/M. 1973).
– Technik und Wissenschaft als „Ideologie" (Frankfurt/M. 1964).
HAERTEL u. a., Gewerblicher Rechtsschutz in Ost und West, Referate bei der Tagung des Instituts für Ostrecht München am 16.–19. Januar 1966 (Herrenalb 1966).
HAINES, Bereicherungsansprüche bei Warenzeichenverletzung und bei unlauterem Wettbewerb (Köln, Berlin, Bonn und München 1970).
HAMBERG, Invention in the Industrial Research Laboratory: JPE 1963, 95.
HANSEN, The Economics of the Soviet Challenge: Economic Record 1960, 10.
HARRIS, Trade Secrets as They Affect the Government: Business Lawyer 1963, 613.
HARROD, Towards a Dynamic Economics (London 1943, 2. Aufl., 1948).
HARSANYI, Welfare Economics of Variable Tastes: RES 1953/54, 204.
HAWKLAND, Some Recent American Developments in the Protection of Know-how: Buffalo L. Rev. 1970, 119.
VON HAYEK, Economics and Knowledge: Econ. 1937, 33.
– The Use of Knowledge in Society: AER 1945, 519.
– Wettbewerb als Entdeckungsverfahren (Kiel 1958).
– Die Verfassung der Freiheit (Tübingen 1971).
HEDEMANN, Das bürgerliche Recht und die neue Zeit (Rede 1919).
HEFLEBOWER, Competition – Static, Dynamic, Dated, in: ALDERSON/TERPSTRA/SHAPIRO (eds.), Patents and Progress (Homewood, Ill., 1965) 197.
HEILBRONER, The Limits of American Capitalism (New York 1966).
HEINE/REBITZKI, Arbeitnehmererfindungen (3. Aufl., Darmstadt 1966).
HEINRICH, Zur Entwicklung der sowjetischen Wirtschaftsrechtstheorie: OER 1970, 25.
HELDRICH, Sozialwissenschaftliche Aspekte der Rechtsvergleichung: RabelsZ 34 (1970) 427.
HENKE, Die Verteilung von Gütern und Dienstleistungen auf die verschiedenen Bevölkerungsschichten – Eine Literaturstudie zu Problemen der Messung und der politischen Beeinflußbarkeit (Göttingen 1975).
HENKELS, Das Betriebsgeheimnis in § 21 des Gesetzes gegen Wettbewerbsbeschränkungen (Jur. Diss. Heidelberg 1967).
HENN, Problematik und Systematik des internationalen Patentlizenzvertrags (München und Berlin 1967).
HERBST, Die rechtliche Ausgestaltung der Lizenz und ihre Einordnung in das System des bürgerlichen Rechts (Jur. Diss. Göttingen 1968).
HIANCE und PLASSERAUD, La protection des inventions en Union Soviétique et dans les républiques populaires d'Europe (Paris 1969).
HIGGINS, Economic Development (New York 1959).
HICKS, The Theory of Wages (London und New York 1932, 2. Aufl. 1948).
VON HIPPEL, F., Zur Gesetzmäßigkeit juristischer Systembildung (1931), in: Rechtstheorie und Rechtsdogmatik (Frankfurt/M. 1969).
HIRSCH, Wissenschaftlich-technischer Fortschritt und politisches System (Frankfurt/M. 1971).

HIRSHLEIFER, The Private and Social Value of Information and the Reward of Inventive Activity: AER 1971, 561.
VON HOFFMANN, Verträge über gewerbliche Schutzrechte im IPR: RabelsZ 40 (1976) 208.
HOFMANN, Die Arbeitsverfassung der Sowjetunion (Marburg 1956).
HOTELLING, The General Welfare in Relation to Problems of Taxation and of Railway and Utility Rates: Econometrica, Juli 1938.
HUBER, E. R., Wirtschaftsverwaltungsrecht (2. Aufl., Tübingen 1953/54).
HUBER, K., Maßnahmegesetz und Rechtsgesetz (Berlin 1963).
HUBERMANN und SWEEZY, Lehren aus den sowjetischen Erfahrungen, in: BETTELHEIM u. a., Zur Kritik der Sowjetökonomie (Berlin 1971) 127.
HUBMANN, Besprechung von PFISTER, Das technische Geheimnis „Know how" als Vermögensrecht: AcP 1976, 95.
– Geistiges Eigentum, in: BETTERMANN/NIPPERDEY/SCHEUNER, Die Grundrechte, IV/1 (1960) 7.
– Gewerblicher Rechtschutz (3. Aufl., München und Berlin 1974).
– Das Persönlichkeitsrecht (München und Berlin 1967).
– Das Recht am Unternehmen: ZHR 1955, 41.
– Das Recht des schöpferischen Geistes (Berlin 1954).
– Urheber- und Verlagsrecht (3. Aufl., München und Berlin 1974).
– Die Zwangsvollstreckung in Persönlichkeits- und Immaterialgüterrechte, in: Festschrift Lehmann (Berlin 1956) 812.
HURWITZ, Conditions for Economic Efficiency in Centralized and Decentralized Structures, in: GROSSMANN (ed.), Plan and Value (Berkeley, 1960).

ILLICH, Selbstbegrenzung – Eine politische Kritik der Technik (Reinbek 1975).
– Die sogenannte Energiekrise oder die Lähmung der Gesellschaft (Reinbek 1974).

JAKOBS, Eigentumsbegriff und Eigentumssystem des sowjetischen Rechts (Köln und Graz 1965).
– Der Grundinhalt der subjektiven Rechte im deutschen und sowjetischen Rechtssystem: OER 1964, 258.
– Zur Methodik der Zivilrechtsvergleichung zwischen Rechten aus verschiedenen Gesellschaftsordnungen: OER 1963, 108.
JENNER, An Information Version of Pure Competition: Economic Journal 1966, 786.
JEWKES, SAWYER und STILLERMAN, The Sources of Invention (London 1958).

KAHN, Fundamental Deficiencies of the American Patent Law: AER 1940, 475.
– The Role of Patents, in: MILLER (ed.), Competition, Cartels, and Their Regulation (Amsterdam 1962).
– The Tyranny of Small Decisions – Market Failures, Imperfections, and the Limits of Economics: KYKLOS 1966, 23.
VON KALINOWSKI, Key Employees and Trade Secrets: Va. L. Rev. 1961, 583.
KANE, Limitations on the Law of Trade Secrets: J. P. O. S. 1971, 164.
KANTZENBACH, Die Funktionsfähigkeit des Wettbewerbs (2. Aufl., Göttingen 1967).
KAPP, The Social Cost of Private Enterprise (Cambridge, Mass., 1950).
KARTTE und VON PORTATIUS, Kriminalisierung des Kartellrechts: BB 1975, 1169.
KASER, The Reorganization of Soviet Industry and Its Effects on Decision-Making, in: GROSSMAN (ed.), Value and Plan (Berkeley, Cal., 1960).
KASPER, Das subjektive Recht – Begriffsbildung und Bedeutungsmehrheit (Tübingen 1967).

KATZAROV, Gewerblicher Rechtsschutz und Urheberrecht der UdSSR und der Volksdemokratien Europas (Weinheim/Bergstr. 1960).
KAUFER, Patente, Wettbewerb und technischer Fortschritt (Bad Homburg v. d. H. 1970).
KAUFMANN/RAUTMANN, Frankfurter Kommentar zum GWB (1963).
KAYSEN, The Business Corporation as a Creator of Values, in: HOOK (ed.), Human Values and Economic Policy (New York 1967).
KEGEL, Internationales Privatrecht (3. Aufl., München und Berlin 1971).
KELSEN, Reine Rechtslehre (Leipzig und Wien 1934; 2. Aufl., Wien 1960).
KENNEDY, Patent and Antitrust Policy – The Search for a Unitary Theory: Geo. Washington L. Rev. 1967, 512.
KISCH, Handbuch des deutschen Patentrechts (Mannheim, Berlin und Leipzig 1923).
KLEIN, The Technical Trade Secret Quadrangle – A Survey, N. W. U. L. Rev. 1960, 437.
KLOSTERMANN, Patentgesetz (1877).
KLOTEN, Das Eigentum in der Wirtschaftsordnung: Wirtschaftsdienst 1955, 76.
KLUEBER, Eigentumstheorie und Eigentumspolitik (Osnabrück 1963).
KNAPP, Verträge im tschechoslowakischen Recht: RabelsZ 27 (1962/63) 495.
KNIRSCH, Die Durchsetzung des technischen Fortschritts, in: MARKERT (ed.), Das System der Sowjetwirtschaft (Köln und Graz 1965).
– Die Planung des technischen Fortschritts, in: BOETTCHER/THALHEIM (eds.), Planungsprobleme im sowjetischen Wirtschaftssystem (Berlin 1964).
KÖRNER, Der Rechtsschutz des Unternehmens nach § 823 Absatz 1 BGB (Jur. Diss. Frankfurt 1959).
KOHLER, Deutsches Patentrecht (Mannheim und Straßburg 1878).
– Die Idee des geistigen Eigentums: AcP 1892, 141.
– Handbuch des Patentrechts in rechtsvergleichender Darstellung (Mannheim 1900).
– Urheberrecht an Schriftwerken und Verlagsrecht (Mannheim 1907).
KONSTANTINOV u. a., Grundlagen der marxistisch-leninistischen Philosophie (Berlin 1971).
KONÜS, On the Tendency for the Rate of Profit to Fall, in: FEINSTEIN (ed.), Socialism, Capitalism, and Economic Growth, Essays presented to M. Dobb (Cambridge 1967).
KOPKO, Protection of Trade Secrets in the Employer-Employee Relationship: Notre Dame Lawyer 1964, 200.
KRAFT, Patent und Wettbewerb in der Bundesrepublik Deutschland (Köln, Berlin, Bonn und München 1972).
KRASSER, Verpflichtung und Verfügung im Immaterialgüterrecht, in: Festschrift E. Ulmer, GRUR/Int. 1973, 230.
KRAUSSE, KATLUHN und LINDENMAIER, Das Patentgesetz, Kommentar (5. Aufl., Köln und Berlin 1971).
KRIEGER, Urheberrecht und gewerblicher Rechtsschutz im Zeichen der internationalen Entwicklung, in: Festschrift E. Ulmer, GRUR/Int. 1973, 213.
KRIEGHOFF, Technischer Fortschritt und Produktivitätssteigerung (Berlin 1958).
KRIELE, Wirtschaftsfreiheit und Grundgesetz: ZRP 1974, 105.
KÜNG, Steuerung und Bremsung des technischen Fortschritts (Tübingen 1976).
KUNZ und HALLSTEIN, Patentschutz, Technologietransfer und Entwicklungsländer – Eine Bestandsaufnahme: GRUR/Int. 1975, 261.
KUNZE, Mitbestimmung in der Wirtschaft und Eigentumsordnung: RdA 1973, 257.
KUZNETS, Inventive Activity – Problems of Definition and Measurement, in: NELSON (ed.), The Rate and Direction of Inventive Activity, NBER (Princeton, N. J. 1962).
– Secular Movements in Production and Prices (Boston, Mass., 1930).

LADAS, Legal Protection of Know-how: PTC. J. Res. & Ed. 1963, 397.

LAMBERTON (ed.), Economics of Information and Knowledge (Harmondsworth, England, 1971).
LANGE, BGB, Allgemeiner Teil (15. Aufl., München und Berlin 1974).
LANGEN, Internationale Lizenzverträge (2. Aufl., Weinheim/Bergstr. 1958).
LARENZ, Lehrbuch des Schuldrechts, Besonderer Teil (10. Aufl., München und Berlin 1972).
– Methodenlehre der Rechtswissenschaft (3. Aufl., Heidelberg, Berlin und New York 1975).
LAWSON, Introduction to the Law of Property (Oxford 1958).
LENEL, Die Bedeutung der Großunternehmen für den technischen Fortschritt (Tübingen 1968).
– Die Ursachen der Konzentration unter besonderer Berücksichtigung der deutschen Verhältnisse (2. Aufl., Tübingen 1968).
LENIN, zit. nach Werke (Berlin 1956 f.)
LICHTENSTEIN, Der gewerbliche Rechtsschutz im internationalen Privatrecht: NJW 1964, 1209.
– Der Lizenzvertrag im engeren Sinne: NJW 1965, 1839.
– Die Patentlizenz nach amerikanischem Recht (Tübingen 1965).
LIEBERKNECHT, Patente, Lizenzverträge und Verbot von Wettbewerbsbeschränkungen (Frankfurt/M. 1953).
LIEBKOWSKY, Industrial Secrets and the Skilled Employee: N. Y. U. L. Rev. 1963, 324.
LINDER, Die Notwendigkeit zur Ausbildung der Fabrikationslizenz als spezifische Rechtsform internationaler lizenwirtschaftlicher Beziehungen (Jur. Diss. Halle/S. 1967).
LIPSEY und LANCASTER, The General Theory of the Second Best: RESt 1956/57, 11.
LITTLE, A Critique of Welfare Economics (2. Aufl., London, Oxford und New York 1960).
LITTMANN, Die Chancen staatlicher Innovationslenkung (Göttingen 1975).
LOEBER, Der hoheitlich gestaltete Vertrag (Tübingen 1969).
– Rechtsvergleichung zwischen Ländern mit verschiedener Wirtschaftsordnung: RabelsZ 26 (1961) 201.
LUCAS, Quellen und Formen des Sowjetrechts (Köln und Graz 1965).
LÜDECKE-FISCHER, Lizenzverträge (Weinheim/Bergstr. 1957).
LUHMANN, Funktionale Methode und juristische Entscheidung: AöR 1969, 1.
– Grundrechte als Institution – Ein Beitrag zur politischen Soziologie (Berlin 1965).
– Klassische Theorie der Macht – Kritik ihrer Prämissen: Zeitschrift für Politik 1969, 169.
– Legitimation durch Verfahren (Neuwied und Berlin 1969).
– Lob der Routine: Verw. Archiv 1964, 1.
– Rechtssoziologie, 2 Bde. (Reinbek 1972).
– Rechtssystem und Rechtsdogmatik (Stuttgart, Berlin, Köln und Mainz 1974).
– Zweckbegriff und Systemrationalität (1. Aufl., Tübingen 1968; Neudruck Frankfurt/M. 1973).

MACDONALD, Know-how Licensing and the Antitrust Laws: Mich. L. Rev. 1964, 352.
MACHLUP, An Economic Review of the Patent System, Study No 15, Subcommittee on Patents, Trademarks, and Copyrights of the Committee on the Judiciary, U. S. Senate, 85th Congress, 2nd session, 1958 (dtsch.: Die wirtschaftlichen Grundlagen des Patentrechts: GRUR/Int. 1961, 373, 473, 524).
– The Political Economy of Monopoly (Baltimore, Md., 1952).
– The Production and Distribution of Knowledge in the United States (Princeton, N. J., 1962).
– Theories of the Firm – Marginalist, Behavioral, Managerial: AER 1967, 1.
– Stichwort „Wettbewerb", in: HWdSW XII (1965) 214.

MAGGS, Der nichtmilitärische Geheimnisschutz nach Sowjetrecht: OER 1965, 161.
– und JERZ, The Significance of Soviet Accession to the Paris Convention for the Protection of Intellectual Property: J. P. O. S. 1966, 242.
MANDEL, Marxistische Wirtschaftstheorie (1962: deutsche Ausgabe Frankfurt/M. 1971).
– Der Spätkapitalismus (Frankfurt/M. 1972).
MANSFIELD, The Economics of Research and Development, in: ALDERSON/TERPSTRA/SHAPIRO, Patents and Progress (Homewood, Ill., 1965).
– The Economics of Technological Change (New York 1968).
– Rates of Return from Industrial Research and Development: AER 1965, 310.
MARRIS, The Economic Theory of Managerial Capitalism (New York 1964).
MARTINY, Die Verletzung von Immaterialgüterrechten im IPR: RabelsZ 40 (1976) 218.
MARX, zit. nach Marx/Engels, Werke (MEW) (Berlin).
MAUNZ/DÜRIG/HERZOG, Grundgesetz, Kommentar (München und Berlin, Loseblattsammlung).
McDERMOTT, Technology – The Opiate of the Intellectuals, in: TEICH (ed.), Technology and Man's Future (New York 1972) 151.
MEADOWS u. a., The Limits to Growth (New York 1972).
MELMAN, The Impact of the Patent System on Research, Study No 11, Subcommittee on Patents, Trademarks, and Copyrights of the Committee on the Judiciary, U. S. Senate 1968).
MERKAV, Technological Dependence, Monopoly, and Growth (Oxford und New York (1968).
MERKL, Der Begriff des Immaterialgüterrechts (Jur. Diss. Erlangen – Nürnberg 1961).
MERTON, Fluctuations in the Rate of Industrial Invention: QJE 1935, 454.
MESTHENE, The Role of Technology in Society, in: TEICH (ed.), Technology and Man's Future (New York 1972) 127.
– Technological Change – Its Impact on Man and Society (Cambridge, Mass., 1970).
MESTMÄCKER, Eingriffserwerb und Rechtsverletzung in der ungerechtfertigten Bereicherung: JZ 1958, 525.
MICHELMAN, Pollution as a Tort – A Nonaccidental Perspective on Calabresi's Costs: Yale L. J. 1971, 647.
MILGRIM, Sears to Lear to Painton – Of Whales and Other Matters: N. Y. U. L. Rev. 1971, 17.
– Trade Secrets (New York 1971).
MILL, J. ST., Principles of Political Economy with Some of Their Applications to Social Philosophy (1848, Neudruck London 1909).
MINASIAN, Public Goods in Theory and Practice Revisited: JLE 1967, 205.
– Television Pricing and the Theory of Public Goods: JLE 1964, 71.
VON MISES, Grundprobleme der Nationalökonomie (Jena 1933).
MISHAN, The Costs of Economic Growth (London 1967).
– Pareto Optimality and the Law: Oxf. Ec. Pap. 1967, 255.
– Second Thoughts on Second Best: Oxf. Ec. Pap. 1962, 205.
– Technology and Growth – The Price We Pay (New York 1970).
MOECKE, Zur Gleichstellung der Urheberscheine mit dem Patent im Recht der Pariser Verbandsübereinkunft: OER 1967, 127.
MÖHRING, Dekartellierung und Lizenzvertrag: GRUR 1950, 496.
– Betriebs- und Geschäftsgeheimnisse in wettbewerbs- und kartellrechtlicher Sicht, in: Festschrift Nipperdey (München 1965) 416.
VON ZUR MÜHLEN, Der Computer als Werkzeug und Ziel deliktischer Handlungen im Betrieb: BB 1971, 1045.
MYRDAL, Objektivität in der Sozialforschung (1969: deutsche Ausgabe Frankfurt/M. 1971).

NEALE, The Antitrust Laws of the U. S. A. (2. Aufl., Cambridge 1970).
NEGT und KLUGE, Öffentlichkeit und Erfahrung – Zur Organisationsanalyse von bürgerlicher und proletarischer Öffentlichkeit (2. Aufl., Frankfurt/M. 1973).
NELSON (ed.), The Rate and Direction of Inventive Activity, NBER (Princeton 1962).
NERRETER, Wettbewerbsrechtlicher Schutz technischer und ästhetischer Arbeitsergebnisse: GRUR 1957, 408, 525.
NEUHAUS, Besprechung von MÜLLER-FREIENFELS, Ehe und Recht: RabelsZ 28 (1964) 563.
– Freiheit und Gleichheit im internationalen Immaterialgüterrecht: RabelsZ 40 (1976) 191.
– Die Grundbegriffe des Internationalen Privatrechts (2. Aufl., Tübingen 1976).
NEUMEYER, The Employed Inventor in the United States – R & D Policies, Law, and Practice (Cambridge, Mass., 1971).
– Der Schutz wissenschaftlicher Entdeckungen im Recht der Sowjetunion: GRUR/Int. 1973, 376.
NIEHANS, Das ökonomische Problem des technischen Fortschritts: Schweiz. Zeitschrift f. Volkswirtschaft und Statistik 1954, 148.
NIRK, Zum Anwendungsbereich des Territorialitätsprinzips und der lex rei (sitae) im internationalen Privatrecht, in: Ehrengabe Heusinger (München 1968) 217.
NOVE, An Economic History of the U. S. S. R. (1969; Neudruck Harmondsworth, England, 1972).
– The Soviet Economy – An Introduction (2. Aufl., New York und Washington 1968; Neudruck 1972).
NUSSBAUM, Deutsches internationales Privatrecht (Tübingen 1932).
– Grundzüge des internationalen Privatrechts (München und Berlin 1952).
NUTI, Material Incentive Schemes and the Choice of Techniques in Soviet Industry: Australian Economic Papers, Dec. 1966, 183.

OFFE, Strukturprobleme des kapitalistischen Staates (Frankfurt/M. 1972).
OLSON, JR., The Logic of Collective Action (Rev. Ausgabe, New York 1971).
OSTERRIETH, Das geistige Schaffen in Wissenschaft, Technik und Kunst: GRUR 1928, 59.
– Lehrbuch des gewerblichen Rechtsschutzes (Leipzig 1908).
– Wissenschaftliches Eigentum (Tübingen 1925).
OTT, CL., Systemwandel im Wettbewerbsrecht, in: Funktionswandel der Privatrechtsinstitutionen, Festschrift Ludwig Raiser (Tübingen 1974) 403.
OTT, A. E., Stichwort „Technischer Fortschritt", in: HWdSW X (1959) 302.

PAGENBERG, Die Bedeutung der Erfindungshöhe im amerikanischen und deutschen Patentrecht (Köln, Berlin, Bonn und München 1975).
PARETO, Manuel d'économie politique (Paris 1909).
PARSONS, T., Evolutionary Universals, in: Social Theory and Modern Society (Glencoe, Ill., 1967).
– Evolutionary Universals in Society: Americ. Sociological Review (1964 c) 339.
PEJOVICH, The Firm, Monetary Policy, and Property Rights in a Planned Economy: Western Economic Journal 1969, 193.
– Liberman's Reforms and Property Rights in the U. S. S. R.: JLE 1969, 155.
PENROSE, Economics of the International Patent System (Baltimore, Md., 1951).
PFAFF, Internationale Lizenzverträge im europäischen IPR: AWD 1974, 241.
– Der Know-how-Vertrag im bürgerlichen Recht: BB 1974, 565.
PFANNER, Erfinderbescheinigungen und ihre internationale Anerkennung: GRUR/Int. 1965, 483.
PFISTER, Das technische Geheimnis „Know how" als Vermögensrecht (München 1974).

PFUHL, Der Wirtschaftsvertrag im sowjetischen Recht (Berlin 1958).
PIETZCKER, Patentgesetz und Gebrauchsmustergesetz, 1. Halbbd. (Berlin und Leipzig 1929).
PIGOU, The Economics of Welfare (4. Aufl., London 1932).
PISAR, Coexistence and Commerce (New York 1970).
PLANT, The Economic Theory Concerning Patents for Invention: Econ., N. S. 1934,30.
POLANYI, Patent Reform: RESt 1944, 61.
POWELL, The Nature of a Patent Right: Col. L. Rev. 1917, 663.
POWERS, The Patent Antitrust Balance: Villanova L. Rev. 1972, 463.
PRAHL, Patentschutz und Wettbewerb (Göttingen 1969).
PROSI, Technischer Fortschritt als mikroökonomisches Problem (Bern 1966).

RAAPE, Internationales Privatrecht (5. Aufl., Berlin und Frankfurt/M. 1961).
RABEL, The Conflict of Laws III (Ann Arbor, Mich., 1950).
RAHL, The Right to „Appropriate" Trade Values: Ohio State L. J. 1962, 56.
RAISER, L., Antinomien im Wettbewerbsrecht, in: Festschrift E. Fechner (Tübingen 1973) 57.
– Dingliche Anwartschaften (Tübingen 1961).
– Stichwort „Eigentum", in: Rechtsvergl. Handwörterbuch II (Berlin 1929) 772.
– Das Eigentum als Rechtsbegriff in den Rechten West- und Osteuropas, Thesen: RabelsZ 25 (1961) 230.
– Individualgerechtigkeit und Schutz allgemeiner Werte im Rechtsleben, in: Summum jus-summa iniuria (Tübingen 1963) 145.
– Marktbezogene Unlauterkeit: GRUR 1973, 443.
– Der Stand der Lehre vom subjektiven Recht im deutschen Zivilrecht: JZ 1961, 465.
– Wirtschaftsverfassung als Rechtsproblem, in: Festschrift J. von Gierke (Berlin 1950) 181.
– Die Zukunft des Privatrechts (Berlin und New York 1971).
RAISER, TH., Das Unternehmen als Organisation (Berlin 1969).
RASCH, Der Lizenzvertrag in rechtsvergleichender Darstellung (Berlin 1933).
RAUPACH, Sowjetwirtschaft I: Geschichte der Sowjetwirtschaft (Reinbek 1964; 1970).
– Sowjetwirtschaft II: System der Sowjetwirtschaft (Reinbek 1968; 1970).
RAWLS, A Theory of Justice (Cambridge, Mass., 1971).
REHBINDER, Extraterritoriale Wirkungen des deutschen Kartellrechts (Baden-Baden 1965).
REICH, Marxistische Rechtstheorie zwischen Revolution und Stalinismus: KJ 1972, 152.
– (ed.), Marxistische und sozialistische Rechtstheorie (Homburg v. d. H. und Frankfurt/M. 1972).
– Sozialismus und Zivilrecht (Homburg v. d. H. und Frankfurt/M .1972).
REIMER, Patentgesetz und Gebrauchsmustergesetz (3. Aufl., Köln und Berlin 1968).
REIMER/SCHADE/SCHIPPEL, Das Recht der Arbeitnehmererfindung (5. Aufl., Berlin 1975).
RENNER, Die Rechtsinstitute des Privatrechts und ihre soziale Funktion (Tübingen 1929; Neudruck mit Einleitung von KAHN-FREUND Stuttgart 1965).
RICE, JR., Note: Trade Secrets – Rights of the Owner: Texas L. Rev. 1928, 502.
RICE, W. B., Decay of Our Patent System: Brooklyn L. Rev. 1936, 357.
RIEZLER, Internationales Zivilprozeßrecht und internationales Fremdenrecht (Berlin 1949).
ROBBINS, Note: Subtests of Non-obviousness – A Non-technical Approach to Patent Validity: U. Pa. L. Rev. 1964, 1169.
RÖDEL, Forschungsprioritäten und technologische Entwicklung (Frankfurt/M. 1972).
RÖPKE, Arbeitsverhältnis und Arbeitnehmererfindung (Düsseldorf 1962).
– Die Gesellschaftskrise der Gegenwart (5. Aufl., 1948).
ROTHOEFT, System der Irrtumslehre als Methodenfrage der Rechtsvergleichung (Tübingen 1968).

ROTTER, Dogmatische und soziologische Rechtsvergleichung: OER 1970, 81.
– Zur Funktion der juristischen Person in der BRD und der DDR (Karlsruhe 1968).
RUFFINI, Rapport sur la propriété scientifique, Commission de la Propriété Intellectuelle beim Völkerbund, Dok. A. 38, 1923, XII.
RUPP, Grundfragen der heutigen Verwaltungsrechtslehre (Tübingen 1965).

SACK, Sittenwidrigkeit, Sozialwidrigkeit und Interessenabwägung: GRUR 1970, 493.
SALOMON, Grundlegung der Rechtsphilosophie (2. Aufl., Berlin 1925).
SALTER, Productivity and Technological Change (Cambridge 1960).
SAMUELSON, Public Goods and Subscription TV – Correction of the Record: JLE 1964, 101.
– The Pure Theory of Public Expenditure: RESt 1954, 386.
– Volkswirtschaftslehre I (Köln 1964).
SANDROCK, Grundbegriffe des Gesetzes gegen Wettbewerbsbeschränkungen (München und Berlin 1968).
– Über Sinn und Methode zivilistischer Rechtsvergleichung (Frankfurt/M. und Berlin 1966).
SCHÄTZLE, Forschung und Entwicklung als unternehmerische Aufgabe (Köln und Opladen 1965).
SCHARPF, Planung als politischer Prozeß (Frankfurt/M. 1973).
SCHERER, The Weapons Acquisition Process (Boston, Mass., 1964).
– BACHMANN und HERZSTEIN, Patents and the Corporation – A Report on Industrial Technology under Changing Government Policy (2. Aufl., Boston, Mass., 1959).
SCHICK, Das Problem des Schutzes nicht geschützter, aber schutzwürdiger Arbeitsergebnisse (Jur. Diss. Erlangen–Nürnberg 1962).
SCHILLER, Stichwort „Wirtschaftspolitik“, in: HWdStW XII (1965) 214.
SCHLOCHAUER, Die extraterritorialen Wirkungen von Hoheitsakten (Frankfurt/M. 1962).
SCHLOSSMANN, Über den Begriff des Eigentums: Jher. Jb. 1903, 290.
SCHLUEP, Das Markenrecht als subjektives Recht (Basel 1964).
SCHMID, J. W., Der technische Fortschritt – Begriff und Grundprobleme seiner Messung in der Nationalökonomie heute (Wirtschaftsw. Diss. München 1967).
SCHMIDT, EB., Bedarf das Betriebsgeheimnis des verstärkten Schutzes?, in: Verh. 36. DJT I (1936) 101.
SCHMOOKLER, Economic Sources of Inventive Activity: Journal of Economic History 1962, 1.
– Invention and Economic Growth (Cambridge, Mass., 1966).
– Inventors Past and Present: RESt 1957, 329.
– Technological Change and Economic Theory: AER (Proc.) 1965, 335.
SCHNEIDER, E., Einkommensverteilung und technischer Fortschritt (Schriften des Vereins für Socialpolitik, N. F. 17; Berlin 1959).
SCHRAMEYER, Das Recht der wissenschaftlichen Entdeckungen in der UdSSR: OER 1964, 77.
SCHULTZ, Rise in the Capital Stock Represented by Education in the United States 1900–1975, in: Economics of Higher Education (1962) 93.
SCHUMPETER, Capitalism, Socialism, and Democracy (London 1947).
– Theorie der wirtschaftlichen Entwicklung – Eine Untersuchung über Unternehmergewinn, Kapital, Kredit, Zins und den Konjunkturzyklus (5. Aufl., Berlin 1952).
– Stichwort „Unternehmer“ in HWdStW VIII (4. Aufl., Jena 1928) 483.
SCHWANDER, Die Theorien über das Wesen von Erfinderrecht und Patentrecht (Jur. Diss. Frankfurt/M. 1937).
SCHWARTZ, Deutsches internationales Kartellrecht (Köln, Berlin, Bonn und München 1968).

Seidel, Patent Ecology – Some Interrelationships with Antitrust and General Law: Marquette L. Rev. 1970, 94.
Seligsohn, Ist die Nachbildung von Maschinen und anderen schutzfreien Gegenständen erlaubt?: GRUR 1926, 240.
Sen, Collective Choice and Social Welfare (San Francisco 1970).
Serafinowicz, Das Patentrecht der UdSSR nach dem geltenden Patentgesetz und unter besonderer Berücksichtigung des neuen Entwurfs (Berlin und Leipzig 1930).
– Verwertung und Schutz der Erfindungen in der UdSSR (Berlin und Leipzig 1935).
Shelton, Note, Texas L. Rev. 1970, 1399.
Šik, Der Dritte Weg (Hamburg 1972).
Silberstein, Erfindungsschutz und merkantilistische Gewerbeprivilegien (Zürich 1961).
Silberston, The Patent System: Lloyds Bank Review 1967, 32.
Sinzheimer, Bedarf das Betriebsgeheimnis des verstärkten Schutzes?, in: Verh. 36. DJT II (1936) 481.
Solow, Substitution and Fixed Proportions in the Theory of Capital: RES 1962, 216.
– Technical Change and the Aggregate Production Function: RES 1957, 312.
Specht (ed.), Erfinder in der BRD – Eine empirische Untersuchung zum Entstehungs-, Entwicklungs- und Verarbeitungsprozeß von Erfindungen (Nürnberg 1973).
Stalin, Die ökonomischen Probleme des Sozialismus in der UdSSR (Berlin 1952).
Stedman, The Employed Inventor, the Public Interest, and Horse and Buggy Law in the Space Age: Pat. L. Rev. 1970, 207.
– Employer-Employee Relations, in: Neumeyer, The Employed Inventor in the United States – R & D Policies, Law, and Practice (Cambridge, Mass., 1971).
Steffen, Strukturelle Revolution – Von der Wertlosigkeit der Sachen (Reinbek 1974).
Steindl, Capitalism, Science, and Technology, in: Feinstein (ed.), Socialism, Capitalism, and Economic Growth, Essays presented to M. Dobb (Cambridge 1967).
Steiner und Vagts, Transnational Legal Problems (Mineola, N. Y., 1968).
Stern, The Antitrust Status of Territorial Limitations in International Patent Licensing: Antitrust Trade Reg. Report 1971, No. 498, F 1–4.
Stigler, The Theory of Price (2. Aufl., New York 1963).
Stöber und Schumacher (eds.), Technology Assessment and Quality of Life (Amsterdam 1973).
Strohm, Wettbewerbsbeschränkungen in Patentlizenzverträgen (Köln 1971).
Stumpf, Der Know-how-Vertrag (Frankfurt/M. 1970).
– Der Lizenzvertrag (2. Aufl., Frankfurt/M. 1970).
Sutton, Trade Secrets – Federal Preemption and Legislative Solution: Institute on Patent Law Proceedings 1971, No. 9, 129.
– Western Technology and Soviet Economic Development (1971).
Sylos-Labini, Oligopoly and Technical Progress (Cambridge, Mass., 1962).

Teich (ed.), Technology and Man's Future (New York 1972).
Tetzner, Die Erschöpfung des Patentrechts: NJW 1962, 2033.
– Kommentar zum Patentgesetz und zum Gebrauchsmustergesetz (Nürnberg und Düsseldorf 1951).
Theis, Der Schutz gegen Nachbau nach Ablauf der Schutzrechte (Jur. Diss. Frankfurt/M. 1956).
Thon, Rechtsnorm und subjektives Recht (1878).
Tiedemann, Welche strafrechtlichen Mittel empfehlen sich für eine wirksamere Bekämpfung der Wirtschaftskriminalität?, in: Verh. 49. DJT I (1972) Teil C.
Tinbergen, Central Planning (New Haven, Conn., und London 1964).
Tribe, Channeling Technology Through Law (Chicago 1973).

– Technology Assessment and the Fourth Discontinuity – The Limits of Instrumental Rationality: Sou. Cal. L. Rev. 1973, 617.
TROLLER, Immaterialgüterrecht (2. Aufl., Basel und Stuttgart 1968).
– Internationale Zwangsverwertung und Expropriation von Immaterialgütern (Basel 1955).
– Ist der immaterialgüterrechtliche „numerus clausus" der Rechtsobjekte gerecht?, in: Jus et Lex, Festgabe M. Gutzwiller (Basel 1959).
– Das technische Geheimnis im System des Immaterialgüterrechts: GRUR/Int. 1958, 385.
TURNER, A. E., The Law of Trade Secrets (London 1962).
TURNER, D. T., The Patent System and Competitive Policy: N. Y. U. L. Rev. 1967, 450 = Pat. L. Rev. 1970, 259.
– Patents, Antitrust, and Innovation: U. Pittsburgh L. Rev. 1966, 151 = Antitrust Bulletin 1967, 277.
TURVEY, On Divergences Between Social Cost and Private Cost: Econ. 1963, 312.

ULMER, E., Die Immaterialgüterrechte im internationalen Privatrecht (Köln, Berlin, Bonn und München 1975).
– Sinnzusammenhänge im modernen Wettbewerbsrecht (Berlin 1932).
– Urheber- und Verlagsrecht (Berlin, Göttingen und Heidelberg 1960).
– Warenzeichen und unlauterer Wettbewerb in ihrer Fortbildung durch die Rechtsprechung (Berlin 1929).
UNTERBURG, Die Bedeutung der Patente in der industriellen Entwicklung (Berlin 1970).

VANDEVOORT, Trade Secrets – Protecting a Very Special Property: Business Lawyer 1971, 681.
VEBLEN, The Place of Science in Modern Civilization and Other Essays (New York 1919).
VILLARD, Competition, Oligopoly, and Research: JPE 1958, 483.
VOCKE, Das Persönlichkeitsrecht des Erfinders unter besonderer Berücksichtigung der Erfindungen ohne Schutzrecht (Jur. Diss. Tübingen 1965).
VOGEL u. a., Betrieb und zentrale Planung nach den Wirtschaftsreformen des Jahres 1965 (München 1966).
VOLMER, Arbeitnehmererfindungsgesetz (München und Berlin 1958).
VONLANTHEN, Zum rechtsphilosophischen Streit über das Wesen des subjektiven Rechts (Zürich 1964).

WALLESER, Die Patentfähigkeit als rechtsteleologisches Problem (Bern 1963).
WALSH, Capital Concept Applied to Man: QJE 1935, 255.
WALTER, Automation und technischer Fortschritt (Berlin 1962).
WALZ, Der Schutzinhalt des Patentrechts im Recht der Wettbewerbsbeschränkungen (Tübingen 1973).
WATSON, Price Theory and Its Uses (2. Aufl., Boston 1968).
WEBER, M., Die drei reinen Typen der legitimen Herrschaft, in: WINCKELMANN (ed.), MAX WEBER: Soziologie, weltgeschichtliche Analysen, Politik (Stuttgart 1964).
WEBER, W., Stichwort „Gut", in: HWdSW IV (1965) 735.
WEIDLICH, Zur Frage des wissenschaftlichen Eigentums: GRUR 1927, 33.
– und SPENGLER, Patentschutz in der Wettbewerbswirtschaft (Köln, Berlin, Bonn und München 1967).
VON WEIZSÄCKER, Notes on Endogenous Change of Tastes: Journal of Economic Theory 1971, 345.
WELLIZC, The Economics of the Soviet Bloc – A Study of Decision Making and Resource Allocation (New York, Toronto, London und Sydney; 2. Aufl. 1966).
– On External Diseconomies of the Government-Assisted Invisible Hand: RESt 1964, 345.

WENGLER, Die Belegenheit von Rechten, in: Festschrift jur. Fakultät der FU Berlin zum 41. DJT (Berlin und Frankfurt/M. 1955) 285.
WERDERMANN, Der Begriff der Diensterfindung und die dogmatischen Grundlagen des Inanspruchnahmerechts (Jur. Diss. Bonn 1961).
WESTEN, Die rechtstheoretischen und rechtspolitischen Ansichten Josef Stalins (Lindau und Konstanz 1959).
WESTERMANN, Sachenrecht (6. Aufl., Karlsruhe 1973).
WESTPHAL, Preisvorschriften und Marktmechanismus in der Europäischen Wirtschaftsgemeinschaft (Hamburg 1969).
WHALE, Government Rights to Technical Information Received under Contract: Geo. Washington L. Rev. 1957, 289.
WICKSELL, Lectures on Political Economy I (London 1934).
WIEACKER, Bodenrecht (Hamburg 1938).
– Die Forderung als Mittel und Gegenstand der Vermögenszuordnung: DRWiss. 1941, 49.
– Zum System des deutschen Vermögensrechts (Leipzig 1941).
– Wandlungen der Eigentumsverfassung (Hamburg 1935).
WIETHÖLTER, Zur politischen Funktion des Rechts am eingerichteten und ausgeübten Gewerbebetrieb: KJ 1970, 122.
– Die Position des Wirtschaftsrechts im sozialen Rechtsstaat, in: Festschrift F. Böhm (Karlsruhe 1965) 41.
WILLISTON/THOMPSON, A Treatise on the Law of Contracts (Rev. Ausgabe, New York 1937).
WINDSCHEID/KIPP, Lehrbuch der Pandekten (9. Aufl., Frankfurt/M. 1906).
WOLF, A., Analyse und Beurteilung der Lizenzbilanz der Bundesrepublik Deutschland (Baden-Baden 1975).
WOLF, E., Das Recht am eingerichteten und ausgeübten Gewerbebetrieb, in: Festschrift F. v. Hippel (Tübingen 1967) 665.
WOLFF, M., Internationales Privatrecht (3. Aufl., Berlin, Göttingen und Heidelberg 1954).
– Private International Law (2. Aufl., London 1950).
– /RAISER, Sachenrecht (10. Aufl., Tübingen 1957).
WRIGHT, The Cost-Internalization Case for Class Actions: Stanford L. Rev. 1969, 383.

ZAUBERMAN, The Soviet Debate on the Law of Value and Price Formation, in: GROSSMANN (ed.), Value and Plan (Berkeley, Cal., 1960).
ZEIDLER, K., Maßnahmegesetz und „klassisches" Gesetz – Eine Kritik (Karlsruhe 1961).
ZIPSE, Sind Computerprogramme Anweisungen an den menschlichen Geist?: GRUR 1973, 123.
– Wird das künftige europäische Patenterteilungsverfahren den modernen zukunftsintensiven Technologien gerecht?: GRUR/Int. 1973, 182.
ZWEIGERT, Méthodologie de droit comparé, in: Mélanges Maury I (Paris 1960) 579.
– und AUBIN, Rechtsvergleichung im deutschen Hochschulunterricht (Tübingen 1952).

SACHREGISTER

Abstraktionsgrundsatz 383, 384 f.
Akademie der Wissenschaften 18, 240 f.
Anmeldesystem 117
Anmeldung der Erfindungen 184 f.
Anreizfonds 275 f.
Anreizsysteme 43, 45 f., 75 ff.
Anspornungstheorie 315 f. s. a. Patentrechtstheorien
Arbeitererfindungswesen 31 N. 64, 112, 298, 307
Arbeitnehmererfindung 99, 114, 116, 151, 183, 186, 187, 287, 307, 361, 402
Arbeitsmarkt
– in der Sowjetunion 144
– und Geheimhaltung 343
Arbeitswertlehre 35 f., 143
Ausbeutung 79 s. a. Effizienz
Außenhandelsmonopol 155, 168, 294
Ausländer 126, 166, 185, 189, 218, 234
Auslandspatente 213, 218, 235, 275, 282, 388 f.
Ausschlußrechte
– in der Sowjetwirtschaft 106 f., 118 f., 159 f., 171, 173 f.
– des Sowjetstaats 176 f.

Bedürfnis 23, 25 N. 38, 54
Betriebsgeheimnisse 79, 103, 111, 251, 320 f., 373, 401 f., 417, 419 s. a. Geheimhaltung
Bereichsausnahmen aus Patentschutz 84, 412 ff.

Chozrasčet 101, 111, 173, 242, 270, 274 s. a. Rechnungsführung
Comecon – s. Rat für Gegenseitige Wirtschaftshilfe

Demokratie und Markt 50, 85
Dezentralisierung
– und technischer Fortschritt 39 f.
– der Sowjetwirtschaft 134 f., 262
Differenzierung
– gesellschaftliche 12, 44
– der Produktpalette 42, 53, 59, 76, 87
– der Rechtsinstitute 359
Dinglichkeit 319 f., 381 f.
Diskontinuität des Wertverhaltens 47
Diversifikation 42 s. a. Differenzierung
Dogmatik 305, 326, 328, 365, 378, 379
Duplikation der F & E 80, 86, 407

Effektivität des Rechts 16, 347
Effizienz – s. a. Pareto-Optimum
– statische 2, 66, 76 N. 279
– dynamische 2, 76 N. 279
Eigentum
– in der Sowjetunion 9, 17, 69
– Funktionen des E. 71 ff.
– geistiges E. 7, 52 ff., 104, 181, 312
– als Herrschaftsrecht 67 f.
– als Kompetenzordnung 72, 85 f., 141 f., 358
– und Patentrecht 3, 366 ff.
– wissenschaftliches E. 310 f.
Einkommen – s. a. Gewinn; Verteilung
Endogene Variable
– technischer Fortschritt als e. V. 28 ff., 303 f.
Entdeckungen – s. a. wissenschaftliches Eigentum
– als Schutzgegenstand 113, 216 f., 311 f.
Erfindervergütung 95, 99, 114, 191, 199 ff.
Erfindungen – s. a. Arbeitnehmererfindung; Verwertung; Schutzbereich
– als Rechtsbegriff 94, 123 f., 145 ff., 149, 152 f.
– Nationalisierung der E. 95
Erfindungshöhe 149, 337
Erkenntnisinteresse 14 f.
Erschöpfung des Patentrechts 320
Ersparnis
– als Bemessungsgrundlage für Erfindungsvergütung

– als Bemessungsgrundlage für Vergütung der Rationalisatoren
Etatisierung des Rechtsdenkens 10, 16
Externalität 41 ff., 46, 62 f., 284 s. a. Effizienz; Marktversagen; Wohlfahrtsökonomik
Finanzierung
– des Erfinder- und Vorschlagswesens 267 f.
– der Innovation 265 f.
Firmen in der Sowjetunion 138
Forschungsinstitute 137, 238 ff.
Fortschritt
– technischer 20 ff.
– Messung des F. 29
– Qualität des F. 30
– technischer F. und Markt 39, 81

Gebühren 188
Geheimhaltung in der Sowjetunion – s. a. Betriebsgeheimnisse
Geheimpatente 406
Geldrechnung 101, 111 s. a. Preissystem
Gemeinfreiheit 96, 174 f., 220, 229, 246, 357
Genetische Technologien 51
Gewinn 87, 140, 269, 274 s. a. Plankennziffern; Verteilung
Gleichgewichtstheorie und technischer Fortschritt 20
Gosplan 102, 111, 266
Güter- s. a. Immaterialgut
– öffentliche G. 1, 32 f., 35, 369 ff.
– immaterielle Werte als G. 314
– Konstituierung von G. 82, 366 f.

Hausrecht und unternehmerische Privatsphäre 342
Hermeneutik 13
Herrschaft 55 s. a. Macht
Herrschaftsrechte 67, 376 s. a. Eigentum

Imitation 27
Immaterialgut 2, 148, 173, 308 ff.
– Know-how als I. 339, 353
Immaterialgüterrecht 7, 147, 369
– liches Denken 179, 320, 353 f., 389
Information 32 f.
Informationswesen 250 f.
Innovation 27 ff., 259 ff.
– Anreize zur I. 269 ff.
– Finanzierung der I. 265 f.
– Neigung zur I. 88
– Planung der I. 263 f.
Internalisierung – s. Externalität
Invention 27 f., 238 ff.
– Anreize zur I. 277 f., 280 f.
– Finanzierung der I. 267 f.
– Planung der I. 246 ff.

Know-how-Lizenz
– in der Sowjetunion 168, 229, 254 ff., 274, 280, 286
– im Westen 331, 335
– und Wettbewerbsrecht 347 ff., 401 f.
Komitee für Entdeckungs- und Erfindungswesen 113, 132, 248 f.
Konzentration
– der Unternehmen 29, 54 N. 169, 76, 138
– des Wissens 299
Konvergenztheorie 4, 11, 12, 363 ff.
Koppelungsklausel 164, 318
Kredit in der Sowjetwirtschaft 267
Kybernetik und Erfindungsschutz 155

Learning by Doing 28, 254
Licenzintorg 167, 229
Lizenzbeschränkungen 160, 317 f.
– gegenständliche 160, 169, 224, 400
– territoriale 160, 169, 324, 328
Lizenzgebühr 164, 170, 325
Lizenzvertrag
– im Sowjetrecht 160 f., 230, 254 ff., 274
– im IPR 390 ff.
– im Wettbewerbsrecht 317 ff., 339 f., 405
Lotterie als Anreizsystem 42
Lückenproblem 17
Luxusinnovationen 30, 363 s. a. Sozialinnovationen

Macht 55 s. a. Herrschaft
Machtsummenkonstanz 70, 141
Managerkapitalismus 54 N. 165
Markt
– in der Sowjetwirtschaft
– und Effizienz 45 ff., 63
Marktversagen 39 ff.
Marktzutrittsschranken 54 f.
Messung des technischen Fortschritts 29
Ministerium
– Zuständigkeiten des M. 137, 240, 249, 264
Monopol 58, 61 f., 79, 87, 258, 294, 302 f., 317, 322, 348

Monopolkapitalismus 87 N. 348, 119

Neuheit
– von Erfindungen 97, 122 f., 133, 153
– von Rationalisierungsvorschlägen 224 f.
Nützlichkeit
– der Erfindungen 97, 122, 128, 151
– von Rationalisierungsvorschlägen 229
Numerus clausus
– der dinglich wirkenden Lizenzbeschränkungen 319, 379 ff., 384
– und Abstraktionsgrundsatz 384 ff.
– und Publizität 379 ff.

Oligopol 29 N. 56, 60, 86 s. a. Preiswettbewerb
Organisationssoziologie 11

PARETO-Optimum 1, 48, 58, 61, 65 s. a. Effizienz
Pariser Verbandsübereinkunft 126, 186, 212, 293, 355 ff.
Patent
– nach Sowjetrecht 104 f., 158 ff.
– „sozialistisches" P. 284 ff.
– und Wettbewerbsrecht 317 ff., 399 ff.
Patentinformation 252 f.
Patentrechtstheorien 5, 296, 305 ff.
Patentverletzung 177
Per-se-Verbote 326
Persönlichkeitsrechte 181 f., 230, 306, 371
Plankennziffern 135, 140, 248, 270 ff.
Planung
– in der Sowjetwirtschaft 102 f.
– des Erfindungswesens 114, 249 ff.
– der F & E 246 ff.
– der Innovation 114, 261 f., 285
Prämie
– Erfindervergütung als P. 204
Prämienfonds 277 f.
Prämiensystem 76 ff.
Preisstellungsklausel 164, 170, 317, 324 f.
Preissystem 89, 144 f., 271 f. s. a. Geldrechnung
Preiswettbewerb 86 s.a. Oligopol
Produktinflation 86
Produktinnovation 22 f., 135
Publikumsgesellschaften und Eigentumsordnung 71 f.
Publizität 380 f., 388, 405 f.

Qualitätsverbesserungen 135, 261, 263

Rat für Gegenseitige Wirtschaftshilfe 211
Rationalisierungsvorschläge 222 f. s. a. Verbesserungen
Rechte
– des Erfinders 181 f., 362
– des Urhebers von Rationalisierungsvorschlägen 230 f.
– subjektive R., allgemein 65, 161, 305
– Schutz subjektiver R. und Patentrecht 305, 374 ff.
Rechnungsführung, wirtschaftliche – s. Chorasčet
Risiko und F & E 41 f.

Schutzfrist 329
Schutzumfang des Patents 78, 85, 104, 417
Sonderleistungen
– Schutz von S. 360
Sozialinnovationen 30, 363
Sozialisierung des Erfinderrechts 110 ff., 118
Sozialismusbegriff 17, 73 ff.
Soziologie
– und Rechtsvergleichung 6, 8 f.
– der subjektiven Rechte 375 f.
Sovnarchozy 102, 133, 138, 240
Staatseingriffe
– Rechtfertigung der St. 40 f., 54
– zur Steuerung von F & T 51, 301
Staatskapitalismus 106
Staatskomitee für Entdeckungs- und Erfindungswesen – s. Komitee
Staatskomitee für Wissenschaft und Technik 239 f.
Standards 260
Stimulierung, materielle 141 f.
Stoffschutz 156 f., 356
Substitutionsforschung 80 s. a. Duplikation
Substitutionswettbewerb 80 f.
Systemkonformität der Maßnahmen 90
Systemneutralität der Begriffe 18
Systemrationalität 44, 326 N. 155 s. a. Systemtheorie
Systemtheorie 11

Technik
– allgemein 14, 21 s. a. Fortschritt
– als Kriterium des Erfindungsschutzes 150, 154, 223 s. a. Kybernetik

– „neue“ T. 247, 251, 261 f., 277, 283, 290 f., 358, 413
Technologiepolitik 3, 43, 76 f.
– „einheitliche“ T. 238, 239
– der Eigentumsordnung 90
– des Patentsystems 77, 83
Technologiebewertung 84, 285, 412 f.
Territorialitätsprinzip 388 ff.
Trusts 102, 109
Typenzwang – s. Numerus clausus
Tyrannei der kleinen Entscheidungen 46, 84

Übertragung fortschrittlichen Wissens 228, 281
Universalien
– juristische 4
– gesellschaftliche 13
Unteilbarkeit von Gütern 41 s. a. Güter
Unternehmen
– Rechtsstellung von U. in der Sowjetwirtschaft 141
– als Rechtsgegenstand 344
Urheberrecht 287 N. 789
Urheberschein 98, 120, 126, 171 ff.

Verbesserungen als Schutzgegenstand 127, 130, 132 s. a. Rationalisierungsvorschläge
Vereinigungen, wirtschaftliche 137 f.
Verfahrensinnovation 22 f., 25 s. a. Fortschritt
Verfügung 383
Vergütung –s. Erfindervergütung
– der Urheber von Rationalisierungsvorschlägen 232 f.
Vermögensrechte 62 f.
Verteilung
– reale V. 4, 30, 354, 363
– des Einkommens 4, 30, 57, 81 f., 87 s. a. Gewinn
– der technischen Fortschritte 81 f.
– der Forschungsaufwendungen 78
Verträge – s. a. Lizenzvertrag
– in der Sowjetunion 141 f., 143
– über F & E-Leistungen 243 f.
– zur Konstituierung von Betriebsgeheimnissen 2, 333
Verwaltung
– operative V. 142, 173, 290
– der Sowjetwirtschaft 139 ff.
Verwaltungskosten 43, 64, 75
Verwertung – s. a. Innovation, Planung
– von Erfindungen 104 f., 129, 171 f., 192 f.
– von Rationalisierungsvorschlägen 226 f.
– von „neuer Technik“ 261 f., 265 f., 269 f.

Wahlrecht der Erfinder 187 f.
Ware-Geld-Beziehungen 36 f., 73, 90, 91, 121, 358
Wert des Wissens 37 ff., 175, 200, 246, 289 s. a. Arbeitswert
Wertmilieu 50, 421
Wettbewerb
– funktionsfähiger W. 57 f., 60, 86
Wettbewerbsbeschränkungen 317 ff.
Wettbewerbsparameter 59
Wettbewerbstheorie 53 f.
Wirklichkeitsadäquität der Begriffe 4, 146, 350 f.
Wirtschaftslenkung 408 f., 419 s. a. Planung
Wirtschaftsrecht 367, 372
– Patentrecht als W. 378
Wirtschaftsreform 134 ff.
Wissenschaft als Produktivkraft 78, 301
Wohlfahrtsökonomik 34, 44, 54, 56, 369

Zentralbüro für die Realisierung der Erfindungen 113
Zentralfonds 265 f., 273, 284
Zentralismus, demokratischer 237
Zinsen für Produktivfonds 143 f., 173, 288
Zusammenhang der Benutzungsarten 39
Zuweisungsgehalt – s. a. Dinglichkeit; Herrschaftsrechte; Rechte, subjektive
Zwangslizenz 81, 105, 163, 188, 325
Zwecke und Marktprozeß 49, 56

Jürgen Samtleben

Internationales Privatrecht in Lateinamerika

Der Código Bustamante in Theorie und Praxis. Band I: Allgemeiner Teil. 1979. XIX, 371 Seiten. (Beiträge zum ausländischen und internationalen Privatrecht 42). Ln.

Die Kodifikation des Internationalen Privatrechts durch Staatsverträge erreichte vor fünfzig Jahren in Lateinamerika einen Höhepunkt mit dem Inkrafttreten des Código Bustamante. Er gilt heute in fünfzehn Staaten und enthält eine umfassende Regelung des Internationalen Privat-, Handels-, Verfahrens- und Strafrechts. Seine Bestimmungen werden auch in der europäischen Diskussion immer wieder vergleichend herangezogen. In der lateinamerikanischen Praxis wird er nicht nur als Staatsvertrag angewandt, sondern dient darüber hinaus in vielen Ländern als subsidiäre Rechtsquelle für das nationale Kollisionsrecht. Auch die gegenwärtigen Arbeiten der Interamerikanischen Spezialkonferenzen für Internationales Privatrecht im Rahmen der Organisation der Amerikanischen Staaten müssen auf diesem Hintergrund gesehen werden. Die vorliegende Untersuchung enthält erstmals eine kritische Analyse des Código Bustamante und seiner praktischen Wirkung unter Auswertung bisher kaum bekannter Materialien. Sie ist damit von grundlegender Bedeutung für das Verständnis des geltenden Kollisionsrechts in Lateinamerika, zumal selbst dort eine solche Gesamtdarstellung bisher fehlte. Aufgrund der Vertragspraxis eines halben Jahrhunderts zeigt sie zugleich an einem besonders anschaulichen Beispiel Möglichkeiten und Grenzen der Vereinheitlichung des Internationalen Privatrechts durch völkerrechtliche Übereinkommen.

ARTIBUS INGENUIS J·C·B·M· 1·8·0·1

J. C. B. Mohr (Paul Siebeck)
Tübingen

Paul Heinrich Neuhaus

Ehe und Kindschaft in rechtsvergleichender Sicht

1979. XI, 324 Seiten. (Beiträge zum ausländischen und internationalen Privatrecht 43). Ln.

Das Familienrecht kann heute nicht mehr unter einseitig nationalem Blickwinkel wissenschaftlich behandelt werden. Der Autor hat während der letzten 25 Jahre in rund 75 Aufsätzen und kleineren Beiträgen immer wieder aus übernationaler rechtsvergleichender Sicht zu Fragen des persönlichen Ehe- und Kindschaftsrechts – besonders Eheschließung, Eheauflösung und Stellung der nichtehelichen Kinder – Stellung genommen. Im vorliegenden Werk faßt er zusammen, was davon heute noch Bedeutung hat. Im Anhang wird das kanonische Ehe- und Kindschaftsrecht, das vorher öfter vergleichsweise herangezogen ist, einer zusammenhängenden, grundsätzlichen Betrachtung unterzogen. Alles ist auf den neuesten Stand gebracht und vieles zur Abrundung hinzugefügt.

Das Buch möchte zum erneuten Nachdenken über eine Reihe gängiger, als selbstverständlich geltender Vorstellungen anregen. Es ist im deutschsprachigen Raum die einzige aktuelle, zu einem geschlossenen Ganzen gerundete, rechtsvergleichende Darstellung wesentlicher familienrechtlicher Fragen.

ARTIBUS INGENUIS J. C. B. M. 1·8·0·1

J. C. B. Mohr (Paul Siebeck) Tübingen